Die Station in Strafsachen
– Grundkurs für Rechtsreferendare –

Die Station in Strafsachen
– Grundkurs für Rechtsreferendare –

von

RiBGH Dr. Andreas Ernemann, Karlsruhe
OStA Ekkehard Fuhse, Oldenburg
VRiLG Jens Johannsen, Regensburg
VPräsLG Ove-Jens Kraak, Aschaffenburg
Ltd. MinRat Dr. Helmut Palder, München
RA/FA f. StrafR Thilo Pfordte, München
RiLG Dr. Karsten Westphal, München

7., überarbeitete und erweiterte Auflage

Verlag C. H. Beck München 2005

Verlag C.H. Beck im Internet:
beck.de

ISBN 3 406 53150 4

© 2005 Verlag C.H. Beck oHG
Wilhelmstraße 9, 80801 München

Druck und Bindung: Druckerei C.H. Beck Nördlingen
Wilhelmstraße 9, 80801 München

Satz: Fotosatz H. Buck, Kumhausen

Umschlaggestaltung: Bruno Schachtner, Grafik-Werkstatt, Dachau

Gedruckt auf säurefreiem, alterungsbeständigem Papier
(hergestellt aus chlorfrei gebleichtem Zellstoff)

Vorwort zur 7. Auflage

Dieser Band geht auf Arbeitsunterlagen zurück, die vor längerer Zeit von Arbeitsgemeinschaftsleitern als Begleitmaterial für die Referendarausbildung erstellt wurden. Eine mehrfach erweiterte und überarbeitete Fassung erschien erstmals 1986 im Verlag C.H. Beck und wurde somit einem größeren Kreis interessierter Referendare auch außerhalb Bayerns zugänglich. Zwischenzeitlich ist es zum Standard-Werk der strafrechtlichen Referendarausbildung geworden. Nunmehr liegt bereits die 7. Auflage vor, die nicht zuletzt durch die zahlreichen einschneidenden Änderungen der Ausbildungsbestimmungen nötig wurde. Dem wurde auch durch die Erweiterung des Autorenteams um einen erfahrenen Strafverteidiger und einen hauptamtlichen bayerischen Arbeitsgemeinschaftsleiter Rechnung getragen.

Die Neuauflage ist komplett überarbeitet und umfangreich erweitert: Völlig neu sind Teile zu den Eingriffsbefugnissen im Ermittlungsverfahren, dem Zwischenverfahren, der Sitzungsvertretung durch den Referendar und den Schwerpunkten der Tätigkeit des Strafverteidigers. Die bestehenden Kapitel wurden überarbeitet und ergänzt, etwa um Kommentierungen der beiden Anklageschriften im 1. Teil, die Aspekte des Verfalls mit Tenorierungsbeispiel im 5. Teil und Strafzumessungserwägungen im 9. Teil. Ansonsten waren zahlreiche neue höchstrichterliche Entscheidungen nachzutragen und einzuarbeiten.

„Die Station in Strafsachen" hilft dem jungen Referendar, den Übergang von der mehr theoretisch geprägten Universitätsausbildung zur Praxis des Referendariats zu bewältigen und sich das erforderliche Grundlagenwissen für die ersten Monate der Stationsausbildung und das vertiefte Wissen für die Vorbereitung des Assessorexamens anzueignen. Die Stoffvermittlung in der strafrechtlichen Arbeitsgemeinschaft kann freilich ebenso wenig ersetzt werden wie die eigenverantwortliche Nacharbeit anhand der einschlägigen Lehrbücher und Kommentare.

Die Ergänzung zu diesem strafrechtlichen Grundkurs bilden die in gleicher Ausstattung erschienenen Bände „Die Station in Zivilsachen" und „Die Station in der öffentlichen Verwaltung". Die Konzeption dieser Bände ist bewusst darauf angelegt, dem Referendar auch einen Einstieg in die Praxis zu bieten; auf eine Vertiefung und die Erörterung von Detailproblemen wurde aber weitgehend verzichtet.

Zur Erleichterung der Nacharbeit wurden grundsätzlich nur die gängigsten Kommentare zitiert, nämlich Tröndle/Fischer StGB 52. Aufl. 2004; Meyer-Goßner StPO 47. Aufl. 2004 und Löwe/Rosenberg StPO 25. Aufl. 1999–2005 (LR).

Autoren und Verlag sind auch weiterhin für alle Anregungen zur Verbesserung dieser Arbeitsunterlagen dankbar.

München/Karlsruhe/Oldenburg/Regensburg/Aschaffenburg, *Autoren und Verlag*
im Februar 2005

Inhaltsübersicht

1. Teil. Das Ermittlungsverfahren und die Abschlussverfügungen der Staatsanwaltschaft (Palder/niedersächsische Anklageschrift: Fuhse) 1

2. Teil. Prozessuale Eingriffsbefugnisse (Zwangsmittel) *(Westphal)* 27

3. Teil. Das Zwischenverfahren *(Westphal)* 45

4. Teil. Die Hauptverhandlung in Strafsachen *(Kraak)* 51

5. Teil. Das Strafurteil erster Instanz *(Johannsen)* 115

6. Teil. Praktische Hinweise für die Staatsanwältin bzw. den Staatsanwalt als Sitzungsvertreter *(Fuhse)* 145

7. Teil. Das Strafbefehlsverfahren *(Johannsen)* 155

8. Teil. Die Berufung in Strafsachen *(Westphal)* 163

9. Teil. Die Revision in Strafsachen *(Ernemann)* 171

10. Teil. Schwerpunkte der Strafverteidigertätigkeit *(Pfordte)* 215

Sachregister 249

1. Teil. Das Ermittlungsverfahren und die Abschlussverfügungen der Staatsanwaltschaft

Inhaltsverzeichnis

1. Kapitel. Das Ermittlungsverfahren	1
A. Die Stellung der Staatsanwaltschaft im Allgemeinen	1
B. Die Stellung der Staatsanwaltschaft im Ermittlungsverfahren	2
I. Legalitätsprinzip	2
II. Strafanzeige; Strafantrag	2
2. Kapitel. Die staatsanwaltschaftlichen Abschlussverfügungen	2
A. Vorbemerkung	2
B. Die Erhebung der öffentlichen Klage	3
I. Allgemeines	3
II. Die Anklageschrift	3
Muster einer Anklageschrift mit Erläuterungen	4
III. Antrag auf Entscheidung im vereinfachten Jugendverfahren	10
IV. Antrag auf Erlass eines Strafbefehls	10
C. Besonderheiten beim Vorliegen von Ordnungswidrigkeiten	10
D. Einstellung des Verfahrens	11
I. Allgemeines	11
II. Ausnahmen vom Verfolgungszwang	11
1. Einstellung nach § 153 Abs. 1 StPO	11
2. Einstellung nach § 153a Abs. 1 StPO und § 153b Abs. 1 StPO	11
3. Einstellung nach §§ 153c–153e StPO	11
4. Einstellung nach § 154 StPO	11
5. Einstellung nach § 154a StPO	12
6. Einstellung nach § 154b StPO	12
7. Einstellung nach § 154c StPO	12
8. Einstellung nach § 154d StPO	12
9. Einstellung nach § 154e StPO	12
10. Einstellung nach § 45 JGG	12
III. Einstellung nach § 170 Abs. 2 StPO	12
1. Abfassung der Einstellungsverfügung	12
2. Die Beschwerdebelehrung	13
3. Teileinstellung bei mehreren prozessualen Tagen	14
IV. Die unterschiedliche Behandlung mehrerer Teile einer prozessualen Tat	15
V. Kombinierter Übungsfall	15
E. Muster einer Anklageschrift (niedersächsische Fassung)	18

1. Kapitel. Das Ermittlungsverfahren

A. Die Stellung der Staatsanwaltschaft im Allgemeinen

Die StPO regelt, ergänzt durch mehrere Nebengesetze (insbesondere durch JGG, OWiG, AO), den gesamten verfahrensrechtlichen Ablauf vom Bekanntwerden einer Straftat bis zu deren vollständiger Erledigung durch die Strafverbüßung. Die Staatsanwaltschaft ist in den einzelnen Abschnitten dieses ablaufenden Prozesses mehr oder minder stark beteiligt, im ersten Abschnitt, dem Ermittlungsverfahren, ist sie sogar Herr des Verfahrens. Von dieser spezifisch staatsanwaltschaftlichen Station, dem Ermittlungsverfahren einschließlich der Abschlussverfügung der Staatsanwaltschaft, handelt dieser erste Teil. Darüber hinaus wirkt die Staatsanwaltschaft in den weiteren Verfahrensabschnitten mit dem Ziel einer richtigen Anwendung des Gesetzes mit; so nimmt sie durch ihren Sitzungsvertreter an der Hauptverhandlung teil, der Staatsanwalt kann Fragen an den Angeklagten, an Zeugen oder Sachverständige stellen (§ 240 Abs. 2 StPO), er unterstützt das Gericht bei der prozessmäßigen Wahrheitsfindung durch sachdienliche Anträge bzw. Stellungnahmen zu den Anträgen anderer Beteiligter, er macht nach Beendigung der Beweisaufnahme Ausführungen und stellt seinen Schlussantrag (§ 258 Abs. 1 StPO), er kann Rechtsmittel gegen ergangene Entscheidungen einlegen (§ 296 StPO), er gibt zu einer Revision des Angeklagten seine Gegenerklärung ab (§ 347 Abs. 1 S. 2 StPO i.V.m. Nr. 162 Abs. 2 der Richtlinien für das Strafverfahren und das Bußgeldverfahren, abgek.: RiStBV, abgedruckt bei K/Meyer-Goßner unter A 15), nach rechtskräftigem Abschluss kann auch die Staatsanwaltschaft gegebenenfalls die Wiederaufnahme des Verfahrens beantragen (§§ 365, 296 StPO), in ihrer Hand liegt die Strafvollstreckung (§ 451 StPO). So weit die Staatsanwaltschaft in diesen einzelnen Verfahrensabschnitten mitwirkt, hat sie die für das Gericht und die übrigen Verfahrensbeteiligten bedeutsamen prozessualen Vorschriften zu beachten.

B. Die Stellung der Staatsanwaltschaft im Ermittlungsverfahren

Die Staatsanwaltschaft ist Herr des Ermittlungsverfahrens (§ 160 StPO). Sie führt die Ermittlungen durch und kann dazu auch Zeugen und Sachverständige vernehmen, §§ 161, 161a StPO. Sie wird dabei von der Polizei unterstützt; dieser unterliegt grundsätzlich der erste Zugriff (§ 163 StPO). So weit richterliche Untersuchungshandlungen erforderlich sind, beantragt diese die Staatsanwaltschaft beim zuständigen (Ermittlungs-) Richter, die Polizei kann bei besonderer Eilbedürftigkeit sich auch unmittelbar an den Ermittlungsrichter wenden (§ 163 Abs. 2 S. 2 StPO). Es gibt keinen staatsanwaltschaftsfreien Raum im Ermittlungsverfahren. So weit nicht ein bestimmtes Vorgehen durch das Gesetz vorgeschrieben ist, können die Strafverfolgungsbehörden das Verfahren frei gestalten, sich insbesondere aller technischen Hilfsmittel der Verbrechensbekämpfung bedienen.

I. Legalitätsprinzip

Nach § 152 Abs. 2 StPO ist die Staatsanwaltschaft grundsätzlich zur Verfolgung bekannt gewordener Straftaten verpflichtet. In der Regel werden Straftaten durch Anzeigen aus dem Publikum oder durch eigene Wahrnehmung, vor allem der Polizei, bekannt (siehe insbesondere §§ 158 Abs. 1, 2, 171, 172 StPO, §§ 77 ff. StGB).

II. Strafanzeige; Strafantrag

Das Gesetz unterscheidet in § 158 Abs. 1 StPO die „Anzeige" und den „Strafantrag". Unter Anzeige wird hier die bloße Mitteilung vom Verdacht einer Straftat ohne Verlangen der Strafverfolgung zu verstehen sein, während unter dem „Strafantrag" i.S.d. § 158 Abs. 1 StPO diejenige Anzeige zu verstehen sein wird, bei der der Anzeiger das Einschreiten der Strafverfolgungsbehörde erkennbar wünscht mit der Folge, dass er zu gegebener Zeit gem. § 171 StPO als „Antragsteller" im Falle der Einstellung des Ermittlungsverfahrens zu benachrichtigen ist. Mit dem echten Strafantrag i.S.d. §§ 77 ff. StGB, der als Verfolgungsvoraussetzung bei den sog. Antragsdelikten vorliegen muss, hat dieser Antrag auf Strafverfolgung nach § 158 Abs. 1 StPO nichts zu tun.

Vom echten Strafantrag i.S.v. §§ 77 ff. StGB, nämlich von dessen äußerer Form, handelt hingegen § 158 Abs. 2 StPO.

„Anzeige" wird in der staatsanwaltschaftlichen Praxis schließlich auch noch das von der Polizei gem. § 163 Abs. 1 StPO aktenmäßig zusammengetragene Ermittlungsergebnis genannt, das die Polizei gem. § 163 Abs. 2 S. 1 StPO an die Staatsanwaltschaft übersendet. Da in der Praxis die Polizeibehörden gem. § 163 StPO in den meisten Fällen ihre ersten Ermittlungen ohne vorherige Beteiligung der Staatsanwaltschaft durchführen (von besonders schwer wiegenden oder aus anderen Gründen aus dem Rahmen der Routinetätigkeit herausfallenden Vorgängen abgesehen), bildet die abschließende Behandlung dieser polizeilichen Anzeigen den Schwerpunkt der staatsanwaltschaftlichen Tätigkeit im Ermittlungsverfahren. Davon handelt im einzelnen das 2. Kapitel.

2. Kapitel. Die staatsanwaltschaftlichen Abschlussverfügungen

A. Vorbemerkung

Die Staatsanwaltschaft prüft, so weit sie nicht vom Gang der polizeilichen Ermittlungen ohnehin ständig auf dem laufenden gehalten war oder das Ermittlungsverfahren nicht schon selbst in der Hand hatte, die bei ihr eingehenden Anzeigen der Polizei daraufhin durch, ob die bisherigen Ermittlungen vollständig genug geführt sind, um abschließend entscheiden zu können, ob gegen den Beschuldigten vorgegangen werden muss (Legalitätsprinzip, §§ 152 Abs. 2, 160 Abs. 1 StPO) oder ob das Verfahren einzustellen ist.

Kann dies noch nicht entschieden werden, besteht also nach Ansicht der Staatsanwaltschaft die Möglichkeit, den Fall noch besser zu klären, erteilt sie der Polizei entsprechende konkrete Weisung zur Fortsetzung der Ermittlungen. Sind die Ermittlungen wirklich abgeschlossen, bestehen also nur 2 Möglichkeiten für die Staatsanwaltschaft, auf eine Anzeige zu reagieren: entweder gegen den Beschuldigten vorzugehen (Erhebung der öffentlichen Klage, siehe unten B) oder das Verfahren einzustellen (siehe unten D).

Für die Erhebung der **öffentlichen Klage** bestehen folgende fünf Möglichkeiten:
- Einreichung einer Anklageschrift (§§ 170 Abs. 1, 200 StPO); ihr gleich gestellt Nachtragsanklage (§ 266 StPO),
- Antrag auf Entscheidung im beschleunigten Verfahren (§§ 417 ff. StPO),
- Antrag auf Entscheidung im vereinfachten Jugendverfahren (§§ 76–78 JGG),
- Antrag auf Erlass eines Strafbefehls (§§ 407 ff. StPO) und
- Antrag im Sicherungsverfahren nach §§ 413 ff. StPO, vgl. § 414 Abs. 2 S. 1 StPO.

Bei der Einstellung des Verfahrens sind die Fälle, in denen trotz Vorliegens einer Straftat aus bestimmten Gründen vom Verfolgungszwang abgesehen wird (§§ 153 ff. StPO), und die Einstellung mangels Vorliegens eines hinreichenden Tatverdachts (§ 170 Abs. 2 StPO) strikt zu unterscheiden.

B. Die Erhebung der öffentlichen Klage

I. Allgemeines, Entschließungsteil (§ 169 a StPO)

Voraussetzung für sämtliche Arten der Klageerhebung nach § 170 Abs. 1 StPO ist, dass die Ermittlungen „genügenden Anlass zur Erhebung der öffentlichen Klage" bieten. Erforderlich ist demnach, dass ein in bestimmten Tatsachen bestehender Verdacht vorliegt. Dieser konkrete Tatverdacht braucht nicht „dringend" (wie z.B. bei vorläufiger Entziehung der Fahrerlaubnis oder bei Erlass eines Haftbefehls, §§ 111 a, 112 StPO) zu sein, ist andererseits aber mehr als der hinreichende Anfangsverdacht, der nach § 152 Abs. 2 StPO zur Einleitung eines Ermittlungsverfahrens führt. Hinreichender Tatverdacht liegt vor, wenn die **Verurteilung wahrscheinlich** erfolgen wird. Wenn also etwa in einer StPO-Klausur die Entschließung der Staatsanwaltschaft verlangt wird, dann entscheidet sich nach diesem Begriff der **Wahrscheinlichkeit** der Verurteilung, inwieweit es wegen der im Aufgabentext enthaltenen Straftaten zu einer Anklage (Strafbefehl usw.) kommt oder inwieweit das Verfahren eingestellt werden muss.

Liegt ein solcher konkreter Verdacht vor, beabsichtigt also die Staatsanwaltschaft die Erhebung der öffentlichen Klage, so hat sie gem. § 169 a Abs. 1 StPO den Abschluss der Ermittlungen in den Akten zu vermerken. Dieser Vermerk schließt etwaige später doch noch für nötig gehaltene weitere Ermittlungen der Staatsanwaltschaft nicht aus, er hat jedoch für die Akteneinsicht des Verteidigers und für die Bestellung eines Pflichtverteidigers Bedeutung (siehe §§ 147 Abs. 2, 141 Abs. 3 S. 3 StPO). Dieser Vermerk bleibt auch dann mit seinen genannten prozessualen Wirkungen bestehen, wenn weitere Ermittlungen durchgeführt werden. Dann wird unmittelbar an den Vermerk über den Abschluss der Ermittlungen die Erhebung der öffentlichen Klage folgen. Dies geschieht in der Praxis üblicherweise durch einen eigenen Entwurf, so dass die in den Akten enthaltene handschriftliche Verfügung des Staatsanwalts in diesen Fällen wie folgt lauten wird:

> I. Die Ermittlungen sind abgeschlossen.
> II. Anklage (Strafbefehlsantrag) nach gesondertem Entwurf.

Liegt der Entwurf in Reinschrift (Original und Abdrucke) vor, so wird das Original vom Staatsanwalt unterschrieben und in die Akten als Bestandteil der obigen Verfügung II eingeordnet.

II. Die Anklageschrift

Die Einreichung einer Anklageschrift ist der wichtigste, wenn auch zahlenmäßig nicht der häufigste Fall der Erhebung der öffentlichen Klage. Nur etwa 25 % der Ermittlungsverfahren enden mit einer Anklage. Die Anklage wird schriftlich erhoben.

In zwei Fällen ist eine mündliche Anklageerhebung möglich: Beschleunigtes Verfahren nach § 417 StPO und Nachtragsanklage im Falle des § 266 StPO. In beiden Fällen trägt der Staatsanwalt mündlich eine den Erfordernissen des § 200 Abs. 1 StPO entsprechende Anklage vor.

Im folgenden wird von der in Bayern gebräuchlichen Fassung der Anklageschrift ausgegangen. Eine niedersächsische Fassung der Anklageschrift ist im Anschluss daran auf S. 18 dargestellt.

Muster einer Anklageschrift

1. Staatsanwaltschaft bei dem
   Landgericht Würzburg

   10 Js 1535/04   H a f t !

2. **Anklageschrift**

   in dem Strafverfahren gegen

3. **Beck**, Josef, geb. am 1.11.1960 in Kufstein, verheirateter Kraftfahrzeugmechaniker, österreichischer Staatsangehöriger, wohnhaft in Rimpar, Hauptstraße 8, LKrs. Würzburg,
   z.Zt. in der Justizvollzugsanstalt Würzburg
   In dieser Sache vorläufig festgenommen am 6.10.2004, in Untersuchungshaft seit 7.10.2004 aufgrund Haftbefehls des Ermittlungsrichters beim Amtsgericht Würzburg vom gleichen Tage.

4. Pflichtverteidiger: RA Dr. X in ... (Bestellung Bl. ... d.A.).

5. Die Staatsanwaltschaft legt dem Angeschuldigten aufgrund der von ihr durchgeführten Ermittlungen folgenden

6. S a c h v e r h a l t

   zur Last:

   1. Der Angeschuldigte kaufte am 24.9.2004 am Hauptbahnhof in Würzburg von einem unbekannten Italiener eine Pistole Marke „Ceska-Zbrojovka", Kal. 7,35 mm zum Preise von 200.–€. Eine Erlaubnis hierfür besaß er jedoch nicht.

   2. Am 30.9.2004 gegen 23.00 Uhr packte der Angeschuldigte in seiner Ehewohnung in Rimpar, Hauptstraße 8, seine im Schlafzimmer im Bett liegende Ehefrau, riss sie hoch, drückte ihr die geladene Pistole an die Brust und schrie sie an: „Los, aufstehen, ich bringe dich um, ich bring dich diese Nacht um!"

   3. Als er dann einen Augenblick von ihr abließ, versuchte seine Ehefrau das Schlafzimmer zu verlassen. Der Angeschuldigte feuerte ihr jedoch mit seiner Pistole aus einer Entfernung von 2,5 m einen auf das Bein gezielten Schuss nach. Der Schuss durchschlug ihr linkes Knie.

2. Kapitel. Die staatsanwaltschaftlichen Abschlussverfügungen

⇨ Kopf der Anklageschrift
Im Kopf ist die absendende Staatsanwaltschaft, das Aktenzeichen der Staatsanwaltschaft (Kennbuchstaben: Js; vgl. im Schönfelder Anhang I die dort enthaltene Liste der Registerzeichen), Ort und Datum, ferner in Haftsachen ein deutlicher Aufdruck „Haft!" enthalten.

⇨ Nunmehr folgt die Überschrift: „Anklageschrift in der Strafsache gegen ..."

⇨ Dann die Personalien des Beschuldigten (der von jetzt an, also bereits in der Anklageschrift, als Angeschuldigter bezeichnet wird; § 157 StPO). Diese Personalien sind aus Gründen der Identitätsfeststellung für das Hauptverfahren und gegebenenfalls später für die Strafvollstreckung sehr genau anzugeben.
Bei mehreren Angeschuldigten ist möglichst die Reihenfolge einzuhalten, die der Geschäftsverteilung beim Gericht entspricht. Sonst gibt die Schwere der zur Last liegenden Taten Anhaltspunkte für die Reihenfolge; Teilnehmer werden nach dem oder den Haupttätern aufgeführt.
Hingegen gehören Vorstrafen, falls sie überhaupt erwähnt werden (vgl. dazu später), in das „Wesentliche Ergebnis der Ermittlungen".

⇨ Verteidiger

⇨ Der Anklagesatz
Dies ist der Kernpunkt der Anklage. Der Anklagesatz besteht aus dem Sachverhalt, der dem Angeschuldigten zur Last gelegt wird, ferner aus der Anführung der abstrakten Tatbestandsmerkmale der einschlägigen Strafvorschriften, schließlich aus deren Kurzbezeichnung, z.B. Diebstahl, und schließlich aus der Angabe der einschlägigen Paragraphen.
a) Aus der sehr wichtigen Bestimmung des § 264 StPO ergibt sich die Bedeutung der in der Anklage aufgeführten „TAT". Der im Anklagesatz aufgeführte konkrete historische Vorgang steckt die Grenzen für den Umfang des Hauptverfahrens und der Urteilsfindung ab. Der Begriff der „Tat" ist daher auch für die Frage des Umfangs der Rechtskraft von wesentlicher Bedeutung. So weit die „Tat" i.S.d. § 264 StPO reicht, hat das Gericht den geschichtlichen Vorgang unter jedem rechtlichen Gesichtspunkt zu würdigen. Tauchen in diesem Rahmen neue Einzelheiten auf, die zu einer abweichenden Beurteilung der Tat führen, so kommt nicht etwa eine Nachtragsanklage (§ 266 StPO) oder ein neues Strafverfahren in Betracht, vielmehr erfolgt lediglich nach § 265 StPO ein Hinweis an den Angeklagten über die Möglichkeit einer von der Bezeichnung der zugelassenen Anklage abweichenden Beurteilung der Tat.
Ein solcher Hinweis muss auch dann erfolgen, wenn sich zwar keine neuen tatsächlichen Gesichtspunkte ergeben, aber die Qualifizierung einer Tat von vornherein nach dem angeführten Sachverhalt der zugelassenen Anklage fehlerhaft war.
b) Zum Verständnis ein weiteres kurzes Beispiel:
Die Anklage habe etwa eine am 1.10.2004 vom Angeschuldigten gegenüber dem V. mittels Boxhieben begangene Körperverletzung zum Inhalt. Stellt sich erst in der Hauptverhandlung heraus, dass der Angeklagte bei dem Boxhieb einen Schlagring benützt hat, so kommt nach § 265 StPO, da kein neuer historischer Vorgang vorliegt, lediglich ein Hinweis in Betracht, dass statt einer Verurteilung wegen § 223 StGB eine solche nach § 224 StGB (gef. Körperverletzung) erfolgen könne. Ebenso wird verfahren, wenn die Verwendung des Schlagrings zwar von vornherein im Anklagesatz angeführt war, die Tat aber versehentlich in der zugelassenen Anklage nur als Vergehen der einfachen vorsätzlichen Körperverletzung nach § 223 StGB bezeichnet war. Wird hingegen in der Hauptverhandlung bekannt, dass der Angeklagte einige Zeit vor oder nach dem Vorfall vom 1.10.2004 eine weitere Person mittels Schlagrings verletzt hat, so kommt nur eine Nachtragsanklage (§ 266 StPO) oder ein eigenes Ermittlungsverfahren wegen dieser neu bekannt werdenden Tat in Betracht, da nicht mehr der gleiche historische Vorgang vorliegt.

⇨ Die Sachverhaltsschilderung wird eingeleitet mit dem Satz:
„Die Staatsanwaltschaft legt dem Angeschuldigten aufgrund der von ihr angestellten Ermittlungen folgenden Sachverhalt zur Last:"
Dann folgt eine knappe, aber in allen Punkten den gesetzlichen Tatbestand ausfüllende Schilderung des historischen Vorkommnisses nach Ort und Zeit und näheren unterscheidenden Umständen. Auch der subjektive Tatbestand, etwa das Vorliegen einer vom Gesetz geforderten Absicht, muss aus dem Sachverhalt ersichtlich sein. Schließlich muss die zutreffende Begehungsform (Täterschaft, Mittäterschaft, Anstiftung, Versuch, Vollendung usw.) und die zutreffende Schuldform (Vorsatz, Fahrlässigkeit) aus dem Sachverhalt erkennbar sein. So weit besondere Maßregeln oder Nebenfolgen in Betracht kommen (§§ 61 bis 75 StGB), wird hierauf im wesentlichen Ergebnis der Ermittlungen hingewiesen.
Bei Antragsdelikten ist die rechtzeitige Stellung des Strafantrags zu vermerken (Nr. 110 Abs. 2 Buchst. d RiStBV), im Falle des § 230 StGB bei Bejahung des besonderen öffentlichen Interesses durch die Staatsanwaltschaft ist eine Feststellung hierzu erforderlich (etwa: „Strafantrag ist zwar nicht gestellt; die Staatsanwaltschaft bejaht jedoch das besondere öffentliche Interesse an der Strafverfolgung" oder: „Strafantrag durch den Verletzten ist am ... gestellt; die Staatsanwaltschaft bejaht darüber hinaus auch das besondere öffentliche Interesse an der Verfolgung").
Nach Nr. 110 Abs. 1 RiStBV ist auf die sprachliche Fassung des Anklagesatzes besondere Sorgfalt zu verwenden. Die Sachverhaltsschilderung soll knapp, aber vollständig sein. Überflüssiges (was weder für den gesetzlichen Tatbestand noch für Nebenfolgen usw. unbedingt erforderlich ist, also jegliche Ausschmückung) bleibt weg. Die Sachverhaltsschilderung geschieht grundsätzlich im Imperfekt, die Vorzeitigkeit hierzu wird durch das Plusquamperfekt ausgedrückt („als der Angeschuldigte festgestellt hatte, dass in der Kasse kein Geld lag, begann er ..."). Ein Zustand, der bis in die Gegenwart wirkt, wird im Präsens bzw., wenn der Eintritt des bis in die Gegenwart reichenden Zustandes betont werden soll, im Perfekt geschildert (Beispiel zu § 226 StGB): „Infolge der Stichverletzungen hat der Gastwirt X das Sehvermögen auf dem rechten Auge verloren" oder: „Seither ist der Verletzte X gelähmt"). Bei der Sachverhaltsschilderung ist auch auf eine richtige Gewichtsverteilung zwi-

7. Der Angeschuldigte wird daher beschuldigt,
durch selbständige Handlungen

vorsätzlich ohne die erforderliche Erlaubnis eine halbautomatische Kurzwaffe erworben zu haben, einen anderen mit der Begehung eines Verbrechens bedroht zu haben und einen anderen vorsätzlich mittels einer Waffe körperlich misshandelt und an der Gesundheit beschädigt zu haben,

8. strafbar

als unerlaubter Erwerb einer halbautomatischen Kurzwaffe nach §§ 2 Abs. 2, 52 Abs. 1 Nr. 2 b des Waffengesetzes (WaffG) in Tatmehrheit mit Bedrohung und gefährlicher Körperverletzung

gemäß §§ 2 Abs. 2, 52 Abs. 1 Nr. 2 b WaffG; 241 Abs. 1, 223 Abs. 1; 224 Abs. 1 Nr. 4; 53 StGB.
Die Tatwaffe unterliegt der Einziehung gemäß §§ 74 StGB, 54 Abs. 1 Nr. 1 WaffG.

9. Wesentliches Ergebnis der Ermittlungen: Den Waffenerwerb in Ziffer 1 gibt der Angeschuldigte zu. Insoweit bringt er jedoch vor, er habe vom Erfordernis einer behördlichen Erlaubnis nichts gewusst.
Die gegen ihn in Ziffer 2 und 3 enthaltenen Vorwürfe bestreitet er. Er behauptet, er habe seine Ehefrau weder bedroht noch habe er sie verletzen wollen. Er habe mit ihr keinen Streit gehabt. Er habe seinen Schlafanzug aus einem auf dem Kleiderschrank stehenden Koffer holen wollen. Als er den Schlafanzug auf einem Stuhl stehend aus dem Koffer gezogen habe, sei auch die Pistole, die er ebenfalls im Koffer verwahrt gehabt habe, mit aus dem Koffer gefallen. Dabei habe sich ein Schuss gelöst. Der Schuss habe seine Ehefrau getroffen, die gerade habe zu Bett gehen wollen.

schen Wesentlichem und weniger Wesentlichem zu achten – hiergegen wird von Anfängern häufig, übrigens auch bei der Abfassung eines Urteils, verstoßen. Das die einzelnen gesetzlichen Tatbestandsmerkmale ausfüllende tatsächliche Geschehen sollte möglichst in Hauptsätzen mitgeteilt werden, weil Hauptsätze stärkeres Gewicht als Nebensätze haben. Deshalb bei einem Vorgang i.S.v. § 243 Abs. 1 Nr. 2 StGB z.B. besser: „dann sprengte der Angeschuldigte mit dem mitgeführten Schraubenzieher den Deckel der verschlossenen Kassette auf und entnahm daraus ..." statt: „Der Angeschuldigte entnahm aus der Kassette, nachdem er ... aufgesprengt hatte."

Ein anderer häufiger Anfängerfehler besteht darin, den Sachverhalt nicht als objektiv ablaufendes Geschehen, sondern als subjektive Beobachtung von Zeugen wiederzugeben (Falsch daher: „Der Gastwirt X sah in diesem Augenblick, wie der Angeschuldigte aus seiner Hosentasche einen blinkenden Gegenstand hervorholte und damit auf X einschlug. Wie sich später herausstellte, handelte es sich bei dem Gegenstand um einen Schlagring", vielmehr richtig nur: „Der Angeschuldigte zog aus seiner Tasche einen Schlagring hervor und schlug damit ...").

Personen werden in der Regel mit dem Namen und einem weiteren Zusatz (der Schneidermeister X, der Beifahrer Y, die Fußgängerin Z), nicht aber mit „Herr X" und schon gar nicht mit dem Artikel „der" X bezeichnet. So weit Mitbeteiligte der Straftat in der Sachverhaltsschilderung, jedoch nicht als Angeschuldigte, erscheinen, empfiehlt sich zur Klarstellung bei deren erstmaliger Nennung ein Hinweis darauf, was aus dem Ermittlungsverfahren gegen diese Personen geworden ist oder werden wird („Der Angeschuldigte stieg zusammen mit dem Jugendlichen Y, gegen den wegen dieses Vorfalls zwischenzeitlich das vereinfachte Jugendverfahren nach § 76 JGG durchgeführt wurde, ...").

Eine unzulässige Umgehung von Sachverhaltsschilderung ist die Verwendung der technischen Ausdrücke des Gesetzes. Es darf also nicht heißen: „Der Angeschuldigte verfälschte sodann die Urkunde", auch nicht: ... verfälschte sodann die Urkunde, indem er ...", sondern richtig nur: „Der Angeschuldigte änderte den Namenszug des Unterzeichneten X. Wolf in X. Woller, wobei er mit einem scharfen Messer zunächst ...".

⇨ Im Anschluss an die Sachverhaltsschilderung folgen die gesetzlichen Merkmale der einschlägigen Straftaten in der Sprache des Gesetzes, eingeleitet mit den Worten: „Der Angeschuldigte wird daher beschuldigt ..."

Hierher gehören auch die Konkurrenzen, die Begehungs- und die Teilnahmeformen. Sachliches Zusammentreffen mehrerer Taten kann gegebenenfalls auch durch Nummerierung zum Ausdruck gebracht werden.

Also (weiteres Beispiel):

1. Eine fremde bewegliche Sache einem anderen in der Absicht rechtswidriger Zueignung weggenommen zu haben,
2. zur Täuschung im Rechtsverkehr eine echte Urkunde verfälscht zu haben und von dieser verfälschten Urkunde Gebrauch gemacht zu haben und durch die gleiche Handlung versucht zu haben, in der Absicht, sich einen rechtswidrigen Vermögensvorteil zu verschaffen, das Vermögen eines anderen durch Vorspiegelung falscher Tatsachen und dadurch bewirkte Irrtumserregung zu beschädigen.

Bei mehreren Angeschuldigten lautet der Einleitungssatz etwa:

„Es werden daher beschuldigt: der Angeschuldigte X: 1) ...
    2) ...,
    der Angeschuldigte Y: ...

Wo es die Übersichtlichkeit erfordert, kann im Anschluss an die Nennung der gesetzlichen Merkmale ein Hinweis auf den entsprechenden Absatz im Sachverhalt erfolgen (also etwa bei mehreren sachlich zusammentreffenden Vergehen des Diebstahls und des Betrugs: „Der Angeschuldigte wird daher beschuldigt, durch selbständige Handlungen in 3 Fällen eine fremde bewegliche Sache ... (Fälle 1, 2 und 5) und durch weitere selbständige Handlungen in 2 Fällen in der Absicht, sich einen rechtswidrigen ... (Fällen 3 und 4)."

⇨ Dann folgt die technische Kurzbezeichnung der anzuwendenden Strafvorschrift mit der zutreffenden Deliktsart einschließlich der §§-Bezeichnung am Ende, wobei nunmehr die Originalüberschriften des StGB zu verwenden sind, so weit solche vorhanden sind; vgl. für das Urteil § 260 Abs. 4 S. 2 StPO. Dieser Teil wird entweder eingeleitet mit den Worten „strafbar als ..." oder der folgende Absatz wird nur zwischen Gedankenstriche gesetzt, etwa: – Urkundenfälschung in Tateinheit mit versuchtem Betrug in Tatmehrheit mit Diebstahl nach §§ 267, 263, 242, 22, 52, 53 StGB –.

Die Angabe der Deliktsart („Vergehen"/„Verbrechen") erfolgt – ebenso wenig wie in der Urteilsformel – nicht.

Zu den einschlägigen zu zitierenden Paragraphen gehören auch Qualifizierungen, Antragserfordernis usw.

Besonderheiten bei der Behandlung des „schweren Falles" und des „Minderschweren Falles":

Beim „schweren Fall" wird man, wenn ein gesetzliches Regelbeispiel eingreift (z.B. bei § 243 StGB), die zutreffenden gesetzlichen Merkmale erwähnen und anschließend bei der technischen Kurzbezeichnung der Tat die betreffende Bestimmung zitieren (a.A. K/Meyer-Goßner § 200 Rn. 11). Im Sachverhalt selbst ist darauf zu achten, dass das dem Regelbeispiel entsprechende Tatgeschehen vollständig herausgearbeitet wird. So weit kein gesetzliches Regelbeispiel vorhanden ist (z.B. bei § 212 Abs. 2 StGB), entfällt eine Berücksichtigung im Anklagesatz, es können dann im „Wesentlichen Ergebnis der Ermittlungen" entsprechende Ausführungen zum Vorliegen eines „schweren Falles" gemacht werden.

Entsprechendes gilt für den „minderschweren Fall".

⇨ Das wesentliche Ergebnis der Ermittlungen

Dieser Abschnitt ist gem. § 200 Abs. 2 S. 2 StPO lediglich bei Anklage zum Strafrichter entbehrlich, empfiehlt sich aber auch dort in vielen Fällen. In diesem Abschnitt sollen die Beteiligten, insbesondere der Angeschuldigte, über die Beweissituation aufgeklärt werden. Je umfangreicher und schwieriger der Fall ist, um so gründlicher wird auch „das wesentliche Ergebnis der Ermittlungen" ausfallen müssen. So wird bei Kapitalverbrechen oder in sonstigen geeigneten Fällen die Persönlichkeit des Angeschuldigten hier näher gewürdigt. In das wesentliche Ergebnis der Ermittlungen können die mit dem strafbaren Sachverhalt im Zusammenhang stehenden, jedoch nicht zum gesetzlichen Tatbestand selbst gehörenden Umstände mitgeteilt werden (Vorgeschichte der Tat, Tatfolgen usw.), insbesondere aber ist hier die Beweislage näher anzugeben; Rechtsfragen werden nur in besonderen Fällen behandelt, wenn etwa für das Verständnis der Anklage erforderlich oder wenn besonders schwierig. Wie schon früher gesagt, kann in diesem Abschnitt auf Vorstrafen hingewiesen werden. Ein solcher Hinweis erfolgt jedoch nur dann, wenn anzunehmen ist, dass die Vorstrafen für die Strafzumessung von Bedeutung sein werden, also etwa bei besonders zahlreichen oder schwer wiegenden oder einschlägigen Vorstrafen (vgl. § 243 Abs. 4 S. 3 StPO).

Im Falle 1 beruft sich der Angeschuldigte auf einen Verbotsirrtum. Dieser Einwand greift jedoch nicht durch, weil der Angeschuldigte selbst einräumt, dass auch in seiner Heimat Österreich Schusswaffen nicht ohne behördliche Erlaubnis erworben werden dürfen.

In den Fällen 2 und 3 wird er durch die Darstellung seiner Ehefrau und die Aussagen der Zeugen Herbert Mayer und Ulla Hoffmann überführt werden. Die Zeugin Hoffmann, die Wohnungsnachbarin des Angeschuldigten, hat gehört, wie dessen Ehefrau zur Tatzeit um Hilfe rief. Ein solcher Hilferuf war nur veranlasst, wenn die Ehefrau sich durch den Angeschuldigten bedroht fühlte. Wäre das Verteidigungsvorbringen des Angeschuldigten richtig, dann hätte für die Frau weder vor noch nach dem ungewollten Schuss eine bedrohliche Lage bestanden, die einen Hilferuf gerechtfertigt hätte. Der Zeuge Mayer wird bekunden, dass der Angeschuldigte seiner Ehefrau, als der Zeuge noch in der gleichen Nacht die Eheleute Beck in die Universitätsklinik nach Würzburg fuhr, ausdrücklich aufgetragen hat, sie solle, wenn sie im Krankenhaus nach dem Hergang der Verletzung gefragt werde, die Version schildern, mit der er sich auch jetzt verteidigt. Entspräche diese Version den Tatsachen, dann hätte der Angeschuldigte sie seiner Ehefrau nicht erst beibringen müssen.

10. Zu Aburteilung ist nach §§ 24, 25 GVG, §§ 7, 8 StPO das Amtsgericht – Schöffengericht – Würzburg zuständig.

Ich erhebe deshalb die öffentliche Klage und beantrage,

a) die Anklage zur Hauptverhandlung vor dem Schöffengericht bei dem Amtsgericht Würzburg zuzulassen,

b) die Fortdauer der Untersuchungshaft anzuordnen, weil die Haftgründe fortbestehen (Haftbefehl Bl. 16/17)
Ablauf der in § 121 Abs. 2 StPO bezeichneten Frist: 6. 4. 2005.

c) die Anberaumung eines Termins zur Hauptverhandlung,

d) den Antrag des Rechtsanwalts Y vom 11. 10. 2004 (Bl. 33), ihn dem Angeschuldigten als Pflichtverteidiger beizuordnen, abzulehnen, weil bereits ein Pflichtverteidiger bestellt ist.

11. Als Beweismittel bezeichne ich:

Zeugen:
1 ... 2 ... 3 ...
Sachverständiger ...:

Urkunden:
Attest der Universitätsklinik Würzburg (Bl. 28); Auszüge aus BZR

Überführungsstücke:
1 Pistole mit Magazin und Patronen
1 Damennachthemd.

12. Mit Akten an das Amtsgericht – Schöffengericht – Würzburg.
Würzburg, den 22. 10. 2004
Staatsanwaltschaft bei dem Landgericht Würzburg
gez. Unterschrift
Staatsanwalt

Der notwendige Inhalt der Anklageschrift ergibt sich aus § 200 StPO i.V.m. Nrn. 110 bis 114 RiStBV.

Die einzelnen Bestandteile sind jeweils links neben dem Muster der Anklageschrift erläutert.

⇨ Die Anträge an das zuständige Gericht
Regelmäßig finden sich hier folgende 2 Anträge:
Ich beantrage
1. das Hauptverfahren zu eröffnen (§ 199 Abs. 2 S. 1 StPO) und die Anklage zur Hauptverhandlung vor dem Amtsgericht-Schöffengericht-Würzburg zuzulassen (vgl. § 207 StPO) und
2. einen Termin zur Hauptverhandlung zu bestimmen.

Hierher gehören auch etwaige weitere Anträge, z.B. auf Verbindung mit einer anderen Sache (§ 237 StPO), auf Zuziehung eines zweiten Richters beim Amtsgericht (§ 29 Abs. 2 S. 1 GVG) oder auf Fortdauer der Untersuchungshaft (§ 207 Abs. 4 StPO und Nr. 110 Abs. 4 S. 2 RiStBV).

⇨ Beweismittel (Zeugen, Sachverständige, Urkunden usw.) Bei den Zeugen und Sachverständigen sind die ladungsfähigen Anschriften anzugeben.

⇨ Adressierung

III. Antrag auf Entscheidung im vereinfachten Jugendverfahren

Siehe zunächst § 76 JGG.

Das Nähere kann aus dem folgenden Beispiel entnommen werden.

> „An das Amtsgericht – Jugendgericht – Würzburg mit dem Antrag, gegen den Angeschuldigten X im vereinfachten Jugendverfahren zu entscheiden; auf die Teilnahme an der mündlichen Verhandlung verzichte ich.
>
> Sachverhalt: (Kurze Sachverhaltsschilderung).
> – Strafbar als ... –"

In manchen Bundesländern ist es üblich, den Jugendlichen in diesem Verfahren nicht als Angeschuldigten, sondern als Beschuldigten zu bezeichnen.

IV. Antrag auf Erlass eines Strafbefehls

Der Strafbefehlsantrag ist in der Praxis der häufigste Fall der Erhebung der öffentlichen Klage. Er eignet sich vor allem für einfach gelagerte Fälle innerhalb der Grenzen des § 407 Abs. 2 StPO (Vergehen mit den dort genannten Rechtsfolgen). Der Strafbefehlsantrag verbietet sich in Fällen, in denen ohnehin mit einem Einspruch, also mit der Durchführung einer Hauptverhandlung zu rechnen ist. Für das richtige Verständnis der Abfassung des Strafbefehlsantrages ist folgendes zu berücksichtigen:

Der Strafbefehl selbst ist ein Schreiben des Gerichts an den Angeschuldigten, in welchem diesem u.a. der strafbare Sachverhalt mitgeteilt, die gesetzliche Grundlage für die Bestrafung genannt und in welchem schließlich auch die Strafe festgesetzt wird. Wegen dieser Form eines Anschreibens wird der Strafbefehl in der persönlichen Anrede gehalten. Die Staatsanwaltschaft ihrerseits beantragt nun bei Gericht, ein solches Anschreiben an den Angeschuldigten zu schicken. Obwohl also das **Gericht** der Adressat des **Strafbefehlsantrags der Staatsanwaltschaft** ist, formuliert die Staatsanwaltschaft zur Vereinfachung gem. Nr. 176 RiStBV ihren Antrag bereits in der Form, in der der Strafbefehl dann vom Gericht an den Angeschuldigten hinausgehen soll. So wird verständlich, dass der Strafbefehlsantrag des Staatsanwalts, obwohl nicht unmittelbar an den Angeschuldigten gerichtet, dennoch in Form eines Anschreibens an den Angeschuldigten abgefasst wird.

C. Besonderheiten beim Vorliegen von Ordnungswidrigkeiten

Im Rahmen dieser Darstellung kann nur eine kurze Übersicht über das OWiG gegeben werden. Das OWiG enthält in seinem 1. Teil allgemeine Bestimmungen ähnlich denen des Allgemeinen Teils des StGB, in seinem 2. Teil verfahrensrechtliche Regelungen ähnlich der StPO und im 3. Teil einige materiellrechtliche Tatbestände. Im übrigen finden sich die materiellrechtlichen Bestimmungen nach ihrem Sachzusammenhang in anderen Gesetzen, etwa der StVO i.V.m. dem StVG usw.

Zur Verfolgung der Ordnungswidrigkeiten ist nach § 35 Abs. 1 OWiG grundsätzlich die Verwaltungsbehörde zuständig, es ergeht gem. §§ 65 ff. OWiG ein Bußgeldbescheid, gegen den nach § 67 OWiG Einspruch möglich ist. Damit erst kommt im Regelfall eine Ordnungswidrigkeit zum Gericht (§ 68 OWiG), von da an ist auch die Staatsanwaltschaft am gerichtlichen Verfahren beteiligt, bzw. sie kann sich beteiligen (§§ 69, 75 OWiG). Dies gilt uneingeschränkt nur, wenn die betreffende Handlung **lediglich** den Tatbestand einer Ordnungswidrigkeit erfüllt.

Beim **Zusammentreffen von Ordnungswidrigkeiten und Straftaten** ist zu unterscheiden:

Erfüllt die gleiche Handlung (§ 52 StGB) sowohl den Tatbestand einer Ordnungswidrigkeit als auch einer Straftat, so kommt nur das Strafrecht zur Anwendung (vgl. § 21 Abs. 1 S. 1 OWiG; Ausnahme: § 21 Abs. 2 OWiG und für etwaige Nebenfolgen aus dem Recht der OWiG: § 21 Abs. 1 S. 2 OWiG).

Treffen Straftaten und Ordnungswidrigkeiten innerhalb einer einheitlichen Tat i.S.d. § 264 StPO in Tatmehrheit (§ 53 StGB) zusammen, so unterliegt dem Gericht die Beurteilung der ganzen Tat im prozessualen Sinn gem. § 82 Abs. 1 OWiG auch unter dem Gesichtspunkt der Ordnungswidrigkeit. Die Staatsanwaltschaft verfolgt diese einheitliche Tat i.S.d. § 264 StPO gem. § 40 OWiG ebenfalls bereits unter dem rechtlichen Gesichtspunkt der Ordnungswidrigkeit. Das Verfahren ist insoweit jedoch das gewöhnliche Strafverfahren. Besteht darüber hinaus ein Zusammenhang zwischen Straftaten und Ordnungswidrigkeiten (das liegt nach § 42 Abs. 1 OWiG dann vor, wenn entweder der gleiche Täter sowohl Straftaten als auch Ordnungswidrigkeiten begangen hat – persönlicher Zusammenhang – oder wenn bei einer einheitlichen Tat i.S.d. § 264 StPO der eine Beteiligte eine Straftat, der andere eine Ordnungswidrigkeit begangen hat – sachlicher Zusammenhang –), so **kann** die Staatsanwaltschaft bei der Verfolgung der Straftat die Ordnungswidrigkeit mit einbeziehen (§ 42 Abs. 1 S. 1 OWiG). Das Verfahren richtet sich dann nach §§ 63 ff. OWiG.

In der Anklage wird bei sachlichem Zusammenhang der daneben vorhandene Täter der Ordnungswidrigkeit als „Betroffener" bezeichnet. Im Strafbefehlsantrag ist zu beachten, dass im Falle des persönlichen Zusammenhangs neben der Strafe eine Geldbuße beantragt wird (d.h. nach Formulierung des Strafbefehlsantrags neben der Strafe eine Geldbuße bereits ausgeworfen wird).

D. Einstellung des Verfahrens

I. Allgemeines

Hierher gehören einmal die Fälle der §§ 153–154e StPO, 45 JGG einerseits und § 170 Abs. 2 StPO andererseits. Beide Gruppen schließen sich logischerweise aus, da bei §§ 153 ff. StPO eine Straftat vorliegt, während bei § 170 Abs. 2 StPO gerade eine Verurteilung nicht zu erwarten ist. Deshalb geht eine Einstellung nach § 170 Abs. 2 StPO vor, weil hier eine Straftat verneint wird. Für sämtliche Fälle der Einstellung gilt, dass dem Anzeigeerstatter, so weit er nicht sein fehlendes Interesse am Ausgang des Verfahrens zum Ausdruck gebracht hat, die Einstellung und deren Begründung mitzuteilen sind.

II. Ausnahmen vom Verfolgungszwang

1. Einstellung nach § 153 Abs. 1 StPO

Nach dieser Vorschrift kann das Verfahren bei Vergehen zum Ausgleich von auftretenden Härten eingestellt werden, wenn im konkreten Fall die Schuld des Täters gering ist (im Vergleich zu den Durchschnittsverstößen gegen dieselbe Strafbestimmung) und kein öffentliches Interesse an der Strafverfolgung besteht. Grundsätzlich ist zur Einstellung die Zustimmung des zuständigen Richters erforderlich (Ausnahme siehe § 153 Abs. 1 S. 2 StPO). § 153 Abs. 2 StPO trifft demgegenüber den hier für die Abschlussverfügungen der Staatsanwaltschaft nicht einschlägigen Fall der Einstellung durch das Gericht nach Klageerhebung.

2. Einstellung nach § 153a Abs. 1 StPO und § 153b Abs. 1 StPO

Im Falle des § 153a StPO würde an sich ein öffentliches Interesse an der Verfolgung bestehen, es erscheinen aber die dort genannten Auflagen und Weisungen geeignet, das öffentliche Interesse an der Verfolgung zu beseitigen.

Im Falle des § 153b StPO kann mit Zustimmung des Gerichts die Staatsanwaltschaft das Verfahren in den Fällen, in denen nach dem materiellen Strafrecht das Gericht trotz Vorliegens einer Straftat von einer Bestrafung absehen kann (vgl. z.B. §§ 157, 158 Abs. 1, 199 StGB), bereits im Ermittlungsstadium einstellen.

3. Einstellung nach §§ 153c–153e StPO

In diesen Fällen fehlt entweder die besondere Beziehung zu den inländischen Interessen oder es soll der Konfliktsituation von Tätern Rechnung getragen werden, die einer anderen Rechtsordnung unterstehen, ferner sind hier Fälle mit politischem Einschlag enthalten.

4. Einstellung nach § 154 StPO wegen unwesentlicher Nebendelikte

Neben § 153a StPO handelt es sich hierbei um den wichtigsten Fall dieser Gruppe. Vgl. hierzu Nr. 5 Abs. 1, 101 RiStBV. Diese Bestimmung schafft die Möglichkeit, die Strafverfolgung wegen solcher Taten im prozessualen Sinn (§ 264 StPO) einzustellen, deren Verfolgung wegen weiterer Straftaten des gleichen Beschuldigten sich nicht lohnt. In Betracht kommen hier anderweitige Straftaten des gleichen

Täters, die bereits zu einer Bestrafung in einem anderen Verfahren geführt haben, oder Straftaten, deren Ahndung erst noch bevorsteht, also z.B. auch Straftaten, die im gleichen Ermittlungsverfahren untersucht und verfolgt werden (Hauptanwendungsfall). Demgemäß kann die Staatsanwaltschaft gem. § 154 Abs. 1 StPO das Ermittlungsverfahren ganz oder auch nur **teilweise** einstellen. Die teilweise Einstellung kommt insbesondere in dem häufigen Fall vor, dass im gleichen Ermittlungsverfahren schwerwiegendere und weniger gewichtige Straftaten untersucht werden. Die Einstellung wegen anderer bereits **rechtskräftig** festgesetzter Strafen oder Maßregeln der Besserung und Sicherung erfolgt endgültig, sonst wird vorläufig eingestellt. Bei der vorläufigen Einstellung ermöglicht § 154 Abs. 3 und Abs. 4 StPO die Wiederaufnahme des Ermittlungsverfahrens. Der Staatsanwalt muss daher das andere Verfahren im Auge behalten, um zu gegebener Zeit entscheiden zu können, ob es bei der Einstellung sein Bewenden haben soll (es wird dann nicht etwa nach der vorläufigen Einstellung noch endgültig eingestellt) oder ob das Ermittlungsverfahren wieder aufzunehmen ist.

Auch die vorläufige Einstellung des ganzen Verfahrens ist dem Beschuldigten und dem Anzeigeerstatter mitzuteilen; die vorläufige Einstellung eines Teiles nur dann, wenn aus der Behandlung des verbleibenden Teils nicht ohnehin das Schicksal des eingestellten Teils erkennbar wird. Von der Einstellungsmöglichkeit nach § 154 StPO soll aus prozessökonomischen Gründen weitgehend Gebrauch gemacht werden. Auch in einer Examensklausur kann der Prüfling durch sachgemäße Anwendung der Möglichkeit einer Einstellung nach §§ 153, 153 a, 154 StPO seine praktische Gewandtheit beweisen.

5. Einstellung nach § 154a StPO

Es handelt sich hier um die gleichen Gedanken wie bei § 154 StPO. Bei § 154 a StPO wird lediglich die Möglichkeit hinzugefügt, auch beim Vorliegen nur einer Tat im Sinn des § 264 StPO, ja sogar bei Tateinheit, einzelne Teile der Tat zur Vereinfachung auszuscheiden. Durch die Anwendung von § 154 a StPO kann daher die Regel durchbrochen werden, dass das Gericht die angeklagte Tat unter jedem rechtlichen Gesichtspunkt zu prüfen hat (§ 264 Abs. 2 StPO). Eine Ausscheidung nach § 154 a StPO ist daher unbedingt aktenkundig zu machen und in der Anklageschrift gem. Nr. 110 Abs. 2 e RiStBV anzugeben, damit klar bleibt, inwieweit eine bestimmte rechtliche Beurteilung durch das Gericht zu Recht unberücksichtigt geblieben ist.

6. Einstellung nach § 154b StPO

Einstellung nach § 154 b StPO bei Auslieferung oder Ausweisung.

7. Einstellung nach § 154c StPO

Einstellung nach § 154 c StPO wegen einer Straftat, deretwegen jemand genötigt oder erpresst wurde (es soll dem Opfer einer Nötigung oder Erpressung die Anzeige und Aussage erleichtert werden).

8. Einstellung nach § 154d StPO

§ 154 d StPO: Bei fruchtlosem Ablauf einer Frist zur Austragung einer entscheidenden Vorfrage aus dem bürgerlichen Recht oder Verwaltungsrecht.

9. Einstellung nach § 154e StPO

§ 154 e StPO: Einstellung bei falscher Verdächtigung und Beleidigung wegen Anhängigkeit eines anderen Verfahrens, das sich auf die angezeigte oder behauptete Handlung bezieht.

10. Einstellung nach § 45 JGG

Siehe dort.

III. Einstellung nach § 170 Abs. 2 StPO

1. Abfassung der Einstellungsverfügung

Dies ist der wichtigste Fall einer Einstellungsverfügung. Sie erfolgt, wenn die Ermittlungen „keinen genügenden Anlass zur Erhebung der öffentlichen Klage" geben (vgl. hierzu oben unter B I).

§ 170 Abs. 2 StPO umfasst deshalb die Fälle, in denen entweder kein genügender Tatverdacht vorliegt oder wo trotz Vorliegens eines solchen Tatverdachts eine Verurteilung wegen eines Verfahrenshindernisses nicht zu erwarten ist. Gem. § 171 StPO ist ein etwaiger „Antragsteller" (siehe hierzu 1. Kap. B I) unter Angabe der Gründe zu verbescheiden. Die Einstellungsverfügung muss deshalb in diesem Falle begründet werden. Dem Beschuldigten ist, wenn er als solcher vernommen ist oder sonst ein Interesse an der Mitteilung hat, die Einstellung des Verfahrens – in der Regel ohne Begründung – mitzuteilen: § 170 Abs. 2 S. 2 StPO; Nrn. 88 ff. RiStBV.

Bei der häufig gewählten persönlichen Form der Begründung werden die Einstellungsgründe dem Anzeigeerstatter in persönlicher Anrede auseinander gesetzt.

Gebräuchlich ist aber auch die objektive Form.

Eine solche Verfügung könnte etwa lauten:

> I. Das Ermittlungsverfahren gegen den Beschuldigten ... wird nach § 170 Abs. 2 StPO eingestellt.
>
> **Gründe: ...**
>
> II. Mitteilung von Ziff. I ohne Gründe an den Beschuldigten.
>
> III. Zustellung von Ziff. I mit Gründen an den Anzeigeerstatter (mit oder ohne Beschwerdebelehrung, je nachdem ob er Verletzter ist oder nicht).

Inhaltlich könnten die Gründe einer Einstellungsverfügung etwa wie folgt lauten:

> Dem Beschuldigten liegt zur Last, am 2. 10. 2004 anlässlich eines Vertreterbesuchs in der Wohnung des Anzeigeerstatters eine dort auf der Küchenanrichte liegende Geldbörse entwendet zu haben.
>
> Ein ausreichender Tatnachweis ist jedoch nicht zu führen. Der Beschuldigte hat zunächst geleugnet, jemals in der Wohnung des Anzeigeerstatters gewesen zu sein. Bei einer Gegenüberstellung mit der Ehefrau des Anzeigeerstatters hat er jedoch dann zugegeben, in der fraglichen Wohnung gewesen zu sein; er bestreitet aber, dort eine Geldbörse entwendet zu haben.
>
> Zu einer Überführung des Beschuldigten stehen nur die Angaben der damals allein in der Wohnung anwesenden Ehefrau des Anzeigers zur Verfügung. Diese Zeugin gibt an, ihre Geldbörse jeweils nach dem Einkauf auf der Küchenanrichte abgelegt zu haben und am fraglichen Tag kurz vor dem Besuch des Beschuldigten vom Einkaufen zurückgekommen zu sein. Nach dem Besuch des Beschuldigten habe sie ihre Geldbörse vermisst. Auf Vorhalt hat die Zeugin jedoch nicht sicher sagen können, ob sie auch an diesem Tag ihre Geldbörse an den gewohnten Platz zurückgelegt habe, zumal sie an diesem Tag ziemlich zerstreut gewesen sei. Bei dieser Beweislage ist eine Verurteilung des Beschuldigten nicht mit Wahrscheinlichkeit zu erwarten. Es kann nämlich nicht ausgeschlossen werden, dass die Zeugin die Geldbörse bereits vorher, etwa beim Einkaufen, verloren hat. Dass der Beschuldigte zunächst überhaupt geleugnet hat, in der Wohnung gewesen zu sein, erhöht zwar den Verdacht gegen ihn, es kann sich dabei aber auch um einen bloßen Irrtum gehandelt haben, nachdem der schon mehrere Jahre als Vertreter tätige, strafrechtlich noch nicht in Erscheinung getretene Beschuldigte sich unwiderlegbar dahin eingelassen hat, in der fraglichen Zeit eine Vielzahl von Hausbesuchen gemacht zu haben.

So weit zivilrechtliche Ansprüche in Betracht kommen, hat sich ein Hinweis darauf, dass diese durch die Einstellung des Ermittlungsverfahrens nicht berührt werden, eingebürgert. In ähnlicher Weise wird bei Privatklagedelikten (vgl. § 374 Abs. 1 StPO) in der Regel darauf hingewiesen, dass der Anzeigeerstatter gegebenenfalls im Wege der Privatklage selbst gegen den Beschuldigten vorgehen könne. So weit die Staatsanwaltschaft bei Privatklagedelikten die Verfolgung nicht selbst übernehmen möchte (§ 376 StPO), **verweist** sie den Anzeigeerstatter auf den **Privatklageweg**, gleichgültig, ob vorher Ermittlungen durchgeführt wurden oder nicht.

2. Die Beschwerdebelehrung

Jeder Staatsbürger kann gegen jede Einstellungsverfügung eines Staatsanwalts zu jeder Zeit Beschwerde einlegen. Es handelt sich dann um eine Dienstaufsichtsbeschwerde, bei der der Dienstvorgesetzte die Einstellungsverfügung unter jedem Gesichtspunkt überprüft und gegebenenfalls von seinem Weisungsrecht Gebrauch macht und den Staatsanwalt zur Fortsetzung der Ermittlungen oder zur Erhebung der öffentlichen Klage anweist. Über eine solche allgemeine Beschwerdemöglichkeit braucht niemand, auch nicht der Verletzte oder der Anzeigeerstatter, belehrt zu werden.

Anders verhält es sich mit der in § 172 Abs. 1 StPO aufgeführten **förmlichen Beschwerde**. So weit sie in Betracht kommt, ist der Beschwerdeberechtigte über sein Beschwerderecht und die geltende Frist im einzelnen zu belehren. Aus der etwas allgemeinen Formulierung des § 172 Abs. 1 StPO darf aber nicht geschlossen werden, dass es sich hierbei um eine selbständige Beschwerde handelt, vielmehr handelt es sich um eine sog. „Vorschaltbeschwerde" im Rahmen des in § 172 StPO näher geregelten **Klageerzwingungsverfahrens**. Das bedeutet über den scheinbaren Wortsinn von § 172 Abs. 1 StPO hinaus, dass diese Beschwerde trotz Vorliegens der Voraussetzungen des Abs. 1 dann nicht gegeben ist, wenn die gerichtliche Entscheidung nach Abs. 2 wegen der dort enthaltenen Einschränkungen nicht zur Verfügung steht. Abs. 1 ist also nur im Zusammenhang mit Abs. 2 zu lesen und zu verstehen. Hieraus ergibt sich, dass nur derjenige Anzeigeerstatter, der zugleich der Verletzte ist, die Möglichkeit des Klageerzwingungsverfahrens – dieses eingeleitet mit der förmlichen Beschwerde des § 172 Abs. 1 StPO – hat, sofern nicht eine Einstellung vorliegt ausschließlich wegen Privatklagedelikten oder gem. §§ 153 Abs. 1; 153 a Abs. 1 S. 1, 6; 153 b Abs. 1; 153 c bis 154 Abs. 1; 154 b; 154 c StPO. Umgekehrt hat natürlich auch derjenige Anzeigeerstatter, der wegen der Einschränkungen bei § 172 Abs. 2 StPO keine Möglichkeit der Herbeiführung einer gerichtlichen Entscheidung hat, die eingangs genannte Dienstaufsichtsbeschwerde. Eine Belehrung ist dann aber nach dem oben Gesagten nicht veranlasst. Aus den gleichen Gründen ist die Beschwerde eines Anzeigeerstatters, der zwar an sich die Möglichkeit des Klageerzwingungsverfahrens hätte, der aber die Frist für die Vorschaltbeschwerde versäumt hat, nicht etwa unzulässig, sie wird dann lediglich als zulässige Dienstaufsichtsbeschwerde behandelt. Die Fristversäumung wirkt sich in diesem Fall erst für das weitere Verfahren aus: ein solcher Beschwerdeführer hat mangels Einhaltung des Vorschaltweges nicht mehr die Möglichkeit, durch Antrag auf gerichtliche Entscheidung zu einer sachlichen Überprüfung der Einstellungsverfügung zu gelangen.

Zusammengefasst: Die Beschwerdebelehrung nach § 172 Abs. 1 StPO erfolgt also gegenüber dem verletzten Anzeigeerstatter, sofern die Ausnahmen des § 172 Abs. 2 S. 3 StPO nicht vorliegen. In dem obigen Beispiel der Einstellungsverfügung muss daher die Beifügung einer Beschwerdebelehrung und (wegen des Nachweises des Fristlaufes) die förmliche Zustellung des Bescheides verfügt werden. Möglich wäre statt der förmlichen Zustellung aus Kostengründen auch eine vereinfachte Bekanntgabe gem. Nr. 91 Abs. 2 RiStBV gewesen. Üblicherweise wird die Beschwerdebelehrung nicht in den Text der Mitteilung selbst aufgenommen, sondern als vorgedrucktes Formblatt dem Schreiben beigefügt und in der Mitteilung selbst lediglich auf die anliegende Beschwerdebelehrung verwiesen.

3. Teileinstellung bei mehreren prozessualen Taten

Für eine **teilweise Einstellung** nach § 170 Abs. 2 StPO ergeben sich nur wenige Besonderheiten. Eine solche Einstellung kommt nur dann in Frage, wenn wegen **mehrerer selbständiger prozessualer Taten** ermittelt wird. Wird dann wegen eines Teils der Straftaten eingestellt, so wird grundsätzlich der Anzeigeerstatter und der Beschuldigte insoweit entsprechend dem oben zu 1. und 2. Gesagten in Kenntnis gesetzt. Gegenüber dem Anzeiger kann eine solche Mitteilung dann unterbleiben, wenn er erkennbar auf diesen Teil der Anzeige keinen Wert gelegt hat. Hat eine Mitteilung zu erfolgen, so wird dabei auf die weitere Behandlung wegen des nicht eingestellten Teiles des Verfahrens hingewiesen. Gegenüber dem Beschuldigten kann in der Regel eine Mitteilung unterbleiben, weil er die Teileinstellung aus der Behandlung des restlichen Teils des Ermittlungsverfahrens ohnehin deutlich genug erfährt.

Eine Einstellungsverfügung in diesen Fällen kann etwa lauten:

> 1. Eingestellt nach § 170 Abs. 2 StPO, so weit dem Beschuldigten ein Vergehen des Diebstahls zur Last liegt.
>
> Gründe: ...
> 2. Einschreiben mit Rückschein und Beschwerdebelehrung:
> An Herrn
> So weit ... zur Last liegt, habe ich das Ermittlungsverfahren eingestellt
> Dann: So weit ... habe ich Strafbefehlsantrag zum ... gestellt.
> Oder: So weit ... werde ich demnächst voraussichtlich Anklage zum ... erheben.

Treffen Delikte, bei denen das Klageerzwingungsverfahren möglich ist, mit anderen zusammen, bei denen diese Möglichkeit nicht besteht, und handelt es sich hierbei um verschiedene prozessuale Taten i.S.d. § 264 StPO, muss bei der Beschwerdebelehrung hierauf Rücksicht genommen werden. Versuchen Sie zur Prüfung des Verständnisses in folgendem Fall den Hinweis auf die anliegende Beschwerdebelehrung richtig zu formulieren:

Beispiel: Die angezeigten Vergehen des Diebstahls, des Hausfriedensbruchs und der Nötigung stellen verschiedene prozessuale Taten dar. Die Staatsanwaltschaft hält den Diebstahl für nicht nachweisbar, den Hausfriedensbruch mangels förmlichen Strafantrags für nicht verfolgbar und die Nötigung für eine vernachlässigbare Bagatelle im Sinne von § 153 Abs. 1 S. 2 StPO.

Der Hinweis auf die Beschwerdebelehrung könnte etwa wie folgt lauten:

> „Die anliegende Beschwerdebelehrung bezieht sich nur auf die Einstellung des Verfahrens wegen Diebstahls. Bezüglich der Einstellung wegen des Vergehens des Hausfriedensbruchs kann eine Verfolgung durch den Anzeigeerstatter selbst im Wege der Privatklage erfolgen."

IV. Die unterschiedliche Behandlung mehrerer Teile einer prozessualen Tat

Treffen **innerhalb einer prozessualen Tat** mehrere Delikte tateinheitlich oder tatmehrheitlich zusammen, so darf **keine teilweise Einstellungsverfügung** ergehen. Da der Verfolgungswille der Staatsanwaltschaft innerhalb der prozessualen Tat unteilbar ist, kann jene nur die ganze prozessuale Tat anklagen oder einstellen. Dem entspricht, dass das Gericht auch nur über die prozessuale Tat im Ganzen judizieren kann, und dass sich die Rechtskraft der Entscheidung notwendigerweise auf die ganze prozessuale Tat erstreckt. Daher macht der Staatsanwalt, auch wenn er eine gegenteilige – falsche – Verfügung trifft, immer den gesamten historischen Vorgang (= die prozessuale Tat) mit der Anklage anhängig. Allein mit § 154a StPO ist ein Herausnehmen eines Deliktes aus einer prozessualen Tat möglich, falls insoweit ein hinreichender Tatverdacht besteht. Besteht er nicht, wird durch einen Aktenvermerk festgestellt, dass die angezeigte Tat nicht unter dem rechtlichen Gesichtspunkt z.B. des § 240 StGB zu verfolgen ist. Gebunden ist das Gericht daran nicht, vielmehr kann es nach erfolgtem Hinweis (§ 265 StPO) die angeklagte Tat auch nach § 240 StGB würdigen.

Beispiel: Die angezeigten Vergehen des Diebstahls, des Hausfriedensbruchs und der Nötigung treffen innerhalb einer prozessualen Tat zusammen. Die Staatsanwaltschaft hält den Diebstahl für anklagereif, den Hausfriedensbruch mangels förmlichen Strafantrags für nicht verfolgbar und die Nötigung für eine vernachlässigbare Bagatelle.

In diesem Fall wird die prozessuale Tat allein unter dem Gesichtspunkt des § 242 StGB angeklagt, hinsichtlich des § 123 StGB erfolgt ein Aktenvermerk (etwa: „Die angezeigte Tat ist unter dem Gesichtspunkt des Hausfriedensbruchs nicht verfolgbar, weil ..."), hinsichtlich des § 240 StGB wird hier § 154a Abs. 1 Nr. 1 StPO angewandt, was nach Nr. 101a Abs. 3 RiStBV ebenfalls aktenkundig zu machen und darüberhinaus in der Anklageschrift nach Nr. 110 Abs. 2 e anzugeben ist.

V. Kombinierter Übungsfall

1. Sachverhalt

Zwischen dem unverheiratet zusammenlebendem Paar Anton und Berta kommt es zu einem heftigen Streit, in dessen Verlauf sich beide wechselseitig grob beleidigen und gegenseitig ohrfeigen. Plötzlich ergreift Anton eine volle Weinflasche und schlägt sie auf die rechte Schulter der Berta, so dass diese eine schwere Prellung erleidet und die Weinflasche zersplittert. Ein Splitter gerät an die Wange der Berta und verursacht dort eine Narbe, die alsbald unauffällig verheilt. Anton, über den Verlust des Weines erbost, öffnet eine neue Weinflasche, leert den Inhalt und fährt anschließend mit einer Blutalkoholkonzentration von 1,25 ‰ mit seinem Pkw zu einem Freund.

Strafanträge sind keine gestellt.

Die Polizei legt den Sachverhalt als Anzeige gegen Anton und Berta vor, wobei als verwirklicht angesehene Strafvorschriften bei Anton §§ 185, 223 Abs. 1, 226 Abs. 1 Nr. 3, 18, 316 Abs. 2, 52, 53 StGB und bei Berta §§ 185, 223 Abs. 1, 52 StGB genannt werden.

2. Rechtliche Würdigung der Staatsanwaltschaft

Es liegen drei prozessuale Taten vor, eine von Berta begangene und zwei von Anton begangene. Bei Berta ist die Situation unproblematisch, da die verwirklichten Delikte nach §§ 185, 223 Abs. 1 StGB in Tateinheit zueinander stehen und damit von vornherein eine einzige prozessuale Tat vorliegt. Bei Anton liegen zwei prozessuale Taten vor. Der Komplex des Schlags mit der Weinflasche steht mit den vorangegangenen Beleidigungen und Tätlichkeiten, die ihrerseits in Tateinheit stehen, im Verhältnis der Tatmehrheit, da sich die Handlungsabläufe nicht überschneiden und ein neuer Tatenschluss gegeben ist. Gleichwohl bilden beide materiellrechtliche Handlungen insgesamt eine prozessuale Tat, da sie innerlich miteinander verknüpft sind und ihre Trennung zu einer unnatürlichen Aufspaltung eines einheitlichen Lebensvorganges führen würde. Demgegenüber stellt die Trunkenheitsfahrt einen neuen Lebensvorgang dar, der durch das vorangegangene Geschehen motiviert sein mag, aber mit ihm keine innere Verknüpfung aufweist. Beide Geschehensabläufe, die von unterschiedlichen Tatenschlüssen geprägt sind, sind ohne Verständnisbruch trennbar. Sie können daher Gegenstand unterschiedlicher Abschlussverfügungen sein.

3. Folgerungen

Gegen Berta wird die Staatsanwaltschaft das Verfahren nach § 170 Abs. 2 StPO einstellen, weil Strafanträge zu §§ 185, 223 Abs. 1 StGB nicht gestellt sind. Sollten Strafanträge gestellt sein oder bis zur staatsanwaltschaftlichen Abschlussbehandlung fristgerecht gestellt werden, würde sich am Ergebnis nichts, an der Begründung insoweit etwas ändern, als dann das öffentliche Interesse für ein amtswegliches Einschreiten zu verneinen wäre und damit Anton auf den Privatklageweg zu verweisen wäre (§ 376 StPO). Da die Bejahung des öffentlichen Interesses bei Privatklagedelikten eine Verfahrensvoraussetzung ist, fehlt eine solche, wenn das öffentliche Interesse nicht bejaht wird, so dass die Einstellungsverfügung aus § 170 Abs. 2 StPO ergeht.

Im Sachverhalt sind Strafanträge jedoch nicht gestellt. Rein konstruktiv könnte die Staatsanwaltschaft – was aber wegen der Wechselseitigkeit der Verletzungen unvertretbar wäre – das besondere öffentliche Interesse an der Strafverfolgung hinsichtlich § 223 Abs. 1 StGB bejahen. In diesem – rein konstruktiv denkbaren – Fall würde sie dann die Tat allein unter § 223 Abs. 1 StGB würdigen, wobei theoretisch eine Sachbehandlung nach § 153a StPO oder ein Strafbefehlsantrag oder eine Anklageschrift möglich wären. Da § 185 StGB aber in keinem Fall verfolgbar wäre, würde die Staatsanwaltschaft zuvor einen entsprechenden Aktenvermerk fertigen und die Nichtverfolgbarkeit des § 185 StGB kurz festhalten. Sollte im gerichtlichen Verfahren – rein theoretisch – der Strafantrag nach § 185 StGB fristgerecht nachgeholt werden, wäre das Gericht verpflichtet, auch diesen rechtlichen Aspekt mit zu würdigen, da eine einheitliche prozessuale Tat vorliegt.

Gegenüber Anton würde hinsichtlich der §§ 185, 223 Abs. 1 StGB materiell gesehen das Gleiche gelten, jedoch kann die Staatsanwaltschaft eine auf diese Normen isoliert bezogene Abschlussverfügung nicht treffen, weil die Delikte mit der als schwere Körperverletzung angezeigten weiteren Handlung in einer prozessualen Tat verbunden sind. Daher würde die Staatsanwaltschaft die §§ 185, 223 Abs. 1, 52 StGB mit einem Aktenvermerk (Strafantrag nicht gestellt; hinsichtlich der Körperverletzung wegen Wechselseitigkeit keine Bejahung des besonderen öffentlichen Interesses) ausscheiden. Für die wiederum nur konstruktiv denkbare Bejahung des besonderen öffentlichen Interesses bei § 223 Abs. 1 StGB würde hier gelten, dass die Staatsanwaltschaft § 223 Abs. 1 StGB dann zusammen mit der im Folgenden zu würdigenden Handlung des Schlags mit der Weinflasche anklagen könnte. Will sie das nicht tun, müsste sie § 223 Abs. 1 StGB als abtrennbaren Teil einer Tat, der gegenüber den verbleibenden Taten nicht ins Gewicht fällt, nach § 154a I Nr. 1 StPO abtrennen und die Abtrennung aktenkundig machen.

Der Schlag mit der Weinflasche wäre als gefährliche Körperverletzung nach § 224 Abs. 1 Nr. 2 StGB zu würdigen und nicht als schwere Körperverletzung nach § 226 I. Nr. 3, Abs. 2 StGB, da Berta nicht in erheblicher Weise dauernd entstellt ist. Auch wenn es nicht vorgeschrieben ist und in der Praxis auch nicht durchgängig üblich sein mag, dass die Staatsanwaltschaft eine gegenüber der anzeigenden Polizei abweichende rechtliche Würdigung in einem internen Vermerk festhält und begründet, bietet sich dies für eine Examensklausur jedoch an.

Die weitere prozessuale Tat der fahrlässigen Trunkenheit im Verkehr nach § 316 Abs. 2 StGB bietet keine gesonderten Probleme.

4. Konkrete Verfahrensbehandlung

I. Verfahren gegen Berta

1. Einstellung nach § 170 Abs. 2 StPO, da Strafantrag nicht gestellt ist.
2. Mitteilung ohne Gründe an Beschuldigte Berta.
3. Mitteilung an Geschädigten unterbleibt mangels Verfolgungsinteresses.

II. Verfahren gegen Anton:

1. Vermerk:

Eine Verfolgung der Tat unter den rechtlichen Gesichtspunkten der Beleidigung und der vorsätzlichen Körperverletzung (§§ 185, 223 Abs. 1, 52 StGB) ist mangels Strafantrags der Geschädigten nicht möglich. Ein besonderes öffentliches Interesse an der Verfolgung der Körperverletzung besteht nicht (hierzu kann Nr. 234 Abs. 1 RiStBV bei einem internen Vermerk zitiert werden; bei einer nach außen tretenden Verfügung ist das Zitat der internen RiStBV nicht üblich).

Alternative, wenn die Staatsanwaltschaft das besondere öffentliche Interesse hinsichtlich der Körperverletzung bejahen möchte:

1. Vermerk:
   a) Eine Verfolgung der Tat unter dem Gesichtspunkt des § 185 StGB unterbleibt mangels Strafantrags.
   b) Von der Verfolgung der Tat unter dem Gesichtpunkt der Körperverletzung wird abgesehen, weil dieser abtrennbare Teil gegenüber den anderen Gesetzesverletzungen, die verfolgt werden, nicht ins Gewicht fällt (§ 154 a Abs. 1 Nr. 1 StPO).

2. (in beiden Alternativen): Da die Verletzte nicht in erheblicher Weise dauernd entstellt ist, wird nicht von einer schweren Körperverletzung nach § 226 Abs. 1 Nr. 1, Abs. 2 StGB ausgegangen, sondern von einer gefährlichen Körperverletzung nach § 224 Abs. 1 Nr. 2 StGB.

3. Anklageerhebung hinsichtlich § 224 Abs. 1 Nr. 2 StGB und § 316 Abs. 2 StGB, jeweils als zwei verschiedene prozessuale Taten in Tatmehrheit stehend.

4. Alternative: Unterstellt, die fahrlässige Trunkenheitsfahrt würde sich zu einem massiven Delikt, etwa einer Gefährdung des Straßenverkehrs mit Körperverletzung eines Unbeteiligten und anschließendem Entfernen vom Unfallort (§§ 315 c Abs. 1 Nr. 1 a, Abs. 3 Nr. 2, 229, 52; 142 Abs. 1; 53 StGB) auswachsen, wäre es konstruktiv möglich, den vorhin mitangeklagten und unter § 224 StGB gewürdigten Komplex mittels § 154 StPO auszuscheiden, womit die entsprechende Verfügung lauten würde:

Von der Verfolgung der dem Beschuldigten zur Last liegenden schweren Körperverletzung wird abgesehen, da die Strafe, die der Beschuldigte wegen einer anderen Tat zu erwarten hat, nicht beträchtlich ins Gewicht fällt.

Eine Sachbehandlung nach § 154 StPO wäre hier möglich, da es sich – wie gezeigt – um zwei verschiedene prozessuale Taten handelt.

E. Muster einer Anklageschrift (niedersächsische Fassung)

Staatsanwaltschaft Oldenburg
Gerichtsstr. 7, 26135 Oldenburg, Telefon: 0441/220-0, Durchwahl: –, Fax: 0441/220-
Aktenzeichen (bitte stets angeben):
– 110 Js 55 679/04 –

29.12.2004

Eilt! Haft!
Haftprüfung gem. § 121 StPO
am 13.5.2005

Amtsgericht Oldenburg
– Schöffengericht –
Elisabethstr. 7
26135 Oldenburg

Anklageschrift

Der Handelsvertreter Ferdinand H ......,	zuletzt wohnhaft Bahnhofstr. 13, 26122 Oldenburg, geb. am 8.8.1970 in Bremen, verheiratet, Deutscher, Bl. 25 d.A.
	vorläufig festgenommen am 13.12.2004 und seit dem 14.12.2004 in Untersuchungshaft in der Justizvollzugsanstalt Oldenburg aufgrund des Haftbefehls des Amtsgerichts Oldenburg vom 14.12.2004 –22 Gs 1234/04-
	Bl. 12, 46 d.A.
	Verteidiger: Rechtsanwalt Dr. M ......, Dachstr. 1, 26121 Oldenburg Vollmachtsurkunde: Bl. 32 d.A.

wird angeklagt,

in Oldenburg

in der Zeit von November bis Dezember 2004

durch drei Straftaten

1. in zwei Fällen
   die ihm kraft Rechtsgeschäft obliegende Pflicht, fremde Vermögensinteressen wahrzunehmen, verletzt und dadurch dem, dessen Vermögensinteressen er zu betreuen hat, Nachteile zugefügt zu haben,

Bei der Abfassung einer Anklageschrift nach dem niedersächsischen Muster gelten auch die oben unter B II aufgestellten Grundsätze.

Der notwendige Inhalt einer Anklageschrift ergibt sich aus § 200 StPO i.V.m. Nr. 110–114 RiStBV. Die Bestimmungen sollten bei Abfassung einer Anklageschrift stets als Merkhilfe herangezogen werden. Ferner enthält die Anklageschrift auch den Antrag, das Hauptverfahren zu eröffnen (§ 199 Abs. 2 StPO).

Diese wenigen Vorschriften besagen aber nichts zu der allgemeinen Form. Auch über die Reihenfolge, in der die erforderlichen Angaben zu machen sind, schweigen die Bestimmungen. Das hat zur Folge, dass sich in den einzelnen Ländern, selbst in den einzelnen OLG-Bezirken unterschiedliche Fassungen entwickelt haben. Zur Vereinfachung der Darstellung wird hier neben der bayerischen (s.o.) lediglich die in Niedersachsen gebräuchliche Fassung aufgezeigt, die sich im OLG-Bezirk Oldenburg herausgebildet hat und in ihren wesentlichen Teilen beispielsweise auch in Nordrhein-Westfalen und Hessen gilt.

Der Bearbeiter hat bei dieser Fassung stets zu berücksichtigen, dass die **Anklageschrift wie ein behördliches Schreiben** abgefasst ist. Damit weicht der Aufbau wesentlich von der bayerischen Fassung ab:

⇨ **Kopf der Anklageschrift:**
Neben der Behördenbezeichnung, Adresse und Telefon- und Faxnummer, Aktenzeichen, einen evtl. Hinweis auf die „Eilt! Haft"-Sache werden auch die Vorlagedaten für die Haftprüfungen genannt.

⇨ **Adressat:** hier ist das Gericht anzugeben, bei dem die öffentliche Klage erhoben werden soll (Nr. 110 Abs. 3 S. 1 u. 2 RiStBV).

⇨ Nunmehr folgt die Überschrift „**Anklageschrift**" oder „**Antragschrift auf Entscheidung im beschleunigten Verfahren (§§ 417 ff StPO)**" mit der Besonderheit, dass dort statt vom Angeschuldigten vom Beschuldigten gesprochen wird.

⇨ Zuerst werden die **Personalien des Angeschuldigten** (zum Begriff: § 157 StPO) gemäß Nr. 110 Abs. 2 a RiStBV angegeben. Bei mehreren Angeschuldigten ist in der Regel der Haupttäter vor den Teilnehmern oder Nebenbeteiligten zu nennen. Bei mehreren Haupttätern gibt die Schwere der angeklagten Tat, ansonsten die Reihenfolge der Eintragung bei der StA oder nach der Geschäftsverteilung der Gerichte den Ausschlag. Vorstrafen dürfen hier nicht angeführt werden (Gefahr der Beeinflussung der Schöffen), sie gehören ins „Wesentliche Ergebnis der Ermittlungen". Ferner sollen hier die, soweit gegeben, Haftbefehlsdaten und vom Gericht nach § 51 StGB zu berücksichtigenden Daten der vorläufigen Festnahme angeführt werden.

⇨ **Verteidiger** mit Hinweis auf die Vollmachtsurkunde, da ohne Urkunde keine förmliche Verteidigung vorliegt.

⇨ **Tatort und Tatzeit:** Diese Angaben werden durch die Worte „wird/werden angeklagt" mit den Personalien verbunden. Anzugeben ist nur der Ort, der die gerichtliche Zuständigkeit begründet und das Datum des Tatzeitraums zur Klärung der Verjährungsfrage. Weitere Einzelheiten sind erst im konkreten Anklagesatz weiter unten aufzuführen. Bei mehreren Orten ist es aber üblich, die Formulierung „und an anderen Orten" und bei mehreren Tatzeiten „und später" anzufügen.

Bei **Jugendlichen** werden bei den Personalien auch die Angaben zu den Erziehungsberechtigten aufgeführt und nach den Tatzeiten der Hinweis „als strafrechtlich verantwortlicher Jugendlicher" angeführt. Bei Heranwachsender erfolgt nach der Tatzeit nur der Hinweis, dass er die Tat „als Heranwachsender" begangen hat (siehe §§ 3 und 105 JGG).

⇨ Der **abstrakte Anklagesatz** umfasst die gesetzlichen Merkmale der Straftat. Hier sind alle gesetzlichen Tatbestandsmerkmale der materiellen Strafvorschriften des Besonderen Teils des StGB und der angewendeten Nebengesetze zu nennen. Dabei ist, besonders bei Mischtatbeständen auch auf die Schuldform „Vorsatz" oder „Fahrlässigkeit" (insbesondere bei § 315c StGB) einzugehen. Ferner sind die Bestimmungen des Allgemeinen Strafrechts (z.B. der Teilnahme) anzugeben. Anzumerken ist, dass Tatkomplexe, die in Realkonkurrenz stehen (§ 53 StGB), mit den Worten: „durch ... Straftaten (Nicht: Handlungen, denn dieser „terminus technicus" ist der Idealkonkurrenz vorbehalten, arg. § 52 StGB) verbunden werden. Die Verbindung „durch drei Handlungen" wird somit nur für ideal konkurrierende Delikte verwandt! Bei der Versuchsform ist auf die richtige Zuordnung der Worte „versucht zu haben" zu achten. Die im Gesetz vorgesehenen Erschwerungen oder schuldmindern-

2. durch dieselbe Handlung
   a) zur Täuschung im Rechtsverkehr eine unechte Urkunde hergestellt und dieselbe gebraucht zu haben,
   b) in der Absicht, sich einen rechtswidrigen Vermögensvorteil zu verschaffen, versucht zu haben, das Vermögen eines anderen dadurch zu beschädigen, dass er durch Vorspiegelung falscher Tatsachen einen Irrtum erregte.

Ihm wird zur Last gelegt:

Zu 1.:

Der Angeschuldigte war bei der Firma Nord-Plast, Oldenburg, Handelsvertreter. Er hatte Inkassovollmacht. Entsprechend seinem vorgefassten Plan kassierte er in der Zeit vom 10.11. bis 12.12.2004 von zwei Kunden der Firma Nord-Plast Barbeträge und führte sie nicht ab. So erhielt er von der Fa. „Fenster-Lübber", Oldenburg, 3 114,50 € und von der Fa. „Martherm", Oldenburg, 100,00 €. Die Beträge verwandte er für eigene Zwecke.

Zu 2.:

Am 13.12.2004 erhielt er von seinem Bekannten Wilhelm Müller aus Oldenburg einen Barscheck über eine Summe von 19,00 €. Er änderte den Betrag durch Hinzufügung von weiteren Ziffern in 19.000,00 € ab und veränderte in dem Scheckformular das Textfeld entsprechend. Diesen veränderten Scheck legte er der bezogenen Landessparkasse zu Oldenburg vor. Dem Kassierer gegenüber behauptete er, der Kontoinhaber und Scheckaussteller zu sein. Der Kassierer verweigerte die Auszahlung.

Vergehen, strafbar nach §§ 263 Abs. 1, 266 Abs. 1, 267 Abs. 1, 22, 23, 52, 53 StGB

Beweismittel:

I. Angaben des Angeschuldigten   Bl. 26 d.A.

II. Zeugen:
   1. Kaufmann Johannes Nord, Brückenstr. 13, 26121 Oldenburg   Bl. 34 d.A.
   2. PM Konrad, 3 FK, PI Oldenburg zu TgbNr. 20004 2619 123   Bl. 45 d.A.
   3. Bankangestellter Peter Voss, Kaiserstr. 27, 26122 Oldenburg   Bl. 39 d.A.

III. Urkunden:
   Anstellungsvertrag vom 4.10.2004–08–23   Bl. 35 d.A.

IV. Gegenstände des Augenscheins:
   Scheck der LzO Nr. 8 706 137 in Hülle Bl. 43 d.A.

Wesentliches Ergebnis der Ermittlungen:

Zur Person:

Der Angeschuldigte ist nach eigenen Angaben in Bremen aufgewachsen (Bl. 27 d.A.). Er hat dort die Volksschule, Realschule und sodann zwei Jahre die Handelsschule besucht. Danach hat er bei der Viktoria-Lebensversicherung eine zweieinhalbjährige Lehre absolviert. Die Gehilfenprüfung hat er mit „ausreichend" bestanden. Anschließend hat er bei mehreren Versicherungen und kleineren Einzelhandelsfirmen als Vertreter oder Büroangestellter gearbeitet. Zuletzt war er bei der Firma „Nord-Plast" in Oldenburg als Vertreter tätig. Sein Nettolohn betrug monatlich 1.150 €. Das Arbeitsverhältnis wurde am 15.12.2004 fristlos gekündigt (Bl. 34 d.A.). Er wurde am 13.12.2004 vorläufig festgenommen und befindet sich seit dem 14.12.2004 in U-Haft (Bl. 12, 46 d.A.).

Der Angeschuldigte hat 1990 geheiratet (Bl. 28 d.A.). Die Ehe ist kinderlos geblieben und wurde am 19.10.2003 im gegenseitigen Einverständnis geschieden. Nach dem Auszug aus der ehelichen Woh-

den Umstände sollten ebenso im abstrakten Anklagesatz aufgeführt werden wie die zu erwartenden Maßregeln der Besserung und Sicherung (z.B. §§ 69, 69 a StGB, 70 StGB).

⇨ Im **konkreten Anklagesatz** wird die dem Angeschuldigten zur Last gelegte Tat kurz umrissen. Über Umfang, Form und Inhalt besagen weder § 200 Abs. 1 S. 1 StPO noch die Richtlinien etwas. Aus § 264 StPO ergibt sich aber die wesentliche Bedeutung dieses Anklageteils und erfordert besonders sorgfältige Erarbeitung. Die Tatschilderung ist andererseits aber auch keine Wiedergabe eines Geschehensablaufs. Vielmehr soll der konkrete Anklagesatz allen Beteiligten dartun, durch welche Einzeltatsachen der Staatsanwalt den gesetzlichen Straftatbestand erfüllt sieht.

Die Sachverhaltsdarstellung beginnt mit den Worten: „Ihm/Ihr wird zur Last gelegt:". Gebräuchlich ist aber auch bei kurzem konkreten Anklagesatz die Verbindung zum abstrakten Anklagesatz mit der Formulierung „indem er/sie" und der Bildung eines weiteren Nebensatzes.

Die Darstellung des durch die einzelnen verwirklichten Tatbestandsmerkmale vorgegebenen Sachverhalts kann im Infinitiv oder Konjunktiv erfolgen. Die Schilderung muss jedoch klar, allgemeinverständlich, knapp und erschöpfend sein. Hier gilt es gerade auch für den Ungeübten, durch wiederholtes Um- und Neuformulieren eine noch kürzere Fassung ohne Auslassungen der wesentlichen Teile zu finden. Keinesfalls darf dem Bearbeiter der Fehler unterlaufen, einfach die gesetzlichen Tatbestandsmerkmale zu wiederholen oder die technischen Ausdrücke des Gesetzes zu verwenden.

⇨ Die Bezeichnung der **anzuwendenden Strafvorschriften** schließt den Anklagesatz ab (§ 200 Abs. 1 StPO, Nr. 110 Abs. 2 c RiStBV). Dabei ist die Ordnung der Paragraphen einzuhalten. Die Vorschriften des Besonderen Teils des StGB werden in der Regel zuerst genannt, erst dann folgen die Bestimmungen des Allgemeinen Teils. Nicht vergessen dürfen die Konkurrenzen werden. Gegebenfalls erfolgt eine Aufteilung nach den einzelnen Teilnehmern, um deren Verteidigung zu erleichtern.

Angefügt werden noch die Hinweise auf **weitere Prozessvoraussetzungen** wie z.B. die Stellung eines Strafantrags, die Bejahung des öffentlichen Interesses oder die Beschränkung nach § 154a StPO (Nr. 110 Abs. 2 e RiStBV).

⇨ **Beweismittel:** Sämtliche Beweismittel sind zur Erleichterung der richterlichen Tätigkeit mit den Fundstellen zu bezeichnen. Bei der Aufzählung hat der Bearbeiter sorgfältig auszuwählen, welche Beweismittel aus Sicht der Staatsanwaltschaft für die Durchführung der Hauptverhandlung benötigt werden (Nr. 111 RiStBV).

Die Einlassung des Angeschuldigten stellt zwar begrifflich kein Beweismittel dar (arg. § 244 Abs. 1 StPO), erleichtert aber spätere Vorhalte in der Hauptverhandlung. Anzumerken ist, dass nur verlesbare Urkunden nach § 249 StPO die Vernehmung eines Sachverständigen ersetzen, so dass in allen anderen Fällen der Sachverständige als Beweismittel aufzuführen ist.

⇨ **Wesentliches Ergebnis der Ermittlungen:** Dieser Anklageteil dient im wesentlichen auch der Unterrichtung der Beteiligten über die vom Staatsanwalt ermittelte Beweissituation. Sie kann daher in einfach gelagerten Fällen unter den Voraussetzungen des § 200 Abs. 2 entfallen (in Klausuren oft durch Prüfervorgaben ausgeschlossen oder extra als entbehrlich aufgeführt).

In diesem Teil der Anklageschrift dürfen nur die für das Strafverfahren wichtigen Angaben über die persönlichen Verhältnisse des Angeschuldigten, seine Eintragungen im Strafregister, der unstreitige Sachverhalt, die Einlassung des Angeschuldigten, die kurz umrissene Wiedergabe der in der Anklageschrift aufgeführten Beweismittel dargestellt werden. Dabei hat sich der Bearbeiter auf den wesentlichen Inhalt zu beschränken.

Der Aufbau des Wesentlichen Ergebnisses der Ermittlungen richtet sich nach den Umständen des Falls. In der Regel werden die Beweismittel getrennt wiedergegeben. Die jeweiligen Fundstellen sollten auch hier zur Erleichterung der Hauptverhandlung und für evtl. Vorhalte des Sitzungsvertreters durch Klammerzusätze angeführt werden. Gleichzeitig dient diese Darstellung der Kontrolle, ob auch die wichtigsten Akteninhalte aufgeführt worden sind.

nung lebte der Angeschuldigte bei Bekannten und bis zu seiner Festnahme am 13.12.2004 in einem Hotel in Oldenburg.

Der Bundeszentralregisterauszugs (Bl. I d.A.) weist fünf Eintragungen auf. Zuletzt wurde der Angeschuldigte am 9.2.2004 vom Amtsgericht Oldenburg zu einer Freiheitsstrafe von 1 Jahr mit Bewährung verurteilt (23 Ls 110 Js 56 977/02).

Zur Sache:

Ziffer 7 des Anstellungsvertrages vom 4.10.2004 bestimmt, dass der Angeschuldigte die von der Fa. Nord-Plast benannten Kunden aufzusuchen und deren Bestellung aufzunehmen hat (Bl. 36 d.A.). Nach den Lieferbedingungen der Fa. Nord-Plast (Bl. 34 d.A.) waren die Kunden verpflichtet, bei Aufgabe der Bestellung eine Anzahlung in Höhe von 10 % der Auftragssumme zu entrichten. Darüber hinaus war die Firma Nord-Plast dazu über gegangen, vor Auftragsabschluss auch die Restzahlungen der vorherigen Lieferung zu kassieren. Gemäß dem Anstellungsvertrag gehörte es zu den Aufgaben des Angeschuldigten, die Restzahlungen und Anzahlungsbeträge zu quittieren und noch am selben Tage in der Firma abzurechnen.

In der Zeit vom 3.10. bis 9.11.2004 erfolgte eine korrekte Abrechnung (Bl. 34 d.A.). Nach diesem Zeitraum kassierte der Angeschuldigte bei der Firma „Fenster Lübber" in Oldenburg einen Betrag in Höhe von 3.014,50 € als Restzahlung sowie eine Anzahlung in Höhe von 100,00 €. Ferner erhielt er von der Firma „Martherm", Oldenburg, eine Anzahlung in Höhe von weiteren 100,00 €. Über diese Beträge erstellte er undatierte Quittungen (Bl. 37 d.A.). Die Beträge in Höhe von 3.214,50 € führte er an die Firma Nord-Plast nicht ab.

Am 13.12.2004 suchte er seinen Bekannten Wilhelm Müller in der Peterstraße auf (Bl. 55 d.A.). Dieser hatte bei dem Angeschuldigten private Schulden in Höhe von 19 €. Herr Müller händigte dem auf Zahlung drängenden Angeschuldigten einen nur noch für den internen Bankverkehr gebräuchlichen Barscheck über dies Summe aus. Der Scheck war von dem Zeugen Müller unterschrieben. Bezogene war die Landessparkasse in Oldenburg. Dieser Scheck wurde noch am selben Tag von einer männlichen Person bei der LzO vorgelegt. Die Schecksumme war von 19,00 € in 19.000,00 € abgeändert worden. Auch in der Spalte „Betrag in Buchstaben" war handschriftlich mit einer anderen Kugelschreiberfarbe das Wort „tausend" eingefügt worden. Der Scheckvorleger behauptete gegenüber dem Bankangestellten Voss, Kontoinhaber und Aussteller des Schecks zu sein. Der Zeuge Voss verweigerte die Auszahlung und behielt den Scheck ein (Bl. 43 d.A.).

Der Angeschuldigte hat die unter Ziffer 1. der Anklageschrift aufgeführten Taten im wesentlichen eingeräumt (Bl. 28 d.A.). Er hat sich dahin eingelassen, infolge seines aufwendigen Lebensstils erhebliche Schulden gehabt zu haben. Im November sei ihm die Idee gekommen, größere Barbeträge ab 100 € für sich zu behalten. Nach dem 10.11.2004 habe er – an das genaue Datum könne er sich nicht mehr erinnern – bei der Fa. Lübber und Fa. Martherm jeweils höhere Barbeträge erhalten. Diese habe er nicht abgerechnet.

Die unter Ziffer 2. aufgeführte Tat hat er bestritten. Er räumt lediglich ein, den erhaltenen Barscheck über 19 € aus Spaß handschriftlich abgeändert zu haben. Anschließend habe er den Scheck im Hotel in einen Papierkorb geworfen, weil die Änderungen zu augenfällig gewesen seien. Der Zeuge Voss muss ihn mit einem anderen verwechseln.

Der Firmeninhaber Johannes Nord hat ausgesagt, seine Firma habe erst im Dezember 2004 von den Unregelmäßigkeiten erfahren. Die Firma Lübber habe die neue Bestellung angemahnt. Aufgrund der nun angestellten Nachforschungen habe seine Firma von den beiden Barzahlungen der Fa. Lübber und Fa. Martherm Kenntnis erhalten. Die genauen Beträge habe seine Buchhaltung in einer Liste zusammengestellt. Diese Liste sei der Polizei übergeben worden (Bl. 37 d.A.).

Der Bankangestellte Voss hat ausgesagt, er habe an der Echtheit des Schecks Zweifel gehabt (Bl. 39 d.A.). Offenbar seien nachträglich bei der Schecksumme und dem Scheckbetrag Ergänzungen vorgenommen worden. Daraufhin habe er den Kunden gefragt, ob er diese Änderungen vorgenommen habe und auch Kontoinhaber sei. Dieses habe der Kunde bestätigt. Anhand der Kontoüberprüfung habe er festgestellt, dass der wirkliche Kontoinhaber der ihm vom Ansehen bekannte Herr Müller gewesen sei. Daraufhin habe der die Scheckeinlösung verweigert und den Scheck einbehalten. Später

2. Kapitel. Die staatsanwaltschaftlichen Abschlussverfügungen

⇨ Überschriften **„zur Person"** oder **„zur Sache"** empfiehlt sich bei umfangreichen Wesentlichen Ergebnissen der Ermittlungen, sind jedoch nicht zwingend.

Sollten unstreitige Tatsachen, die vom Angeschuldigten nicht in Abrede gestellt werden und die für die Darstellung wichtig sind, gegeben sein, können diese vor die Darstellung der Einlassung des Angeschuldigten zusammenfassend angeführt werden. Oft wird dadurch für die Beteiligten der Einstieg erleichtert.

⇨ Soweit verschiedene Tatkomplexe in einem unstreitigen Teil dargestellt werden können, empfiehlt sich bei umfangreichen Komplexen das Voranstellen einer Überschrift, ist jedoch im vorliegenden Beispiel entbehrlich.

⇨ Sodann wird die Einlassung des Angeschuldigten kurz skizziert wiedergegeben. Dieser Passus dient sowohl dem Sitzungsvertreter der StA als Hinweis, was ihn in der Hauptverhandlung erwartet und der Verteidigung zur Überprüfung, wo ggfs. noch Einlassungen/Beweisanträge zu erfolgen haben.

⇨ In der Regel erfolgt die Zeugendarstellung mit den Worten: „Der Zeuge Müller hat vor der Polizei angegeben, er habe ...". Dabei hat sich der Staatsanwalt jeglicher Beweiswürdigung zu enthalten. Widersprüchliche Zeugenaussagen lassen sich bereits durch entsprechende Hervorhebung des Aussageteils oder Gegenüberstellung anderer Beweismittel problemlos darstellen.

Geschildert wird das Ergebnis aus der Sicht des ermittelnden Staatsanwalts. Verfehlt, aber leider häufig anzutreffen sind chronologische Abfassungen (aus dem Schlussbericht der Polizei übernommen?) oder Prognosen über den Verlauf der Hauptverhandlung oder Darstellung der zu erwartenden Zeugenaussagen.

Auch die Bevormundung des Gerichts oder als Besserwisserei aufzufassende Rechtsausführungen entfallen. Sollte der Staatsanwalt auf seine Ausführungen nicht verzichten wollen, kann er diese Überlegungen besser in der Begleitverfügung zur Anklagerhebung niederlegen und eine Durchschrift davon für die Vorbereitung seines Plädoyers zu den Handakten nehmen.

habe er bei der Kriminalpolizei bei einer Wahllichtbildvorlage und einer später anschließenden Gegenüberstellung den Angeschuldigten als den Bankkunden wieder erkannt.

Der Polizeimeister Konrad hat in seinem Vermerk vom 13.12.2004 niedergelegt, dass er dem Zeugen Voss aufgrund dessen Personenbeschreibung mehrere Lichtbilder vorgelegt habe (Bl. 45 d.A.). Als der Zeuge aus diesen Bildern heraus den Angeschuldigten erkannt habe, sei man in das Hotel des Angeschuldigten gefahren und habe ihn vorläufig festgenommen. Am nächsten Tag sei dann eine Wahlgegenüberstellung erfolgt. Der Zeuge Voss habe in allen drei Durchgängen den Angeschuldigten zweifelsfrei wiedererkannt (Bl. 44 d.A.).

Es wird beantragt,
a) das Hauptverfahren zu eröffnen
b) die Haftfortdauer zu beschließen.

gez. (Unterschrift)
Staatsanwalt

▷ Nach § 199 Abs. 2 StPO muss die Anklageschrift den Antrag enthalten, das Hauptverfahren zu eröffnen. Der „Antrag" der Haftfortdauer kann hier zusätzlich aufgenommen werden, um dem Gericht den Hinweis auf die von Amts wegen zu treffende Entscheidung nach § 207 Abs. 4 StPO zu geben. Jedoch sind weitere Anträge, insbesondere ein erst mit Anklageerhebung gestellter Haftbefehlsantrag nach § 112 StPO, in der Anklageschrift nicht aufzuführen und der Begleitverfügung vorbehalten. Auch das angerufene Gericht ist bereit im Anklage- Rubrum aufgeführt und daher ist der Antrag, das Hauptverfahren vor einem bestimmten Gericht zu eröffnen, ungeschickt und somit entbehrlich.

▷ Die Unterschrift des Anklageverfassers mit seiner Dienstbezeichnung schließt die Anklageschrift ab.

2. Teil. Prozessuale Eingriffsbefugnisse (Zwangsmittel)

Inhaltsverzeichnis

- A. Überblick 27
- B. Aufgabenverteilung und Kompetenzen 28
- C. Rechtsschutz gegen strafprozessuale Eingriffe 29
- D. Vorläufige Festnahme, §§ 127, 127 b StPO 29
  - I. Übersicht 29
  - II. Anwesenheits- und identifizierungssichernde Festnahme, § 127 I 1 StPO 29
  - III. Identifizierungssichernde amtliche Festnahme, §§ 127 I 2, 163 b, c StPO 30
  - IV. Haftsichernde amtliche Festnahme, § 127 Abs. 2 StPO 30
  - V. Festnahme zur Sicherung der Durchführung des beschleunigten Verfahrens, § 127 b StPO ... 30
  - VI. Weiteres Verfahren nach der vorläufigen Festnahme 30
- E. Untersuchungshaft 31
  - I. Überblick 31
  - II. Voraussetzungen für die Anordnung der Untersuchungshaft gem. §§ 112 ff. StPO ... 31
    1. Dringender Tatverdacht, § 112 I 1 StPO 31
    2. Haftgründe §§ 112 I 1, II, 112 a StPO 31
    3. Verhältnismäßigkeit 33
    4. Antragsdelikte 33
  - III. Verfahren bei Anordnung des Haftbefehls 33
    1. Haftbefehl gegen auf freiem Fuß befindliche Beschuldigte 33
    2. Haftbefehl nach vorausgegangener vorläufiger Festnahme 35
  - IV. Aufhebung des Haftbefehls, § 120 StPO 35
  - V. Außervollzugsetzung des Haftbefehls, § 116 StPO 36
  - VI. Muster eines Haftbefehls 36
  - VII. Rechtsbehelfe gegen die Untersuchungshaft 37
    1. Antrag auf Haftprüfung, § 117 I StPO 37
    2. Beschwerde und weitere Beschwerde, §§ 304, 310 StPO 37
  - VIII. Fortdauer der Untersuchungshaft über sechs Monate 38
  - IX. Vollzug der Untersuchungshaft 39
  - X. Hauptverhandlungshaft, § 127 b Abs. 2 StPO 39
- F. Vernehmung von Beschuldigten und Zeugen 39
  - I. Allgemeines 39
  - II. Rechtliches Gehör, Erscheinungs- und Aussagepflicht 39
  - III. Ablauf der Beschuldigtenvernehmung, Belehrungspflichten 40
  - IV. Verwertungsverbote 40
    1. Verstoß gegen die Belehrungspflicht gem. § 136 StPO 40
    2. Verstoß gegen § 136 a StPO 41
- G. Körperliche Untersuchung, § 81 a StPO 41
- H. Durchsuchung 42
  - I. Allgemeines, Zweck und Ziel der Durchsuchung 42
  - II. Durchsuchung beim Verdächtigen, § 102 StPO 42
  - III. Durchsuchung bei anderen Personen, § 103 StPO 42
  - IV. Durchsuchungsanordnung 42
- I. Sicherstellung und Beschlagnahme 43
  - I. Gesetzliche Systematik 43
  - II. Sicherstellung und Beschlagnahme von Beweismitteln 43
  - III. Beschlagnahme von Führerscheinen und vorläufige Entziehung der Fahrerlaubnis ... 44

A. Überblick

Zur Sicherstellung der Strafverfolgung sieht die StPO neben den Ermittlungsgeneralklauseln der §§ 161, 163 StPO einen umfangreichen Katalog von Zwangsmitteln vor, die im einzelnen die Voraussetzungen für Eingriffe in Grundrechte Betroffener (Beschuldigter oder Dritte) regeln (zum Begriff des Beschuldigten vgl. Meyer-Goßner Einl. Rn. 76–81).

Wichtige Zwangsmittel sind insbesondere (in der Reihenfolge des Gesetzes):

- Unterbringung des Beschuldigten zur Vorbereitung eines psychiatrischen Gutachtens, § 81 StPO
- Körperliche Untersuchung, Blutprobe, § 81 a StPO
- Lichtbilder und Fingerabdrücke, § 81 b StPO

- DNA-Analyse, § 81 e und f StPO
- DNA-Analyse zur Identitätsfeststellung in künftigen Strafverfahren, § 81 g StPO i.V.m. dem DNA-IdentitätsfeststellungsG
- Sicherstellung und Beschlagnahme, §§ 94 ff. StPO
- Rasterfahndung, §§ 98 a und 98 b StPO
- Postbeschlagnahme, § 99 StPO
- Überwachung der Telekommunikation, § 100 a StPO
- Durchsuchung, § 102 ff. StPO
- Vorläufige Entziehung der Fahrerlaubnis, § 111 a StPO
- Untersuchungshaft, §§ 112 ff. StPO
- vorläufige Festnahme, § 127 StPO
- Ausschreibung zur Fahndung, §§ 131 ff. StPO
- Vernehmung und Identitätsfeststellung, §§ 133 ff., 163 ff. StPO

Da alle strafprozessualen Zwangsmittel Eingriffe in Grundrechte der Betroffenen darstellen, ist stets der **Grundsatz der Verhältnismäßigkeit** zu beachten.

Rechtliche Fehler bei der Beweisgewinnung und bei der Anwendung der vorgenannten Normen können weitreichende Folgen haben, insbesondere Beweisverwertungsverbote nach sich ziehen. Deshalb ist dieses Kapitel auch unter dem Blickwinkel der Anklage, des Strafurteils erster Instanz und der Revision zu lesen. Eine Reihe rechtlicher Probleme wird nämlich erst in der Zusammenschau mit anderen Abschnitten des Ermittlungs- bzw. Strafverfahrens wirklich verständlich. Im Folgenden werden diejenigen Zwangsmittel näher dargestellt, die sowohl für die Praxis, als auch für die Examensklausur größere Bedeutung haben.

B. Aufgabenverteilung und Kompetenzen

Die Frage, wer welche Zwangsmittel anordnen bzw. anwenden darf, beantwortet sich zum einen nach der Schwere des Grundrechtseingriffs, zum anderen nach dem grundsätzlichen Verhältnis der Strafverfolgungsorgane zueinander.

Die **Staatsanwaltschaft** ist „**Herrin des Ermittlungsverfahrens**". Gemäß §§ 160 I, 152 II StPO ist die Staatsanwaltschaft verpflichtet, den Sachverhalt zu erforschen, sobald sie von dem Verdacht einer Straftat Kenntnis erhält. Diese Ermittlungen führt sie entweder selber durch oder bedient sich dazu der Polizei, § 161 I 1 S. 1 StPO. Die Behörden und Beamten des Polizeidienstes sind gemäß § 161 I 2 S. 2 StPO verpflichtet, die Ermittlungsaufträge der StA auszuführen. Gleiches ergibt sich aus § 152 I GVG. Danach sind die „**Ermittlungspersonen der Staatsanwaltschaft**" in dieser Eigenschaft verpflichtet, den Anordnungen der Staatsanwaltschaft Folge zu leisten. Der Begriff „Ermittlungspersonen der Staatsanwaltschaft" ist neu. Er wurde durch das 1. Gesetz zur Modernisierung der Justiz vom 24. 8. 2004, welches am 1. 9. 2004 in Kraft getreten ist, eingeführt. Die frühere Bezeichnung lautete „Hilfsbeamte der Staatsanwaltschaft". Eine inhaltliche Änderung ist mit der neuen Wortschöpfung nicht verbunden. Welche Beamte derartige Ermittlungspersonen sind, regeln die aufgrund § 152 II GVG ergangenen Ländergesetze (für Bayern z.B. die Verordnung Ziegler/Tremel Nr. 755). Mit anderen Worten: Die **Staatsanwaltschaft ist** im Bereich der Strafverfolgung **gegenüber der Kriminalpolizei weisungsbefugt**. Sie und nicht etwa die Polizei leitet und gestaltet die Ermittlungen. Gleichzeitig besteht eine **Verpflichtung zur justizgemäßen Sachleitung der polizeilichen Ermittlungen** (vgl. Meyer-Goßner § 163 Rn. 3). Die theoretische Konstruktion darf indes nicht den Blick auf die Realität verstellen. Vor allem in Fällen der alltäglichen Massenkriminalität führt die Polizei – soweit rechtlich möglich – in der Regel die Ermittlungen eigenständig bis zum Ende, bevor sie die Akten der Staatsanwaltschaft vorlegt.

Was Eingriffsbefugnisse bzw. Zwangsmittel betrifft, so wird hinsichtlich der Anordnungskompetenz aus dem Gesetz ein Stufenverhältnis erkennbar. **Eingriffe in Grundrechte** darf – auf Antrag der die Ermittlungen leitenden StA – grundsätzlich nur der **Ermittlungsrichter** (§ 162 StPO) anordnen (Richtervorbehalt). Der Richter darf nur die Zulässigkeit, nicht aber auch die Zweckmäßigkeit der beantragten Maßnahme zu prüfen. Bei Gefahr im Verzug sind die Staatsanwaltschaft sowie in der Regel auch ihre Ermittlungspersonen zur Anordnung bzw. Durchführung befugt (nur StA z.B. gem. § 100 b I 2).

Manche Maßnahmen wiederum dürfen von allen Polizeibeamtem – Ermittlungspersonen oder nicht – durchgeführt werden (z.B. § 127 II StPO). Im Strafverfahren, also nach Anklageerhebung und Eröffnung des Hauptverfahrens, ist grundsätzlich das erkennende Gericht für die Anordnung zuständig, ob zum Zweck der Beweiserhebung (vgl. Meyer-Goßner § 202 Rn. 5) oder z.B. für Haftentscheidungen (vgl. §§ 125 II, 126 II StPO).

C. Rechtsschutz gegen strafprozessuale Eingriffe

Soweit der Richter prozessuale Eingriffe angeordnet hat, steht den Betroffenen dagegen grundsätzlich die Beschwerde gem. § 304 StPO zu (Ausnahme z.B. §§ 117 II 1, 161a III 4, 305 StPO). Für Maßnahmen der StA und ihrer Ermittlungspersonen gilt § 98 II 2 StPO (für die Beschlagnahme direkt, für andere Maßnahmen entsprechend, vgl. Meyer-Goßner § 98 Rn. 23). Bei bereits durch Vollzug erledigten Maßnahmen ist die nachträgliche richterliche Überprüfung wegen prozessualer Überholung an sich grundsätzlich unzulässig (vgl. Meyer-Goßner Vor § 296 Rn. 17). Etwas anderes gilt aber dann, wenn ein nicht nur unbedeutender Eingriff in Grundrechte vorliegt und ein Interesse des Betroffenen an der Feststellung der Rechtswidrigkeit besteht (Einzelheiten bei Meyer-Goßner Vor § 296 Rn. 18, 18a). Sollen Anordnungen der StA oder von Polizeibeamten überprüft werden, gilt wiederum § 98 II 2 StPO entsprechend, gegen Anordnungen des Richters ist die Beschwerde gem. § 304 StPO statthaft.

D. Vorläufige Festnahme, §§ 127, 127b StPO

I. Übersicht

§ 127 StPO regelt drei verschiedene Fälle der vorläufigen Festnahme, ein weiterer ist in § 127b StPO geregelt.

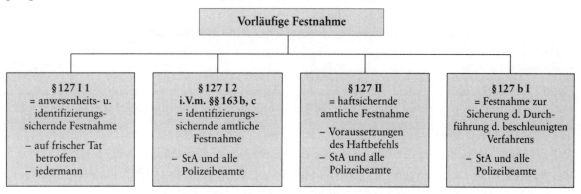

II. Anwesenheits- und identifizierungssichernde Festnahme, § 127 I 1 StPO

Die sogenannte Flagranzfestnahme gem. § 127 I 1 StPO dient der Anwesenheits- und Identifizierungssicherung. Zur Festnahme befugt ist **jedermann**. Die Voraussetzungen sind:

- Täter auf frischer Tat betroffen oder verfolgt
  - nur Straftat bzw. deren strafbarer Versuch, keine Owi
  - bei Begehung oder unmittelbar danach
  - Täter am Tatort oder in unmittelbarer Nähe gestellt
  - oder, falls Täter sich schon entfernt hat, Verfolgung zu seiner Ergreifung aufgenommen
  - die Straftat muss wirklich begangen sein, Verdacht reicht nicht (str.)
- Verhältnismäßigkeit (ungeschriebenes Tatbestandsmerkmal)
- Festnahmegrund
  - Fluchtverdacht (nicht Fluchtgefahr i.S.v. § 112 II Nr. 2 StPO)
  - oder Unmöglichkeit der Identitätsfeststellung (dieser Festnahmegrund gilt nur für Private, für StA und Polizeibeamte gelten insoweit §§ 127 I 2, 163b, c StPO)

Die Anwendung von Zwang und körperlicher Gewalt ist unter Berücksichtigung des Verhältnismäßigkeitsgrundsatzes gestattet.

III. Identifizierungssichernde amtliche Festnahme, §§ 127 I 2, 163 b, c StPO

Die amtliche Festnahme durch Polizeibeamte oder StA zum Zweck der Identifizierung eines Verdächtigen ist seit 1978 nur noch **unter den Voraussetzungen und im Rahmen der §§ 163 b, c StPO** zulässig. Voraussetzung ist zunächst, dass der Betroffene einer Straftat verdächtig ist. Ein solcher Verdacht besteht, wenn tatsächliche Anhaltspunkte die Annahme rechtfertigen, dass eine Straftat oder deren strafbarer Versuch begangen worden ist und die Täterschaft oder Teilnahme des Betroffenen als möglich erscheinen lassen (vgl. Meyer-Goßner § 163 b Rn. 4). Soweit eine Identifizierung anders nicht möglich ist, darf der Betroffene festgehalten und durchsucht werden, außerdem ist die Durchführung erkennungsdienstlicher Maßnahmen zulässig, § 163 b Abs. 1 S. 2 u. 3 StPO. Diese Maßnahmen haben grundsätzlich vor Ort zu erfolgen. Ein Verbringen zur polizeilichen Dienststelle ist nur unter strengeren Voraussetzungen zulässig, so z.B. wenn die Angaben des Betroffenen widersprüchlich sind oder Zweifel an der Echtheit der mitgeführten Ausweispapiere bestehen (vgl. Meyer-Goßner § 163 b Rn. 8). Ein Betroffener darf nicht länger als zur Feststellung der Identität festgehalten werden und ist grundsätzlich unverzüglich dem Richter vorzuführen, § 163 c Abs. I StPO. Keinesfalls darf die Freiheitsentziehung zur Feststellung der Identität länger als zwölf Stunden dauern, § 163 c III StPO.

IV. Haftsichernde amtliche Festnahme, § 127 Abs. 2 StPO

Gem. § 127 I StPO ist bei Gefahr im Verzug die Festnahme durch Polizeibeamte oder StA auch zulässig, wenn die Voraussetzungen eines Haftbefehls (§§ 112 ff. StPO) oder Unterbringungsbefehls (§ 126 a StPO) vorliegen. Zulässig ist die vorläufige Festnahme demnach bei Vorliegen folgender Voraussetzungen:

- dringender Tatverdacht i.S.v. § 112 I StPO
- Haftgrund
  - Flucht, § 112 I Nr. 1 StPO
  - Fluchtgefahr, § 112 I Nr. 2 StPO
  - Verdunkelungsgefahr, § 112 I Nr. 3 StPO
  - Wiederholungsgefahr bei dringendem Tatverdacht für Anlasstaten gem. § 112 StPO
- Verhältnismäßigkeit
- Gefahr im Verzug

Gefahr im Verzug besteht, wenn die Verzögerung aufgrund des Abwartens bis zum Erlass eines richterlichen Haft- oder Unterbringungsbefehls die Festnahme gefährden würde (vgl. Meyer-Goßner § 127 Rn. 19).

V. Festnahme zur Sicherung der Durchführung des beschleunigten Verfahrens, § 127 b StPO

Zur Sicherung der Durchführung des beschleunigten Verfahrens gem. §§ 417 ff. StPO ist eine vorläufige Festnahme gem. § 127 b I StPO ebenfalls zulässig. Da die vorläufige Festnahme der Sicherung der Anordnung der Hauptverhandlungshaft gem. § 127 b II StPO dient, hat sie folgende Voraussetzungen:

- Täter auf frischer Tat betroffen
- kumulatives Vorliegen der Festnahmegründe gem. § 127 I Nr. 1 u. 2 StPO
  - unverzügliche (binnen einer Woche, vgl. Abs. 2) Entscheidung im beschleunigten Verfahren
  - Befürchtung des Fernbleibens

„Befürchtung des Fernbleibens" ist nicht gleichbedeutend mit der Fluchtgefahr i.S.v. § 112 II Nr. 2 StPO, so dass eine geringere Wahrscheinlichkeit genügt. Nicht ausreichend ist jedoch, dass die Möglichkeit des Ausbleibens lediglich „ernsthaft in Betracht kommen" muss (so aber Meyer-Goßner § 127 b Rn. 10).

Zur Kritik an der gesetzlichen Regelung der Hauptverhandlungshaft vgl. Meyer-Goßner § 127 b Rn. 2 und 3.

VI. Weiteres Verfahren nach der vorläufigen Festnahme

Soweit der Festgenommene nicht wieder in Freiheit gesetzt wird, ist er gem. § 128 I 1 StPO spätestens am Tag nach der Festnahme dem zuständigen Haftrichter vorzuführen, der – nach Vernehmung des Vorgeführten – darüber zu entscheiden hat, ob er die Freilassung des Beschuldigten anordnet oder

Haftbefehl erlässt. In der Praxis ist aber dieser unmittelbaren Vorführung vor den Richter im Hinblick auf die Regelung des § 128 II StPO in der Regel noch eine Entscheidung des Staatsanwalts vorgeschaltet. Dieser entscheidet, ob er einen Antrag auf Erlass eines Haftbefehls stellt oder ordnet seinerseits die sofortige Freilassung des Beschuldigten an.

E. Untersuchungshaft

I. Überblick

Zweck der Untersuchungshaft ist die **Sicherung der Durchsetzung des staatlichen Strafanspruchs**. Sie soll einerseits die Flucht des Beschuldigten verhindern bzw. seine Ergreifung sicherstellen, andererseits die rasche und vollständige Aufklärung der Tat gewährleisten (vgl. Meyer-Goßner Vor § 112 Rn. 5). Da mit der Untersuchungshaft tief in die Grundrechte des Beschuldigten eingegriffen wird, kommt ihre Anordnung **nur in Ausnahmefällen** und unter sehr engen Voraussetzungen in Betracht. Stets muss wegen des **Grundsatzes der Verhältnismäßigkeit** geprüft werden, ob nicht andere, weniger einschneidende Maßnahmen den Zweck der Untersuchungshaft ebenso gut erfüllen können. Auch ihre Dauer muss so kurz wie möglich sein und unterliegt daher ebenfalls strenger Kontrolle. Es gilt das **Beschleunigungsgebot in Haftsachen**. Dieses verlangt, dass die Strafverfolgungsorgane und Gerichte alle möglichen und zumutbaren Maßnahmen ergreifen, um eine Entscheidung über den Tat- bzw. Anklagevorwurf mit der gebotenen Schnelligkeit herbeizuführen (vgl. BverfG NStZ 2004, 49, 50).

Neben der Untersuchungshaft im eigentlichen Sinne (§§ 112 ff. StPO) gibt es noch **besondere Arten** der Haft:

- Hauptverhandlungshaft, § 127 b II StPO
- Haftbefehl bei nicht genügender Entschuldigung des Ausbleibens in der Hauptverhandlung, § 230 II StPO (vgl. auch §§ 236, 329 IV StPO)
- Sicherungshaft, § 453 c StPO
- Vollstreckungshaft, § 457 II StPO

II. Voraussetzungen für die Anordnung der Untersuchungshaft gem. §§ 112 ff. StPO

Die **Anordnung** der Untersuchungshaft gem. §§ 112 ff. StPO hat folgende **Voraussetzungen**:

- dringender Tatverdacht
- Haftgrund
- Verhältnismäßigkeit

1. Dringender Tatverdacht, § 112 I 1 StPO

Dringender Tatverdacht besteht, wenn nach dem gegenwärtigen Stand der Ermittlungen und der sich daraus ergebenden Beweislage die Wahrscheinlichkeit groß ist, dass der Beschuldigte Täter oder Teilnehmer einer rechtswidrig und schuldhaft begangenen Straftat ist (vgl. Meyer-Goßner § 112 Rn. 5). Die Bejahung des dringenden Tatverdachts setzt zwar einen höheren Wahrscheinlichkeitsgrad voraus als beim hinreichenden Tatverdacht i.S.v. §§ 203, 170 Abs. 1 StPO. Das bedeutet aber nicht, dass in jedem Stadium des Ermittlungsverfahrens das Vorhandensein eines dringenden Tatverdachts die Bejahung des hinreichenden Tatverdachts gleichsam mit einschließt. Der Grund dafür ist, dass die Prüfung des hinreichenden Tatverdachts erst aufgrund des endgültigen Ermittlungsergebnisses erfolgt, nicht auf Basis des vorläufigen. Haftbefehl kann schon in einem sehr frühen Stadium des Verfahrens ergehen. Zum Zeitpunkt der Anklageerhebung muss als Voraussetzung für den Erlass oder das Fortbestehen des Haftbefehls der dringende Tatverdacht seinem Grad nach jedoch stärker sein als der nur hinreichende.

Der dringende Tatverdacht ist letztlich eine Prognose mit der Aussage, dass eine große Wahrscheinlichkeit besteht, der Beschuldigte werde wegen der Tat, derer er verdächtig ist, aufgrund der Hauptverhandlung schuldig gesprochen werden.

2. Haftgründe §§ 112 I 1, II, 112 a StPO

Haftgründe können die Flucht – oder Verdunkelungsgefahr sowie – unter engeren Voraussetzungen auch die Wiederholungsgefahr sein. Ebenso wie beim dringenden Tatverdacht handelt es sich auch hierbei wieder um Wahrscheinlichkeitsurteile, also auf konkrete Tatsachen gründende Prognosen.

a) Flucht- oder Fluchtgefahr, § 112 II Nr. 1 u. 2 StPO

Der Haftgrund der Flucht besteht, wenn auf Grund bestimmter Tatsachen festgestellt wird, dass der Beschuldigte flüchtig ist oder sich verborgen hält, § 112 I Nr. 1 StPO (Beispiele bei Meyer-Goßner § 112 Rn. 13, 14).

Fluchtgefahr gem. § 112 I Nr. 2 StPO besteht, wenn bei Gesamtwürdigung aller Umstände des konkreten Falles die Wahrscheinlichkeit größer ist, dass sich der Beschuldigte dem Strafverfahren entziehen, als dass er sich ihm freiwillig stellen werde. Kriterien für die Beurteilung sind insbesondere: Straferwartung, Lebensumstände, familiäre und soziale Bindungen, finanzielle Lage des Beschuldigten, Persönlichkeit, Verhalten vor und nach der Tat.

Der Richter darf sich nicht mit einer floskelhaften und pauschalen Begründung der Fluchtgefahr begnügen, sondern muss ihr Vorliegen anhand der konkreten Umstände stets sorgfältig prüfen und abwägen. Entgegen einer weit verbreiteten, vor allem ermittlungsrichterlichen Praxis ist es insbesondere nicht ausreichend, die Fluchtgefahr allein mit einem Hinweis auf die „hohe Straferwartung" zu begründen. Zwar mag gerade dann, wenn der Haftbefehl in einem sehr frühen Stadium des Verfahrens ergeht, noch wenig Gelegenheit für die Erforschung der persönlichen Verhältnisse bestanden haben. Je länger ein Verfahren dauert, desto höhere Anforderungen wird man an Prüfung und Begründung der Fluchtgefahr stellen müssen.

Ob Fluchtgefahr vorliegt oder nicht, ist allein aus der Sicht des jeweiligen Verfahrens zu beurteilen, ohne Rücksicht auf freiheitsentziehende Maßnahmen, die in einem anderen Verfahren schon angeordnet worden sind (vgl. OLG Hamm NStZ 2004, 221). Dies kann es rechtfertigen, in einem laufenden Ermittlungsverfahren Untersuchungshaft anzuordnen, obwohl sich der Beschuldigte noch für ein anderes Verfahren in Strafhaft befindet. Die Untersuchungshaft wird dann als sogenannte „Überhaft" vermerkt. Wird der Beschuldigte in einem anderen Verfahren aus der Haft entlassen, wird im Anschluss daran dann die Untersuchungshaft vollzogen.

b) Verdunkelungsgefahr, 112 II Nr. 3 StPO

Der Haftgrund der Verdunkelungsgefahr besteht, wenn das Verhalten oder die Persönlichkeit des Beschuldigten unter Berücksichtigung der Art, des Umfangs und des Charakters der Tat, derer er dringend verdächtig ist, die **Annahme** begründen, **der Beschuldigte** werde mit großer Wahrscheinlichkeit **auf sachliche oder persönliche Beweismittel einwirken** und so die Ermittlungen erschweren, wenn er nicht in Haft genommen wird. Verdunkelungshandlungen in diesem Sinne können z.B. sein die unlautere Einwirkung auf Zeugen, das Verändern, Verstecken oder Vernichten von Beweismitteln. Prozessordnungsgemäßes Verhalten, also z.B. das Schweigen zum Tatvorwurf, bleibt dabei unberücksichtigt. Ausreichend können dagegen bestimmte Beweisanzeichen sein (z.B. Vorstrafe wegen Meineids, Bedrohung usw.).

Der Haftgrund der Verdunkelungsgefahr hat demnach z.B. besondere Bedeutung in Verfahren mit einer komplizierten und aufwändigen Beweisführung, so z.B. in Verfahren der Wirtschaftskriminalität, in denen nicht nur oftmals große Mengen an Unterlagen und Daten gesichtet und ausgewertet werden müssen, sondern sich erst im Verlauf der Ermittlungen häufig weitere, bis dahin unbekannte Ermittlungsansätze ergeben. Gleichfalls Bedeutung kann der Haftgrund der Verdunkelungsgefahr in Verfahren haben, in denen die Gefahr der Bedrohung und Einschüchterung von Zeugen besteht (z.B. im Bereich der organisierten Kriminalität, sog. OK-Verfahren). Stets aber muss es **konkrete Anhaltspunkte für Verdunkelungshandlungen** geben. Weder der besondere Umfang oder Gegenstand eines Verfahrens, noch allgemeine, auf kriminalistischer Alltagserfahrung beruhende Erwägungen reichen aus.

c) Wiederholungsgefahr, § 112 a StPO

Die Regelung des § 112 a StPO hat präventiv-polizeilichen Charakter und ist daher an sich ein Fremdkörper in der StPO. Es handelt sich um eine Art vorbeugender Sicherungshaft zum Schutz der Allgemeinheit vor besonders gefährlichen Tätern (vgl. Meyer-Goßner § 112 a Rn. 1). Voraussetzung für den Erlass eines Haftbefehls gem. § 112 a StPO ist zum einen, dass der Beschuldigte einer (§ 112 I Nr. 1 StPO) oder mehrerer (§ 112 I Nr. 2 StPO) sogenannter Anlasstaten dringend verdächtig ist, zum anderen muss aufgrund bestimmter Tatsachen die Gefahr bestehen, dass er ohne den Vollzug der Untersuchungshaft in Zukunft weitere erhebliche Straftaten gleicher Art begehen werde.

E. Untersuchungshaft

Voraussetzungen sind daher nach § 112a I Nr. 1 StPO (**kumulativ**)

- dringender Verdacht der Begehung einer Straftat gegen die sexuelle Selbstbestimmung gem. §§ 174, 174a, 176 bis 179 StGB
- Vorliegen konkreter Tatsachen, die die Gefahr der Begehung gleichartiger erheblicher Taten begründen.

Gem. § 112a I Nr. 2 StPO ist **zusätzlich** Voraussetzung

- dringender Tatverdacht für **wiederholte oder fortgesetzte Begehung** der Anlasstat in der Vergangenheit
- Strafe von mehr als einem Jahr Dauer zu erwarten

d) Sonderfall: Haftgründe bei Kapitaldelikten, § 112 III StPO

Bei dem dringenden Verdacht der Begehung von Straftaten der **Schwerkriminalität** ist nach dem Wortlaut des § 112 III StPO die Anordnung von Untersuchungshaft auch dann zulässig, wenn ein Haftgrund nach Abs. 2 nicht besteht. Da die Vorschrift nach h.M. einen Verstoß gegen das Verhältnismäßigkeitsprinzip enthält, muss sie **verfassungskonform ausgelegt** werden. Diese Auslegung führt im Ergebnis dazu, dass ein Haftbefehl nach § 112 III ebenfalls nur dann ergehen darf, wenn entweder Flucht-, Verdunkelungs- oder Wiederholungsgefahr besteht, wobei allerdings weniger strenge Anforderungen an die Bejahung dieser Gefahr zu stellen sind als im Rahmen des Abs. 2. So wird eine geringe oder entfernte Gefahr schon für ausreichend erachtet (vgl. Meyer-Goßner § 112 Rn. 37, 38).

3. Verhältnismäßigkeit

Wie bei allen anderen Eingriffen in Grundrechte auch, darf ein Haftbefehl nur dann erlassen werden, wenn er verhältnismäßig ist. Allerdings ergibt sich aus der Formulierung des § 112 I 2 StPO, dass nicht die Verhältnismäßigkeit Voraussetzung für einen Haftbefehl ist, sondern vielmehr die **feststehende Unverhältnismäßigkeit Haftausschließungsgrund**. Diese Unterscheidung ist bedeutsamer, als es auf den ersten Blick erscheint, denn bloße Zweifel an der Verhältnismäßigkeit schließen nämlich somit die Untersuchungshaft nicht aus.

Eine gesetzliche Konkretisierung des Grundsatzes der Verhältnismäßigkeit enthält § 113 StPO. Bei Straftaten mit ganz geringfügiger Straferwartung darf die Untersuchungshaft allein wegen des Haftgrundes der Verdunkelungsgefahr niemals (§ 113 I StPO), wegen Fluchtgefahr nur unter zusätzlichen Voraussetzungen (§ 113 II StPO) angeordnet werden.

4. Antragsdelikte

Für Haftbefehle bei Antragsdelikten gilt die Regelung § 130 StPO. Der Erlass eines Haftbefehls ist zwar auch bei derartigen Delikten zulässig, allerdings muss der Antragsberechtigte von der Verhaftung unverzüglich unterrichtet werden. Ihm ist eine Frist von höchstens einer Woche zu setzen, innerhalb derer er den Strafantrag stellen kann. Wird der Antrag nicht fristgemäß gestellt, ist der Haftbefehl aufzuheben.

III. Verfahren bei Anordnung des Haftbefehls

1. Haftbefehl gegen auf freiem Fuß befindliche Beschuldigte

Ist noch keine Anklage erhoben und geht dem Erlass eines Haftbefehls keine vorläufige Festnahme voraus, sondern befindet sich der Beschuldigte zum Zeitpunkt des Erlasses noch auf freiem Fuß, ist für den Erlass des Haftbefehls abweichend von § 162 I 1 gem. § 125 StPO I das Gericht **örtlich zuständig**, in dessen Bezirk ein **Gerichtsstand begründet** ist oder sich **der Beschuldigte aufhält**. Sachlich zuständig ist das Amtsgericht, funktionell der nach dem Geschäftsverteilungsplan zuständige **Ermittlungsrichter** (in Jugendsachen gem. § 34 I JGG der Jugendrichter, in Staatsschutzsachen gem. § 169 StPO gegebenenfalls der Ermittlungsrichter des OLG oder des BGH).

Der Haftbefehl ergeht grundsätzlich nur **auf Antrag der Staatsanwaltschaft**, gem. §§ 125 I StPO ausnahmsweise von Amts wegen, wenn Gefahr im Verzug und ein StA nicht erreichbar ist.

Nach Erhebung der öffentlichen Klage ist das mit der Sache befasste Tatgericht zuständig, § 125 II StPO.

Gemäß § 114 I StPO wird die Untersuchungshaft durch **schriftlichen Haftbefehl des Richters** angeordnet. In der Praxis legt die StA dem Ermittlungsrichter in aller Regel die Ermittlungsakten mit einem vollständigen Haftbefehlsentwurf vor, mit dem Antrag, „anliegenden Haftbefehl zu erlassen".

Der Richter prüft sodann, ob die Voraussetzungen für den Erlass des Haftbefehls vorliegen und ob der von der StA vorgelegte Haftbefehlsentwurf den **inhaltlichen Anforderungen des § 114 II Nr. 1 bis 4** bzw. III StPO entspricht.

Der Haftbefehl muss folgenden **Inhalt** haben (Beispiel eines Haftbefehls siehe unter Nr. 7):

- **Bezeichnung des Beschuldigten**, die eine genaue Identifizierung ermöglicht und die Gefahr der Verwechslung ausschließt. Es müssen wie bei der Anklageschrift grundsätzlich die sogenannten „großen Personalien" angegeben werden, also Vor- und Familienname, Geburtsdatum und -ort, Staatsangehörigkeit, Beruf, (letzte) Wohnanschrift und – soweit bekannt – auch der Name der Eltern. Stehen diese Angaben (noch) nicht zur Verfügung (was vor allem bei einem Haftbefehl nach vorangegangener vorläufiger Festnahme der Fall sein kann), hindert dies freilich nicht den Erlass eines Haftbefehls, vielmehr muss man sich anders behelfen. Es gibt in der Praxis durchaus Fälle, in denen Haftbefehl gegen „eine unbekannte männliche Person alias ... xyz" oder nur gegen „eine unbekannte männliche Person" ergeht und Original wie Ausfertigung des Haftbefehls mit den Fingerabdrücken des Beschuldigten versehen wird.
- Die **Schilderung der Tat im prozessualen Sinn** (§ 264 StPO), derer der Beschuldigte dringend verdächtig ist. Diese Sachverhaltsschilderung entspricht nach Inhalt und Art und Weise der Darstellung der **Sachverhaltsschilderung** in einer Anklage oder einem Strafurteil. Es ist in knapper Form der dem Beschuldigten zur Last liegende konkrete Lebenssachverhalt so darzustellen, dass eine Subsumtion unter alle objektiven und subjektiven Merkmale des verletzten Straftatbestands möglich ist, außerdem Tatzeit und Tatort. Es muss für jedes Merkmal des gesetzlichen Straftatbestand erkennbar sein, durch welchen Teil des Tatgeschehens es erfüllt ist (Meyer-Goßner § 114 Rn. 7).
- Die **gesetzlichen Merkmale der Straftat**, also die Beschuldigung in rechtlicher Hinsicht in der Formulierung des gesetzlichen Straftatbestands (also z.B.: „Der Beschuldigte wird daher beschuldigt, in der Absicht, sich einen rechtswidrigen Vermögensvorteil zu verschaffen, das Vermögen eines anderen dadurch beschädigt zu haben, dass er durch Vorspiegelung falscher Tatsachen einen Irrtum erregte, ..."). Hat ein Straftatbestand mehrere Alternativen, darf nur diejenige angegeben werden, die auch tatsächlich erfüllt ist.
- Die **anzuwendenden Strafvorschriften** (z.B. „..., strafbar als Betrug gem. § 263 I StGB.")
- Angabe des **Haftgrundes**
- In knapper Form die **Tatsachen**, aus denen sich der dringende Tatverdacht und der Haftgrund ergibt, sowie – obgleich nach dem Wortlaut des Gesetzes nicht vorgeschrieben – zumindest die wichtigsten **Beweismittel**. Zwar sind Fälle denkbar, in denen die StA bestrebt sein wird, nicht sogleich alle Beweismittel offen zu legen, da andernfalls der Erfolg weiterer Ermittlungen gefährdet werden könnte. Andererseits ist zu bedenken, dass im Falle eines vollzogenen Haftbefehls in jedem Stadium des Verfahrens (also auch vor Abschluss der Ermittlungen) ein uneingeschränktes Recht des Verteidigers auf Einsicht in alle diejenigen Aktenbestandteile zu gewähren ist, die den Haftbefehl tragen (vgl. Meyer-Goßner § 147 Rn. 25 a).
Die in der Praxis zuweilen verwendete lapidare Floskel, der dringende Tatverdacht ergebe sich „aus den polizeilichen Ermittlungen" wird diesen Anforderungen keinesfalls gerecht.

Nach Erlass des Haftbefehls leitet das Gericht die Akten an die StA zurück, die den Haftbefehl **vollstreckt**, § 36 II StPO. Die StA ihrerseits bedient sich dazu der Polizei. Kann der Haftbefehl nicht vollstreckt werden, weil der Beschuldigte nicht ergriffen werden kann, leitet die StA Fahndungsmaßnahmen ein. Der Beschuldigte wird sodann **zur Festnahme ausgeschrieben**, § 131 StPO.

Im Falle der **Verhaftung** des Beschuldigten ist ihm gem. § 114 I StPO der Haftbefehl bekannt zu geben (oder ihm zumindest vorläufig mitzuteilen, welcher Tat er verdächtig ist) und ihm eine Abschrift auszuhändigen, § 114 II StPO. Der Beschuldigte ist **unverzüglich dem zuständigen Richter vorzuführen**, § 115 I StPO. Zuständig ist grundsätzlich der Richter, der den Haftbefehl erlassen hat (vgl. § 126 I StPO), ausnahmsweise der Richter des nächsten Amtsgerichts, wenn andernfalls die Vorführung nicht spätestens am Tag nach der Ergreifung möglich ist (also z.B. Festnahme in Hamburg aufgrund Haftbefehls des Amtsgerichts München).

Das weitere procedere richtet sich nach §§ 115 I–IV, 115 a, 114 b StPO (Belehrung, Vernehmung, Belehrung über Rechtsbehelfe, Benachrichtigung von Angehörigen). Insbesondere hat der Richter zu entscheiden, ob die Haft aufrechterhalten bleibt oder aber der Haftbefehl aufzuheben oder sein Vollzug auszusetzen ist.

2. Haftbefehl nach vorausgegangener vorläufiger Festnahme

Das Verfahren gestaltet sich naturgemäß etwas anders, wenn ein Verdächtiger vorläufig festgenommen wird und zu diesem Zeitpunkt noch kein Haftbefehl existiert. Wird der Beschuldigte nach § 127 I oder II StPO vorläufig festgenommen, ist er gemäß § 128 I StPO **unverzüglich dem Richter** bei dem Amtsgericht, in dessen Bezirk er festgenommen worden ist, **vorzuführen**, spätestens am Tag nach der Festnahme. Funktionell zuständig ist wiederum der Ermittlungsrichter. Da gemäß § 128 II StPO die Staatsanwaltschaft den Antrag auf Erlass des Haftbefehls stellt, wird der Beschuldigte nicht unmittelbar ohne Beteiligung der StA dem Richter vorgeführt. Vielmehr muss zunächst die Staatsanwaltschaft entscheiden, ob sie überhaupt einen Haftbefehlsantrag stellt oder aber schon ihrerseits die Freilassung des Beschuldigten anordnet. Zur Beschleunigung dieser Verfahrensabläufe leisten deshalb vielerorts sowohl ein Beamter der Staatsanwaltschaft als auch der nach § 128 StPO zuständige Richter ihren Dienst in den Räumlichkeiten des Polizeipräsidiums. Stellt die StA einen Antrag auf Erlass eines Haftbefehls, richtet sich das weitere Verfahren wie zuvor unter a) geschildert nach §§ 114 ff. StPO (vgl. Meyer-Goßner § 128 Rn. 13). Gem. §§ 128 I S. 2, 115 III StPO ist der Beschuldigte zunächst zu vernehmen. Wird die Untersuchungshaft angeordnet, muss dem Beschuldigten eine Rechtsbehelfsbelehrung erteilt werden, § 128 II 3 StPO, außerdem erfolgt eine Benachrichtigung gemäß § 114 b StPO.

Die Vorschrift des § 128 StPO wird durch § 129 StPO für den Fall ergänzt, dass gegen den Beschuldigten schon öffentliche Klage erhoben wurde. Wird er gem. § 127 II StPO vorläufig festgenommen und anschließend nicht wieder freigelassen, ist er grundsätzlich sofort dem zuständigen, d.h. dem mit der Anklage befassten Gericht, vorzuführen. Dieses hat spätestens am Tag nach der Festnahme zu entscheiden, ob der Beschuldigte freigelassen werden oder gegen ihn ein Haft- oder Unterbringungsbefehl erlassen werden soll. Kann eine Vorführung vor das zuständige Gericht nicht spätestens am Tag nach der Festnahme erfolgen, ist der Beschuldigte entweder dem Amtsgericht des Festnahmeortes (§ 128 I 1 StPO) oder dem nach § 125 I StPO zuständigen Gericht vorzuführen (vgl. Meyer-Goßner § 129 Rn. 1).

IV. Aufhebung des Haftbefehls, § 120 StPO

Der Haftbefehl **ist gem. § 120 I StPO aufzuheben**, wenn die **Voraussetzungen** für die Anordnung oder Fortdauer der Untersuchungshaft **nicht mehr vorliegen**, also der dringende Tatverdacht entfallen, ein Haftgrund nicht mehr gegeben oder die Untersuchungshaft unverhältnismäßig (geworden) ist. Nach § 120 I 2 StPO ist der Haftbefehl namentlich dann aufzuheben, wenn der Beschuldigte freigesprochen, die Eröffnung des Hauptverfahrens abgelehnt oder das Verfahren endgültig eingestellt wird. Aus § 120 II StPO ergibt sich, dass der Freispruch noch nicht rechtskräftig sein muss. Beabsichtigt die StA, gegen ein freisprechendes Urteil Rechtsmittel einzulegen, kann sie zwar gem. § 304 StPO Beschwerde gegen die Aufhebung des Haftbefehls einlegen. Nicht aber kann sie gem. § 307 II StPO die Aussetzung der Vollziehung der angefochtenen Entscheidung beantragen und damit die Freilassung des Angeklagten verhindern. § 307 II StPO findet in diesen Fällen keine Anwendung, da § 120 II StPO insoweit eine Sonderregel ist (vgl. Meyer-Goßner § 120 Rn. 12 und § 307 Rn. 2).

Im Ermittlungsverfahren **muss** der Haftbefehl außerdem dann **aufgehoben werden, wenn die StA es beantragt**. Stellt die StA einen solchen Antrag, der keiner Begründung bedarf, muss der Ermittlungsrichter ihm entsprechen. Er hat insoweit weder eigene Prüfungskompetenz, noch einen Entscheidungsspielraum. Nach dem Wortlaut des Gesetzes kann die StA gleichzeitig die Freilassung des Beschuldigten anordnen. Dieses „kann" wird allerdings in aller Regel als „muss" zu verstehen sein. Zwar mag im Moment einer solchen Freilassungsanordnung der Haftbefehl noch bestehen, allerdings ist ihm mit dem Antrag der StA an den Ermittlungsrichter gem. § 120 III StPO gleichsam die Grundlage entzogen. Insbesondere dann, wenn der Ermittlungsrichter nicht sofort erreichbar ist, muss die StA zeitnah (wohl: zeitgleich, vgl. RiStBV Nr. 55 II Nr. 3) der zuständigen JVA die Freilassungsanordnung erteilen. Wenn die Voraussetzungen für die Fortdauer der Untersuchungshaft nicht mehr vorliegen, ist die StA verpflichtet, den Freiheitsentzug sofort zu beenden.

Zuständig für die Aufhebung ist gem. § 126 I StPO grundsätzlich der Richter, der den Haftbefehl erlassen hat, nach Anklageerhebung gem. § 126 II StPO das mit der Sache befasste Tatgericht.

V. Außervollzugsetzung des Haftbefehls, § 116 StPO

Eine besondere Ausprägung des Grundsatzes der Verhältnismäßigkeit ist § 116 StPO. Können weniger einschneidende Maßnahmen den Zweck der Untersuchungshaft ebenso erreichen wie deren Vollzug, ist der Haftbefehl außer Vollzug zu setzen. § 116 I StPO regelt die Außervollzugsetzung von Haftbefehlen, die wegen Fluchtgefahr ergangen sind, Abs. 2 die Außervollzugsetzung bei Verdunkelungsgefahr und Abs. 3 die Außervollzugsetzung in den Fällen des § 112 a. Die Außervollzugsetzung erfolgt durch Beschluss. § 116 I StPO nennt beispielhaft diejenigen Auflagen, die ebenso geeignet sein können, der Fluchtgefahr zu begegnen.

Ausdrücklich darauf hinzuweisen ist, dass die Aufhebung und die Außervollzugsetzung eines Haftbefehls streng voneinander zu unterscheiden sind. Fehlt es schon an den Voraussetzungen für den Erlass eines Haftbefehls (also z.B. dringender Tatverdacht) oder entfallen diese im Laufe des Verfahrens, ist der Haftbefehl gem. § 120 StPO aufzuheben. § 116 StPO regelt hingegen die Frage, ob trotz Vorliegens der Voraussetzungen eines Haftbefehls der Zweck der U-Haft nicht auch durch weniger einschneidende Maßnahmen erreicht werden kann, indem den an sich bestehenden Haftgründen anders als durch Vollzug der Haft begegnet wird.

Die Zuständigkeit für eine Außervollzugsetzungsentscheidung ergibt sich wiederum aus § 126 StPO.

VI. Muster eines Haftbefehls

Amtsgericht München
– Ermittlungsrichter –

Geschäftsnummer: ER VI Gs 1234/04   26. 8. 2004

StA München I
368 Js 56789/04

Haftbefehl

Gegen den Beschuldigten

Shpetin **Thaqi**, geb. am 1. 1. 1977 in Lushnje/Albanien, albanischer Staatsangehöriger, ledig, ohne Beruf, ohne festen Wohnsitz

wird die Untersuchungshaft angeordnet.

Dem Beschuldigten liegt folgender

Sachverhalt

zu Last:

1. Der Beschuldigte veräußerte zu einem nicht näher bestimmbaren Zeitpunkt zwischen dem 24. 6. und 26. 6. 2004 im Westpark in München 47,8 Gramm einer Heroinzubereitung mit einem Heroinhydrochlorid-Gehalt von 5,2 % zum Preis von 1.200,- € an den anderweitig Verfolgten Ümit Yavuz, um dadurch Gewinn zu erzielen. Der Beschuldigte wusste, dass er nicht im Besitz einer Erlaubnis zum Umgang mit Betäubungsmitteln war.

2. Am 25. 8. 2004 entwendete der Beschuldigte in den Geschäftsräumen der Fa. Saturn in der Neuhauserstr. 39 in München einen Discman der Marke Panasonic im Wert von 99,- €, um diesen ohne Bezahlung für sich zu behalten.

Der Beschuldigte wird daher beschuldigt,

mit Betäubungsmitteln in nicht geringer Menge unerlaubt Handel getrieben zu haben, ohne sie auf Grund einer Erlaubnis nach § 3 Abs. 1 BtMG erlangt zu haben, sowie durch eine weitere selbständige Handlung einem anderen eine fremde bewegliche Sache in der Absicht weggenommen zu haben, die Sache sich rechtswidrig zuzueignen,

strafbar als unerlaubtes Handeltreiben mit Betäubungsmitteln in nicht geringer Menge in Tatmehrheit mit Diebstahl gemäß §§ 29a Abs. 1 Nr. 2, 3 Abs. 1 Nr. 1, 2 Abs. 1, 1 Abs. 1 BtMG i.V.m. Anl. I Teil B zu § 1 Abs. 1 BtMG, §§ 242, 53 StGB.

Der dringende Tatverdacht ergibt sich aus den polizeilichen und staatsanwaltlichen Ermittlungen.

So hat der anderweitig Verfolgte Ümit Yavuz in seiner polizeilichen Beschuldigtenvernehmung vom 28. 6. 2004 den Ablauf des Rauschgiftgeschäfts geschildert und Angaben zum Verkäufer gemacht, die auf den Beschuldigten zutreffen. Im Knotenbereich der als Verpackung des Rauschgifts dienenden Plastiktüte wurden zudem Fingerabdrücke gesichert, die dem Beschuldigten zuzuordnen sind. Außerdem hat der Zeuge Yavuz den Beschuldigten anlässlich einer Wahlgegenüberstellung am 25. 8. 2004 als den Verkäufer des Heroins identifiziert. Der Wirkstoffgehalt des sichergestellten Rauschgifts ergibt sich aus dem Gutachten des Bayerischen Landeskriminalamts vom 30. 7. 2004.

Der dringende Tatverdacht bezüglich des Diebstahls ergibt sich aus den Angaben des Ladendetektivs Huber.

Es besteht der Haftgrund der Fluchtgefahr gem. § 112 II Nr. 2 StPO, da die Gefahr besteht, dass sich der Beschuldigte dem Strafverfahren entziehen werde.

E. Untersuchungshaft 37

> Der einschlägig vorbestrafte Beschuldigte hat mit einer empfindlichen Freiheitsstrafe zu rechnen, die nicht mehr zur Bewährung ausgesetzt werden kann. Er hat keinen festen Lebensmittelpunkt und verfügt in Deutschland über keine sozialen Bindungen. Angesichts dieser Umstände besteht die Gefahr, dass sich der Beschuldigte ins Ausland absetzen wird.
>
> Auch unter Berücksichtigung des Grundsatzes der Verhältnismäßigkeit ist die Anordnung und der Vollzug der Untersuchungshaft geboten. Eine andere, weniger einschneidende Maßnahme verspricht – derzeit – keinen Erfolg (§ 116 StPO).
>
> *Panter*
> (Richter am Amtsgericht)

VII. Rechtsbehelfe gegen die Untersuchungshaft

1. Antrag auf Haftprüfung, § 117 I StPO

Solange der Beschuldigte in Untersuchungshaft ist, kann er **jederzeit** die **gerichtliche Prüfung** beantragen, ob der Haftbefehl aufzuheben oder dessen Vollzug nach § 116 StPO auszusetzen ist (**Haftprüfung**), § 117 I StPO. Zuständig für die Entscheidung über den Antrag ist vor Erhebung der öffentlichen Klage gem. § 126 I StPO der Ermittlungsrichter (Haftrichter), und zwar grundsätzlich derjenige, der den Haftbefehl erlassen hat. Dies muss nicht in persona der gleiche Richter sein, sondern kann auch ein anderer nach dem Geschäftsverteilungsplan zuständiger Richter sein (vgl. Meyer-Goßner § 126 Rn. 2; so gibt es im Interesse der Verfahrensbeschleunigung und aus allgemeinen Praktikabilitätserwägungen z.B. in der JVA München-Stadelheim zwei Ermittlungsrichterstellen). Nach Anklageerhebung entscheidet das mit der Sache befasste Tatgericht, § 126 II StPO. Die Haftprüfung erfolgt entweder im schriftlichen oder mündlichen Verfahren. Auf **Antrag** des Beschuldigten **muss** nach **mündlicher Verhandlung** entschieden werden, § 118 I StPO.

Der Beschuldigte kann den Antrag während des Vollzugs der Untersuchungshaft mehrfach stellen. Grenzen ziehen allerdings § 118 III und IV StPO: Wurde im letzten Haftprüfungstermin aufgrund mündlicher Verhandlung Haftfortdauer angeordnet, so hat der Beschuldigte gem. § 118 III StPO nur dann Anspruch auf eine erneute mündliche Verhandlung, wenn die Untersuchungshaft insgesamt mindestens drei Monate gedauert hat und zugleich seit der letzten mündlichen Verhandlung zwei Monate verstrichen sind. Soweit das Gericht allerdings eine mündliche Verhandlung für erforderlich hält, steht § 118 III StPO dem nicht entgegen. Kein Anspruch auf *mündliche* Haftprüfung besteht auch, solange die Hauptverhandlung andauert oder wenn ein (noch nicht rechtskräftiges) Urteil ergangen ist, das auf Freiheitsstrafe oder eine freiheitsentziehende Maßregel der Besserung und Sicherung erkennt, § 118 IV StPO. In diesem Zusammenhang ist zu beachten, dass auch eine gem. § 229 StPO unterbrochene Hauptverhandlung in diesem Sinne „andauert" (z.T. strittig, vgl. Meyer-Goßner § 118 Rn. 3).

Der Antrag kann formlos – schriftlich oder mündlich – gestellt werden und bedarf keiner Begründung. Eine beantragte mündliche Verhandlung ist gem. § 118 V StPO unverzüglich durchzuführen. Auch mit Zustimmung des Beschuldigten sollte sie nicht später als zwei Wochen nach Eingang des Antrags anberaumt werden.

Der Richter entscheidet über den Antrag durch Beschluss. Zuvor ist gem. § 33 II StPO die StA anzuhören, der Beschuldigte nur unter den Voraussetzungen des § 33 III StPO. Soweit nicht gem. § 117 III StPO Zwischenermittlungen angeordnet werden, kann das Gericht entweder die Haftfortdauer anordnen, den Haftbefehl nach § 120 I StPO aufheben oder ihn gemäß § 116 StPO außer Vollzug setzen.

Die **Haftprüfung** wird **von Amts wegen** durchgeführt, wenn

– der Beschuldigte keinen Verteidiger hat,
– die Untersuchungshaft drei Monate gedauert hat
– und der Beschuldigte in dieser Zeit weder Haftprüfung beantragt noch Haftbeschwerde gem. § 304 StPO eingelegt hat.

2. Beschwerde und weitere Beschwerde, §§ 304, 310 StPO

Unabhängig von der Haftprüfung gem. § 117 StPO hat der Beschuldigte die Möglichkeit, **Haftbeschwerde** gem. § 304 StPO einzulegen. Die Beschwerde ist statthaft gegen den **Haftbefehl selbst sowie gegen jede richterliche Entscheidung, mit der Haftfortdauer angeordnet wird**, also z.B. auch gegen die Haftfortdauerentscheidung, die auf einen Antrag gem. § 117 StPO ergangen ist. Angefochten werden kann aber immer nur **die zuletzt ergangene Entscheidung**, mit der der Haftbefehl in seinem Bestand bestätigt wird (vgl. Meyer-Goßner § 117 Rn. 8).

Hat der Beschuldigte sowohl Haftprüfung nach § 117 StPO beantragt, als auch Beschwerde gem. § 304 StPO eingelegt, ist die Haftprüfung vorrangig. Gem. § 117 II 1 StPO ist die **Beschwerde neben dem Antrag auf Haftprüfung unzulässig.**

Sowohl in der Praxis als auch in der Examensklausur ist daher stets sorgfältig zu prüfen, ob ein Antrag auf mündliche Haftprüfung gestellt oder ob Haftbeschwerde eingelegt wurde bzw. ob beide Rechtsbehelfe vorliegen. Dies ist gegebenenfalls durch Auslegung zu ermitteln.

Beschwerdegericht ist das nächsthöhere Gericht, bei einer Beschwerde gegen einen Haftbefehl des Ermittlungsrichters somit eine Große Strafkammer des Landgerichts. Gem. § 306 II Hs.1 StPO hilft das Haftgericht der Beschwerde ab, wenn es sie für begründet hält. Andernfalls ist die Beschwerde sofort, spätestens binnen drei Tagen, dem Beschwerdegericht vorzulegen, § 306 II Hs. 2 StPO.

Das Beschwerdegericht entscheidet in der Regel ohne mündliche Verhandlung aufgrund des Akteninhalts. Eine mündliche Verhandlung ist aber gem. § 118 II StPO auch im Beschwerdeverfahren zulässig.

Gegen die Entscheidung des Beschwerdegerichts ist unter den Voraussetzungen des § 310 StPO die weitere Beschwerde zulässig. Hat über die Beschwerde eine Strafkammer des Landgerichts entschieden, ist für die Entscheidung über die weitere Beschwerde ein Strafsenat des Oberlandesgerichts zuständig, § 121 I Nr. 2 GVG (auch in Bayern, und zwar unabhängig von der beabsichtigten Abschaffung des BayObLG, vgl. Art. 11 II BayAGGVG).

VIII. Fortdauer der Untersuchungshaft über sechs Monate

Haftsachen sind mit besonderer Beschleunigung zu bearbeiten, da die Untersuchungshaft nicht länger als unbedingt erforderlich andauern soll. Praktisch bedeutsam ist die Sechs-Monats-Frist des § 121 StPO, die eine besondere gesetzliche Ausprägung des Grundsatzes der Verhältnismäßigkeit ist. Nach dieser Vorschrift soll Untersuchungshaft grundsätzlich nicht länger als sechs Monate vollzogen werden. Etwas anderes soll ausnahmsweise nur dann gelten, wenn besonders umfangreiche oder schwierige Ermittlungen durchgeführt werden müssen oder sonstige wichtige Gründe vorliegen, die es verhindern, das Ermittlungs- bzw. Strafverfahren zeitnah zur Inhaftierung des Beschuldigten durch Urteil abzuschließen. **§ 121 ist restriktiv auszulegen.** Dennoch ist Untersuchungshaft über sechs Monate in der Praxis kein seltener Ausnahmefall.

Zuständig für die Entscheidung ist das Oberlandesgericht, § 122 StPO.

Wegen dieser Frist ist die Staatsanwaltschaft gehalten, Haftsachen vorrangig vor allen anderen Verfahren zu bearbeiten und alle notwendigen Ermittlungshandlungen besonders zügig durchzuführen. Sie hat insbesondere auch darauf hinzuwirken, dass die sachbearbeitende Dienststelle der Polizei die notwendigen Ermittlungen mit der gebotenen Beschleunigung durchführt. Gleiches gilt für den Fall, dass Gutachten erstellt werden müssen. Personalnot oder Überlastung der Staatsanwaltschaft bzw. des Gerichts sind keine Gründe, die eine Fortdauer der Untersuchungshaft von über sechs Monaten rechtfertigen (vgl. z.B. BVerfG NStZ 2004, 49; zahlreiche Beispiele bei Meyer-Goßner § 121 Rn. 16 bis 26).

Die Frist beginnt mit dem Tag zu laufen, an dem der Haftbefehl vollzogen wird, nicht schon mit der vorläufigen Festnahme. Zeiten, in denen der Vollzug der Untersuchungshaft unterbrochen war, z.B. aufgrund einer Außervollzugsetzung gem. § 116 StPO oder weil zwischenzeitlich Strafhaft vollstreckt wurde, werden nicht mitgerechnet.

Die Begrenzung durch die Sechs-Monats-Frist gilt nur, wenn die Untersuchungshaft während dieser **Zeit wegen der selben Tat** vollzogen wird. Dieser Tatbegriff ist nicht mit demjenigen des § 264 StPO identisch. Zur Tat i.S.v. § 121 StPO gehören alle Taten von dem Zeitpunkt an, zu dem sie bekannt geworden sind und daher hätten in den Haftbefehl aufgenommen werden können (Meyer-Goßner § 121 Rn. 12). Es kommt also nicht darauf an, ob sie tatsächlich Gegenstand des Haftbefehls waren. Nicht möglich ist es demnach, zunächst nur einen Teil der Taten, für die dringender Tatverdacht besteht, in den Haftbefehl aufzunehmen und die restlichen Taten mit dem Ziel der Verlängerung der Sechs-Monats-Frist „nachzuschieben". Anders ist es, wenn sich erst im Verlauf der Ermittlungen der dringende

Verdacht der Begehung weiterer Taten ergibt. Die Frist beginnt von dem Zeitpunkt an neu zu laufen, ab dem der bestehende Haftbefehl um die neue Tat hätte ergänzt bzw. ein neuer Haftbefehl hätte erlassen werden können. Zu beachten ist allerdings, dass dies nur gilt, soweit die neue Tat auch für sich allein betrachtet einen Haftbefehl rechtfertigt.

IX. Vollzug der Untersuchungshaft

Eine umfassende gesetzliche Regelung des Vollzugs der Untersuchungshaft fehlt immer noch. Abgesehen von der Vorschrift des § 119 StPO (sowie in § 93 JGG und in §§ 31 ff. EGGVG) gibt es lediglich die Untersuchungshaftvollzugordnung (UVollzO), die aber nur eine von den Ländern bundeseinheitlich erlassene Dienstanweisung ist. Allerdings gibt es Bestrebungen zur Schaffung eines entsprechenden Gesetzes (vgl. BR-Drucks. 249/99).

X. Hauptverhandlungshaft, § 127 b II StPO

Die Hauptverhandlungshaft gem. § 127 b II StPO wurde eingeführt, um dem beschleunigten Verfahren (§§ 417 ff. StPO) in der Praxis mehr Bedeutung zu verschaffen. Wie schon die Vorschriften über das beschleunigte Verfahren selbst, ist auch die Hauptverhandlungshaft zum Teil recht heftiger Kritik ausgesetzt (vgl. Meyer-Goßner § 127 b Rn. 2, 3 und Vor § 417 Rn. 3 ff.). Anwendungsbereich und praktischer Nutzen der gesetzlichen Regelung sollten jedenfalls nicht überschätzt werden.

Nach § 127 b II StPO ist die Anordnung der Hauptverhandlungshaft zulässig, wenn

– die Durchführung der Hauptverhandlung innerhalb einer Woche nach der Festnahme zu erwarten ist
– aufgrund bestimmter Tatsachen zu befürchten ist, dass der Festgenommene der Hauptverhandlung fernbleiben wird.

Der Haftbefehl ist auf höchstens eine Woche ab dem Tag der Festnahme zu befristen.

F. Vernehmung von Beschuldigten und Zeugen

I. Allgemeines

Die Vernehmung des Beschuldigten ist in den §§ 133 bis 136 a StPO geregelt. Diese Vorschriften gelten **unmittelbar für richterliche Vernehmungen**, durch die **Verweisung** in §§ 163 a III 2 gelten sie jedoch **gleichermaßen für die Vernehmung durch Staatsanwaltschaft**, für polizeiliche Vernehmungen verweist § 163 a IV 2 auf die §§ 136 I 2–4, II, III, 136 a.

Was die Vernehmung von Zeugen (§§ 48 ff. StPO) und Sachverständigen (§§ 72 ff. StPO) angeht, so verweist § 163 a V StPO auf die Pflicht zur Belehrung über ein etwaiges Zeugnisverweigerungsrecht gem. § 52 III StPO bzw. Auskunftsverweigerungsrecht gem. § 55 II StPO bei einer nichtrichterlichen Vernehmung.

II. Rechtliches Gehör, Erscheinungs- und Aussagepflicht

Aus Art. 103 I GG ergibt sich, dass der **Beschuldigte** einen **Anspruch auf rechtliches Gehör** hat (vgl. insbesondere auch §§ 136 I und 243 IV StPO).

Weder der Beschuldigte, noch der Zeuge haben aber die Pflicht, auf eine Ladung zur polizeilichen Vernehmung zu erscheinen. Der Beschuldigte ist allerdings verpflichtet, Angaben zu seinen Personalien zu machen, § 111 OWiG. Für den Beschuldigten ergibt sich das Recht, nicht zu erscheinen und nicht zur Sache auszusagen, schon aus dem **nemo-tenetur-Prinzip** (nemo tenetur [est] se ipsum accusare = niemand ist verpflichtet, sich selbst zu belasten). Wenn der Beschuldigte aussagt, darf er lügen. Die Grenze ist aber § 164 StGB. Sagt dagegen der Zeuge aus, ist er zur Wahrheit verpflichtet. Materiell-rechtlich ergibt sich dies aus §§ 145 d, 164, 258 StGB.

Eine Pflicht zum Erscheinen gibt es aber im Falle der Ladung zur staatsanwaltlichen Vernehmung. Dies gilt gem. § 161 a I 1 StPO für Zeugen und Sachverständige sowie gem. § 163 a III 1 StPO für den Beschuldigten. Das Erscheinen kann durch Ordnungsmittel, insbesondere durch die Vorführung, erzwungen werden, § 161 a III StPO (Zeugen u. Sachverständige), § 163 a III 2 StPO (Beschuldigter).

Auf Antrag der StA können Zeugen und Beschuldigte im Ermittlungsverfahren auch richterlich vernommen werden, § 162 StPO. Zuständig ist der Ermittlungsrichter. Auch hier besteht eine Pflicht zum Erscheinen, § 133 StPO. Gem. §§ 134, 135 StPO kann die Vorführung angeordnet werden. Die ermittlungsrichterliche Vernehmung kommt in der Praxis namentlich bei der Vernehmung von Zeugen in Betracht, die ein Zeugnisverweigerungsrecht gem. § 52 StPO haben, insbesondere dann, wenn es sich bei diesen Personen um das Opfer der Straftat handelt. Sind diese – was nicht selten vorkommt – im Ermittlungsverfahren unter dem Eindruck der Tat noch aussagebereit, berufen sich in der Hauptverhandlung aber auf ihr Zeugnisverweigerungsrecht, ist als Ausnahme von dem umfassenden Verwertungsverbot des § 252 StPO die Vernehmung der Verhörsperson (also des Ermittlungsrichters) über den Inhalt der Aussage bei der früheren richterlichen Vernehmung zulässig (Meyer-Goßner § 252 Rn. 13). Voraussetzung ist allerdings, dass der Zeuge in seiner ermittlungsrichterlichen Vernehmung gem. § 52 III StPO belehrt wurde.

III. Ablauf der Beschuldigtenvernehmung, Belehrungspflichten

Wie die Vernehmung abläuft und welche Belehrungen dem Beschuldigten zu erteilen sind, ergibt sich aus § 136 StPO:

- Eröffnung des Tatvorwurfs
- Nennung der in Betracht kommenden Strafvorschriften (gilt wegen § 163 IV 2 StPO, der nicht auf § 136 I 1 StPO verweist, nicht bei polizeilicher Vernehmung)
- Belehrung über die Aussagefreiheit, § 136 I 2 StPO
- Hinweis auf das Recht zur Verteidigerkonsultation, § 136 I 2 StPO
- Hinweis auf das Beweisantragsrecht, § 136 I 3 StPO
- gegebenenfalls: Hinweis auf Recht zur schriftlichen Äußerung, § 136 I 4 StPO
- Vernehmung zur Person im Sinne einer Identitätsfeststellung
- Vernehmung zur Sache, § 136 II StPO
- Vernehmung zu den persönlichen Verhältnissen, § 136 III StPO, soweit nach Art, Umfang u. Schwere der Tat erforderlich (strafzumessungsrelevante Umstände)

Eine Belehrungspflicht besteht nicht bei Spontanäußerungen und sogenannten informatorischen Befragungen. Dies liegt in der Natur der Sache, da zum Zeitpunkt dieser Äußerungen noch nicht klar ist, wer als Beschuldigter in Betracht kommt.

Die Art bzw. die Gestaltung der Vernehmung ist im Gesetz nicht näher geregelt. Eine klare Grenze zieht jedenfalls § 136a StPO. Alle Maßnahmen, die die freie Willensentschließung und -betätigung sowie das Erinnerungsvermögen oder die Einsichtsfähigkeit des Beschuldigten beeinträchtigen, sind strikt verboten. Dieser Grundsatz ist abzuleiten aus dem Gebot zur Achtung der Menschenwürde sowie dem Rechtsstaatsprinzip. Die Aufzählung der in § 136a StPO genannten verbotenen Vernehmungsmethoden ist nicht abschließend (vgl. im einzelnen Meyer-Goßner § 136a Rn. 4a bis 25).

IV. Verwertungsverbote

Verstöße gegen §§ 136, 136a StPO ziehen grundsätzlich das Verbot der Verwertung der jeweiligen Aussage nach sich. Im einzelnen ist zu differenzieren:

1. Verstoß gegen die Belehrungspflicht gem. § 136 StPO

Die ohne Belehrung des Beschuldigten gem. § 136 I 2 StPO zu Stande gekommene Aussage ist **grundsätzlich unverwertbar**. Ausnahmsweise kann sie jedoch verwertet werden, wenn

- der Beschuldigte sein Schweigerecht auch ohne Belehrung gekannt hat (Unterstellungen und Spekulationen sind hier fehl am Platz. Im Zweifel ist von fehlender Kenntnis auszugehen, und zwar auch dann, wenn der Beschuldigte einen Verteidiger hat),
- der durch einen Rechtsanwalt verteidigte Angeklagte der Verwertung nicht rechtzeitig widersprochen hat (h.M., sog. **Widerspruchslösung**, maßgeblicher Zeitpunkt für die Rechtzeitigkeit ist der in § 257 StPO genannte)
- der unverteidigte Angeklagte auf das Verwertungsverbot hingewiesen wurde
- sich nicht klären lässt, ob die Belehrung erfolgt ist oder nicht (sehr str., vgl. Meyer-Goßner § 136 Rn. 20).

Spontanäußerungen können mangels Belehrungspflicht auch dann verwertet werden, wenn der Betroffene später von seinem Schweigerecht Gebrauch macht. Gleiches gilt nach h.M. auch für informatorische Befragungen. Etwas anderes muss aber dann gelten, wenn die Form der informatorischen Befragung gewählt wurde, obwohl den Umständen nach sich der Verdacht in Wahrheit schon gegen eine konkrete Person richtete (letztlich kein Problem der Verwertbarkeit, sondern der Belehrungspflicht).

2. Verstoß gegen § 136 a StPO

Aussagen des Beschuldigten, die unter Verstoß gegen das Verbot des § 136 a I u. II StPO zu Stande gekommen sind, sind **unverwertbar**, und zwar auch dann, wenn der Beschuldigte einer Verwertung zustimmt, § 136 a III. **Voraussetzung** für ein Verwertungsverbot ist allerdings ein **ursächlicher Zusammenhang** zwischen Verstoß und Aussage (vgl. Meyer-Goßner § 136 a Rn. 28). Beruht die Aussage nicht gerade auf dem Verstoß, kann sie verwertet werden. Gleiches gilt, wenn der **Mangel** der ersten Vernehmung durch eine zweite, ordnungsgemäße Vernehmung **geheilt** wurde. Voraussetzung ist allerdings, dass dem Beschuldigten in der zweiten Vernehmung eine sogenannte **qualifizierte Belehrung** dahingehend erteilt wurde, dass die Aussage in der ersten Vernehmung nicht verwertbar ist (bestritten, vgl. Meyer-Goßner § 136 a Rn. 30).

Der Verfahrensverstoß muss (im Freibeweisverfahren) bewiesen werden. Der Grundsatz *in dubio pro reo* gilt nicht. Wird der Verstoß nicht bewiesen, bleibt die Aussage verwertbar (Meyer-Goßner § 136 a Rn. 32).

Nach herrschender, aber äußerst umstrittener Auffassung entfaltet das Verwertungsverbot wegen einer Verletzung des § 136 a StPO **keine Fernwirkungen**, so dass diejenigen Beweise, die erst durch die unverwertbare Aussage erlangt wurden, verwertbar sind.

G. Körperliche Untersuchung, § 81 a StPO

§ 81 a StPO gestattet einfache körperliche Untersuchungen des Beschuldigten und sonstige Eingriffe zur Feststellung verfahrenserheblicher Tatsachen. Praktische Bedeutung hat vor allem die Entnahme einer Blutprobe zur Feststellung der Blutalkoholkonzentration. Voraussetzungen für die Zulässigkeit sind:

- Betroffener muss Beschuldigter oder Verdächtiger sein
- Zweck der Untersuchung: nur Feststellung verfahrenserheblicher Tatsachen
- entweder: einfache körperliche Untersuchungen (Abs. 1 S. 1)
  - Untersuchung durch sinnliche Wahrnehmung ohne Eingriff
  - Beschuldigter zur aktiven Mitwirkung nicht verpflichtet, nur Duldungspflicht
- oder Blutprobenentnahme oder andere körperliche Eingriffe (Abs. 1 S. 2)
  - insbes. Entnahme von Körperflüssigkeiten
  - nach den Regeln der ärztlichen Kunst
  - durch einen Arzt
  - ohne Einwilligung des Besch. nur, wenn keine gesundheitlichen Nachteile zu befürchten sind
  - Verhältnismäßigkeit
- Anordnung: Richter, bei Gefährdung des Untersuchungserfolgs durch Verzögerung auch StA oder deren Ermittlungspersonen, § 81 a II StPO (nicht erforderlich, wenn Beschuldigter einwilligt).

Von einer Maßnahme nach § 81 a StPO abzugrenzen ist die Suche nach Gegenständen auf dem Körper (in oder unter der Kleidung) und in den natürlichen Körperöffnungen, bei der es sich um eine Durchsuchung i.S.v. § 102 handelt. Die Abgrenzung kann im Einzelfall schwierig sein.

Die nach § 81 a StPO angeordnete Maßnahme ist zwangsweise durchsetzbar, wenn sich der Beschuldigte weigert. Der Beschuldigte darf, so z.B. zur Blutentnahme, kurzfristig festgenommen und zwangsweise zum nächsten Arzt oder Krankenhaus verbracht werden. Eine mehr als nur kurzfristige Unterbringung des Beschuldigten zur Vorbereitung der Untersuchung oder des Eingriffs ist auch im Falle einer besonderen richterlichen Anordnung von § 81 a StPO nicht gedeckt (vgl. Meyer-Goßner § 81 a Rn. 24).

Verstöße gegen § 81 a StPO machen die gewonnenen Untersuchungsergebnisse in der Regel nicht unverwertbar (Meyer-Goßner § 81 a Rn. 32, 33), so z.B. wenn nicht ein approbierter Arzt die Blutprobe entnimmt, sondern eine andere Person.

H. Durchsuchung

I. Allgemeines, Zweck und Ziel der Durchsuchung

Die Durchsuchung dient der Auffindung von Beweismitteln und Verfalls- und Einziehungsgegenständen sowie der Ergreifung des Verdächtigen. Durchsuchungsgegenstände können Wohnungen und andere Räume, Personen und Sachen sein. Zu unterscheiden ist die Durchsuchung beim Verdächtigen gem. § 102 StPO und die Durchsuchung bei anderen Personen gem. § 103 StPO. Angesichts der besonderen Bedeutung der verfassungsrechtlich geschützten Unverletzlichkeit der Wohnung (Art. 13 GG) muss bei jeder Durchsuchung der Grundsatz der Verhältnismäßigkeit besonders beachtet werden. Art und Schwere der Straftat sowie die Stärke des diesbezüglichen Verdachts müssen zu der Durchsuchung in einem angemessenen Verhältnis stehen (Meyer-Goßner § 102 Rn. 15). Geschützt sind nicht nur Wohnungen, sondern auch Arbeits-, Betriebs- und Geschäftsräume.

Einschränkungen für die Durchsuchung zur Nachtzeit ergeben sich aus § 104 StPO.

II. Durchsuchung beim Verdächtigen, § 102 StPO

Voraussetzung für eine Durchsuchung beim Verdächtigen gem. § 102 StPO ist die **Wahrscheinlichkeit**, dass eine bestimmte **Straftat begangen** worden ist. Das Wahrscheinlichkeitsurteil muss sich auf konkrete Tatsachen stützen. Dringender Tatverdacht ist hingegen nicht erforderlich, es genügen zureichende tatsächliche Anhaltspunkte. Der Verdachtsgrad ist demnach der gleiche wie beim sogenannten Anfangsverdacht. Die Durchsuchung nach § 102 StPO darf zwei verschiedenen Zielen dienen, nämlich der

- **Ergreifung des Verdächtigen**
- der **Auffindung von Beweismitteln**, wenn zu **vermuten** ist, dass die Beweismittel bei der Durchsuchung **aufgefunden** werden.

Zwar darf die Durchsuchung nicht der bloßen Ausforschung dienen, andererseits sind an die Vermutung keine allzu hohen Anforderungen zu stellen: Ausreichend ist die Erwartung, dass die Gegenstände nach kriminalistischer Erfahrung bei der Durchsuchung aufgefunden werden können.

Zufallsfunde können gemäß § 108 StPO einstweilen in Beschlag genommen werden.

Für die Durchführung der Durchsuchung gilt § 110 StPO. Hier hat das Justizmodernisierungsgesetz eine Erleichterung für die Praxis gebracht: Die Durchsicht von Papieren des Betroffenen steht nunmehr auf Anordnung der StA auch deren Ermittlungspersonen zu.

III. Durchsuchung bei anderen Personen, § 103 StPO

Die Voraussetzungen der Durchsuchung bei anderen Personen gem. § 103 I 1 StPO sind enger als bei § 102. Zwar sind auch hier sowohl die Ergreifungs- als auch Ermittlungsdurchsuchung zulässig. Allerdings muss sich einerseits der Verdacht so weit erhärtet haben, dass der Verdächtige zum **Beschuldigten** geworden ist (Meyer-Goßner § 102 Rn. 5). Andererseits reicht die bloße Vermutung, dass Beweismittel aufgefunden werden, nicht mehr aus. Vielmehr ist das Vorliegen von **Tatsachen** erforderlich, auf die sich die Annahme gründen lässt, dass bei der Durchsuchung bestimmte Gegenstände oder Spuren aufgefunden werden.

IV. Durchsuchungsanordnung

Die Anordnung von Durchsuchungen ist grundsätzlich dem Richter vorbehalten, § 105 I StPO. Nur ausnahmsweise bei Gefahr im Verzug dürfen Durchsuchungen gem. § 102 StPO auch durch die Staatsanwaltschaft und ihre Hilfsbeamten (Ermittlungspersonen), Durchsuchungen nach § 103 StPO nur durch die StA angeordnet werden. Gefahr im Verzug bedeutet, dass durch den Zeitverlust, der durch das Abwarten bis zu einer richterlichen Entscheidung eintritt, der Verlust von Beweismitteln droht.

Das Bundesverfassungsgericht hat in der jüngeren Vergangenheit den Richtervorbehalt gestärkt und erhöhte Anforderungen an die Bejahung von Gefahr im Verzug gestellt (sehr lesenswert: BVerfG NJW 2001, 1121). Danach muss „Gefahr im Verzug" mit Tatsachen begründet werden, die auf den Einzelfall bezogen sind. Reine Spekulationen, hypothetische Erwägungen oder lediglich auf kriminalistische Alltagserfahrung gestützte, fallunabhängige Vermutungen reichen nicht aus. Außerdem haben Gerichte und Strafverfolgungsbehörden durch geeignete organisatorische Maßnahmen (z.B. ermittlungsrichterlicher Bereitschaftsdienst) sicherzustellen, dass die in der Verfassung vorgesehene Regelzuständigkeit des Richters auch in der Masse der Alltagsfälle gewahrt bleibt. Da der Begriff „Gefahr im Verzug" der unbeschränkten gerichtlichen Kontrolle unterliegt, müssen StA und Polizei – wenn sie von ihrer Eilkompetenz Gebrauch machen – in den Akten die dafür maßgeblichen Umstände dokumentieren (BVerfG NJW 2001, 1121, 1124; BVerfG NStZ 2003, 319).

Werden Beweismittel bei einer Durchsuchung erlangt, die unter Verstoß gegen § 105 I StPO durchgeführt wurde, ist umstritten, ob diese verwertet werden dürfen. Nach h.M. ist von einer Unverwertbarkeit nur bei besonders schwerwiegenden Verstößen auszugehen. Grundsätzlich aber sind Beweismittel, die bei einer Wohnungsdurchsuchung aufgefunden werden auch dann verwertbar, wenn die Voraussetzungen für eine nichtrichterliche Anordnung der Durchsuchung tatsächlich nicht vorlagen (vgl. Meyer-Goßner § 98 Rn. 7).

Der richterliche Durchsuchungsbeschluss muss folgenden Inhalt haben (Einzelheiten: Meyer-Goßner § 105 Rn. 5):

- Bezeichnung der Straftat, derer der Beschuldigte verdächtig ist und die Anlass zur Durchsuchung gibt,
- bei Wohnungsdurchsuchungen zusätzlich: tatsächliche Angaben über Inhalt und Gegenstand des Tatvorwurfs, soweit dies nach dem Stand der Ermittlungen möglich ist und dies die weiteren Ermittlungen nicht gefährdet,
- knappe Angaben über die Verdachtsgründe („gewisse Konkretisierung" in tatsächlicher und rechtlicher Hinsicht),
- Angaben über das Durchsuchungsobjekt (welche Räume?)
- Angaben über Zweck, Ziel, Ausmaß der Durchsuchung (Beschreibung der Beweismittel, nach denen gesucht wird).

Die Mitteilung der Verdachtsgründe in einem Durchsuchungsbeschluss ist allerdings von Verfassungs wegen nicht in dem Sinne zwingend vorgeschrieben, dass sie für den Durchsuchungsbeschluss konstitutiv ist, es sei denn, sie ist zur Begrenzung der richterlichen Durchsuchungsgestattung erforderlich (BVerfG NStZ 2004, 160).

Der Durchsuchungsbeschluss wird in der Praxis in der Regel sinnvollerweise mit der richterlichen Anordnung der Beschlagnahme der im Beschluss bezeichneten Beweismittel, nach denen gesucht wird, verbunden.

I. Sicherstellung und Beschlagnahme

I. Gesetzliche Systematik

Das Gesetz unterscheidet die Sicherstellung bzw. Beschlagnahme von Beweismitteln gem. §§ 94 ff. StPO und die Sicherstellung bzw. Beschlagnahme von Einziehungs- und Verfallsgegenständen gem. § 111 b ff. StPO. Ein Sonderfall ist die Beschlagnahme von Führerscheinen gem. § 94 III StPO.

II. Sicherstellung und Beschlagnahme von Beweismitteln

Gem. § 94 I StPO sind Gegenstände, die im Ermittlungsverfahren als Beweismittel von Bedeutung sein können, in Verwahrung zu nehmen oder in anderer Weise sicherzustellen. Wenn der Gegenstand nicht freiwillig herausgegeben wird, ist die Beschlagnahme notwendig, § 94 II StPO. Einer förmlichen Beschlagnahme bedarf es auch bei der Sicherstellung in anderer Weise (so z.B. bei Grundstücken und Räumen: Absperrung, Versiegelung, Betretungsverbot, vgl. Meyer-Goßner § 94 Rn. 16).

Die **Anordnung** der Beschlagnahme ist grundsätzlich dem **Richter vorbehalten**, § 98 Abs. 1 S. 1. Bei **Gefahr im Verzug** darf sie auch von der **Staatsanwaltschaft** und ihren **Ermittlungspersonen** angeordnet werden. Wird ein Gegenstand ohne richterliche Anordnung beschlagnahmt, soll der Beamte unter den Voraussetzungen des § 98 II 1 StPO binnen drei Tagen die richterliche Bestätigung beantragen. Der Betroffene selbst kann jederzeit die richterliche Entscheidung beantragen, § 98 II 2 StPO.

Was die nachträgliche gerichtliche Überprüfbarkeit des Vorliegens von Gefahr im Verzug angeht, so können die vom BVerfG zur Durchsuchungsanordnung entwickelten Grundsätze auf die Beschlagnahmeanordnung übertragen werden (vgl. Meyer-Goßner § 98 Rn. 7).

Beschlagnahmeverbote ergeben sich aus § 96 und § 97 StPO. § 97 StPO knüpft an die Zeugnisverweigerungsrechte der §§ 52, 53, 53a StPO an und soll deren Umgehung verhindern (vgl. Meyer-Goßner § 97 Rn. 1). Das Beschlagnahmeverbot reicht so weit, wie das Zeugnisverweigerungsrecht und das ihm zu Grunde liegende Vetrauensverhältnis selbst. Es gilt nur für Beweismittel, nicht aber für Verfalls- und Einziehungsgegenstände. Wichtig ist die Regelung des § 97 I 3 StPO: Die Beschlagnahmeverbote gelten nicht, wenn die zur Verweigerung des Zeugnisses Berechtigten einer Teilnahme an der Straftat oder einer Begünstigung, Strafvereitelung oder Hehlerei verdächtig sind oder es sich um sogenannte Deliktsgegenstände handelt, also Tatwerkzeuge oder durch die Tat hervorgebrachte oder erlangte Gegenstände.

Ein **Verstoß gegen das Beschlagnahmeverbot** zieht grundsätzlich ein **Verwertungsverbot** nach sich. War die Beschlagnahme zulässig, treten später aber Umstände ein, die sie unzulässig machen würden, bleibt der Beweisgegenstand gleichwohl verwertbar (Meyer-Goßner § 97 Rn. 47). War die Beschlagnahme dagegen zunächst unzulässig, fallen die Gründe für die Unzulässigkeit aber später weg, ist der Beweisgegenstand gleichfalls verwertbar (Meyer-Goßner § 97 Rn. 48).

III. Beschlagnahme von Führerscheinen und vorläufige Entziehung der Fahrerlaubnis

Zu unterscheiden sind der Führerschein als Dokument einerseits und die Fahrerlaubnis als behördliche Berechtigung andererseits.

Die vorläufige Entziehung der Fahrerlaubnis ist gem. § 111a StPO durch richterlichen Beschluss möglich, wenn dringende Gründe für die Annahme vorhanden sind, dass dem Beschuldigten später im Urteil die Fahrerlaubnis gem. § 69 StGB entzogen werden wird.

Wird die Fahrerlaubnis dem Angeklagten im Strafurteil entzogen, ist gem. § 69 III 2 StGB zugleich der Führerschein einzuziehen. Obwohl der Führerschein demnach Einziehungsgegenstand ist, richtet sich seine Sicherstellung und Beschlagnahme gem. § 94 III StPO nach den Regeln über die Sicherstellung und Beschlagnahme von Beweisgegenständen.

Wird die Fahrerlaubnis vorläufig entzogen, wirkt dieser Beschluss zugleich als richterliche Anordnung der Beschlagnahme des Führerscheins, § 111a III, IV StPO.

Staatsanwaltschaft und Polizei dürfen nur die Beschlagnahme des Führerscheins aussprechen, nicht aber vorläufig die Fahrerlaubnis entziehen. Da diese Beschlagnahmebefugnis nicht weiter gehen darf als die richterliche Einziehungsbefugnis, hat die Beschlagnahme des Führerscheins durch Polizei und StA folgende Voraussetzungen:

- Annahme, dass die Fahrerlaubnis entzogen werden wird (= dringender Verdacht im Sinne des § 69 StGB und hoher Grad an Wahrscheinlichkeit, dass das erkennende Gericht den Beschuldigten für ungeeignet zum Führen von Kraftfahrzeugen halten wird), § 111a I StPO,
- keine freiwillige Herausgabe, § 94 II StPO und
- Gefahr im Verzug, § 98 I StPO (es muss zu befürchten sein, dass der Beschuldigte ohne Abnahme des Führerscheins weitere Trunkenheitsfahrten unternehmen oder sonst Verkehrsvorschriften in schwerwiegender Weise verletzen wird).

Die Rückgabe des Führerscheins an den Beschuldigten bestimmt sich nach § 111a V StPO.

3. Teil. Das Zwischenverfahren

Inhaltsverzeichnis

A.	Bedeutung	45
B.	Ablauf des Verfahrens	45
C.	Abschließende Entscheidungen im Zwischenverfahren	46
	I. Mangelnde Eröffnungszuständigkeit, §§ 209, 209a StPO	46
	II. Vorläufige Einstellung des Verfahrens, § 205 StPO	47
	III. Erlass des Eröffnungsbeschlusses	47
	1. Hinreichender Tatverdacht	47
	2. Inhalt des Eröffnungsbeschlusses	48
	IV. Ablehnung der Eröffnung des Hauptverfahrens, § 204 StPO	48
	V. Einstellung des Verfahrens gem. §§ 153 ff. StPO	49
	VI. Muster: Ablehnung der Eröffnung des Hauptverfahrens	49

A. Bedeutung

Das Zwischenverfahren (§§ 199–211 StPO) wird mit der Anklageerhebung durch die Staatsanwaltschaft eingeleitet. Gem. § 199 I, 203, 204 StPO entscheidet das für die Hauptverhandlung zuständige Gericht darüber, ob das Hauptverfahren zu eröffnen, die Eröffnung abzulehnen oder das Verfahren vorläufig einzustellen ist. Das Zwischenverfahren ermöglicht somit vor der Durchführung der Hauptverhandlung eine **Vorprüfung der Verfahrensvoraussetzungen, der Beweisbarkeit der angeklagten Tat und der** von der StA vorgenommenen **rechtlichen Würdigung** durch ein unabhängiges Gericht. Außerdem werden dem Beschuldigten im Zwischenverfahren weitere Verteidigungsmöglichkeiten gegeben. Er ist nicht gezwungen, mit seiner Verteidigung gegenüber dem Gericht bis zur öffentlichen Hauptverhandlung abzuwarten, sondern kann gem. § 201 StPO schon im nichtöffentlichen Zwischenverfahren die Vornahme einzelner Beweiserhebungen beantragen und Einwendungen gegen die Eröffnung des Hauptverfahrens vorbringen. Das Zwischenverfahren dient somit einerseits dem Schutz des Beschuldigten, andererseits der Vermeidung unnötiger Hauptverhandlungen.

B. Ablauf des Verfahrens

Das Zwischenverfahren beginnt damit, dass die Staatsanwaltschaft Anklageschrift und Akten dem zuständigen Gericht vorlegt. Die Anklageschrift enthält den Antrag, das Hauptverfahren zu eröffnen, § 199 Abs. 2 StPO. Mit **Erhebung der öffentlichen Klage** wird der Beschuldigte gem. § 157 StPO zum **Angeschuldigten**. Das Gericht bezeichnet man im Zwischenverfahren als **beschließendes Gericht** im Gegensatz zum erkennenden Gericht des Hauptverfahrens.

Nach Eingang der Akten prüft das Gericht, ob

- eine wirksame Anklageschrift vorliegt,
- Verfahrenshindernisse vorliegen,
- das Gericht (auch funktionell nach Geschäftsverteilungsplan) zuständig ist,
- Eilentscheidungen bzw. -maßnahmen zu treffen sind (z.B. Erlass eines Haftbefehls oder Anpassung eines bereits bestehenden Haftbefehls an Sachverhalt und rechtliche Würdigung der Anklageschrift; Vorlage der Akten an das OLG zur Haftprüfung gem. § 121 ff. StPO),
- ein Pflichtverteidiger bestellt werden muss, § 140 StPO,
- die Anklageschrift vor Zustellung in eine fremde Sprache übersetzt werden muss.

Was **Mängel der Anklageschrift** angeht, so ist zwischen funktionellen Mängeln und sonstigen Mängeln zu unterscheiden.

Funktionelle Mängel sind solche, die so schwerwiegend sind, dass die Anklageschrift ihre gesetzliche Funktion nicht mehr erfüllen kann, so z.B. wenn sich in ihr der Angeschuldigte nicht ausreichend klar identifizieren lässt (vgl. Meyer-Goßner 47. Aufl. § 200 Rn. 25, 26). In einem solchen Fall sendet das Gericht Anklage und Akten (formlos) zur Nachbesserung an die StA zurück. Ist der Mangel sodann bei erneuter Vorlage der Anklage nicht behoben, lehnt das Gericht mangels Vorliegen einer wirksamen Anklageschrift die Eröffnung des Hauptverfahrens ab. Eröffnet es dagegen trotz eines funktionellen Mangels das Hauptverfahren, so setzt sich die Unwirksamkeit der Anklage im Eröffnungsbeschluss gleichsam fort: Auch er ist dann unwirksam (Meyer-Goßner § 201 Rn. 26 u. § 207 Rn. 11). Dies kann weitreichende Folgen haben: Kann der Mangel auch zu einem späteren Zeitpunkt nicht behoben werden – so z.B. in der Hauptverhandlung – ist das Verfahren wegen des Vorliegens eines Prozesshindernisses einzustellen, §§ 206 a, 260 III StPO (zur möglichen Heilung des Mangels vgl. Meyer-Goßner § 207 Rn. 12), gegebenenfalls noch in der Revisionsinstanz (Meyer-Goßner § 354 Rn. 6).

Sonstige Mängel der Anklageschrift machen den Eröffnungsbeschluss nicht unwirksam. Beispiele: Mängel im Aufbau, Fehlen der gesetzlichen Merkmale der Straftat, versehentlich fehlende Unterschrift (letzteres ist str., vgl. Meyer-Goßner § 201 Rn. 27).

Nach der Vorprüfung der Anklageschrift veranlasst der Vorsitzende ihre **Zustellung** an den Angeklagten, § 201 I. Zugleich setzt er dem Angeklagten eine angemessene **Erklärungsfrist**, die jedoch keine Ausschlussfrist ist. Über etwaige **Anträge und Einwendungen des Angeschuldigten** entscheidet das Gericht durch unanfechtbaren Beschluss, § 201 II StPO. Derartige Anträge sind in der Praxis die Ausnahme. Auch von Verteidigern wird diese Möglichkeit nur selten genutzt.

Unabhängig von Einwendungen und Anträgen des Angeschuldigten kann das Gericht vor einer Entscheidung über die Eröffnung des Hauptverfahrens gem. § 202 StPO **Zwischenermittlungen** durchführen, wenn es diese zur besseren Aufklärung der Sache für notwendig hält. Zu beachten ist, dass § 202 StPO lediglich von *einzelnen* Beweiserhebungen spricht. Ist die Anklage bzw. die Beweisführung derart unzureichend, dass im Zwischenverfahren erhebliche Teile des Ermittlungsverfahrens nachgeholt werden müssten, kommt ein Verfahren nach § 202 StPO nicht in Betracht (vgl. LG Berlin NStZ 2003, 504 m. Anm. *Lilie* S. 568). Vielmehr sind Anklage und Akten formlos an die StA zur Durchführung eigener Ermittlungen zurückzugeben bzw. die Eröffnung des Hauptverfahrens abzulehnen.

Ob die Staatsanwaltschaft verpflichtet ist, in diesem Verfahrensstadium einem derartigen Ersuchen nachzukommen, ist strittig, dürfte im Ergebnis aber zu verneinen sein (Grund: Die StA ist nicht eine dem Gericht nachgeordnete Behörde, sondern selbständig. Das Gericht ist deshalb nicht weisungsbefugt. Die Regelung des § 36 II StPO über die Vollstreckung gerichtlicher *Entscheidungen* ändert daran nichts). Im Regelfall wird die StA derartigen Ersuchen aber ohnehin nachkommen, da andernfalls die Gefahr der Nichteröffnung mangels hinreichenden Tatverdachts besteht.

C. Abschließende Entscheidungen im Zwischenverfahren

I. Mangelnde Eröffnungszuständigkeit, §§ 209, 209 a StPO

Das beschließende Gericht prüft seine Zuständigkeit von Amts wegen, §§ 6, 16 StPO. Die §§ 209, 209 a StPO sowie § 16 StPO enthalten Sonderregeln darüber, wie zu verfahren ist, wenn nach Auffassung des Gerichts das Prozesshindernis der sachlichen oder örtlichen Unzuständigkeit besteht. An sich wäre in solchen Fällen das Verfahren wegen eines Verfahrenshindernisses nämlich einzustellen. Mit den genannten Vorschriften wird aber dafür gesorgt, dass im Sinne einer Verfahrensbeschleunigung die Sache direkt oder unter Vermittlung der StA vor das zuständige Gericht gebracht werden kann.

Hält sich das Gericht für **sachlich unzuständig** und stattdessen ein Gericht niedrigerer Ordnung seines Bezirks für zuständig, so eröffnet es das Hauptverfahren vor diesem Gericht, § 209 I StPO. Dies gilt natürlich nur, sofern auch die sonstigen Voraussetzungen für eine Eröffnung gegeben sind. Wenn das Gericht dagegen die Zuständigkeit eines Gerichts höherer Ordnung für begründet erachtet, entscheidet es nicht selbst, sondern legt durch Vermittlung der Staatsanwaltschaft dem höherrangigen Gericht die Sache zur Entscheidung vor.

Besondere Spruchkörper, die gegenüber anderen Spruchkörpern gleichrangig im Sinne der sachlichen Zuständigkeit sind (also z.B. Große Strafkammer und Schwurgericht) stellt § 209 a StPO den Gerichten höherer Ordnung gleich: Spruchkörper mit speziellen Zuständigkeiten haben demnach Vorrang gegenüber „allgemeinen" Spruchkörpern.

Im Falle der **örtlichen Unzuständigkeit** scheidet eine Abgabe oder Verweisung an das örtlich zuständige Gericht aus. Vielmehr erklärt sich das Geicht durch Beschluss für örtlich unzuständig (nach aA lehnt das Gericht gleichzeitig bzw. ausschließlich die Eröffnung ab; vgl. die Nachweise bei Meyer-Goßner § 16 Rn. 4). Die StA hat sodann zwei Möglichkeiten: Entweder erhebt sie Anklage beim zuständigen Gericht oder sie ficht den Beschluss, mit dem sich das Gericht für unzuständig erklärt hat, mit einfacher Beschwerde gem. § 304 StPO an. Wenn die Beschwerde begründet ist, verweist das Beschwerdegericht die Sache an das Erstgericht zurück (Meyer-Goßner § 16 Rn. 7).

II Vorläufige Einstellung des Verfahrens, § 205 StPO

Gemäß § 205 S. 1 StPO kann das Gericht das Verfahren durch Beschluss **vorläufig einstellen**, wenn der Durchführung der Hauptverhandlung für längere Zeit die Abwesenheit des Angeschuldigten oder ein anderes in seiner Person liegendes Hindernis entgegensteht. Der Vorsitzende kann gem. § 205 S. 2 StPO die Beweise sichern.

Neben der vorläufigen Einstellung wegen Abwesenheit des Angeklagten wird in der Regel **Haftbefehl** zu erlassen und der Angeschuldigte sodann von der StA **zur Festnahme auszuschreiben** sein.

Eine *gerichtliche* Einstellung durch Beschluss und die Veranlassung von Fahndungsmaßnahmen wirkt sich auch auf die Verfolgungsverjährung aus. Gemäß § 78 c I Nr. 10 StGB wird durch den Einstellungsbeschluss und durch jede (!) nachfolgende richterliche oder staatsanwaltliche Anordnung, die der Aufenthaltsermittlung oder der Beweissicherung dient (also schon durch die bloße Anordnung des StA, die Ausschreibung zur Festnahme zu verlängern), die Verjährung unterbrochen. Nach jeder Unterbrechung beginnt die Verjährungsfrist von neuem zu laufen, § 78 III 1 StGB, höchstens jedoch bis zum Doppelten der gesetzlichen Verjährungsfrist. Wegen dieser Auswirkungen hat es für die Praxis enorme Bedeutung, dass die Einstellung gem. § 205 S. 1 StPO durch den Richter und nicht analog § 205 S. 1 StPO durch die Staatsanwaltschaft erfolgt.

III. Erlass des Eröffnungsbeschlusses

1. Hinreichender Tatverdacht

Voraussetzung für den Erlass des Eröffnungsbeschlusses ist, dass der Angeschuldigte der angeklagten Tat (§ 264 StPO) **hinreichend verdächtig** ist, § 203 StPO. Hinreichend verdächtig ist der Angeschuldigte, wenn bei vorläufiger Bewertung des Tatvorwurfs unter Berücksichtigung der zur Verfügung stehenden und verwertbaren Beweismittel die spätere **Verurteilung wahrscheinlich** ist. Es handelt sich letztlich um eine Art Prognoseentscheidung, für die ein gewisser Beurteilungsspielraum besteht. Klarzustellen ist, dass der hinreichende *Verdacht* nur für die *Tatfrage* ausreicht, nicht aber für das Vorliegen aller Verfahrensvoraussetzungen und die rechtliche Würdigung (Strafbarkeit der angeklagten Tat): Insoweit bedarf es der *Überzeugung* des beschließenden Gerichts (vgl. *Roxin*, Strafverfahrensrecht, 25. Aufl., § 40 C II 1).

Soweit die Meinung vertreten wird, dass bei einem derartigen Wahrscheinlichkeitsurteil für eine Anwendung des *in dubio pro reo*-Satzes kein Raum sei (vgl. z.B. Meyer-Goßner § 203 Rn. 2) ist allerdings zu differenzieren: Wie bei anderen Prognoseentscheidungen im Straf- und Strafprozessrecht auch ist die Anwendung des in dubio-Satzes bei Zweifeln über das Vorliegen bestimmter *Tatsachen* (also des Prognose*sachverhalts*) nicht nur zulässig, sondern geboten. Für das darauf gründende Wahrscheinlichkeitsurteil hingegen bedarf es eines Rückgriffs auf den Zweifelssatz nicht, da es sich um eine *wertende* Entscheidung handelt, der Risikoabwägungen und Zweifel immanent sind.

Mit dem Begriff des hinreichenden Tatverdachts ist inhaltlich das gleiche gemeint wie in § 170 I StPO mit der Formulierung „genügender Anlaß zur Erhebung der öffentlichen Klage".

§ 206 StPO regelt angesichts von Sinn und Zweck des Zwischenverfahrens etwas an sich Selbstverständliches: Bei der Beurteilung der angeklagten Tat, der Beweiswürdigung und der rechtlichen Beurteilung ist das Gericht nicht an die Anträge der StA gebunden.

2. Inhalt des Eröffnungsbeschlusses

Der Inhalt des Eröffnungsbeschlusses ergibt sich aus der Regelung des § 207 StPO.

Gem. § 207 I StPO enthält er

- die Zulassung der Anklage zur Hauptverhandlung,
- die Bezeichnung des Gerichts, vor dem die Hauptverhandlung stattfinden soll.

Das Gericht kann die Anklage nicht nur unverändert zur Hauptverhandlung zulassen, sondern gem. § 207 II StPO auch mit Änderungen. Dies gilt natürlich nur innerhalb der Grenzen des mit der Anklage bestimmten Prozessstoffes, also nur im Rahmen der angeklagten Tat i.S.v. § 264 StPO. Diese Änderungen muss es im Eröffnungsbeschluss darlegen. Auch kann schon zu diesem Zeitpunkt ein rechtlicher Hinweis gem. § 265 StPO erteilt werden.

Der Eröffnungsbeschluss muss schriftlich abgefasst werden und bedarf, da er gem. § 210 I unanfechtbar ist, regelmäßig keiner Gründe. Etwas anderes gilt nur, wenn die Eröffnung teilweise abgelehnt wird, §§ 207 II Nr. 1, 204 I, 210 II StPO.

Gleichzeitig beschließt das Gericht von Amts wegen über die Fortdauer der Untersuchungshaft oder der einstweiligen Unterbringung, § 207 IV StPO.

Die Termins- und Ladungsverfügung wird in aller Regel mit dem Eröffnungsbeschluss verbunden.

Mit Erlass des Eröffnungsbeschlusses tritt Rechtshängigkeit ein. Das Gericht wird vom beschließenden zum erkennenden Gericht, der Angeschuldigte zum Angeklagten (§ 157 StPO).

Der Eröffnungsbeschluss entfaltet Bindungswirkung insoweit, als dass er nicht nachträglich geändert oder aufgehoben werden kann, wenn sich die Beurteilung durch das Gericht zu einem späteren Zeitpunkt ändert.

Muster für Eröffnungsbeschluss: *Böhme/Fleck/Bayerlein*, 16. Aufl., Nr. 37.

IV. Ablehnung der Eröffnung des Hauptverfahrens, § 204 StPO

Das Gericht kann die Eröffnung des Hauptverfahrens aus tatsächlichen wie aus Rechtsgründen ablehnen, § 204 I StPO.

Das Gericht lehnt die Eröffnung des Hauptverfahrens ab, wenn

- es die **Beweisbarkeit** der angeklagten Tat für **unwahrscheinlich** hält (Ablehnung aus tatsächlichen Gründen),
- ein nicht im Zwischenverfahren behebbares **Verfahrenshindernis** vorliegt,
- die angeklagte Tat **keinen gesetzlichen Straftatbestand** erfüllt,
- oder eine Verurteilung aus sonstigen Rechtsgründen ausscheidet (z.B. bei Vorliegen von Rechtfertigungs-, Entschuldigungs- oder Strafausschließungsgründen).

Gem. § 204 I StPO muss aus dem Beschluss hervorgehen, ob das Gericht die Eröffnung aus tatsächlichen oder aus Rechtsgründen ablehnt. Wegen der Wirkung der Ablehnung (beschränkte Sperrwirkung für neue Strafverfolgung, § 211) muss diese Begründung möglich genau sein und der ablehnende Beschluss die angeklagte Tat nach Tathergang, Tatzeit, Tatort präzise beschreiben.

Beispiel für die Ablehnung der Eröffnung des Hauptverfahrens siehe unten VI. sowie *Schaefer/Schroers*, Mustertexte zum Strafprozess, 7. Aufl., S. 137 (Ablehnung der Eröffnung) und S. 139 (Teileröffnung).

Der Beschluss, mit dem die Eröffnung des Hauptverfahrens ganz oder teilweise abgelehnt wird, kann von der Staatsanwaltschaft mit **sofortiger Beschwerde** (§ 311 StPO) angefochten werden.

Wird die Eröffnung des Hauptverfahrens durch einen nicht mehr anfechtbaren Beschluss abgelehnt, entfaltet dieser gem. § 211 StPO eine **beschränkte Sperrwirkung für neue Strafverfolgung**. Grundsätzlich tritt für die angeklagte Tat i.S.v. § 264 StPO wie beim freisprechenden Urteil Strafklageverbrauch ein, allerdings entfaltet der Beschluss nur eingeschränkte Rechtskraft. Neue Tatsachen und Beweismittel ermöglichen eine erneute Anklageerhebung. Sie sind dann neu, wenn sie dem Gericht bei Erlass des Ablehnungsbeschlusses nicht bekannt waren, unabhängig davon, ob sie erst nach Beschlussfassung entstanden sind oder zwar tatsächlich schon vorlagen, dem Gericht aber – aus welchen Gründen auch immer – nicht bekannt waren (Meyer-Goßner § 211 Rn. 3; vgl. im übrigen die Regelung des § 174 II und des § 359 Nr. 5 StPO).

Beispiel für Ablehnung der Eröffnung des Hauptverfahrens siehe unten Nr. VI.

V. Einstellung des Verfahrens gem. §§ 153 ff. StPO

Auch im Zwischenverfahren hat das Gericht die Möglichkeit, auf Antrag oder mit Zustimmung der Staatsanwaltschaft aus Opportunitätsgründen das Verfahren ganz oder teilweise einzustellen, §§ 153 ff. StPO. Zu beachten ist, dass in bestimmten Fällen (z.B. § 153 II, 153a II StPO) ab Anklageerhebung auch die Zustimmung des Angeklagten erforderlich ist.

VI. Beispiel: Ablehnung der Eröffnung des Hauptverfahrens

Amtsgericht München   Abteilung 8
                                                      – Allgemeine Strafsachen –

851 Ds 268 Js 12345/04

Strafverfahren gegen Michael Winklbauer

                          I. Beschluss

1. Die Anklage der Staatsanwaltschaft München I vom 23. 7. 2004 wird nicht zur Hauptverhandlung zugelassen.
2. Die Staatskasse trägt die Verfahrenskosten und die notwendigen Auslagen des Angeschuldigten.

                          Gründe:

Dem Angeschuldigten lag zur Last, am 2. 6. 2004, ca. in der Zeit von 21.15 Uhr bis 23.30 Uhr, in der Gaststätte „Valentin-Stüberl" in der Dreimühlenstr. 28 in 80469 München Speisen und Getränke im Gesamtwert von 39,70 € bestellt und konsumiert zu haben, obwohl er, wie er bereits bei der Bestellung wusste, weder bereit noch in der Lage war, diese auch zu bezahlen.

Dem Angeschuldigten kann ein Betrug nicht mit einer zur Eröffnung des Hauptverfahrens hinreichenden Sicherheit nachgewiesen werden.

Der Angeschuldigte hatte im Ermittlungsverfahren keine Angaben zur Sache gemacht. Nunmehr hat er sich dahingehend eingelassen, dass er in der Gaststätte einen Bekannten, den Zeugen Z, getroffen hatte, der ihn eingeladen habe und die Zeche übernehmen wollte. Nachdem man gemeinsam getrunken und gegessen habe, habe sich ein Streitgespräch zwischen beiden entwickelt. Z habe das Gespräch dann abgebrochen, um angeblich seine Geldbörse aus seinem in der Nähe abgestellten PKW zu holen, sei dann aber nicht mehr zurückgekehrt. Diese Angaben hat der Z bestätigt. Er habe sich nach dem Streit spontan entschlossen, nach Hause zu fahren, sei aber bereits an der Ecke der Ehrengut-/Thalkirchnerstr. von einer Polizeistreife kontrolliert worden. Diese Einlassungen sind nicht zu widerlegen. Aus den beigezogenen Akten 498 Js 56789/04 der StA München I ergibt sich zudem, dass Z um 23.40 Uhr des Tattages tatsächlich an der vorgenannten Kreuzung von Beamten der PI 31 kontrolliert und sodann zur Blutentnahme in das Institut für Rechtsmedizin verbracht wurde.

Bei dieser Sachlage ist eine Verurteilung des Angeschuldigten nicht zu erwarten.

Die Kostenentscheidung beruht auf den §§ 464, 467 Abs. 1 StPO.

II. Mitteilung von I. an den Angeschuldigten

III. Mit Akten an die
StA München I
gem. § 41 StPO
m.d.B. u. Aktenrückleitung.

München, den 1. 9. 2004

Unterschrift
Richterin am Amtsgericht

4. Teil. Die Hauptverhandlung in Strafsachen

Inhaltsverzeichnis

A. Allgemeines zur Hauptverhandlung, Bedeutung und Grundsätze 53
    I. Die Bedeutung der Hauptverhandlung 53
    II. Öffentlichkeit 53
    III. Mündlichkeit 55
    IV. Unmittelbarkeit 55
    V. Einheitlichkeit 55
    VI. Absprache („Deal") in der Hauptverhandlung 56
    VII. Anwesenheit 57
        1. Richter 57
        2. Staatsanwalt 57
            a) Sitzungsstaatsanwalt 57
            b) Amtsanwalt 58
            c) örtlicher Sitzungsvertreter 58
            d) Rechtsreferendar 58
        3. Nebenkläger 58
        4. Privatkläger 58
        5. Urkundsbeamter der Geschäftsstelle 58
        6. Verteidiger 59
        7. Sachverständiger 59
        8. Zeuge 59
        9. Dolmetscher 59
        10. Angeklagter 60
            a) Grundsatz 60
            b) Durchführung der gesamten Hauptverhandlung ohne Angeklagten 60
            c) Durchführung von Teilen der Hauptverhandlung ohne Angeklagten 62
            d) Nachträglicher Strafbefehl 63
        11. Beistände 64
    VIII. Prozessleitung des Vorsitzenden 64
    IX. Störungen der Hauptverhandlung 65
        1. Störungen durch den Angeklagten 65
            a) Entfernung nach Beginn der Hauptverhandlung 65
            b) Verschuldete Verhandlungsunfähigkeit 66
            c) Nichtbefolgung von Anordnungen § 177 GVG 66
            d) Ungebührliches Verhalten § 178 GVG 66
        2. Störungen durch den Verteidiger 66
            a) Nichterscheinen oder Entfernung aus der Hauptverhandlung 66
            b) Nichtbefolgung von Anordnungen oder ungebührliches Verhalten 67
        3. Störungen durch Zeugen, Sachverständige und Zuhörer 67
        4. Straftaten in der Sitzung 67
    X. Hauptverhandlungsprotokoll 68
        1. Bedeutung und Herstellung des Protokolls 68
        2. Inhalt 68
        3. Beweiskraft 69
B. Der Gang der Hauptverhandlung 69
    I. Aufruf der Sache – § 243 Abs. 1 S. 1 StPO 69
    II. Feststellung der Präsenz – § 243 Abs. 1 S. 2 StPO 69
        1. Richter und Staatsanwalt 69
        2. Angeklagter und Verteidiger 70
        3. Zeuge 72
        4. Dolmetscher 73
    III. Mitteilung der Besetzung – § 222 a StPO 73
    IV. Ausschließung und Ablehnung von Richtern, Staatsanwälten und Verteidigern .. 74
        1. Richter 74
            a) Ausschließung §§ 22, 23 StPO 74
            b) Ablehnung §§ 24, 25 StPO 74
            c) Entscheidung §§ 26 a, 27 StPO 75
            d) Selbstanzeige § 30 StPO 76
        2. Staatsanwalt 76
        3. Verteidiger 76
    V. Belehrung der Zeugen und Sachverständigen – §§ 57, 72 StPO 76
    VI. Entlassung der Zeugen aus dem Sitzungssaal – § 243 Abs. 2 S. 1 StPO 77
    VII. Vernehmung des Angeklagten zur Person – § 243 Abs. 2 S. 2 StPO 77
    VIII. Verlesung des Anklagesatzes – § 243 Abs. 3 S. 1 StPO 77

IX.	Belehrung des Angeklagten über seine Verteidigungsmöglichkeiten – § 243 Abs. 4 S. 1 StPO	78
X.	Vernehmung des Angeklagten zur Sache – §§ 243 Abs. 4 S. 2, 136 Abs. 2 StPO	78
XI.	Beweisaufnahme – § 244 Abs. 1 StPO	79
	1. Zeugen	80
	a) Pflicht zur Aussage	80
	b) Verletzter als Zeuge § 406 f. StPO	81
	c) Belehrung nach § 57 StPO	81
	d) Vernehmung zur Person § 68 StPO	81
	e) Spezielle Belehrungen §§ 52, 55 StPO	81
	f) Vernehmung zur Sache § 69 StPO	83
	g) Videoübertragung in den Sitzungssaal § 247 a StPO	84
	h) Entscheidung über die Vereidigung §§ 59 bis 67 StPO	84
	i) Durchführung der Vereidigung §§ 59, 66 c und d, 67 StPO	84
	j) Entlassung des Zeugen § 248 StPO	85
	k) Befragung des Angeklagten § 257 StPO	85
	2. Sachverständige §§ 72 ff. StPO	85
	a) Begriff und Abgrenzungen	85
	b) Auswahl	86
	c) Pflicht zur Gutachtenserstattung und Ablehnung	86
	d) Erstattung des Gutachtens	87
	e) Vereidigung	87
	3. Augenschein §§ 86, 162, 225, 249 Abs. 1 S. 2 StPO	87
	4. Urkunden §§ 249 bis 256 StPO	88
	5. Verlesungs- und Verwertungsverbote	90
	a) frühere Angaben des Angeklagten	91
	b) frühere Angaben von Zeugen und Sachverständigen	93
	6. Beweisanträge	95
	a) Verhältnis von Aufklärungspflicht und Beweisantragsrecht	95
	b) Beweisantrag und Beweisanregung	96
	c) Hilfsbeweisanträge	97
	d) Aufbau der Ablehnungsgründe	98
	e) Unzulässigkeit der Beweiserhebung	98
	f) Offenkundigkeit	98
	g) Bedeutungslosigkeit	98
	h) Erwiesensein	99
	i) völlige Ungeeignetheit	99
	j) Unerreichbarkeit	99
	k) Verschleppungsabsicht	99
	l) Wahrunterstellung	100
	m) Ablehnung eines Antrags auf Sachverständigenbeweis § 244 Abs. 4 StPO	100
	n) Ablehnung eines Antrags auf Augenscheinsbeweis § 244 Abs. 5 StPO	101
	o) Ablehnung eines Antrags auf Vernehmung eines Zeugen, dessen Ladung im Ausland zu bewirken wäre § 244 Abs. 5 S. 2 StPO	101
	p) präsente Beweismittel § 245 StPO	101
	7. Hinweise nach § 265 StPO	102
	8. Schließung der Beweisaufnahme	102
XII.	Schlussvorträge § 258 Abs. 1 und 2 StPO	103
XIII.	Letztes Wort des Angeklagten § 258 Abs. 2 und 3 StPO	103
XIV.	Urteilsberatung §§ 193 bis 197 GVG, § 263 StPO	103
XV.	Urteilsverkündung §§ 260, 268 StPO	104
	1. Urteil	104
	2. Bewährungsbeschluss	104
	3. Haftbeschluss	104
	4. Belehrungen	105
	a) Bewährungsbelehrung § 268 a Abs. 3 StPO	105
	b) Fahrverbotsbelehrung § 268 c StPO	105
	c) Rechtsmittelbelehrung § 35 a StPO	105
C. Besondere Verfahren		105
I.	Beschleunigtes Verfahren §§ 417 ff. StPO	105
II.	Berufungsverfahren §§ 312 ff. StPO	107
III.	Abwesenheitsverfahren §§ 276 ff. StPO	108
IV.	Strafbefehlsverfahren §§ 407 ff. StPO	109
V.	Privatklageverfahren §§ 374 ff. StPO	109
VI.	Jugendverfahren	111
	1. Hauptverhandlung gegen Jugendliche §§ 48 bis 54 JGG	111
	2. Vereinfachtes Jugendverfahren §§ 76 bis 82 JGG	112
	3. Hauptverhandlung gegen Heranwachsende § 109 JGG	113

A. Allgemeines zur Hauptverhandlung, Bedeutung und Grundsätze

I. Die Bedeutung der Hauptverhandlung

Unter der Hauptverhandlung wird die umfassende mündliche Verhandlung über die Tat, die den Gegenstand der Anklage bildet, verstanden. Sie soll, wenn sie vor dem zuständigen Gericht stattfindet, zur Erledigung der Sache durch ein Urteil führen. Geregelt ist der Gang der Hauptverhandlung für das Verfahren 1. Instanz in §§ 226 bis 275 StPO; aber auch in anderen Teilen der StPO und im GVG finden sich ergänzend Vorschriften.

Die Hauptverhandlung wird auch als Kernstück des Strafverfahrens bezeichnet, das in einem dafür vorgeschriebenen, an bestimmte Regeln und Formen gebundenen (justizförmigen) Verfahren zu einem gerechten Urteil führen soll. Die ihr vorausgehenden Verfahrensabschnitte sollen die Hauptverhandlung nur vorbereiten, und die Beteiligten können es mit einem geringeren Maß an Überzeugung bewenden lassen, als es die zur Urteilsfindung berufenen Personen bei der Verurteilung des Angeklagten benötigen. Statt des Anfangsverdachts bei der Einleitung des Ermittlungsverfahrens (§ 160 StPO) oder des gesteigerten hinreichenden Tatverdachts bei der Anklageerhebung und dem Eröffnungsbeschluss (§§ 170 Abs. 1, 203 StPO) muss der Richter zu einem wesentlich höheren Maß von Gewissheit gelangen, wenn er einen Angeklagten schuldig sprechen will. Er muss von der Schuld des Angeklagten überzeugt sein, darf also keine vernünftigen Zweifel an der Schuld mehr haben, § 261 StPO (Meyer-Goßner § 261 Rn. 2). Die absolute Gewissheit, die Wahrheit an sich, ist dem Richter wie jedem anderen Menschen ohnehin verschlossen. Die Hauptverhandlung soll aber dazu dienen, dieser Wahrheit mit einem Höchstmaß an Zuverlässigkeit nahe zu kommen. Der Richter, der zur Überzeugung der Schuld gelangen muss, ohne die er den Angeklagten nicht verurteilen darf, ist in dem individuellen Vorgang der Wahrheitsfindung grundsätzlich frei, soweit er sich in den für alle Beteiligten geltenden Regeln des förmlichen Verfahrens bewegt.

Die Hauptverhandlung ist somit geprägt von der Freiheit der Verfahrensbeteiligten im Vorgang der richterlichen Wahrheitsfindung einerseits und zwingenden Förmlichkeiten über den Ablauf der Hauptverhandlung andererseits. Dieses Nebeneinander strenger Form und weitgehender Freiheit soll die bestmögliche Gewähr dafür bieten, dass das Gericht so nah wie möglich an die Wahrheit des zugrundeliegenden Tatgeschehens gelangen kann. Unabhängig von etwaigen Anträgen oder Anregungen der übrigen Prozessbeteiligten ist das Gericht dabei durch §§ 155 Abs. 2, 244 Abs. 2 StPO gehalten, von Amts wegen im Rahmen der Beweisaufnahme alle Tatsachen und Beweismittel zu verwerten, die von Bedeutung für seine Entscheidung sind. Dabei wird es von dem durch §§ 243, 244 Abs. 1, 258, 260, 268, 35a StPO vorgezeichneten Aufbau nur dann abweichen, wenn besondere Zweckmäßigkeitsgründe eine derartige Abweichung für sachdienlich erscheinen lassen. Bei einer Mehrzahl von Einzeltaten (sogenannte Punktesachen) wäre ein solches Vorgehen denkbar (Meyer-Goßner § 243 Rn. 1 f.)

II. Öffentlichkeit

Grundsätzlich ist die Verhandlung vor dem erkennenden Gericht einschließlich der Verkündung der Urteile und Beschlüsse öffentlich, § 169 GVG. Dadurch soll vornehmlich dem Informationsinteresse der Allgemeinheit Genüge geleistet werden; die öffentliche Kontrolle und der Schutz vor Willkür treten demgegenüber heute als staatstheoretische Begründung für die Öffentlichkeitsmaxime in den Hintergrund (Meyer-Goßner § 169 GVG Rn. 1). Das Gesetz sieht trotz der großen Bedeutung der Öffentlichkeitsmaxime für das Wirken des gesprochenen Rechts in die Rechtsgemeinschaft hinein auch Grenzen vor, die wegen höherrangiger Interessen des Angeklagten, sonstiger Prozessbeteiligter, des Staates oder der Allgemeinheit erforderlich sind.

Gänzlich auf die Beteiligung der Öffentlichkeit **verzichtet** das Gesetz – vom Verfahren gegen Jugendliche abgesehen, § 48 JGG – allerdings nur in Fällen geringerer oder mittlerer Kriminalität im Rahmen einer Einstellung nach § 153a StPO oder im Rahmen des Strafbefehlsverfahrens. Ansonsten kann die Öffentlichkeit aus bestimmten, in §§ 171a, 171b, 172 GVG aufgeführten Gründen für die Verhandlung ganz oder zum Teil ausgeschlossen werden. Auf jeden Fall muss aber die Verkündung des Urteils öffentlich erfolgen, § 173 GVG. Die Urteilsformel ist vollständig zu verlesen. Die mündliche Urteilsbegründung hat darauf Rücksicht zu nehmen, was Grund für den (zeitweiligen) Ausschluss der Öffentlichkeit war, um den Schutzzweck nicht auszuhöhlen.

Andererseits kann das Gericht (nicht der Vorsitzende allein) trotz Ausschlusses der Öffentlichkeit **einzelnen Personen** gemäß § 175 Abs. 2 GVG den **Zutritt gestatten**. Ist es der Verletzte, so sollte ihm der Zutritt gestattet werden, § 175 Abs. 2 S. 2 GVG. Zumindest kann er sich durch einen Rechtsanwalt vertreten lassen, der auch in nichtöffentlicher Hauptverhandlung zur Anwesenheit berechtigt ist, §§ 406 f Abs. 1, 406 g Abs. 2 StPO.

Wenn die Öffentlichkeit wegen Gefährdung der Staatssicherheit nach § 172 Nr. 1 GVG, zum Schutz der Privatsphäre nach § 171 b GVG oder zur Wahrung von Geheimnissen nach § 172 Nr. 2 und 3 GVG ausgeschlossen wurde, kann der Vorsitzende den anwesenden Personen die Geheimhaltung zur Pflicht machen, § 174 Abs. 3 GVG. Er sollte dabei darauf hinweisen, dass ein Verstoß eine Strafbarkeit nach § 353 d Nr. 2 StGB nach sich ziehen kann.

Das Gericht, das die Öffentlichkeit durch **Beschluss** ausschließt, muss eine rechtlich tragfähige **Begründung** anfügen, denn eine Verletzung der Vorschriften über die Öffentlichkeit gibt gemäß § 338 Nr. 6 StPO einen absoluten Revisionsgrund. Allerdings muss der Beschluss nur den gesetzlichen **Grund für den Ausschluss** unzweideutig bezeichnen. Die tatsächlichen Umstände, aus denen er sich ergibt, müssen nicht unbedingt mitgeteilt werden, wenn der Beschluss aus sich heraus verständlich ist (BGH NStZ 1982, 169). Eine Mitteilung der tatsächlichen Grundlagen könnte nämlich die Gefahr heraufbeschwören, dass in dem öffentlich zu verkündenden Beschluss eben jene Umstände preisgegeben werden, die der öffentlichen Erörterung gerade entzogen sein sollten (BGH NJW 1986, 200, 201). Ein genaues Gesetzeszitat (etwa: § 172 Ziff. 1 a GVG) kann daher ausreichen, wenn es eindeutig ist und nicht mehrere Alternativen enthält (BGH NJW 1995, 3195). Ansonsten muss in dem Beschluss eindeutig klargestellt werden, von welcher Alternative das Gericht ausgeht.

Zu beachten ist, dass lediglich eine ungesetzliche Beschränkung der Öffentlichkeit oder die Nichtbeachtung der für den Ausschluss der Öffentlichkeit vorgeschriebenen Förmlichkeiten einen Revisionsgrund darstellt, nicht aber ein **„Zuviel" an Öffentlichkeit**. Da die Norm des § 169 S. 1 GVG allein dem Interesse der Allgemeinheit an einem öffentlichen Gerichtsverfahren dient, nicht aber dem Schutz Dritter, insbesondere des Angeklagten, gegen Bloßstellung oder sonstige Beeinträchtigungen seiner Persönlichkeit durch eine öffentliche Gerichtsverhandlung, unterfällt eine an sich gebotene, aber nicht erfolgte Einschränkung der Öffentlichkeit jedenfalls nicht dem Geltungsbereich des § 338 Nr. 6 StPO. Denn wenn durch ein „Zuviel" an Öffentlichkeit die Interessen derer erst einmal beeinträchtigt sind, zu deren Schutz das Gesetz den Ausschluss der Öffentlichkeit in bestimmten Fällen zulässt oder verlangt, kann auch eine erneute teilweise nichtöffentliche Hauptverhandlung diese Beeinträchtigung nicht wieder beseitigen.

Der Tendenz der Gerichte, im Interesse eines möglichst unangreifbaren Urteils den Ausschluss der Öffentlichkeit möglichst restriktiv zu handhaben, soll die durch das Opferschutzgesetz vom 18. Dezember 1986 eingefügte Regelung in § 171 b GVG entgegenwirken. Wenn es beantragt wird, gebietet das Gesetz den **Ausschluss** der Öffentlichkeit, soweit Umstände aus dem persönlichen Lebensbereich eines Prozessbeteiligten, Zeugen oder durch eine rechtswidrige Tat Verletzten zur Sprache kommen, deren öffentliche Erörterung schutzwürdige Interessen verletzen würde. Auch ohne Antrag kann das Gericht von sich aus den Ausschluss vornehmen. Nur dann, wenn ein überwiegendes Interesse an der öffentlichen Erörterung festgestellt werden kann oder wenn die durch die Regelung geschützte Person selbst widerspricht, bleibt es bei einer öffentlichen Verhandlung. Damit bei der Anwendung vor allem der unbestimmten Rechtsbegriffe das Interesse des geschützten Personenkreises tatsächlich verstärkt berücksichtigt wird, hat der Gesetzgeber die Entscheidungen über den Ausschluss der Öffentlichkeit in diesen Fällen einer **revisionsrechtlichen Überprüfung entzogen**, § 171 b Abs. 3 GVG.

Im übrigen erfordert der Begriff der Öffentlichkeiten **nicht**, dass das Gericht dafür Vorsorge treffen müsste, dass **jeder Interessierte** Gelegenheit hat, unmittelbar am Verfahren teilzunehmen. Es genügt, wenn eine begrenzte Anzahl – allerdings beliebiger – Zuhörer zugegen sein kann. Dieses Erfordernis wäre beispielsweise dann nicht mehr gewahrt, wenn im Rahmen einer Verhandlung über einen Verkehrsunfall ein Augenschein auf der Bundesautobahn eingenommen wird und die Verhandlung auf dem Seitenstreifen fortgesetzt wird (vgl. § 18 Abs. 9 Satz 1 StVO).

III. Mündlichkeit

Nach § 261 StPO entscheidet das Gericht nach seiner freien Überzeugung, die es aus dem Inbegriff der Verhandlung geschöpft hat. Nur das in der Hauptverhandlung mündlich Erörterte darf für das Urteil Bedeutung erlangen. Dieser Gedanke liegt auch den Regelungen über die Anwesenheitspflichten, die Höchstdauer der Unterbrechung, die Pflicht zur persönlichen Vernehmung und das Verbot der Protokollverlesung bei berechtigter Aussageverweigerung (§§ 226, 229, 250 und 252 StPO) zugrunde. Eine gewisse Ausnahme ist in dem „Selbstleseverfahren" gemäß § 249 Abs. 2 StPO im Rahmen eines Urkundenbeweises zu sehen. Diese der Verfahrensvereinfachung dienende Regelung führt zu einer Straffung des Verfahrens, denn langwierige, ermüdende Verlesungen können vermieden werden, und die zur Urteilsfindung berufenen Personen haben gleichwohl unmittelbar von dem Inhalt der Urkunde selbst Kenntnis genommen. Der Nachteil der Regelung liegt in einer Einschränkung der Transparenz des Verfahrens. Ein Zuhörer etwa erhält von dem Inhalt der Urkunde keine Kenntnis.

IV. Unmittelbarkeit

Mit dem Grundsatz der Mündlichkeit korrespondiert der Grundsatz der Unmittelbarkeit der Beweisaufnahme, der seine deutlichste Ausprägung in § 250 StPO gefunden hat. Das Gericht muss sich möglichst unmittelbar einen eigenen Eindruck über alle entscheidungserheblichen Faktoren in der Hauptverhandlung verschaffen. Nach herrschender Meinung ist dadurch jedoch nicht ausgeschlossen, statt des unmittelbaren Zeugen einen Zeugen vom Hörensagen zu vernehmen. Der Grundsatz beinhaltet nämlich nicht den Zwang, immer das tatnächste Beweismittel zu wählen (Meyer-Goßner § 250 Rn. 3 ff.). Dadurch ist es möglich, sogenannte verdeckte Ermittler (V-Leute der Polizei) geheim zu halten. Allerdings ist bei dieser Methode, die keineswegs unangefochten ist, größte Vorsicht geboten, und die Rechtsprechung fordert in der Regel, dass die auf diese Weise gewonnenen Erkenntnisse durch andere objektivierbare Umstände gestützt werden. Zu beachten ist in jedem Fall der Amtsermittlungsgrundsatz, § 244 Abs. 2 StPO. Es ist die bestmögliche Aufklärungsgrundlage für das Urteil zu schaffen.

Eine gewisse Einschränkung hat der Grundsatz der Unmittelbarkeit durch die Ermöglichung einer von den Anwesenheitsberechtigten getrennten Vernehmung durch den Richter mit zeitgleicher Videoübertragung in den Sitzungssaal erfahren, § 247 a StPO (vergleiche unten S. 84).

Dass den Laienrichtern vor der Verhandlung die Ermittlungsergebnisse nicht bekannt sein sollen, damit sie sich unvoreingenommen und allein aus dem Gang der Hauptverhandlung ein unverfälschtes Bild machen können, gehört ebenfalls zum Grundsatz der Unmittelbarkeit (vgl. § 261 StPO – siehe unten S. 77).

V. Einheitlichkeit

Damit der unmittelbare, möglichst unverfälschte Eindruck der Hauptverhandlung im Zeitpunkt der Urteilsberatung bei allen zur Urteilsfindung berufenen Personen besteht, geht das Gesetz vom Grundsatz der Einheitlichkeit der Hauptverhandlung aus. Sämtliche an der Urteilsfindung beteiligten Richter müssen an der Hauptverhandlung teilgenommen haben, § 226 StPO. Diese kann sich zwar über mehrere Tage erstrecken.

Einer **Unterbrechung** der Hauptverhandlung zieht das Gesetz jedoch enge Grenzen. Diese wurden durch das 1. Justizmodernisierungsgesetz vom 24. August 2004 (BGBl. 2004/I Seite 2198), in Kraft getreten am 1. September 2004, etwas ausgeweitet. Während eine Unterbrechung vorher nur bis zu 10 Tage dauern durfte, also spätestens am 11. Tag fortgesetzt werden musste, ist nach § 229 Abs. 1 StPO jetzt eine Unterbrechung bis zu drei Wochen möglich. Die neue Regelung bezweckt, dass auf unvorhergesehene Wendungen in der Hauptverhandlung besser reagiert werden kann und zeit- sowie kostenintensive so genannte „Schiebetermine" (zum Beispiel die Verlesung der Vorstrafenliste, die vielleicht gar keinen Eintrag enthält) vermieden werden. Ein auf das Ende der Frist fallender Samstag, Sonntag oder Feiertag kann ein weiteres Hinausschieben ermöglichen. Bei Großverfahren lässt § 229 Abs. 2 StPO eine Unterbrechung bis zu einem Monat zu, wenn bereits an mindestens zehn Tagen verhandelt worden war. Wenn die Frist nicht eingehalten werden kann, muss die gesamte Hauptverhandlung wiederholt werden. Die Neuregelung soll derartige Fälle mit den zusätzlichen Belastungen für alle Prozessbeteiligten reduzieren.

Schon bisher wurden die Fristen in Verfahren, an denen bereits mindestens zehn Tage verhandelt worden war, dann gehemmt, wenn der Angeklagte zu einem Fortsetzungstermin wegen Krankheit nicht erscheinen konnte. Jetzt gilt das auch dann, wenn eine zur Urteilsfindung berufene Person erkrankt ist, § 229 Abs. 3 StPO.

VI. Absprache („Deal") in der Hauptverhandlung

Es ist heute gängige Praxis im Gerichtsalltag, dass Strafverfahren durch Absprachen überschaubar gemacht und zum Teil in erstaunlich schneller Zeit rechtskräftig zum Abschluss gebracht werden. Die Zulässigkeit derartiger Absprachen wird zum Teil sehr kontrovers diskutiert, werden doch etwa Fragen der Öffentlichkeit der Hauptverhandlung und der Höhe der schuldangemessenen Strafe, aber auch der Wahrheitsermittlung („falsches Geständnis gegen niedrige Strafe") tangiert.

Absprachen kommen nicht nur nach Eröffnung des Hauptverfahrens, sondern auch schon im Ermittlungsverfahren vor (beispielsweise eine Verständigung zwischen Staatsanwaltschaft und Beschuldigtem über die Art der Sachbehandlung, etwa die Wahl eines Strafbefehlsverfahrens und die Größenordnung der vom Staatsanwalt gewählten Sanktion, oder die Einstellung nach § 153a StPO bei Verständigung über die Auflagen und Weisungen). Im Vordergrund stehen jedoch Urteilsabsprachen vor allem in schwierigen Fällen der Wirtschafts- und Steuerkriminalität oder in Betäubungsmittelverfahren. Die Rechtsprechung hat sich in einer Vielzahl von Fällen bereits mit der Zulässigkeit derartiger Absprachen befassen müssen. Dabei sind klare Grenzen aufgezeigt worden, unter welchen Voraussetzungen und mit welchen Einschränkungen Strafverfahren durch eine Absprache abgekürzt werden dürfen.

Die Absprache stellt regelmäßig einen Kompromiss über widerstreitende Interessen dar. So ist der Angeklagte daran interessiert, durch die Dauer des Verfahrens nicht übermäßig belastet zu werden und vor allem eine möglichst milde Strafe zu erhalten. Gericht und Staatsanwaltschaft sind ebenfalls an einem ökonomischen, überschaubaren Verfahren interessiert, weiterhin daran, das Verfahren möglichst bald rechtskräftig zum Abschluss zu bringen. Daher sind die Fragen eines (Teil-)Geständnisses, des Strafmaßes und gegebenenfalls auch eines Rechtsmittelverzichts häufig Elemente der Verständigung.

Der BGH hat in einer Grundsatzentscheidung (NJW 1998, 86) Leitlinien aufgezeigt, unter denen eine Absprache im Hauptverfahren über die Zusage eines Geständnisses gegen die Zusage einer Strafmilderung zulässig ist:

– Mitwirkung aller Verfahrensbeteiligten in öffentlicher Hauptverhandlung

 Es ist nicht ausgeschlossen, dass Vorgespräche mit den Beteiligten geführt werden; insbesondere wird der Vorsitzende vor der Hauptverhandlung gegebenenfalls die Möglichkeiten einer derartigen Absprache mit der Staatsanwaltschaft und der Verteidigung ausloten. Die eigentliche Verständigung muss aber in der Hauptverhandlung stattfinden, und die Verfahrensbeteiligten, insbesondere der Angeklagte, sind daran zu beteiligen. Das Ergebnis einer solchen Absprache ist als wesentlicher Verfahrensvorgang in das Hauptverhandlungsprotokoll aufzunehmen.

– Keine Zusage einer bestimmten Strafe, wohl aber Angabe einer Strafobergrenze

 Aus dem Gesichtspunkt des fairen Verfahrens ist das Gericht an eine gegebene Zusage im Regelfall gebunden. Die geschaffene Vertrauenslage verbietet ihm, in für den Angeklagten nachteiliger Weise von der Absprache abzuweichen. Häufig entspricht die vereinbarte Strafobergrenze der dann tatsächlich ausgesprochenen Strafe. Gegebenenfalls wird – wo möglich – auch die Verständigung über die Zubilligung der Strafaussetzung zur Bewährung einbezogen.

 Wenn sich nach der Absprache schwerwiegende Umstände ergeben, die bisher nicht bekannt waren, die aber für den Strafausspruch von nicht unerheblicher Bedeutung sind, darf das Gericht von der Absprache abweichen. Allerdings muss es die Möglichkeit, dass das Gericht die zugesagte Obergrenze gegebenenfalls überschreiten müsse, unter Darlegung der Umstände in öffentlicher Hauptverhandlung kundtun. Dieser Vorgang ist ebenfalls protokollierungspflichtig (BGH NJW 2003, 1404).

– Schuldangemessenheit der Strafe

 Die Strafe muss der Schuld des Angeklagten entsprechen. Das bedeutet einmal, dass das Gericht nicht unbesehen von dem Geständnis des Angeklagten ausgehen darf; von seiner Pflicht, die Wahrheit zu erforschen und den Sachverhalt aufzuklären (§ 244 Abs. 2 StPO), wird es durch das Geständnis nicht entbunden. Das Gericht muss überzeugt sein, dass es sich um ein wahres Geständnis handelt, das der Sachlage auch gerecht wird. Gerade die Verlockung für den Angeklagten, mit einer kalkulierbaren Rechtsfolge ein umfangreiches, langwieriges, belastendes und im Ausgang offenes Verfahren zum sofortigen Abschluss zu bringen, kann Veranlassung zu einem (falschen) „Zweckgeständnis" sein.

Andererseits muss die Strafe der persönlichen Schuld des Angeklagten auch entsprechen und darf nicht außer Verhältnis sein. Sie darf „den Boden schuldangemessenen Bestrafens nicht verlassen".

Obgleich es sich um ein „erkauftes" Geständnis handelt, kann es allerdings strafmildernd berücksichtigt werden. Da es aber bei der Festlegung der Obergrenze bereits berücksichtigt wurde, wird sich ohne Vorliegen weiterer bisher unberücksichtigter Umstände ein erhebliches Abweichen von der Strafobergrenze nach unten regelmäßig verbieten, wenn der Bereich der schuldangemessenen Strafe nicht verlassen werden soll.

– Unzulässigkeit eines Rechtsmittelverzichts vor der Urteilsverkündung

Zwar kann ein Rechtsmittelverzicht vor der Urteilsverkündung nicht wirksam erklärt werden, und auch eine Absprache über einen solchen Verzicht ist nach Auffassung des 4. Strafsenats des BGH unzulässig. Das sei eine unzulässige Verknüpfung der Rechtsmittelbefugnis mit der Höhe der Strafe, und das Gericht dürfe von dem Angeklagten nicht verlangen, dass er sich bereits vor Abschluss der Hauptverhandlung und Kenntnis der Entscheidung seiner Kontrollmöglichkeit begebe. Ein auf Grund einer solchen unzulässigen Absprache erklärter Rechtsmittelverzicht könnte gegebenenfalls infolge einer zu gewährenden Wiedereinsetzung unwirksam sein (BGH NJW 2000, 526).

Es ist in der Praxis jedoch üblich, dass sowohl Staatsanwaltschaft als auch Verteidigung ihre Absicht, bei entsprechender Gerichtsentscheidung anschließend Rechtsmittelverzicht erklären zu wollen, bereits bekannt geben, und entsprechend wird dann regelmäßig auch verfahren.

VII. Anwesenheit

1. Richter

Die Berufsrichter und Schöffen dürfen als zur Urteilsfindung berufene Personen während der gesamten (einheitlichen) Hauptverhandlung nicht wechseln und nicht fehlen (zur Besetzung der Richterbank vgl. unten S. 69). Dabei beschränkt sich die Pflicht zur ununterbrochenen Gegenwart nicht auf die körperliche Anwesenheit, sondern beinhaltet gleichzeitig die Verpflichtung, der Hauptverhandlung aufmerksam zu folgen und an ihr mitzuwirken (Meyer-Goßner § 226 Rn. 3). Eine verhandlungsfremde Tätigkeit während der Hauptverhandlung kann gegebenenfalls die Revision begründen (Meyer-Goßner § 338 Rn. 14).

Kommt es – etwa wegen Erkrankung eines Richters – dazu, dass das Verfahren nicht innerhalb der Fristen des § 229 StPO fortgesetzt werden könnte, müsste die gesamte Hauptverhandlung wiederholt werden. Um dieses Risiko auszuschließen, werden bei Großverfahren gemäß § 192 Abs. 2, 3 GVG **Ergänzungsrichter und Ergänzungsschöffen** zugezogen, die wie die zur Urteilsfindung berufenen Personen von Anfang an ununterbrochen zugegen sind. Sie haben alle Rechte der Richter des erkennenden Gerichts, also insbesondere auch das Fragerecht des § 240 StPO (Meyer-Goßner § 192 GVG Rn. 3, § 240 Rn. 3). An den Beratungen und Entscheidungen nehmen sie aber erst dann teil, wenn ein Verhinderungsfall sie zu erkennenden Richtern macht (vgl. § 193 GVG).

2. Staatsanwalt

a) Sitzungsstaatsanwalt

Auch ein Vertreter der Staatsanwaltschaft muss ununterbrochen während der gesamten Hauptverhandlung teilnehmen. In der Person des Staatsanwalts kann jedoch ein Wechsel eintreten. Wird der **Sitzungsstaatsanwalt als Zeuge** vernommen, ist er in der Regel an der Wahrnehmung der Aufgaben als Anklagevertreter verhindert, so dass ein Kollege für ihn eintreten muss (vgl. unten S. 76). Mehrere Staatsanwälte können sich die Aufgaben in der Hauptverhandlung teilen, § 227 StPO.

b) Amtsanwalt

Bei den Amtsgerichten können auch Amtsanwälte das Amt der Staatsanwaltschaft ausüben, § 142 Abs. 1 Nr. 3, Abs. 2 GVG. Der Amtsanwalt hat nicht die von §§ 122 Abs. 1, 5 Abs. 1 DRiG für den Staatsanwalt vorausgesetzte Befähigung zum Richteramt. Er ist ein Beamter des gehobenen Dienstes mit einer eigenständigen Ausbildung und wird nach landesrechtlichen Bestimmungen (vgl. etwa Art. 14 Abs. 1 Bayer. AGGVG) damit betraut, in bestimmten, durch einen Katalog bezeichneten Strafsachen, in denen der Strafrichter gemäß § 25 GVG entscheidet, die staatsanwaltschaftlichen Aufgaben wahrzunehmen.

c) Örtlicher Sitzungsvertreter

Nach Landesrecht können örtliche Sitzungsvertreter bei den Amtsgerichten bestellt werden, bei denen weder ein Staatsanwalt noch ein Amtsanwalt seinen Dienstsitz hat. Auch sie sind Beamte des gehobenen Dienstes, die den Sitzungsdienst bei den Strafrichtersitzungen an diesem Gericht versehen.

d) Rechtsreferendar

Gemäß § 142 Abs. 3 GVG kann Rechtsreferendaren die Wahrnehmung der Aufgaben eines Amtsanwalts und im Einzelfall die Wahrnehmung der Aufgaben eines Staatsanwalts unter dessen Aufsicht übertragen werden. Das bedeutet, dass der Referendar – soweit keine Beschränkung durch die Landesjustizverwaltung vorgenommen wurde – im Rahmen der ersten Fallgruppe das Amt des Staatsanwalts als Sitzungsvertreter selbständig und eigenverantwortlich vor dem Amtsgericht wahrnehmen kann. Bei anderen erkennenden Gerichten fungiert er entweder als zweiter Sitzungsvertreter neben dem Staatsanwalt, oder dieser ist in der Hauptverhandlung – zumindest zeitweilig – zugegen und übt die Aufsicht aus (Meyer-Goßner § 142 GVG Rn. 14 ff.). Innerdienstlich ist der Referendar aber in der Regel auch im Rahmen der ersten Fallgruppe nicht befugt, ohne Rücksprache mit dem Sachbearbeiter einer Einstellung nach §§ 153 Abs. 2, 153a Abs. 2 StPO zuzustimmen oder auf Rechtsmittel zu verzichten.

3. Nebenkläger

Der Nebenkläger und der Nebenklägervertreter sind nicht zur Anwesenheit während der Hauptverhandlung verpflichtet. Sie haben aber das Recht zur Teilnahme, so dass eine unterbliebene Terminsbenachrichtigung einer Durchführung der Hauptverhandlung entgegenstehen kann (vgl. §§ 397 Abs. 1 S. 1 und 2, 385 Abs. 2 StPO). Ein hier vorliegender Fehler kann unter Umständen die Revision des Nebenklägers begründen (Meyer-Goßner § 398 Rn. 4). Auch wenn der Nebenkläger – was häufig der Fall ist – gleichzeitig Zeuge in dem Verfahren ist, kann er in Abweichung von den Vorschriften der §§ 58 Abs. 1, 243 Abs. 2 Satz 1 StPO der Hauptverhandlung folgen. Allerdings wird der Vorsitzende ihm gegebenenfalls Aufschluss darüber geben, dass es seine Glaubwürdigkeit stützen könnte, wenn er freiwillig bis zu seiner Vernehmung auf die Teilnahme an der Hauptverhandlung verzichtet.

4. Privatkläger

Der Privatkläger ist zur Anwesenheit verpflichtet, kann sich aber durch einen Rechtsanwalt vertreten lassen, wenn das Gericht nicht das persönliche Erscheinen angeordnet hat. Einen Verstoß gegen die Pflicht zum Erscheinen wertet § 391 Abs. 2 StPO als **Zurücknahme der Privatklage**. Ist aber der Privatkläger z.B. durch Krankheit an der Teilnahme der Hauptverhandlung verhindert, obgleich er teilnehmen will, so ist das Verfahren auszusetzen.

5. Urkundsbeamter der Geschäftsstelle

Der Urkundsbeamte der Geschäftsstelle, der als Protokollführer an der Sitzung teilnimmt, muss grundsätzlich ebenfalls ständig zugegen sein. Er ist am Verfahren im engeren Sinne nicht beteiligt, denn er hat nicht mitzureden und die Strafsache mitzugestalten, sondern nur für die Anfertigung des Protokolls zu sorgen, §§ 226, 271 StPO. Seine Person kann im Laufe der Hauptverhandlung wechseln. Bei verschiedenen Protokollführern unterzeichnet jeder den von ihm gefertigten Protokollteil (Meyer-Goßner § 271 Rn. 13, § 226 Rn. 7). Neuerdings ist es dem Strafrichter möglich, in der Hauptverhandlung von der Hinzuziehung eines Urkungsbeamten der Geschäftsstelle abzusehen, wenn er dies nicht für erforderlich hält, § 226 Abs. 2 StPO. Er führt dann das Protokoll selbst und kann sich – wie schon jetzt im Zivilverfahren üblich – eines Tonaufnahmegeräts bedienen.

6. Verteidiger

Handelt es sich um einen Fall der **notwendigen Verteidigung** gemäß § 140 StPO, ist die ständige Anwesenheit eines Verteidigers während der Hauptverhandlung erforderlich. Gleichgültig ist, ob es sich um einen Pflicht- oder einen Wahlverteidiger handelt. Der Angeklagte kann gleichzeitig einen oder mehrere Pflicht- und Wahlverteidiger haben, wobei allerdings nicht mehr als **drei Wahlverteidiger** gleichzeitig zulässig sind, § 137 Abs. 1 S. 2 StPO. Es genügt jedoch, wenn in der Hauptverhandlung einer der Verteidiger die Rechte des Angeklagten wahrnehmen kann.

Kommt es im Zusammenhang mit der notwendigen Verteidigung zu Schwierigkeiten mit dem Wahlverteidiger, so dass die Verteidigung des Angeklagten nicht gewährleistet ist, sieht § 145 StPO die Bestellung eines Pflichtverteidigers vor.

Im Falle der notwendigen Verteidigung darf ohne einen die Verteidigung auch führenden Verteidiger nicht verhandelt werden; ein Verstoß begründet gemäß § 338 Nr. 5 StPO die Revision.

Während einzelner Teile der Verhandlung kann allerdings bei mehreren Angeklagten auch im Falle der notwendigen Verteidigung dem Verteidiger eines Angeklagten durch Beschluss des Gerichts gestattet werden, sich zu entfernen, wenn sein Mandant durch den folgenden Verhandlungsteil **nicht betroffen ist,** § 231 c StPO.

Wird ein **Verteidiger als Zeuge** vernommen, legt er in der Regel – zumindest für die Dauer seiner Vernehmung – sein Mandat nieder (Meyer-Goßner vor § 48 Rn. 18). Dem Angeklagten ist während der Dauer der Vernehmung seines (notwendigen) Verteidigers in jedem Fall ein Pflichtverteidiger zu bestellen, wenn nicht ohnehin ein weiterer Verteidiger während der Vernehmung seine Rechte wahrnimmt.

Handelt es sich **nicht** um einen Fall der **notwendigen Verteidigung,** kann die Hauptverhandlung auch in Abwesenheit des gewählten Verteidigers durchgeführt werden. Das gilt allerdings dann nicht, wenn dem Verteidiger zugesichert worden war, dass die Hauptverhandlung nicht ohne ihn stattfinden wird (Meyer-Goßner § 338 Rn. 59).

7. Sachverständiger

Der Sachverständige muss dem Teil der Hauptverhandlung beiwohnen, der für seine Gutachtenserstattung von Bedeutung ist. So ist es denkbar, dass der psychiatrische Sachverständige für sein Gutachten die Hauptverhandlung zumindest so lange verfolgen muss, bis er sein Gutachten erstattet hat. Andererseits gibt es Sachverständige (z.B. Chemiker, die einen Stoff analysiert haben), deren Anwesenheit nur für die Dauer ihrer Vernehmung und Befragung erforderlich ist. Im einzelnen bestimmt der Vorsitzende im Rahmen seiner Sachleitungsbefugnis, für welchen Teil der Hauptverhandlung er die Anwesenheit des Sachverständigen für erforderlich hält.

8. Zeuge

Der Zeuge muss nur während der ihn betreffenden Belehrungen und der Vernehmung bis zu seiner Entlassung durch den Vorsitzenden nach Anhörung der Staatsanwaltschaft und des Angeklagten gemäß § 248 StPO im Sitzungssaal anwesend sein.

9. Dolmetscher

Da die Gerichtssprache deutsch ist, ist dann, wenn unter Beteiligung von Personen verhandelt wird, die der deutschen Sprache nicht mächtig sind, ein Dolmetscher zuzuziehen, §§ 184, 185 Abs. 1 S. 1 GVG. Handelt es sich bei der des Deutschen nicht mächtigen Person um den Angeklagten, sorgt der Vorsitzende dafür, dass der Dolmetscher während der Gesamtdauer der Hauptverhandlung anwesend ist, damit er das Geschehen in der Hauptverhandlung dem Angeklagten und dessen Äußerungen und Fragen den übrigen Beteiligten übertragen kann. Ist jedoch lediglich ein Zeuge der deutschen Sprache nicht mächtig, genügt es, wenn der Dolmetscher während der Dauer der Belehrungen und Vernehmung des Zeugen zugegen ist.

10. Angeklagter

a) Grundsatz

Das Gesetz fordert **grundsätzlich** die **ununterbrochene Anwesenheit** des Angeklagten während der Dauer der Hauptverhandlung. Bleibt der Angeklagte aus, so bestimmt § 230 Abs. 1 StPO, dass die Hauptverhandlung nicht stattfindet. Ist das Ausbleiben des Angeklagten nicht genügend entschuldigt, so sorgt das Gericht durch die Anordnung der **Vorführung** oder durch den Erlass eines **Haftbefehls** dafür, dass die Hauptverhandlung in Gegenwart des Angeklagten durchgeführt werden kann, § 230 Abs. 2 StPO. Da der Angeklagte auf Grund eines Vorführbefehls nicht länger festgehalten werden darf als bis zum Ende des Tages, der dem Beginn der Vorführung folgt (§ 135 S. 2 StPO), ist der Erlass eines Vorführungsbefehls nur sinnvoll, wenn man weiß, wo sich der Angeklagte regelmäßig aufhält und wenn damit zu rechnen ist, dass er auch angetroffen wird.

Eine **vorzeitige Entfernung** des erschienenen Angeklagten kann der Vorsitzende gemäß § 231 Abs. 1 S. 2 StPO notfalls auch mit Zwangsmitteln verhindern. Wenn ein Teil der Hauptverhandlung durchgeführt wurde, obgleich der Angeklagte nicht anwesend war und auch keine Ausnahme von seiner Anwesenheitspflicht gegeben war, muss dieser Teil in seiner Gegenwart wiederholt werden. Eine bloße Unterrichtung darüber, was in seiner Abwesenheit geschehen ist, genügt nicht (BGH NJW 1981, 1568). Grund für die im Regelfall gegebene Anwesenheitspflicht des Angeklagten ist der Umstand, dass der Angeklagte sich in der Regel selbst am besten verteidigen kann. Aber auch die Beurteilung und Aufklärung des Sachverhalts ist jedenfalls dann erleichtert, wenn der Angeklagte Angaben zur Sache macht. Schließlich kann der persönliche Eindruck für das Gericht bei der angemessenen Ahndung der Straftat eine wesentliche Rolle spielen. Die Anwesenheitspflicht besteht daher sowohl im Interesse des Angeklagten als auch im Interesse der Allgemeinheit an der Wahrheitserforschung, so dass ein Abweichen von der Regel nur in den vom Gesetz vorgesehenen Ausnahmefällen erfolgen kann, nicht aber schon dann, wenn alle Beteiligten sich einig sind (BGH NJW 1973, 522).

Das Gesetz kennt aber eine Reihe von **Ausnahmen,** in denen die Hauptverhandlung insgesamt oder Teile davon in Abwesenheit des Angeklagten durchgeführt werden können. Die Gründe hierfür sind unterschiedlich. So kann die Vermeidung einer sonst eintretenden Verzögerung, die Unzumutbarkeit des Erscheinens im Verhältnis zur Bedeutung der Sache, aber auch eine durch die Abwesenheit bessere Tatsachenermittlung während der Hauptverhandlung Anlass sein, ohne den Angeklagten zu verhandeln. Allerdings hat der Angeklagte in keinem Fall einen Anspruch darauf, dass ohne ihn verhandelt wird.

b) Durchführung der gesamten Hauptverhandlung ohne Angeklagten

In Fällen **leichterer Kriminalität** kann dann **ohne den Angeklagten** verhandelt werden, wenn er auf diese Möglichkeit in der ordnungsgemäßen Ladung (die keine öffentliche Ladung sein darf) **hingewiesen** wurde und **eigenmächtig nicht erschienen** ist, § 232 StPO. Eigenmächtigkeit kann unterstellt werden, wenn er unentschuldigt nicht erschienen ist. Es darf aber nur auf bestimmte Rechtsfolgen erkannt werden. Die Verhängung einer Freiheitsstrafe oder einer Geldstrafe über 180 Tagessätze darf nicht ausgesprochen werden.

In einer nach einem **Einspruch gegen einen Strafbefehl** angesetzten Hauptverhandlung kann der Angeklagte sich durch einen mit schriftlicher Vollmacht versehenen Verteidiger vertreten lassen, § 411 Abs. 2 StPO. Wenn der Richter gleichwohl die Anwesenheit des Angeklagten wünscht, kann er dessen persönliches Erscheinen anordnen und durchsetzen, § 236 StPO. Sollte trotz dieser Anordnung statt des Angeklagten nur sein Verteidiger erscheinen, darf der Einspruch **nicht** nach § 412 StPO **verworfen** werden, da der Angeklagte jedenfalls vertreten ist. Der Richter muss dann entweder ohne den Angeklagten verhandeln oder dessen Erscheinen zu einem späteren Zeitpunkt durch Vorführungs- oder Haftbefehl erzwingen.

Auf seinen **Antrag** kann der Angeklagte auch **vom Erscheinen** in der Hauptverhandlung **entbunden** werden, § 233 StPO. Voraussetzung ist auch hier, dass besonders schwerwiegende Reaktionen nicht zu erwarten sind. Allerdings ist auch die Verhängung einer Freiheitsstrafe bis zu 6 Monaten möglich. Zuvor muss der Angeklagte aber durch einen beauftragten oder ersuchten Richter über die möglichen Rechtsfolgen belehrt und über die Anklage vernommen sein, damit das Vernehmungsprotokoll durch Verlesung in der Hauptverhandlung eingeführt werden kann.

Gemäß § 231 a StPO kann auch in schwereren Fällen die Hauptverhandlung dann ohne den Angeklagten durchgeführt werden, wenn er sich **vorsätzlich und schuldhaft** in den **Zustand der Verhandlungsunfähigkeit versetzt** hat und dadurch wissentlich die ordnungsgemäße Durchführung (oder Fortsetzung) der Hauptverhandlung in seiner Gegenwart verhindert. Dieser Zustand muss aber vor seiner Vernehmung über die Anklage eingetreten sein, und der Angeklagte muss nach Eröffnung des Hauptverfahrens Gelegenheit gehabt haben, sich bei einer Vernehmung durch das erkennende Gericht oder eines seiner Mitglieder im Zustand der freien Willensbestimmung zur Anklage zu äußern, § 231 a Abs. 1 S. 2 StPO. Diese Möglichkeit der Verhandlung ohne den Angeklagten hat besondere Bedeutung in den Fällen, in denen der Angeklagte etwa durch einen Hungerstreik oder durch Selbstverstümmelung seine Verhandlungsunfähigkeit herbeiführt. Es kommt nicht darauf an, ob der Hungerstreik gerade bezweckte, diesen Zustand herbeizuführen. Ausreichend ist es, wenn der Angeklagte wusste oder als sicher voraussah, dass durch sein Verhalten auch die ordnungsgemäße Durchführung

---

Mögliche Durchführung der Hauptverhandlung ohne Angeklagten

§ 232 StPO

– Fall leichter Kriminalität (bis 180 Tagessätze)
– Hinweis auf Verhandlung ohne den Angeklagten in der Ladung
– eigenmächtiges Nichterscheinen

§ 233 StPO

– Fall mittlerer Kriminalität (bis 6 Monate)
– Antrag des Angeklagten auf Entbindung vom Erscheinen
– vorherige richterliche Vernehmung über die Anklage mit Belehrung

§ 231 a StPO

– vorsätzliche schuldhafte Herbeiführung der Verhandlungsunfähigkeit
– wissentliche Verhinderung der Durchführung der Hauptverhandlung
– noch keine Vernehmung zur Anklage in der Hauptverhandlung
– Äußerungsmöglichkeit zur Anklage nach Eröffnung vor Gericht oder beauftragtem Richter

§ 411 Abs. 2 StPO

– Strafbefehlsverfahren
– Vertretung durch mit schriftlicher Vollmacht versehenen Verteidiger

§ 387 Abs. 1 StPO

– Privatklageverfahren
– Vertretung durch mit schriftlicher Vollmacht versehenen Verteidiger

§ 329 Abs. 1 und 2 StPO

– Berufung der Staatsanwaltschaft
– unentschuldigtes Ausbleiben trotz ordnungsgemäßer Ladung

§ 415 StPO

– Sicherungsverfahren
– förmliche Vernehmung des Beschuldigten vor der Hauptverhandlung, vgl. Abs. 2
– Erscheinen in der Hauptverhandlung unmöglich bzw. unangebracht gemäß Abs. 1

---

der Hauptverhandlung in Frage gestellt werde. Das Gericht hat seine Entscheidung, ohne den Angeklagten zu verhandeln, nach ärztlicher Begutachtung durch einen förmlichen Gerichtsbeschluss auszusprechen, der durch sofortige Beschwerde mit aufschiebender Wirkung (abweichend von §§ 305 S. 1, 307 Abs. 1 StPO) auch dann angefochten werden kann, wenn er in der Hauptverhandlung gefasst wurde, § 231 a Abs. 3 S. 3 StPO. Allerdings ist zu beachten, dass § 231 a StPO den **teilnahmewilligen** verhandlungsunfähigen Angeklagten nicht von der Teilnahme ausschließt (BGH bei Holtz MDR 1980, 631). Er ist zur Anwesenheit berechtigt und wird – soweit das möglich ist – wie ein verhandlungsfähiger Angeklagter an der Hauptverhandlung beteiligt.

Beim Ausbleiben im **Privatklage- und Strafbefehlsverfahren** sind §§ 391 Abs. 2, 412 StPO als Sonderbestimmungen zu beachten. Im Berufungsverfahren gilt § 329 StPO.

c) Durchführung von Teilen der Hauptverhandlung ohne Angeklagten

Ist der Angeklagte **bereits zur Anklage vernommen** und **entfernt** er sich dann **eigenmächtig**, oder bleibt er in einem Fortsetzungstermin aus, kann das Gericht gemäß § 231 Abs. 2 StPO in seiner Abwesenheit die Verhandlung zu Ende führen. Das gleiche gilt, wenn er sich jetzt in einen **Zustand der Verhandlungsunfähigkeit** versetzt. Nunmehr gilt nicht mehr § 231 a StPO, sondern es ist § 231 Abs. 2 StPO heranzuziehen (Meyer-Goßner § 231 Rn. 17).

Das Gericht kann den die Verhandlung störenden, sich den Anordnungen zur Aufrechterhaltung **der Ordnung widersetzenden Angeklagten** aus dem Sitzungssaal entfernen, § 177 GVG. Auch in diesem Fall erlaubt § 231 b StPO die Fortsetzung der Hauptverhandlung, nachdem der Angeklagte Gelegenheit hatte, sich zur Anklage zu äußern. Das muss durch das erkennende Gericht geschehen sein; eine Anhörung durch einen beauftragten oder ersuchten Richter genügt nicht (jetzt h.M., vgl. Meyer-Goßner § 231 b Rn. 8).

Für die Fortsetzung der Hauptverhandlung ohne Anwesenheit des Angeklagten fordert das Gesetz nicht ausdrücklich einen **Gerichtsbeschluss**. Es reicht aus, wenn das Gericht einen Beschluss nach § 177 GVG gefasst hat und sodann durch die Fortsetzung der Hauptverhandlung deutlich macht, dass es die weitere Anwesenheit des Angeklagten für entbehrlich hält (Meyer-Goßner § 231 b Rn. 9). Die Hauptverhandlung darf aber nur so lange fortgeführt werden, wie schwerwiegende Beeinträchtigungen für ihren Ablauf zu befürchten sind. Das Gericht wird bei längerer Hauptverhandlung daher regelmäßig Versuche unternehmen, die Hauptverhandlung in Gegenwart des Angeklagten fortzusetzen.

Über die Fälle der §§ 231 Abs. 2, 231 a, 231 b StPO hinaus, in denen das Verhalten des Angeklagten eine gewisse Verwirkung des rechtlichen Gehörs zur Folge hat und zumindest zeitweilig die Fortsetzung der Hauptverhandlung ohne ihn ermöglicht, lässt § 247 StPO aus übergeordneten Gesichtspunkten zu, **den Angeklagten zeitweilig aus** dem Sitzungssaal **zu entfernen** (Meyer-Goßner § 247 Rn. 1). Besteht eine konkrete Gefahr, dass ein Mitangeklagter oder ein Zeuge in Gegenwart des Angeklagten **nicht die Wahrheit** sagen werde, kann während der Dauer der Vernehmung unter besonderer Berücksichtigung des Aufklärungsgrundsatzes (vgl. § 244 Abs. 2 StPO) die Entfernung des Angeklagten angeordnet werden, und zwar zwingend durch einen Gerichtsbeschluss. Das gleiche gilt zum **Schutz von Kindern und Jugendlichen** unter 16 Jahren, wenn die Gegenwart des Angeklagten bei ihrer Zeugenvernehmung einen erheblichen Nachteil für ihr Wohl befürchten ließe. **Kinder und Jugendliche** sollen zudem möglichst vor anderen Zeugen vernommen werden, sie sollen in Warteräumen beaufsichtigt und möglichst betreut werden, und ein Zusammentreffen mit dem Angeklagten soll vermieden werden, Nr. 135 RiStBV. Auch bei erwachsenen Zeugen soll der Angeklagte von der Hauptverhandlung zeitweilig ausgeschlossen werden, wenn seine Gegenwart beim Zeugen die dringende Gefahr einer schwerwiegenden – wenn auch möglicherweise vorübergehenden – Gesundheitsgefährdung, zum Beispiel eines Nervenzusammenbruchs, heraufbeschwört. Zusätzlich kann bei jungen Zeugen gemäß § 172 Nr. 4 GVG die Öffentlichkeit ausgeschlossen werden, und § 241 a StPO schränkt das Fragerecht der Prozessbeteiligten ein.

Schließlich rechtfertigt der **Schutz des Angeklagten** selbst, ihn dann aus dem Sitzungssaal zu entfernen, wenn sein (körperlicher oder seelischer) Zustand und etwaige Behandlungsaussichten erörtert werden und das nicht ohne die Befürchtung eines erheblichen Nachteils für seine Gesundheit möglich ist.

Auf jeden Fall muss der Angeklagte sofort wieder zur Verhandlung zugelassen werden, wenn die Gefahr beseitigt ist. So muss er jedenfalls dann wieder zugegen sein, wenn es um die Frage der Vereidigung einer vernommenen Person geht.

Regelmäßig muss der Angeklagte dann, wenn er zeitweilig nicht an der Hauptverhandlung teilgenommen hat, **über den wesentlichen Inhalt** des in der Zwischenzeit Verhandelten unterrichtet werden (so ausdrücklich §§ 231a Abs. 2, 231b Abs. 2, 247 S. 4 StPO; das gilt aber auch allgemein, wenn der Angeklagte im Fall des § 232 StPO nachträglich doch noch erscheint). Er ist in jedem Fall alsbald vom Inhalt der in seiner Abwesenheit gemachten Angaben zu unterrichten, damit er sein Verteidigungsverhalten auch darauf einstellen kann (BGH bei Holtz MDR 1995, 445).

Schließlich erlaubt § 231c StPO, dass bei mehreren Angeklagten nicht nur der Verteidiger, sondern auch der **Angeklagte** selbst auf seinen Antrag hin **beurlaubt** werden kann, wenn er von dem genau zu bezeichnenden Verhandlungsteil **nicht betroffen** ist.

d) Nachträglicher Strafbefehl

Vor dem Strafrichter und dem Schöffengericht kann die Staatsanwaltschaft dann, wenn die Voraussetzungen für den Erlass eines Strafbefehls vorliegen, einen Strafbefehlsantrag auch noch nach Eröffnung des Hauptverfahrens stellen. Das kann auch mündlich geschehen und kommt vor allem in den Fällen in Betracht, in denen der Durchführung der Hauptverhandlung das Ausbleiben oder die Abwesenheit des Angeklagten entgegensteht, § 408a StPO. Diesem Antrag muss der Richter entsprechen, wenn dem Erlass des Strafbefehls keine Bedenken entgegenstehen, vor allem also das Ergebnis der Ermittlungen eine Hauptverhandlung entbehrlich macht.

Diese Regelung bezweckt vor allem eine Entlastung der Gerichte, die nach der Erhebung der Anklage nicht unter allen Umständen eine Hauptverhandlung auch da durchführen müssen, wo auf diesem einfacheren Weg eine sachgerechte Lösung gefunden werden kann. Allerdings wird sich dieser Weg weitgehend erübrigen, wenn die Staatsanwaltschaft von vornherein in den geeigneten Fällen das Strafbefehlsverfahren wählt.

Teile der Hauptverhandlung ohne Angeklagten

§ 231 Abs. 2 StPO

– Angeklagter ist bereits zur Anklage vernommen
– eigenmächtiges Entfernen oder Fernbleiben in einem Fortsetzungstermin oder vorsätzlich schuldhaftes Versetzen in den Zustand der Verhandlungsunfähigkeit

§ 231b StPO, § 177 GVG

– Gelegenheit, sich zur Anklage vor dem erkennendem Gericht zu äußern
– Entfernung oder Abführung zur Haft wegen ordnungswidrigen Benehmens durch Gerichtsbeschluss
– weiterbestehende Gefahr schwerwiegender Beeinträchtigung
– weitere Anwesenheit des Angeklagten nicht unerlässlich

§ 247 S. 1 StPO

– konkrete Gefahr, ein Mitangeklagter oder Zeuge werde in Gegenwart des Angeklagten nicht die Wahrheit sagen
– Gerichtsbeschluss

§ 247 S. 2 StPO

– Befürchtung eines erheblichen Nachteils für das Wohl eines noch nicht 16 Jahre alten Zeugen oder dringende Gefahr einer erheblichen Gesundheitsbeeinträchtigung eines erwachsenen Zeugen
– Gerichtsbeschluss

§ 247 S. 3 StPO

– Befürchtung eines erheblichen Nachteils für die Gesundheit des Angeklagten während der Dauer der Erörterungen über seinen Zustand und die Behandlungsaussichten
– Gerichtsbeschluss

§ 231c StPO

– Angeklagter ist von genau zu bezeichnendem Verhandlungsteil nicht betroffen
– Antrag des Angeklagten
– Gerichtsbeschluss

11. Beistände

Auf eigenen Antrag (und nicht von Amts wegen sowie nicht auf Antrag des Angeklagten) sind der **Ehegatte** des Angeklagten, sein Lebenspartner oder sein **gesetzlicher Vertreter**, so vorhanden, in der Hauptverhandlung als Beistand zuzulassen und auf sein Verlangen zu hören, § 149 StPO. Der Beistand ist von der StPO als Fürsprecher für den Angeklagten in der Hauptverhandlung gedacht, hat jedoch nicht die Rolle eines Verteidigers. Seine Funktion erschöpft sich in der Beratung des Angeklagten und in dem Recht, eine Stellungnahme zur Sache abgeben zu dürfen. Darüber hinaus stehen ihm keine prozessualen Rechte zu; insbesondere hat er kein eigenes Fragerecht (so BayObLG NJW 1998; 1655; a.A. etwa Meyer-Goßner § 240 Rn. 3), und er kann die Entscheidung auch nicht selbständig mit einem Rechtsmittel anfechten. Wenn der dem Angeklagten beistehende Ehegatte gleichzeitig Zeuge ist, muss er der Hauptverhandlung zeitweilig fernbleiben, § 58 Abs. 1 StPO. Der Vorsitzende sollte ihn deshalb sobald wie möglich vernehmen, damit er seine im Gesetz vorgesehene Rolle für den Angeklagten übernehmen kann. Große praktische Bedeutung hat die Regelung des § 149 StPO allerdings nicht.

VIII. Prozessleitung des Vorsitzenden

Die Leitung der Hauptverhandlung obliegt gemäß § 238 Abs. 1 StPO dem Vorsitzenden. Die frühere Lehre unterschied scharf zwischen der (formellen) Verhandlungsleitung und der Sachleitung. Unter der **Verhandlungsleitung** wird die Aufgabe des Vorsitzenden verstanden, für die äußere Gestaltung der Hauptverhandlung zu sorgen, während die **Sachleitung** zum Ziel hat, den Sachverhalt aufzuklären und die Grundlagen für das Urteil zu gewinnen. In der Tat ist der Vorsitzende dafür verantwortlich, einen glatten, reibungslosen Ablauf der Hauptverhandlung sicherzustellen. Ihm ist dazu die Sitzungspolizei übertragen, § 176 GVG. Er hat daher Maßnahmen zu treffen, die zunächst nicht unmittelbar die Urteilsfindung fördern, sondern vornehmlich der äußeren Ordnung und Gestaltung der Hauptverhandlung dienen. Zu diesen Maßnahmen gehören etwa:

- die Eröffnung und die Schließung der Sitzung
- die Anordnung kürzerer Unterbrechungen, § 228 Abs. 1 S. 2 StPO
- das Festhalten des Angeklagten, § 231 Abs. 1 StPO
- die Fesselung des Angeklagten, § 119 Abs. 5 StPO
- das Bestimmen der Reihenfolge der Zeugenvernehmung
- die Entlassung der Zeugen und Sachverständigen, § 248 StPO
- sitzungspolizeiliche Maßnahmen gegenüber an der Verhandlung nicht unmittelbar beteiligten Personen, §§ 176, 177 GVG.

Andererseits bestimmt § 238 StPO, dass auch die Vernehmung des Angeklagten und die Beweisaufnahme dem Vorsitzenden obliegt, und dass im Fall der Beanstandung einer auf die Sachleitung bezüglichen Anordnung durch einen Prozessbeteiligten eine Gerichtsentscheidung herbeigeführt werden muss. Während also reine **Maßnahmen der Verhandlungsleitung unanfechtbar** sind, wird der Vorsitzende im Rahmen der **Sachleitung** nur **vorläufig** anstelle des Gerichts tätig, das gemäß § 244 Abs. 2 StPO für eine umfassende Sachaufklärung die Verantwortung trägt.

Die Anordnungen des Vorsitzenden, die unmittelbar oder mittelbar der Vorbereitung des Urteils dienen, werden auf Beanstandung hin einer Kontrolle durch das Gericht unterzogen („Zwischenrechtsbehelf"). Diese Kontrolle beschränkt sich jedoch allein auf die Rechtmäßigkeit der Maßnahme und hat Fragen der Zweckmäßigkeit nicht zum Inhalt.

Bedeutung hat der Zwischenrechtsbehelf vor allem in revisionsrechtlicher Hinsicht. Wer nämlich hiervon in der Verhandlung keinen Gebrauch gemacht hat, verwirkt in aller Regel das Recht auf eine Beanstandung in der Revision. Eine Einschränkung gilt jedoch in den Fällen, in denen der Vorsitzende Vorschriften unbeachtet ließ, bei denen ihm kein Entscheidungsspielraum zusteht. Derartige Umstände können auch dann in der Revision beachtlich sein, wenn sie in der Tatsachenverhandlung nicht zur Diskussion gestellt wurden (BGH NJW 1996, 2435, 2436).

Eine klare Abgrenzung zwischen (formeller) Verhandlungsleitung und (materieller) Sachleitung ist jedoch in vielen Fällen kaum möglich. So ist zwar eine kürzere Unterbrechung der Sitzung gemäß § 228 Abs. 1 S. 2 StPO allein Sache des Vorsitzenden, unterfällt seiner (formellen) Verhandlungsleitung und könnte daher auch nicht über den „Zwischenrechtsbehelf" der Beanstandung zu einem Gerichtsbeschluss führen. Andererseits ist denkbar, dass diese Unterbrechung gerade in einem Zeitpunkt vorge-

A. Allgemeines zur Hauptverhandlung, Bedeutung und Grundsätze

nommen wird, die dem Verteidiger aus sachlichen Gründen sehr ungelegen ist, weil sie vielleicht während seiner Zeugenbefragung erfolgt. Der Verteidiger mag sich durch die Maßnahme des Vorsitzenden um die Chance gebracht sehen, die Unglaubwürdigkeit des Zeugen sichtbar vor Augen zu führen, weil der Zeuge sich während der Unterbrechung sammeln könnte und Erklärungen für offene Fragen überlegen könnte. Deshalb hat er die Möglichkeit, gegen die Unterbrechung einen Gerichtsbeschluss herbeizuführen. In diesem Fall tangiert nämlich die Maßnahme der (formellen) Verhandlungsleitung die Sachgestaltung. Auf Grund der heute vorherrschenden **funktionellen Betrachtung** kommt es für die Möglichkeit der Anrufung des Gerichts nicht auf den Zweck der jeweiligen Maßnahme des Vorsitzenden, sondern auf deren Wirkung im Einzelfall an. Immer dann, wenn sich die Maßnahme – gewollt oder ungewollt – sachgestaltend auswirkt, liegt daher eine Anordnung des Vorsitzenden im Rahmen seiner Sachleitung im Sinne des § 238 Abs. 2 StPO vor.

Die Person des Vorsitzenden prägt somit wesentlich den gesamten Gang der Hauptverhandlung. Lediglich einige besonders **wichtige Anordnungen,** die entweder stark in die Rechte von Verfahrensbeteiligten eingreifen oder die wichtige Verfahrensgrundsätze auf Grund von Ausnahmeregelungen durchbrechen können, **erfordern eine Gerichtsentscheidung** und können nicht (auch nicht vorläufig) durch den Vorsitzenden allein getroffen werden. Dazu gehören:

- die Festsetzung von Ordnungsmitteln oder Erzwingungshaft bei Zeugen, §§ 51, 70 StPO (Meyer-Goßner § 51 Rn. 22, § 70 Rn. 17)
- die Aussetzung oder längere Unterbrechung der Hauptverhandlung, §§ 228 Abs. 1, 229, 265 Abs. 3, Abs. 4 StPO
- der Vorführungs- und der Haftbefehl gegen den nicht erschienenen Angeklagten, § 230 Abs. 2 StPO (Meyer-Goßner § 230 Rn. 24)
- die Verhandlung ohne Gegenwart des Angeklagten, §§ 231 Abs. 2, 231 a Abs. 3 S. 1, 231 b Abs. 1 S. 1, 247 StPO (Meyer-Goßner § 231 Rn. 20, § 213 b Rn. 9; in dem Fall des § 231 b Abs. 1 S. 1 StPO ist ein ausdrücklicher Gerichtsbeschluss zwar entbehrlich, er ist aber empfehlenswert).
- die Ablehnung von beantragten Beweiserhebungen, §§ 244 Abs. 6, 245 StPO
- die Verlesung von Vernehmungsprotokollen eines Zeugen, § 251 Abs. 4 S. 1 StPO
- die Ausweitung der Verhandlung auf weitere Taten durch Nachtragsanklage oder Verbindung, §§ 266, 237 StPO
- die Verwerfung einer Richterablehnung als unzulässig, § 26 a StPO
- der Ausschluss der Öffentlichkeit, §§ 171 a, 171 b, 172 GVG.

In diesen Fällen muss der zu verkündende Beschluss vom Gericht auch begründet werden.

IX. Störungen der Hauptverhandlung

Besonders bei Großverfahren oder bei Verfahren mit politischem Hintergrund kommt es heute regelmäßig zu Störungen der Hauptverhandlung von unterschiedlichen Seiten. Damit der Vorsitzende seiner Aufgabe nachkommen kann, die Wahrheitsfindung in einem prozessordnungsgemäßen Verfahren zu ermöglichen, muss ihm das Gesetz ein Instrumentarium an die Hand geben, um Störungen zu unterbinden. Ob er im Einzelfall davon Gebrauch macht, unterliegt seiner Einschätzung. Nicht jede – vielleicht sogar verständliche – Überreaktion eines Beteiligten oder Zuschauers muss notwendig sanktioniert werden. Unter Umständen kann es vorteilhafter – und damit auch der Wahrheitsfindung dienlicher – sein, ein beanstandungsfähiges Verhalten zu übergehen oder durch eine Sitzungsunterbrechung (§ 228 Abs. 1 S. 2 StPO) eine aufgeladene Atmosphäre zu glätten. Andererseits darf eine einfühlsame am Ziel orientierte Verhandlungsleitung nicht den Eindruck erwecken, dass das Gericht etwaigen Störungen hilflos ausgeliefert sei. Der Vorsitzende muss daher seine Kompetenzen – die je nach der Person des Störers und der Art der Störung unterschiedlich sein können – genau kennen, damit er zulässige Maßnahmen konkret androhen und notfalls auch unverzüglich – ggf. nach Herbeiführung eines Gerichtsbeschlusses – verhängen kann. Nur dann wird die erstrebte volle Wirksamkeit erzielt.

1. Störungen durch den Angeklagten

a) Entfernung nach Beginn der Hauptverhandlung

Der Vorsitzende trifft geeignete **Maßnahmen der Verhinderung,** etwa Festhalten durch Justizwachtmeister oder Polizeibeamte, notfalls Fesselung, Bewachung in Verhandlungspausen oder Unterbringung in einem Haftraum, § 231 Abs. 1 StPO. Nach der Vernehmung des Angeklagten zur Sache wird die Hauptverhandlung ggf. **in Abwesenheit fortgeführt,** § 231 Abs. 2 StPO.

b) Verschuldete Verhandlungsunfähigkeit

Hat sich der Angeklagte vorsätzlich schuldhaft verhandlungsunfähig gemacht (nicht selten: der Angeklagte erscheint völlig betrunken zur Hauptverhandlung), kann die **Hauptverhandlung** dann nach § 231 a StPO ohne ihn **durchgeführt** werden, wenn er nach Eröffnung **Gelegenheit** gehabt hatte, sich vor einem Gericht oder einem beauftragten Richter zur Anklage zu **äußern.** Wenn diese Voraussetzungen nicht erfüllt sind, stehen der sofortigen Hauptverhandlung zwar Hindernisse entgegen. Unter Umständen kann aber in dem Verhalten (gerade bei Trunkenheit) ein schuldhaftes **Fernbleiben** gesehen werden. Deshalb kann zum neu anzuberaumenden Termin die **Vorführung** angeordnet werden, oder es kann – evtl. sogleich – **Haft** bis zum nahen neuen Termin bestimmt werden.

c) Nichtbefolgen von Anordnungen § 177 GVG

Wenn der Angeklagte Anordnungen zur Aufrechterhaltung der Ordnung in der Sitzung durch den Vorsitzenden nicht befolgt, kann er durch **Gerichtsbeschluss** aus dem Sitzungssaal entfernt werden. Der Beschluss kann zwangsweise durchgesetzt werden. Außerdem kann eine **Ordnungshaft** bis zu 24 Stunden angeordnet werden, die sich nach überwiegender Auffassung jedoch nicht über die geschätzte Dauer der Sitzung hinaus erstrecken darf. Dieser Beschluss ist unanfechtbar (Umkehrschluss aus § 181 GVG). Die **Verhandlung** darf dann **ohne den Angeklagten** fortgeführt werden, solange weitere schwerwiegende Störungen zu erwarten sind, § 231 b StPO. Es kommen hier nur Störungen in Betracht, die die Aufgabe des Gerichts in erheblicher Weise erschweren, die Wahrheit zu ermitteln. Das wird man etwa bei ständigem Unterbrechen einer Zeugenvernehmung trotz Abmahnung annehmen können, wenn dadurch eine ordnungsgemäße Vernehmung ausgeschlossen wäre. Da von der Möglichkeit nur im Notfall Gebrauch gemacht werden darf, kommt sie vor allem da in Betracht, wo der Angeklagte die Durchführung der Hauptverhandlung bewusst torpedieren will.

d) Ungebührliches Verhalten § 178 GVG

Häufig ist in einem dem § 177 GVG unterfallenden Verhalten gleichzeitig ein ungebührliches Verhalten im Sinne des § 178 GVG zu sehen. Allgemein wird unter Ungebühr ein Verhalten verstanden, das geeignet ist, die Würde des Gerichts erheblich zu verletzen oder die Ruhe und Ordnung einer gerichtlichen Verhandlung gröblich zu stören. Es kann sich dabei um **verbale Äußerungen,** speziell um Beleidigungen von Verfahrensbeteiligten oder Dritten handeln. Auch eine bewusst **unangemessene Kleidung** oder ein Erscheinen in **angetrunkenem Zustand** können Ungebühr darstellen. Schließlich kann ein **unziemliches Verhalten** (auffälliges Essen oder Trinken, Zeitunglesen, Entkleiden, demonstratives Nichterheben vom Platz bei Eintritt des Gerichts oder bei einer Vereidigung) die Ungebührfolgen nach sich ziehen. Sie müssen auch hier durch **Gerichtsbeschluss** festgesetzt werden und können in einem Ordnungsgeld bis zu 1.000 € oder einer Ordnungshaft bis zu einer Woche bestehen. Bei wiederholter Ungebühr ist auch eine **wiederholte** Ordnungsmittelfestsetzung möglich.

2. Störungen durch den Verteidiger

a) Nichterscheinen oder Entfernung aus der Hauptverhandlung

Es muss unterschieden werden, ob es sich um einen Fall der notwendigen Verteidigung handelt oder nicht. Bei **notwendiger Verteidigung** darf ohne Verteidiger nicht (weiter-)verhandelt werden. Die Hauptverhandlung kann durch Gerichtsbeschluss ausgesetzt werden, es kann aber auch sogleich ein **Pflichtverteidiger** durch den Vorsitzenden bestimmt werden, § 145 Abs. 1 StPO. Allerdings kann auch dann häufig nicht sofort weiterverhandelt werden, weil der neu bestellte Verteidiger sich zunächst einarbeiten muss. Eine Unterbrechung oder Aussetzung ist die notwendige Folge, § 145 Abs. 3 StPO. Wenn derartige Schwierigkeiten vorauszusehen sind, kann das Gericht von vornherein einen zusätzlichen Pflichtverteidiger bestellen (Meyer-Goßner § 141 Rn. 1a).

Ein bewusst auf ein Scheitern der Hauptverhandlung angelegtes Verhalten des Verteidigers ist für diesen nicht risikolos. Wenn nämlich durch seine Schuld eine Aussetzung erforderlich wird, müssen ihm die hierdurch verursachten **Kosten** nach § 145 Abs. 4 StPO (die gerade bei bedeutenden Verfahren beträchtlich sein können) auferlegt werden.

Handelt es sich **nicht** um einen Fall der **notwendigen Verteidigung,** kann in der Regel ohne Verteidiger (weiter-)verhandelt werden, § 228 Abs. 2 StPO. Allerdings könnte das – besonders bei tatsächlich oder rechtlich schwierigen Sachverhalten – dazu führen, dass der Angeklagte nicht in der von ihm beabsichtigten Art und Weise verteidigt ist. Unter Umständen muss daher aus Gründen der **Fürsorge** die Hauptverhandlung auch dann **ausgesetzt** werden, wenn die Voraussetzungen für die Bestellung eines Pflichtverteidigers noch nicht vorliegen, damit der Angeklagte sich selbst um einen neuen Verteidiger bemühen kann, vgl. §§ 140 Abs. 2, 265 Abs. 4 StPO.

b) Nichtbefolgung von Anordnungen oder ungebührliches Verhalten

Die Möglichkeiten der **Entfernung** aus dem Sitzungssaal oder der Verhängung von **Ordnungsmitteln** bestehen gegenüber dem Verteidiger **nicht.** Zwar unterliegt auch er den sitzungspolizeilichen Maßnahmen des Vorsitzenden, § 176 GVG. In §§ 177, 178 GVG hat der Gesetzgeber den Verteidiger jedoch bewusst nicht genannt. Den in neuerer Zeit vermehrt auftretenden Schwierigkeiten, die vom Gesetzgeber so nicht vorhergesehen wurden und die mit der Stellung des Rechtsanwalts als unabhängigem Organ der Rechtspflege nicht vereinbar sind, versucht die Rechtsprechung in **Extremfällen** dadurch zu begegnen, dass sie den **Verteidiger** von einem weiteren Auftreten in einer einzelnen Sache **ausschließt.** Nach einer Auffassung ist er dann eine an der Verhandlung nicht mehr beteiligte Person, gegen die der Vorsitzende (ohne Notwendigkeit eines Gerichtsbeschlusses) die in §§, 177, 178 GVG vorgesehenen Maßnahmen ergreifen kann. Nach anderer Auffassung ist die Zurückweisung lediglich eine (zulässige) sitzungspolizeiliche Maßnahme nach § 176 GVG. Begründet wird der Ausschluss mit einem Hinweis darauf, dass – vom Bundesverfassungsgericht bestätigt – ein das Tragen der Robe verweigernder Rechtsanwalt zurückgewiesen werden könne (BVerfGE 28, 21). Dann müsse das bei ganz **groben Dauerstörungen** aber erst recht zulässig sein; zumindest eine zeitweilige Entfernung aus dem Sitzungssaal sei möglich.

Der Hinweis auf das **ehrengerichtliche Verfahren** vermag die Probleme nicht zu lösen. Dieses Verfahren kann erst mit erheblicher Verzögerung durchgeführt werden und hat keine Auswirkungen mehr auf das aktuelle Verteidigerverhalten. Zudem hat es sich als relativ stumpfes Schwert erwiesen.

3. Störungen durch Zeugen, Sachverständige und Zuhörer

In diesem Zusammenhang kommen nur das **Nichtbefolgen** von sitzungspolizeilichen **Anordnungen** und **ungebührliches Verhalten** des genannten Personenkreises in Betracht. Es stehen die bereits erwähnten Maßnahmen in §§ 177, 178 GVG zur Verfügung. Dabei entscheidet bei **Zuhörern** der **Vorsitzende allein;** bei **Zeugen** und **Sachverständigen** ist ein **Gerichtsbeschluss** erforderlich, § 178 Abs. 2 GVG. Sie sind zwar nicht Verfahrensbeteiligte im engeren Sinn, jedoch an der Verhandlung beteiligt, solange sie nicht entlassen sind.

Besonders bei **Störungen aus dem Zuschauerraum** können einzelne Zuhörer, aber auch störende Zuhörergruppen aus dem Sitzungssaal **verwiesen** und notfalls **zwangsweise entfernt** werden. Wenn eine Differenzierung nicht möglich ist, kann auch der **gesamte Zuhörerraum geräumt** werden.

Neben der Entfernung aus dem Sitzungssaal können **Ordnungsgeld** oder **Ordnungshaft** nach § 178 GVG verhängt werden. Die Entfernung selbst ist unter wesentlich erweiterten Voraussetzungen möglich als beim Angeklagten. Nur er ist zur Anwesenheit im Interesse des Verfahrens verpflichtet und kann daher nur dann ausgeschlossen werden, wenn keine andere Möglichkeit besteht. Diese Einschränkung ist bei einem Zuhörer nicht zu machen.

4. Straftaten in der Sitzung § 183 GVG

Wenn das Verhalten eines Verfahrensbeteiligten oder eines Zuhörers in der Sitzung eine Straftat darstellt, hält § 183 GVG den Vorsitzenden dazu an, den Tatbestand **im Protokoll festzuhalten** und es der zuständigen Stelle **mitzuteilen.** Soweit es sich gleichzeitig um ungebührliches Verhalten oder um einen Verstoß gegen eine sitzungspolizeiliche Anordnung handelt, bleiben die Möglichkeiten der §§ 177, 178 GVG bestehen. Auch sonstige Straftaten (etwa vorsätzliche Falschaussage) sind von § 183 GVG umfasst, so dass der Inhalt einer Zeugenaussage unter Umständen auch dann protokolliert werden muss, wenn es normalerweise nicht erforderlich wäre (vgl. Nr. 136 RiStBV).

In geeigneten Fällen kann die Anordnung der **vorläufigen Festnahme** (nicht Haft!) wirkungsvoll und hilfreich sein, §§ 127, 128 StPO. Jedoch sollte hiervon nur sehr sparsam Gebrauch gemacht werden.

Allein der Umstand, dass Zeugen einander inhaltlich widersprechen, nötigt keinesfalls dazu, dieses Mittel zu ergreifen.

X. Hauptverhandlungsprotokoll

1. Bedeutung und Herstellung des Protokolls

§ 271 StPO bestimmt, dass über die Hauptverhandlung ein Protokoll aufzunehmen ist. Dieses Protokoll hat im späteren Verfahren eine erhebliche Bedeutung, denn mit ihm kann nachgewiesen werden, ob das Gericht in einem ordnungsgemäßen Verfahren zur Feststellung des Sachverhalts gelangt ist.

Das Protokoll wird vom Urkundsbeamten der Geschäftsstelle in eigener Verantwortung erstellt. Daher muss er als Protokollführer an der Hauptverhandlung teilnehmen. Allerdings hat der Strafrichter am Amtsgericht jetzt die Möglichkeit bekommen, von der Hinzuziehung eines Urkundsbeamten der Geschäftsstelle in der Hauptverhandlung abzusehen, § 226 Abs. 2 StPO. In diesem Fall muss er selbst für eine Dokumentation der Vorgänge in der Hauptverhandlung sorgen. Die Möglichkeit, ein Tonaufnahmegerät zu verwenden, wie es § 160 a ZPO für den Zivilprozess vorsieht, gibt es ansonsten im Strafprozess als Mittel der vorläufigen Aufzeichnung für die Herstellung des Protokolls nicht.

Der Vorsitzende diktiert dem hinzugezogenen Protokollführer nicht den Inhalt des Protokolls, sondern dieser hält sämtliche notwendigen Feststellungen und beim Amtsgericht auch den Inhalt der Aussagen selbständig fest. In der Regel geschieht das in der Hauptverhandlung zunächst vorläufig, und erst die anschließende Übertragung in **Reinschrift** ergibt das Protokoll. Der Vorsitzende und der Urkundsbeamte der Geschäftsstelle unterschreiben das Protokoll, § 271 StPO. Auch wenn die Hauptverhandlung sich über mehrere Tage erstreckt hat, wenn nacheinander mehrere Protokollführer mitgewirkt haben und wenn jeder den von ihm gefertigten Teil unterschrieben hat, handelt es sich um ein **Gesamtprotokoll**.

Da sowohl der Urkundsbeamte als auch der Vorsitzende für die Richtigkeit des Protokolls Verantwortung tragen, müssen nicht beigelegte Meinungsverschiedenheiten – etwa durch einen Vermerk vor der Unterschrift des Vorsitzenden – kenntlich gemacht werden. Dadurch wird die Beweiskraft des Protokolls in diesem bezeichneten Punkt ausgeschlossen.

2. Inhalt

Im **Eingang des Protokolls** sind gemäß § 272 StPO Tag, Ort und Öffentlichkeit der Hauptverhandlung sowie die Beteiligten und die Bezeichnung der Straftat anzugeben. Anschließend werden sämtliche **wesentlichen Geschehnisse** in der tatsächlichen zeitlichen Abfolge aufgezeichnet. Der Protokollführer notiert gestellte Anträge, darauf ergehende Beschlüsse, vorgenommene Beweiserhebungen und schließlich die Urteilsformel. Vor dem Amtsgericht notiert er auch den **Inhalt der Aussagen**. Das geschieht jedoch nicht wörtlich, sondern nur dem „wesentlichen Ergebnis" nach, § 273 Abs. 2 StPO. Das bedeutet, der Protokollführer entscheidet selbständig, was er von der Aussage für die Entscheidung für wichtig hält, und fasst es zusammen. Die Aufzeichnung des Protokollführers hat für das Urteil in der gleichen Instanz in der Regel jedenfalls dann keine Bedeutung, wenn die Urteilsverkündung vor der Herstellung des Protokolls liegt. Der Richter wird daher die wesentlichen Aussagen für sich selbständig ebenfalls aufzeichnen, um sie bei der Beratung zu verwenden. Das gilt besonders dann, wenn die Verhandlung **vor dem Landgericht** stattfindet, da der Protokollführer hier ohne besondere Anweisung den **Inhalt der Aussage** überhaupt **nicht** aufnimmt. Der das Urteil absetzende Richter ist bei der schriftlichen Absetzung der Beweiswürdigung daher allein auf seine eigenen Aufzeichnungen oder sein Gedächtnis angewiesen.

Die Aufzeichnung der wesentlichen Ergebnisse der Vernehmungen hat aber im Fall der **Berufung** gegen das Urteil erhebliche Bedeutung, denn in einer Vielzahl von Fällen wird die nochmalige Vernehmung des Zeugen in der Berufungsinstanz durch eine nach § 325 StPO zulässige **Verlesung** ersetzt (vgl. unten S. 85). Den Protokollführer trifft daher eine erhebliche Verantwortung auch hinsichtlich der Wiedergabe des Inhalts von Zeugenaussagen.

Nach § 273 Abs. 3 StPO kann der Vorsitzende von Amts wegen oder auf Antrag die „**vollständige Niederschreibung und Verlesung**" eines Vorgangs oder einer Äußerung anordnen, wenn die Feststellung des Vorgangs oder der Inhalt der Aussage so wichtig ist, dass die exakte Niederlegung erforderlich erscheint. Das bedeutet, dass bei dieser Anordnung eine Zeugenaussage wörtlich zu protokollieren, anschließend vorzulesen und vom Zeugen zu genehmigen ist.

3. Beweiskraft

Das formell ordnungsgemäß erstellte Protokoll beweist **allein** die Beachtung der wesentlichen Förmlichkeiten in der Hauptverhandlung, § 274 StPO. Jede wesentliche Förmlichkeit, die im Protokoll festgehalten ist (z.B. die Vereidigung eines Zeugen), ist damit bewiesen. Behauptet der Verteidiger, die Vereidigung sei entgegen dem Vermerk im Protokoll gar nicht erfolgt, kann er das nicht mit anderen Beweismitteln im Wege des Gegenbeweises nachweisen. Er müsste den Nachweis der Protokollfälschung erbringen, um hier Erfolg zu haben, § 274 Satz 2 StPO. Die Beweiskraft des Protokolls entfällt in diesem Punkt allerdings auch dann, wenn sich eine der **Urkundspersonen** (Vorsitzender oder Protokollführer) **nachträglich** von diesem Protokollpunkt **distanzieren** würde (Meyer-Goßner § 274 Rn. 16)

Negativ beweist das Protokoll, dass wesentliche Förmlichkeiten, die nicht protokolliert sind, auch nicht geschehen sind. Ein Beweisantrag, dessen Stellung nicht im Protokoll vermerkt ist, gilt damit als nicht gestellt.

Jedoch betrifft die Beweiskraft des Protokolls mit ihrer unwiderlegbaren Vermutung **nur** die **wesentlichen Förmlichkeiten**. Ist im Protokoll vermerkt, dass der Staatsanwalt die Anklageschrift verlesen hat, so ist nur unwiderlegbar festgehalten, dass er den Anklagesatz tatsächlich verlesen hat, denn nur dies ist eine wesentliche Förmlichkeit nach § 243 Abs. 3 Satz 1 StPO. Nicht unwiderlegbar bewiesen ist dagegen, dass der Staatsanwalt auch das wesentliche Ergebnis der Ermittlungen gemäß § 200 Abs. 2 StPO verlesen hat (das ja den Schöffen nicht zugänglich gemacht werden darf, vgl. Nr. 126 Abs. 3 RiStBV). Der Nachweis, dass tatsächlich nur der Anklagesatz gemäß § 200 Abs. 1 StPO verlesen wurde, ist daher ohne weiteres möglich. Es gilt hier das Freibeweisverfahren, so dass dienstliche Äußerungen der Richter ausreichende Klarheit schaffen könnten.

Die **Beweiskraft** des Protokolls **entfällt** weiterhin dann, wenn das Protokoll hinsichtlich wesentlicher Förmlichkeiten **widersprüchlich** ist oder **Lücken** aufweist. Wenn etwa die Stellung eines Beweisantrags nicht vermerkt ist, jedoch der den Antrag ablehnende Beschluss, kann im Wege freier Beweiswürdigung die Stellung des Beweisantrags festgestellt werden.

B. Der Gang der Hauptverhandlung

I. Aufruf der Sache – § 243 Abs. 1 S. 1 StPO

Der Vorsitzende eröffnet die Hauptverhandlung dadurch, dass er die Sache aufruft. Damit **beginnt** die **Anwesenheitspflicht** der Beteiligten, §§ 226, 231 Abs. 1 S. 1 StPO.

II. Feststellung der Präsenz – § 243 Abs. 1 S. 2 StPO

Der Vorsitzende stellt sodann fest, welche der an der Hauptverhandlung notwendig beteiligten Personen sowie der geladenen Zeugen, Sachverständigen und Dolmetscher zugegen sind und ob etwaige sonstige erforderliche Beweismittel zur Stelle gebracht sind.

1. Richter und Staatsanwalt

Auch die ordnungsgemäße Besetzung der Richterbank wird nochmals einer Prüfung unterzogen.

Besetzungen der Richterbank bei Verfahren in der **ersten Instanz** in der Hauptverhandlung

- **Strafrichter** als Einzelrichter am **Amtsgericht**, §§ 22, 25 GVG

  Besetzung:
  1 Berufsrichter

- **Schöffengericht am Amtsgericht**

  Besetzung:
  1 Berufsrichter und 2 Schöffen, §§ 28, 29 Abs. 1 S. 1 GVG

- **erweitertes Schöffengericht am Amtsgericht**

  Besetzung:
  2 Berufsrichter und 2 Schöffen,
  gebildet auf Antrag der Staatsanwaltschaft mit Eröffnungsbeschluss, §§ 28, 29 Abs. 2 GVG

- **große Strafkammer** am **Landgericht**
  Besetzung:
  3 Berufsrichter einschließlich Vorsitzendem und 2 Schöffen, §§ 74 ff., 76 Abs. 1 S. 1 GVG

- **große Strafkammer** am **Landgericht**
  Besetzung:
  2 Berufsrichter einschließlich Vorsitzendem und 2 Schöffen
  aufgrund besonderer Entscheidung im Eröffnungsbeschluss, §§ 74 ff., 76 Abs. 2 GVG
  (Regelung war durch das Rechtspflegeentlastungsgesetz zeitlich befristet bis
  28. Februar 1998, wurde aber bis 31.12.2004 verlängert)

- **Strafsenat** am **Oberlandesgericht** (bis zur Abschaffung des Bayerischen Obersten Landesgerichts nicht in Bayern)
  Besetzung:
  3 Berufsrichter einschließlich Vorsitzendem, wenn dies so im Eröffnungsbeschluss entschieden wurde, §§ 120, 122 Abs. 2 GVG

- **Strafsenat** am **Oberlandesgericht** (bis zur Abschaffung des Bayerischen Obersten Landesgerichts nicht in Bayern)
  Besetzung:
  5 Berufsrichter einschließlich Vorsitzendem, wenn dies wegen des Umfangs oder der Schwierigkeit der Sache so im Eröffnungsbeschluss entschieden wurde, §§ 120, 122 Abs. 2 GVG

- **Strafsenat** am **Bayerischen Obersten Landesgericht** (bis zur Abschaffung dieses Gerichts in Bayern)
  Besetzung:
  3 oder 5 Berufsrichter einschließlich Vorsitzendem, vgl. § 8 EGGVG i.V.m. Art. 11 Abs. 2 Nr. 1 Bayer. AGGVG in gleicher Besetzung wie bei den Oberlandesgerichten, Art. 7 Bayer. AGGVG

Bei Gerichten mit Laienrichterbeteiligung ist es zweckmäßig zu überprüfen, ob die **Schöffen** ordnungsgemäß **vereidigt** sind (vgl. § 45 DRiG). Der Eid gilt nicht nur für eine Amtsperiode, sondern auch für die sich unmittelbar anschließende Amtszeit, § 45 Abs. 2 S. 2 DRiG.

Auch wird festgestellt, ob die Staatsanwaltschaft ordnungsgemäß vertreten ist.

2. Angeklagter und Verteidiger

Wenn der Angeklagte nicht erschienen ist, obgleich er hätte erscheinen sollen, ist zunächst danach zu fragen, ob sein **Ausbleiben** genügend **entschuldigt** ist. Gegen den ausreichend entschuldigten Angeklagten kann die Hauptverhandlung nämlich keinesfalls durchgeführt werden, § 230 StPO. Wenn der Vorsitzende den Entschuldigungsgründen misstraut, oder wenn auch ohne Entschuldigung Anhaltspunkte dafür bestehen, dass der Angeklagte möglicherweise entschuldigt säumig ist, obliegt es dem Vorsitzenden, sich durch weitere Maßnahmen Aufklärung zu verschaffen. Zweifel sind durch Ermittlungen im Freibeweis zu beheben, etwa durch telefonische Rückversicherungen, und zwar auch dann, wenn dieses Vorgehen zur Unterbrechung oder Aussetzung der Hauptverhandlung nötigt (BayObLG NJW 1998, 172).

Wenn sich – gegebenenfalls nach weiteren Ermittlungen – herausstellt, dass das Ausbleiben **nicht** ausreichend **entschuldigt** ist, obgleich er gemäß §§ 216, 217 StPO **ordnungsgemäß** und unter Einhaltung der Ladungsfrist **geladen** ist, prüft der Vorsitzende, ob ausnahmsweise eine Hauptverhandlung ohne den Angeklagten durchgeführt werden kann, und führt einen entsprechenden Gerichtsbeschluss herbei.

Wenn die Anwesenheit des Angeklagten erforderlich ist, kann das Gericht die **Vorführung** anordnen oder einen **Haftbefehl** erlassen, § 230 Abs. 2 StPO. Der **Vorführungsbefehl** hat weniger einschneidende Wirkungen. Er wird nach § 36 Abs. 2 StPO mit Hilfe der Polizei vollstreckt. Diese sorgt dafür, dass der Angeklagte zum im Vorführungsbefehl angegebenen Termin überstellt wird, wobei sie darauf achtet, dass eine Vollstreckung nicht früher erfolgt, als es nach Lage des Falles geboten ist, § 135 StPO (Meyer-Goßner § 135 Rn. 4 und 5). Es kann auch versucht werden, den Angeklagten noch zur anbe-

B. Der Gang der Hauptverhandlung

raumten Hauptverhandlung herbeizuschaffen, die dann mit einiger Verzögerung möglicherweise doch noch durchgeführt werden kann.

Beispiel:

Beschluss

1. Die Hauptverhandlung wird ausgesetzt.
2. Neuer Termin zur Hauptverhandlung wird bestimmt auf ...
3. Zu diesem Termin soll der Angeklagte durch die Polizei vorgeführt werden.

und an die Polizei gerichteter

Vorführungsbefehl:

Der Betriebsschlosser Eugen Gießer, geb. am 30. Mai 1970, wohnhaft
in der Hanauer Landstraße 47 in Aschaffenburg
ist dem Amtsgericht Aschaffenburg zur Hauptverhandlung am ..., ... Uhr, Sitzungssaal
U 20 vorzuführen.
Er ist angeklagt, am 5. März 2004 in die Gaststätte Blauer Bock in Stockstadt eingebrochen
zu sein und darin einen Zigarettenautomaten aufgebrochen sowie das Bargeld und die Zigaretten
entwendet zu haben, strafbar als besonders schwerer Fall des Diebstahls nach §§ 242, 243 Nr. 1
und 2 StGB.
Die Vorführung wurde angeordnet, weil der Angeklagte zur Hauptverhandlung
am ... trotz ordnungsgemäßer Ladung unentschuldigt nicht erschienen ist.

Auch der **Haftbefehl** nach § 230 Abs. 2 StPO dient der Sicherung der Weiterführung und Beendigung des begonnenen Strafverfahrens, so dass weder dringender Tatverdacht noch ein Haftgrund im Sinne des § 112 Abs. 1 S. 1 StPO Voraussetzung für seinen Erlass sind.

Beispiel:

Haftbefehl

Der Betriebsschlosser Eugen Gießer, geb. am 30. Mai 1970, wohnhaft in der Hanauer Landstraße 47 in Aschaffenburg, ist – frühestens am ... – in Untersuchungshaft zu nehmen.
Er ist angeklagt, am 5. März 2004 in die Gaststätte Blauer Bock in Stockstadt eingebrochen zu sein und darin einen Zigarettenautomaten aufgebrochen sowie das Bargeld und die Zigaretten entwendet zu haben, strafbar als besonders schwerer Fall des Diebstahls nach §§ 242, 243 Nr. 1 und 2 StGB.
Die Anordnung der Untersuchungshaft beruht auf § 230 Abs. 2 StPO. Der Angeklagte war im ersten Hauptverhandlungstermin am ... trotz ordnungsgemäßer Ladung nicht erschienen, und eine Vorführung zum zweiten Hauptverhandlungstermin am ... konnte nicht ausgeführt werden. Nach Auskunft des Polizeibeamten dürfte eine Vorführung wenig erfolgversprechend sein, da sich der Angeklagte nach Angaben der Nachbarn nur selten in seiner Wohnung aufhält.

Da mit der Durchsetzung des Haftbefehls in der Regel eine mindestens mehrere Tage während freiheitsentziehende Maßnahme verbunden ist, kommt er nur in Betracht, wenn die Vorführung nicht ausreichend oder erfolgversprechend ist.

Wenn ein Fall der **notwendigen Verteidigung** vorliegt (§ 140 StPO), kann die Verhandlung nur fortgesetzt werden, wenn der Angeklagte ordnungsgemäß verteidigt wird. Aber auch dann, wenn sich bei nicht notwendiger Verteidigung ein Verteidiger für den Angeklagten gemeldet hat, dieser aber nicht zugegen ist, forscht der Vorsitzende nach, warum der Verteidiger nicht erschienen ist.

Als Verteidiger können auch **Referendare** auftreten. Hierfür bieten sich folgende Möglichkeiten an:

– Der Referendar wird **vom Angeklagten** als Verteidiger **gewählt**, und das Gericht genehmigt dies, § 138 Abs. 2 StPO (im Fall der notwendigen Verteidigung nur möglich in Gemeinschaft mit einem

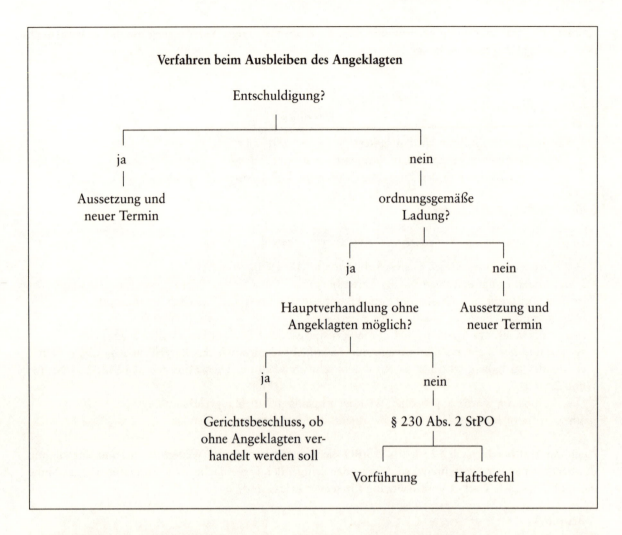

Verteidiger, der in Deutschland zugelassener Rechtsanwalt oder Rechtslehrer an einer deutschen Hochschule im Sinne des Hochschulrahmengesetzes mit Befähigung zum Richteramt ist)

- Die Verteidigung wird dem seit mindestens 15 Monaten im Justizdienst beschäftigten Referendar **von** einem **gewählten Verteidiger** mit Zustimmung dessen, der ihn gewählt hat, übertragen, § 139 StPO (auch möglich im Fall der notwendigen Verteidigung)

- Der seit mindestens 15 Monaten im Justizdienst beschäftigte Referendar wird für den ersten Rechtszug als **Pflichtverteidiger** durch das Gericht **bestellt**, § 142 Abs. 2 StPO. Das ist nur möglich vor dem Amtsgericht unter der Einschränkung, dass die Verhandlung nicht bei der Abteilung (das ist mit „Gericht" gemeint, vgl. Meyer-Goßner § 142 Rn. 18) anhängig ist, der der Ausbildungsrichter des Referendars angehört. Die Bestellung kann auch nur in den Fällen des § 140 Abs. 1 Nr. 2 oder 5 bzw. Abs. 2 StPO erfolgen (notwendige Verteidigung wegen Vorliegens eines Verbrechens/wegen längerer freiheitsentziehender Maßnahmen bis kurz vor der Verhandlung/wegen Schwere der Tat/wegen Schwierigkeit der Sach- oder Rechtslage). In der Praxis wird wegen der komplizierten Rechtslage und der organisatorischen Schwierigkeiten (Einsatz des Referendars außerhalb des Einflussbereichs des Ausbildungsrichters) von dieser Möglichkeit so gut wie kein Gebrauch gemacht.

3. Zeuge

Wenn ein zu Beginn der Hauptverhandlung geladener **Zeuge nicht erschienen** ist, obgleich er ordnungsgemäß geladen wurde, und wenn er auch nicht genügend entschuldigt ist, sind ihm zwingend durch Gerichtsbeschluss die durch sein Ausbleiben verursachten **Kosten aufzuerlegen**, § 51 Abs. 1 S. 1 StPO. Zugleich wird gegen ihn ein **Ordnungsgeld** und für den Fall, dass dieses nicht beigetrieben werden kann, **Ordnungshaft** verhängt, § 51 Abs. 1 S. 2 StPO. Die Ladung des Zeugen ist in der Regel schriftlich durch einfachen Brief erfolgt, kann aber auch mündlich oder fernmündlich erfolgt sein. Der Zugang der Ladung wird vermutet. Eine **Ladungsfrist** muss **nicht** eingehalten werden, so dass auch sehr kurzfristige Ladungen möglich sind. Wenn sich während der Hauptverhandlung die Notwendigkeit der Vernehmung eines zusätzlichen, bisher nicht vorgesehenen Zeugen ergibt, könnte die Ladung innerhalb kürzester Frist bewirkt werden, und der Zeuge wäre sofort zum Erscheinen verpflichtet, wenn er nicht dringend verhindert ist.

Die Bemessung eines gegen einen Zeugen zu verhängenden **Ordnungsgeldes** regelt Art. 6 Abs. 1 EGStGB. Es beträgt mindestens 5,- €, höchstens 1.000,- €. **Ordnungshaft** darf nur ersatzweise angeordnet werden. Gemäß Art. 6 Abs. 2 EGStGB ist der Haftrahmen 1 Tag bis 6 Wochen.

> **Beispiel:**
>
> Beschluss
>
> Dem Zeugen Felix Gießer, der trotz ordnungsgemäßer Ladung im heutigen Hauptverhandlungstermin unentschuldigt nicht erschienen ist, werden die durch sein Ausbleiben entstandenen Kosten auferlegt. Zugleich wird gegen ihn ein Ordnungsgeld in Höhe von 200 € und für den Fall, dass dieses nicht beigetrieben werden kann, Ordnungshaft von einem Tag für jeweils 100 € festgesetzt.

Das Gericht kann nach seinem Ermessen außerdem einen **Vorführungsbefehl** erlassen, § 51 Abs. 1 S. 3 StPO. Von dieser Möglichkeit macht es aber nur Gebrauch, wenn es besorgen muss, dass der Zeuge zu dem neu anzuberaumenden Termin erneut nicht erscheinen wird (Meyer-Goßner § 51 Rn. 20). Der Beschluss des Gerichts muss begründet werden, da er anfechtbar ist, § 34 StPO.

Eine **nachträgliche** ausreichende **Entschuldigung** des Zeugen führt zur Aufhebung des Ordnungsgeldbeschlusses und auch zur Aufhebung der Kostenüberbürdung, § 51 Abs. 2 StPO. In der Praxis werden **Ordnungsmaßnahmen** gegen nicht erschienene Zeugen häufig **zunächst zurückgestellt**, wenn mit der Möglichkeit zu rechnen ist, dass der Zeuge verspätet noch erscheinen wird. Da durch das Ausbleiben eine für alle Beteiligten belastende Verzögerung eintreten kann, wird auch häufig versucht, den Zeugen noch zur Hauptverhandlung beizubringen.

4. Dolmetscher

Ist ein Dolmetscher zur Hauptverhandlung geladen, muss er vor Aufnahme seiner Tätigkeit **zunächst** den **Eid** dahin leisten, dass er treu und gewissenhaft übertragen werde, oder sich auf seinen allgemein geleisteten Eid berufen, § 189 GVG. Der Vermerk im Protokoll: „allgemein vereidigt" reicht nicht aus. Ein Fehler in diesem Zusammenhang (fehlender Eid, fehlende Berufung auf den Eid oder auch nur fehlende Protokollierung des Vorgangs) könnte eine revisionsrechtliche Anfechtung erfolgreich machen (vgl. Meyer-Goßner § 189 GVG Rn. 3). Der Vorsitzende wird daher bereits in diesem frühestmöglichen Zeitpunkt dafür sorgen, dass der Dolmetscher tätig werden kann.

III. Mitteilung der Besetzung – § 222 a StPO

Findet die Hauptverhandlung im ersten Rechtszug vor dem Landgericht oder dem Oberlandesgericht statt, so muss der Vorsitzende die Besetzung der Richterbank einschließlich etwaiger Ergänzungsrichter und Ergänzungsschöffen unter Kennzeichnung des Vorsitzes mitteilen. Diese Mitteilung hat spätestens zu Beginn der Hauptverhandlung zu erfolgen. Nicht mitgeteilt werden muss der Grund der Mitwirkung, auch wenn ein Mitglied lediglich als Vertreter eines verhinderten ordnungsgemäßen Mitglieds oder als Hilfsschöffe mitwirkt (Meyer-Goßner § 222 a Rn. 7). Die Mitteilung bezweckt, dass eine Überprüfung der vorschriftsmäßigen Besetzung des erkennenden Gerichts frühzeitig erfolgt. Es soll vermieden werden, dass der unter Umständen beträchtliche Aufwand einer Hauptverhandlung, der vor allem bei der Schwerkriminalität häufig unvermeidbar ist, schon deshalb vergeblich war, weil das Urteil wegen eines Fehlers bei der Besetzung der Richterbank keinen Bestand haben kann, § 338 Nr. 1 StPO, Art. 101 Abs. 1 S. 2 GG. Daher muss ein Einwand gegen die Besetzung spätestens bis zum Beginn der Vernehmung des ersten Angeklagten zur Sache in der Hauptverhandlung gebracht werden, wenn die Rüge nicht ausgeschlossen sein soll, § 222 b Abs. 1 StPO (**Rügepräklusion**).

Der Vorsitzende muss den Beteiligten auf Antrag durch **Unterbrechung** der Sitzung eine angemessene Möglichkeit zur Überprüfung der ordnungsgemäßen Besetzung geben, wenn die Besetzungsmitteilung nicht vorgezogen mindestens 1 Woche vor Beginn der Hauptverhandlung zugegangen war, § 222 a StPO.

IV. Ausschließung und Ablehnung von Richtern, Staatsanwälten und Verteidigern

Trotz verschiedener Interessenlagen wirken Richter, Staatsanwalt und Verteidiger daran mit, eine objektive Entscheidung zu ermöglichen. Damit sie ihrer Aufgabe gerecht werden können, müssen sie innerlich unabhängig sein. Es ist daher möglich, dass sie im Verfahren nicht (weiter) mitwirken dürfen, weil Zweifel daran bestehen, ob sie die erforderliche Unabhängigkeit haben.

1. Richter

Richter können kraft Gesetzes von der Mitwirkung an der Entscheidung **ausgeschlossen** sein, wenn bestimmte im einzelnen bezeichnete Gründe vorliegen. Sie können aber auch aus anderen Gründen aus dem Verfahren ausscheiden, wenn Zweifel an ihrer Unabhängigkeit bestehen (**Ablehnung eines Richters**).

a) Ausschließung – §§ 22, 23 StPO

Die Ausschließungsgründe sind abschließend in §§ 22, 23 StPO aufgezählt. Der Richter ist ausgeschlossen, wenn

- er unmittelbar durch die Straftat in einem Rechtsgut **verletzt** ist
- er durch Heirat, Verwandtschaft (bis zum 3. Grad in der Seitenlinie), Schwägerschaft (bis zum 2. Grad in der Seitenlinie) oder als Vormund oder Betreuer in **naher Beziehung** zum **Angeklagten** oder zum **Verletzten** steht oder stand
- er als **Strafverfolgungsorgan** (Beamter der Staatsanwaltschaft, Polizeibeamter), als **Vertreter des Verletzten** oder als **Verteidiger** tätig gewesen ist, also in einer Rolle, die prozessual anders ausgestaltet ist als die des Richters
- er in der Sache als **Zeuge** oder **Sachverständiger** vernommen (nicht nur benannt) ist
- er als Richter in einer vorangegangenen, durch Rechtsmittel angefochtenen **Entscheidung mitgewirkt** hat oder – entsprechend – an einer Entscheidung, gegen die das Wiederaufnahmeverfahren betrieben wird.

Die Ausschließung ist zwingend, und der Richter macht durch einen Aktenvermerk die Ausschließung und die Ausschließungsgründe aktenkundig. Dadurch ist ein Vertretungsfall eingetreten, so dass sein geschäftsplanmäßiger Vertreter an seine Stelle rückt.

Da diese Vorschriften gemäß § 31 StPO sinngemäß auch für die Protokollführer und die Schöffen gelten, kann es geschehen, dass der Schöffe – dem bei der Ladung die zu verhandelnde Sache nicht mitgeteilt wird – erst in der Hauptverhandlung erkennt, dass ein Ausschließungsgrund gegeben ist (vgl. Nr. 126 RiStBV). Auch kann geschehen, dass ein Richter, der zuvor als Staatsanwalt tätig war, vielleicht als Vertreter des Sachbearbeiters eine staatsanwaltschaftliche Tätigkeit von untergeordneter Bedeutung entfaltet hat, deren er sich in der Hauptverhandlung nicht mehr bewusst ist. Dennoch wäre eine Mitwirkung in der Hauptverhandlung als Richter fehlerhaft, und auf entsprechende Rüge hin kann das Urteil keinen Bestand haben, § 338 Ziff. 2 StPO.

Schöffen sind weiterhin an der Mitwirkung ausgeschlossen, wenn ein **Unfähigkeitsgrund** nach §§ 31, 32 GVG vorliegt, z.B. eine Verurteilung des Schöffen zu einer Freiheitsstrafe von mehr als 6 Monaten wegen einer vorsätzlichen Tat.

b) Ablehnung – §§ 24, 25 StPO

Sowohl wegen des **Vorliegens eines Ausschließungsgrundes** (was kaum je vorkommt, da der Richter von sich aus in der Regel bereits tätig geworden ist), als auch wegen **Besorgnis der Befangenheit** kann jeder Beteiligte (Staatsanwalt, Privatkläger, Angeklagter, aber auch der Nebenkläger sowie der Verteidiger für seinen Mandanten) jeden Richter oder Schöffen **ablehnen**.

Eine Besorgnis der Befangenheit besteht dann, wenn ein Grund vorliegt, der geeignet ist, **Misstrauen gegen die Unparteilichkeit** des Richters zu rechtfertigen, § 24 Abs. 2 StPO. Es kommt also weder darauf an, ob der Richter tatsächlich voreingenommen ist, noch darauf, ob der Ablehnende diese Besorgnis hat. Entscheidend ist allein, ob der Ablehnende, wenn er die Umstände objektiv und verständig würdigt, Anlass haben könnte, an der objektiven Einstellung des Richters zu zweifeln (vgl. BVerfGE 32, 288, 290). Wenn ein vernünftiger, ruhig abwägender, verständiger Angeklagter (den es so wohl kaum gibt!) keinen Grund sähe, an der Unparteilichkeit des Richters zu zweifeln, ist die Ablehnung erfolglos.

Ablehnungsgründe dürfen nicht „aufgespart" werden. Wer glaubt, gegen die Person eines Richters einen Ablehnungsgrund vorbringen zu können, muss dies **unverzüglich** tun. Bis zum Beginn der Vernehmung des ersten Angeklagten über seine persönlichen Verhältnisse müssen sämtliche dem Ablehnenden bisher bekannt gewordenen tatsächlichen oder vermeintlichen Ablehnungsgründe gleichzeitig vorgebracht werden, § 25 Abs. 1 S. 2 StPO. Spätere Ablehnungsgründe, etwa eine unbedachte Äußerung in der Hauptverhandlung, müssen unverzüglich geltend gemacht werden, sobald sie eingetreten sind oder sobald der Berechtigte von ihnen Kenntnis erlangt hat. Nach dem letzten Wort des Angeklagten ist eine Ablehnung nicht mehr möglich.

Das **Ablehnungsgesuch** erfolgt in der Hauptverhandlung **mündlich** zu Protokoll des Protokollführers, ansonsten schriftlich oder zu Protokoll der Geschäftsstelle, § 26 StPO. Sowohl der Ablehnungsgrund als auch die äußeren Umstände, die das Gesuch noch als unverzüglich erscheinen lassen sollen, sind **glaubhaft zu machen.** Da der abgelehnte Richter sich ohnehin über den Antrag dienstlich äußern muss, ist es zulässig, zur Glaubhaftmachung auch auf dessen **dienstliche Äußerung** zurückzugreifen, § 26 Abs. 2 S. 3, Abs. 3 StPO. Der Ablehnende darf sich nicht auf den Eid oder eine eidesstattliche Versicherung als Mittel der Glaubhaftmachung berufen (Meyer-Goßner § 26 Rn. 9).

Durch das Ablehnungsgesuch ist der Richter an der Ausübung seines Amtes zumindest vorübergehend verhindert. Allerdings kann er **unaufschiebbare Handlungen** vornehmen. Falls die Entscheidung über das Ablehnungsgesuch in der Hauptverhandlung dazu führen würde, dass eine Verzögerung eintreten würde, wird die Hauptverhandlung wie bisher fortgeführt. Allerdings muss die Entscheidung schnellstmöglich, spätestens bis zum Beginn des übernächsten Verhandlungstages oder der Schlussvorträge, herbeigeführt werden, § 29 Abs. 2 StPO.

c) Entscheidung – §§ 26 a, 27 StPO

Bevor über das Ablehnungsgesuch entschieden werden kann, muss der Ablehnende über die ihm nicht vorliegenden Grundlagen für die Entscheidung unterrichtet werden. Ihm ist vor allem die **dienstliche Äußerung** des abgelehnten Richters, die schriftlich vorliegen muss, **zur Kenntnis zu bringen.**

Anschließend müssen über die **Zulässigkeit des Ablehnungsgesuchs** Überlegungen angestellt werden. Das Ablehnungsgesuch ist unzulässig, wenn

– die Ablehnung verspätet vorgebracht wurde
– ein Ablehnungsgrund nicht angegeben ist
– der Ablehnungsgrund nicht glaubhaft gemacht ist
– durch die Ablehnung offensichtlich das Verfahren nur verschleppt werden soll
– nur verfahrensfremde Zwecke verfolgt werden sollen, § 26 a StPO.

Hält das Gericht unter **Mitwirkung des abgelehnten Richters** das Ablehnungsgesuch für **unzulässig,** so entscheidet es durch zu begründenden **Beschluss,** der in der Hauptverhandlung durch den Vorsitzenden bekanntgegeben werden muss. Die Ablehnung wegen Verschleppungsabsicht oder Verfolgung verfahrensfremder Ziele muss allerdings einstimmig erfolgen und im einzelnen begründet werden. Der Strafrichter entscheidet selbständig über die Zulässigkeit des ihn ablehnenden Gesuchs.

Ist das **Gesuch zulässig,** darf der **abgelehnte Richter** an der Entscheidung **nicht mitwirken.** Über dieses Gesuch entscheiden bei den Strafkammern **am Landgericht** und den Strafsenaten am **Oberlandesgericht nur die Berufsrichter** ohne Mitwirkung der Laienrichter. Der abgelehnte Richter wir durch seinen geschäftsplanmäßigen Vertreter ersetzt. Wenn **mehrere** oder alle Berufs- und Laienrichter **gleichzeitig** abgelehnt werden (wobei die Ablehnung des Spruchkörpers als solcher unzulässig ist), kommt es zu einer einheitlichen Entscheidung über sämtliche Ablehnungsgesuche durch ein Gremium von Berufsrichtern, dem gegebenenfalls kein ordentliches Mitglied der betreffenden Kammer oder des betreffenden Senats angehört. Anders ist es aber bei nacheinander eingehenden und unterschiedlich begründeten Ablehnungsgesuchen. Diese werden ihrer zeitlichen Reihenfolge nach in der jeweils sich ergebenden Besetzung „abgearbeitet" (Meyer-Goßner § 27 Rn. 3 und 4).

Beim **Amtsgericht** entscheidet ein anderer Richter über die Begründetheit des Gesuchs, es sei denn, der **Abgelehnte selbst** hält es für **begründet.** In diesem Fall wäre er endgültig – ohne dass es noch einer Entscheidung bedürfte – als Richter aus dem Verfahren ausgeschieden, und die Hauptverhandlung müsste ausgesetzt werden. Der Richter am Amtsgericht verkündet in einem solchen Fall den Beschluss, dass die Hauptverhandlung ausgesetzt wird, wenn die Ablehnung in der Hauptverhandlung erfolgte. In der Zuleitungsverfügung an seinen geschäftsplanmäßigen Vertreter legt er dar, aus welchen Gründen er die Ablehnung für begründet hält.

Wenn der Beschluss die Ablehnung als **unbegründet** bezeichnet, kann das Verfahren unter Mitwirkung des abgelehnten Richters seinen **Fortgang** nehmen. **Andernfalls** müsste das Verfahren **ausgesetzt** werden, wenn nicht durch die Mitwirkung von **Ergänzungsrichtern oder Ergänzungsschöffen** die ständige Anwesenheit der zur Entscheidung berufenen Personen gewährleistet ist, § 226 StPO i.V.m. § 192 Abs. 2 und 3 GVG. Der abgelehnte Vorsitzende selbst kann den Beschluss, der das gegen ihn gerichtete Ablehnungsgesuch für unbegründet hält, in der Hauptverhandlung bekanntgeben.

Der Beschluss, der das Ablehnungsgesuch gegen einen erkennenden Richter **zurückweist**, kann nur zusammen mit dem Urteil **angefochten** werden. Die außerhalb der Hauptverhandlung mögliche sofortige Beschwerde kann also den Fortgang der Hauptverhandlung nicht hindern, § 28 Abs. 2 StPO. Die **erfolgreiche** Ablehnung ist **endgültig**, § 28 Abs. 1 StPO.

d) Selbstanzeige – § 30 StPO

Zweifel an seiner **eigenen Unbefangenheit** kann auch der Richter selbst aufwerfen. Er gibt in einer dienstlichen Äußerung Tatsachen an, die im Falle eines Ablehnungsgesuchs seine Ablehnung rechtfertigen könnten. Darauf, ob der Richter sich selbst für befangen hält, kommt es nicht an. Über diese Bekanntgabe eines möglichen Befangenheitsgrundes entscheidet das im Falle eines zulässigen Ablehnungsgesuchs berufene Gericht durch Beschluss.

2. Staatsanwalt

Die StPO kennt für die Ausschließung oder die Ablehnung eines Staatsanwalts keine den §§ 22 ff. StPO entsprechenden Regelungen. Solche finden sich lediglich vereinzelt in landesrechtlichen Normen (z.B. § 11 BWAGGVG, § 7 NdsAGGVG – vgl. Meyer-Goßner vor § 22 Rn. 3). Andererseits ist unbestritten, dass auch der Staatsanwalt neutral und unbefangen sein muss, wenn er seiner Aufgabe in der Hauptverhandlung sachgerecht nachkommen will. Es ist daher **Sache des Dienstvorgesetzten,** einen **Staatsanwalt abzulösen,** bei dem Zweifel an seiner Unabhängigkeit bestehen (vgl. § 145 GVG). Die Beteiligten haben zwar keinen Anspruch auf Ablösung, können aber beim Behördenleiter eine solche Maßnahme im Wege der Dienstaufsicht anregen. Eine erforderliche, aber nicht vorgenommene Ablösung kann die Revision gemäß § 337 StPO begründen. So ist ein Staatsanwalt, der im Verfahren als Zeuge vernommen wurde, jedenfalls dann abzulösen, wenn er die Glaubwürdigkeit seiner eigenen Aussage in seinem Plädoyer würdigen müsste (vgl. Meyer-Goßner § 338 Rn. 39, vor § 48 Rn. 17).

3. Verteidiger

Der Verteidiger sollte als Organ der Rechtspflege zwar ebenfalls unabhängig sein, § 1 BRAO. Dennoch findet sich im Gesetz keine den §§ 22 ff. StPO entsprechende Regelung. Durch Einführung der §§ 138 a, b StPO, in denen seine Ausschließung abschließend geregelt ist, ist vielmehr deutlich geworden, dass er durchaus persönlich und sachlich stark befangen sein kann, ohne dass gegen seine Mitwirkung rechtliche Bedenken erhoben werden könnten. Erst in dem strafrechtlich relevanten Bereich der Teilnahme oder Unterstützung der Tat oder der Gefährdung der Sicherheit der Vollzugsanstalt oder der Bundesrepublik Deutschland ist eine Ausschließung möglich.

V. Belehrung der Zeugen und Sachverständigen – §§ 57, 72 StPO

Sind zu Beginn der Hauptverhandlung Zeugen und Sachverständige geladen, so ist es üblich, sämtliche **Zeugen** gemeinsam zu belehren. Später erscheinende Zeugen müssen gesondert belehrt werden. Die Belehrung erfolgt zweigliedrig; einerseits ist der Zeuge auf seine **Wahrheitspflicht** hinzuweisen, andererseits über die **Bedeutung des Eides** und die Möglichkeit der Eidesleistung mit oder ohne religiöse Beteuerungsformel aufzuklären. Nachdem durch das 1. Justizmodernisierungsgesetz § 57 StPO geändert und die Nichtvereidigung zur Regel erklärt wurde, wird der Zeuge zunächst nur auf die Möglichkeit der Vereidigung hingewiesen. Die eingehendere Belehrung über die Bedeutung des Eides und die verschiedenen Möglichkeiten der Eidesleistung erfolgt – wie in der Praxis bisher bereits üblich – erst dann, wenn es zur Vereidigung kommt. Dem Zeugen ist dabei zumindest global vor Augen zu führen, welche Folgen eine vorsätzliche oder fahrlässige Falschaussage haben kann. Die Belehrung des **Sachverständigen** erfolgt entsprechend dahingehend, dass er sein Gutachten unparteiisch und nach bestem Wissen und Gewissen zu erstatten hat.

VI. Entlassung der Zeugen aus dem Sitzungssaal – § 243 Abs. 2 S. 1 StPO

Die Zeugen sollen durch den Gang der Hauptverhandlung in ihrer Aussage nicht beeinflusst werden. Daher sollen sie während der Vernehmung des Angeklagten nicht zugegen sein. Auch bestimmt § 58 Abs. 1 StPO, dass sie einzeln und in Abwesenheit der später zu hörenden Zeugen zu vernehmen sind. Andererseits ist es **unschädlich**, wenn eine Person der Hauptverhandlung **beigewohnt** hat, die erst **später als Zeuge** in das Verfahren eingeführt wird. Dieser Umstand hindert nicht die Vernehmung des Zeugen und die Verwertung seiner Aussage, kann jedoch im Rahmen der Beweiswürdigung Bedeutung erlangen.

Erkennt der Vorsitzende, dass ein **Zuhörer als Zeuge** in Betracht kommt, so veranlasst er kraft seiner sitzungspolizeilichen Befugnisse, dass diese Person den **Sitzungssaal** zunächst **verlässt** (Meyer-Goßner § 176 GVG Rn. 8).

Den Umfang der **Anwesenheit eines Sachverständigen** in der Hauptverhandlung, der **zugleich als Zeuge** zu vernehmen ist, bestimmt der Vorsitzende (Meyer-Goßner § 243 Rn. 8).

VII. Vernehmung des Angeklagten zur Person – § 243 Abs. 2 S. 2 StPO

Die Vernehmung des Angeklagten über seine persönlichen Verhältnisse dient im Wesentlichen der Feststellung seiner **Identität**, aber auch seiner **Verhandlungsfähigkeit.** Der Angeklagte ist verpflichtet, Angaben zu seinem **Vor-, Familien- oder Geburtsnamen**, dem **Ort und Tag seiner Geburt**, seinem **Familienstand**, seinem **Beruf**, seinem **Wohnort** und seiner **Wohnung** sowie seiner **Staatsangehörigkeit** zu machen. Allerdings stehen für die Durchsetzung dieser Pflicht **Zwangsmittel nicht** zur Verfügung. Verweigert der Angeklagte jegliche Angaben, muss seine Identität auf andere Weise festgestellt werden, etwa durch Hinzuziehung eines ihn kennenden Polizeibeamten.

Ob das Gericht die Vernehmung des Angeklagten im Rahmen der Erörterung zur Person über die in § 111 Abs. 1 OWiG bezeichneten Angaben hinaus ausdehnen will, steht in seinem pflichtgemäßen Ermessen. Unter „persönlichen Verhältnissen" im Sinne des § 243 Abs. 2 S. 2 StPO können auch der **Werdegang**, die **berufliche Tätigkeit**, die **Familienverhältnisse** und die **wirtschaftliche Lage** des Angeklagten verstanden werden. Es ist jedoch zu beachten, dass Einzelheiten, die zugleich zur Erörterung der Sache gehören, weil sie für die Schuldfrage oder die Straffrage unmittelbar relevant sind, nach vorausgegangener Belehrung gem. § 243 Abs. 4 S. 1 StPO im Rahmen der Vernehmung zur Sache zur Sprache zu bringen sind.

Die weitverbreitete Praxis, **Angaben über das Einkommen** zur Festlegung der Tagessatzhöhe schon hier zu gewinnen, kann **nicht** gutgeheißen werden. **Keinesfalls** dürfen **Vorstrafen** bereits jetzt erörtert werden. Das ergibt sich schon daraus, dass sich die diesbezügliche Regelung in § 243 Abs. 4 StPO findet, der die Vernehmung des Angeklagten zur Sache zum Gegenstand hat.

VIII. Verlesung des Anklagesatzes – § 243 Abs. 3 S. 1 StPO

Der Staatsanwalt verliest den Anklagesatz im Sinne des § 200 Abs. 1 S. 1 StPO in der Regel aus seiner **ursprünglichen Anklageschrift.** Dabei wird nur der Name des Angeklagten, nicht aber seine vollständigen Personalien, die ja bereits Gegenstand der Erörterungen waren, verlesen. Anmerkungen über eine gegebenenfalls erlittene Untersuchungshaft oder über die vorläufige Entziehung der Fahrerlaubnis sind an dieser Stelle nicht veranlasst. Die nicht mehr passende Bezeichnung „Angeschuldigter" ändert der Staatsanwalt bei der Verlesung in „**Angeklagter**" ab, § 157 StPO. Die Verlesung des Anklagesatzes ist eine wesentliche Förmlichkeit der Hauptverhandlung, die in das Protokoll aufzunehmen ist, § 273 Abs. 1 StPO. Diejenigen Richter, denen der Inhalt der Anklage noch nicht bekannt ist, werden durch die Verlesung darüber unterrichtet, welcher geschichtliche Vorgang in dem Verfahren von ihnen zu beurteilen ist. Sie können sich infolgedessen während der Verhandlung auf die Umstände konzentrieren, die in tatsächlicher und rechtlicher Hinsicht für ihre Entscheidung bedeutsam sind, und durch gezielte Fragen die notwendige Aufklärung fördern, § 240 StPO. Das in der Anklageschrift enthaltene **wesentliche Ergebnis der Ermittlungen** darf keinesfalls **mitverlesen** werden. Dies könnte die Schöffen – anders als die Berufsrichter, die mit dem Verfahren betraut sind und von denen man annimmt, dass sie zwischen prognostizierten und bewiesenen Ermittlungsergebnissen unterscheiden können – möglicherweise zumindest unterschwellig dahin beeinflussen, etwas als bereits erwiesen zu erachten, was der Gang der Hauptverhandlung erst ergeben soll. Die Rechtsprechung neigt jedoch dazu, die Unterscheidung zwischen Berufs- und Laienrichtern bei der Einschätzung dieser Gefahr als nicht mehr zeitgemäß anzusehen, und nimmt darin die Revision begründende Umstände nur in Ausnahmefällen an (BGH NJW 1997, 1792; 1998, 1163). Das ändert jedoch nichts daran, dass es fehlerhaft wäre, das wesentliche Ergebnis der Ermittlungen ebenfalls zu verlesen, denn das Gesetz spricht unmissverständlich von der Verlesung des Anklagesatzes (vgl. auch Nr. 126 Abs. 3 RiStBV).

Hat das Gericht die ursprüngliche Anklage nur mit Änderungen zur Hauptverhandlung zugelassen (§ 207 Abs. 2 StPO), so verliest der Staatsanwalt in dem Fall, in dem er gemäß § 207 Abs. 3 StPO eine **neue Anklageschrift** eingereicht hat, den Anklagesatz aus dieser Anklageschrift. Im übrigen trägt er eine **abweichende rechtliche Würdigung des Eröffnungsbeschlusses** vor (Meyer-Goßner § 243 Rn. 17).

Im Verfahren nach zulässigem Einspruch gegen einen **Strafbefehl** trägt der Staatsanwalt aus dem Strafbefehlsantrag das vor, was im Anklagesatz einer Anklageschrift stehen müsste. Dabei **ändert** er den **persönlichen Stil** entsprechend ab (statt: „Sie werden beschuldigt ..." sagt er: „Der Angeklagte wird beschuldigt ..."). **Keinesfalls** erwähnt er die beantragte und vom Richter im Strafbefehl **festgesetzte Strafe**. Anschließend kann der Staatsanwalt Feststellungen treffen, dass gegen den Strafbefehl rechtzeitig Einspruch eingelegt wurde. Macht er hierzu keine Angaben, wird der Richter diese Feststellungen vornehmen.

Feststellungen über die Eröffnung des Hauptverfahrens gemäß § 203 StPO sind nicht erforderlich. In der Praxis werden derartige Feststellungen jedoch gelegentlich gemacht, um nochmals sicherzustellen, dass ein Eröffnungsbeschluss als wesentliche Prozessvoraussetzung tatsächlich vorliegt.

IX. Belehrung des Angeklagten über seine Verteidigungsmöglichkeiten – § 243 Abs. 4 S. 1 StPO

Der Angeklagte kann frei entscheiden, ob er seine Verteidigung aktiv gestalten will oder ob er vorzieht, keine Angaben zur Sache zu machen. Über diese Möglichkeiten war er bereits beginnend mit dem ersten Zugriff der Polizei gemäß § 163 StPO zu belehren (vgl. §§ 115 Abs. 3, 128 Abs. 1 S. 2, 136 Abs. 1, 163a Abs. 3, 4 StPO). Obgleich er also in aller Regel bereits über seine Rechte aufgeklärt ist, muss der Vorsitzende ihn vor der Vernehmung zur Sache **nochmals** auf seine Verteidigungsmöglichkeiten hinweisen. Es handelt sich hierbei **nicht** um eine **reine Ordnungsvorschrift**. Eine Verletzung kann gegebenenfalls die Revision begründen, wenn der Angeklagte geglaubt hat, vor Gericht zur Aussage verpflichtet gewesen zu sein, und wenn er anderenfalls keine Angaben gemacht hätte (Meyer-Goßner § 243 Rn. 39).

X. Vernehmung des Angeklagten zur Sache – §§ 243 Abs. 4 S. 2, 136 Abs. 2 StPO

Im Rahmen der Vernehmung zur Sache muss dem aussagebereiten Angeklagten Gelegenheit gegeben werden, die gegen ihn vorliegenden Verdachtsgründe zu beseitigen und die zu seinen Gunsten sprechenden Tatsachen geltend zu machen. Unter Leitung des Vorsitzenden gibt der Angeklagte daher zunächst eine eigene Darstellung des Geschehensablaufs. Soweit erforderlich und im Rahmen der Vernehmung zur Person noch nicht geschehen, wird der Vorsitzende zunächst um eine **umfassendere Darstellung der persönlichen Verhältnisse** bitten, bevor das eigentliche **Tatgeschehen** zur Sprache gebracht wird. Dem Angeklagten sollte die Möglichkeit gegeben werden, seine Angaben möglichst **zusammenhängend** und **ohne störende Unterbrechungen** zu machen.

Der Angeklagte ist nicht verpflichtet, wenn er Angaben macht, sich umfassend und vollständig zu dem ihm vorgeworfenen Tatgeschehen zu äußern. Er kann sich darauf beschränken, zu Einzelpunkten Stellung zu nehmen. Auch kann er erklären, dass er zunächst keine Angaben machen möchte, sich aber vorbehalte, zu einem späteren Zeitpunkt eine Erklärung abzugeben.

Es ist zulässig, dass der Verteidiger des Angeklagten eine Erklärung für diesen abgibt, die dann als Einlassung des Angeklagten gewertet werden kann. Es muss jedoch unzweifelhaft fest stehen, dass es sich um eine mit Billigung des Angeklagten abgegebene Erklärung handelt, die dieser auch als eigene Einlassung gewertet haben will. Zweifel daran bestehen nicht, wenn der Vorsitzende den Angeklagten danach fragt, ob er sich zur Sache einlassen wolle, und wenn dann der Verteidiger in Gegenwart des Angeklagten für diesen antwortet.

Ergänzend fragt zunächst der Vorsitzende, sodann haben die beisitzenden Berufsrichter ein eigenes **Fragerecht**, § 240 Abs. 1 StPO. Anschließend können auch die Schöffen, der Staatsanwalt und der Verteidiger Fragen an den Angeklagten richten, § 240 Abs. 2 StPO. Ungeeignete oder nicht zur Sache gehörende **Fragen dieses Personenkreises** kann der Vorsitzende gemäß § 241 Abs. 2 StPO **zurückweisen**. Wenn der Vorsitzende im Rahmen seiner Sachleitungsbefugnis eine Frage zurückweist, und wenn dies von einem Beteiligten beanstandet wird, ist gemäß § 242 StPO ein **Gerichtsbeschluss über die Zulässigkeit der Frage** herbeizuführen.

Der Kreis der Frageberechtigten ist in § 240 StPO nicht abschließend aufgezählt. Insbesondere ein hinzugezogener **Ergänzungsrichter** hat ein eigenes Fragerecht, auch wenn ein Verhinderungsfall noch nicht eingetreten ist. Der **Nebenkläger** kann in gleicher Weise Fragen stellen wie der zur Begutachtung des Angeklagten an der Hauptverhandlung teilnehmende **Sachverständige**.

Das Gesetz verbietet eine **unmittelbare Befragung von Mitangeklagten** untereinander ausdrücklich, § 240 Abs. 2 S. 2 StPO. Es ist streitig, ob dem Vorsitzenden damit verwehrt ist, einem entsprechenden Wunsch eines Mitangeklagten nachzukommen, oder ob damit allein zum Ausdruck kommt, dass ein Mitangeklagter nicht das Recht hat, an einen anderen Mitangeklagten unmittelbar eine Frage zu richten. Die Revision wird auf eine Verletzung jedenfalls nicht gestützt werden können.

Wann der Vorsitzende **Vorstrafen des Angeklagten** feststellt, die für die Entscheidung von Bedeutung sind, steht in seinem Ermessen, § 243 Abs. 4 S. 3, 4 StPO. Der Vorsitzende wird im Rahmen seiner prozessualen Fürsorgepflicht eine Feststellung jedoch erst zu einem Zeitpunkt vornehmen, wenn absehbar ist, dass eine Verurteilung des Angeklagten in Betracht kommt (vgl. auch Nr. 134 RiStBV). Dadurch wird eine unnötige Bloßstellung des Angeklagten vermieden. Aus dem gleichen Grund kann es sinnvoll sein, Fragen nach den **Einkommens- und Vermögensverhältnissen** erst am Ende der Beweisaufnahme nach der Vernehmung der Zeugen und Sachverständigen zu stellen.

XI. Beweisaufnahme – § 244 Abs. 1 StPO

Nach der Vernehmung des Angeklagten folgt gemäß § 244 Abs. 1 StPO die Beweisaufnahme im engeren Sinn. Im Rahmen dieses Verfahrensabschnitts werden die Beweismittel in das Verfahren eingeführt. Ziel der Beweisaufnahme ist es, in einem geordneten Verfahren die Grundlagen für die Überzeugungsbildung des Gerichts zu schaffen. Wenn es sich um Verfahrensfragen handelt, kann in der Form des Freibeweises vorgegangen werden; das Gericht ist dann nicht an die strengen Förmlichkeiten der StPO zum Beweisverfahren gebunden. Speziell für die Feststellung von Prozessvoraussetzungen und sonstige prozesserhebliche Tatsachen gilt das Freibeweisverfahren (Meyer-Goßner § 244 Rn. 7). Für die Feststellung der Tatsachen, die für den Schuldausspruch von Bedeutung sind, aber auch derjenigen, die für die Rechtsfolgen bedeutsam sind, ist das Strengbeweisverfahren einzuhalten. Dabei muss das Gericht von Amts wegen alle bedeutsamen Tatsachen und Beweismittel im Auge haben, unabhängig davon, ob ein Beteiligter des Verfahrens – etwa durch Stellung eines Beweisantrags – das Augenmerk darauf gerichtet hat, § 244 Abs. 2 StPO.

Zwar zählen auch die Aussagen des Angeklagten sowie der Mitangeklagten, gegen die im gleichen Verfahren verhandelt wird, zu den Beweismitteln im weiteren Sinn. Beweismittel im prozesstechnischen Sinn sind jedoch nur die **Zeugen, Sachverständigen** und der **Augenschein**, ferner **Urkunden** und andere Schriftstücke. Die sogenannten **persönlichen Beweismittel** (Zeugen, Sachverständige) werden dadurch in das Verfahren eingeführt, dass sie ihre Aussage unmittelbar vor Gericht machen. Die sogenannten **sachlichen Beweismittel**, nämlich die Beweisgegenstände und die beweiserheblichen wahrnehmbaren Sachgegebenheiten und Vorgänge, werden durch das Beweismittel der Einnahme des Augenscheins zur Kenntnis genommen, soweit es sich nicht um Urkundenbeweis handelt. Eine Zwischenstellung nimmt der Urkundenbeweis ein. Ein Schriftstück wird verlesen, und dadurch kommen die Gedanken dessen, der die Urkunde verfasst hat, zum Ausdruck (Meyer-Goßner Einleitung Rn. 49).

Die **Reihenfolge der Verwertung** der einzelnen Beweismittel bestimmt der Vorsitzende. Sie ergibt sich aus der Natur der Sache. Zunächst sind daher die Beweise zum objektiven und subjektiven Tatbestand zu erheben, wobei der historische Geschehensablauf die Reihenfolge beeinflussen kann. Soweit Veranlassung gegeben ist, folgen dann die Beweismittel zur Rechtswidrigkeit, zur Schuldunfähigkeit oder eingeschränkten Schuldfähigkeit und etwaigen Schuldausschließungsgründen sowie zur Rechtsfolgenfrage.

Bei der **Wahl der Beweismittel** hat das Gericht den Grundsatz zu beherzigen, die sachnäheren Beweismittel vor den sachferneren heranzuziehen, weil dadurch regelmäßig eine zuverlässigere Sachverhaltsfeststellung ermöglicht wird. Es kann ein Verstoß gegen die Aufklärungspflicht sein, wenn ein nur mittelbarer Zeuge vernommen wird, obwohl die Vernehmung des unmittelbaren Zeugen möglich wäre. Sachfernere, für die Sachaufklärung bedeutsame Beweismittel können sachnähere nur dann ersetzen, wenn letztere für die Beweisaufnahme nicht zur Verfügung stehen.

1. Zeugen

a) Pflicht zur Aussage

Der Zeuge ist grundsätzlich **verpflichtet,** wenn vom Gesetz keine Ausnahme vorgesehen ist, zur Person und zur Sache **vollständige und wahrheitsgemäße Angaben** zu machen, §§ 68, 69 StPO. Verstößt der Zeuge gegen diese Pflicht, muss der Vorsitzende gemäß § 70 StPO **Maßnahmen** ergreifen, um ihn **zur Aussage zu veranlassen.** Anderenfalls könnte das Gericht gegen seine umfassende Pflicht zur Erforschung der Wahrheit nach § 244 StPO verstoßen, da es eine ihm zugängliche Erkenntnisquelle nicht mit allen ihm vom Gesetz zur Verfügung gestellten Maßnahmen erschlossen hat. Als Maßnahmen sieht das Gesetz die Auferlegung der durch die Weigerung verursachten **Kosten,** die Verhängung eines **Ordnungsgeldes** bis 1.000,- € und ersatzweise der **Ordnungshaft** bis zu 42 Tagen (Art. 6 EGStGB) sowie die **Erzwingungshaft** bis zu 6 Monaten vor. Die Erzwingungshaft darf aber nicht über die Verfahrensdauer in dem betreffenden Rechtszug hinaus anhalten, § 70 Abs. 2 StPO.

Unter bestimmten Umständen kann einem Zeugen zur Wahrnehmung seiner Befugnisse bei der Vernehmung und seiner schutzwürdigen Interessen anwaltlicher Beistand durch das Gericht beigeordnet werden, wenn er selbst seine Befugnisse ersichtlich nicht wahrnehmen kann, § 68 b StPO. Dieser Beistand steht dann auch in der Hauptverhandlung zur Verfügung.

Bestimmte, **zur Geheimhaltung berechtigte oder verpflichtete Personen** (z.B. Geistliche, Rechtsanwälte, Steuerberater, Ärzte und deren Hilfspersonen sowie öffentliche Bedienstete) haben ein besonderes **Zeugnisverweigerungsrecht,** vgl. §§ 53, 53 a, 54 StPO. Eine Belehrung über diese Rechte ist nicht erforderlich. Das Recht zur Zeugnisverweigerung steht den Angehörigen der rechtsberatenden Berufe und der Heilberufe allerdings dann nicht zu, wenn sie **von ihrer Pflicht zur Verschwiegenheit entbunden** sind, § 53 Abs. 2 StPO. Zu beachten ist jedoch, dass der Zeuge zutreffend über eine erfolgte Entbindung von der Pflicht zur Verschwiegenheit aufgeklärt werden muss. Ein Patient kann seine Entbindungserklärung zurücknehmen. Wenn dies geschehen ist, muss der zur Zeugnisverweigerung Berechtigte hiervon unterrichtet werden, damit er sich seines Ermessensspielraums bewusst ist und selbst frei entscheiden kann, ob er aussagen will oder nicht (BGH NJW 1996, 2435).

Durch das Gesetz zur Einführung eines Zeugnisverweigerungsrechts für Beratung in Fragen der Betäubungsmittelabhängigkeit ist seit dem 31. 7. 1992 durch eine Ergänzung des § 53 StPO Beratern für Fragen der Betäubungsmittelabhängigkeit in einer Beratungsstelle, die eine Behörde oder eine Körperschaft, Anstalt oder Stiftung des öffentlichen Rechts anerkannt oder bei sich eingerichtet hat, über das, was ihnen in dieser Eigenschaft anvertraut worden oder bekanntgeworden ist, ein Zeugnisverweigerungsrecht eingeräumt worden. Dadurch wurden die Voraussetzungen für die Bildung eines unabdingbar erforderlichen Vertrauensverhältnisses zwischen Drogenabhängigen oder Drogengefährdeten und Drogenberatern geschaffen, denn bis dahin waren die Drogenberater verpflichtet, ihre Erkenntnisse über etwaigen Drogenkonsum, die ihnen in ihrer Eigenschaft als Drogenberater von den Hilfesuchenden anvertraut worden waren, im Rahmen einer Vernehmung vor dem Gericht zu offenbaren. Gleichzeitig wurde zur Verhinderung etwaiger Umgehungsversuche auch die Beschlagnahme von Gegenständen untersagt, auf die sich das Zeugnisverweigerungsrecht erstreckt und die sich im Gewahrsam der Drogenberatungsstelle befinden.

Sagt ein Zeuge aus, obgleich er die Aussage verweigern müsste, ist die Aussage im Strafprozess jedenfalls voll verwertbar. Deshalb werden auch Zeugen, die ein Aussageverweigerungsrecht haben und von denen anzunehmen ist, dass sie von diesem Recht auch Gebrauch machen werden, in der Regel geladen und befragt, ob sie freiwillig Angaben machen wollen, denn sonst könnte die Aufklärungspflicht nach § 244 Abs. 2 StPO verletzt sein.

B. Der Gang der Hauptverhandlung

b) Verletzter als Zeuge – § 406 f. StPO

Bei jeder Zeugenvernehmung, also auch in der Hauptverhandlung, kann der durch die Straftat **Verletzte** die **Anwesenheit eines Rechtsanwalts** verlangen, der seine Interessen rechtskundig vertreten kann. Dieser kann vor allem **unzulässige Fragen** von Beteiligten an Stelle des Zeugen selbst **abzuwehren** versuchen und ungerechtfertigte Belastungen des schon durch die Tat in seinen Rechten beeinträchtigten Zeugen so gering wie möglich halten. Dazu gehört, dass er auch – allerdings nicht gegen den Widerstand des Verletzten selbst – unter den Voraussetzungen des § 171 b GVG für eine **Ausschließung der Öffentlichkeit** sorgen kann (vgl. oben S. 54).

Auch die Anwesenheit einer **Vertrauensperson** kann dem Zeugen gestattet werden.

§ 406 h StPO verlangt, dass der Verletzte über seine Rechte zur Akteneinsicht, zur Beiziehung eines Beistands und zum Anschluss als Nebenkläger **hingewiesen** werden muss. Diese Hinweise werden in der Regel zwar bereits durch die Polizei oder im Rahmen des Ermittlungsverfahrens durch die Staatsanwaltschaft erfolgt sein; erforderlichenfalls könnte aber die Fürsorgepflicht dem Richter gebieten, auf diese Möglichkeiten auch noch in der Hauptverhandlung hinzuweisen.

c) Belehrung nach § 57 StPO

Falls der Zeuge nicht bereits bei Beginn der Verhandlung gemeinsam mit anderen Zeugen belehrt wurde, hat zunächst die **allgemeine Zeugenbelehrung** gemäß § 57 StPO zu erfolgen (vgl. oben S. 76).

d) Vernehmung zur Person – § 68 StPO

Im Rahmen der Vernehmung zur Person hat der Zeuge wahrheitsgemäße Angaben über **Namen, Vornamen, Geburtsnamen, Alter, Beruf** sowie die Anschrift seiner **Wohnung** zu machen. Zu diesen Angaben ist auch der zur Zeugnisverweigerung berechtigte Zeuge verpflichtet. Lediglich auf die Wohnortangabe kann der Vorsitzende dann verzichten, wenn dadurch eine **Gefährdung für den Zeugen** oder für eine andere Person verursacht würde, § 68 Abs. 2 StPO. Weitere Daten, die zu den persönlichen Angaben gehören, können zurückgehalten werden, wenn der Zeuge oder eine andere Person durch diese Angaben an Leben, Leib oder Freiheit gefährdet würde, § 68 Abs. 3 StPO. Der weitestgehende Schutz, nämlich die **Verheimlichung der Identität** des Zeugen, kann allerdings nur in engen Grenzen in Betracht kommen (Meyer-Goßner, § 68 Rn. 15). Neben den Zweck, durch die Angaben der Personalien Verwechslungen auszuschließen, tritt als weiteres wichtiges Moment nämlich, dass auch die Angaben zur Person eine verlässliche Grundlage für die Glaubwürdigkeit des Zeugen schaffen sollen. Dem Angeklagten und seinem Verteidiger soll grundsätzlich möglich sein, durch eigene Nachforschungen Umstände aus dem Umfeld des Zeugen zu ermitteln, die für sein Glaubwürdigkeit von Bedeutung sein können.

Im Sonderfall einer behördlichen Identitätsänderung können die neuen Daten erforderlichenfalls geheimgehalten werden, § 68 Abs. 3 S. 1 StPO.

Für die Geheimhaltung der Identität eines Verdeckten Ermittlers gilt § 110 b Abs. 3 StPO, der zulässt, dass die (wahre) Identität auch über das Ende des Einsatzes hinaus im Verborgenen bleibt. Diese Regelung hat auch Bedeutung für Sperrentscheidungen anderer gefährdeter Auskunftspersonen wie z.B. V-Leuten (Meyer-Goßner § 110 b Rn. 8). Allerdings müssen dem Gericht die Gründe mitgeteilt werden, die eine Geheimhaltung rechtfertigen sollen, damit überprüft werden kann, dass die Sperre nicht willkürlich oder offensichtlich rechtsfehlerhaft ist. Der verdeckte Ermittler sagt in der Hauptverhandlung unter seiner Legende aus.

Erforderlichenfalls sind dem Zeugen auch „Generalfragen" über seine **Beziehungen zum Angeklagten** oder dem **Geschädigten** zu stellen, um ein persönliches Interesse am Ausgang des Verfahrens frühzeitig zu erkennen und durch sorgfältige Befragung gleichwohl ein möglichst objektives Bild zu erhalten. Hier wird vor allem abgeklärt, ob Zeugnisverweigerungsrechte nach § 52 StPO in Betracht kommen, über die der Zeuge zu belehren ist.

e) Spezielle Belehrungen – §§ 52, 55 StPO

Angehörige des Beschuldigten, nämlich der Verlobte, der jetzige oder frühere Ehegatte bzw. Lebenspartner in nach § 1 Abs. 1 LPartG wirksam begründeter Lebenspartnerschaft, der in gerader Linie Verwandte oder Verschwägerte sowie der in der Seitenlinie bis zum 3. Grad Verwandte oder bis zum

2. Grad Verschwägerte (also auch die entsprechenden Angehörigen des Lebenpartners, § 11 Abs. 2 LPartG) sind **nicht verpflichtet,** Angaben zur Sache zu machen. Über dieses Recht müssen sie belehrt werden.

Übersicht über die Personen, bei denen der Zeuge ein Aussageverweigerungsrecht hat, mit Angabe des jeweiligen Verwandtschafts- bzw. Schwägerschaftsgrads
(bedeutsam nur für Seitenlinie)

Verwandtschaft		Schwägerschaft	
Seitenlinie	gerade Linie	gerade Linie	Seitenlinie
	↑	↑	
	Urgroßeltern III.	Urgroßeltern III.	
	Großeltern II.	Großeltern II.	
Onkel, Tante III.	Eltern I.	Eltern I.	
Geschwister II.	**Zeuge**	Ehegatte, Lebenspartner	Geschwister II.
Neffe, Nichte III.	Kinder I.	Kinder I.	
	Enkel II.	Enkel II.	
	Großenkel III.	Großenkel III.	
	↓	↓	

Nicht oder beschränkt geschäftsfähige Personen, die die erforderliche Verstandesreife für die Beurteilung der Frage haben, ob sie zur Aussage bereit sind, entscheiden selbständig darüber, ob sie vom Aussageverweigerungsrecht Gebrauch machen wollen. Der gesetzliche Vertreter hat in diesen Fällen kein Mitbestimmungsrecht bei der Entscheidung (Meyer-Goßner § 52 Rn. 14). Fehlt die genügende Vorstellung beim Zeugen, ist zudem die Zustimmung des ebenfalls belehrten gesetzlichen Vertreters erforderlich. Sollte der gesetzliche Vertreter selbst der Beschuldigte oder der vertretungsbefugte Ehegatte des Beschuldigten sein, so ist für die Entscheidung ein Ergänzungspfleger gemäß § 1909 Abs. 1 BGB zu bestellen. Gleichwohl muss auch der Zeuge, dem eine genügende Vorstellung von der Bedeutung des Zeugnisverweigerungsrechts fehlt, freiwillig zur Aussage bereit sein. Gezwungen werden kann er trotz Zustimmung der vertretungsberechtigten Personen nicht.

Bei **mehreren Beschuldigten** beschränkt sich die Prüfung der Angehörigeneigenschaft nicht auf die im konkreten Verfahren angeklagte Person. Vielmehr wirkt sich das Zeugnisverweigerungsrecht bei einem einheitlichen strafrechtlichen Vorwurf (einer Tat im Sinne des § 264 StPO) auch zu Gunsten der übrigen Mitbeschuldigten aus, wenn nur in irgendeinem Prozessstadium eine prozessuale Gemeinsamkeit der Anschuldigung im weiteren Sinne bestanden hat. Allerdings muss irgendwann einmal ein gemeinsames Verfahren gegen beide anhängig gewesen sein. Andernfalls könnte der Richter nicht verlässlich feststellen, ob und aus welchem Grund ein Weigerungsrecht in Betracht käme. Eine **getrennte Anklageerhebung** oder eine **Trennung** verbundener Strafsachen nach § 2 StPO zu dem Zweck, im Falle der

Mittäterschaft ein mögliches Aussageverweigerungsrecht zu umgehen, kann daher **keinen Erfolg** versprechen.

Darüber hinaus ist ein Zeuge, der sich selbst oder einen Angehörigen durch die wahrheitsgemäße Beantwortung einer Frage in die **Gefahr** bringen würde, **wegen einer Straftat oder einer Ordnungswidrigkeit verfolgt zu werden**, über sein **Recht zur Auskunftsverweigerung** gemäß § 55 StPO zu belehren. Diese Belehrung kann, wenn eine Gefahr bereits vor Beginn der Vernehmung zur Sache ersichtlich ist, gleich am Anfang stehen. Im übrigen ist sie während der Vernehmung zur Sache nachzuholen, falls im Laufe der Vernehmung eine Gefahr erkennbar wird.

In besonderen Fällen, in denen der Zeuge in das Tatgeschehen stark verwickelt ist, kann sich das Recht auf **Auskunfts**verweigerung zu einzelnen Fragen zu einem **Aussage**verweigerungsrecht verdichten.

f) Vernehmung zur Sache – § 69 StPO

Eingangs ist dem Zeugen Klarheit darüber zu verschaffen, was Gegenstand der Untersuchung ist und gegen wen sie gerichtet ist. In der Regel sind diese Dinge dem Zeugen allerdings ohnehin bekannt, so dass eine knappe Rückversicherung des Vorsitzenden ausreichend ist.

Anschließend soll der Zeuge seine **Angaben zunächst im Zusammenhang** machen, wie es zuvor schon dem Angeklagten zu ermöglichen war, § 69 Abs. 1 S. 1 StPO. Sind die Angaben zur Aufklärung der Sache nicht vollständig oder ausreichend, stellt der Vorsitzende gemäß § 69 Abs. 2 StPO im Anschluss daran zunächst **weitere Fragen**. Daran schließt sich – wie bei der Vernehmung des Angeklagten zur Sache (vgl. oben S. 79) – das Fragerecht der übrigen Verfahrensbeteiligten gemäß § 240 StPO an.

Der Vorsitzende sorgt dafür, dass der Zeuge keine **Fragen** beantworten muss, die ihm oder einem im Sinne des § 52 Abs. 1 StPO Angehörigen **zur Unehre gereichen** können oder die deren **persönlichen Lebensbereich** betreffen, soweit derartige Fragen bezogen auf die Wahrheitserforschung nicht unerlässlich sind. Besonders Fragen zu **Vorstrafen des Zeugen** sollen nur im engen Rahmen erörtert werden, wenn nämlich ein Vereidigungsverbot nach § 60 Ziff. 2 StPO wegen des Verdachts einer Beteiligung an der Tat, der Begünstigung, Hehlerei oder Strafvereitelung im Raum steht, § 68 a StPO.

Auch **ungeeignete** oder **nicht zur Sache gehörende Fragen** kann der Vorsitzende zurückweisen, soweit sie nicht von einem beisitzenden Berufsrichter gestellt wurden, § 241 Abs. 2 StPO.

Bei **jugendlichen Zeugen** unter 16 Jahren ist regelmäßig die unmittelbare Befragung nur durch den Vorsitzenden möglich. Zuzulassende Fragen muss der Vorsitzende dem Zeugen allerdings auf Verlangen der frageberechtigten Beteiligten vorlegen. Daher wird in der Regel die unmittelbare Befragung gestattet, wenn eine Beeinträchtigung des Wohls des jungen Zeugen nicht zu besorgen ist, § 241a Abs. 2 StPO.

Besteht der Fragende auf Zulassung der zurückgewiesenen Frage, **entscheidet** nach § 242 StPO **das Gericht** über die Zulassung der Frage.

Es versteht sich von selbst, dass auch bei Zeugen **Vernehmungsmethoden verboten** sind, die auf die Willensentschließung oder Willensbetätigung in unzulässiger Weise Einfluss nehmen, § 136a StPO. Methoden wie die Misshandlung, die Ermündung, ein körperlicher Eingriff, die Verabreichung von Mitteln, die Quälerei, Täuschung oder Hypnose, ein ungesetzlicher Zwang, die Drohung mit unzulässigen Maßnahmen, das Versprechen gesetzlich nicht vorgesehener Vorteile oder Maßnahmen, die das Erinnerungsvermögen oder die Einsichtsfähigkeit beeinträchtigen, können eine gewonnene Aussage unverwertbar machen und sind absolut unzulässig.

Es ist allerdings zu beachten, dass nicht jede den Zeugen belastende Maßnahme unzulässig ist. Vielmehr müsste diese zu einer **Beeinträchtigung der Willensfreiheit** geführt haben, die wiederum Ursache für die Aussage geworden ist, wenn ein Verstoß gemäß § 136a StPO vorliegen soll. Eine ermüdende Vernehmung ist daher nicht ohne weiteres unzulässig, und auch eine sich lange hinziehende Verhandlung mit der Vernehmung eines Zeugen am späten Abend stellt noch nicht ohne weiteres einen Verstoß gegen § 136a StPO dar. Verstöße gegen diese Vorschrift kommen daher in der Praxis so gut wie nicht vor.

g) Videoübertragung in den Sitzungssaal – § 247a StPO

Das Zeugenschutzgesetz vom 30.4.1998 gibt die gesetzliche Grundlage für eine als sog. „Mainzer Modell" bekanntgewordene Methode des Einsatzes der Videotechnologie bei der Vernehmung von Zeugen. Das Gericht kann gemäß § 247a StPO anordnen, dass sich der Zeuge während der Vernehmung an einem anderen Ort als in der Hauptverhandlung aufhält. Die Vernehmung wird in diesem Falle in Bild und Ton zeitgleich in die Hauptverhandlung übertragen. Besonders die Belastungen sexuell missbrauchter Kinder durch deren Vernehmung in der Hauptverhandlung sollen mit Hilfe dieser Technologie verringert werden. Voraussetzung für die Anwendung der Technologie ist die dringende Gefahr eines schwerwiegenden Nachteils für das körperliche oder seelische Wohl des Zeugen, das nicht allein von der Gegenwart des Angeklagten ausgeht, sondern darin begründet ist, dass der Zeuge in der Hauptverhandlung auftreten muss. Es handelt sich also um ein subsidiäres Verfahren, das nur gewählt wird, wenn der Gefahr nicht in anderer Weise – etwa durch Entfernung des Angeklagten oder Ausschluss der Öffentlichkeit – begegnet werden kann (vgl. Meyer-Goßner § 247a Rn. 3). Aber auch, wenn die Voraussetzungen des § 251 Abs. 2 StPO vorliegen, wenn also der Zeuge für eine längere oder ungewisse Zeit nicht in der Hauptverhandlung erscheinen könnte, wenn ihm wegen großer Entfernung ein Erscheinen unzumutbar wäre oder wenn der Staatsanwalt, der Verteidiger und der Angeklagte einverstanden sind, kommt eine Videoübertragung mit einer Standleitung in den Gerichtssaal in Betracht. Die Anordnung erfordert in jedem Fall einen Gerichtsbeschluss. Damit nicht zu zurückhaltend von dieser Möglichkeit Gebrauch gemacht wird, bestimmt das Gesetz, dass die Entscheidung zu dieser Vorgehensweise unanfechtbar ist.

h) Entscheidung über die Vereidigung – §§ 59–67 StPO

Die Strafprozessordnung geht seit dem Inkrafttreten des Gesetzes zur Justizmodernisierung nicht mehr davon aus, dass der **Zeuge grundsätzlich zu vereidigen** ist, § 59 StPO. Schon bisher konnte oder musste eine Vereidigung aus unterschiedlichen Gründen entfallen, und die Vereidigung eines Zeugen stellte in der Praxis die Ausnahme dar. Jetzt werden Zeugen nur noch vereidigt, wenn es das Gericht wegen der ausschlaggebenden Bedeutung der Aussage oder zur Herbeiführung einer wahren Aussage für notwendig hält. Wenn das Gericht beschließt, von der Ausnahme einer Vereidigung Gebrauch zu machen, muss es den Grund hierfür in dem Beschluss nicht angeben.

§ 60 StPO **verbietet** die **Vereidigung** bei Personen, die vom Wesen und der Bedeutung des Eides keine genügende Vorstellungskraft haben. Grundsätzlich dürfen daher **Zeugen unter 16 Jahren** nicht vereidigt werden. Darüber hinaus besteht ein Vereidigungsverbot auch bei Personen, die der **Beteiligung, Begünstigung, Strafvereitelung oder Hehlerei** hinsichtlich der zu beurteilenden Tat verdächtig sind oder die bereits verurteilt sind. Ergibt sich eine derartige Beteiligung an einer Tat erst, nachdem die Vereidigung bereits durchgeführt wurde, kann der Fehler dadurch geheilt werden, dass die Aussage als uneidliche Aussage im Urteil verwertet wird. Das muss den Verfahrensbeteiligten jedoch rechtzeitig mitgeteilt werden, damit sie ihr prozessuales Verhalten an die möglicherweise veränderte Beweissituation anpassen können (Meyer-Goßner § 60 Rn. 30).

Über die Frage der Vereidigung entscheidet stets **zunächst der Vorsitzende** als Vertreter des Gerichts. Er ordnet die Nichtvereidigung an, nachdem er den Beteiligten Gelegenheit zur Stellungnahme gegeben hat. Gegen die Anordnung des Vorsitzenden kann jeder Verfahrensbeteiligte einen **Gerichtsentscheid** analog § 238 Abs. 2 StPO herbeiführen.

Schließlich dürfen die aussageverweigerungsberechtigten Angehörigen des Beschuldigten gemäß § 52 Abs. 1 StPO auf ihre Aussage nicht vereidigt werden, wenn sie den **Eid verweigern.** Über dieses Recht müssen sie vor Ablegung des Eides **belehrt** werden, § 61 StPO.

i) Durchführung der Vereidigung – §§ 59, 64 bis 67 StPO

Die übliche **Eidesformel** eines Zeugen mit oder ohne religiöse Beteuerung ergibt sich aus § 64 Abs. 1, 2 StPO. Der Vorsitzende spricht folgende Eidesformel vor: „Sie schwören (bei Gott dem Allmächtigen und Allwissenden), dass Sie nach bestem Wissen die reine Wahrheit gesagt und nichts verschwiegen haben."

Sodann fordert der Vorsitzende den Zeugen auf, unter Erhebung der rechten Hand (§ 64 Abs. 4 StPO) die Worte nachzusprechen: „Ich schwöre es (so wahr mir Gott helfe)." Beteuerungsformeln anderer Religions- oder Bekenntnisgemeinschaften können an die Stelle der Worte „so wahr mir Gott helfe" treten. Schließlich kann ein Zeuge, der aus Glaubens- oder Gewissensgründen die Eidesleistung überhaupt ablehnt, die Richtigkeit seiner Aussage allgemein bekräftigen, § 65 StPO. Wird ein Zeuge, der bereits den Eid geleistet hat, nochmals vorgerufen und ergänzend vernommen, so muss er anschließend den Eid nicht nochmals leisten. Er kann die Richtigkeit seiner ergänzenden Aussage unter Berufung auf den früher geleisteten Eid versichern, § 67 StPO.

j) Entlassung des Zeugen – § 248 StPO

Glaubt der Vorsitzende, den Zeugen nicht mehr zu benötigen, gibt er das der Staatsanwaltschaft und dem Angeklagten zur Kenntnis. Wenn diese gegen die Entlassung keine begründeten Einwendungen haben, kann der Zeuge entlassen werden, im übrigen erfolgt die Entlassung am Ende der Beweisaufnahme.

k) Befragung des Angeklagten – § 257 StPO

Staatsanwalt, Verteidiger und Angeklagter, aber auch der Nebenkläger (§ 397 Abs. 1 Satz 3) haben die Möglichkeit, nach der Vernehmung eines jeden Zeugen, Sachverständigen, Mitangeklagten oder der Verlesung eines jeden Schriftstücks Erklärungen abzugeben. Der Angeklagte soll auf diese Möglichkeit nach jedem Abschnitt der Beweisaufnahme hingewiesen werden.

2. Sachverständige – §§ 72 ff. StPO

a) Begriff und Abgrenzungen

Der Sachverständige wird häufig als Gehilfe des Gerichts bezeichnet, der diesem bei der Ermittlung der Wahrheit seine besondere Sachkunde zur Verfügung stellt. Seine Aufgabe ist es jedenfalls, dem Gericht die Sachkunde zu vermitteln, die es selbst nicht hat, der es aber für die Entscheidung bedarf (Meyer-Goßner vor § 72 Rn. 8). Im Einzelfall ist die Abgrenzung zum Zeugen jedoch schwierig, da der Sachverständige nicht nur theoretisches Wissen vermittelt, sondern bei seinen Untersuchungen auch Beobachtungen gemacht haben kann, die er wie ein Zeuge dem Gericht mitteilen muss. Er hilft dem Gericht als Sachverständiger in dreierlei Weise:

- er teilt **Erfahrungssätze** mit (z.B.: Wenn ein Glühfaden der zerstörten Birne eines Autoscheinwerfers geschmolzen ist, hat dieser Faden im Zeitpunkt der Zerstörung geglüht).

- er teilt **Tatsachen** mit, die er nur kraft seiner besonderen Sachkunde erkennen konnte (z.B.: Bei der von mir untersuchten Glühbirne war der für das Fernlicht bestimmte Glühfaden gerissen, aber nicht geschmolzen; der andere Glühfaden war geschmolzen).

- er zieht nach wissenschaftlichen Regeln **Schlüsse** aus den zugrundezulegenden Tatsachen, die er selbst ermittelt hat oder die durch die Beweisaufnahme oder den Auftrag des Gerichts Ausgangspunkt für sein Gutachten sein müssen (z.B.: Im Zeitpunkt des Aufpralls des PKW brannte das Abblendlicht).

Wesentlich ist also eine **besondere Sachkunde,** die der Sachverständige dem Gericht auf **dessen Auftrag** hin zur Verfügung stellt. Die Tatsachen, die der Sachverständige auf Grund seiner Sachkunde erkannt hat, bringt er durch seine Äußerung in den Prozess ein; diese Tatsachen nennt man auch Befundtatsachen.

Über Beobachtungen des Sachverständigen bei seinen Untersuchungen, für die er einer besonderen Sachkunde nicht bedurfte, die er also nur bei Gelegenheit der Untersuchungen gemacht hat (Zusatztatsachen), ist er **als Zeuge** zu vernehmen. In diesem Fall nimmt er eine **Doppelstellung** ein. Gleiches gilt auch für die Person, die eine Beobachtung nur kraft ihrer besonderen Sachkunde machen konnte, ohne vom Gericht dazu beauftragt worden zu sein (z.B. der Kraftfahrzeugmeister, der über den Zustand der Bremsbeläge vernommen wird). Bei dieser Person handelt es sich um den „**sachverständigen Zeugen**", der wie ein Zeuge behandelt wird, § 85 StPO. Beauftragt ihn das Gericht dann aber, aus seinen Beobachtungen auch Schlüsse zu ziehen (z.B. die Frage zu beantworten, ob das Fahrzeug in diesem Zustand noch normal abgebremst werden konnte), wird er als Sachverständiger tätig und unterliegt den hierfür geltenden Vorschriften.

Schwierigkeiten bereiten die Fälle, in denen ein Sachverständiger eine persönliche Beziehung zum Angeklagten oder einem zur Zeugnisverweigerung berechtigten Zeugen aufbaut (beispielsweise der Psychiater, der einen vom Angeklagten missbrauchten Angehörigen exploriert) und so gegebenenfalls von diesem Informationen zum Tatgeschehen bekommt, die er im Rahmen seiner Gutachtenserstattung dem Gericht mitteilt. Der Sachverständige baut sein Gutachten stets auf Tatsachen auf, die ihm entweder vorgegeben werden oder die er sich im Rahmen seines Auftrags selbst beschafft. Diese Tatsachen werden **Anknüpfungstatsachen** genannt. Sie sind entweder **Befundtatsachen**, nämlich Umstände, die der Sachverständige aufgrund seines Auftrags und seiner Sachkunde festgestellt hat und die ein anderer Sachverständiger in gleicher Weise feststellen könnte, oder **Zusatztatsachen**. Für deren Ermittlung und Wahrnehmung bedarf der Sachverständige keiner speziellen Sachkunde, und sie hätten ihm auch nach entsprechender Ermittlung durch das Gericht im Rahmen des Gutachtensauftrags vorgegeben sein können. Derartige Zusatztatsachen können nicht durch das Gutachten, sondern nur durch Zeugeneinvernahme des Sachverständigen in das Verfahren eingeführt werden (Meyer-Goßner, § 79 Rn. 11). Wenn ein zur Zeugnisverweigerung berechtigter Zeuge dem Sachverständigen beispielsweise eine genaue Tatschilderung gegeben hätte, dann selbst in der Hauptverhandlung aber von seinem Recht zur Zeugnisverweigerung Gebrauch macht, können diese Angaben weder durch das Gutachten selbst noch durch eine Vernehmung des Sachverständigen als Zeuge in die Hauptverhandlung eingeführt und bei der richterlichen Überzeugungsbildung verwertet werden (BGH NStZ 1997, 95; 1998, 245; zum Verhältnis zwischen Sachverständigem und Angeklagtem vgl. unten S. 86).

Das Gericht ist im Rahmen seiner Aufklärungspflicht gehalten, nach seinem Ermessen einen Sachverständigen zuzuziehen, wenn es selbst für das betreffende Gebiet nicht genügende Sachkunde hat. Es **muss** einen solchen Sachverständigen einschalten, wenn die Unterbringung in einem psychiatrischen Krankenhaus, einer Entziehungsanstalt oder in der Sicherungsverwahrung zu erwarten ist, § 246a StPO. Daher muss zum Beispiel bei Tätern, bei denen in erheblichem Maß eine Alkohol- oder Betäubungsmittelabhängigkeit besteht, regelmäßig ein psychiatrischer Sachverständiger zuvor eine Exploration durchführen und zur Hauptverhandlung zugezogen werden.

Zur Beurteilung der Glaubwürdigkeit von Zeugen kann ein Psychologe (nicht: Pädagoge) herangezogen werden (Meyer-Goßner, § 73 Rn. 7). Er kann dem Gericht jedoch nicht die Aufgabe der Beweiswürdigung abnehmen, sondern allenfalls zusätzliche Gesichtspunkte beitragen, die er durch objektivierbare Untersuchungsmethoden gewonnen hat (s. unten d). In der Regel kann man aber davon ausgehen, dass das Gericht hinreichende eigene Sachkunde bei der Beurteilung der Glaubwürdigkeit von Zeugen hat. Das gilt auch für kindliche und jugendliche Zeugen (Meyer-Goßner § 244 Rn. 74). Da aber, wo es auf die Aussage eines Zeugen entscheidend ankommt und wo keine außerhalb der Aussage liegende Umstände vorliegen, die diese stützen könnten, kann die Zuziehung eines Psychologen empfehlenswert oder gar notwendig sein. Hier wären vor allem die Fälle zu nennen, wo es um Zweifel an der Aussagetüchtigkeit des Zeugen geht (etwa bei Kindern im Vorschulalter), oder wo mit Phantasiebelastungen gerechnet werden muss (etwa im Zusammenhang mit Sexualdelikten unter Beteiligung von in der Pubertät stehenden jungen Menschen).

In der Praxis kommt der Richter auf allen Gebieten bei schwierigeren Fragen ohne den Sachverständigen nicht mehr aus, denn nur selten wird er auf nichtjuristischem Feld ausreichende eigene Sachkunde überzeugend darlegen können.

b) Auswahl

Das Gericht und vor der Hauptverhandlung der Vorsitzende wählen die Person des Sachverständigen nach **freiem Ermessen** aus. Ein in der Anklageschrift als Beweismittel bezeichneter Sachverständiger ist nur ein Vorschlag der Staatsanwaltschaft, von dem das Gericht abweichen kann. Über § 214 Abs. 3 StPO kann die Staatsanwaltschaft, über § 220 StPO der Angeklagte jedoch den gewünschten Sachverständigen zum Termin **unmittelbar laden.**

Mehrere Sachverständige für dieselben Fragenkreise können in schwierigen Fragen vonnöten sein. Kann das Gericht sich die erforderlichen Kenntnisse mit den Mitteln des zunächst beigezogenen Gutachters nicht verschaffen, wird es auf einen weiteren, möglicherweise besser qualifizierten Sachverständigen zurückgreifen. Den „Obergutachter" als Schiedsrichter zwischen verschiedenen Sachverständigen kennt unser Gesetz nicht.

c) Pflicht zur Gutachtenserstattung und Ablehnung

Der Sachverständige ist gemäß § 75 StPO regelmäßig zur Gutachtenserstattung verpflichtet. Mit den in § 77 StPO genannten Ordnungsmitteln kann er zur Wahrnehmung seiner Pflichten angehalten werden.

Er kann aus denselben Gründen wie ein Zeuge die Erstattung eines Gutachtens ablehnen, kann auch auf begründeten Antrag hin von seiner Pflicht entbunden werden, § 76 StPO.

Der Sachverständige kann aus denselben Gründen wie ein Richter durch den Staatsanwalt, den Privatkläger, den Nebenkläger oder den Angeklagten abgelehnt werden, §§ 74, 22 ff., 397 Abs. 1 S. 3 StPO (vgl. S. 74).

d) Erstattung des Gutachtens

Der Sachverständige bereitet sein in der Hauptverhandlung mündlich zu erstattendes Gutachten häufig schriftlich vor. Er verwertet hierbei Anknüpfungstatsachen, die ihm durch den Auftrag des Vorsitzenden vorgegeben sind oder die er aus den Akten entnommen hat, §§ 78, 80 StPO. Diese Ausgangspunkte dürfen jedoch nur vorläufig als Hypothese verwendet werden, denn sie müssen als dem Strengbeweis unterliegende Tatsachen in der Hauptverhandlung erst erwiesen sein, damit sie für das endgültige mündliche Gutachten und damit für das Urteil verwertet werden können. Soweit es sich aber um Tatsachen handelt, die der Sachverständige bei seinen Untersuchungen selbst ermittelt hat (z.B. der Kraftfahrzeugsachverständige hat Bremsversuche mit dem Unfallfahrzeug durchgeführt) – sogenannte **Befundtatsachen** –, werden sie durch Mitteilung des Sachverständigen bei seiner Gutachtenserstattung bewiesen.

Zu **rechtlichen Subsumtionen** darf der Sachverständige **nicht** Stellung nehmen; diese sind allein Sache des Gerichts. Er hat in seinem Gutachten lediglich die Tatsachen mitzuteilen. Der Psychologe, der eine Aussage zu der Glaubwürdigkeit eines kindlichen Zeugen machen soll und der dieses Kind daraufhin exploriert hat, hat die Momente darzustellen, die er bei seinen Tests und der Durcharbeitung des Falles für oder gegen die Glaubwürdigkeit ermittelt hat. Ob das Gericht dem Kind glaubt oder nicht, kann nicht vom Gutachter entschieden werden. Das Gericht muss sich aber mit dessen Ergebnissen auseinandersetzen.

e) Vereidigung

Regelmäßig wird der Sachverständige **nicht vereidigt**. Jedoch kann das Gericht nach seinem Ermessen die Vereidigung anordnen. Die Eidesformel lautet: „Sie schwören (bei Gott dem Allmächtigen und Allwissenden), dass Sie Ihr Gutachten unparteiisch und nach bestem Wissen und Gewissen erstattet haben."

Häufig sind die vor Gericht auftretenden Sachverständigen für die Erstattung von Gutachten der betreffenden Art **allgemein vereidigt**. In diesem Fall genügt es, wenn sie sich auf den geleisteten Eid berufen; das gilt wie eine neue Vereidigung, § 79 Abs. 3 StPO. Der Sachverständige muss sich aber selbst darauf berufen. Der Hinweis des Vorsitzenden auf den allgemeinen Eid genügt nicht.

Auch nach der Vernehmung jedes Sachverständigen soll der Angeklagte auf die Möglichkeit der Erklärung gemäß § 257 StPO hingewiesen werden.

3. Augenschein – §§ 86, 162, 225, 249 Abs. 1 S. 2 StPO

Unter der Einnahme eines Augenscheins wird die Wahrnehmung einer Sache, einer Sachgegebenheit, eines Vorgangs oder einer Verhaltensweise durch irgendein Sinnesorgan, also nicht nur der Augen verstanden. Sehr unterschiedliche Sachen oder Sachgegebenheiten können Gegenstand des Augenscheins sein. Neben der Tatortsituation kann z.B. auch eine Tonbandaufnahme, der Ablauf eines Versuchs oder der Dialekt eines Menschen durch Augenscheinseinnahme festgestellt werden.

Der Augenschein kann – was selten ist – **außerhalb der Hauptverhandlung** eingenommen werden, §§ 86, 162, 225 StPO. Das in diesem Fall anzufertigende **Protokoll** ist dann im Wege des **Urkundsbeweises** gemäß § 249 Abs. 1 S. 2 StPO in die Hauptverhandlung einzuführen.

Regelmäßig nimmt das Gericht aber **während der Hauptverhandlung** den Augenschein mit sämtlichen Beteiligten selbst ein, wenn dies zur Erforschung der Wahrheit nach pflichtgemäßem Ermessen erforderlich ist. Über die Ergebnisse **muss keine Einigkeit** erzielt werden, und sie **müssen auch nicht festgehalten** werden. Es muss jedoch jeder Beteiligte die Möglichkeit der Teilnahme haben, und die notwendig Beteiligten müssen gleichzeitig zugegen sein. Nur in diesem Fall handelt es sich um einen **echten Augenscheinsbeweis** im Rahmen der Hauptverhandlung.

Der **durch** eine **nichtrichterliche Person** (Augenscheinsgehilfe) vor der Hauptverhandlung durchgeführte Augenschein kann nur durch Vernehmung dieser Person als **Zeugenbeweis** im Rahmen der Beweisaufnahme Eingang in den Strafprozess finden (Meyer-Goßner § 86 Rn. 3 und 4). Es ist nicht ohne weiteres fehlerhaft, wenn sich das Gericht statt eines echten Augenscheinsbeweises mit einem derartigen mittelbaren Beweis begnügt, denn § 250 StPO ist auf diesen Fall nicht übertragbar. So ist es auch möglich, nicht den Tatort selbst, wohl aber Skizzen, Fotos und Pläne des Tatorts in Augenschein zu nehmen. Allerdings muss hierdurch der umfassenden Sachaufklärungspflicht des Gerichts in ausreichender Weise Genüge geleistet worden sein (vgl. § 244 Abs. 5 StPO; Meyer-Goßner § 244 Rn. 78).

4. Urkunden – §§ 249 bis 256 StPO

Urkunden kommen als Mittel des **Urkundenbeweises** oder des **Augenscheinsbeweises** in Betracht. Soweit es auf den gedanklichen Inhalt der Urkunden ankommt, sind sie Mittel des Urkundenbeweises. Gegenstände des Augenscheins sind sie dann, wenn ihre äußere Beschaffenheit von Bedeutung ist (Skizzen, Fahrtenschreiberdiagramme).

Die Erhebung des Urkundenbeweises unterliegt den Vorschriften der §§ 249 bis 256 StPO. In den Fällen des § 251 Abs. 1, 2 StPO, in denen ausnahmsweise die Vernehmung einer Person über deren Wahrnehmung durch die Verlesung eines **Protokolls über eine frühere Vernehmung** ersetzt werden kann, muss die Verlesung durch **Gerichtsbeschluss** angeordnet werden, der mit einer Begründung zu versehen ist. Handelt es sich um die Verlesung **anderer Schriftstücke,** insbesondere also um früher ergangene Strafurteile, Straflisten, Auszüge aus Kirchenbüchern und Personenstandsregistern, Protokolle über die Einnahme des richterlichen Augenscheins, ein richterliches Geständnisprotokoll des Angeklagten oder ärztliche Gutachten sowie Gutachten über die Bestimmung der Blutgruppe oder des Blutalkoholgehaltes (vgl. §§ 249 Abs. 1 S. 2, 254, 256 StPO), ordnet der **Vorsitzende** die Verlesung an. Jetzt können auch Zeugnisse oder Gutachten von Sachverständigen, die für die Erstellung von Gutachten der betreffenden Art allgemein vereidigt sind, verlesen werden, § 256 Abs. 1 Ziff. 1 b StPO. Ein Gerichtsbeschluss wird erst herbeigeführt, wenn ein Verfahrensbeteiligter die vorläufige Maßnahme des Vorsitzenden beanstandet, § 238 StPO.

Anschließend wird die Urkunde verlesen.

Soweit es sich nicht um die Verlesung von Vernehmungsprotokollen gemäß § 251 StPO, die Verlesung zur Gedächtnisunterstützung gemäß § 253 StPO, die Verlesung von Geständnisprotokollen gemäß § 254 StPO sowie von behördlichen Zeugnissen und Gutachten gemäß § 256 StPO handelt, kann eine Verlesung unterbleiben, wenn der **Vorsitzende** dies **anordnet,** § 249 Abs. 2 StPO. In diesem Fall müssen aber sämtliche Richter und Schöffen im **Selbstleseverfahren** vom Inhalt der Urkunde Kenntnis genommen haben. Außerdem müssen die übrigen Beteiligten Gelegenheit erhalten, die Schriftstücke selbst lesen zu können. **Widerspricht** der Staatsanwalt, der Angeklagte oder der Verteidiger der Anordnung des Vorsitzenden, muss das **Gericht durch Beschluss** darüber entscheiden, ob es bei der Anordnung bleibt oder ob eine Verlesung erfolgen soll.

Dieses zum Zwecke der Verfahrensvereinfachung eingeführte Verfahren ist eine **Ausnahme von dem Mündlichkeitsgrundsatz** (Meyer-Goßner § 249 Rn. 17). Bedeutsam ist das Verfahren dann, wenn umfangreiche Schriften oder ganze Druckwerke, bei denen es auf den genauen Wortlaut ankommt, verlesen werden müssten.

In den Fällen, in denen es nicht auf den genauen Wortlaut ankommt und nur der Urkundeninhalt beweiserheblich ist, reicht nach Auffassung der Rechtsprechung aus, wenn die Verlesung durch einen im Einverständnis aller Beteiligten erfolgenden **Bericht des Vorsitzenden** über den Urkundeninhalt ersetzt wird (a.A. die überwiegende Meinung des Schrifttums, vgl. Meyer-Goßner § 249 Rn. 25 f.) Die Aufklärungspflicht darf hierdurch aber nicht beeinträchtigt werden.

Von der Verlesung und den ihr gleichgestellten Möglichkeiten zur Einführung des Gedankeninhalts einer Urkunde in die Hauptverhandlung ist der **Vorhalt** zu trennen. Wenn einem Zeugen oder dem Angeklagten Passagen aus Urkunden vorgehalten werden, handelt es sich um einen **Vernehmungsbehelf.** Nur die Antwort des Zeugen ist als **Zeugenbeweis,** die Antwort des Angeklagten als **Einlassung** verwertbar. Der vorgehaltene Text ist hierdurch nicht in die Hauptverhandlung eingeführt und darf nicht verwertet werden, wenn er nicht förmlich im Wege des Urkundenbeweises eingeführt wird. Der Gedankeninhalt kann aber gegebenenfalls durch die Antwort auf den Vorhalt im Wege des Zeugenbeweises bewiesen sein. Der Vorhalt aus Urkunden, die einem Verwertungsverbot unterliegen, ist unzulässig (MeyerGoßner § 249 Rn. 28, § 252 Rn. 12).

B. Der Gang der Hauptverhandlung

An der Nahtstelle zwischen Urkunden- und Sachverständigenbeweis steht die Verlesung

- von Erklärungen öffentlicher Behörden, die ein Zeugnis oder Gutachten enthalten
- von Erklärungen eines für die Erstellung derartiger Gutachten allgemein vereidigten Sachverständigen, die ein Zeugnis oder Gutachten enthalten
- von Erklärungen von Ärzten eines gerichtsärztlichen Dienstes, die ein Zeugnis oder Gutachten enthalten, soweit es sich nicht um ein Leumundszeugnis handelt
- von ärztlichen Attesten über (nicht schwere) Körperverletzungen
- von einem ärztlichen Bericht zur Entnahme von Blutproben
- von Gutachten über die Auswertung eines Fahrtenschreibers
- von Gutachten über die Bestimmung der Blutgruppe
- von Gutachten über die Berechnung des Blutalkoholgehaltes einschließlich der Rückrechnung
- von Protokollen und in einer Urkunde enthaltenen Erklärungen der Strafverfolgungsbehörden über Ermittlungshandlungen, die nicht eine Vernehmung zum Gegenstand haben

Es handelt sich hier um einen **Urkundenbeweis,** den das Gesetz in diesen einzeln aufgeführten Fällen für ausreichend erachtet, § 256 StPO. Unter **Lockerung des Gebots der Unmittelbarkeit** der Beweisaufnahme nach § 250 StPO kann in diesen in der Regel kaum Fragen aufwerfenden Fällen auf die Anwesenheit fachkundiger Personen verzichtet werden. Wenn ausnahmsweise schwierigere Fragen auftauchen, hat das Gericht aber die Vernehmung des Zeugen oder Sachverständigen anzuordnen, um seiner Aufklärungspflicht aus § 244 Abs. 2 StPO zu genügen.

Ebenfalls als Urkundenbeweis muss die **Protokollverlesung nach § 253 StPO** verstanden werden. Wenn ein Zeuge oder Sachverständiger sich an eine Tatsache nicht mehr erinnern kann, darf ein diesbezüglicher Teil eines früheren Vernehmungsprotokolls – gleich, aus welchem Verfahrensabschnitt, durch welche Verhörsperson aufgenommen oder in welchem Verfahren – verlesen werden. Zwar erfolgt die Verlesung „zur Unterstützung des Gedächtnisses". Sie **unterscheidet sich** jedoch vom bloßen **Vorhalt** (der auch in der Form der Verlesung geschehen könnte) dadurch, dass nicht die Antwort des Zeugen oder Sachverständigen auf dem Wege des Zeugen- bzw. Sachverständigenbeweises in den Prozess eingeführt wird, **sondern dass der Inhalt des Protokolls** im Wege des **Urkundenbeweises** zum Gegenstand der Hauptverhandlung gemacht wird. Damit ist zwar von dem Grundsatz der persönlichen Vernehmung in § 250 StPO abgewichen. Ersetzt wird aber nicht die Zeugen- oder Sachverständigenaussage der Person, die sich nicht erinnern kann, denn deren Vernehmung erfolgt ja, führt lediglich nicht zum Erfolg. **Ersetzt** wird vielmehr die **Vernehmung der Verhörsperson.** Das ist vertretbar, da sowohl ihre Vernehmung als auch die Protokollverlesung einen mittelbaren Beweis darstellen, von denen keiner als überlegene Erkenntnisquelle betrachtet werden kann.

Auch nach jeder Verlesung soll der Angeklagte gemäß § 257 StPO gefragt werden, ob er zur verlesenen Urkunde etwas zu erklären habe.

Das Zeugenschutzgesetz vom 30. 4. 1998 regelt auch den Einsatz der **Videotechnik** und die Verwertbarkeit derartiger Aufnahmen im Strafverfahren. Nach § 58 a StPO können Vernehmungen von Zeugen schon vor der Hauptverhandlung auf Bild-Ton-Träger aufgezeichnet werden, wenn es sich um einen jungen Zeugen unter 16 Jahren handelt, der durch die Straftat verletzt wurde, oder wenn die Besorgnis gerechtfertigt ist, dass der Zeuge in der Hauptverhandlung nicht vernommen werden kann und die Aufzeichnung zur Wahrheitserforschung erforderlich ist. Unter den Voraussetzungen der §§ 251, 252, 253 und 255 StPO kann dann die Vorführung der Aufzeichnung erfolgen, § 255 a Abs. 1 StPO.

Von besonderer Bedeutung ist es, dass vor allem Kindern als Opfern oder Zeugen schwerer krimineller Handlungen (Straftaten gegen die sexuelle Selbstbestimmung nach §§ 174 bis 184 c StGB, gegen das Leben nach §§ 211 bis 222 StGB oder wegen Misshandlung von Schutzbefohlenen nach § 225 StGB) jetzt erspart werden kann, die Wiedergabe der sie besonders belastenden Umstände vor verschiedenen Vernehmungspersonen (Polizei, Staatsanwalt, Ermittlungsrichter, Sachverständiger, gegebenenfalls in mehreren Hauptverhandlungen) wiederholen zu müssen. Wenn nämlich der Angeklagte und sein Verteidiger Gelegenheit hatten, an der Aufzeichnung mitzuwirken, kann die Vernehmung durch die Vorführung der Vernehmungsaufzeichnung ersetzt werden, § 255 a Abs. 2 StPO. Diese Möglichkeit zur Mitwirkung bedeutet nicht unbedingt, dass der Zeuge in Gegenwart des Beschuldigten oder seines Verteidigers hätte vernommen werden müssen, denn § 168 e StPO sieht eine getrennte Vernehmung bei zeitgleicher Übertragung von Bild und Ton vor. Die Mitwirkungsrechte der Beteiligten dürfen hierdurch nicht ausgeschlossen werden, wie § 168 e S. 3 StPO ausdrücklich betont. Fragen und Vorhalte werden der Vernehmungsperson übermittelt und in geeigneter Form durch sie in die Vernehmung eingebaut. Eine unmittelbare Befragung könnte im übrigen auch bei einer Vernehmung innerhalb der Hauptverhandlung nicht beansprucht werden, § 241 a StPO.

5. Verlesungs- und Verwertungsverbote

Aufgabe der Hauptverhandlung und speziell der Beweisaufnahme ist es, dem Gericht möglichst viele Erkenntnisse über den angeklagten Lebenssachverhalt zu vermitteln. Diese Ermittlung der Wahrheit ist in der Hauptverhandlung an strenge Regeln geknüpft, denn sie soll nicht bedingungslos allen anderen Interessen und Rechtspositionen übergeordnet sein, sondern unter Abwägung der unterschiedlichen Güter im Rahmen eines fairen Verfahrens vonstatten gehen. Einem Rechtsstaat verbietet sich eine Aufklärung um jeden Preis unter Außerachtlassung rechtsstaatlicher Prinzipien. Diese Intention des Gesetzes könnte jedoch leicht unterlaufen werden, wenn verbotene Methoden bei der Wahrheitsermittlung oder unterlassene Aufklärung über Rechte und Verteidigungsmöglichkeiten zwar nicht in der Hauptverhandlung selbst zu finden wären, aber in deren Vorfeld, und wenn diese so auf unzulässige Weise errungenen Ergebnisse dann mit vom Gesetz zugelassenen Beweismitteln in die Hauptverhandlung eingeführt werden könnten. Daher verbietet das Gesetz in bestimmten Fällen die Verwertung derartiger Ergebnisse. Aus dem Sinn und Zweck der Normen heraus hat die Rechtsprechung versucht, in einer Fülle nicht normierter Fälle zusätzlich zu sachgerechten Ergebnissen zu gelangen. Hier können nur einige der wichtigsten auftretenden Fragen angesprochen werden.

Wenn bestimmte Beweise im weiteren Sinn – wozu auch die Angaben des Beschuldigten selbst oder seines Mitbeschuldigten zählen – unter Einschränkung der nach § 244 Abs. 2 StPO grundsätzlich bestehenden Amtsaufklärungspflicht für die Urteilsfindung nicht herangezogen werden dürfen, sprechen wir allgemein von **Beweisverboten**. Hierunter wird zunächst das Verbot verstanden, Beweise überhaupt zu erheben (**Beweiserhebungsverbot**), sei es

- weil bestimmte Tatsachen geheimhaltungsbedürftig sind und das Beweisthema der Aufklärung entzogen ist, beispielsweise das Beratungsgeheimnis nach § 43 DRiG, (**Beweisthemaverbot**)

- weil bestimmte Beweismittel nicht verwendet werden dürfen, beispielsweise mögliche Angaben eines sich auf sein Zeugnisverweigerungsrecht aus Art. 47 S. 1 GG berufenen Abgeordneten über Informationen, die ihm in seiner Eigenschaft als Abgeordneter zugetragen wurden (**Beweismittelverbot**)

- weil die Art der Beweiserhebung rechtsstaatlichen Prinzipien zuwiderläuft, beispielsweise die Verabreichung enthemmender Medikamente vor der Zeugenvernehmung unter Verstoß gegen §§ 136a, 69 Abs. 3 StPO (**Beweismethodenverbot**)

Auf diese Art unzulässig ermittelte Umstände und Tatsachen können gegebenenfalls im Rahmen einer Hauptverhandlung nicht zum Gegenstand der Beweiswürdigung und zur Grundlage des Urteils gemacht werden (**Beweisverwertungsverbot**). Zum Teil bringt das Gesetz Beweisverwertungsverbote explizit zum Ausdruck, etwa in § 252 StPO das Verbot der Verlesung eines früheren Vernehmungsprotokolls bei einem erst in der Hauptverhandlung von seinem Aussageverweigerungsrecht Gebrauch machenden Zeugen, oder in § 136a Abs. 3 StPO das Verbot der Verwertung einer mit verbotenen Vernehmungsmethoden zustande gekommenen Aussage. Allerdings führt nicht jeder Fehler im Vorfeld der Hauptverhandlung oder in ihr selbst automatisch zu einem Beweisverwertungsverbot (BGH NJW 1992, 1463). Versuche einer verbindlichen Systematisierung haben bislang nicht zu einem einhelligen Ergebnis geführt. Die Rechtsprechung geht vom Einzelfall aus und nimmt eine Abwägung der verschiedenen Interessen unter Berücksichtigung des Schutzzwecks der verletzten Norm vor (Abwägungslehre, vgl. Meyer-Goßner Einl. Rn. 50 ff., insbesondere Rn. 55). Für ein Verwertungsverbot spricht, wenn die verletzte Verfahrensvorschrift die Grundlagen der verfahrensrechtlichen Stellung des Beschuldigten sichern soll.

Allerdings obliegt es gegebenenfalls dem Angeklagten in der Hauptverhandlung, **der Verwertung** einer verbotswidrig gewonnenen Erkenntnis **zu widersprechen,** und zwar spätestens auf die ihm nach dieser

B. Der Gang der Hauptverhandlung

Beweiserhebung gemäß § 257 StPO zu stellende Frage hin, ob er zu dieser Beweiserhebung etwas zu erklären habe. Wenn der Angeklagte einen Verteidiger hat oder ausdrücklich auf seine Möglichkeit zum Widerspruch gegen die Verwertung hingewiesen worden ist, und wenn er keine entsprechende Erklärung abgibt, steht einer Verwertung in bestimmten Fällen nichts im Wege (vgl. hierzu beispielsweise die Entscheidung des BGH NJW 1996, 1547, wo es um die Problematik ging, dass ein festgenommener der deutschen Sprache nicht mächtiger Italiener vor seiner in den Abendstunden stattfindenden Vernehmung entgegen § 136 Abs. 1 S. 2 StPO durch die vernehmenden Polizeibeamten nicht ausreichend bei der Suche nach einem Verteidiger unterstützt worden war, sein Verteidiger einer Verwertung der Vernehmung in der Hauptverhandlung aber nicht widersprochen hatte).

Die Frage, ob frühere Untersuchungsergebnisse in die Hauptverhandlung eingeführt und bei der Sachverhaltsermittlung verwertet werden dürfen, kann sowohl **beim Angeklagten** selbst als auch **bei Zeugen** auftreten.

Da aber unter Umständen Fehler beim ersten Zugriff der Polizei im Ermittlungs- oder im Eröffnungsverfahren dadurch ausgeglichen werden können, dass die Erhebung des Beweises in der Hauptverhandlung selbst **fehlerfrei wiederholt** wird, stellt sich die Frage der Verwertbarkeit nur dann, wenn einer Wiederholung Hindernisse entgegenstehen. Wenn z. B. der vom Staatsanwalt vernommene und fälschlich nicht nach § 52 StPO belehrte zeugnisverweigerungsberechtigte Zeuge seine Angaben trotz Belehrung in der Hauptverhandlung wiederholt, bedarf es eines Zurückgreifens auf die ursprüngliche fehlerhafte Vernehmung nicht.

Die Einführung eines vor der Hauptverhandlung gewonnenen Ermittlungsergebnisses in die Hauptverhandlung kann auf unterschiedliche Weise geschehen. Es kommen der **Vorhalt**, die **Verlesung** eines Vernehmungsprotokolls sowie die **Vernehmung** der Verhörsperson in Betracht, wenn der Angeklagte oder ein Zeuge in der Hauptverhandlung keine Angaben macht.

a) Frühere Angaben des Angeklagten

Der Angeklagte musste auf sein **Recht zur Aussageverweigerung** bei jeder früheren Vernehmung ausdrücklich hingewiesen werden (vgl. §§ 115 Abs. 3, 128 Abs. 1 S. 2, 136 Abs. 1 S. 2, 163a Abs. 3 S. 2, Abs. 4 S. 2 StPO). Außerdem durften keinesfalls **verbotene Vernehmungsmethoden** angewandt werden, § 136a StPO.

Verweigert der Angeklagte in der Hauptverhandlung nach Belehrung gemäß § 243 Abs. 4 S. 1 StPO **Angaben zur Sache**, darf eine unter **Verletzung von § 136a StPO** zustandegekommene **frühere Aussage** auf **keine Weise** in die Hauptverhandlung **eingeführt** werden. Nicht einmal ein Vorhalt dieser Aussage ist möglich, selbst der Angeklagte könnte durch Zustimmung zur Verwertung an diesem absoluten Verbot nichts ändern, § 136a Abs. 3 Satz 1 StPO.

Von erheblicher Bedeutung kann es sein, wie weit der Begriff der „Vernehmung" im Einzelfall zu ziehen ist. Der Große Strafsenat hatte sich in einer wichtigen Entscheidung mit dieser Frage auseinanderzusetzen (BGH NJW 1996, 2940). Auf Veranlassung der Polizei hatte ein Zeuge einen des schweren Raubes Verdächtigen angerufen, und dieses Gespräch war von einem Dolmetscher an einem Zweitgerät gezielt mitverfolgt worden. Es erhob sich die Frage, ob der Dolmetscher als Zeuge dieses Gesprächs vernommen werden durfte. Wenn es sich hierbei um eine „Vernehmung" des Beschuldigten gehandelt hatte, da der Dolmetscher auf Veranlassung der Polizei tätig geworden war, hätte die unterbliebene Belehrung nach §§ 136 Abs. 1 Satz 2, 163a Abs. 4 Satz 2 StPO zu einem Verwertungsverbot geführt. Der BGH hat diese Frage verneint, wobei er den Zweck des Belehrungsgebots in den Vordergrund der Argumentation rückte. Dem Beschuldigten solle durch die Belehrung eindeutig vor Augen geführt werden, dass er bei einer Befragung von einer Person in amtlicher Funktion nicht zu einer Aussage verpflichtet sei. Bei einer Befragung durch eine Privatperson entfalle jedoch die Gefahr, dass der Beschuldigte durch die Autorität der Vernehmungsperson irrtümlich zur Annahme einer Aussagepflicht verleitet werde. Auch eine verbotene Vernehmungsmethode in der Form einer Täuschung nach §§ 163a Abs. 3, 136a Abs. 1 StPO sei nicht anzunehmen. Der Begriff der Täuschung sei zu weit gefaßt und müsse einschränkend ausgelegt werden. Mit der Beeinträchtigung der Willensentschließung und -betätigung durch Misshandlung, durch Ermüdung, durch körperlichen Eingriff, durch Verabreichung von Mitteln oder durch Quälerei lasse sich eine Befragung des Beschuldigten, die das Ermittlungsinteresse nicht aufdecke, nicht gleichstellen. Schließlich liege auch kein

Verstoß gegen den Grundsatz vor, dass niemand gezwungen werden dürfe, sich selbst zu belasten. Allerdings seien dem Einsatz von Privatpersonen zur Aufklärung von Straftaten rechtsstaatliche Grenzen gesetzt, die jedoch in dem zur Entscheidung stehenden Fall noch nicht als überschritten angesehen wurden. Es habe sich um eine Straftat von erheblicher Bedeutung gehandelt, wobei die Kataloge in den §§ 98 a, 100 a, 110 a StPO Hinweise für eine Abwägung geben könnten, und der Einsatz anderer Ermittlungsmethoden sei erheblich weniger erfolgversprechend oder wesentlich erschwert gewesen.

Unter Umständen kommen aber Verwertungsverbote auch dann in Betracht, wenn nichtstaatliche Organe oder Privatpersonen auf Veranlassung staatlicher Organe tätig werden, sondern wenn eine Privatperson von sich aus oder in privatem Auftrag tätig wird (z.B. Kaufhausdetektiv). Jedenfalls da, wo in gravierender, erheblich zu missbilligender Weise in die Entschließungsfreiheit des Beschuldigten eingegriffen wurde, könnte die Vernehmung der Privatperson bedenklich sein.

In diesen Bereich gehört auch die Problematik, ob ein Sachverständiger (speziell ein psychiatrischer oder psychologischer Sachverständiger), der den Angeklagten auch über die Tat selbst befragt hat, zu dessen Angaben befragt werden kann, besonders wenn er den Angeklagten auf dessen Rechte zur Verweigerung der Angaben und auf den Umstand, dass diese Angaben in der Hauptverhandlung offenbart werden könnten, nicht zuvor hingewiesen hat. Der 1. Strafsenat des BGH hat in einer Entscheidung (BGH NJW 1998, 838, 839) die Auffassung bekräftigt, ein Sachverständiger sei zur Belehrung eines Beschuldigten nicht verpflichtet, und das gelte auch, wenn er den Beschuldigten zur Vorbereitung des Gutachtens über das Tatgeschehen befragt habe. Derartige Aussagen könnten dadurch in das Verfahren eingeführt werden, dass der Sachverständige (auch) als Zeuge gehört werde. Allerdings hat diese Auffassung erhebliche Kritik erfahren (vgl. etwa Schmidt-Recla in NJW 1998, 800).

Eine unterbliebene Belehrung über das Recht zur Aussageverweigerung führt allerdings nicht in jedem Fall dazu, dass eine Verwertung ausscheidet. Zwar ist das Gebot der Belehrung nach § 243 Abs. 4 S. 1 StPO nicht eine bloße Ordnungsvorschrift; aber das Urteil soll nur dann auf diesem Fehler beruhen können, wenn der Angeklagte seine Rechte nicht kannte und glaubte, zur Aussage verpflichtet zu sein, obwohl er sonst das Schweigen vorgezogen hätte (BGHSt 25, 325 sowie insbesondere auch BGH NJW 1992, 1463 ff., 1465/66). Das gilt auch dann, wenn der verteidigte oder auf sein Recht zum Widerspruch hingewiesene Angeklagte bis zu den in § 257 StPO genannten Zeitpunkten einer Verwertung nicht entgegengetreten ist.

Eine **Verlesung** als Mittel des Urkundenbeweises kommt **nur** in Betracht, wenn der Angeklagte ein **Geständnis** abgelegt hatte und es sich um ein **richterliches Protokoll** handelt, § 254 StPO. Gleichgültig ist, ob die frühere Vernehmung eine Zeugen- oder Beschuldigtenvernehmung war, ob sie innerhalb einer anderen Hauptverhandlung oder durch den Ermittlungsrichter erfolgte. Dabei müssen aber alle wesentlichen Förmlichkeiten des Protokolls gemäß §§ 168, 168 a StPO beachtet sein, damit das Protokoll zum Urkundsbeweis dienen kann (Meyer-Goßner § 254 Rn. 4). Liegt ein Geständnis vor (es muss kein umfassendes Geständnis sein!), kann das gesamte Protokoll verlesen werden. Die Verlesung ist nicht auf den Teil beschränkt, der ein Zugestehen von für die Sachentscheidung bedeutsamen Tatsachen enthält. Damit ist aber natürlich nicht gesagt, dass das Gericht bei der Beweiswürdigung von der Richtigkeit dieses Geständnisses ausgehen müsste.

Wenn es sich aber lediglich um ein **polizeiliches**, nicht um ein richterliches **Protokoll** handelt, wenn die **Förmlichkeiten** eines richterlichen Protokolls **nicht eingehalten** worden waren oder wenn der Angeklagte gegenüber dem Richter zwar detaillierte Angaben gemacht, die **Tat aber bestritten** hatte, kommt **allein der Vorhalt**, nicht aber die Verlesung in Betracht.

Sind der Vorhalt ergebnislos und die Verlesung unzulässig, verbleibt als dritte Möglichkeit einer Einführung in die Hauptverhandlung die **Vernehmung der Verhörsperson**. Auf diese Weise können nach herrschender Meinung frühere Aussagen in den Prozess eingeführt werden. Dabei kann jeder, der bei der Vernehmung zugegen war, als Zeuge vernommen werden. Hierbei handelt es sich um einen **Zeugenbeweis**, und nur die Angaben der früheren Vernehmungsperson oder der Person, die bei der Vernehmung zugegen war, sind Beweismittel. Allerdings dürfen dem Zeugen aus dem Protokoll **Vorhalte** gemacht werden, um sein Gedächtnis aufzufrischen. Er muss aber eine eigene Erinnerung an die Vernehmung und die Angaben des Angeklagten haben, da es sich ansonsten um einen (verschleierten) Urkundenbeweis handeln würde.

b) Frühere Angaben von Zeugen und Sachverständigen

Unter bestimmten Voraussetzungen dürfen **Protokolle** über die Vernehmung von Zeugen und Sachverständigen im Wege des Urkundenbeweises in der Hauptverhandlung **verlesen** werden, § 251 StPO. Die Verlesung kann nur durch einen Gerichtsbeschluss angeordnet werden. Dabei muss es sich in der Regel um eine richterliche Vernehmung handeln.

In zwei Fällen kann die Vernehmung durch eine Verlesung ersetzt werden, **obgleich die Vernehmung durchführbar** wäre. Dabei behandelt § 251 Abs. 1 StPO die Verlesung eines nichtrichterlichen Protokolls, § 251 Abs. 2 StPO die Verwertbarkeit eines richterlichen Protokolls. Vor dem Inkrafttreten des Gesetzes zur Justizmodernisierung, das eine Erweiterung der Verlesungsmöglichkeiten gebracht hat, war das umgekehrt.

Wenn der Staatsanwalt, der Angeklagte und gegebenenfalls der Verteidiger mit der Verlesung **einverstanden** sind, kann eine **richterliche Vernehmungsniederschrift** verlesen werden, § 251 Abs. 2 Ziff. 3 StPO. Falls der Angeklagte einen **Verteidiger** hat, dürfen **auch** Niederschriften über **nichtrichterliche Vernehmungen** und sogar **schriftliche Äußerungen** der Vernehmungsperson, die überhaupt kein Protokoll darstellen, verlesen werden, § 251 Abs. 1 Ziff. 1 StPO. Jetzt dürfen außerdem auch Schriftstücke, die zum Beweis eines Vermögensschadens dienen, verlesen werden, § 251 Abs. 1 Ziff. 3 StPO. Statt also den Kriminalbeamten, der im Rahmen einer Hausdurchsuchung wegen Hehlerei eine Aufstellung über die in der Wohnung vorgefundenen Gegenstände gefertigt hat, über diese Gegenstände zu vernehmen, kann künftig seine Aufstellung verlesen werden.

Eine Verlesung ist gegebenenfalls auch deshalb wünschenswert, weil das persönliche Erscheinen im Hinblick auf die Bedeutung der Aussage für die Vernehmungsperson unzumutbar wäre. Sie darf aus diesem Grund aber nur dann erfolgen, wenn es sich um die Niederschrift über eine richterliche Vernehmung handelt, § 251 Abs. 2 Ziff. 2 StPO.

Wenn aus zwingenden Gründen (z.B. Tod) der Vernehmung in der Hauptverhandlung in **absehbarer Zeit unüberbrückbare Hindernisse entgegenstehen,** dürfen ebenfalls Protokolle über richterliche und nichtrichterliche Vernehmungen sowie schriftliche Erklärungen der zu vernehmenden Person im Wege des Urkundenbeweises verwertet werden, § 251 Abs. 1 Nr. 2 StPO. Wenn eine Vernehmung für **längere oder ungewisse Zeit** nicht erfolgen kann, weil der zu vernehmende Zeuge, Sachverständige oder Mitbeschuldigte krank oder gebrechlich ist oder weil ein anderes nicht zu beseitigendes Hindernis vorliegt, wenn es sich also um ein möglicherweise **überbrückbares** Hindernis handelt, darf eine Verlesung erfolgen, wenn es sich um eine frühere richterliche Vernehmung handelt, § 251 Abs. 2 Ziff. 1 StPO.

Es ist strittig, ob wegen des Grundsatzes der persönlichen Vernehmung in § 250 StPO vor einer Verlesung vorrangig die **Verhörsperson zu vernehmen** ist. Jedoch ist zu bedenken, dass § 250 StPO allein verhindern will, die an sich mögliche Vernehmung einer **Auskunftsperson** durch die Verlesung zu ersetzen. Es besteht keine Notwendigkeit, dem Beweismittel der Vernehmung der **Verhörsperson** den Vorzug vor der Verlesung zu geben. In beiden Fällen ist ja gerade die unmittelbare Vernehmung – z.B. durch den Tod der Auskunftsperson – nicht möglich. Die Vernehmung der Verhörsperson stellt in diesem Fall nicht ohne weiteres die bessere Erkenntnisquelle gegenüber der Verlesung dar. Allerdings kann im Einzelfall die Vernehmung **zusätzlich** aus dem Gesichtspunkt des § 244 Abs. 2 StPO erforderlich sein.

Hiervon zu unterscheiden sind aber die Fälle, in denen der **Zeuge** in der Hauptverhandlung zwar erscheinen kann und tatsächlich erscheint, aber **berechtigt oder unberechtigt keine Angaben** macht, obgleich er früher zur Aussage bereit war.

Ist der Zeuge **verpflichtet, Angaben zu machen,** muss das Gericht zunächst versuchen, ihn durch **Ordnungsmaßnahmen** nach § 70 StPO zur Aussage zu bewegen. Hat das **keinen Erfolg,** könnte die frühere Aussage entweder durch **Verlesung** im Wege des Urkundenbeweises oder durch **Vernehmung der Verhörsperson** in die Hauptverhandlung eingeführt werden. Eine Verlesung erfolgt dann aber nicht auf der Grundlage des § 251 Abs. 1 StPO, denn Voraussetzung hierfür ist, dass der Zeuge **tatsächlich** an seiner Zeugenaussage gehindert ist.

Auf der anderen Seite steht § 250 StPO einer Verlesung in diesem Fall nicht entgegen, denn das Gesetz geht stillschweigend davon aus, dass eine **mögliche** Vernehmung nicht ersetzt werden darf. Können aber Angaben mit zulässigen Mitteln nicht erzielt werden, wird eine Verlesung als Möglichkeit der Einführung in die Hauptverhandlung zulässig. Außerdem kann die Verhörsperson als mittelbarer Zeuge in der Hauptverhandlung vernommen werden.

Zu differenzieren ist, wenn der Zeuge oder der Sachverständige in der Hauptverhandlung **berechtigt schweigt**. Beruft sich der Zeuge auf ein **Aussageverweigerungsrecht nach §§ 52, 53, 53 a oder 54 StPO**, so **verbietet** § 252 StPO die **Verlesung** eines früher aufgenommenen Protokolls selbst dann, wenn auch früher eine Belehrung stattgefunden hatte und wenn es sich um ein richterliches Protokoll handelt. Nicht einmal die Zustimmung sämtlicher Beteiligter kann hieran etwas ändern. Die Rechtsprechung hat in dieser Vorschrift über den Wortlaut hinaus ein **beschränktes Beweisverbot** gesehen. **Vorhalte** dürfen aus den Protokollen ebenfalls **nicht** gemacht werden, und auch die **Vernehmung der nichtrichterlichen Verhörsperson** anstelle der Verlesung ist **ausgeschlossen**. Dieses Beweisverwertungsverbot besteht auch, wenn es sich bei den früheren Erkenntnissen nicht um eine förmliche Vernehmung gehandelt hat, sondern um Erklärungen der Auskunftsperson aus Anlass einer amtlichen Befragung. Nur **Angaben**, die die Auskunftsperson aus **eigenem Antrieb** – etwa bei einer Anzeigenerstattung – gegenüber Ermittlungspersonen oder Dritten gemacht hat (sogenannte **Spontanäußerungen**) sind hiervon **ausgenommen**.

Wenn der Grund für das Zeugnisverweigerungsrecht nach § 52 StPO (z.B. das Verlöbnis) erst nach der früheren Vernehmung entstanden ist, der Zeuge also im Zeitpunkt seiner früheren Vernehmung tatsächlich aussageverpflichtet war, ist seine spätere Weigerung zur Aussage gleichwohl beachtlich. Anderes gilt aber, wenn der Zeuge erst in der Hauptverhandlung nach §§ 53, 53 a StPO das Zeugnis verweigern kann, weil er **zuvor von** seiner **Verschwiegenheitspflicht entbunden** war. Für die **früheren Angaben** besteht dann kein allgemeines **Verwertungsverbot**. **Verhörspersonen** könnten jedenfalls vernommen werden.

Die Rechtsprechung macht allerdings eine wichtige, dogmatisch schwer zu begründende **Ausnahme vom Verwertungsverbot**. Frühere Angaben eines Zeugen oder Sachverständigen dürfen durch **Vernehmung der richterlichen Verhörsperson** in die Verhandlung eingeführt werden. Voraussetzung ist aber, dass der vernehmende Richter den Zeugen bei seiner früheren **Vernehmung ordnungsgemäß** belehrt hatte und dass er eine **eigene Erinnerung** – notfalls unterstützt durch den Vorhalt des Protokolls – an die Vernehmung hat. Die Vernehmung muss in jeder Hinsicht ordnungsgemäß gewesen sein. Das bedeutet unter anderem, dass auch die zur Anwesenheit bei der Vernehmung Berechtigten (vgl. § 168 c StPO) – wenn keine gesetzliche Ausnahme vorlag – von dem Vernehmungstermin vorher benachrichtigt sein mussten. Der BGH hat es allerdings als unschädlich angesehen, dass eine Benachrichtigung der Ehefrau des Beschuldigten unterblieben war, weil diese später als Zeugin benannte Ehefrau ursprünglich als Mitbeschuldigte gegolten hatte und – entsprechend belehrt – als Beschuldigte vernommen worden war (BGH NJW 1997, 1790; allerdings war ihre Aussage in dem vom BGH entschiedenen Fall dennoch nicht verwertbar, weil sie naturgemäß nur nach § 115 Abs. 3 StPO belehrt worden war; diese Belehrung konnte die Belehrung nach § 52 Abs. 3 StPO nicht ersetzen, auch wenn sie in beiden Fällen auf die Möglichkeit der Verweigerung von Angaben gerichtet ist. Der BGH hebt hervor, dass ein Beschuldigter unter dem Gesichtspunkt der Selbstverteidigung möglicherweise Angaben macht, die er als Zeuge mit dem Recht der Aussageverweigerung nicht gemacht hätte.) Nach überwiegender und vom BGH vertretener Meinung besteht für den Beschuldigten kein Anwesenheitsrecht bei der Vernehmung eines Mitbeschuldigten.

Der Weg der Vernehmung der richterlichen Verhörsperson ist dann versperrt, wenn eine Belehrung nach § 52 StPO in der früheren Vernehmung gar nicht erfolgen konnte, weil die verwandtschaftliche Bindung noch nicht bestand. Auch wenn im Fall des § 54 StPO eine zur Verschwiegenheit verpflichtete Person diesen Umstand bei der ersten Vernehmung nicht erkannt hatte und irrig Angaben gemacht hatte, darf die spätere Weigerung nicht durch die Vernehmung des Richters ersetzt werden (Meyer-Goßner § 54 Rn. 25).

Das **Auskunftsverweigerungsrecht** des § 55 StPO begründet jedoch keinesfalls ein Verwertungsverbot, denn es wird vom § 252 StPO nicht umfasst. Deshalb darf die frühere Aussage vorgehalten oder verlesen werden, und die nichtrichterliche sowie die richterliche Verhörsperson dürfen vernommen werden. Das gilt selbst dann, wenn der Zeuge zuvor nicht belehrt worden war, wie es notwendig gewesen wäre, denn der § 55 StPO soll allein seinem Schutz, nicht aber dem Schutz des Angeklagten dienen (**Rechtskreistheorie**, BGHSt 11, 213; Meyer-Goßner § 252 Rn. 5, § 55 Rn. 12).

B. Der Gang der Hauptverhandlung

Vernehmungs- und Verwertungsverbote

nein: Verwertung nicht zulässig; ja: Verwertung zulässig

	Beschuldigter	Zeuge mit Recht zur Aussageverweigerung nach § 52 StPO	Zeuge mit Recht zur Auskunftsverweigerung nach § 55 StPO

Fall 1: Vernehmung in der Hauptverhandlung ohne notwendige Belehrung

Verwertbarkeit	nein, § 243 Abs. 4 S. 1 StPO Meyer-Goßner § 243 Rn. 39	nein, § 52 Abs. 3 StPO	Literatur: nein, § 55 Abs. 2 StPO Rspr.: ja, Rechtskreistheorie

Fall 2: Schweigen in der Hauptverhandlung nach Belehrung; frühere Angaben nach Belehrung

Verlesung eines richterlichen Protokolls	ja, § 254 StPO (Geständnis)	nein, § 252 StPO	nein, Literatur: § 252 StPO Rspr.: § 250 S. 2 StPO
Verlesung eines nichtrichterlichen Protokolls	nein, § 250 S. 2 StPO	nein, § 252 StPO	nein, Literatur: § 252 StPO Rspr.: § 250 S. 2 StPO
Vorhalt an vernommene Person	ja	nein, § 252 StPO	Literatur: nein, § 252 StPO Rspr.: ja
Vernehmung der richterlichen Verhörsperson	ja	Literatur: nein, § 252 StPO Rspr.: ja, wenn früher ordnungsgem. belehrt	Literatur zum Teil: nein, § 252 StPO analog Rspr.: ja
Vernehmung der nichtrichterlichen Verhörsperson	ja	nein, § 252 StPO	Literatur zum Teil: nein, § 252 StPO analog Rspr.: ja

Fall 3: Schweigen in der Hauptverhandlung nach Belehrung; frühere Aussage ohne Belehrung

Verlesung eines richterlichen Protokolls	vgl. § 136 Abs. 1 S. 2 StPO nein (mit Ausnahmen) Meyer-Goßner § 136 Rn. 20	nein, § 252 StPO	Literatur zum Teil: nein, § 252 StPO analog Rspr.: nein, § 250 S. 2 StPO
Verlesung eines nichtrichterlichen Protokolls	nein, § 250 S. 2 StPO	nein, § 252 StPO	Literatur zum Teil: nein, § 252 StPO analog Rspr.: nein, § 250 S. 2 StPO
Vorhalt an vernommene Person	nein	nein, § 252 StPO	Literatur zum Teil: nein, § 252 StPO analog Rspr.: ja
Vernehmung der Verhörsperson	nein	nein	Literatur: nein, § 252 StPO bzw. allgemeines Verwertungsverbot Rspr.: ja

6. Beweisanträge

a) Verhältnis von Aufklärungspflicht und Beweisantragsrecht

Das Gericht ist von Amts wegen verpflichtet, die Beweisaufnahme auf alle Tatsachen und Beweismittel zu erstrecken, die für die Entscheidung von Bedeutung sind, § 244 Abs. 2 StPO. Das Gesetz sieht vor, dass die Prozessbeteiligten durch Beweisanträge den Umfang der Beweiserhebung ausweiten können. Das Gericht darf Beweisanträge nur dann zurückweisen, wenn ein im Gesetz **ausdrücklich genannter Grund** vorhanden ist und die allgemeine Aufklärungspflicht die Erhebung des Beweises nicht gebietet. Liegt ein gesetzlicher Grund zur Zurückweisung nicht vor, muss das Gericht einen beantragten Beweis unter Umständen auch dann erheben, wenn die allgemeine Aufklärungspflicht das nicht ohne weiteres gebieten würde. Das Gericht muss also einem Beweisantrag regelmäßig nachkommen, wenn nicht ausnahmsweise einer der abschließend normierten Ablehnungsgründe eingreift. Die Entscheidung hierüber ergeht durch **Beschluss** des Gerichts, der begründet werden muss, § 244 Abs. 6 StPO.

Das Beweisantragsrecht ist für das Strafverfahren von besonders großer Bedeutung. Die Verteidigung hat mit der Ausübung dieses Rechts die Möglichkeit, ihr auferlegte Beschränkungen insbesondere für das Rechtsmittel der Revision auszugleichen. Da die Revisionsinstanz als reine Rechtsinstanz ausgestaltet ist, muss das Revisionsgericht von dem durch den Tatrichter festgestellten Sachverhalt grundsätzlich ausgehen. Die Behauptung des Angeklagten, so – wie im Urteil angenommen – sei es gar nicht gewesen, könnte von der Verteidigung im Rahmen einer Revision nicht umgesetzt werden. Sie würde gegen einen festgestellten Sachverhalt angehen, von dem das Revisionsgericht ausgehen muss. Es bestehen nach § 344 Abs. 2 StPO nur zwei Angriffsmöglichkeiten gegen das tatrichterliche Urteil:

a) die von der Tatsacheninstanz getroffenen Feststellungen sind nicht in prozessordnungsgemäßer Weise festgestellt worden, was mit der Verfahrensrüge geltend gemacht werden kann.

b) die von der Tatsacheninstanz aus dem festgestellten Sachverhalt gezogenen rechtlichen Folgerungen treffen nicht zu, was mit der Rüge der Verletzung des materiellen Rechts geltend gemacht werden kann.

Da die Verteidigung während der Hauptverhandlung natürlich zumeist nicht abschätzen kann, welchen Sachverhalt das Gericht seinem Urteil als erwiesen zugrunde legen wird, kann es darauf ankommen, „vorsorglich" prozessuale Fehler zu initiieren, um später gegebenenfalls Anfechtungsmöglichkeiten gegen ein von dem Angeklagten nicht akzeptiertes Urteil zu haben. Hierfür bietet sich das Beweisantragsrecht in besonderer Weise an, denn „unangenehme" Beweisanträge, die das Verfahren unter Umständen erheblich belasten oder verzögern können, verleiten zur Ablehnung aus Gründen, die rechtlich möglicherweise nicht tragfähig sind. Die zur Verfügung stehenden Gründe für eine Zurückweisung sind nämlich nicht immer leicht zu handhaben.

b) Beweisantrag und Beweisanregung

Da das Gericht nur aus bestimmten, fest umrissenen Gründen einen Beweisantrag ablehnen kann, muss der Antrag klare, eindeutige Angaben zur **Tatsachenbehauptung** und zum **Beweismittel** machen. Andernfalls wäre das Gericht nicht in der Lage zu prüfen, ob es dem Antrag nachkommen muss oder nicht.

Der Antragsteller muss zunächst eine bestimmte Tatsachenbehauptung aufstellen, z.B.: „Zum Beweis der Tatsache, dass der Angeklagte sich am Tattag um 18.00 Uhr in der Gastwirtschaft ‚Blauer Bock' aufgehalten hat, beantrage ich ..." Er muss weder konkret wissen, dass diese Tatsache wahr ist, noch muss er davon überzeugt sein, dass der Beweis gelingen werde. Andererseits führt diese eigene Unsicherheit über den tatsächlichen Hergang häufig dazu, den „Beweisantrag" unverbindlicher zu formulieren: „Zur Klärung der Frage, **ob** der Angeklagte ... in der Gastwirtschaft war ..." In diesem Fall wird nicht eine bestimmte Behauptung aufgestellt, sondern eine Vermutung in den Raum gestellt. Ähnlich ist es häufig, wenn verschiedene Alternativen erwogen werden. Wird beispielsweise beantragt, den Zeugen Z zum Beweis für die Tatsache zu vernehmen, dass „der X im Tatzeitpunkt nicht bei der Firma Y angestellt gewesen ist, zumindest dort nicht 3.000,- € monatlich verdient hat", so ist zu bedenken, dass sich die beiden Alternativen gegenseitig ausschließen, denn entweder war S bei Firma Y angestellt oder nicht. Der Antragsteller behauptet damit keine der beiden Alternativen als bestimmt, sondern nur als möglich, und die beantragte Beweiserhebung soll erst ermitteln, ob die als möglich in den Raum gestellten Tatsachen wirklich vorliegen (BGH NStZ 1998, 210).

Es handelt sich dann, wenn keine klare und eindeutige Tatsachenbehauptung aufgestellt wird, nicht um einen Beweisantrag, sondern um einen sogenannten **Beweisermittlungsantrag** oder eine Beweisanregung. Das Gericht muss solchen Anregungen im Rahmen seiner allgemeinen Aufklärungspflicht nachgehen, ist aber nicht an die strengen Ablehnungsgründe in § 244 Abs. 3 bis 5 StPO gebunden. Bei dieser Einschätzung darf es jedoch **nicht** rein **formalistisch** vorgehen, sondern es muss untersuchen, ob nicht doch eine bestimmte Tatsachenbehauptung gemeint war und der Antrag möglicherweise nur ungeschickt formuliert wurde. Das ist notfalls durch Rückfrage beim Antragsteller zu klären.

Für einen ordnungsgemäßen Beweisantrag, der nur aus den Gründen des § 244 Abs. 3 StPO abgelehnt werden kann, muss zwischen der behaupteten Beweistatsache und dem benannten Beweismittel eine

B. Der Gang der Hauptverhandlung

Konnexität bestehen. Darunter versteht man, dass erkennbar werden muss, in welchem Zusammenhang Beweismittel und Beweistatsache stehen. Der Antragsteller muss daher verdeutlichen, wenn er beispielsweise eine Tatsache in das Wissen eines Zeugen stellt, ob dieser Zeuge diese Tatsache selbst wahrgenommen hat, ob er gegebenenfalls nur etwas vom Hörensagen bekunden kann, oder aus welchen Gründen er sonst etwas zu dem Beweisthema wissen soll. Wenn nämlich dieser Zusammenhang nicht offengelegt wird, könnte das Gericht beispielsweise nicht sinnvoll überprüfen, ob eine Ablehnung des Antrags wegen völliger Ungeeignetheit des Beweismittels in Betracht kommt (BGH NStZ 1998, 97)

Häufig werden im Rahmen von Beweisanträgen **Negativbehauptungen** aufgestellt („Zum Beweis der Tatsache, dass der Angeklagte sich zum Tatzeitpunkt nicht am Tatort aufgehalten hat, beantrage ich ..."). Der BGH weist darauf hin, dass die Behauptung von Negativtatsachen nicht dem Erfordernis der Behauptung einer bestimmten Beweistatsache entpreche, weil damit keine Umstände oder Geschehnisse zum Gegenstand des Beweisantrags gemacht würden, die mit dem anzugebenden Beweismittel unmittelbar bewiesen werden könnten, sondern Beweisziele, die sich erst aufgrund weiterer vom Gericht zu ziehender Schlüsse ergäben. Auch hier hat jedoch das Gericht die Pflicht, gegebenenfalls im Wege der Auslegung die gewollte Beweisbehauptung zu ermitteln, gegebenenfalls auf eine Klarstellung hinzuwirken.

Beweisanregungen müssen **nicht** durch einen **Gerichtsbeschluss** zurückgewiesen werden. Der Vorsitzende weist derartige Begehren im Rahmen seiner Verhandlungsleitung zurück. Der Antragsteller kann durch Einwände hiergegen einen **Gerichtsbeschluss** nach § 238 Abs. 2 StPO erzwingen (jetzt h.M., vgl. Meyer-Goßner § 244 Rn. 27).

Die Beweistatsache darf auch nicht zu weit gefasst sein, damit das Gericht den Antrag anhand der Ablehnungsgründe überprüfen kann. Zu weit wäre folgender Antrag: „Zum Beweis der Tatsache, dass der Angeklagte als Täter nicht in Betracht kommt ..."

Auch das **Beweismittel** muss konkret bezeichnet werden. Nicht nur die Art des Beweismittels, sondern bei Zeugen auch die bestimmte Person, die vernommen werden soll, muss angegeben werden. Nicht unbedingt erforderlich ist es, den Namen oder die genaue Anschrift anzugeben. Die gemeinte Person muss aber individualisierbar beschrieben werden.

c) Hilfsbeweisanträge

Während Beweisanträge gemäß § 244 Abs. 6 StPO grundsätzlich durch einen nach § 35 Abs. 1 StPO zu verkündenden Gerichtsbeschluss, also vor dem Urteil verbeschieden werden müssen, hat die Praxis die Form des Hilfs- oder Eventualbeweisantrags geschaffen. Dieser Antrag wird gestellt für den Fall, dass das Gericht nicht von einer bestimmten im Antrag genannten Tatsache oder Voraussetzung im Urteil ausgeht. In den meisten Fällen sind derartige Anträge in den Plädoyers der Beteiligten enthalten (häufig für den Fall, dass das Gericht nicht ohnehin zum Freispruch gelangen werde).

Nicht alle Bedingungen sind statthaft. Hilfsbeweisanträge, die sich gegen den Schuldspruch richten, also ihrem Inhalt nach darauf abzielen, den erhobenen Vorwurf schon dem Grunde nach zu entkräften, können nicht für den Fall einer bestimmten Rechtsfolgeentscheidung gestellt werden (Beispiel: „Hilfsweise beantrage ich für den Fall, dass der Angeklagte zu einer Freiheitsstrafe verurteilt werden sollte, die Vernehmung des Zeugen X zum Beweis dafür, dass er zu dem angenommenen Tatzeitpunkt in dessen Wohnung war.") Die Beweisbehauptung muss der Antragsbedingung insofern entsprechen, als sie nicht über den mit der Bedingung beschriebenen Entscheidungsrahmen hinausgehen darf (BGH NJW 1995, 604). Der BGH hält einen derartigen Beweisantrag deshalb für unzulässig, weil ihm ein Mangel an Ernstlichkeit anhafte, denn dadurch, dass der Antragsteller in Kauf nehme, dass (jedenfalls für bestimmte Rechtsfolgen) ein Schuldspruch ergeht, setze er sich mit dem Erklärungsgehalt seines Antrags in Widerspruch und mache deutlich, dass es ihm in Wirklichkeit nicht um die Abwehr des Schuldspruches gehe, sondern dass es darum gehe, dem Gericht eine „Absprache" anzubieten, die wegen einer sachwidrigen Verknüpfung von „Leistung" (Verzicht auf Beweiserhebung zur Schuldfrage) und „Gegenleistung" (Verzicht des Gerichts auf bestimmte Rechtsfolgen) unzulässig sei.

Unschädlich ist es jedoch, einen Beweisantrag für den Fall zu stellen, dass das Gericht über ein bestimmtes Strafmaß hinausgehen sollte, wenn der Antragsteller eine Alternative des ihm zur Last gelegten Tatbestandes eingeräumt hat, ihm jedoch eine andere (schwerer wiegende) Alternative zur Last liegt und wenn der Beweisantrag dazu dienen soll, die mildere Variante zur Anwendung zu bringen (BGH NStZ 1998, 209)

Gegenüber dem Hauptbeweisantrag enthält der Hilfsbeweisantrag einen Verzicht darauf, dass über ihn vorab durch Beschluss entschieden werden soll. Dem Antragsteller genügt die Beratung über den Antrag in der Urteilsberatung und die – ablehnende – **Verbescheidung im Urteil**. Das Urteil muss sich dann aber mit diesem Antrag befassen, und er kann auch nur aus **denselben Gründen** wie ein Hauptbeweisantrag zurückgewiesen werden. Will das Gericht diesen Antrag allerdings wegen **Verschleppungsabsicht** zurückweisen, muss es dennoch vorab **durch Beschluss** entscheiden, damit der Antragsteller in der Hauptverhandlung noch Gelegenheit hat, diesen schwerwiegenden Vorwurf zu entkräften.

d) Aufbau der Ablehnungsgründe

Die Gründe, die die Ablehnung eines Beweisantrages rechtfertigen können, sind je nach der Art des beantragten Beweismittels unterschiedlich. Zunächst muss entschieden werden, ob es sich um ein **präsentes Beweismittel** gemäß § 245 StPO oder um ein erst **herbeizuschaffendes Beweismittel** gemäß § 244 StPO handelt. Im Rahmen der nicht präsenten Beweismittel nennt § 244 Abs. 3 StPO die Ablehnungsgründe, die für alle Beweismittel gelten. § 244 Abs. 4 StPO lässt für einen Sachverständigenbeweis erweiterte Ablehnungsmöglichkeiten zu. § 244 Abs. 5 StPO schließlich – dessen Satz 2 durch das Rechtspflegeentlastungsgesetz eingefügt worden ist – stellt den Augenscheinsbeweis und die Vernehmung eines Zeugen, dessen Ladung im Ausland zu bewirken wäre, in das pflichtgemäße Ermessen des Gerichts. Eine klare Abgrenzung zwischen Zeugen- und Sachverständigenbeweis ist nicht selten Voraussetzung dafür, die richtige Entscheidung bei der Ablehnung eines Beweisantrags zu treffen.

e) Unzulässigkeit der Beweiserhebung

Das Gericht **muss** einen Beweisantrag dann zwingend ablehnen, wenn die beantragte **Beweiserhebung unzulässig** ist, § 244 Abs. 3 S. 1 StPO. Würde ein solcher Beweis dennoch erhoben, könnte eine solche unzulässige Beweiserhebung (anders als bei einer Beweiserhebung aufgrund eines Beweisantrags, der hätte zurückgewiesen werden können) die Revision begründen. In erster Linie handelt es sich hier um die Fälle der Beweisverbote (z.B. Vernehmung der nichtrichterlichen Verhörsperson entgegen § 252 StPO; Verlesung eines nichtrichterlichen Geständnisses entgegen § 254 StPO).

f) Offenkundigkeit

Tatsachen, die offenkundig sind, bedürfen keines Beweises. Das Gericht kann daher Anträge ablehnen, die auf den Beweis derartiger Tatsachen gerichtet sind, § 244 Abs. 3 S. 2 StPO. Aber auch dann, wenn für das Gericht das **Gegenteil offenkundig** ist, kann es die beantragte Beweiserhebung ablehnen.

Offenkundig sind zunächst Tatsachen, die **allgemeinkundig** sind, wovon jeder verständige und erfahrene Mensch regelmäßig ohne weiteres Kenntnis hat oder über was er sich aus allgemein zugänglichen Quellen unschwer und ohne besondere Fachkenntnisse zuverlässig unterrichten kann. Aber auch **gerichtskundige** Tatsachen und Erfahrungssätze bedürfen als offenkundig keines Beweises. Hierunter werden die Umstände verstanden, die der Richter im Zusammenhang mit seiner amtlichen Tätigkeit zuverlässig in Erfahrung gebracht hat. Da diese Umstände aber nicht aus Beweisergebnissen des gleichen Verfahrens oder eines anderen Verfahrens hergeleitet werden dürfen, sondern sich auf Allgemeinkunde innerhalb des Gerichtsbereichs beschränken, kommt der Gerichtskundigkeit bei der Ablehnung von Beweisanträgen nur geringe Bedeutung zu.

Möglich ist aber der Beweis, durch den die **Offenkundigkeit erschüttert** werden kann. Zwar wird z.B. Straßenglätte als Unfallursache im Juli in der Regel auszuschließen sein. Der Behauptung, dass ein außergewöhnliches Unwetter mit Wettersturz und starken Graupelschauern zu einer Eisbildung auf der Straße geführt habe, müsste das Gericht jedoch nachgehen.

g) Bedeutungslosigkeit

Auch über Tatsachen, die für die Entscheidung ohne Bedeutung sind, muss das Gericht keine Beweisaufnahme durchführen. Das ist dann der Fall, wenn die Tatsache die Entscheidung **schlechthin nicht beeinflussen kann,** und zwar weder aus rechtlichen noch aus tatsächlichen Gründen. Fehlerhaft wäre es, ein Beweisergebnis zu unterstellen und hypothetisch eine Beweiswürdigung vorzunehmen („Diesem Zeugen würde das Gericht selbst dann, wenn er das Beweisthema bestätigte, angesichts des bisherigen Beweisergebnisses nicht glauben").

Eine hierauf gestützte Zurückweisung ist vielmehr nur dann möglich, wenn die zu beweisende Tatsache selbst keinen Einfluss auf die Entscheidung nehmen kann. Eine **vorweggenommene Beweiswürdigung** darf bei der Entscheidung der Zurückweisung des Beweisantrags **keine** Rolle spielen.

In der Begründung eines ablehnenden Beschlusses muss das Gericht klar Stellung beziehen, ob die Ablehnung **aus rechtlichen oder aus tatsächlichen Gründen** geschah, und es muss sich damit auseinandersetzen, warum tatsächliche Umstände nach seiner Auffassung keinen Einfluss auf die Entscheidung nehmen können (BGH NStZ 1981, 309).

h) Erwiesensein

Eine bereits erwiesene Tatsache muss nicht mehr bewiesen werden. Wenn das Gericht von ihrem Vorliegen überzeugt ist, bedarf es keiner weiteren Überzeugungsmittel. Ein darauf abzielender Beweisantrag kann abgewiesen werden.

Ein beliebter Anfängerfehler ist es, den Beweisantrag deshalb zurückzuweisen, weil das **Gegenteil bereits bewiesen** sei. Genau das aber wäre wiederum eine **verbotene vorweggenommene Beweiswürdigung**. Die behauptete Tatsache muss sich mit der Überzeugung des Gerichts decken, wenn der Antrag aus diesem Grund zurückgewiesen werden soll.

i) Völlige Ungeeignetheit

Ein Beweismittel ist dann völlig ungeeignet, wenn es der Sachaufklärung unter keinem Gesichtspunkt dienen kann. Diese **Würdigung** muss sich aber **aus dem Beweismittel selbst** ohne vorweggenommene Beweiswürdigung ergeben. Deshalb kann ein Beweisantrag nur selten mit dieser Begründung zurückgewiesen werden. So darf ein Zeuge nicht schon deshalb als ungeeignet zurückgewiesen werden, weil er mit dem Angeklagten befreundet ist, weil er früher Angaben verweigert hat (es sei denn, es steht fest, dass er von seinem Aussageverweigerungsrecht weiterhin Gebrauch machen wird), oder weil er bereits einmal wegen eines Eidesdelikts verurteilt worden ist.

j) Unerreichbarkeit

Unerreichbar ist ein Beweismittel dann, wenn es das Gericht trotz hinreichender Individualisierung im Beweisantrag nicht beibringen kann. Das gilt vor allem für Personen, deren Aufenthalt trotz zumutbarer Bemühungen (wobei der Umfang sich nach dem Tatvorwurf und der Bedeutung des Beweismittels für die Entscheidung richtet) **nicht ermittelt werden kann**. Das gilt aber auch, wenn das Gericht keine Möglichkeiten hat, den Zeugen oder Sachverständigen beizubringen, etwa deshalb, weil er sich im **Ausland** aufhält. Allerdings muss zumindest versucht werden, ihn beizubringen, unter Umständen unter Zusage freien Geleits oder Übermittlung eines freien Flugtickets, es sei denn, nach dem pflichtgemäßen Ermessen des Gerichts wäre die Vernehmung zur Erforschung der Wahrheit nicht erforderlich, und der Antrag könnte nach § 244 Abs. 5 S. 2 StPO abgelehnt werden.

k) Verschleppungsabsicht

Die Voraussetzungen für die Ablehnung eines Beweisantrags wegen Verschleppungsabsicht liegen kaum einmal vor, denn eine „Zurückweisung wegen Verspätung" wie im Zivilrecht gibt es im Strafrecht nicht. § 246 Abs. 1 StPO bestimmt ausdrücklich, dass eine Beweiserhebung nicht deshalb abgelehnt werden darf, weil das Beweismittel oder die zu beweisende Tatsache zu spät vorgebracht worden sei. Vielmehr muss das Gericht auf Grund der äußeren Umstände sicher nachweisen, dass der Antragsteller **nur** eine **Verfahrensverzögerung erstrebt,** wenn es einen Beweisantrag wegen Verschleppungsabsicht ablehnen möchte. Voraussetzung dafür ist, dass tatsächlich eine nicht nur unerhebliche Verfahrensverzögerung eintreten würde, dass die Durchführung der Beweisaufnahme nichts zugunsten des Antragstellers ergeben würde (hier ist eine Vorwegwürdigung des voraussichtlichen Beweisergebnisses durch das Gericht zulässig), und dass diese Umstände dem Antragsteller auch bewusst sind. Da diese drei Voraussetzungen nur in Ausnahmefällen mit hinreichender Deutlichkeit erkennbar und nachweisbar sind, spielt die Zurückweisung wegen Verschleppungsabsicht in der Praxis kaum eine Rolle.

l) Wahrunterstellung

Einer der wichtigsten Ablehnungsgründe in der Praxis ist der der Wahrunterstellung. Gerade bei diesem Grund sind aber einige sehr wichtige Aspekte zu berücksichtigen, denn er ist nicht isoliert, sondern im Zusammenhang mit den anderen Ablehnungsgründen zu sehen. Die Wahrunterstellung ist zunächst einmal am Aufklärungsgebot des § 244 Abs. 2 StPO zu messen. Es wäre **fehlerhaft, wesentliche Gesichtspunkte unaufgeklärt zu lassen**, obwohl eine **Aufklärung** durchaus **möglich** wäre. Andererseits spielen Gründe der Prozessökonomie durchaus eine Rolle bei der Beurteilung. Das Gericht wird auf Grund der bisherigen Beweislage beurteilen, ob sich die angegebene Beweisaussage vorausschauend durch das Beweismittel bestätigen wird, ob also eine erhebliche Entlastungsbehauptung des Angeklagten nicht widerlegt und auch nicht widerlegbar ist. Die Wahrunterstellung ist somit erleichtert, wenn das Gericht ohne die Durchführung des Beweises die Beweistatsache ohnehin zugunsten des Angeklagten berücksichtigen müsste.

In Betracht kommen **nur bedeutsame Beweisaussagen,** denn andernfalls müsste das Gericht das Beweisangebot vorrangig als „für die Entscheidung ohne Bedeutung" zurückweisen. Außerdem darf die Tatsache nach Auffassung des Gerichts **nicht bereits bewiesen** sein, denn dann müsste der Antrag aus diesem Grund zurückgewiesen werden. Und schließlich kommen nur Tatsachen in Betracht, die **der Entlastung des Angeklagten dienen** sollen. Das bedeutet, dass das Gericht aus wahrunterstellten Tatsachen auch keine belastenden Schlüsse ziehen darf (str., Meyer-Goßner § 244 Rn. 70).

Voraussetzungen für Wahrunterstellung

– Tatsache entlastet den Angeklagten
– Tatsache ist beweiserheblich
– Sachverhalt ist voraussichtlich nicht weiter aufklärbar

Ein verbreiteter Fehler ist es, nicht eine Tatsache als wahr zu unterstellen, sondern eine Aussage. Das Gericht darf keinesfalls erklären, ein Zeuge werde eine bestimmte Beweistatsache bestätigen, um dann angesichts des übrigen Beweisergebnisses dennoch vom Gegenteil auszugehen. Wenn eine Tatsache als wahr unterstellt ist, muss das Gericht von dem Vorliegen der Tatsache ausgehen.

Gefährlich sind Wahrunterstellungen in einem Prozessstadium, in dem die Bedeutung der Beweisaussage noch gar nicht abschließend beurteilt werden kann. Auch im Zusammenhang mit der Frage der Glaubwürdigkeit eines Zeugen, der den Angeklagten belastet, ist Vorsicht bei Wahrunterstellungen geboten. In einem vom BGH beanstandeten Fall hatte eine Strafkammer einen Beweisantrag auf Vernehmung eines unbeteiligten Zeugen abgelehnt mit der Begründung, es könne unterstellt werden, dass dieser Zeuge das behauptete Beweisthema bestätigen werde und so die Unglaubwürdigkeit des Belastungszeugen in diesem Punkt deutlich werde. Das sei aber kein Grund, die Unglaubwürdigkeit des Belastungszeugen generell in Frage zu stellen. Der BGH (NStZ-RR 1997, 8) hat zum Ausdruck gebracht, dass das Gericht sich im Rahmen seiner Aufklärungspflicht durch Klärung von behaupteten Hilfstatsachen in aller Regel einen umfassenden Eindruck von der Glaubwürdigkeit eines Zeugen oder Mitangeklagten verschaffen müsse.

m) Ablehnung eines Antrags auf Sachverständigenbeweis – § 244 Abs. 4 StPO

Wenn das Gericht einen Sachverständigen zuziehen möchte, ist es nicht an den vom Antragsteller namentlich genannten Sachverständigen gebunden, sondern bei seiner **Auswahl frei,** § 73 StPO. Glaubt es aber, ohne einen Sachverständigen auszukommen, können neben den allgemeinen bereits behandelten Ablehnungsgründen zwei weitere Gründe die Ablehnung eines Antrags auf Vernehmung eines Sachverständigen rechtfertigen. Das Gericht muss sich dann nicht der Hilfe eines Sachverständigen bedienen, wenn es dieser Hilfe nicht bedarf, weil es **selbst die erforderliche** Sachkunde besitzt. Diese Sachkunde kann das Gericht auch dadurch gewonnen haben, dass es im Rahmen anderer Verfahren durch Erstattung von Gutachten spezielle Kenntnisse erworben hat, die es zur Beantwortung der Beweisfrage selbst befähigt. Dabei müssen diese Kenntnisse nicht bei allen beteiligten Richtern in gleicher Weise vorhanden sein; es reicht aus, wenn einzelne Richter über diese Kenntnisse verfügen und sie den anderen vermitteln. Es muss bei der Ablehnung eines entprechenden Beweisantrags in der Begründung jedoch hinreichend belegt werden, worauf das Gericht seine eigene Sachkunde gründet (vgl. BGH NStZ 1998, 98).

Das *Gericht* muss auch dann keinen Sachverständigen zusätzlich einschalten, wenn **bereits ein anderer Sachverständiger** die zu begutachtenden Tatsachen überzeugend gewürdigt hat. Etwas anderes gilt nur dann, wenn dieses erste Gutachten angreifbar ist, weil

- die Sachkunde des Gutachters zweifelhaft ist
- unzutreffende tatsächliche Voraussetzungen (Anknüpfungstatsachen) zum Ausgangspunkt der Begutachtung genommen wurden
- das mündliche Gutachten, das für das Gericht die Grundlage für die Sachverhaltsermittlung sein soll, Widersprüche enthält
- der neue Gutachter über überlegene Forschungsmittel verfügt.

Liegt keiner dieser Ausnahmefälle vor, kann – anders als beim Zeugen – die Hinzuziehung eines weiteren Sachverständigen auch dann abgelehnt werden, wenn die bisherige Beweisaufnahme durch einen Sachverständigen das Gegenteil der nunmehr behaupteten Tatsache erbracht hat.

n) Ablehnung eines Antrags auf Augenscheinsbeweis – § 244 Abs. 5 S. 1 StPO

Bei der Ablehnung der Einnahme eines beantragten Augenscheins kann das Gericht nach **pflichtgemäßem Ermessen** entscheiden. Es unterliegt grundsätzlich nur dem Aufklärungsgebot des § 244 Abs. 2 StPO, und wenn die Tatortsituation durch Zeugenschilderungen oder Lichtbilder hinreichend deutlich wird, so dass nach dem pflichtgemäßen Ermessen des Gerichts der Augenschein zur Erforschung der Wahrheit nicht erforderlich ist, bedarf es nicht mehr unbedingt eines Augenscheins. Eine Einschränkung ergibt sich aber dann, wenn durch den Augenschein die Aussage eines Zeugen widerlegt werden soll. Diesem Antrag müsste das Gericht nachkommen, wenn er nicht aus den Gründen des § 244 Abs. 3 StPO zurückgewiesen werden könnte (Meyer-Goßner § 244 Rn. 78).

o) Ablehnung eines Antrags auf Vernehmung eines Zeugen, dessen Ladung im Ausland zu bewirken wäre – § 244 Abs. 5 S. 2 StPO

Hier gilt sinngemäß das oben zu n) Ausgeführte. In dem ablehnenden Beschluss müssen die für die Ablehnung wesentlichen Gesichtspunkte in ihrem tatsächlichen Kern konkret mitgeteilt werden; eine formale Begründung, die allgemein „auf das bisherige Beweisergebnis" abstellt, genügt nicht.

p) Präsente Beweismittel – § 245 StPO

Sämtliche **auf Veranlassung des Gerichts** zur Hauptverhandlung herbeigeschafften Beweismittel müssen, wenn die Verwertung zulässig ist, auch in der Hauptverhandlung verwertet werden. Denn da die Prozessbeteiligten davon ausgehen können, dass diese Beweismittel auch verwertet werden sollen, haben sie unter Umständen auf die Stellung von Beweisanträgen oder die unmittelbare Ladung oder Herbeischaffung von Beweismitteln verzichtet. Das Gericht kann daher von der Verwertung dieser Beweismittel nur dann absehen, wenn die Staatsanwaltschaft, der Verteidiger und der Angeklagte damit einverstanden sind, § 245 Abs. 1 StPO. Es ist nicht erforderlich, dass auch der Nebenkläger sein Einverständnis bekundet (K/Meyer-Goßner § 397 Rn. 12, § 245 Rn. 9). Nimmt der Angeklagte berechtigt gemäß § 233 StPO an der Hauptverhandlung nicht teil, kann seine Zustimmung nicht unterstellt werden, es sei denn, ein bevollmächtigter Vertreter erklärt den Verzicht für ihn (vgl. § 234 a StPO). Er durfte sich nämlich darauf verlassen, dass die vorgesehenen Beweismittel auch verwertet werden. Wenn er davon gewusst hätte, dass von einer Verwertung (zum Teil) Abstand genommen würde, hätte er nämlich wegen einer von ihm unter diesen Umständen für erforderlich gehaltenen weiteren Sachverhaltsaufklärung möglicherweise nicht auf seine Beteiligung an der Hauptverhandlung verzichtet. Anders ist es aber in den Fällen der §§ 231 Abs. 2, 231a und 232 StPO. Hier hat der Angeklagte sein Mitwirkungsrecht durch eigenes Verhalten verwirkt oder – im Fall des § 232 StPO – auf eine Mitwirkung insoweit verzichtet (Meyer-Goßner § 232 Rn. 19, § 231 Rn. 21).

Von der Staatsanwaltschaft **unmittelbar** gemäß § 214 Abs. 3 StPO oder vom Angeklagten gemäß § 220 **StPO geladene Zeugen oder Sachverständige**, die erschienen sind, müssen nur auf einen zulässigen und begründeten Beweisantrag hin vernommen werden, § 245 Abs. 2 StPO. Die Ablehnungsgründe ähneln denen in § 244 Abs. 3 StPO mit der Ausnahme, dass Unerreichbarkeit selbstverständlich entfällt, da das Beweismittel ja präsent ist, dass statt Bedeutungslosigkeit der wesentlich engere Begriff des fehlenden Zusammenhangs erfüllt sein muss und dass eine Wahrunterstellung nicht möglich ist. **Vom Angeklag-**

ten selbst mitgebrachte Zeugen sind nicht in der Form des § 220 StPO (durch Gerichtsvollzieher) geladen, und ihre Vernehmung erfordert einen Beweisantrag, dessen Ablehnungsmöglichkeiten sich aus § 244 StPO ergeben.

7. Hinweise nach § 265 StPO

Der Angeklagte darf nicht auf Grund anderer als der in der zugelassenen Anklage angeführten Strafgesetze verurteilt werden, es sei denn, er ist auf die Veränderung zuvor hingewiesen worden. Haben sich in der Hauptverhandlung Anhaltspunkte dafür ergeben, dass eine Verurteilung nach einem anderen Strafgesetz als dem in der Anklage angeführten in Betracht kommt, so hat der Vorsitzende einen entsprechenden Hinweis zu machen. Dieser Hinweis kann **nicht** durch eine Bemerkung eines **anderen** Prozessbeteiligten ersetzt werden.

Die Änderungen können sehr vielfältiger Natur sein, z.B.

- es ist ein anderes Strafgesetz als das in der Anklage genannte anzuwenden
- zu dem genannten Strafgesetz kommt ein weiteres hinzu
- statt der einen wird eine andere Begehungsform innerhalb des gleichen Straftatbestandes angenommen
- die Teilnahmeform ändert sich (Beihilfe statt Mittäterschaft zum Beispiel, aber auch: Annahme von Alleintäterschaft statt ursprünglich angenommener Mittäterschaft, vgl. BGH NStZ-RR 1996, 108)
- die Schuldform ändert sich
- die Konkurrenzen ändern sich (auch z.B. Handlungseinheit statt Einzeltaten)
- die Anordnung einer Maßregel der Sicherung und Besserung kommt neu in Betracht, § 265 Abs. 2 StPO
- ein Fahrverbot kommt neu in Betracht.

Ein bloßer Hinweis darauf, dass die Anwendung einer anderen materiellrechtlichen Strafnorm in Betracht kommt, genügt möglicherweise dann nicht, wenn diese Norm mehrere mögliche Begehensweisen enthält. Dem Angeklagten muss konkret vor Augen geführt werden, unter welchem rechtlichen Gesichtspunkt der gegen ihn erhobene Vorwurf möglicherweise gesehen werden könnte, damit er sich sachgerecht verteidigen kann.

Auch bei der **Änderung eines tatsächlichen Gesichtspunktes** muss der Vorsitzende in entsprechender Anwendung von § 265 StPO einen Hinweis jedenfalls dann geben, wenn der Angeklagte diese Änderung aus dem Ablauf der Verhandlung nicht ohne weiteres selbst entnehmen kann. So muss das Gericht, das z.B. von einer anderen Tatzeit als in der Anklageschrift ausgehen möchte, darauf hinweisen, damit der Angeklagte sich unter Umständen durch einen Alibibeweis auch für diese Tatzeit entlasten kann. Der Angeklagte kann hierauf gegebenenfalls erfolgreich die Aussetzung der Hauptverhandlung beantragen, wenn er sich nur so bei der veränderten Sachlage angemessen verteidigen kann. Eine solche Aussetzung hat das Gericht von Amts wegen oder auf Antrag eines der übrigen Verfahrensbeteiligten (nicht des Nebenklägers, Meyer-Goßner § 265 Rn. 39, § 397 Rn. 11) außerdem dann anzuordnen, wenn dies wegen des neu in das Verfahren eingeführten Stoffs zur angemessenen Vorbereitung auf die Hauptverhandlung erforderlich ist.

Wenn die Hauptverhandlung **ohne die Anwesenheit** des Angeklagten stattfinden kann, können Hinweise nach § 265 StPO dem **teilnehmenden Verteidiger** gegeben werden. Der Angeklagte selbst muss in diesen Fällen nicht zusätzlich informiert werden, § 234a StPO. Das gilt natürlich nicht, wenn der Angeklagte nur vorübergehend gemäß § 247 StPO nicht an der Sitzung teilnimmt. Wenn **weder** der **Angeklagte noch** für ihn der **Verteidiger** zugegen ist, muss die Hauptverhandlung unterbrochen oder ausgesetzt werden und **in der Ladung** des Angeklagten zum neuen Termin der Hinweis enthalten sein.

8. Schließung der Beweisaufnahme

Der Vorsitzende befragt die Beteiligten, ob noch Beweisanträge gestellt werden sollen. Er überprüft, ob alle im Verfahren gestellten Hauptbeweisanträge verbeschieden wurden, und wird diese Frage gegebenenfalls mit den Prozessbeteiligten nochmals erörtern. Dann schließt er die Beweisaufnahme. In geeigneten Fällen befragt er den Angeklagten gemäß § 265a StPO nach **freiwilligen Bewährungsleistungen** oder **Zusagen** für seine **künftige Lebensführung**.

XII. Schlussvorträge – § 258 Abs. 1, Abs. 2 StPO

Nach Beendigung der Beweisaufnahme und vor der endgültigen Entscheidung des Gerichts haben alle Verfahrensbeteiligten das Recht, zum gesamten Sachverhalt und zu allen Rechtsfragen des Verfahrens Stellung zu nehmen und eigene Anträge zu stellen (Meyer-Goßner § 258 Rn. 4). Üblicherweise beginnt der Staatsanwalt in der 1. Instanz mit seinem Plädoyer der Reihenfolge des § 258 Abs. 1 StPO folgend (die aber nicht zwingend ist). Ihm folgt gegebenenfalls das Plädoyer des Nebenklägers. Anschließend legt der Verteidiger die Position des Angeklagten dar. Der Staatsanwalt hat die Möglichkeit der Replik. Auf Verlangen ist aber – abweichend vom Wortlaut des § 258 Abs. 2 StPO – dem Verteidiger und dem Angeklagten jeweils nochmals Gelegenheit zu geben, auf die Ausführungen des Staatsanwalts oder des Nebenklägers einzugehen (Meyer-Goßner § 258 Rn. 18).

Aufbau und Inhalt des Plädoyers sind gesetzlich nicht geregelt, und auch nur der **Staatsanwalt** ist verpflichtet, einen Schlussvortrag mit bestimmten Schlussanträgen zu halten (Meyer-Goßner § 258 Rn. 9, 10). Darüber hinaus enthalten Nr. 138, 139 RiStBV genauere innerdienstlich bindende Anweisungen zum Inhalt des Plädoyers.

Der Aufbau orientiert sich in der Regel am **Aufbau des Urteils** und enthält folgende Abschnitte:

- Anrede und Einleitung
- Darstellung des für erwiesen erachteten Sachverhalts
- Beweiswürdigung
- Rechtliche Würdigung
- Rechtsfolgen mit Erörterung der Strafzumessungstatsachen und Strafzumessungserwägungen
- Schlussantrag
- ggf. Anträge auf Verhängung, Aufrechterhaltung oder Aufhebung des Haftbefehls.

Wenn der Staatsanwalt zu dem Ergebnis kommt, dass der Angeklagte freizusprechen ist, soll er auch zur Frage der Auferlegung der Kosten und Auslagen des Angeklagten sowie einer möglichen Entschädigung nach §§ 1, 2 StrEG Stellung nehmen, Nr. 139 RiStBV.

Das **Plädoyer des Verteidigers** orientiert sich in der Regel an der Darstellung des Schlussvortrags des Staatsanwalts und greift die Punkte heraus, die nach Meinung des Verteidigers Schwachpunkte in der Argumentation des Staatsanwalts darstellen. Völlig unnötig ist es, den in der Anklageschrift vorgeworfenen Sachverhalt zunächst zu wiederholen. Da der Verteidiger – anders als der Staatsanwalt – nicht zur Objektivität verpflichtet ist, kann er sich damit begnügen, alle seinem Mandanten günstigen Momente zum Ausdruck zu bringen. Häufig nimmt ein Verteidiger, der in erster Linie einen Freispruch erzielen möchte, dennoch zu Fragen der Strafzumessung hilfsweise Stellung. Dieser Umstand darf keinesfalls als Schuldeingeständnis des Angeklagten gewertet werden.

XIII. Letztes Wort des Angeklagten – § 258 Abs. 2, Abs. 3 StPO

Dem Angeklagten ist in jedem Fall das letzte Wort zu gewähren. Er ist zu befragen, ob er noch etwas zu seiner Verteidigung anzuführen habe. Diese Frage muss an den Angeklagten wiederholt gerichtet werden, wenn zwischen seinen Ausführungen und der Urteilsberatung ein sonstiger Beteiligter das Wort ergriffen hat. Bei Abwesenheit des Angeklagten ist es ausreichend, wenn dem Verteidiger als Letztem Gelegenheit zum Plädoyer gegeben wurde.

Im Verfahren gegen Jugendliche steht das letzte Wort auch den Erziehungsberechtigten und den gesetzlichen Vertretern zu, und zwar unabhängig davon, ob ein Jugendgericht oder ein Erwachsenenstrafgericht entscheidet, §§ 67 Abs. 1, 104 Abs. 1 Nr. 9 JGG.

XIV. Urteilsberatung – §§ 193–197 GVG, § 263 StPO

An der Urteilsberatung nehmen nur die zur Entscheidungsfindung berufenen Richter teil. Der Vorsitzende kann lediglich den bei demselben Gericht zu ihrer juristischen Ausbildung beschäftigten Personen (also den diesem Gericht zugeteilten Referendaren) oder den dort beschäftigten wissenschaftlichen Hilfskräften (was am BGH Bedeutung haben kann) die Anwesenheit gestatten. Die gesetzliche Regelung ist sehr eng auszulegen. Studenten, die an dem Gericht ihr Gerichtspraktikum gemäß § 5a Abs. 3 S. 2 DRiG absolvieren, dürfen der Urteilsberatung nicht beiwohnen (BGH NJW 1995, 2645). Dadurch soll das sich aus §§ 43, 45 Abs. 1 S. 2 DRiG ergebende Beratungsgeheimnis und damit die richterliche

Unabhängigkeit, wie in Art. 97 Abs. 1 GG zum Ausdruck gebracht, gewahrt werden. Jede – auch nur mittelbare – äußere Beeinflussung soll von der Beratung möglichst ferngehalten werden.

Bei einem Kollegialgericht wird unter Leitung des Vorsitzenden in geheimer Beratung die zu verkündende Entscheidung ermittelt. Über die einzelnen Abschnitte, etwa Verfahrenshindernisse, Tatfrage, Schuldfrage, Rechtsfolgen und Kostenentscheidung wird in einer in § 197 GVG genau festgelegten **Reihenfolge abgestimmt**. Während im Regelfall gemäß § 196 Abs. 1 GVG die absolute Mehrheit der Stimmen entscheidet, bestimmt § 263 Abs. 1 StPO, dass zu jeder dem Angeklagten nachteiligen Entscheidung über die Schuldfrage und die Rechtsfolgen der Tat eine **Mehrheit von 2/3 der Stimmen** erforderlich ist. Das bedeutet, dass z.B. in einem Fall, in dem die beiden Schöffen in einer mit drei Berufsrichtern und zwei Schöffen besetzten großen Strafkammer die Täterschaft des Angeklagten nicht für erwiesen erachten, ein Freispruch zu erfolgen hat, auch wenn sämtliche Berufsrichter anderer Meinung sind.

Bei der Abstimmung der **konkret zu verhängenden Strafe** kommt es zu einem komplizierten Verfahren. Zunächst wird über die Strafart, dann über die Höhe (Anzahl der Tagessätze bzw. Dauer der Freiheitsstrafe), dann über die Tagessatzhöhe bzw. die Frage der Bewährung abgestimmt. Bilden sich mehrere unterschiedliche Meinungen, so bestimmt § 196 Abs. 3 GVG, dass die dem Angeklagten nachteiligsten Stimmen den zunächst minder nachteiligen solange hinzugerechnet werden, bis sich die erforderliche Mehrheit ergibt.

XV. Urteilsverkündung – §§ 260, 268 StPO

1. Urteil

Im Anschluss an die Hauptverhandlung, spätestens am 11. Tag nach dem Schluss der mündlichen Verhandlung – von einer Verhinderung des Angeklagten oder einer zur Urteilsfindung berufenen Person durch Erkrankung oder von der Verlängerung der Frist durch einen Samstag, Sonntag oder Feiertag einmal abgesehen, §§ 268 Abs. 3, 229 Abs. 3, Abs. 4 S. 2 StPO – wird das Urteil durch **Verlesung der Urteilsformel** und Verlesung oder mündliche Mitteilung der wesentlichen **Urteilsgründe** in öffentlicher Sitzung durch den Vorsitzenden verkündet. Die Liste der angewendeten Vorschriften gemäß § 260 Abs. 5 StPO muss nicht mitverkündet werden, da sie nicht zur Urteilsformel im Sinne des § 268 Abs. 2 StPO zählt. Das Urteil ergeht im Namen des Volkes, § 268 Abs. 1 StPO. Der Vorsitzende verliest üblicherweise stehend die Urteilsformel, die schriftlich niedergelegt ist und zwingend vor der Mitteilung der Urteilsgründe bekanntzugeben ist.

Die Verkündung ist **beendet,** wenn die mündliche Bekanntgabe der Urteilsgründe abgeschlossen ist, so dass das Gericht bis zu diesem Zeitpunkt seine **Entscheidung** problemlos **abändern** kann, wieder in die Beweisaufnahme eintreten kann oder auch Anträge entgegennehmen kann (BGH NJW 74,1518).

2. Bewährungsbeschluss

Neben dem Urteil können weitere Entscheidungen, die in Beschlussform ergehen, zu verkünden sein. Hier ist vor allem der Bewährungsbeschluss zu nennen, der die **Dauer der Bewährungszeit,** die **Auflagen, Weisungen** und die Frage der **Bewährungshilfe** regelt, § 268a StPO in Verbindung mit §§ 56a bis d und 59a StGB. Dieser Beschluss wird häufig gleich im Anschluss an die Verlesung der Urteilsformel noch vor der Bekanntgabe der Urteilsgründe verkündet, denn er kann für den Angeklagten nicht unerhebliche Belastungen enthalten. Die Tatsache der Strafaussetzung **zur Bewährung selbst** ergibt sich jedoch aus dem **Tenor des Urteils.**

3. Haftbeschluss

Befindet sich der Angeklagte in Untersuchungshaft oder in einstweiliger Unterbringung, muss zusammen mit dem Urteil durch einen zu begründenden Beschluss darüber entschieden werden, ob die **Fortdauer** der Untersuchungshaft oder der Unterbringung angeordnet wird oder ob gegebenenfalls der Haft-/Unterbringungsbefehl **außer Vollzug gesetzt** bzw. **aufgehoben** wird, § 268b StPO. Bei einem **freisprechenden Urteil** muss der Haftbefehl zwingend aufgehoben werden, § 120 Abs. 1 Satz 2 StPO. Der Angeklagte ist sofort auf freien Fuß zu setzen, wenn nicht Überhaft wegen eines anderen Haftbefehls notiert ist (Meyer-Goßner § 120 Rn. 8 und 9).

Falls sich der Angeklagte auf freiem Fuß befindet, könnte durch das Gericht im Falle der Verurteilung bei Vorliegen der Haftvoraussetzungen die Haft angeordnet werden.

4. Belehrungen

Zum Abschluss der Urteilsverkündung erteilt der Vorsitzende dem Angeklagten verschiedene Belehrungen.

a) Bewährungsbelehrung – § 268 a Abs. 3 StPO

Der Vorsitzende erläutert dem Angeklagten in der Regel im Anschluss an die Verkündung des Bewährungsbeschlusses allgemein die **Bedeutung der Bewährung,** und er geht auf die im Einzelfall getroffenen Maßnahmen ein, damit der Angeklagte über seine Pflichten und die Risiken umfassend aufgeklärt ist. Wird diese Belehrung übersehen, sieht § 453a StPO eine Nachholung zu einem späteren Zeitpunkt vor.

b) Fahrverbotsbelehrung – § 268 c StPO

Wenn in dem Urteil als Nebenstrafe ein Fahrverbot verhängt worden ist, belehrt der Vorsitzende den Angeklagten, dass er ab Rechtskraft der Entscheidung im Straßenverkehr keine Kraftfahrzeuge der vom Gericht bezeichneten Art fahren darf. Ein Verstoß ist nach § 21 Abs. 1 Ziff. 1 StVG als Vergehen des **Fahrens ohne Fahrerlaubnis** strafbar. Weiterhin klärt der Vorsitzende den Angeklagten darüber auf, dass die Frist für das Fahrverbot erst zu laufen beginnt, wenn der **Führerschein** in amtliche Verwahrung **abgegeben** ist oder ein Vermerk über das Fahrverbot in ihm aufgenommen ist, so dass es im eigenen Interesse des Angeklagten liegt, wenn der Führerschein frühestmöglich in amtliche Verwahrung kommt, vgl. § 44 Abs. 3 StGB.

c) Rechtsmittelbelehrung – § 35 a StPO

Abschließend muss der Angeklagte darüber aufgeklärt werden, welche Möglichkeiten der Anfechtung gegen das Urteil und die Nebenentscheidungen bestehen, und in welcher Form und Frist eine Anfechtung erfolgen müsste. Dies geschieht üblicherweise durch einige knappe Hinweise und die Übergabe eines Merkblatts, Nr. 142 Abs. 1 S. 2 RiStBV. Falls gegen das Urteil **Berufung** möglich ist, muss der Angeklagte auch über die erleichterten Möglichkeiten **öffentlicher Zustellung** und die **Folgen** seines **Ausbleibens** in der Berufungshauptverhandlung aufgeklärt werden, §§ 35a S. 2, 40 Abs. 3, 329, 330 StPO. Bei ausländischen Angeklagten muss sogar darauf hingewiesen werden, dass die schriftliche Rechtsmitteleinlegung in deutscher Sprache zu erfolgen hat (Meyer-Goßner § 35a Rn. 12; Nr. 142 Abs. 1 S. 3 RiStBV). Eine Belehrung über die Möglichkeit der Wiedereinsetzung bei Versäumung der Frist ist jedoch nicht vorgesehen. Auch erfolgt keine **Fristberechnung** für den Angeklagten.

C. Besondere Verfahren

I. Beschleunigtes Verfahren – §§ 417 ff. StPO

Das von der Praxis bisher nur in verhältnismäßig geringem Umfang genutzte beschleunigte Verfahren war ursprünglich in §§ 212 ff. StPO geregelt und wurde durch das Verbrechensbekämpfungsgesetz vom 28. 10. 1994 nunmehr als besondere Verfahrensart in die §§ 417 bis 420 StPO aufgenommen. Gegenüber dem Normalverfahren weist es einige Besonderheiten auf. Die Anklage kann mündlich erhoben werden, ein Eröffnungsbeschluss wird nicht erlassen, der Angeklagte wird nicht geladen, wenn er sich freiwillig zur Hauptverhandlung stellt oder dem Gericht vorgeführt wird, und die Ladungsfrist ist im Falle einer erforderlichen Ladung auf 48 Stunden verkürzt, § 418 StPO.

Das Verfahren verdient seinen Namen nur, wenn es tatsächlich gegenüber einem Normalverfahren beschleunigt abläuft. Daher wird die Hauptverhandlung sofort oder in kurzer Frist durchgeführt, und zwischen dem Eingang des Antrags auf Durchführung des beschleunigten Verfahrens bei Gericht und dem Beginn der Hauptverhandlung sollen nicht mehr als 6 Wochen liegen, § 418 Abs. 1 StPO.

Weiterhin wurde – um das Verfahren effizienter zu machen – das Beweisantragsrecht eingeschränkt und die Beweisaufnahme dadurch erleichtert, dass gegenüber der früheren Regelung in größerem Maße Verlesungen an die Stelle von Vernehmungen der Zeugen, Sachverständigen und Mitbeschuldigten treten dürfen. Auch in diesem Verfahren kann es zu einem nachträglichen Strafbefehl kommen, §§ 408 Abs. 3 S. 3, 408 a StPO.

Das beschleunigte Verfahren kann vor dem Strafrichter und dem Schöffengericht stattfinden. Es setzt einen entsprechenden Antrag der Staatsanwaltschaft voraus. Diese wählt das Verfahren dann, wenn der Beschuldigte geständig ist oder andere Beweismittel zur Verfügung stehen, wenn eine genauere Erforschung der Person des Beschuldigten und seines Vorlebens nicht veranlasst ist, wenn die Verteidigungsmöglichkeiten des Beschuldigten durch dieses Verfahren nicht beeinträchtigt werden und wenn aufgrund der klaren Beweislage und des einfachen Sachverhalts eine sofortige Verhandlung erfolgen kann.

Auch wenn eine mündliche Anklageerhebung möglich ist und der wesentliche Inhalt der Anklage in das Sitzungsprotokoll aufgenommen wird, soll die Anklage nach Möglichkeit schriftlich niedergelegt werden, § 418 Abs. 3 StPO, Nr. 146 Abs. 2 RiStBV. Falls eine Freiheitsstrafe von mindestens 6 Monaten zu erwarten ist, bedarf es der Unterstützung des Angeklagten durch einen Verteidiger, § 418 Abs. 4 StPO.

Eine verstärkte Bedeutung soll diese Verfahrensart durch die mit Gesetz vom 17. 7. 1997 eingeführte auf eine Woche befristete Hauptverhandlungshaft gemäß § 127 b StPO erfahren. Ein auf frischer Tat Betroffener oder Verfolgter kann für längstens eine Woche in Haft genommen werden, wenn zu erwarten ist, dass eine unverzügliche Entscheidung im beschleunigten Verfahren binnen einer Woche nach der Festnahme erfolgen wird und ohne Haftanordnung auf Grund bestimmter Tatsachen zu befürchten ist, dass der Festgenommene der Hauptverhandlung fernbleiben wird. Damit ist es möglich, insbesondere bei „reisenden Straftätern", Wohnungslosen und Ausländern in Fällen der kleineren oder mittleren Kriminalität eine Hauptverhandlung in Gegenwart der Täter durchzusetzen, bei denen ein Haftbefehl nach §§ 112 ff. StPO ansonsten nicht in Betracht käme, andererseits aber erfahrungsgemäß mit einem Fernbleiben in der Hauptverhandlung zu rechnen ist. Es bleibt abzuwarten, ob diese Möglichkeit, die erhebliche Bedenken hervorgerufen hat, zu einer verstärkten Nutzung des beschleunigten Verfahrens im Interesse einer effektiven Strafverfolgung und einer Entlastung der Justiz führen wird (vgl. Meyer-Goßner § 127 b Rn. 1).

Diese Verfahrensart bietet sich vor allem dann an, wenn ein Täter auf frischer Tat betroffen wurde, der im Gerichtsbezirk nicht wohnhaft ist, vielleicht im Inland gar keinen Wohnsitz hat. Ein derartiges Vorgehen kann unter Umständen zusätzliche präventive Wirkungen haben.

In der Hauptverhandlung dürfen Vernehmungen von Zeugen, Sachverständigen und Mitbeschuldigten durch die Verlesung von Niederschriften über eine frühere Vernehmung sowie von Urkunden, die eine von diesen Personen stammende schriftliche Äußerung enthalten, über die Grenzen der §§ 250 ff. StPO hinaus ersetzt werden, § 420 Abs. 1 StPO. So ist auch die Verlesung von behördlichen Erklärungen in erheblich weiterem Umfang als bei § 256 StPO möglich, so dass zum Beispiel auch Aktenvermerke der Polizei oder der Staatsanwaltschaft auf diese Weise verwertet werden können (Meyer-Goßner § 420 Rn. 7). Allerdings haben diese Erleichterungen zur Voraussetzung, dass die in der Hauptverhandlung anwesenden Angeklagten, Verteidiger und Vertreter der Staatsanwaltschaft diesem Vorgehen zustimmen.

Schließlich kann der Strafrichter (also nicht das Schöffengericht) den Umfang der Beweisaufnahme ähnlich wie im Privatklageverfahren nach § 384 Abs. 3 StPO und im Ordnungswidrigkeitenverfahren nach § 77 Abs. 1 und 2 Nr. 1 OWiG frei bestimmen und ist nicht an die Ablehnungsgründe des § 244 Abs. 3 bis 5 StPO gebunden, § 420 Abs. 4 StPO. Allerdings muss er auch in diesem Verfahren der allgemeinen Aufklärungspflicht nach § 244 Abs. 2 StPO genügen.

Wenn es sich zeigt, dass die im beschleunigten Verfahren angesetzte Verhandlung übereilt war, weil sich Schwierigkeiten ergeben, etwa

- weil die Persönlichkeit des Täters genauer erforscht werden müsste
- weil über ein Jahr Freiheitsstrafe in Betracht kommt, § 419 Abs. 1 S. 2 StPO
- weil die Anordnung einer Maßregel der Besserung und Sicherung mit Ausnahme der Entziehung der Fahrerlaubnis in Betracht kommt, § 419 Abs. 1 S. 2 StPO
- weil sonstige Gründe gegen die sofortige Aburteilung sprechen,

lehnt das Gericht durch unanfechtbaren Beschluss, der bis zur Verkündung des Urteils möglich ist, die Aburteilung im beschleunigten Verfahren ab, § 419 Abs. 2 StPO. Anders als früher, wo es dann zu einem normalen staatsanwaltschaftlichen Ermittlungsverfahren mit (erneuter) Anklageerhebung kam, bleibt jetzt die Rechtshängigkeit beim Gericht erhalten, und dieses muss entscheiden, ob es das Hauptverfahren eröffnen wird. Das Gericht kann nach Gewährung von rechtlichem Gehör für den Angeklagten zugleich mit der Ablehnung der Entscheidung im beschleunigten Verfahren einen Eröffnungsbeschluss nach §§ 203, 207 StPO erlassen und das Verfahren wie bei einer normalen Anklageerhebung fortsetzen. Andernfalls reicht es die Akten an die Staatsanwaltschaft zurück, die nunmehr folgende Möglichkeiten hat:

- Rücknahme der Anklage (vgl. § 156 StPO) und Einstellung des Verfahrens nach § 170 Abs. 2 StPO oder nach §§ 153 ff. StPO
- gegebenenfalls die Durchführung weiterer Ermittlungen und die Vorlage einer neuen Anklageschrift (falls bisher nur mündliche Anklageerhebung erfolgt war) oder erneute Vorlage der schriftlichen Anklage mit dem Antrag, über die Eröffnung des Hauptverfahrens zu beschließen.

II. Berufungsverfahren

Die Hauptverhandlung im Berufungsverfahren läuft im wesentlichen nach den **gleichen Regeln** ab wie das Verfahren 1. Instanz, §§ 332, 324 StPO. Sie führt zu einer Neuverhandlung der Tat, und der Sachverhalt muss aufgrund einer neuen Beweisaufnahme durch das Gericht in freier Beweiswürdigung neu festgestellt werden. Einschränkungen gelten nur bei einer zulässigen Beschränkung des Rechtsmittels, §§ 318, 327 StPO (vgl. Meyer-Goßner § 327 Rn. 1 ff.). Berufungsgerichte waren nach früherer Rechtslage die **kleinen Strafkammern** beim Landgericht für Berufungen gegen Urteile der Strafrichter (besetzt mit einem Berufsrichter als Vorsitzendem und zwei Schöffen) und die **großen Strafkammern** beim Landgericht für Berufungen gegen Urteile der Schöffengerichte (besetzt mit drei Berufsrichtern und zwei Schöffen), §§ 74 Abs. 3, 76 GVG. Aus diesem Grund führt § 121 Abs. 1 Nr. 1 b GVG sie noch auf.

Nach der ab Inkrafttreten des Rechtspflegeentlastungsgesetzes geltenden Neufassung des § 76 Abs. 1 S. 1 GVG ist die kleine Strafkammer zur Entscheidung über Berufungen gegen Urteile des Strafrichters und Schöffengerichts zuständig. Sie ist in der Hauptverhandlung regelmäßig besetzt mit einem Berufsrichter als Vorsitzendem sowie zwei Schöffen, § 76 Abs. 1 S. 1 GVG. Nur in Berufungsverhandlungen gegen Urteile des erweiterten Schöffengerichts wird ein weiterer Berufsrichter hinzugezogen, § 76 Abs. 3 GVG.

Im einzelnen läuft die Hauptverhandlung wie folgt ab:

- **Aufruf** der Sache

- Feststellung der **Präsenz**
  Ist der Angeklagte nicht erschienen, obgleich er die Berufung selbst eingelegt hat, prüft das Gericht, ob eine Verwerfung der Berufung ohne Verhandlung zur Sache möglich ist, § 329 Abs. 1 StPO.

> **Beispiel:**
>
> Urteil
>
> Die Berufung des Angeklagten Anton Arber gegen das Urteil des Amtsgerichts – Schöffengerichts – Aschaffenburg vom ... wird verworfen.
> Der Angeklagte trägt die Kosten der Berufung.
>
> Gründe:
>
> Der Angeklagte hat das Urteil vom ... zwar rechtzeitig mit einer Berufung angefochten. Er ist jedoch in dem heutigen Termin zur Hauptverhandlung, zu dem er ausweislich der Postzustellungsurkunde am ... ordnungsgemäß geladen wurde, unentschuldigt nicht erschienen. Ein Fall der gesetzlich zulässigen Vertretung durch einen Verteidiger liegt nicht vor; zudem ist auch kein Verteidiger für ihr erschienen. Seine Berufung war daher mit der Kostenfolge aus § 473 StPO nach § 329 StPO zu verwerfen.

Eine Mitteilung der Besetzung der Richterbank entfällt, da § 222 a StPO dies nur bei einer Hauptverhandlung im ersten Rechtszug vor dem Landgericht vorsieht.

- **Belehrung** der Zeugen und Sachverständigen

- **Entlassung** der Zeugen aus dem Sitzungssaal

- **Bericht** über die Ergebnisse des bisherigen Verfahrens, § 324 Abs. 1 StPO
  Der Vorsitzende teilt die für das Berufungsverfahren wesentlichen bisherigen Vorgänge mit, also etwa die **Anklageerhebung**, die **Eröffnung**, den **Zeitpunkt der Hauptverhandlung** und den **Erlass des Ersturteils**. Das Urteil ist nach § 324 Abs. 1 Satz 2 StPO zu **verlesen**, soweit es für die Berufung von Bedeutung ist. Da über die Richtigkeit des Urteils verhandelt wird, tritt diese Verlesung an die Stelle der Verlesung des Anklagesatzes in der 1. Instanz. Die Urteilsgründe müssen aber dann nicht verlesen werden, wenn die Beteiligten darauf **verzichten**. Auf jeden Fall muss die **Urteilsformel** jedoch **verlesen werden**.
  Sodann werden die Einzelheiten der Berufungseinlegung mitgeteilt (**Berufungsführer, Daten** und **Art der Berufungseinlegung** und etwaige **Berufungsbegründung**).
  Bei Zweifeln klärt der Vorsitzende, in welchem Umfang das Urteil angefochten sein soll.

- **Vernehmung** des Angeklagten **zur Person** – §§ 324 Abs. 2, 243 Abs. 2 S. 2 StPO

- **Belehrung des Angeklagten** über seine Verteidigungsmöglichkeiten – § 243 Abs. 4 S. 1 StPO (Meyer-Goßner § 243 Rn. 21)

- **Vernehmung** des Angeklagten **zur Sache** – §§ 324 Abs. 2, 243 Abs. 4 S. 2 StPO

- **Beweisaufnahme** – §§ 324 Abs. 2, 244 ff. StPO
  Die Beweisaufnahme läuft nach den gleichen Regeln wie in der 1. Instanz ab. Jedoch können nach § 325 StPO **Protokolle** über die Vernehmung von Zeugen und Sachverständigen statt deren unmittelbarer Vernehmung **verlesen** werden, wenn sie nicht vorgeladen wurden und wenn die Vorladung von den Beteiligten auch nicht rechtzeitig vor der Hauptverhandlung beantragt worden war. Sind die Beteiligten einverstanden, ist die Verlesung ohnehin zulässig. Allerdings wird die Sachaufklärungspflicht des Gerichts gemäß § 244 Abs. 2 StPO durch die Möglichkeit der Verlesung nicht geschmälert. Wichtige Zeugen und Sachverständige wird das Berufungsgericht daher auf jeden Fall zur Hauptverhandlung laden. War der Zeuge in 1. Instanz unvereidigt geblieben, hat das Berufungsgericht erneut zu überlegen, ob aus den in § 59 StPO genannten Gründen eine Vereidigung erfolgen soll (Meyer-Goßner § 325 Rn. 13).

- **Schlussvorträge**
  Nach Schließung der Beweisaufnahme halten der Staatsanwalt, der Verteidiger und der Nebenkläger ihre Schlussvorträge. Gemäß § 326 Satz 1 StPO beginnt der Berufungsführer. Bei beiderseitigen Berufungen beginnt der Staatsanwalt.

- **Letztes Wort**
  Auch im Berufungsverfahren gebührt dem Angeklagten das letzte Wort, § 326 S. 2 StPO.

- **Urteilsberatung** und

- **Urteilsverkündung**
  entsprechen der Hauptverhandlung in 1. Instanz. Die Tenorierung befasst sich mit dem Erkenntnis des Erstgerichts, verwirft entweder die Berufung oder hebt das Ersturteil auf bzw. ändert es ab (vgl. hierzu im einzelnen den 5. Teil „Die Berufung in Strafsachen" unter VI.).

III. Abwesenheitsverfahren

Unsere Rechtsordnung lässt eine Hauptverhandlung gegen Abwesende nicht zu, § 285 Abs. 1 S. 1 StPO. Als abwesend gilt, wessen **Aufenthalt unbekannt** ist oder wer sich **im Ausland** aufhält, wobei sein Erscheinen durch das zuständige Gericht durch Ladung nicht zu bewerkstelligen ist, oder wo tatsächliche oder rechtliche Schwierigkeiten seine Gestellung unangemessen erscheinen lassen, § 276 StPO. Das Gesetz sieht allerdings für diesen Fall die Möglichkeit einer **Beweissicherung** nach §§ 285 bis 294 StPO, jedoch ohne öffentliche Hauptverhandlung, vor.

Unberührt bleiben die Möglichkeiten, nach § 233 StPO gegen den auf Antrag vom Erscheinen entbundenen Angeklagten zu verhandeln. Einer **Hauptverhandlung trotz Ausbleibens** nach § 232 StPO gegen einen nicht im Machtbereich des Gerichts befindlichen Angeklagten steht jedoch § 285 Abs. 1 Satz 1 StPO entgegen.

IV. Strafbefehlsverfahren

Die Hauptverhandlung nach einem rechtzeitigen Einspruch gegen den Strafbefehl gleicht der Hauptverhandlung nach Anklageerhebung. Der Strafbefehl übernimmt die Funktion der Anklageschrift. Der Staatsanwalt trägt statt des Anklagesatzes aus dem Strafbefehl das vor, was in einem Anklagesatz stehen müsste. Er setzt den persönlich formulierten Strafbefehl beim Vortrag in eine **unpersönliche Form** um.

Der Strafausspruch wird nicht verlesen. Er hat ohnehin keine maßgebliche Bedeutung, da das Gericht an ihn nicht gebunden ist und – anders als bei der Berufung, § 331 StPO – auch eine Abänderung zum Nachteil des Angeklagten vornehmen kann, soweit Einspruch eingelegt ist, § 411 Abs. 4 StPO.

Anders als bei der Einreichung der öffentlichen Klage, die gemäß § 156 StPO nur bis zur Eröffnung des Hauptverfahrens zurückgenommen werden kann, kann die Staatsanwaltschaft den Strafbefehlsantrag (vom Fall des § 408a StPO – nachträglicher Strafbefehl – abgesehen) bis zum Beginn der Verkündung des Urteils im 1. Rechtszug **zurücknehmen**. Die gleiche Möglichkeit steht dem Angeklagten hinsichtlich seines Einspruchs zu. Allerdings sind diese Möglichkeiten nach Beginn der Hauptverhandlung (genau: mit Beginn der Vernehmung des Angeklagten zur Sache gemäß § 243 Abs. 4 StPO) von der Zustimmung des Angeklagten bzw. der Staatsanwaltschaft abhängig, §§ 411 Abs. 3, 303 StPO.

V. Privatklageverfahren

Für die Hauptverhandlung im Privatklageverfahren gelten die gleichen Vorschriften wie für das Offizialverfahren mit einigen Besonderheiten, §§ 384 ff. StPO. Der Vorsitzende bestimmt den **Umfang der Beweisaufnahme,** indem er die von ihm für erforderlich gehaltenen Zeugen und Sachverständigen – ohne Bindung an Anträge des Privatklägers oder des Angeschuldigten – lädt. Die Inquisitionsmaxime gilt hier in gleicher Weise wie im Offizialverfahren, so dass auch nicht benannte Beweismittel vom Strafrichter hinzugezogen werden können. Allerdings können der Privatkläger und der Angeklagte auch eine unmittelbare Ladung zum Termin bewirken, §§ 386 Abs. 2, 220, 38 StPO. Damit sie von diesem Recht zu ergänzenden Ladungen Gebrauch machen können, werden ihnen die geladenen Zeugen und Sachverständigen rechtzeitig vor der Hauptverhandlung namhaft gemacht.

In der Hauptverhandlung selbst haben sowohl der Privatkläger als auch der Angeklagte die **Pflicht zu erscheinen.** Sie können sich aber durch einen **Rechtsanwalt** (der wiederum einen Referendar mit mindestens 15monatiger Praxis mit der Sache befassen kann, §§ 387 Abs. 2, 139 StPO) vertreten lassen, wenn das Gericht nicht das persönliche Erscheinen angeordnet hat. Durch unentschuldigtes Nichterscheinen des Privatklägers wird die **Klagerücknahme fingiert,** während bei Nichterscheinen des Angeklagten die **Vorführung,** nicht aber der Haftbefehl angeordnet werden kann, § 387 Abs. 3 StPO.

> **Beispiel** bei fingierter Klagerücknahme (vgl. Meyer-Goßner § 391 Rn. 16):
>
> Urteil
>
> Das Verfahren wird eingestellt.
> Die Kosten des Verfahrens und die notwendigen Auslagen des Angeklagten werden dem Privatkläger auferlegt.
>
> Gründe:
>
> Der Privatkläger ist trotz ordnungsgemäßer Ladung zum heutigen Hauptverhandlungstermin ohne Entschuldigung ausgeblieben. Er war zwar durch einen mit schriftlicher Vollmacht versehenen Rechtsanwalt vertreten. Da aber das Gericht sein persönliches Erscheinen angeordnet hatte und dem Angeklagten dies auch in der Ladung bekanntgegeben worden war, gilt sein Ausbleiben als Zurücknahme der Klage, § 391 Abs. 2 StPO. Damit liegt ein Prozesshindernis vor, und das Verfahren war einzustellen.
> Die Entscheidung über die Kosten und die notwendigen Auslagen des Angeklagten beruht auf § 471 Abs. 2 StPO.

Statt des **Staatsanwalts** nimmt der **Privatkläger** an der Hauptverhandlung teil. Er wird da gehört, wo der Staatsanwalt im Offizialverfahren gehört werden müsste, § 385 Abs. 1 StPO. Statt der Verlesung des Anklagesatzes nach § 243 Abs. 3 StPO wird im Privatklageverfahren der **Eröffnungsbeschluss verlesen**, der – anders als im Offizialverfahren – den Angeklagten und die Tat mit dem gleichen Inhalt wie eine Anklageschrift bezeichnet, §§ 383 Abs. 1 S. 2, 200 Abs. 1 S. 1 StPO.

Die Beweisaufnahme wird ihrem Umfang nach durch das Gericht bestimmt, § 384 Abs. 3 StPO. Das bedeutet, dass der nach § 25 Nr. 1 GVG zuständige Strafrichter bei der Ablehnung von Beweisanträgen zwar nicht an die strengen Ablehnungsgründe der §§ 244 Abs. 3 bis 5, 245 StPO gebunden ist. Andererseits unterliegt er aber dem **Aufklärungsgebot** des § 244 Abs. 2 StPO, so dass nur im Ausnahmefall die Ablehnung eines Beweisantrags ermöglicht wird, der nicht auch im Offizialverfahren hätte zurückgewiesen werden können. Die Ablehnung selbst muss auch hier durch einen zu begründenden Beschluss erfolgen.

Der Privatkläger selbst kann – anders als der Nebenkläger – im Privatklageverfahren nach herrschender Meinung **nicht Zeuge** sein (Meyer-Goßner vor § 374 Rn. 6, § 384 Rn. 2, vor § 48 Rn. 23).

Die **Vereidigung von Zeugen** erfolgt nur, wenn das Gericht es wegen der ausschlaggebenden Bedeutung der Aussage oder zur Herbeiführung einer wahren Aussage für notwendig hält, § 62 StPO.

Dem Ende der Beweisaufnahme folgen die Plädoyers, das letzte Wort des Angeklagten, die Beratung und die Urteilsverkündung. Das Urteil darf Maßregeln der Sicherung und Besserung nicht anordnen, § 384 Abs. 1 S. 2 StPO.

Ergibt die Hauptverhandlung, dass die Schuld des Täters gering ist, kann das Gericht das **Verfahren** gemäß § 383 Abs. 2 StPO auch in der Hauptverhandlung noch durch Beschluss, der nicht der Zustimmung des Privatklägers bedarf, **einstellen**. Der Privatkläger kann diesen Beschluss mit der sofortigen Beschwerde anfechten. Diese Regelung ersetzt die Einstellungsmöglichkeit nach § 153 Abs. 2 StPO im Offizialverfahren.

> **Beispiel:**
>
> Beschluss
>
> Das Verfahren wird eingestellt.
> Der Angeklagte trägt die Kosten des Verfahrens und die notwendigen Auslagen des Privatklägers.
>
> Gründe:
>
> Der Angeklagte hat in der Hauptverhandlung zwar eingestanden, den Privatkläger mit der Bezeichnung „Hammel" herabgewürdigt zu haben. Allerdings hat sich herausgestellt, dass der Privatkläger sich zuvor ungeschickt verhalten hatte. Er war – ohne auf den vorbeiströmenden Fußgängerverkehr zu achten – rückwärts von einem Schaufenster zurückgetreten und hatte dabei die Ehefrau des Angeklagten heftig angerempelt, so dass sich der Angeklagte zu der Äußerung hinreißen ließ. Angesichts dieser Umstände ist das Verschulden des Angeklagten gering, so dass das Verfahren nach § 383 Abs. 2 StPO einzustellen war.
> Nach § 471 Abs. 3 Ziff. 2 StPO waren die Kosten des Verfahrens und die notwendigen Auslagen des Privatklägers dem Angeklagten aufzuerlegen. Hierbei war zu berücksichtigen, dass sich der Schuldvorwurf in vollem Umfang bestätigt hatte und dass angesichts der sofortigen Entschuldigung des Privatklägers für eine derart heftige Reaktion des Angeklagten keine Veranlassung bestand.

Ergibt sich in der Hauptverhandlung, dass die verhandelte Tat eine **Straftat** darstellt, die **im Offizialverfahren** hätte verfolgt werden müssen, weil kein Privatklagedelikt oder jedenfalls auch ein Offizialdelikt vorliegt, kommt es – wenn eine Übernahme durch die Staatsanwaltschaft gem. § 377 StPO nicht erfolgt – zu einem **Einstellungsurteil** nach § 389 StPO. In diesem Fall wäre das Privatklageverfahren unzulässig, so dass eine Verurteilung auch wegen des Offizialdelikts nicht erfolgen darf. Andererseits würde eine Verurteilung nach Normen, die im Wege der Privatklage verfolgt werden konnten, einen Strafklageverbrauch nach sich ziehen (Meyer-Goßner § 389 Rn. 7).

C. Besondere Verfahren

VI. Jugendverfahren

Das Hauptverfahren gegen Jugendliche und Heranwachsende unterliegt einigen besonderen Vorschriften, die sich aus dem JGG ergeben und die die allgemeinen Vorschriften zum Teil außer Kraft setzen, § 2 JGG. Das gesamte Jugendstrafrecht wird von dem **Erziehungsgedanken** beherrscht, und es soll den jungen Menschen in seiner Entwicklung positiv beeinflussen. Diese Gesichtspunkte wirken sich auch auf das Verfahrensrecht und speziell die Gestaltung der Hauptverhandlung aus. Einerseits soll die Hauptverhandlung noch mehr als im Erwachsenenstrafrecht dazu dienen, die **Persönlichkeit** des Angeklagten zu **erforschen,** damit die Maßnahmen ermittelt werden können, die eine günstige erzieherische Beeinflussung am besten gewährleisten. Andererseits soll das **Verfahren selbst** so **schonend** sein, dass negative Auswirkungen durch das Verfahren vermieden werden. Diese Gesichtspunkte wiegen im Verlauf der Entwicklung eines jungen Menschen unterschiedlich, so dass die Hauptverhandlung gegen Jugendliche stärker von dem Erwachsenenrecht abweicht als die gegen Heranwachsende. Das Grundkonzept des Ablaufs der Hauptverhandlung, wie es im Erwachsenenstrafrecht gilt, bleibt jedoch in beiden Fällen gleich.

1. Hauptverhandlung gegen Jugendliche §§ 48–54 JGG

Die Hauptverhandlung gegen Jugendliche ist grundsätzlich **nichtöffentlich,** das gilt auch für die Urteilsverkündung. Der Name des Angeklagten erscheint nicht auf dem Sitzungszettel, so dass auch auf diesem Wege nichts von einer Strafverfolgung gegen ihn verlautbart wird. Nur dem Verletzten, dem etwaigen Bewährungshelfer, Betreuungshelfer oder Erziehungsbeistand ist die **Anwesenheit gestattet;** andere Personen können zugelassen werden, § 48 JGG.

Eine **Hauptverhandlung ohne den Angeklagten** kann dann stattfinden, wenn sie nach allgemeinen Regeln zulässig wäre. Da aber der persönliche Eindruck von entscheidender Bedeutung ist, müssen zusätzlich besondere Gründe vorliegen, die eine Verhandlung ohne den Angeklagten rechtfertigen. Im allgemeinen kommen daher nur Verfahren wegen geringfügiger Verfehlungen des Jugendlichen in Betracht, das Persönlichkeitsbild muss auf andere Weise klar vorliegen, und ein Erscheinen des Jugendlichen muss nur unter erheblichen Schwierigkeiten möglich sein. Außerdem muss der Staatsanwalt zustimmen, § 50 Abs. 1 JGG.

Ein **Verteidiger** muss dem Angeklagten dann zur Seite stehen, wenn auch bei einem Erwachsenen ein Fall notwendiger Verteidigung vorliegen würde, § 68 Nr. 1 JGG. Auch, wenn der Jugendliche in Untersuchungshaft genommen wird oder gemäß § 126a StPO in einstweilige Unterbringung kommt, ist ihm in Abweichung von § 140 Abs. 1 Ziff. 5 StPO sogleich ein Verteidiger zu bestellen, § 68 Nr. 4 JGG. Darüber hinaus muss aber ein Verteidiger auch dann bestellt werden, wenn dem Erziehungsberechtigten oder gesetzlichen Vertreter sein Recht auf Mitwirkung wegen Verdachts der Beteiligung an den Verfehlungen des Jugendlichen gemäß § 67 Abs. 4 JGG entzogen ist, § 68 Nr. 2 JGG. Schließlich muss dem Angeklagten ein Verteidiger dann zur Seite stehen, wenn – auch gerade vor der Hauptverhandlung – seine Unterbringung in einer Anstalt zur Vorbereitung eines Gutachtens über seinen Entwicklungsstand ernstlich in Betracht kam, § 73 JGG, denn die notwendige Verteidigerbestellung wirkt über die Dauer der Unterbringung hinaus für das gesamte Verfahren.

Die **Erziehungsberechtigten** und **gesetzlichen Vertreter** sind ebenfalls zur Hauptverhandlung zu laden. Sie sind **zum Erscheinen verpflichtet** und können mit **Ordnungsmitteln** wie ein Zeuge dazu angehalten werden. Ihr Erscheinen ist wichtig zur Abrundung des Persönlichkeitsbildes des Angeklagten, aber auch, um möglicherweise den schnellen Eintritt der Rechtskraft zu erzielen. Sie haben ein eigenes Recht auf Einlegung von Rechtsmitteln, und durch einen Verzicht könnten sie den Eintritt der Rechtskraft beschleunigen. Eine möglichst rasche Ahndung gebietet der Erziehungsgedanke.

Andererseits kann die **Anwesenheit** von Angehörigen, Erziehungsberechtigten und gesetzlichen Vertretern auch **hinderlich** sein, weil etwa der Jugendliche in Anwesenheit dieser Personen die Wahrheit zurückhalten würde, oder wenn die Erörterung der persönlichen Verhältnisse verletzend auf diese Personen wirken könnte und ein gedeihliches Zusammenarbeiten mit den Behörden erschweren würde. Für diese Fälle sieht § 51 Abs. 2 JGG die **zeitweilige Ausschließung** dieser Personen vor. Auch der Angeklagte selbst kann nach § 51 Abs. 1 JGG für die Dauer derartiger Erörterungen von der Verhandlung ausgeschlossen werden.

Der Erziehungsberechtigte und gesetzliche Vertreter hat in der Hauptverhandlung neben dem Angeklagten in gleicher Weise wie dieser selbst das **Recht, gehört zu werden** sowie **Fragen** und **Anträge zu stellen**, § 67 Abs. 1 JGG.

Schließlich ist auch der **Vertreter der Jugendgerichtshilfe** (§ 38 JGG) teilnahmeberechtigt, und ihm ist auf Verlangen das Wort zu erteilen, § 50 Abs. 3 JGG.

Eine **Nebenklage** im Verfahren gegen Jugendliche ist nicht zulässig, so dass es zu einer Teilnahme des Nebenklägers nicht kommen kann, § 80 Abs. 3 JGG. Der Verletzte hat lediglich ein Anwesenheitsrecht.

Die **Beweisaufnahme** unterliegt den allgemeinen Regeln.

Der **Umfang der Beweisaufnahme** entspricht dem Verfahren gegen Erwachsene, wobei aber den persönlichen Lebensumständen und der Entwicklung des Angeklagten eine besondere Aufmerksamkeit zu widmen ist (vgl. § 43 JGG).

Nach **Abschluss der Beweisaufnahme** erhält der Vertreter der **Jugendgerichtshilfe** das Wort. Seine Angaben über Tatsachen dürfen der Entscheidung aber nur dann zugrunde gelegt werden, wenn sie nach den Vorschriften über die Beweisaufnahme festgestellt sind. Der Vertreter der Jugendgerichtshilfe schlägt häufig vor, in welchem Rahmen sich die zu ergreifenden Maßnahmen seiner Meinung nach bewegen sollten.

Nach den **Plädoyers**, dem **letzten Wort** (das neben dem Angeklagten auch seinen anwesenden gesetzlichen Vertretern oder Erziehungsberechtigten gebührt, vgl. oben S. 80) und der **Urteilsberatung** erfolgt die **Urteilsverkündung**. Hier ist zu beachten, dass nach § 54 Abs. 2 JGG die Urteilsgründe nicht mitgeteilt werden, soweit das nachteilige Auswirkungen für die Erziehung befürchten ließe. Da der Jugendliche während der Urteilsverkündung nicht aus dem Sitzungssaal entfernt werden darf, gilt das auch für die mündliche Urteilsbegründung. Es schließt sich sodann die Rechtsmittelbelehrung an.

2. Vereinfachtes Jugendverfahren – §§ 76–78 JGG

Das vereinfachte Jugendverfahren weist Ähnlichkeiten mit dem beschleunigten Verfahren im Erwachsenenstrafrecht auf. Es tritt im Jugendverfahrensrecht an seine Stelle, § 79 Abs. 2 JGG. **Nur im Verfahren gegen Jugendliche**, nicht gegen Heranwachsende ist es zulässig. Es hat zur Voraussetzung, dass als Maßnahmen ausschließlich Weisungen, Hilfe zur Erziehung in Form von Erziehungsbeistandschaft oder in einer Einrichtung über Tag und Nacht oder in einer sonstigen betreuten Wohnform (§§ 30, 34 SGB VIII), Zuchtmittel, ein Fahrverbot, die Entziehung der Fahrerlaubnis mit einer Sperrfrist von nicht mehr als zwei Jahren, Verfall oder Einziehung zu erwarten sind, § 76 JGG. Der Antrag des Staatsanwalts bezeichnet die dem Beschuldigten zu Last gelegte Tat und das anzuwendende Strafgesetz.

Bei der **mündlichen Verhandlung**, die zu einer abschließenden Entscheidung durch Urteil führen kann (wenn das Verfahren nicht eingestellt – § 47 JGG – oder eine Entscheidung im vereinfachten Verfahren abgelehnt wird – § 77 JGG), handelt es sich **nicht um eine Hauptverhandlung** im Sinne der §§ 226 ff. StPO. Zwangsmittel gegen den nicht erschienenen Angeklagten nach § 230 StPO kommen daher nicht in Betracht.

Wird die mündliche Verhandlung im vereinfachten Jugendverfahren durchgeführt, kann von der strengen Ordnung des § 243 StPO abgewichen werden, § 78 Abs. 3 S. 1 JGG. Es kann also in Form einer Aussprache geschehen, ohne dass Fristen einzuhalten sind, ohne dass ein Protokollführer zugegen sein muss und ohne dass der Richter eine Robe trägt. Dennoch empfiehlt es sich, wegen der auch hier bestehenden Pflicht zur Wahrheitsermittlung, wegen der notwendigen mündlichen Erörterung des gesamten Prozessstoffs, der Unmittelbarkeit der Beweisaufnahme und des Rechts auf Gehör, nur in engen Grenzen bei begründeten Ausnahmefällen von der normalen Form des Ablaufs einer Hauptverhandlung abzuweichen.

Die mündliche Verhandlung ist zwingend **nichtöffentlich**. Der Staatsanwalt muss an der Verhandlung **nicht teilnehmen**, § 78 Abs. 2 JGG, so dass unter Umständen ein umfassendes Gespräch des Jugendrichters mit dem geständigen Jugendlichen die Grundlage des Urteils bilden kann. Das **Urteil** selbst kann nicht nur die zu erwartenden Folgen anordnen, die zur Einleitung dieses Verfahrens bestimmend waren, sondern darüber hinaus alle sonstigen dem Jugendrichter zur Verfügung stehenden Folgen mit

Ausnahme der Anordnung von Hilfe zur Erziehung im Sinne des § 12 Nr. 2 JGG, Jugendstrafe (einschließlich eines Schuldspruchs nach § 27 JGG) oder Unterbringung in einer Entziehungsanstalt.

3. Hauptverhandlung gegen Heranwachsende – § 109 JGG

Die Hauptverhandlung gegen Heranwachsende gleicht der gegen **Erwachsene.** Allerdings muss der Persönlichkeitserforschung auch des Heranwachsenden eine besondere Aufmerksamkeit gewidmet werden. Deshalb kann auch ein Vertreter der **Jugendgerichtshilfe** beteiligt sein, § 50 Abs. 3 JGG, und über die Normalfälle der **notwendigen Verteidigung** greift auch § 68 Nr. 3 JGG ein, wenn eine Begutachtung des Heranwachsenden mit Anstaltsunterbringung zur Untersuchung seines Entwicklungsstandes in Betracht kam.

Die Hauptverhandlung ist **öffentlich,** aber im Interesse des Heranwachsenden kann die Öffentlichkeit nach § 109 Abs. 1 S. 4 JGG ausgeschlossen werden.

5. Teil. Strafurteil erster Instanz

Inhaltsverzeichnis

1. Kapitel. Strafurteil bei Verurteilung des Angeklagten	116
A. Rubrum	116
B. Urteilsformel	116
I. Inhalt der Urteilsformel bei einem Delikt	116
II. Beispiele für Verurteilung	116
1. Verurteilung zu einer Geldstrafe	116
2. Verurteilung zu einer Freiheitsstrafe	117
3. Verurteilung zu einer Freiheitsstrafe mit Bewährung	117
4. Verurteilung bei U-Haft des Angeklagten	117
5. Anstiftung, Beihilfe und Versuch	118
6. Urteil mit Entzug der Fahrerlaubnis	118
7. Urteil mit Fahrverbot	118
8. Verfall und Einziehung	118
9. Beteiligung eines Nebenklägers	118
10. Absehen von Strafe und Verwarnung mit Strafvorbehalt	118
11. Lebenslange Freiheitsstrafe	118
III. Verurteilung bei mehreren Delikten in Tateinheit	119
IV. Verurteilung bei Tatmehrheit	119
1. Ungleichartige Tatmehrheit	119
2. Gleichartige Tatmehrheit	119
3. Wegfall eines Delikts bei Tatmehrheit	120
V. Verurteilung bei Mittäterschaft, fortgesetzter Tat, minder schwerer Fall, besonders schwerer Fall, Regelbeispiel, Wahlfeststellung, vorangegangener Strafbefehl und Ordnungswidrigkeit	120
1. Besonders schwerer Fall, minder schwerer Fall und Regelbeispiel	120
2. Mittäterschaft	120
3. Fortgesetzte Tat	121
4. Urteil bei Wahlfeststellung	121
a) Gleichartige Wahlfeststellung	121
b) Ungleichartige Wahlfeststellung	121
5. Urteil bei vorangegangenem Strafbefehl	121
6. Urteil mit Ordnungswidrigkeit	121
C. Urteilsgründe	122
I. Aufbau der Urteilsgründe	122
1. Aufbau bei voller Verurteilung	122
2. Aufbau bei teilweiser Verurteilung, Teilfreispruch und Teileinstellung	122
3. Zuständigkeit	122
II. Inhalt der Urteilsgründe	123
1. Persönliche Verhältnisse des Angeklagten	123
2. Sachverhaltsschilderung	123
a) objektiver Sachverhalt	123
b) subjektiver Sachverhalt	124
c) Beispiel für Sachverhaltsschilderung	125
d) Schilderung besonderer Umstände § 267 Abs. 2 StPO	125
e) Sachverhaltsschilderung und Grundsatz „Im Zweifel für den Angeklagten"	126
f) Sachverhaltsschilderung bei Serienstraftaten	127
g) Sachverhaltsschilderung bei Wahlfeststellung	127
3. Beweiswürdigung	127
4. Rechtliche Erörterungen	128
5. Prozessuale Ausführungen	129
6. Strafzumessung	130
a) Grundlage für die Strafzumessung und Sanktionen	130
b) Bestimmung des Strafrahmens	131
c) Bestimmung der Strafart	133
d) Strafzumessung im engeren Sinn	133
e) Bildung einer Gesamtstrafe	134
f) Strafaussetzung zur Bewährung	135
g) Maßregeln der Sicherung und Besserung	136
7. Kostenentscheidung	137
2. Kapitel. Das Einstellungsurteil	137
3. Kapitel. Das freisprechende Urteil	138
Anhang: Übungsfall für die Anfertigung eines Strafurteils mit Lösungsvorschlag	139

1. Kapitel. Strafurteil bei Verurteilung des Angeklagten

(Besonderheiten des JGG sind nicht berücksichtigt)

Das Strafurteil besteht aus Rubrum, Urteilsformel, Angabe der angewendeten Strafvorschriften, Urteilsgründen und den Unterschriften.

A. Rubrum

Vgl. hierzu §§ 268 Abs. 1, 275 Abs. 3 StPO sowie die Richtlinien Nr. 141 i.V.m. 110. Ein Muster ist abgedruckt als Nr. 38 bei Böhme/Fleck/Bayerlein (Formularsammlung für Rechtsprechung und Verwaltung, 16. Aufl. 2003). Der Tag der Urteilsverkündung ist genau anzugeben, da er allein für den Lauf der Frist nach § 275 StPO entscheidend ist. „Im Betreff" sollte die Straftat erscheinen, derentwegen der Angeklagte verurteilt wurde. Da der Angeklagte schon verurteilt ist, muss, die Straftat genau bezeichnet werden. Es darf daher nicht lauten „wegen Verdachts des Diebstahls", wenn der Angeklagte tatsächlich wegen Diebstahls verurteilt wird oder nicht wegen Totschlags (so Anklage), wenn das Urteil auf Körperverletzung mit Todesfolge lautet.

B. Urteilsformel §§ 260 Abs. 3–5, 268 StPO

I. Inhalt der Urteilsformel bei einem Delikt

Die Urteilsformel wird üblicherweise gegliedert in den Schuldspruch, die Rechtsfolgen der Tat (Strafe, Nebenstrafe, Nebenfolge, Maßregel der Besserung und Sicherung, Nichtanrechnung der U-Haft) und Kosten. Nicht in die Urteilsformel gehören die gesetzlichen Überschriften von Bestimmungen, die keine eigene Straftat darstellen, sondern nur eine Strafzumessungsregelung enthalten, wie z.B. § 21 StGB oder die Anwendung unbestimmter Strafschärfungs- oder Strafminderungsgründe, § 12 Abs. 2 StGB. Ist dagegen ein Straftatbestand mit bestimmten Qualifikationsmerkmalen versehen worden, so kommt dies in der Urteilsformel zum Ausdruck, z.B. gewerbsmäßige Hehlerei (§ 260 StGB), die Fälle des § 244 StGB oder schwerer räuberischer Diebstahl (BGH NStZ-RR 2002, 237). Die Kennzeichnung der Tat als Verbrechen oder Vergehen gem. § 12 StGB soll nicht in die Urteilsformel aufgenommen werden (vgl. BGH NJW 1986, 1116 und Martis JABl 1996, 416). Die Schuldform ist mit aufzunehmen, wenn das Delikt sowohl vorsätzlich wie fahrlässig begangen werden kann. Der Angeklagte wird also schuldig gesprochen wegen vorsätzlichen oder fahrlässigen Vollrausches § 323a StGB. Die im Rausch begangene rechtswidrige Tat erscheint aber nicht im Schuldspruch. Anders ist es bei § 30 StGB, hier wird die rechtliche Bezeichnung der geplanten Tat in die Urteilsformell aufgenommen.

II. Beispiele für Verurteilung

> **1. Verurteilung zu einer Geldstrafe**
> a) Der Angeklagte ist schuldig eines Diebstahls.
> b) Er wird deshalb zu einer Geldstrafe von 20 Tagessätzen, der Tagessatz zu 40 € verurteilt.
> c) Der Angeklagte hat die Kosten des Verfahrens zu tragen.
>
> Angewandte Strafvorschrift: § 242 StGB.

Anmerkung:
Die Festsetzung der Geldstrafe in Tagessätzen ergibt sich aus § 40 Abs. 1 S. 1 StGB; die Höhe aus § 40 Abs. 2 S. 1 und 2 StGB.
Die Ersatzfreiheitsstrafe (§ 43 StGB) erscheint nicht im Schuldspruch (vgl. Tröndle/Fischer § 43 Rn. 4). Die Kostenentscheidung ergibt sich aus §§ 464, 465 StPO. Vielfach wird bei der Kostenentscheidung noch hinzugesetzt, dass der Angeklagte seine Auslagen oder seine notwendigen Auslagen zu tragen hat. Dies ist überflüssig. Es genügt auszusprechen, dass der Angeklagte die Kosten des Verfahrens zu tragen hat. Der Ausspruch, dass der Angeklagte seine notwendigen Auslagen zu tragen hat, ist missver-

ständlich, da der verurteilte Angeklagte sämtliche Auslagen zu tragen hat. Auch der Ausspruch „und seine Auslagen" ist nicht möglich, da die StPO einen solchen Ausspruch nicht kennt, sondern stillschweigend das Tragen der eigenen Auslagen des verurteilten Angeklagten voraussetzt. Es wird daher bei einem verurteilenden Erkenntnis lediglich ausgesprochen, dass der Angeklagte die Kosten des Verfahrens zu tragen hat.

2. Verurteilung zu einer Freiheitsstrafe

a) Der Angeklagte ist schuldig eines Diebstahls.
b) Er wird deshalb zu einer Freiheitsstrafe von 9 Monaten verurteilt.
c) Der Angeklagte hat die Kosten des Verfahrens zu tragen.

Angewandte Strafvorschrift: § 242 StGB.

Die Liste der angewandten Strafvorschriften ist aber kein Teil der Urteilsformel. Sie ist auch bei der Urteilsverkündung § 260 Abs. 1 StPO nicht zu verlesen (Meyer-Goßner § 260 StPO Rn. 51).

Anmerkung:
In einer Examensklausur sollte eine Freiheitsstrafe unter 6 Monaten nicht verhängt werden. Besondere Umstände in der Tat oder der Persönlichkeit des Täters § 47 Abs. 1 StGB lassen sich in der Regel aus einer Examensklausur nicht entnehmen.

3. Verurteilung zu einer Freiheitsstrafe mit Bewährung

a) Der Angeklagte ist schuldig eines Diebstahls.
b) Er wird deshalb zu einer Freiheitsstrafe von 9 Monaten verurteilt.
c) Die Vollstreckung der erkannten Freiheitsstrafe wird zur Bewährung ausgesetzt.
d) Der Angeklagte hat die Kosten des Verfahrens zu tragen.

Angewandte Strafvorschriften: §§ 242, 56 StGB.

Beschluss:
Die Dauer der Bewährungszeit beträgt drei Jahre.

Anmerkung:
Der Beschluss über die Dauer der Bewährungszeit ergibt sich aus § 268 a Abs. 1 StPO. In der Praxis erscheint dieser Beschluss allerdings lediglich im Hauptverhandlungsprotokoll und nicht mehr im später abgesetzten Urteil.

4. Verurteilung bei U-Haft des Angeklagten

Nach § 51 StGB ist die Anrechnung der U-Haft die Regel. Es ist deshalb die Anrechnung der U-Haft nicht im Urteilstenor aufzunehmen (vgl. BGH NStZ 94, 235). Bei § 51 StGB ist dabei der Begriff des Gegenstandes des Verfahrens weit auszulegen (Tröndle/Fischer § 51 Rn. 6 und 6 a). Eine Entscheidung in der Urteilsformel ist nur notwendig, wenn die Anrechnung ganz oder teilweise entfällt (§ 51 Abs. 1 S. 2 StGB) oder der Maßstab bei Anrechnung einer ausländischen Strafe oder Freiheitsentziehung durch das Gericht zu bestimmen ist (§ 51 Abs. 4 S. 2 StGB). Die Urteilsformel lautet daher lediglich:

Der Angeklagte ist schuldig eines Diebstahls. Er wird deshalb zu einer Freiheitsstrafe von einem Jahr verurteilt.

Bei einer Verurteilung ist nach § 268 b StPO zugleich von Amts wegen über die Fortdauer der Untersuchungshaft zu entscheiden ist. Dieser Beschluss ist mit dem Urteil zu verkünden und kann entweder lauten:

Haftfortdauer wird angeordnet
oder
Der Haftbefehl des AG München vom ... wird aufgehoben
oder
außer Vollzug gesetzt (vgl. hierzu § 116 StPO).

5. Anstiftung, Beihilfe und Versuch

Versuch und die Teilnahmeform sind in den Schuldspruch mit auf zunehmen. Es wird also schuldig gesprochen wegen versuchten Diebstahl §§ 242 Abs. 1 StGB, 22, 23 StGB, Anstiftung zum Betrug § 263 Abs. 1, 26 StGB oder Beihilfe zur Urkundenfälschung §§ 267 Abs. 1, 27 StGB. Dagegen erscheint nicht im Schuldspruch, dass die Tat in mittelbarer Täterschaft begangen wurde.

6. Entzug der Fahrerlaubnis

a) Der Angeklagte ist schuldig einer **vorsätzlichen Gefährdung** des Straßenverkehrs.
b) Er wird deshalb zu einer Geldstrafe von 40 Tagessätzen, der Tagessatz zu 30 € verurteilt.
c) Dem Angeklagten wird die Erlaubnis zum Führen von Kraftfahrzeugen entzogen. Sein Führerschein wird eingezogen. Vor Ablauf von 12 Monaten darf die Verwaltungsbehörde ihm keine neue Fahrerlaubnis erteilen. Hat der Angeklagte keine Fahrerlaubnis kommt nur eine isolierte Sperre in Betracht. Die Formulierung lautet dann: Dem Angeklagten darf die Verwaltungsbehörde vor Ablauf von 12 Monaten keine Erlaubnis zum Führen von Kraftfahrzeugen erteilen (Zur Formulierung vgl. BGHSt 15, 393). Zu einer anderen Möglichkeit der Formulierung vergleiche Bischoff JuS 2004, 510.

7. Fahrverbot

Im Gegensatz zum Entzug der Fahrerlaubnis ist das Fahrverbot nach § 44 StGB eine Nebenstrafe. In der Urteilsformel heißt es dann:

Dem Angeklagten wird für die Dauer von zwei Monaten verboten, im Straßenverkehr Kraftfahrzeuge jeder Art zu führen.

8. Verfall § 73 StGB und Einziehung § 74 StGB

Bei der Einziehung muss der Gegenstand, der eingezogen werden soll, genau beschrieben werden. Es darf also nicht lauten: Die sichergestellte Pistole wird eingezogen, sondern: Die sichergestellte Pistole Marke Nummer wird eingezogen.

Die Anordnung des Verfalls lautet: 10 000 € werden für verfallen erklärt.

9. Beteiligung eines Nebenklägers

Der Nebenkläger oder der Vertreter des Nebenklägers ist bereits im Rubrum mit aufzunehmen, obwohl dies in § 275 Abs. 3 StPO nicht vorgeschrieben ist (BGH NStZ-RR 1999, 38). Wird der Angeklagte wegen einer Tat verurteilt, die den Nebenkläger **betrifft** – also nicht notwendigerweise wegen eines zum Anschluss als Nebenkläger berechtigenden Delikts –, so sind zudem in aller Regel dem Angeklagten die dem Nebenkläger erwachsenden notwendigen Auslagen aufzuerlegen, § 472 Abs. 1 StPO (vgl. dazu BGH NJW 1992, 1182). Die Urteilsformel lautet dann:

Der Angeklagte hat die Kosten des Verfahrens und die notwendigen Auslagen des Nebenklägers zu tragen.

Zur Beteiligung des Nebenklagers am Strafverfahren vgl. im übrigen den Teil „Revision in Strafsachen" unter A 12 b.

10. Absehen von Strafe und Verwarnung mit Strafvorbehalt

Weniger bedeutsam sind für das Examen die Möglichkeiten von Strafe abzusehen (z.B. § 60 StGB) oder die Verwarnung mit Strafvorbehalt § 59 StGB. Nach dem Schuldspruch folgt dann der Ausspruch: Von Strafe wird abgesehen oder Der Angeklagte wird deshalb verwarnt. Die Verurteilung zu einer Geldstrafe bleibt vorbehalten.

11. Verurteilung zu lebenslanger Freiheitsstrafe

In allen Fällen der Verurteilung zu lebenslanger Freiheitsstrafe muss das Tatgericht entscheiden, ob die Schuld des Angeklagten besonders schwer wiegt § 57a Abs. 1 S. 1 Nr. 2 StGB (BGHSt 44, 350).

Der Schuldspruch lautet:

1. Der Angeklagte ist schuldig des Mordes.
2. Er wird deshalb zu lebenslanger Freiheitsstrafe verurteilt.
3. Seine Schuld wiegt besonders schwer.
4. Kosten

III. Verurteilung bei mehreren Delikten in Tateinheit

Beispiel:

a) Der Angeklagte ist schuldig eines Betruges in Tateinheit mit Urkundenfälschung.
b) Er wird deshalb zu einer Geldstrafe von 50 Tagessätzen, der Tagessatz zu 50 € verurteilt.

Anmerkung:
Bei mehreren Delikten in Tateinheit wird nur auf eine Strafe erkannt, § 52 StGB. Bei Wegfall eines rechtlichen Gesichtspunktes, z.B. Anklage wegen Betrugs in Tateinheit mit Urkundenfälschung, erfolgt kein Teilfreispruch. Das nicht mit abgeurteilte Delikt wird nur in den Urteilsgründen mitbehandelt (Meyer-Goßner § 260 Rn. 12). Aus Billigkeitsgründen kommt auch bei Tateinheit ein Teilfreispruch in Betracht, wenn von vornherein oder nach dem Ergebnis der Hauptverhandlung die Annahme von Tateinheit offensichtlich verfehlt war (Meyer-Goßner a.a.O.). Dies wird aber in einer Klausur kaum der Fall sein.

Bei Erfüllung mehrerer Alternativen des § 244 Abs. 1 StGB oder des § 250 Abs. 1 StGB durch eine Tat ist nur wegen eines Diebstahls bzw. wegen eines schweren Raubes zu verurteilen. Der 4. Strafsenat des BGH (NStZ 1994, 394) geht dabei davon aus, dass es sich bei einer mehrmaligen Verletzung desselben Strafgesetzes nicht um einen Fall des § 52 StGB handelt, sondern vielmehr um eine tatbestandliche Bewertungseinheit im Sinne einer einzigen Straftat unter verschiedenen rechtlichen Gesichtspunkten. Dagegen hat der 1. Strafsenat (NStZ 1994, 285) auf Anfrage des 4. Strafsenats mitgeteilt, dass er an seiner bisherigen Rechtsprechung festhalte, wonach die in § 250 Abs. 1 StGB aufgeführten Qualifikationstatbestände auch dann, wenn es sich um dasselbe Tatopfer handelt, tateinheitlich zusammentreffen können. In einem solchen Fall genügt es jedoch, in die Urteilsformel die rechtliche Bezeichnung „wegen schweren Raubes" aufzunehmen. Durch die Neufassung des StGB hat sich insoweit nichts geändert, z.B. kann § 250 Abs. 1 Nr. 1 a und c StGB oder eine Alternative des § 250 Abs. 1 StGB und § 250 Abs. 2 StGB durch eine Handlung verwirklicht werden (Zur Tenorierung vgl. auch Tröndle/Fischer § 250 StGB Rn. 10).

IV. Verurteilung bei Tatmehrheit

1. Ungleichartige Tatmehrheit

a) Der Angeklagte ist schuldig einer fahrlässigen Gefährdung des Straßenverkehrs und eines unerlaubten Entfernens vom Unfallort.
b) Er wird deshalb zu einer Gesamtgeldstrafe von 50 Tagessätzen, der Tagessatz zu 40 € verurteilt.
c) Der Angeklagte hat die Kosten des Verfahrens zu tragen.

Anmerkung:
Tatmehrheit wird nach der Rechtsprechung des BGH (BGH NJW 1986, 1116) mit „und", oder „sowie" oder „ferner" ausgedrückt. Die Worte „in Tatmehrheit mit" oder „sachlich zusammentreffend mit" sind nicht zu verwenden.
Bei Tatmehrheit ist nach § 53 StGB eine Gesamtgeld- oder Gesamtfreiheitsstrafe zu verhängen. Die Bildung der Gesamtstrafe erfolgt nach § 54 StGB.

2. Gleichartige Tatmehrheit

Bei gleichartiger Tatmehrheit (d.h. das gleiche Delikt z.B. Betrug wurde vom Angeklagten mehrfach verwirklicht) ist die Anzahl der Fälle in der Urteilsformel mit aufzunehmen. Zum Beispiel: Der Angeklagte A ist schuldig eines Betrugs in fünf Fällen. Er wird deshalb zu einer Gesamtfreiheitsstrafe von zwei Jahren verurteilt.

3. Wegfall eines Delikts bei Tatmehrheit

Bei Wegfall eines Delikts hat im Gegensatz zur Tateinheit ein Teilfreispruch zu erfolgen. Dies gilt auch dann, wenn eine Tat im Sinne des § 264 StPO vorliegt (vgl. BGH NJW 1999, 69; Meyer-Goßner § 260 Rn. 13).

Dagegen erfolgt im staatsanwaltschaftlichen Ermittlungsverfahren keine Teileinstellung, wenn im Rahmen einer Tat bei Tatmehrheit ein Delikt wegfällt (vgl. Meyer-Goßner § 170 Rn. 8). Der Teilfreispruch im Urteil wird damit gerechtfertigt, dass sich der Schuldspruch nicht nach Verfahrensrecht, sondern nach dem materiellen Recht richtet.

Der Urteilsspruch lautet dann wie folgt:

> a) Der Angeklagte ist schuldig eines Diebstahls.
> b) Er wird deshalb zu einer Freiheitsstrafe von 9 Monaten verurteilt.
> c) Im übrigen wird der Angeklagte freigesprochen.
> d) Der Angeklagte hat die Kosten zu tragen, soweit er verurteilt ist; soweit er freigesprochen worden ist, trägt die Staatskasse die Verfahrenskosten und die notwendigen Auslagen des Angeklagten (Zum Kostenausspruch vgl. Meyer-Goßner § 465 Rn. 9).

V. Verurteilung bei Mittäterschaft, fortgesetzter Tat, minder schwere oder besonders schwere Fälle, Wahlfeststellung, vorangegangenem Strafbefehl und bei Ordnungswidrigkeiten

1. Verurteilung bei minder schweren und bei besonders schweren Fällen

Bloße Strafzumessungsvorschriften § 12 Abs. 3 StGB wie Regelbeispiele, minder schwere Fälle und besonders schwere Fälle werden nicht in den Schuldspruch aufgenommen, wohl aber in die Liste der angewendeten Strafvorschriften § 260 Abs. 5 StPO (Meyer/Goßner § 260 Rn. 25). Es erfolgt also nur eine Verurteilung wegen Diebstahls, auch wenn ein Regelbeispiel des § 243 StGB erfüllt ist (BGH NJW 2003, 3717). Das Gleiche gilt bei einem Totschlag § 212 StGB. Es wird nur wegen Totschlags verurteilt, unabhängig davon, ob ein minder schwerer Fall nach § 213 StGB oder ein besonders schwerer Fall nach § 212 Abs. 2 StGB vorliegt.

2. Mehrere Täter bei Mittäterschaft

In der Urteilsformel erscheint auch nicht, dass die Tat in Mittäterschaft oder gemeinschaftlich begangen wurde (BGH ISt 27, 287; BGH NStZ 1999, 205). Die Urteilsformel lautet:

> Die Angeklagten A und B sind schuldig eines Diebstahls. Es werden daher verurteilt:
>
> Der Angeklagte A zu einer Geldstrafe von 30 Tagessätzen, der Tagessatz zu 50 €.
> Der Angeklagte B zu einer Freiheitsstrafe von 9 Monaten.
> Die Angeklagten haben die Kosten des Verfahrens zu tragen.

Die Kostenentscheidung ergibt sich in diesem Fall aus §§ 465, 466 StPO. Bei Verurteilung wegen derselben Tat wird die gesamtschuldnerische Haftung im Urteil nicht ausgesprochen

Anders ist es, wenn verschiedene Tatbestände oder Teilnahmeformen vorliegen, beispielsweise Exzess eines Mittäters. Die Urteilsformel lautet dann:

> I. Die Angeklagten sind schuldig:
>   1. A. des Raubes
>   2. B. des Diebstahls
> II. Es werden verurteilt:
>   1. A zu einer Freiheitsstrafe von ...
>   2. B zu einer Geldstrafe von ...

Oder es besteht auch die Möglichkeit den Schuldspruch und die Strafe zusammenzufassen:

> I. A. wird wegen Raubes zu einer Freiheitsstrafe von ...
> II. B. wird wegen Diebstahls zu einer Geldstrafe von ...

3. Urteil bei fortgesetzter Tat

Auf Grund der Entscheidung des BGH (BGH NJW 1994, 1663) spielt die Rechtsfigur der fortgesetzten Tat keine Rolle mehr. In Examensklausuren werden in diesem Zusammenhang keine Klausuren mit diesem Problem gestellt werden. Auf eine weitere Darstellung wird daher verzichtet.

4. Urteil bei Wahlfeststellung

Gleichartige Wahlfeststellung liegt vor, wenn der Angeklagte eine bestimmte Strafvorschrift verletzt hat, nur unklar ist, durch welche Handlung. Beispiel: In der Hauptverhandlung kann nicht geklärt werden, ob der Angeklagte selbst gefahren ist und den Tod fahrlässig verursacht hat oder ob er das Fahrzeug einem anderen in Kenntnis von dessen Trunkenheit überlassen hat und dieser dann den Verkehrsunfall fahrlässig herbeigeführt hat. Oder es kann nicht geklärt werden, welche von zwei Aussagen des Angeklagten falsch ist. Fest steht aber, dass eine der beiden Aussagen unrichtig ist. In diesen Fällen wird die gleichartige Wahlfeststellung nicht in die Urteilsformel mit aufgenommen. Es heißt daher nur, dass der Angeklagte schuldig ist einer fahrlässigen Tötung oder des Meineides (Meyer-Goßner § 260 Rn. 27).

Bei **ungleichartiger** Wahlfeststellung ist allerdings strittig, wie der Urteilsspruch zu lauten hat. Nach einer Meinung erfolgt die Verurteilung nur wegen des milderen Gesetzes. Nach anderer Ansicht werden beide Delikte mit aufgenommen. Man kann also entweder aussprechen:

> Der Angeklagte ist schuldig einer Unterschlagung.
> oder
> Der Angeklagte ist schuldig einer Unterschlagung oder eines Diebstahls.

Die Rechtsfolgen sind aus dem nach der konkreten Lage des Falles milderen Gesetz zu entnehmen. Bei einer eindeutigen Verurteilung nach wahldeutiger Anklage ist ein Teilfreispruch nur erforderlich, wenn es sich bei den alternativ angeklagten Taten um selbständige Taten im Sinne des § 264 StPO gehandelt hat (vertiefend BGHSt 38, 173 und Stuckenberg JABl 2001, 221).

5. Urteil bei vorangegangenem Strafbefehl

Ist gegen einen Strafbefehl rechtzeitig nach § 410 Abs. 1 StPO Einspruch eingelegt worden, so ist gemäß § 411 Abs. 1 S. 2 StPO Termin zur Hauptverhandlung zu bestimmen. In diesem Fall wird das Urteil unabhängig vom Strafbefehl gefällt. Der Grundsatz des Verbots der reformatio in peius gilt dabei nicht § 411 Abs. 4 StPO. Im Urteil wird auch der Strafbefehl nicht erwähnt (vgl. Meyer-Goßner § 411 Rn. 10).

6. Urteil des Strafrichters mit einer Ordnungswidrigkeit

Auch bei Verurteilung wegen einer Ordnungswidrigkeit ist § 260 Abs. 4 StPO zu beachten. Es darf daher nicht lauten: Der Betroffene wird wegen einer Ordnungswidrigkeit nach § 1 Abs. 2 StVO zu ... verurteilt, sondern: Der Betroffene wird wegen vorsätzlichen Überholens bei unklarer Verkehrslage in Tateinheit mit fahrlässiger Schädigung eines anderen Verkehrsteilnehmers zu einer Geldbuße von 100 € verurteilt.

> Der Betroffene hat die Kosten des Verfahren zu tragen.

Angewendete Vorschriften: §§ 1 Abs. 2, 5 Abs. 2 S. 2, 49 Abs. 1 Nr. 1 und 5 StVO, 24 StVG, 19 OWiG.

Zusammentreffen von Straftat und Ordnungswidrigkeit:

> **Beispiel:**
> A hat mit seinem PKW ein anderes Fahrzeug beschädigt und sich von der Unfallstelle entfernt.
> Der Schuldspruch lautet dann:
> Der Angeklagte wird wegen fahrlässiger Schädigung eines anderen Verkehrsteilnehmers und unerlaubten Entfernens vom Unfallort zu einer G e l d b u ß e von 80 € und einer G e l d s t r a f e von 15 Tagessätzen, der Tagessatz zu 30 € verurteilt.
> Der Angeklagte hat die Kosten des Verfahrens zu tragen.
> Angewendete Vorschriften: §§ 1 Abs. 2, 49 Abs. 1 Nr. 1 StVO, 24 StVG, 142 Abs. 1 S. 1 StGB.

Anmerkung:
Grundsätzlich gilt nach § 21 Abs. 1 OWiG, dass nur die Straftat zu verfolgen ist, wenn durch eine Handlung gleichzeitig eine Ordnungswidrigkeit und Straftat begangen werden. Im Beispielsfall liegen jedoch zwei selbständige Handlungen vor. In diesem Fall bleibt die Anwendung der Bußgeldvorschriften unberührt. Auf Strafe und Geldbuße wird gesondert erkannt (OLG Köln NJW 1979, 379). Im Beispielsfall müssen sogar Ordnungswidrigkeit und Straftat gemeinsam verfolgt werden, da eine Tat nach § 264 Abs. 1 StPO vorliegt.

Hat ein Betroffener gegen einen Bußgeldbescheid Einspruch eingelegt und kommt das Gericht zum Ergebnis, dass eine Straftat vorliegt muss das Bußgeldverfahren in ein Strafverfahren übergeleitet werden § 81 OWiG.

C. Urteilsgründe

I. Aufbau der Urteilsgründe

1. Aufbau bei voller Verurteilung

Die Wiedergabe der Urteilsgründe (§ 267 StPO) erfolgt bei einem verurteilenden Erkenntnis in der Regel nach folgender Gliederung:

a) Persönliche Verhältnisse des Angeklagten (Diese werden üblicherweise in der Praxis vorangestellt, obwohl sie echt Strafzumessungsgründe sind (Meyer-Goßner § 267 Rn. 4).
b) Sachverhaltsschilderung,
c) Beweiswürdigung,
d) rechtliche Würdigung
e) prozessuale Ausführungen, sofern erforderlich (z.B. Umfang der Anklage, §§ 155, 264 StPO, Strafantrag und Rechtskraft),
f) Strafzumessung,
g) Kostenentscheidung.

2. Aufbau bei teilweiser Verurteilung, Teilfreispruch und Teileinstellung

Bei Teilfreispruch eines Angeklagten oder Freispruch eines von mehreren Angeklagten ist wie folgt aufzubauen:

a) Persönliche Verhältnisse,
b) Sachverhaltsschilderung, und zwar nur hinsichtlich des verurteilten Delikts. Das Delikt, von dem freigesprochen wird, darf hier nicht geschildert werden.
c) Beweiswürdigung, und zwar wiederum nur für das abgeurteilte Delikt,
d) rechtliche Würdigung und eventuell prozessuale Ausführungen,
e) Strafzumessungsgründe,
f) Ausführungen zum Freispruch, einschließlich Beweiswürdigung und rechtlicher Ausführungen dazu,
g) Kostenentscheidung.

Das gleiche Aufbauschema gilt bei Verurteilung des Angeklagten und teilweiser Einstellung einer Tat nach § 260 Abs. 3 StPO.

3. Zuständigeit

Im Gegensatz zu Zivilurteilsklausuren sind im Strafurteil Ausführungen zur Zuständigkeit in der Regel nicht nötig. Sollte die örtliche Zuständigkeit einmal ein Problem sein, sollte man diese nicht sogleich wegen § 16 StPO bejahen, sondern erst ausführen, dass §§ 7–11 StPO nicht einschlägig sind.

Die sachliche Zuständigkeit ist für ein Gericht der höheren Ordnung immer gegeben § 269 StPO, ansonsten muss verwiesen werden § 270 StPO.

II. Inhalt der Urteilsgründe

1. Persönliche Verhältnisse

Bei den persönlichen Verhältnissen werden in erster Linie der Lebenslauf, beruflicher Werdegang, Familienverhältnisse, evtl. Krankheiten und insbesondere die Vorstrafen (hierzu insbesondere auch Tatzeit, Tag der Verurteilung, evtl. Verbüßung) geschildert.

Schweigt das Urteil zu den persönlichen Verhältnissen, liegt ein sachlichrechtlicher Mangel vor (Verstoß gegen § 46 Abs. 2 StGB), der zur Aufhebung des Urteils führt. Der BGH (BGH NStZ-RR 1999, 46) hat allerdings ausgesprochen, dass er künftig Urteilsmängel nur noch auf Verfahrensrügen hin berücksichtigen wird. In Examensklausuren werden zu persönlichen Verhältnissen in der Regel keine allzu langen Ausführungen erwartet. In der Praxis ist insbesondere bei schwereren Taten, die zu einer erheblichen Bestrafung führen, eine umfangreichere Darstellung erforderlich.

2. Sachverhaltsschilderung

a) In der Sachverhaltsschilderung sind alle Tatsachen anzugeben, die erforderlich sind, um die in der Urteilsformel enthaltene rechtliche Würdigung zu rechtfertigen § 267 Abs. 1 S. 1 StPO. Im Falle einer Verurteilung müssen die Urteilsgründe die für erwiesen Tatsachen angeben, in denen die gesetzlichen Merkmale der Straftat gefunden werden. Eine Feststellung die nur die Worte des Gesetzes wiederholt oder mit einem gleichbedeutenden Wort oder einer allgemeinen Redewendung umschreibt, reicht nicht aus. Rechtsbegriffe müssen, sofern sie nicht allgemein geläufig sind, grundsätzlich durch die ihnen zugrunde liegenden tatsächlichen Vorgänge dargestellt werden (BGH NStZ 2000, 607). Eine Bezugnahme oder die Aufnahme von Ablichtungen in das Urteil aus denen sich der festgestellte Sachverhalt ergibt, ist nicht zulässig (BGH NStZ-RR 1999, 354). Es müssen alle Tatbestandsmerkmale der Straftat, aufgrund derer der Angeklagte verurteilt ist, sowohl in **objektiver** als auch in **subjektiver Hinsicht** aufgeführt werden.

Beim Diebstahl sind also nicht nur die **äußeren** Tatsachen (fremde bewegliche Sache, Wegnahme), sondern auch die **inneren** Tatsachen der rechtswidrigen Zueignungsabsicht zu schildern. Im übrigen ist die Straftat so zu schildern, als hätte sie der Urteilsverfasser miterlebt und erzähle sie nun als Augenzeuge. Hier liegt der wichtige Unterschied zum Zivilurteil. Der Sachverhalt wird nicht nach Streitigem und Unstreitigem oder nach dem Vorbringen der Parteien, sondern nach den Feststellungen des Gerichts getroffen. Die Schilderung des Sachverhalts erfolgt im **Imperfekt** oder **Plusquamperfekt.**

Beim objektiven Sachverhalt sind insbesondere der Zeitpunkt der Tat, der Tatort und unter anderem der Umfang des angerichteten Schadens anzuführen. Nicht in den objektiven Sachverhalt gehören die Schilderung von Prozessvoraussetzungen, wie die Stellung eines Strafantrages oder Ausführungen zur Zuständigkeit. Hierzu ist – soweit entscheidungserheblich und erforderlich in den prozessualen Ausführungen Stellung zu nehmen.

Im Rahmen der objektiven Sachverhaltsschilderung sind Verweisungen auf den Akteninhalt oder sonstige Urkunden nicht zulässig, ausgenommen § 267 Abs. 1 Satz 3 und § 267 Abs. 4 Satz 1 StPO.

Die Sachverhaltsschilderung muss klar und verständlich sein. Insbesondere sind Zweifelssätze zu vermeiden. Ausdrücke wie „es dürfte anzunehmen sein" oder „der Angeklagte hätte sehen müssen" oder „hätte wissen müssen" sind nicht immer ausreichend. Diese Ausdrücke sind insbesondere dann unzureichend, wenn damit gesagt werden soll, dass der Angeklagte bestimmte Umstände gewusst oder gesehen hat. Zum Beispiel genügt es bei einem Betrug nicht zu schreiben, dass der Angeklagte seine Zahlungsunfähigkeit hätte kennen müssen. Das Wort „kennen müssen" weist evtl. auf Fahrlässigkeit hin. Betrug setzt aber Vorsatz voraus. Richtig lautet es dann, der Angeklagte „hat gewusst" oder „hat erkannt". Wegen der Unsicherheit der Bedeutung des Wortes „müssen" empfiehlt es sich, dieses Wort auch bei der Darstellung des fahrlässigen Verhaltens zu vermeiden.

Insbesondere sind in der Sachverhaltsschilderung **Rechtsbegriffe** oder **Feststellungen, die nur die Worte des Gesetzes** wiederholen, nicht ausreichend. Zum Beispiel wäre es falsch, zu schreiben, „der Angeklagte fälschte sodann die Urkunde oder er verfälschte sodann die Urkunde, indem er …". Richtig muss es lauten, „der Angeklagte änderte den Namenszug des Unterzeichneten Franz Meier in Franz Beier um, indem er mit einem scharfen Rasiermesser zunächst …". Bei § 136 Abs. 1 StGB genügt es nicht, festzustellen, dass das Fernsehgerät durch den Gerichtsvollzieher ordnungsgemäß gepfändet worden ist. Das Tatbestandsmerkmal „gepfändet" ist wiederum ein Rechtsbegriff. Es muss festgestellt werden, dass der zuständige Gerichtsvollzieher Besitz von dem Fernsehgerät ergriffen und in welcher Weise er die Pfändung kenntlich gemacht hat. Falsch wäre auch folgende Sachverhaltsschilderung zu § 242 StGB: Der Angeklagte nahm im Kaufhaus Kaufmann einen Mantel weg, um ihn sich rechtswidrig anzueignen. In dieser Sachverhaltsschilderung fehlt die Zeitangabe, die Angabe des Tatortes ist unvollständig, der Wert des entwendeten Gegenstandes wurde nicht angegeben und bei der Zueignung wurde lediglich der Gesetzeswortlaut verwendet. Richtig könnte es lauten: Am 28.2.2004 betrat der Angeklagte gegen 14.00 Uhr das Kaufhaus Kaufmann in München, Neuhauser Straße. In der Herrenkonfektionsabteilung im 2. Stock des Kaufhauses nahm er einen Lodenmantel im Wert von 400 € an sich und verließ das Kaufhaus, ohne zu bezahlen. Er wollte den Mantel für sich behalten.

b) Nach den objektiven Feststellungen sind die **inneren Merkmale** der Tat (Vorsatz, Fahrlässigkeit, Wissentlichkeit, Absicht) zu schildern. Da sich der Vorsatz auf alle Merkmale des Tatbestandes erstreckt (§ 16 StGB), muss er im Urteil hinsichtlich aller in Betracht kommenden Tatbestandsmerkmale festgestellt werden. Insbesondere genügt es nicht, zu schreiben, „der Angeklagte hat auch vorsätzlich gehandelt". Bei einem vorsätzlichen Vergehen der Trunkenheit im Verkehr nach § 316 Abs. 1 StGB reicht es z.B. nicht aus, zur Begründung des Vorsatzes einen hohen Blutalkoholgehalt anzugeben. Es muss also lauten: „Der Angeklagte hat bei Fahrtantritt erkannt, dass er nicht mehr in der Lage war, das Fahrzeug sicher zu führen."

Bei Mord wäre etwa folgende Sachverhaltsschilderung unrichtig: „Am 28.6.2004 gegen 14.00 Uhr kam es zu einer tätlichen Auseinandersetzung zwischen dem Angeklagten und dem Maurer X. Dabei stieß der Angeklagte dem X ein Messer so in die Brust, dass dieser alsbald an den Folgen der Tat verstarb." Bei dieser Sachverhaltsschilderung ist zur inneren Tatseite nicht zu entnehmen, ob der Angeklagte den X töten oder ihn nur verletzen wollte oder ob er nur zustieß, um den X vor weiteren Angriffen abzuhalten. Richtig muss es vielmehr lauten: „Der Angeklagte stieß dem Maurer X das Messer in die Brust, um X zu töten oder um X körperlich zu verletzen."

Auch bei § 252 StGB liegt das Hauptproblem meist auf der inneren Tatseite. § 252 StGB verlangt die Absicht der Beutesicherung. Dementsprechend sind genaue Feststellungen zur Willensrichtung des Angeklagten nötig. Geht es dem Angeklagten nur darum zu fliehen, liegt kein Fall des § 252 StGB vor. Allein aus dem Umstand, dass der Angeklagte die Beute nicht vor oder später bei der Gewaltanwendung zur Ermöglichung der Flucht weggeworfen hat, kann nicht auf die Absicht der Beutesicherung geschlossen werden. (KG StV 2004, 67) Es muss also genau festgestellt werden, dass die Beutesicherung wenigstens eines seiner Ziele war.

Insbesondere bei bedingtem Vorsatz ist Vorsicht geboten. Es muss genau festgestellt werden, dass der Angeklagte die Tat auch für den Fall gewollt hat, dass sie diesen Erfolg haben würde, er diesen Erfolg im voraus gebilligt und in seinen Willen mit aufgenommen hat (vgl. hierzu insbesondere BGHSt 36, 10). Bei einer objektiv äußerst gefährlichen Handlung liegt die Annahme eines bedingten Vorsatzes nahe, so dass an die Darstellung der inneren Tatseite keine besonderen Anforderungen zu stellen sind (BGH NStZ 2004, 330; sowie BGH NStZ 2004, 329).

Bei **Fahrlässigkeitsdelikten** ist dreierlei zu prüfen:

- Die Pflichtwidrigkeit der Willensbetätigung durch Darlegung der Sorgfaltsverletzung,
- Ursächlichkeit dieser Sorgfaltspflichtverletzung für den Erfolgseintritt und
- Voraussehbarkeit des eingetretenen Erfolges.

Beispiel für einen Verkehrsunfall mit fahrlässiger Tötung:

Bei einer fahrlässigen Tötung im Straßenverkehr wäre folgende Sachverhaltsschilderung **ungenügend:** Am 20.6.2004 fuhr der Angeklagte mit seinem PKW ... gegen 17.00 Uhr in A-Dorf auf der Bergstraße in nördlicher Richtung. Auf der Kreuzung der Bergstraße mit der Talstraße kam es zu einem Zusammenstoß mit dem Motorradfahrer M. M. erlitt dabei so schwere Verletzungen, dass er wenige Tage später starb.

Vielmehr muss es lauten: Am 20.6.2004 fuhr der Angeklagte mit seinem PKW gegen 17.00 Uhr in A-Dorf auf der Bergstraße mit einer Geschwindigkeit von 50 km/h in nördlicher Richtung. Der Angeklagte verminderte auch seine Geschwindigkeit nicht, als er sich der Talstraße näherte, die gegenüber der Bergstraße vorfahrtsberechtigt ist, worauf auch deutlich durch Verkehrszeichen nach Zeichen 205 § 41 StVO hingewiesen ist. Da der Angeklagte sich mit seinem Beifahrer, dem Zeugen Z, unterhielt, beachtete er das Verkehrszeichen nicht. Er fuhr mit unverminderter Geschwindigkeit, ohne nach rechts oder links zu sehen, in die Kreuzung ein und wollte diese in gerader Richtung überqueren. Infolge seiner Unaufmerksamkeit bemerkte er den von rechts auf der bevorrechtigten Talstraße kommenden Motorradfahrer M nicht, so dass es zu einem Zusammenstoß mit diesem kam. Bei der vom Angeklagten zu erwartenden Sorgfalt beim Überqueren der Talstraße hätte er den Motorradfahrer rechtzeitig sehen und den Zusammenstoß vermeiden können.

Anschließend folgen Angaben zu den Verletzungen des Motorradfahrers und Ausführungen dazu, dass die Verletzungen ursächlich für den Tod waren. Auch bei schwersten Verletzungen müssen Feststellungen dazu getroffen werden, weil es keine Lebenserfahrung dahin gibt, dass das Opfer kurze Zeit nach einem schweren Verkehrsunfall an den Unfallverletzungen stirbt (BGH NJW 1970, 1244).

c) Bei dem häufig in Examensklausuren vorkommenden Delikt des Betrugs ist oftmals die Sachverhaltsschilderung sowohl in objektiver als auch in subjektiver Hinsicht unzureichend. **Falsch** wäre folgende Sachverhaltsschilderung:

„Am 30.6.2004. schloss der Angeklagte mit dem Elektrohändler Sturm in München einen Kaufvertrag über ein Fernsehgerät zum Preis von 1200 € ab. Der Angeklagte zahlte 300 € sofort. Hinsichtlich der Restkaufpreissumme wurde Ratenzahlung vereinbart, und zwar 9 Raten zu je 100 €. Der Verkäufer behielt sich das Eigentum am Fernsehgerät vor. Der Angeklagte bezahlte jedoch keine der 9 weiteren Raten."

Bei dieser Sachverhaltsschilderung sind sowohl die **objektiven** als auch die **subjektiven Merkmale** nicht genügend festgestellt. Es fehlt eine Darlegung darüber, worin die Vorspiegelung falscher oder Entstellung oder Unterdrückung wahrer Tatsachen liegen soll, die bei dem Verkäufer einen Irrtum erregt haben. Auch die Absicht des Angeklagten, sich einen rechtswidrigen Vermögensvorteil zu verschaffen, ist nicht dargelegt. Allein der Umstand, dass der Angeklagte das Fernsehgerät nicht bezahlt hat, begründet noch nicht den Tatbestand des Betrugs. Insbesondere liegt dann kein Betrug vor, wenn der Angeklagte bei Abschluss des Kaufvertrages noch zahlungswillig war und etwa im Hinblick auf weitere Verpflichtungen, die ihm bei Abschluss des Kaufvertrages noch nicht bekannt waren, die vereinbarten Raten nicht einhalten konnte. Richtig muss es daher lauten, dass der Angeklagte unter Vortäuschung seiner Zahlungsfähigkeit und Zahlungswilligkeit einen Kaufvertrag über ein Fernsehgerät Marke X abschloss und entsprechend seiner vorgefassten Absicht keine der vereinbarten Ratenzahlungen einhielt. Das gleiche gilt auch beim Selbstbedienungstanken ohne Zahlungswillen. In diesem Fall hat der BGH Betrug und nicht Diebstahl angenommen (BGH NJW 1983, 2827). Es wäre ungenügend, lediglich zu schreiben, dass der Angeklagte an einer Zapfsäule 40 Liter Normalbenzin in den Tank seines Fahrzeuges gefüllt hat, ohne zu bezahlen. Auch hier muss festgestellt werden, dass der Angeklagte den Tankstelleninhaber oder dessen Mitarbeiter über seine Zahlungsfähigkeit oder Zahlungswilligkeit getäuscht hat; ferner, dass der Angeklagte vom Tankstelleninhaber oder dessen Mitarbeiter bemerkt wurde (sonst liegt nur versuchter Betrug vor, hierzu BGH, a.a.O.).

Bei einer vorsätzlichen Gefährdung des Straßenverkehrs §§ 315c Abs. 1 Ziff. 1a Abs. 3 Ziff. 1, 11 Abs. 2 StGB genügt es nicht zu schreiben, dass der Angeklagte absolut fahruntüchtig war und gegen ein geparktes Auto stieß. Eine Gefährdung des Straßenverkehrs liegt nur vor, wenn der Unfall auf den genossenen Alkohol zurückzuführen ist. Es muss daher bei einer Verurteilung wegen vorsätzlicher oder fahrlässiger Gefährdung des Straßenverkehrs geschildert werden, dass der Angeklagte **infolge eines alkoholbedingten Fahrfehlers** andere oder fremde Sachen von bedeutendem Wert zumindest gefährdet hat.

d) Nach den subjektiven Tatbestandsmerkmalen sind die **besonderen Umstände** im Sinne des § 267 Abs. 2 StPO anzugeben. Die Urteilsgründe müssen sich mit den im Gesetz besonders vorgesehenen Umständen befassen, die die Strafbarkeit ausschließen, vermindern oder erhöhen, falls sie in der Verhandlung behauptet werden. Zu den Umständen, die die Strafbarkeit ausschließen, gehören insbesondere Rechtfertigungs-, Schuldausschließungs-, Strafausschließungs- (z.B. § 258 Abs. 6 StGB) und Strafaufhebungsgründe (z.B. Rücktritt vom Versuch).

Zu den Umständen, welche die Strafbarkeit mindern, gehören Privilegierungen, die eine mildere Beurteilung eines Grundtatbestandes zulassen z.B. § 154 Abs. 2 StGB oder Vorschriften, die auf § 49 Abs. 1 StGB verweisen.

Zu den Umständen, welche die Strafbarkeit erhöhen, gehören qualifizierend wirkende Tatbestandsmerkmale z.B. § 224 StGB, § 227 StGB oder die Gewohnheitsmäßigkeit oder Gewerbsmäßigkeit. Hierzu gehören allerdings nicht die Regelbeispiele, da es sich insoweit um Strafschärfungsvorschriften handelt, die unter § 267 Abs. 3 S. 3 StPO fallen.

e) Von Bedeutung bei der Sachverhaltsdarstellung ist auch der im Strafverfahren so wichtige Grundsatz „im Zweifel für den Angeklagten". Dieser Grundsatz ist aber erst anzuwenden, wenn das Gericht seiner Aufklärungspflicht § 244 Abs. 2 StPO nachgekommen ist und eine eindeutige Tatsachenfeststellung nicht möglich ist (vertiefend vgl. Stuckenberg, JABl 2000, 568). Dabei handelt es sich nicht um eine Beweisregel, sondern um einen Rechtssatz, der sich auf sämtliche Merkmale des äußeren und inneren Tatbestandes sowie sämtliche schuld- und rechtswidrigkeitsausschließende Umstände, einschließlich persönlicher Strafaufhebungs- und Strafausschließungsgründe erstreckt. Dies hat jedoch nicht zur Folge, dass das Gericht im Urteil bei den tatsächlichen Feststellungen von dem für den Angeklagten günstigeren Sachverhalt ausgehen darf, sondern es muss das Tatgeschehen offen lassen.

Beispiel: Dem Angeklagten wird ein Vergehen der fahrlässigen Tötung zur Last gelegt. Er soll mit seinem Pkw in München in der Landshuter Straße mit überhöhter Geschwindigkeit (80 km/h) gefahren sein und deshalb den Tod eines Fußgängers pflichtwidrig verursacht haben.

Die Hauptverhandlung verläuft so, dass sich der Richter nicht voll davon überzeugen kann, dass der Angeklagte pflichtwidrig schneller als 50 km/h gefahren ist. Würde man den Grundsatz „im Zweifelsfall zugunsten des Angeklagten" als Beweisregel auffassen, dann müsste im Urteil bereits bei den tatsächlichen Feststellungen ausgeführt werden, dass der Angeklagte in München auf der Landshuter Straße höchstens mit einer Geschwindigkeit von 50 km/h gefahren ist. Nimmt man dagegen keine Beweisregel an, wird bei den tatsächlichen Feststellungen die gefahrene Geschwindigkeit offen gelassen. Es wird lediglich festgestellt, dass der Angeklagte mit einer nicht mehr näher feststellbaren Geschwindigkeit zwischen 50 und 80 km/h gefahren ist. Erst bei der rechtlichen Würdigung zu § 222 StGB wird ausgeführt, dass dem Angeklagten ein pflichtwidriges Verhalten im Straßenverkehr nicht angelastet werden kann.

Beispiel nach BGH NJW 1957, 1643: A wird bei der Begehung eines Diebstahls überrascht und flieht. Als er bemerkt, dass er verfolgt wird, zieht er seine Pistole und gibt kurz hintereinander drei Schüsse ab. Der Verfolger bricht tot zusammen. Welcher Schuss den Tod herbeigeführt hat, lässt sich nicht feststellen. A lässt sich dahin ein, dass der erste und dritte Schuss gezielt abgegeben worden sei. Der zweite Schuss dagegen sei versehentlich losgegangen, da er gestolpert sei.

Das Erstgericht hat in diesem Fall nach dem Grundsatz „in dubio pro reo" den A wegen versuchten Mordes (erster und dritter Schuss) in Tatmehrheit mit fahrlässiger Tötung (zweiter Schuss) verurteilt. Dies wäre richtig, wenn man den Grundsatz „im Zweifel für den Angeklagten" als Beweisregel ansehen würde. Der Umstand, dass der zweite Schuss tödlich war, wäre für den Angeklagten der günstigere Fall.

Der BGH hat jedoch das Urteil aufgehoben und den Grundsatz „im Zweifel für den Angeklagten" erst bei Anwendung der einzelnen Straftatbestände geprüft. Dies führt dazu, dass Mord beim ersten und dritten Schuss ausscheidet, weil möglicherweise der zweite Schuss tödlich gewesen ist. Es entfällt dann auch eine Verurteilung wegen fahrlässiger Tötung. Bei der Prüfung des § 222 StGB ist nun zugunsten des A zu unterstellen, dass evtl. der erste oder der dritte Schuss zum Tod geführt hat. Wenn der zweite Schuss nicht tödlich war, entfällt eine Verurteilung wegen fahrlässiger Tötung.

Bei der Sachverhaltsdarstellung muss daher dementsprechend in dem vom BGH entschiedenen Fall ausgeführt werden, dass nicht festgestellt werden konnte, welcher Schuss den Tod herbeigeführt hat. (Zur Darstellung im Sachverhalt vergleiche auch Hagen, JuS 1983, 126 und 127 mit Anm. 11).

Zu einem ähnlich gelagerten Fall vergleiche auch BGH NStZ 1988, 565. Dort hatte A eine Frau F zunächst ohne Tötungsabsicht gewürgt. Als F bewusstlos am Boden lag, führte er seine Krawatte um den Hals der F und zog zu. F wurde getötet, wobei nicht mehr geklärt werden konnte, ob das Würgen mit der Hand (erster Handlungsabschnitt) den Tod herbeigeführt hat. Auch hier muss in der Sachverhaltsschilderung offen bleiben, welche Handlung den Tod herbeigeführt hat. Falls der Tod bereits im ersten Handlungsabschnitt eintrat, liegt eine Körperverletzung mit Todesfolge, § 227 StGB in Tateinheit mit versuchtem Mord, §§ 211, 22 StGB vor. Ist der Tod im zweiten Handlungsabschnitt eingetreten, liegt gefährliche Körperverletzung § 224 StGB mit Mord § 211 StGB vor. Der BGH hat im vorliegenden Fall zwischen den beiden in Betracht kommenden Tatmodalitäten ein Stufenverhältnis angenommen und dementsprechend nach den weniger belastenden Vorschriften Körperverletzung mit Todesfolge und versuchtem Mord entschieden (Wahlfeststellung wäre hier falsch, weil der Grundsatz in dubio pro reo Vorrang hat).

Sollte in dem oben angesprochenen Fall des Kammergerichts zu § 252 StGB das Gericht nach der Beweisaufnahme nicht weiter aufklären können, ob der Angeklagte nur in Fluchtabsicht oder auch zur Beutesicherung Gewalt angewandt hat, muss dies in der Sachverhaltsschilderung wieder offen bleiben. In der rechtlichen Würdigung ist dann auszuführen, dass ein Diebstahl und wegen der Gewaltanwendung Nötigung vorliegt. Tateinheit wird man allerdings nur unter dem Gesichtspunkt der natürlichen Handlungseinheit annehmen können (vgl. hierzu Walter JABl 2004, 572). Wegen des Fassens eines neuen Entschlusses erscheint auch Tatmehrheit vertretbar.

f) Bei Vorliegen einer Serienstraftat, bei der von Einzelhandlungen auszugehen ist, muss im Urteil die dem Angeklagten zur Last gelegte Tat sowie Zeit und Ort ihrer Begehung so genau bezeichnet sein, dass die Identität des geschichtlichen Vorganges klargestellt und erkennbar wird, welche bestimmte Tat gemeint ist (BGHSt 40, 44). Es darf nicht unklar bleiben, über welchen Sachverhalt das Gericht nach dem Willen der Staatsanwaltschaft urteilen soll. Welche Angaben zur ausreichenden Bestimmung des Verfahrensgegenstandes erforderlich sind, lässt sich nicht für alle Fälle in gleicher Weise sagen. Probleme bereiteten vor allem die Verfahren, bei denen es um sexuellen Missbrauch von Kindern geht. Hier genügt es nicht zu schreiben „nahezu täglich" oder „mehrfach im Monat". Auch bezüglich des Tatortes bedarf es einer näheren Konkretisierung. Es würde nicht ausreichen zu schreiben: „in München oder an anderen Orten". Als ausreichend hat es allerdings der BGH (BGH NStZ 1995, 200) angesehen, wenn das Gericht festgestellt hat, dass die Tat in der ehelichen Wohnung oder in einem Pkw begangen worden ist.

Eine Konkretisierung des Tatablaufes in der Hauptverhandlung ist möglich, wobei ein Hinweis nach § 265 StPO zu erfolgen hat (BGH NJW 1998; 1788, einschränkend allerdings BGH NJW 2003, 2107).

g) Bei einer Verurteilung wegen Wahlfeststellung müssen die mehreren alternativen geschichtlichen Vorgänge gekennzeichnet werden, von denen jedenfalls einer stattgefunden haben muss. Ist nur einer der in Betracht kommenden Vorgänge angeklagt und ergibt die Hauptverhandlung, dass sowohl dieser als auch ein anderer stattgefunden haben kann, hat die Staatsanwaltschaft wegen des nicht angeklagten Vorganges Nachtragsanklage nach § 266 StPO oder eine selbständige Anklage, die eine Verbindung der Verfahren ermöglicht, zu erheben (vgl. BGHSt 32, 151). Geschieht dies nicht, ist das Verfahren einzustellen. Zutreffender dürfte allerdings sein, hier den Angeklagten freizusprechen (vgl. von Heintschel, Prüfungstraining Strafrecht, Band 1, Seite 71).

3. Beweiswürdigung

a) Nach der Sachverhaltsschilderung erfolgt die Beweiswürdigung. Dabei müssen die schriftlichen Urteilsgründe die wesentlichen Beweisgrundlagen der tatrichterlichen Überzeugungsbildung in nachvollziehbarer, auf tatsächliche Ergebnisse der Beweiserhebung gestützter Argumentation wiedergeben. Sie müssen erkennen lassen, dass naheliegende Anhaltspunkte für eine abweichende Beurteilung gesehen und bedacht wurden (BGH NStZ-RR 2003, 49). Unnötig ist es dabei, sämtliche in der Hauptverhandlung verwendete Beweismittel (Zeugen, Sachverständige, Urkunden oder Augenschein) zu Beginn der Beweiswürdigung aufzuzählen (Meyer-Goßner § 267 Rn. 12).

b) Die Beweiswürdigung beginnt mit der Einlassung des Angeklagten, die in gedrängter Form wiedergegeben wird. Im Anschluss daran erfolgen Feststellungen dazu, ob das Gericht die Einlassung des Angeklagten übernommen hat oder was es von der Einlassung des Angeklagten hält oder aus welchen

Gründen sie diese für widerlegt hält. Hierbei wird das Gericht Zeugenaussagen, Urkunden oder sonstige Beweismittel heranziehen, soweit der Inhalt für die Überzeugungsbildung wesentlich ist (BGH NStZ-RR 1999, 72). Von den Prüfern wird dabei häufig moniert, dass bei den Urkunden der Auszug aus dem Bundeszentralregister oder bei Verkehrsdelikten der Auszug aus dem Verkehrszentralregister nicht aufgeführt wird. Bei Zeugen ist auch anzugeben, ob sie vereidigt wurden oder nicht. Sollte ein Zeuge zu Unrecht vereidigt worden sein, z.B. wegen § 60 Nr. 2 StPO, kann die Aussage nach entsprechendem Hinweis als uneidliche Aussage gewertet werden.

Beispiel: Der Angeklagte hat den Diebstahl gestanden. Dies ist glaubhaft. Sein Geständnis deckt sich auch mit … (Ein Geständnis muss das Gericht überprüfen, selbst im Rahmen einer Absprache BGH NJW 1999, 370).

Äußert sich der Angeklagte nicht oder bestreitet er die Tat ohne nähere Begründung, so wird dies kurz erwähnt und dann in die Beweiswürdigung übergeleitet.

Verteidigt sich der Angeklagte muss das Gericht mitteilen, was es von der Einlassung des Angeklagten hält und weshalb es diese für widerlegt hält. Hierbei müssen auch die Gründe mitgeteilt werden, warum es dem Zeugen glaubt oder dem einen oder anderen und warum es den Aussagen der Zeugen folgt und nicht der Einlassung des Angeklagten. Die bloße Widergabe der Aussagen der Zeugen und des Angeklagten ist dabei nicht ausreichend (Meyer-Goßner § 267 Rn. 2).

c) Im übrigen gilt der Grundsatz der freien Beweiswürdigung, vgl. auch § 261 StPO. Dies gilt nicht nur für die Beweiswürdigung von Zeugenaussagen, unabhängig davon, ob der Zeuge vereidigt wurde oder nicht, sondern auch für die Würdigung der Aussagen des Angeklagten, selbst wenn diese mit Zeugenaussagen im Widerspruch stehen (Meyer-Goßner § 267 Rn. 11). Zur Glaubwürdigkeit von Zeugen werden allerdings in Examensklausuren keine größeren Ausführungen erwartet, da diese auch vom persönlichen Eindruck des Zeugen abhängt, der in einer Klausur nicht geschildert werden kann. Man wird sich darauf beschränken können zu schreiben, dass sich die Aussage des Zeugen mit den übrigen Zeugenaussagen oder sonstigen Beweismittel deckt.

d) Am Ende der Beweiswürdigung erfolgt die Behandlung etwaiger Hilfsbeweisanträge, für die § 244 Abs. 6 StPO nicht gilt. Die Ablehnung eines Hilfsbeweisantrages muss dann in der schriftlichen Urteilsbegründung erfolgen (vgl. Meyer-Goßner § 244 Rn. 44 a). Nur wenn der Hilfsbeweisantrag wegen Verschleppungsabsicht abgelehnt wird, muss der Ablehnungsgrund bereits in der Hauptverhandlung mitgeteilt werden, damit der Antragsteller den Vorwurf entkräften kann.

Die Ablehnung von anderen Beweisanträgen gehört nicht in das Urteil, sondern in das Protokoll. Es ist nicht zulässig im Urteil zu einem schon in der Hauptverhandlung abgelehnten Beweisantrag nochmals Stellung zu nehmen. Etwaige Mängel des Ablehnungsbeschlusses können aber nicht durch Nachschieben von Gründen geheilt werden.

e) Im Rahmen der Beweiswürdigung muss sich das Gericht auch mit der Frage der Zulässigkeit der Beweisermittlung und der Beweisverwertung befassen. In Examensklausuren werden hier in diesem Zusammenhang vor allem Probleme in Bezug auf die Verlesung von Urkunden, fehlerhafter Belehrung, Schlussfolgerungen aus dem Schweigen oder Teilschweigen des Angeklagten oder die Verwertung von Zufallsfunden in Betracht kommen. Zu den Beweisverwertungsverboten vgl. Teil 2 B XI 5 und Teil 6 II 3 a.

4. Rechtliche Erörterungen

§ 267 Abs. 3 Satz 1 StPO schreibt die Angabe des zur Anwendung gebrachten Strafgesetzes vor. Dabei genügt die bloße Verwendung der gesetzlichen Überschriften nicht, insbesondere wenn sie mehrere Begehungsweisen mit Strafe belegen. Es ist der jeweilige Paragraf des Gesetzes anzuführen dabei – durch Nennung der Absätze, Sätze und der Nummern – klarzustellen, in welcher Form der Tatbestand erfüllt wurde (BGH NStZ-RR 2001, 19). Zweckmäßig ist es, zu Beginn der rechtlichen Ausführungen den Schuldspruch nochmals zu wiederholen, z.B. in der Form: Der Angeklagte war daher wegen Diebstahls gemäß § 242 StGB zu verurteilen. Auch die Art der Ausführung (Teilnahme, Versuch) ist anzugeben, ebenso die Konkurrenzen, da sich danach beurteilt, ob nur eine Strafe gem. § 52 StGB oder eine Gesamtstrafe nach § 53 StGB auszusprechen ist. Anschließend erfolgt die eigentliche rechtliche Subsumtion. Auch im zweiten Staatsexamen wird bei Urteilsklausuren der Schwerpunkt im materiellen Recht liegen, so dass dieses in der Vorbereitung auf das Examen nicht vernachlässigt werden sollte.

5. Prozessuale Ausführungen

a) Ausführungen zu prozessualen Fragen schreibt die StPO an sich nicht vor. In Examensklausuren werden jedoch hier vielfach Probleme um den Tatbegriff des § 264 StPO zu erörtern sein. Insbesondere werden andere als in der Anklage und im Eröffnungsbeschluss aufgeführte Strafgesetze zur Verurteilung kommen. In diesen Fällen ist genau zu prüfen, was Gegenstand der Anklage und des Eröffnungsbeschlusses ist. Es werden vor allem Probleme zu § 265 StPO und der Nachtragsanklage gem. § 266 StPO zu erwarten sein. Aber auch sonstige Prozessvoraussetzungen wie Strafantrag oder Fragen der Rechtskraft können hier ein Problem sein.

b) Nach § 264 Abs. 1 StPO ist Gegenstand der Urteilsfindung die in der Anklage bezeichnete Tat, wie sie sich nach dem Ergebnis der Verhandlung darstellt. Dabei ist das Gericht an die rechtliche Wertung der Staatsanwaltschaft nicht gebunden.

Beispiel: A wird wegen Unterschlagung angeklagt, weil er ohne zu bezahlen an einer SB-Tankstelle getankt hat. Hier kann das Gericht ohne weiteres wegen Betrugs § 263 Abs. 1 StGB aburteilen (vgl. dazu BGH NJW 1983, 2827), da noch die gleiche Tat, d.h. der gleiche geschichtliche Vorgang vorliegt und lediglich eine andere rechtliche Würdigung vorgenommen wurde.

Das gleiche gilt, wenn zu dem in der Anklage angenommenen Delikt lediglich ein weiteres Delikt in Tateinheit hinzukommt, z.B. zum Betrug noch Urkundsfälschung. Bei Tateinheit liegt in der Regel auch eine Tat im Sinne des § 264 Abs. 1 StPO vor. Es bedarf hier lediglich eines rechtlichen Hinweises nach § 265 Abs. 1 StPO. Eine Nachtragsanklage § 266 StPO ist hier nicht notwendig, da eine Nachtragsanklage nur erforderlich ist, wenn über die Anklage hinaus eine weitere prozessuale Tat abgeurteilt werden soll (vgl. Meyer-Goßner § 266 Rn. 1).

c) Probleme in diesem Zusammenhang ergeben sich auch, wenn sich das Gericht trotz Ausschöpfung aller Beweismöglichkeiten nicht vom Vorliegen eines bestimmten Delikts zu überzeugen vermag, sondern auf wahlweiser Grundlage verurteilen will.

Beispiel nach OLG Celle NJW 1988, 1225: Die Anklage wirft A vor, am 18.2.1987 ein Radio aus einem PKW entwendet zu haben. In der Hauptverhandlung lässt sich A dahin ein, dass er das Radio von einem Unbekannten, der die Tat begangen hat, am 20.3.1987 in Kenntnis der Herkunft erworben hat. In der Beweisaufnahme kann nicht geklärt werden, ob A das Radio selbst gestohlen oder durch Hehlerei erworben hat.

Da der Grundsatz „in dubio pro reo", der stets vor der Wahlfeststellung zu prüfen ist (vgl. Tröndle/Fischer § 1 Rn. 14a), hier nicht weiterhilft, weil zwischen Diebstahl und Hehlerei kein Stufenverhältnis besteht, kommt eine Wahlfeststellung in Betracht. Eine wahlweise Verurteilung wegen Diebstahls – auch bei Vorliegen eines Regelfalles nach § 243 StGB – oder Hehlerei wird allgemein zugelassen (vgl. Tröndle/Fischer § 1 Rn. 27).

Eine Verurteilung im Wege der Wahlfeststellung ist aber nur möglich, wenn die in Frage kommenden Alternativen – hier Diebstahl und Hehlerei – noch als Bestandteil der in Anklage und Eröffnungsbeschluss bezeichneten Tat angesehen werden können. Dies hat aber das OLG Celle a.a.O. verneint, weil zwischen dem Vorwurf des Diebstahls am 18.2.1987 oder der Hehlerei am 20.3.1987 auch bei natürlicher Auffassung keine einheitliche Tat (fehlender zeitlicher und örtlicher Zusammenhang) vorliegt.

d) Ein ähnliches Problem ergibt sich bei der sogenannten **Postpendenzfeststellung,** die nunmehr vom BGH (BGHSt 36, 86) anerkannt wird. Während bei der Wahlfeststellung ungeklärt ist, welche von zwei oder mehreren Alternativen, die alle strafbar sind, gegeben ist, liegt ein Fall der Postpendenz vor, wenn die zeitlich frühere Tatalternative ungewiss, die zeitlich nachfolgende aber feststeht (vgl. vertiefend zu den Problemen der Postpendenz Stuckenberg JABl 2001, 225).

Beispiel: A und B sind angeklagt, einen Diebstahl begangen zu haben. In der Hauptverhandlung kann nicht geklärt werden, ob A Mittäter des Diebstahls gewesen ist. Fest steht jedoch, dass A ca. 4 Wochen nach der Tat Teile der Diebesbeute in Kenntnis der Herkunft erworben hat.

Die Besonderheit des Falles liegt darin, dass A, wenn die Mittäterschaft beim Diebstahl nicht nachgewiesen werden kann, eindeutig eine Hehlerei begangen hat. Einer Verurteilung der Hehlerei könnte zunächst jedoch entgegenstehen, dass A eventuell Mittäter an der Vortat gewesen ist und somit nicht Hehler sein kann. Da hier aber eine Verurteilung wegen Mittäterschaft am Diebstahl nicht in Betracht kommt, ist nicht im Wege der Wahlfeststellung, sondern wegen der eindeutig begangenen Hehlerei zu verurteilen.

Eine Verurteilung des A kann aber nur erfolgen, wenn die Hehlerei angeklagt ist. Die bisherige Rechtsprechung des BGH war hierbei bei der Annahme einer prozessualen Tat sehr großzügig. Der BGH (NJW 1988, 1742) hat nunmehr differenziert. Er hat geprüft, ob die Inbesitznahme des Diebesgutes örtlich und zeitlich eng mit dem Diebstahl zusammenhängt oder nicht. Im konkreten Fall hat er dies verneint, da sowohl nach Ort, Zeit und den gesamten Tatumständen zwischen der Diebstahlshandlung und der Hehlerei eine erhebliche Abweichung vorliegt. Eine Aburteilung wegen Hehlerei ist daher nur bei einer Nachtragsanklage möglich.

e) Im Rahmen der prozessualen Ausführung ist auch zu prüfen, ob nicht die **Rechtskraft eines früheren Urteils** einer Verurteilung entgegensteht. Auch hier spielt § 264 StPO die entscheidende Rolle. Allerdings wird in der Regel bei Strafurteilsklausuren eine frühere rechtskräftige Verurteilung dem jetzigen Verfahren nicht entgegen stehen, da sonst das Verfahren nach § 260 Abs. 3 StPO eingestellt werden müsste. Ein beliebtes Examensproblem sind dabei die Dauerdelikte.

Beispiel: A ist wegen vorsätzlichen Fahrens ohne Fahrerlaubnis rechtskräftig verurteilt worden. Nunmehr stellt sich heraus, dass er auf dieser Fahrt an einer Selbstbedienungstankstelle ohne Bezahlung getankt hat. Einer Aburteilung des Betrugs könnte aber das frühere Urteil entgegenstehen. Dies ist dann der Fall, wenn zwischen dem vorsätzlichen Fahren ohne Fahrerlaubnis und dem Betrug eine prozessuale Tat vorliegt. Dies hat der BGH (vgl. BGH NJW 1981, 997; BGHSt 23, 141 und NStZ 1997, 508) aber verneint. Beide Tathandlungen haben nichts miteinander zu tun, so dass eine Tat im Sinne des § 264 StPO ausscheidet. Somit kann der Betrug abgeurteilt werden, da dieser nicht Gegenstand des früheren Verfahrens war.

Ein ähnliches Problem ergibt sich beim unerlaubten Führen einer Waffe und einem dabei begangenen Tötungs- oder Vermögensdelikt.

Beispiel: A war wegen unerlaubten Erwerbs und Führens einer Waffe gem. § 53 Abs. 3 Nr. 1 a WaffG. rechtskräftig verurteilt worden. Nachträglich stellt sich heraus, dass er mit dieser Waffe ein Jahr vor dem Urteil einen Raubüberfall begangen hat.

Der BGH (BGH NJW 1989, 1810) hat auch hier zwei prozessuale Taten angenommen. In seiner Entscheidung wich der BGH etwas von seiner früheren Rechtsprechung (vgl. BGH JuS 1983, 70) ab. Er hat nunmehr zwischen dem Waffendelikt und dem Vermögensdelikt Tatmehrheit i.S. des § 53 StGB angenommen. Obwohl Tatmehrheit i.S. des § 53 StGB eine prozessuale Tat nicht ausschließt, hat der BGH aufgrund des Tatobjekts, der Tatzeit und der gesamten Tatumstände zwei prozessuale Taten angenommen (so auch BGH NStZ-RR 1999, 8). Im Beispielsfall konnte somit A noch wegen des Raubüberfalls verurteilt werden (vgl. im übrigen zum Strafklageverbrauch bei Dauerdelikten Meyer-Goßner Einl. Rn. 175 und § 264 StPO Rn. 6 a).

6. Strafzumessung

a) § 267 Abs. 3 Satz 1 StPO verpflichtet das Gericht, diejenigen Umstände anzuführen, die für die Zumessung der Strafe bestimmend gewesen sind.

Sache des Tatrichters ist es, auf der Grundlage des umfassenden Eindrucks, den er in der Hauptverhandlung von der Tat und der Täterpersönlichkeit gewonnen hat, die wesentlichen entlastenden und belastenden Umstände festzustellen, sie zu bewerten und gegeneinander abzuwägen.

Als Sanktionen kommen in Betracht:

- als Hauptstrafe Freiheitsstrafe §§ 38, 39 StGB oder Geldstrafe § 40 StGB oder beides zusammen § 41 StGB
- als Nebenstrafe das Fahrverbot § 44 StGB

- als Maßregel der Besserung und Sicherung § 61 StGB, vor allem Entziehung der Fahrerlaubnis § 69 StGB und Berufsverbot §§ 70 ff. StGB. Die weiteren Möglichkeiten wie Unterbringung, Sicherungsverwahrung oder Führungsaufsicht dürften in Klausuren nicht in Betracht kommen.
- als Nebenfolge Verlust der Amtsfähigkeit oder Wählbarkeit §§ 45 ff. StGB.
- als sonstige Maßnahme § 11 Abs. 1 Nr. 8 StGB Verfall § 73 StGB oder Einziehung § 74 StGB.

b) Zu Beginn der Strafzumessung ist zunächst der Strafrahmen festzulegen. Der Strafrahmen ergibt sich grundsätzlich aus den Vorschriften des besonderen Teils, die dem Schuldspruch zugrunde liegen.

Als nächstes sind **eventuelle Strafänderungsgründe** zu untersuchen. Diese sind gemäß § 260 Abs. 5 StPO auch bei den zitierten Paragraphen mit anzuführen. In den Gründen ist auf sie gemäß § 267 Abs. 2 oder 3 StPO einzugehen.

In § 267 Abs. 2 StPO sind die sogenannten benannten Rechtsfolgenänderungsgründe genannt. Es handelt sich hier um die tatbestandsmäßig ausformulierten Fälle, in denen die Strafbarkeit gemindert oder erhöht wird, z.B. §§ 176 Abs. 4, 221 Abs. 2 und 3, 246 Abs. 2, oder 250 Abs. 2 StGB. Bei den benannten Strafänderungsgründen wird durch die abschließende gesetzliche Normierung von Erschwerungs- oder Milderungsgründen das Gericht gezwungen, bei Vorliegen der rechtlichen Merkmale den modifizierten Strafrahmen anzuwenden. Dies kann auch zu einer Änderung des Deliktsart von Vergehen zu Verbrechen und umgekehrt führen, beispielsweise bei § 212 StGB und § 216 StGB oder § 253 StGB und § 255 StGB. In Klausuren wird häufig § 315 b Abs. 3 StGB nicht gesehen. Bei Vorliegen der Voraussetzungen des § 315 Abs. 3 StGB wird der gefährliche Eingriff in den Straßenverkehr zu einem Verbrechen.

Weiter gehören hierzu § 23 Abs. 2 StGB sowie die Straftatbestände, die auf § 49 Abs. 1 StGB verweisen, insbesondere § 21 StGB. § 21 StGB kommt aber nicht zur Anwendung, wenn dem Täter das Fehlen der Einsichtsfähigkeit vorzuwerfen ist. Beruht die Verminderung der Schuldfähigkeit auf verschuldeter Trunkenheit, kommt ein Strafrahmenverschiebung nach §§ 21, 49 StGB nicht in Betracht (BGH NJW 2003, 2394 und BGH NJW 2004, 3350 zur Strafmilderung bei Gewaltdelikten unter Alkohol).

Während § 267 Abs. 2 StPO die tatbestandsmäßig festgelegten benannten Strafänderungen erfasst, betrifft § 267 Abs. 3 Satz 2 und 3 StPO die ungenannten Strafänderungen, bei denen die Milderungs- und Erschwerungsgründe nicht abschließend tatbestandsmäßig ausgestaltet sind. Hierzu gehören auch die Regelbeispiele. Aus § 12 Abs. 3 StGB ergibt sich dabei, dass es für die Deliktseinteilung bedeutungslos ist, ob ein besonders schwerer Fall unbenannt ist oder ob ein Regelbeispiel vorliegt. Beispiele für besonders schwere Fälle sind in §§ 240 Abs. 4 S. 1, 253 Abs. 4 S. 1, 263 Abs. 3 S. 1 StGB genannt

Handelt es sich nicht um ein Regelbeispiel liegt ein besonders schwerer Fall nur vor, wenn die Tat bei Berücksichtigung aller Umstände, die erfahrungsgemäß vorkommen und vom Gesetz für den Spielraum des ordentlichen Strafrahmens schon bedachten Fälle an Strafbarkeit derart übertreffen, dass der ordentliche Strafrahmen nicht ausreicht. Ein Fall ist dann besonders schwer, wenn er innerhalb einer Gesamtwürdigung sich bei Abwägung aller Zumessungstatsachen nach dem Gewicht von Unrecht und Schuld vom Durchschnitt der praktisch vorkommenden Fälle soweit abhebt, dass die Anwendung des Ausnahmestrafrahmens geboten ist (BGHSt 28, 319). Ein hoher Schaden reicht also alleine nicht aus, einen besonders schweren Fall anzunehmen. Allerdings kann es bei einem besonders hohen Schaden nahe liegen, die Frage des besonders schweren Falles zu prüfen. Für einen besonders schweren Fall des Totschlags genügt nicht schon die bloße Nähe zu Mordmerkmalen. Es müssen schulderhöhende Gesichtspunkte hinzukommen, die besonders gewichtig sind. Maßgebend ist dabei die Gesamtheit der äußeren und inneren Seite der Tat (BGH NStZ-RR 2004, 205).

Liegt ein Regelbeispiel vor, z.B. bei §§ 243 Abs. 1 S. 2, 253 Abs. 4 S. 2, 263 Abs. 3 S. 2, oder 267 Abs. 3 S. 2 StGB so besteht die Vermutung dafür, dass der Fall insgesamt als besonders schwer anzusehen ist (Tröndle/Fischer § 46 Rn. 91). Allerdings kann auf Grund einer Gesamtwürdigung aller Strafzumessungsfaktoren die Regelwirkung entkräftet werden, so dass auf den normalen Strafrahmen zurückzugreifen ist. In Klausuren wird vor allem § 243 StGB von Bedeutung sein. Zweifelhaft sind hier die Fälle, bei denen der Diebstahl vollendet das Regelbeispiel aber ausgeblieben ist oder bei denen weder der Erschwernisgrund verwirklicht noch der Diebstahl vollendet wurde. Der BGH (BGHSt 33, 370) hat dabei bei der Strafrahmenwahl jeweils § 243 StGB zu Grunde gelegt und auch die Möglichkeit bejaht den Strafrahmen nach §§ 23 Abs. 2, 49 Abs. 1 StGB zu mildern. Einen besonders schweren Fall eines Betruges § 263 Abs. 3 S. 2 Nr. 2 Alt. 1 StGB hat der BGH erst bei einem Betrag von 50.000 EUR angenommen (BGH NStZ 2004, 155; vgl. dazu auch Hannich NJW 2004, 2061). Allerdings ist auch hier eine Gesamtabwägung nicht überflüssig (Tröndle/Fischer § 263 Rn. 129).

Auch wenn kein Regelbeispiel vorliegt kann das Gericht einen besonders schwerer Fall bejahen, beispielsweise beim Entfernen von Sicherheitsketten an Verkaufswaren, die keine Schutzvorrichtungen im Sinne von § 243 Abs. 1 S. 2 Nr. 2 StGB sind (OLG Düsseldorf NJW 1998, 1002; Tröndle/Fischer § 243 Rn. 15 mit Hinweisen zur Gegenansicht). Da die in der Tat zutage getretene erhöhte kriminelle Energie dem Regelbeispiel des § 243 Abs. 1 S. 2 StGB vergleichbar ist, kann die Annahme eines besonders schweren Falles außerhalb der Regelbeispiele bei einer umfassenden Würdigung des gesamten Tatbildes begründet sein.

Minderschwere Fälle sieht das Gesetz beispielsweise in §§ 154 Abs. 2, 221 Abs. 4, 226 Abs. 3, 227 Abs. 2, 249 Abs. 2, 306 Abs. 2 StGB vor. Ein minder schwerer Fall liegt vor, wenn das gesamte Tatbild einschließlich aller subjektiven Momente und der Täterpersönlichkeit vom Durchschnitt der erfahrungsgemäß gewöhnlich vorkommenden Fälle in einem Maße abweicht, dass die Anwendung des normalen Strafrahmen nicht geboten erscheint. Dabei sind alle Gesichtspunkte heranzuziehen und zwar für jeden Tatbestand gesondert, insbesondere auch die für das Schuldmaß besonders bedeutsame innere Tatseite (Tröndle/Fischer § 46 Rn. 85).

Ein beliebtes Beispiel in Klausuren ist dabei § 154 Abs. 2 StGB. Das Gericht hat einen Zeugen vereidigt, der nach § 60 Nr. 2 StPO nicht hätte vereidigt werden dürfen. Dies ändert nichts daran, dass sich der Zeuge wegen Meineides strafbar gemacht hat (vgl. BGHSt 17, 136). In solchen Fällen kann aber ein minderschwerer Fall nach § 154 Abs. 2 StGB vorliegen (vgl. Tröndle/Fischer § 154 Rn. 27). Liegt der Milderungsgrund des Verfahrensverstoßes gegen § 60 Nr. 2 StPO und des sogenannten Aussagenotstandes nach § 157 Abs. 1 StGB vor, sind beide nicht gleichzusetzen, sondern können nebeneinander berücksichtigt werden (BGH NStZ 1991, 280).

Ein weiteres beliebtes Examensproblem ist die Durchführung eines Raubes mit einer Scheinwaffe, bei dem man früher in der Regel einen minder schweren Fall annahm. Nach der Neufassung des § 250 StGB hat dieses Problem aber seine praktische Bedeutung verloren, da die Scheinwaffe unter § 250 Abs. 1 S. 1 b StGB fällt (BGH NJW 1998, 2915; zur Schreckschusspistole vgl. BGH NStZ 2003, 606 und zu einer nicht geladenen Schreckschusspistole und einem Elektroschockgerät BGH NStZ-RR 2004, 169). Ein minder schwerer Fall kommt somit nach § 250 Abs. 3 StGB – ebenso wie bei § 249 Abs. 2 StGB – nur in Betracht, wenn raubspezifische Umstände, allgemeine Strafmilderungsgründe oder allgemeine Strafzumessungskriterien die Verschiebung des Strafrahmen nahe legen.

Für die Erörterung in den Gründen gilt folgendes:

Hat das Gericht einen minderschweren Fall angenommen, muss es in den Gründen die Umstände darlegen, die es zu dieser Annahme gebracht haben, § 267 Abs. 3 StPO.

Verneint es einen minderschweren Fall, so ist es zu einer Begründung verpflichtet, wenn die Annahme eines solchen Falles beantragt war, § 267 Abs. 3 Satz 2 StPO. Der Antrag, der die Begründungspflicht auslöst, muss nicht ausdrücklich auf die Anwendung des besonderen Milderungsgrundes lauten. Ein solcher Antrag liegt auch darin, dass die mildeste Strafe oder eine Strafe beantragt wird, die nur bei Annahme eines minderschweren Falles zulässig ist.

Bei einem besonders schweren Fall ist zu unterscheiden, ob ein Regelbeispiel vorliegt oder nicht. Nimmt das Gericht ein Regelbeispiel an, weil die tatbestandsmäßigen Voraussetzungen gegeben sind, so genügt eine Verweisung auf die entsprechende gesetzliche Regelung. Eine Begründung ist aber erforderlich, wenn das Gericht trotz Vorliegens der Regelbeispiele einen besonders schweren Fall verneint § 267 Abs. 3 S. 3 StPO.

Kennt das Gesetz kein Regelbeispiel, so muss die Annahme eines besonders schweren Falls begründet werden.

Beispiel zur Festlegung des Strafrahmens: A hatte, weil er kein Geld besaß und großen Hunger hatte, dem B 10 € mit Gewalt weggenommen. Von den 10 € kaufte er sich etwas Essbares. Zur Zeit der Tat war A nach § 21 StGB vermindert schuldfähig. Nimmt das Gericht einen minderschweren Fall des Raubes nach § 249 Abs. 2 StGB wegen verminderter Schuldfähigkeit an, so beträgt die Mindeststrafe 6 Monate, die Höchststrafe 5 Jahre. Eine weitere Milderung über §§ 21, 49 StGB kommt wegen § 50 StGB nicht mehr in Betracht. Der Umstand der verminderten Schuldfähigkeit hat bereits zur Annahme eines minderschweren Falls nach § 249 Abs. 2 StGB geführt, so dass eine weitere Milderung nicht mehr möglich ist.

Das Gericht kann aber auch wegen der Notlage des A und der sonstigen Tatumstände zu einem minderschweren Fall kommen. Die Strafe von 6 Monaten nach § 249 Abs. 2 StGB kann hier wegen der verminderten Schuldfähigkeit über §§ 21, 49 Abs. 1 Ziff. 3 letzte Alternative StGB nochmals gemildert werden und zwar auf das gesetzliche Mindestmaß, also 1 Monat, § 38 Abs. 2 StGB. § 50 StGB steht hier einer Milderung nicht entgegen, da der Umstand der verminderten Schuldfähigkeit bei der Annahme eines minderschweren Falls des Raubes nach § 249 Abs. 2 StGB nicht herangezogen wurde. Das Höchstmaß der Strafe beträgt nach § 49 Abs. 2 StGB drei Viertel von 5 Jahren, also 3 Jahre und 9 Monate. Der Strafrahmen, der dem Richter zur Verfügung steht, beträgt in der zweiten Alternative 1 Monat bis 3 Jahre und 9 Monate.

c) Nach Festlegung des Strafrahmens erfolgt die **Bestimmung der Strafart**. Droht das Gesetz nur Geldstrafe an, so ist diese zu verhängen. Die Geldstrafe wird in Tagessätzen verhängt, § 40 Abs. 1 Satz 1 StGB. Es ist sowohl die Zahl der Tagessätze als auch die Höhe des Tagessatzes festzulegen. Die Bemessung der Tagessatzhöhe richtet sich hierbei nach den Einkommensverhältnissen des Angeklagten, vgl. im einzelnen § 40 Abs. 2 und 3 StGB. Die Ersatzfreiheitsstrafe braucht nicht mehr wie früher im Urteilstenor aufgenommen zu werden. Gemäß § 42 StGB sind evtl. Zahlungserleichterungen bereits im Urteil oder Strafbefehl auszusprechen.

Droht das Gesetz wahlweise Geld- oder Freiheitsstrafe an, so ist auf Geldstrafe als die mildere Strafart zu erkennen, sofern unter Abwägung aller Strafzumessungstatsachen der Strafzweck durch sie erreicht werden kann. Dies gilt insbesondere bei Ersttätern. Sollte eine Geldstrafe nicht mehr ausreichend sein, so ist auf Freiheitsstrafe zu erkennen, wobei in Examensklausuren wegen § 47 Abs. 1 StGB die Verhängung einer Freiheitsstrafe unter sechs Monaten unterbleiben sollte.

d) Nach Festlegung der Strafart erfolgt die Ausfüllung des gefundenen Strafrahmens (**Strafzumessung** im engeren Sinn). Bei der Zumessung wägt das Gericht die Umstände, die für und gegen den Angeklagten sprechen, gegeneinander ab. Dabei ist zunächst mit den für den Angeklagten günstigen Gründen zu beginnen, erst dann folgen die Umstände, die gegen ihn sprechen.

Grundlage für die Strafzumessung ist in erster Linie die Schwere der Tat und ihre Bedeutung für die verletzte Rechtsordnung sowie der Grad der persönlichen Schuld des Täters (BGH NStZ 1987, 405). Hierbei kommen vor allem die in § 46 Abs. 2 StGB genannten Strafzumessungstatsachen in Betracht (die Aufzählung ist aber nicht erschöpfend). In § 46 Abs. 2 S. 2 StGB sind sowohl die subjektiven als auch die objektiven Kriterien für die Strafzumessung genannt.

aa) **Subjektive Kriterien.** Hierzu gehören vor allem die Beweggründe für die Tat wie Habgier, Gewinnsucht, Konfliktslage oder notstandsähnliche Lage, die aus der Tat spricht, ferner die Gesinnung, wobei die Einzeltatgesinnung gemeint ist, etwa die rohe, gewissenlose, grausame oder rücksichtslose Vorgehensweise (Tröndle/Fischer § 46 Rn. 28).

bb) **Objektive Kriterien.** Bei den objektiven Kriterien sind vor allem genannt das Maß der Pflichtwidrigkeit, die Art der Ausführung und die Auswirkungen der Tat. Hier ist auch der Grad der Fahrlässigkeit und ein eventuelles Mitverschulden des Opfers bedeutsam. Auch die Art des eingesetzten Mittels, z.B. besonders brutale Vorgehensweise oder die Schadenshöhe sind zu berücksichtigen.

cc) **Umstände außerhalb der Tat.** Hierzu gehören auch Vorstrafen. Dabei ist zwischen einschlägigen und nicht einschlägigen Vorstrafen zu unterscheiden. Einschlägige Vorstrafen wirken strafschärfend, es sei denn sie sind getilgt oder tilgungsreif (Tröndle/Fischer § 46 Rn. 39). Nicht einschlägige Vorstrafen sind zu beachten, wenn die abgeurteilten Taten erkennen lassen, dass der Täter sich rücksichtslos über Strafvorschriften hinwegsetzt, um eigene Interessen zu verfolgen (BGHSt 24, 198). Die nach § 55 StGB einzubeziehende Verurteilung ist keine Vorstrafe, da keine Aburteilung vor der jetzt abzuurteilenden Tat vorliegt. Diese darf dann auch bei den persönlichen Verhältnissen nicht geschildert werden.

Nach §§ 154, 154a StPO eingestellte Delikte dürfen nur berücksichtigt werden, wenn sie ordnungsgemäß festgestellt sind und der Angeklagte auf ihre Berücksichtigung hingewiesen wurde (BGHSt 30, 147 und NStZ 2004, 277).

Taten, die nach der angeklagten Tat begangen wurden, dürfen mit herangezogen werden, wenn sie nach der Tat und der Persönlichkeit des Täters auf eine Rechtsfeindschaft und die Gefahr künftiger Rechtsbrüche schließen lassen (Tröndle/Fischer § 46 Rn. 49).

Auch persönliche Verhältnisse wie Alter, Gesundheit und Strafempfänglichkeit können berücksichtigt werden. Die berufliche Stellung kann nur dann zu Lasten des Täters herangezogen werden, wenn die Straftat berufsbezogen ist. Bei einem Beamten muss das Gericht auch berücksichtigen, dass bei einer Freiheitsstrafe ab einem Jahr das Beamtenverhältnis endet (vgl. Tröndle/Fischer § 46 Rn. 44).

Die wirtschaftlichen Verhältnisse des Täters spielen nicht nur bei der Höhe des Tagessatzes eine Rolle, sondern auch bei Freiheitsstrafen, aber nur insoweit, als sie die Motive für den Tatentschluss kennzeichnen können, z.B. finanzielle Schwierigkeiten. Eine ungünstige wirtschaftliche Lage verliert ihr strafmilderndes Gewicht nicht schon deshalb, weil der notwendige Lebensunterhalt auch ohne die Tat gesichert ist. Ob eine gute wirtschaftliche Lage des Täters bei Vermögensdelikten strafschärfend wirken kann, hängt von den Umständen des Einzelfalles ab (BGHSt 34, 345).

dd) Verhalten nach der Tat. Hier kommen in erster Linie Fragen der Schadenswiedergutmachung (vgl. hierzu auch § 46a StGB) und das Verhalten im Prozess in Betracht, z.B. Reue, Geständnis, Einsicht, die aber nicht schematisch behandelt werden dürfen, sondern auf ihre Gründe dafür zu untersuchen sind (vgl. dazu Tröndle/Fischer § 46 Rn. 50).

ee) Weitere Umstände. Als weitere Umstände, die bei der Strafzumessung zu berücksichtigen sind, kommen vor allem in Betracht die Verfahrensdauer (Tröndle/Fischer § 46 Rn. 61 ff.) oder die Einwirkung eines polizeilichen Lockspitzels (Tröndle/Fischer § 46 Rn. 67). Auch generalpräventive Erwägungen sind zulässig. Eine strafschärfende Berücksichtigung ist aber nur möglich, wenn eine gemeinschaftsgefährliche Zunahme solcher oder ähnlicher Straftaten, wie sie zur Aburteilung stehen, festgestellt werden (vgl. BGH NStZ-RR 2004, 105). Es ist zulässig, eine etwaige außergewöhnliche Häufung von Straftaten der betreffenden Art in der letzten Zeit oder im Bezirk des Gerichts strafverschärfend zu berücksichtigen. Allerdings bedarf es hierzu genauer Feststellungen im Urteil. Floskelhafte Erwägungen genügen hierzu nicht (BGH NStZ 1991, 583).

ff) Verbot der Doppelverwertung. Nach § 46 Abs. 3 StGB dürfen Umstände, die schon Merkmale des gesetzlichen Tatbestandes sind, nicht berücksichtigt werden. Über den Wortlaut des § 46 Abs. 3 StGB hinaus gilt dies auch für Umstände, die bei besonders schweren Fällen ein Regelbeispiel begründen, z.B. bei § 243 Abs. 1 StGB. Dagegen verbietet § 46 Abs. 3 StGB eine Doppelverwertung von Strafzumessungstatsachen, sofern nicht § 50 StGB entgegensteht, nicht. Der Richter darf auf die bei der Findung des Strafrahmens verwerteten Gesichtspunkte bei der eigentlichen Strafzumessung zurückkommen (vgl. BGHSt 26, 311). So kann der Umfang der Tatbeute oder die besondere Brutalität des Vorgehens sowohl bei der Ablehnung eines minderschweren Falles als auch bei der Anwendung des Regelstrafrahmens als Strafschärfungsgrund verwertet werden. Auch im umgekehrten Fall, bei Annahme eines minderschweren Falls, der auf § 21 StGB gestützt wird, kann die verminderte Schuldfähigkeit noch innerhalb des geminderten Strafrahmens bei der eigentlichen Strafzumessung berücksichtigt werden. Beispiele zu den einzelnen Vorschriften finden sich bei Tröndle/Fischer § 46 Rn. 77.

e) Bildung einer Gesamtstrafe

Keine Gesamtstrafe ist zu bilden bei Tateinheit (§ 52 StGB). Bei Verurteilung wegen Tatmehrheit, Ausnahme § 53 Abs. 2 Satz 2 StGB, ist die Bildung einer Gesamtstrafe obligatorisch. In der **Urteilsformel** erscheint nur die Gesamtstrafe. Die Einzelstrafen und die Bildung der Gesamtstrafe sind dagegen in den Gründen darzustellen. Dabei wird für jede Tat zunächst eine Einzelstrafe gebildet. Aus diesen Einzelstrafen wird die nach Art und Höhe schärfste Strafe herausgenommen, sie heißt Einsatzstrafe. Diese Einsatzstrafe wird gemäß § 54 Abs. 1 StGB erhöht, wobei die Absätze 2 und 3 den Rahmen abstecken. Die Bemessung der Gesamtstrafe geschieht gemäß § 54 Abs. 1 Satz 2 StGB in zusammenfassender Würdigung von Täter und Tat.

Bei der Bildung einer Gesamtstrafe ist auch § 55 StGB zu beachten (In letzter Zeit häufig Prüfungsgegenstand in Examensklausuren). Danach sind auch frühere Verurteilungen mit einzubeziehen, wenn sie noch nicht vollständig vollstreckt worden sind. Eine Gesamtstrafenbildung nach § 55 StGB kommt aber nur in Betracht, wenn die der Hauptverhandlung zugrunde liegende Tat vor der ersten Verurteilung begangen wurde.

Der Grundgedanke des § 55 StGB ist, dass Taten, die bei gemeinsamer Aburteilung nach §§ 53, 54 StGB behandelt worden wären, auch bei getrennter Aburteilung durch Einbeziehung in das letzte Urteil noch nachträglich so zu behandeln sind, dass der Täter im Ergebnis weder besser noch schlechter gestellt ist. Maßgebend für die nachträgliche Gesamtstrafenbildung ist die materielle Regelung des § 55 StGB in Verbindung mit § 53 StGB und nicht der Zeitpunkt der Urteile. Notwendige Reihenfolge daher:

1. Tat, 2. Tat, 1. Urteil, 2. Urteil; nicht 1. Tat, 1. Urteil, 2. Tat, 2. Urteil.

§ 55 StGB gilt auch, wenn mehr als zwei Taten vorliegen. Gegebenenfalls müssen dann im Urteil zwei oder mehr Gesamtstrafen gebildet werden.

Beispiel nach BGHSt 32, 193 und OLG Zweibrücken NJW 1968, 310, bei dem die dritte Tat zwischen 1. und 2. Urteil begangen wurde. (Daten geändert)

1. Tat 1.1.2002	1. Urteil 1.3.2002	Strafe 4 Monate
2. Tat 1.2.2003	2. Urteil 1.7.2003	Strafe 6 Monate
3. Tat 1.6.2002	3. Urteil 1.4.2004	Strafe 10 Monate

Die Entscheidung des Gerichts vom 1.4.2004 in der nur eine Einzelstrafe von 10 Monaten verhängt wurde, war unrichtig. Allerdings konnte auch keine Gesamtstrafe für alle drei Taten gebildet werden. Zwischen der ersten und zweiten Tat ist eine Gesamtstrafe nicht möglich. Das Gericht, das am 1.3.2002 entschieden hat, konnte die zweite Tat am 1.2.2003 nicht berücksichtigen, da sie zeitlich nach der Entscheidung liegt. Die Reihenfolge 1. Tat, 2. Tat, 1. Urteil ist daher nicht gewahrt und die Voraussetzung des § 55 StGB nicht gegeben. Nicht entscheidend ist, dass das Gericht am 1.4.2004 alle Taten hätte aburteilen können. Nach dem Wortlaut des § 55 StGB ist nicht die Reihenfolge der Urteile, sondern die Reihenfolge der Taten maßgebend. Auch ein drittes Urteil kann daher zwei Straftaten, die untereinander nicht gesamtstrafenbildungsfähig sind, nicht zu einer Gesamtstrafe verbinden (vgl. BGHSt 32, 193; BGH NStZ-RR 2004, 137 und Tröndle/Fischer § 55 Rn. 12).

Allerdings hätte das Gericht bei seiner Entscheidung am 1.7.2003 die Tat vom 1.6.2002 schon berücksichtigen können. Bei der zweiten und dritten Tat liegen daher die Voraussetzungen für eine Gesamtstrafenbildung nach § 55 StGB vor. Das Gericht hätte daher am 1.4.2004 die Strafe vom 1.7.2003 mit in seine Entscheidung einbeziehen müssen. Falls die Voraussetzungen vorliegen, ist das Verfahren nach § 55 StGB zwingend (Tröndle/Fischer § 55 Rn. 34).

Der Tenor des neuen Urteils lautet dann:

> Der Angeklagte wird wegen Diebstahls zu einer Gesamtstrafe von 1 Jahr verurteilt. In dieser Gesamtstrafe ist die Freiheitsstrafe aus dem Urteil des AG ... vom 1.7.2003 einbezogen.

Da im vorangegangen Beispiel das Gericht eine Gesamtstrafenbildung übersehen hat, kommt als zusätzliche Sicherung des mit § 55 StGB verfolgten Zweckes das **Beschlussverfahren** nach §§ 460, 462 StPO in Betracht. Die Entscheidung ergeht in diesem Fall ohne mündliche Verhandlung durch Beschluss, § 462 Abs. 1 Satz 1 StPO. Das zuständige Gericht ergibt sich aus § 462a Abs. 3 StPO.

f) Die Strafaussetzung zur Bewährung, vgl. hierzu § 267 Abs. 3 Satz 4 StPO

Die Strafaussetzung zur Bewährung ist Teil der Strafzumessung und muss erörtert werden. Die Entscheidung über die Bewilligung von Strafaussetzung zur Bewährung erfolgt in der Urteilsformel, die Versagung kommt nur in den Gründen zum Ausdruck (vgl. Meyer-Goßner § 267 Rn. 23).

Hinsichtlich der Höhe der auszusetzenden Strafen unterscheidet § 56 StGB drei Gruppen, nämlich Strafen unter sechs Monaten Abs. 3, Strafen von sechs Monaten bis zu einem Jahr Abs. 1 und 3 und Strafen von mehr als einem Jahr bis zu zwei Jahren Abs. 2. Einheitlich wird jedoch für jeden Fall eine günstige Sozialprognose vorausgesetzt. Bei Freiheitsstrafen unter sechs Monaten hat eine günstige Sozialprognose die Aussetzung zwingend zur Folge.

Bei Freiheitsstrafen von sechs Monaten bis zu einem Jahr muss die Vollstreckung ausgesetzt werden, wenn die Verteidigung der Rechtsordnung die Vollstreckung nicht gebietet § 56 Abs. 3 StGB. Dies ist dann der Fall, wenn die Aussetzung der Vollstreckung auf das Unverständnis der Bevölkerung stoßen und deren Rechtstreue ernstlich beeinträchtigen würde. Eine solche Befürchtung liegt bei gehäuft auftretenden Straftaten mit nicht wiedergutzumachenden Schäden, wie Trunkenheitsfahrten mit tödlichem Ausgang, nahe (vgl. BGHSt 24, 46 und 66 und BayObLG NJW 1978, 1337).

Bei Freiheitsstrafen von mehr als einem Jahr bis zwei Jahren kann das Gericht diese aussetzen, wenn außer der günstigen Sozialprognose die besonderen Voraussetzungen des § 56 Abs. 2 StGB erfüllt sind (vgl. hierzu BGHSt 29, 324; in einer Examensklausur aufgrund des in aller Regel zu knappen Sachverhalts kaum zu begründen).

Bei Freiheitsstrafen von mehr als 2 Jahren kommt eine Strafaussetzung zur Bewährung nicht in Betracht.

Bei Gesamtstrafen gilt § 58 StGB.

Bewährungszeiten, Bewährungsauflagen und die etwaige Anordnung von Bewährungsaufsicht § 56–56 d StGB erscheinen weder in der Urteilsformel noch in den Gründen. Sie sind vielmehr in einem gesonderten Beschluss zu verkünden, § 268 a Abs. 1 StPO.

g) Die **Urteilsgründe** müssen sich gemäß § 267 Abs. 6 StPO auch mit den **Maßregeln der Besserung und Sicherung** befassen, §§ 61 ff. StGB. Hier kommt für Examensklausuren in erster Linie der Entzug der Fahrerlaubnis nach §§ 69, 69 a StGB in Betracht. Dagegen ist das Fahrverbot nach § 44 StGB eine Nebenstrafe. Dagegen ist der Verfall § 73 StGB eine Maßnahme eigener Art. Dabei gilt das Bruttoprinzip. Ein Abzug der Aufwendungen erfolgt somit nicht (BGH NStZ 2004, 400). Die Abschöpfung des über den Nettogewinn hinaus Erlangten verfolgt primär Präventionszwecke (BGH NJW 2002, 3339). Stammt der Vermögensgegenstand aus anderen rechtswidrigen Taten kommt ein erweiterter Verfall nach § 73 d StGB in Betracht. Zu dieser Vorschrift vergleiche auch die Entscheidung des Bundesverfassungsgericht vom 14. 1. 2004 (NJW 2004, 2073). In der Entscheidung ging es dabei darum, ob ein Sparbuch mit einem Guthaben von 21.000 €, wobei das Sparguthaben durch Rauschgiftgeschäfte erworben wurde, die nicht Gegenstand dieses Strafverfahrens waren, für verfallen erklärt werden kann. Das Bundesverfassungsgericht hat § 73 d StGB für verfassungsmäßig erachtet und die Annahme der deliktischen Herkunft eines Gegenstandes für gerechtfertigt erklärt, wenn sich der Tatrichter durch Ausschöpfung der vorhanden Beweismittel von ihr überzeugt hat. Die Entscheidung ist vor allem wegen ihrer Ausführungen zum Schuldgrundsatz und zur Unschuldsvermutung lesenswert. Ein Verfall kommt nicht in Betracht, wenn der Täter mit dem Erlöss aus der Straftat einen Gegenstand erworben hat. Hier unterliegt der Gegenstand der Einziehung § 74 StGB (BGH NStZ 2004, 400 im Falle eines Verstoßes gegen das Betäubungsmittelgesetz § 33 Abs. 2 BtMG).

Bei der Frage des Entzuges der Fahrerlaubnis §§ 69, 69 a StGB ist derzeit streitig, ob bei Taten der allgemeinen Kriminalität ein Entzug der Fahrerlaubnis zulässig ist und inwieweit dies ausdrücklich festgestellt werden muss, etwa wenn der Täter ein Fahrzeug für seine Diebestouren benutzt (vgl. Tröndle/Fischer § 69 Rn. 43). Der 4. Strafsenat hatte ein Antragsverfahren gemäß §§ 132 Abs. 3 und 4 GVG mit folgendem Leitsatz in Gang gebracht:

„Die Ungeeignetheit zum Führen von Kraftfahrzeugen ergibt sich nur dann aus der Tat, wenn aus dieser konkrete Anhaltspunkte dafür zu erkennen sind, dass der Täter bereit ist, die Sicherheit des Straßenverkehrs seinen eigenen kriminellen Interessen unterzuordnen" (BGH NStZ 2004, 86). Die Frage ist zwischenzeitlich dem Großen Senat vorgelegt worden (BGH NJW 2004, 3497).

Die Verhängung eines Berufsverbotes nach § 70 StGB setzt die Begehung einer rechtswidrigen Tat unter Missachtung des Berufs oder unter grober Verletzung der mit ihm verbundenen Pflichten voraus, das heißt der Täter muss die ihm durch Beruf oder Gewerbe gegebene Möglichkeit bei seiner Berufstätigkeit bewusst und planmäßig zu Straftaten ausnutzen (Tröndle/Fischer § 70 Rn. 3 und OLG Frankfurt NStZ-RR 2003, 113).

In der NStZ erscheinen im übrigen laufend Beträge von Detter und Theune zur Strafzumessung, die auch für einen Rechtsreferendar lesenswert sind.

7. Das Urteil muss jedenfalls im Tenor eine Kostenentscheidung enthalten, § 464 Abs. 1 StPO

Eine Begründung am Ende des Urteils ist üblich. Dabei genügt in der Regel die Angabe der Paragraphen, also bei voller Verurteilung §§ 464 Abs. 1, 465 Abs. 1 StPO, bei Freispruch §§ 464 Abs. 2, 467 Abs. 1 StPO, bei Verurteilung mehrerer Angeklagter § 466 StPO. Beachte, dass die gesamtschuldnerische Haftung nicht im Tenor mit ausgedrückt wird. Bei Teilfreispruch und Teileinstellung folgt die Kostenentscheidung aus §§ 465, 467 StPO. Dabei erfolgt keine Kostenquotelung wie etwa im Zivilurteil. Die Kostenentscheidung bei einer Verurteilung mit Teilfreispruch lautet vielmehr:

„Soweit der Angeklagte verurteilt wurde, trägt er die Kosten des Verfahrens; soweit er freigesprochen worden ist, trägt die Staatskasse die Verfahrenskosten und die notwendigen Auslagen des Angeklagten."

Unter den Voraussetzungen des § 467 Abs. 3 StPO können auch bei einem Freispruch oder Teilfreispruch die notwendigen Auslagen dem Angeklagten auferlegt werden.

2. Kapitel. Das Einstellungsurteil

Die StPO kennt zwei gesetzliche Grundlagen für ein Einstellungsurteil, § 389 StPO und § 260 Abs. 3 StPO. Nach § 389 StPO stellt der Privatklagerichter ein, wenn sich im Privatklageverfahren herausstellt, dass ein Offizialdelikt vorliegt.

Nach § 260 Abs. 3 StPO ist einzustellen, wenn sich in der Hauptverhandlung endgültig das Fehlen einer Prozessvoraussetzung oder das Vorliegen eines Verfahrenshindernisses herausstellt. Das Verfahrenshindernis darf aber nicht nur vorübergehender Art sein. Außerhalb der Hauptverhandlung gilt § 206 a StPO. Bei Fehlen der sachlichen Zuständigkeit, die ebenfalls eine Verfahrensvoraussetzung ist, gilt § 260 Abs. 3 StPO nicht, sondern §§ 269, 270 StPO. Das Einstellungsurteil ist ein reines Prozessurteil, es ist wie jedes andere Urteil anfechtbar und erwächst, unterbleibt eine Anfechtung, in formelle Rechtskraft; es bewirkt aber keinen Verbrauch der Strafklage. Aufgebaut wird ein Einstellungsurteil folgendermaßen:

1. Wiedergabe des Anklagevorwurfes
2. Rechtliche Erörterung des Prozesshindernisses (eine Feststellung der strafbaren Handlung wird nicht mehr getroffen) und Kosten.

Die Entscheidung lautet dann folgendermaßen:

> 1. Das Verfahren wird eingestellt
> 2. Die Staatskasse trägt die Kosten des Verfahrens sowie die notwendigen Auslagen des Angeklagten.

Eine Ausnahme von der Regel, dass das Prozesshindernis eine Sachentscheidung ausschließt, gilt in folgenden Fällen:

1. Bei Entscheidungsreife im Sinne eines Freispruches ist auf diesen zu erkennen (vgl. Meyer-Goßner § 260 Rn. 45).

2. Bei mehreren Delikten in Tateinheit sind verschiedene Fallkonstellationen denkbar.

– Angeklagt: Nötigung in Tateinheit mit vorsätzlicher Körperverletzung. Die Körperverletzung fällt infolge Strafantragsrücknahme weg. In diesem Fall erfolgt eine Verurteilung wegen Nötigung. Der Wegfall der Körperverletzung wird nur in den Gründen erwähnt.

– Angeklagt: Ein Verbrechen des Raubes in Tateinheit mit vorsätzlicher Körperverletzung. Der Raub lässt sich nicht nachweisen. Der Strafantrag wegen der Körperverletzung wird zurückgenommen. In diesem Fall müsste wegen des Raubes Freispruch erfolgen und wegen der Körperverletzung eine Einstellung. Dies ist aber im Hinblick auf § 264 StPO nicht möglich. Eine Handlung kann nicht einerseits straflos und andererseits wiederum strafbar und nur wegen eines Verfahrenshindernisses nicht verfolgbar sein.

In diesem Fall bestimmt nach h.M. die nach der gesetzlichen Strafandrohung schwerer wiegende Pflichtverletzung den Urteilsspruch. Da Raub ein Verbrechen ist, ist in diesem Fall freizusprechen.

– Strittig ist, wie zu verfahren ist, wenn zwei tateinheitlich zusammentreffende **Vergehen** vorliegen, z.B. Nötigung in Tateinheit mit vorsätzlicher Körperverletzung. Die Nötigung lässt sich nicht nachweisen. Die vorsätzliche Körperverletzung fällt infolge Strafantragsrücknahme weg. Maßgebend ist hier das Delikt, das die höhere Strafandrohung enthält. Bei Gleichwertigkeit kommt der Verfahrenseinstellung der Vorrang zu (vgl. Meyer-Goßner § 260 Rn. 46).

Bei tatmehrheitlich zusammentreffenden Delikten, die zugleich mehrere Taten im Sinne von § 264 StPO sind, kann jeder Teil selbständig behandelt werden. Problematisch ist allerdings die Frage in den Ausnahmefällen, in denen trotz Tatmehrheit i.S.d. § 53 StGB von einer prozessualen Tat nach § 264 StPO auszugehen ist. Nach Meyer-Goßner § 260 Rn. 13 kann auch bei Tatmehrheit innerhalb derselben Tat wegen einer Straftat eingestellt und wegen der anderen freigesprochen werden. Dies erscheint insgesamt sehr bedenklich, weil das Einstellungsurteil nach § 260 Abs. 3 StPO ebenfalls die gesamte Tat umfasst, genauso wie der Freispruch.

3. Kapitel. Das freisprechende Urteil

Das Urteil muss hervorgehen, ob der Angeklagte aus tatsächlichen oder rechtlichen Gründen freigesprochen wird (§ 267 Abs. 5 Satz 1 StPO).

Die Gründe müssen erkennen lassen, dass das Gericht den gesamten Vorfall, der Gegenstand der Verhandlung war (Tat im Sinne des § 264 StPO), nach allen rechtlichen Seiten hin geprüft hat. Das freisprechende Urteil muss sich demnach auch mit Straftatbeständen auseinandersetzen, die sich aus dem vom Gericht festgestellten Sachverhalt ergeben, aber nicht in der Anklage oder im Eröffnungsbeschluss genannt sind. Ebenso sind Ausführungen über Straftatbestände veranlasst, auf die nach § 265 StPO hingewiesen wurde oder deren Verurteilung die Staatsanwaltschaft in ihrem Plädoyer beantragt hat. Ferner muss das Gericht prüfen, ob nicht etwa nach § 154a StPO ausgeschiedene Gesetzesverletzungen wieder in das Verfahren einzubeziehen sind. Durch die Beschränkung nach § 154a StPO tritt kein Verbrauch der Strafklage ein. Kann dem Angeklagten diejenige Gesetzesverletzung, in Bezug auf welche die Verfolgung gemäß § 154a StPO beschränkt wurde, nicht nachgewiesen werden, so muss das Gericht, um seiner Pflicht aus § 264 StPO zu genügen, auf den ausgeschiedenen Teil zurückgreifen. Es muss deshalb, auch ohne Antrag, wenn es sonst zu einem Freispruch kommen würde, den ausgeschiedenen Tatteil wieder einbeziehen (vgl. BGHSt 32, 84).

Bei einem Freispruch braucht in der Urteilsformel im übrigen nicht angegeben zu werden, von welchem Schuldvorwurf freigesprochen wird. Zusätze wie „mangels Nachweises" oder „wegen erwiesener Unschuld" sind unzulässig. Allerdings empfiehlt es sich, in den Urteilsgründen darauf einzugehen.

Der **Tenor eines freisprechenden Urteils** lautet:

> a) Der Angeklagte wird freigesprochen.
> b) Die Kosten des Verfahrens und die notwendigen Auslagen des Angeklagten trägt die Staatskasse (oder: fallen der Staatskasse zur Last).

Bei einem Freispruch mangels Tatnachweises empfiehlt sich für die Urteilsgründe folgender Aufbau:

a) Schilderung der dem Angeklagten zur Last gelegten Tat,
b) Darstellung des festgestellten Sachverhalts,

c) Darlegung, warum das Gericht aufgrund des Ergebnisses der Hauptverhandlung eine Überzeugung von der Täterschaft oder Schuld hat nicht gewinnen können,
d) Kosten (bei Freispruch trifft die Kostentragungspflicht grundsätzlich die Staatskasse, die auch die notwendigen Auslagen des Angeklagten zu tragen hat, § 467 Abs. 1 StPO).

Bei einem **Freispruch aus rechtlichen Gründen** muss sich aus dem Urteil ebenfalls ergeben, aus welchen Gründen die für erwiesen angenommene Tat nicht für strafbar erachtet wurde. Dabei kann es genügen, schon bei Fehlen eines einzigen Tatbestandsmerkmales freizusprechen. Es genügt unter Umständen also schon die Verneinung des subjektiven Tatbestandes, ohne auf den objektiven Tatbestand einzugehen. Hier ist jedoch Vorsicht geboten, denn in der Regel kann sich der Richter eine zuverlässige Überzeugung über die subjektive Seite und die Verantwortlichkeit des Angeklagten nur bilden, wenn er sich darüber klar geworden ist, was dieser getan und mit seinem Tun gewollt und bezweckt hat. Nach BGHSt 1, 342 ist es unzulässig, einen 15-jährigen schon wegen mangelnder Einsicht (§ 3 JGG) freizusprechen, ohne den Versuch gemacht zu haben, das begangene Sittlichkeitsdelikt näher festzustellen. Bei einem Freispruch wegen Wahrnehmung berechtigter Interessen (§ 193 StGB) darf die Frage nicht offen gelassen werden, ob der Angeklagte den Tatbestand des § 186 StGB begangen hat.

Bei einem Freispruch ist zu beachten, dass Maßregeln der Besserung und Sicherung möglich sind, z.B. Unterbringung bei Schuldunfähigkeit des Täters, ebenso die Entziehung der Fahrerlaubnis oder die Verhängung eines Berufsverbotes (§§ 63, 64, 69, 70 StGB).

Soweit Ansprüche aufgrund des § 2 Strafentschädigungsgesetzes zuerkannt werden (vgl. auch § 8 StrEG), genügt im allgemeinen ein Hinweis auf diese gesetzliche Bestimmung. Einer näheren Begründung bedarf es hingegen, wenn die Entschädigung abgelehnt wird (vgl. § 5 StrEG oder § 6 Abs. 1 Nr. 1 und Nr. 2 StrEG).

Anhang: Übungsfall für die Anfertigung eines Strafurteils

Anklageschrift in der Strafsache gegen

H u b e r Rudolf, geb. am 20. 4. 1956, lediger Handelsvertreter,
       wohnhaft in Regensburg, Landshuter Straße 11,
       deutscher Staatsangehöriger

Wahlverteidiger: Rechtsanwalt Dr. Schlau, Regensburg

Die Staatsanwaltschaft legt dem Angeschuldigten aufgrund der von ihr durchgeführten Ermittlungen folgenden Sachverhalt zur Last:

Am 3.6.2003 erwarb der Angeschuldigte in dem Elektrofachgeschäft Jürgen Kürn in Regensburg ein Farbfernsehgerät Marke Supra zum Preis von 10.000 € unter Eigentumsvorbehalt. Der Angeschuldigte leistete eine Anzahlung von 100 € auf den Kaufpreis und vereinbarte mit dem Geschäftsinhaber Kürn, dass der Restbetrag in neun monatlichen Raten von jeweils 100 € beglichen werden sollte. Der Angeschuldigte nahm das Fernsehgerät am 3.6.2003 mit. Der Geschäftsinhaber Kürn behielt sich jedoch das Eigentum an dem Gerät bis zur vollständigen Bezahlung des Kaufpreises vor. Am 27.1.2004 veräußerte der Angeschuldigte das Fernsehgerät zu einem Kaufpreis von 800 € an einen unbekannten Ausländer.

Der Angeschuldigte wird daher beschuldigt,

eine fremde bewegliche Sache, die er in Besitz hatte und ihm anvertraut war, sich rechtswidrig zugeeignet zu haben strafbar als Unterschlagung gemäß § 246 Abs. 2 StGB.

P r o t o k o l l

(auszugsweise) aus der Sitzung vom 28. Juni 2004

Gegenwärtig:
1. Richter am Amtsgericht Dr. Kurz
2. Staatsanwalt Klug als Vertreter der Staatsanwaltschaft
3. Rechtsanwalt Schlau als Verteidiger für Rudolf Huber
4. Justizassistent Bürger als Urkundsbeamter

Zur Hauptverhandlung in dem Strafverfahren gegen Rudolf Huber erschienen der Angeklagte persönlich mit seinem Verteidiger sowie die Zeugen Kürn und Neubauer.

Die Zeugen wurden über ihre Zeugenpflicht belehrt und verließen dann den Sitzungssaal.

Zu seinen Personalien befragt, erklärt der Angeklagte Rudolf Huber:
Meine Personalien sind in der Anklageschrift richtig wiedergegeben.

Hierauf verlas der Vertreter der Staatsanwaltschaft den Anklagesatz aus der Anklageschrift.

Der Richter stellte fest, dass die Anklage mit Beschluss vom 18. Mai 2004 ohne Änderung zur Hauptverhandlung zugelassen worden sei.

Der Angeklagte wurde gemäß § 243 Abs. 4 StPO belehrt.
Er erklärte sodann folgendes:
Ich verdiene im Monat ca. 1800 €netto.
Es ist richtig, dass ich das Fernsehgerät unter Eigentumsvorbehalt bei Herrn Kürn gekauft habe. Ich habe auch lediglich die Anzahlung von 100 € geleistet. Ich bestreite jedoch, das Fernsehgerät an einen unbekannten Ausländer veräußert zu haben. Das Fernsehgerät wurde mir vielmehr gestohlen. Den Diebstahl habe ich bei der Polizei nicht angezeigt, da sowieso nichts herausgekommen wäre. Weitere Angaben kann ich nicht machen.
Nunmehr wurde in die Beweisaufnahme eingetreten und der Zeuge Kürn vernommen.

Zur Person: K ü r n Jürgen ...
Zur Sache: Ich habe dem Angeklagten Rudolf Huber das Fernsehgerät am 3. 6. 2003 zu den günstigen Ratenzahlungsbedingungen unter Eigentumsvorbehalt verkauft. Er machte auf mich einen sehr guten Eindruck. Deshalb war ich überrascht, dass der Angeklagte keine weiteren Raten mehr zahlte. Ich habe deshalb gegen ihn am 10. 12. 2003 einen Vollstreckungsbescheid über 900 € erwirkt, da vereinbart war, dass die gesamte Restsumme sofort zur Zahlung fällig wird, wenn der Angeklagte mit 2 Raten länger als 8 Tage in Verzug ist. Ich erteilte daraufhin dem zuständigen Gerichtsvollzieher einen Vollstreckungsauftrag. Dieser pfändete am 14. Januar 2004 jedoch ausgerechnet das mir schon gehörende Fernsehgerät. Als dann das Fernsehgerät zur Versteigerung abgeholt werden sollte, war es nicht mehr in der Wohnung. Ich habe daraufhin Strafanzeige bei der Polizei erstattet. Bei der Anzeigeerstattung habe ich die Sache mit der Pfändung versehentlich vergessen.

Der Vorsitzende verfügt, dass der Zeuge als Geschädigter gemäß § 61 Nr. 2 StPO unbeeidigt bleibt.

Zur Person: N e u b a u e r Maria ...
Zur Sache: Ich weiß, dass Herr Huber ein Farbfernsehgerät gekauft hat. Ich wohne auf dem gleichen Stockwerk. Da ich selbst kein Fernsehgerät habe, habe ich deshalb öfter bei ihm ferngesehen. Eines Tages stellte ich fest, dass auf dem Fernsehgerät eine Pfandmarke angebracht war. Da mich die Sache aber nichts anging, habe ich Herrn Huber nicht weiter danach gefragt. Einige Tage später war ich wieder beim Fernsehen. Die Pfandmarke konnte ich dann nicht mehr sehen. Herr Huber sagte, sie sei abgefallen und er könne sie nicht mehr finden. Offensichtlich habe sie seine Putzfrau weggeschmissen. Am 27. Januar 2004 sah ich, wie Herr Huber zusammen mit einem mir unbekannten Mann das Fernsehgerät die Treppe hinuntertrug. Sie luden das Gerät in einen Kombi ein. Dem äußeren Ansehen nach muss es sich bei dem mir unbekannten Mann um einen Ausländer gehandelt haben. Ich merkte dies auch an seiner Sprache, als er beim Hinuntertragen des Fernsehgerätes sagte, der Preis von 800 € sei schon sehr hoch. Seit diesem Tag habe ich das Fernsehgerät nicht mehr bei Herrn Huber gesehen. Ich habe mir zwischenzeitlich selbst ein Gerät gekauft und habe daher auch keinen Kontakt mehr zu Herrn Huber.

Die Zeugin wurde daraufhin gesetzlich vereidigt und entlassen.

Das Gericht weist nunmehr darauf hin, dass gegen den Angeklagten auch eine Verurteilung wegen eines Vergehens des Betrugs zum Nachteil des Zeugen Kürn gemäß § 263 StGB sowie eines Vergehens nach § 136 Abs. 1 oder Abs. 2 sowie § 288 StGB in Betracht komme.

Der Vertreter der Staatsanwaltschaft schließt sich in seinem Plädoyer dem Hinweis des Gerichts an und beantragt, den Angeklagten wegen Betrugs und Siegelbruchs und Unterschlagung in Tateinheit mit Verstrickungsbruch und mit Vereitelung der Zwangsvollstreckung zu einer Gesamtgeldstrafe von 60 Tagessätzen, der Tagessatz zu 60 € zu verurteilen.

Anhang: Übungsfall

Der Verteidiger des Angeklagten, Rechtsanwalt Schlau, erklärt: Soweit dem Angeklagten noch weitere Delikte vorgeworfen würden, müsse das Verfahren eingestellt werden, weil insoweit keine Anklage und kein Eröffnungsbeschluss vorliege.

Im übrigen sei der Angeklagte freizusprechen, der Tatnachweis sei nicht geführt.

Der Angeklagte hatte das letzte Wort.

Das Gericht zog sich zur Beratung zurück.

Lösungsvorschlag

Amtsgericht Regensburg
6 Ds 14 Js 2990/2003

Im Namen des Volkes!

Urteil

in der Strafsache gegen

H u b e r Rudolf, geb. 20. April 1956 in München, lediger Handelsvertreter,
    wohnhaft Landshuter Straße 11, 93047 Regensburg, deutscher Staatsangehöriger

wegen Unterschlagung u.a.

Hat das Amtsgericht – Strafrichter – Regensburg in der öffentlichen Sitzung vom 28. Juni 2004, an der teilgenommen haben:

1. Richter am Amtsgericht Dr. Kurz als Strafrichter
2. Staatsanwalt Klug als Vertreter der Staatsanwaltschaft
3. Rechtsanwalt Schlau als Verteidiger
4. Justizsekretär Bürger als Urkundsbeamter der Geschäftsstelle

für Recht erkannt:

1. Der Angeklagte ist schuldig einer Unterschlagung in Tateinheit mit Verstrickungsbruch.
2. Er wird deshalb zu einer Geldstrafe von 40 Tagessätzen, der Tagessatz zu 60 € verurteilt.
3. Der Angeklagte trägt die Kosten des Verfahrens.

Angewandte Vorschriften: §§ 246 Abs. 1, 136 Abs. 1, 52 StGB.

Gründe:

I.

Der Angeklagte ist ledig und nicht vorbestraft. Sein monatliches Nettoeinkommen als Handelsvertreter beträgt 1800 €. Er hat keine Unterhaltsverpflichtungen.

II.

Am 3. 6. 2003 erwarb der Angeklagte im Elektrofachgeschäft des Zeugen Jürgen Kürn in Regensburg, Gesandtenstr. 4, ein Farbfernsehgerät Marke Supra zum Preis von 1000 €. Der Angeklagte leistete eine Anzahlung von 100 €. Für den Restbetrag von 900 € war eine monatliche Rate von 100 € vereinbart, wobei der ausstehende Betrag sofort zur Zahlung fällig sein sollte, wenn der Angeklagte mit zwei Raten länger als 8 Tage in Verzug ist. Der Angeklagte nahm das Fernsehgerät am 3. 6. 2003 mit. Der Zeuge Jürgen Kürn behielt sich jedoch bis zur vollständigen Bezahlung des Kaufpreises das Eigentum am Fernsehgerät vor.

Da der Angeklagte keine weiteren Raten mehr bezahlte, erwirkte der Zeuge Jürgen Kürn am 10. 12. 2003 einen Vollstreckungsbescheid über 900 €. Aufgrund des Vollstreckungsbescheides pfändete der zuständige Gerichtsvollzieher das Farbfernsehgerät, indem er an der oberen Ecke rechts ein

Pfandsiegel anbrachte. Das Fernsehgerät beließ er beim Angeklagten. Am 27.1.2004 veräußerte der Angeklagte das Fernsehgerät für 800 € an einen unbekannten Ausländer. Dabei war ihm bewusst, dass das Fernsehgerät noch im Eigentum des Zeugen Jürgen Kürn stand und gepfändet war.

III.

Der Angeklagte räumt ein, beim Zeugen Jürgen Kürn am 3.6.2003 ein Farbfernsehgerät Marke Supra unter Eigentumsvorbehalt für 1000 € erworben zu haben und außer einer Anzahlung von 100 € keine weiteren Ratenzahlungen geleistet zu haben. Dies wird auch durch die Angaben des Zeugen Jürgen Kürn bestätigt, der darüber hinaus angab, dass das Farbfernsehgerät durch den zuständigen Gerichtsvollzieher aufgrund eines Vollstreckungsbescheides vom 10.12.2003 gepfändet worden sei.

Der Angeklagte bestreitet allerdings, das Farbfernsehgerät am 27.1.2004 veräußert zu haben. Es sei ihm vielmehr gestohlen worden. Diese Einlassung ist durch die Aussage der Zeugin Maria Neubauer widerlegt. Diese hat bekundet, dass der Angeklagte am 27.1.2004 das Farbfernsehgerät zum Preis von 800 € an einen unbekannten Ausländer veräußert hat. Anhaltspunkte dafür, dass diese Angaben unrichtig sind, liegen nicht vor, zumal der Angeklagte auch selbst keine näheren Angaben zum Hergang des angeblichen Diebstahls gemacht hat.

IV.

Aufgrund des unter Ziffer II festgestellten Sachverhalts hat sich der Angeklagte einer Unterschlagung, § 246 Abs. 1 StGB, in Tateinheit mit Verstrickungsbruch, § 136 Abs. 1 StGB, schuldig gemacht.

Der Angeklagte hat sich das Farbfernsehgerät Marke Supra, das noch im Eigentum des Zeugen Jürgen Kürn stand, was der Angeklagte auch wusste durch die Veräußerung und Übergabe an den unbekannten Ausländer rechtswidrig zugeeignet. Für die Zueignung genügt bereits der Abschluss eines Kaufvertrages (Tröndle/Fischer § 246 Rn. 13). Das Verhalten des Angeklagten erfüllt ferner den Tatbestand des Verstrickungsbruches nach § 136 Abs. 1 StGB. Das Fernsehgerät war durch den zuständigen Gerichtsvollzieher durch Anbringen einer Pfandmarke gemäß § 808 Abs. 2 ZPO gepfändet worden. Ob an dem Fernsehgerät ein Pfändungspfandrecht für den Zeugen Jürgen Kürn entstanden ist oder nicht, kann dahingestellt bleiben, weil für § 136 Abs. 1 StGB eine wirksame Verstrickung genügt. Durch die Übergabe an den unbekannten Ausländer hat der Angeklagte das Fernsehgerät der Verstrickung entzogen. Der Angeklagte wusste auch, dass zum Zeitpunkt der Übergabe die Pfändung weiterbestand, auch wenn man zu seinen Gunsten davon ausgeht, dass das Pfandsiegel abgefallen war.

Die Unterschlagung nach § 246 Abs. 1 StGB und der Verstrickungsbruch nach § 136 Abs. 1 StGB stehen in Tateinheit zueinander, da der Angeklagte beide Delikte durch die gleiche Handlung verwirklicht hat.

Eine Aburteilung des Verstrickungsbruches nach § 136 Abs. 1 StGB war möglich, da die Unterschlagung und der Verstrickungsbruch eine Tat im Sinne des § 264 Abs. 1 StPO darstellen. Bei Tateinheit liegt grundsätzlich auch eine prozessuale Tat nach § 264 Abs. 1 StPO vor. Dass der Verstrickungsbruch nicht in der Anklage genannt ist, spielt keine Rolle, da das Gericht verpflichtet ist, die Tat abzuurteilen, wie sie sich in der Hauptverhandlung darstellt, §§ 155, 264 StPO.

Dagegen war eine Verurteilung wegen Vereitelung der Zwangsvollstreckung nach § 288 Abs. 1 StGB nicht möglich. Die Tatbestandsvoraussetzungen des § 288 Abs. 1 StGB sind an sich erfüllt. Auch bestand noch eine Kaufpreisforderung des Zeugen Jürgen Kürn, da die Forderung mit der Pfändung noch nicht erlischt (vgl. BGHZ 55, 59 ff.). Ein begründeter Anspruch des Gläubigers ist ungeschriebenes Tatbestandsmerkmal des § 288 Abs. 1 StGB (vgl. Tröndle/Fischer § 288 Rn. 2).

Zum Vermögen des Schuldners gehören auch die unter Eigentumsvorgehalt erworbenen Gegenstände. Eine Verurteilung nach § 288 Abs. 1 StGB kam aber nicht in Betracht, weil es an einem Strafantrag nach §§ 288 Abs. 2, 77 StGB fehlt. Der Zeuge Jürgen Kürn hat bei seiner Anzeige nichts von einer Pfändung erwähnt. Somit konnte der Angeklagte nicht nach § 288 Abs. 1 StGB verurteilt werden, da es an einer Prozessvoraussetzung, einem wirksamen Strafantrag, fehlte. Ein Einstellungsurteil kam insoweit nach § 260 Abs. 3 StPO aber nicht in Betracht, da nur hinsichtlich eines rechtlichen Gesichtspunktes ein Verfahrenshindernis besteht und im übrigen die Tat abgeurteilt wurde.

Auch eine Verurteilung wegen Betrugs nach § 263 Abs. 1 StGB gegenüber dem unbekannten Ausländer entfällt, da schon der Nachweis der Täuschung über die Eigentumsverhältnisse an dem Fernsehgerät nicht feststeht. Im übrigen dürfte auch der unbekannte Ausländer gutgläubig nach § 932 Abs. 1 BGB Eigentum erworben haben und somit auch ein Vermögensschaden ausscheidet (vgl. dazu BGHSt 15, 83).

Eine Verurteilung wegen Untreue nach § 266 Abs. 1 StGB schied ebenfalls aus, da der Eigentumsvorbehaltskauf keine selbständige Vermögensbetreuungspflicht gegenüber dem Verkäufer hat (vgl. BGHSt 22, 190).

Wegen der tatbestandsmäßig nicht gegebenen Delikte konnte kein Freispruch erfolgen, da diese mit den abgeurteilten Vergehen der Unterschlagung und des Verstrickungsbruches in Tateinheit stünden und somit wiederum nur ein rechtlicher Gesichtspunkt in Wegfall kommt (vgl. hierzu Meyer-Goßner § 260 Rn. 12).

V.

Eine Verurteilung wegen Betrugs, § 263 Abs. 1 StGB, sowie wegen Siegelbruchs, § 136 Abs. 2 StGB, wie von der Staatsanwaltschaft beantragt, konnte nicht erfolgen. Dabei kann dahingestellt bleiben, ob der Angeklagte diese Delikte überhaupt verwirklicht hat. Denn das Verhalten des Angeklagten beim Erwerb des Fernsehgeräts und ein eventuelles Ablösen des Pfandsiegels sind nicht Gegenstand der Anklage. Der Erwerb des Fernsehgerätes und die Veräußerung sind zwei selbständige in sich abgeschlossene Vorgänge und somit zwei prozessuale Taten im Sinne des § 264 Abs. 1 StPO. Der persönliche Zusammenhang für sich allein genügt nicht, eine Tat im prozessualen Sinn zu begründen. Ein eventuell strafbares Verhalten des Angeklagten beim Erwerb des Fernsehgerätes gegenüber dem Zeugen Kürn ist aber nicht angeklagt. Zwar kommt es für § 264 Abs. 1 StPO nicht auf den Verfolgungswillen der Staatsanwaltschaft an (BGHSt 23, 276), aber in der Anklageschrift wird dem Angeklagten nur zur Last gelegt, sich bei der Veräußerung des Fernsehgerätes strafbar gemacht zu haben. Dass in der Anklageschrift der Erwerb des Fernsehgerätes erwähnt wird, dient nur dazu, das Tatbestandsmerkmal „fremd" für § 246 StGB zu schildern. Das Gericht konnte somit nur das Verhalten des Angeklagten bei der Veräußerung des Fernsehgerätes aburteilen, nicht aber ein etwa strafbares Verhalten beim Erwerb des Gerätes. Hierzu hätte es einer Nachtragsanklage nach § 266 Abs. 1 StPO bedurft. Diese hat aber die Staatsanwaltschaft nicht erhoben.

Das gleiche gilt für den Siegelbruch nach § 136 Abs. 2 StGB. Ein eventuelles Ablösen des Pfandsiegels durch den Angeklagten läge zeitlich vor der Veräußerung. Somit liegt wiederum eine selbständige prozessuale Tat vor, die aber nicht mit abgeurteilt oder wegen der nicht freigesprochen werden kann, weil es an einer Anklage oder einer entsprechenden Nachtragsanklage fehlt.

VI.

Für die abgeurteilten Vergehen der Unterschlagung und des Verstrickungsbruchs war gemäß § 52 Abs. 1 StGB der Strafrahmen aus § 246 Abs. 2 StGB zu entnehmen. Das Fernsehgerät war dem Angeklagten anvertraut. Anvertraut sind auch die dem Vorbehaltskäufer übergebenen Gegenstände bis zur vollständigen Bezahlung (BGHSt 16, 280). Nach § 246 Abs. 2 StGB stand dem Gericht daher eine Geldstrafe von 5–360 Tagessätzen sowie eine Freiheitsstrafe bis zu 5 Jahren zur Verfügung.

Das Gericht hält die Verhängung einer Geldstrafe für ausreichend. Der Angeklagte ist berufstätig, sozial eingeordnet und nicht vorbestraft. Es kann daher vermutet werden, dass bereits die Warnfunktion einer Geldstrafe ausreicht, um ihn von weiteren Straftaten abzuhalten. Zugunsten des Angeklagten sprach seine bisherige Straffreiheit. Zu Lasten des Angeklagten wurde die Höhe des Schadens sowie der Umstand berücksichtigt, dass der Angeklagte durch eine Handlung zwei Straftaten verwirklicht hat (zur Zulässigkeit dieser Strafzumessungserwägungen vgl. Tröndle/Fischer § 52 Rn. 4).

Unter Abwägung aller für und gegen den Angeklagten sprechenden Umstände erachtet das Gericht eine Geldstrafe von 40 Tagessätzen ausreichend. Die Höhe des Tagessatzes hat das Gericht unter Berücksichtigung des Nettoeinkommens des Angeklagten von 1800 € auf 60 € festgesetzt.

VII.

Die Kostenentscheidung ergibt sich aus §§ 464, 465 StPO.

Weitere Urteilsbeispiele vgl. bei Schmitz/Hüßtege, Strafrechtliche Musterklausuren für die Assessorprüfung, Klausur 6 und 7.

6. Teil. Praktische Hinweise für die Staatsanwältin bzw. den Staatsanwalt als Sitzungsvertreter

Inhaltsverzeichnis

A.	Vorbereitung vor der Sitzung	145
B.	In der Sitzung	147
C.	Schlussvorträge	149
D.	Urteilsverkündung	152
E.	Abschlussverfügung nach der Sitzung	152
F.	Beispiele aus der Praxis	153
G.	Maßnahmen des Sitzungsvertreters später in der Staatsanwaltschaft	153

In dem Leitfaden für Sitzungsvertreter/-innen der Staatsanwaltschaft Oldenburg findet sich der prägnante Satz: Die Sitzungsvertretung ist das „Salz in der Suppe" der staatsanwaltschaftlichen Tätigkeit.

Leider wird die Sitzungswahrnehmung sowohl von manchen Ausbildern als auch von einigen Referendaren als lästige Pflicht empfunden, der man sich nur widerwillig oder ohne Engagement stellt. Übersehen wird dabei, dass die Staatsanwaltschaft bis zum Abschluss des Verfahrens, also bis zum Ende der Vollstreckung des Urteilsausspruchs zuständig bleibt und den Part der Urteilsfindung und des Urteilserlasses den Gerichten überträgt.

Daher muss es originäres Interesse des ermittelten Staatsanwalts sein, dass die Hauptverhandlung umfassend und richtig durchgeführt wird, alle zu treffenden Entscheidungen gefällt werden, das Urteil gerecht ist, umgehend vollstreckt werden kann und die sich aus der Hauptverhandlung ergebenden weiteren Konsequenzen wie Verfahrenseinleitung gegen die Unwahrheit sagende Zeugen, Vollstreckung von Ordnungsgeldbeschlüssen, Vernichtung von Asservaten u.a. ohne großen Aufwand umgesetzt werden können.

Das bedeutet, dass der die Sitzung wahrnehmende Staatsanwalt umfassend in die Materie einsteigen, alle in Betracht zu ziehenden Möglichkeiten bei seiner Vorbereitung einbeziehen, die rechtliche Problematik vor der Sitzung erarbeiten und nach der Verhandlung die erhaltenen Informationen an den zuständigen Dezernenten weiter geben muss.

Angesichts der oft nur aus einem Anklagedoppel bestehenden Handakte erscheint dieses als schier unlösbares Problem. Daher hängt eine umsichtig durchgeführte Hauptverhandlung auch oft von der guten Vorbereitung des Sitzungsvertreters ab.

A. Vorbereitung vor der Sitzung

Der Sitzungsvertreter kann sich leider nicht darauf verlassen, dass die ihm zugeleiteten Sitzungshandakten vollständig sind. Es empfiehlt sich daher, einige Tage vor dem **Termin bei der Geschäftsstelle des Gericht** nachzufragen, welche Termine dort anstehen, ob Termine ausgefallen oder neue hinzu gekommen sind. Daneben sollten, sofern die HA dazu Anhaltspunkte gibt (z.B. ist der Ausdruck der Zentral-Namens-Datei sehr umfangreich) neue ZND-Auszüge durch die Geschäftsstellen erstellt und ggfs. ein neuer BZR-Auszug angefordert werden.

Besprechung mit dem Ausbilder: Stiefmütterlich behandelt, weil oft ein Zeitproblem, ist die rechtliche und prozessuale Durcharbeit der einzelnen Sitzungshandakten. Diese in Abstimmung mit dem Ausbilder zu leistende Tätigkeit erleichtert später die Hauptverhandlung. Der Sitzungsvertreter ist nach gründlicher Vorbereitung in der Lage, zu Beweisanträgen, die sich nach der Erfahrung des Ausbilders hätten aufdrängen müssen, Stellung zu nehmen, nach §§ 154, 154a StPO ausscheidbare Teile zu eliminieren oder Anregungen der Verteidigung oder des Gerichts zu §§ 153 ff. StPO entgegen zu treten. Im

Rahmen dieser Vorbesprechung mit seinem Ausbilder oder einem anderen Dezernenten sollte der Referendar auch die sonst üblicherweise zu verhängenden Strafen erfragen. Oft werden, gerade bei Delikten, die der Amtsanwaltschaft zugewiesen sind, inoffizielle Listen gehandelt, in denen für bestimmte Deliktstypen (z.B. FoF, Trunkenheit im Verkehr, Betrug, Ladendiebstahl, KV u.a.) bestimmte Strafrahmen ausgeworfen sind. Sollten solche Listen nicht erreichbar sein, ist es Aufgabe des Ausbilders, den ihm zugewiesenen Referendar mit der Höhe der üblicherweise zu verhängenden Strafe vertraut zu machen. Ein Auszug aus dieser für erwachsene, nicht wesentlich vorbestrafte Täter sieht etwa wie folgt aus:

Betrug:	Wert bis 50 €: 20 TS	über 50 €: 30 TS	
Diebstahl:	Wert bis 50 €: 20 TS	über 50 €: 30 TS;	schw. DS: mind. 90 TS
Fahren ohne Fahrerlaubnis:		20 TS	
Trunkenheit im Verkehr:		30 TS	
Körperverletzung:		ab 20 TS	
Unfallflucht:		ab 20–30 TS	
Straßenverkehrsgefährung:		40–60 TS	
Leistungserschleichung:		ab 20 TS	

Daneben ist der Ausbilder aufgrund seiner Berufserfahrung in der Lage, auf weitere in der Hauptverhandlung zu erwartende Probleme (Gesamtstrafenbildung, Verbindung von Verfahren, Beweisanträge) hinzuweisen und einen Lösungsvorschlag zu geben.

Daneben hat der Sitzungsvertreter sich vor der Sitzung durch **Studium der einschlägigen Kommentare** mit der Rechtsproblematik der angeklagten Fälle vertraut zu machen. Dazu reicht der ihm zur Verfügung gestellte Handkommentar in der Regel aus. Zuvor sollte er allerdings die neuesten Änderungen einbeziehen, denn es macht einen schlechten Eindruck, wenn der Sitzungsvertreter in der Hauptverhandlung von dem Vorsitzenden des Gerichts darauf hingewiesen wird, dass sich z.B. die in der Anklageschrift genannten Vorschriften des WaffenG geändert haben oder nach der neuesten Änderung des StGB ein höherer Strafrahmen für die Mindeststrafe festgelegt worden ist. Da die Referendare vorwiegend zu Strafrichter- und Jugendrichtersitzungen eingeteilt werden, ist es ebenfalls unabdingbar, sich eingehend mit dem Jugendgerichtsgesetz vertraut zu machen und für das spätere Plädoyer das Sanktionssystem gegen die Jugendlichen und Heranwachsenden aus den einschlägigen Kommentaren heraus zu arbeiten. Ebenfalls zur Vorbereitung gehört, die einschlägige Rechtsprechung zur Trunkenheit im Verkehr zu erarbeiten. Die Problematik der relativen/absoluten Fahruntüchtigkeit fällt ebenso unter das Standardrepertoire eines Sitzungsvertreters wie die Rückrechnung, die mathematische Bestimmung des Blutalkoholgehalts, die für § 142 StGB oder § 315c StGB tatrelevante Schadenshöhe oder die Erfordernisse an die Wartepflicht bei § 142 StGB. Daneben hat der Sitzungsvertreter im Rahmen dieser Vorbereitung auch die in der Hauptverhandlung zu beantragende Nebenentscheidungen einzubeziehen wie die Einziehung des Führerscheins, Entziehung der Fahrerlaubnis und Festsetzen einer Sperrfrist von noch. ... Monate für die Wiedererteilung einer neuen Fahrerlaubnis. Eingehendes Auseinandersetzen mit der neuesten Rechtsprechung bei den Strafverfahren, in denen die Fahrerlaubnis ohne Verkehrsverstöße entzogen werden soll (wenn beispielsweise der Täter mit seinem Pkw auf Diebestour ging oder der Drogenkurier die Betäubungsmittel mit einem Pkw transportierte) gehört ebenfalls dazu. Denn die zu beantragende Einziehung nach § 74 StGB des Kurierfahrzeugs bereitet dabei in der Regel die geringsten Schwierigkeiten. Anders verhält es sich bei der Entziehung der Fahrerlaubnis des Drogenkuriers (siehe dazu eingehend BGH NStZ 2004, 658 ff.). Ein Aufarbeiten dieser Rspr. in der Sitzung ist oft nicht möglich, so dass entsprechende Anträge fehlerhaft unterbleiben oder dem Vorbringen der Verteidigung nichts entgegen gehalten werden kann. Oft vergessen wird auch in der Hauptverhandlung, weil bei der Sitzungsvorbereitung übersehen, ob eine Verfallsanordnung nach § 73 Abs. 1 oder der Wertersatzverfall nach § 73a StGB zu beantragen ist. Auch in diesen speziellen Fällen empfiehlt sich ein vorherige Kontaktaufnahme mit den Dezernenten, die für die Finanzermittlungen zuständig sind.

Sollte in der strafrechtlichen Arbeitsgemeinschaft auf die Kunst der Befragung von Zeugen, auf das Erkennen von Symptomen, wann ein Zeuge die Unwahrheit sagt oder etwa das Problem, welcher der sich widersprechenden Zeugenaussagen zu folgen ist, nicht eingegangen worden sein, empfiehlt sich zu dieser Vorbereitung das Studium der – in der Regel auch bei der StA vorhandenen – Literatur über die Zeugenbefragung vor Gericht. Gegebenenfalls muss der Referendar auf die Literatur seines LG oder

OLG ausweichen. Empfehlenswert ist dieses Literaturstudium schon deshalb, weil sie das Plädoyer erleichtert und sich die Studenten auf der Universität nur mit fest vorgegebenen Sachverhalten beschäftigt haben und die Beweiswürdigung zu kurz gekommen ist.

Die letzte Vorbereitung schließt mit der Besorgung der Robe und der Mitnahme der Sitzungshandakten, Konzeptpapiers und der beiden StGB- und StPO-Kommentare ab.

B. In der Sitzung

Der Sitzungsvertreter hat – neben dem Vorsitzenden des Gerichts – auch auf die Einhaltung der Förmlichkeiten zu achten (Nr. 127, 128 RiStBV). Da die sitzungspolizeiliche Gewalt dem Gericht obliegt (§ 176 GVG), kann er nur entsprechende Anträge stellen, etwa den Zeugen zu bitten, das Kaugummi zu entfernen oder die mit Schirm nach hinten gedrehte Mütze abzunehmen. Ob er bei Antragstellung nach §§ 175 ff. GVG aufsteht, sollte zuvor in einer Pause bei Gericht erfragt werden. Ein solches Vorgehen gegen Prozessbeteiligte und Zuschauer macht natürlich auch nur dann Sinn, wenn der Sitzungsvertreter die Robenordnung, die in allen Ländern etwa gleichlautend ist, beachtet, seine Robe geschlossen über dem weißen Hemd, bei Staatsanwältinnen der weißen Bluse, trägt und nicht seinerseits Grund zur Beanstandung gibt!

Sollte der Beschuldigte nicht erscheinen und auch keine Verhandlung in Abwesenheit des Angeschuldigten gegeben sein (§§ 231a ff. StPO), empfiehlt es sich innerhalb des Ablaufs der Wartezeit von 15 Minuten bei dem Vorsitzenden zu erkundigen, ob eine – die Polizei und den Beschuldigten weniger belastende – Vorführung nach § 230 Abs. 2 1. Alt. StPO Sinn macht, bevor Haftbefehl nach § 230 Abs. 2 2. Alt. StPO beantragt wird. Sind bei einem nicht genügend entschuldigten Beschuldigten die Voraussetzungen des Erlasses eines Strafbefehls gegeben, sollte der Sitzungsvertreter prüfen, ob er nicht besser einen Strafbefehlsantrag nach § 408a StPO stellt, um dem Gericht eine erneute Hauptverhandlung zu ersparen. In diesem Fall sollte er einen ausformulierten Antrag (entsprechende Formblätter sind bei den einzelnen StA entwickelt worden; auf einen mündlich zu Protokoll abzugebenden Antrag nach § 408a Abs. 1 S. 2 StPO hat er keinen Anspruch) dem Gericht zu übergeben. Hat der Beschuldigte gegen einen bereits erlassenen Strafbefehl Einspruch eingelegt, beantragt der Sitzungsvertreter in der Regel nach Ablauf der Wartezeit die Verwerfung des Einspruchs nach § 412 i.V.m. § 329 StPO.

Gang der Hauptverhandlung: In der Regel werden im Rahmen der Befragung der persönlichen Verhältnisse des Angeklagten auch finanzielle Verhältnisse erörtert. Der Sitzungsvertreter sollte dabei berücksichtigen, dass im Rahmen der Berechnung des Tagessatzes das Nettogehalt zugrunde gelegt wird (siehe Tröndle-Fischer StGB 52. Aufl. § 40 Rn. 6ff.), wobei Belastungen, die der Vermögensmehrung dienen (z.B. Abtrag für das Eigenheim, Lebensversicherung pp) in der Regel nicht abgezogen werden. Sollten die Angaben der sich oft „arm" darstellenden Angeklagten bezweifelt werden, kann das Gericht auf Schätzungen ausweichen, muss dabei jedoch Anhaltspunkte für die Schätzungen ermitteln, etwa: wie hoch ist die monatliche Belastung für das Eigenheim, um was für ein Haus handelt es sich, welchen Wagentyp fährt der Angeklagte, wann war der Angeklagte das letzte mal in Urlaub u.s.w. …). Unbefriedigend, aber in der Praxis oft beobachtete Übung: ein Arbeitsloser oder Sozialhilfeempfänger erhält als Sozialhilfe 465 € pro Monat; also setzt das Gericht den Tagessatz mit nur 10 € fest. Unberücksichtigt weil nicht weiter aufgeklärt, bleiben die zusätzlich vom Sozialamt gewährten Hilfen wie Wohngeld, Kleiderzuschuss, Heizkostenzuschuss u.a. Davon sollte der Sitzungsvertreter weg kommen und bereits hier sein Verhandlungs- und Befragungsgeschick ausspielen.

Bei der **Verlesung der Anklageschrift** sollte der Sitzungsvertreter, auch wenn es sich um ein Jugendverfahren handelt, aufstehen, die Robe weiterhin geschlossen halten. Von den Personalien werden dabei nur die Berufsbezeichnung und der Vor- und Zuname verlesen. Sollte die Anklageschrift im abstrakten oder konkreten Anklagesatz Fehler aufweisen, die berichtigt werden müssten, hat der Sitzungsvertreter die Anklageschrift mit den enthaltenen Mängeln vorzulesen. Er kann höchstens bei Vorlesen der „Fehler" eine Anmerkung machen („richtigerweise müsste es heißen …"). Ausnahmen davon gelten nur, wenn die Anklageschrift nur mit Änderungen zugelassen worden ist (§ 207 Abs. 2 Nr. 1 u. 2 StPO). In diesen Fällen hat der Sitzungsvertreter die vom Dezernenten neu gefasste Anklageschrift zu verlesen. Schreibfehler oder andere leichte Fehler können allenfalls in Antragschriften zur Entscheidung im beschleunigten Verfahren (§ 417 ff. StPO) korrigiert und geändert vorgelesen werden. Bei Strafbefehlen wechselt der Sitzungsvertreter die Worte „Sie" durch die Worte „der Beschuldigte" aus und korrigiert die Verbform eigenständig. Verlesen werden auch die anzuwendenden Strafvorschriften, nicht aber, dass Strafanträge gestellt worden sind oder nach § 154 a StPO verfahren wurde.

Für die **weitere Hauptverhandlung** sollten dem Sitzungsvertreter die wichtigsten Bestimmungen der StPO vertraut sein, etwa dass das Fragerecht nach § 240 vom Vorsitzenden zugewiesen wird, eine dafür vorgesehene Reihenfolge nur bei Fragen im Kreuzverhör nach § 239 Abs. 1 S. 2 StPO normiert ist, Vernehmungen von Zeugen unter 16 Jahren nur durch den Vorsitzenden vorgenommen werden dürfen (§ 241 a StPO), dem Zeugen Vorhalte aus Akten, früheren Aussagen pp unter den Voraussetzungen der §§ 251 Abs. 3, 253 StPO gemacht werden dürfen, sonstige Verlesung von Schriftstücken und Gutachten im Strafprozess die Ausnahme sind (z.B. darf das Blutentnahmeprotokoll, das Blutalkoholgutachten oder ärztliches Gutachten bei Körperverletzungen gemäß § 249 StPO verlesen werden) oder das Verfahren gegen Jugendliche grundsätzlich nicht öffentlich sind (§ 48 JGG), die Öffentlichkeit in anderen Fällen aber nach §§ 171 a GVG ausgeschlossen werden kann oder Zeugen in Abwesenheit des Angeklagten befragt werden können (§ 247 StPO). Letzteres dürfte aber für Sitzungen von Referendaren selten vorkommen.

In Verfahren gegen Jugendliche sollte der Sitzungsvertreter vom Jugendamt einen in der Regel bereits schriftlich abgefassten **Jugendamtsbericht vor der Sitzung** erbitten, um die dort vorgeschlagenen Sanktionen zu studieren und für sein Plädoyer einzubauen.

Im Rahmen jeder Zeugenbefragung und Einführung von Beweismitteln (Urkunden, Lichtbildern pp) sollte der Sitzungsvertreter den **wesentlichen Inhalt notieren**, gleichzeitig aber die für sein Plädoyer wichtigen Punkte herausarbeiten und auf dem dafür vorgesehenen Stichwortzettel anzufügen (siehe dazu weiter unten unter dem Stichwort „Plädoyer"). Denn für diese Arbeit bleibt bei Ende der Beweisaufnahme oft keine Zeit.

Im Anschluss an die Zeugenvernehmungen hat der Sitzungsvertreter Stellung zu nehmen, ob er den Zeugen noch für das weitere Verfahren braucht (z.B. soll der Zeuge evtl. erneut nach der Vernehmung eines später zu hörenden Zeugen erneut vernommen werden) oder dieser entlassen werden kann. Nach der Neuregelung des JuMoG bleibt der Zeuge in der Regel unvereidigt. Allerdings kann das Gericht eine Beeidigung nach § 59 StPO anordnen. Der Sitzungsvertreter kann einen entsprechenden **Antrag zur Vereidigung nach § 59 Abs. 1 StPO** mit detaillierter Begründung stellen. Aber wirklich nur in Ausnahmefällen!

Gegen nicht erschienene Zeugen hat der Sitzungsvertreter einen **Ordnungsgeldbeschluss** nach § 51 Abs. 1 StPO zu beantragen, in dem ihm ein Ordnungsgeld, in der Regel 200 €, ersatzweise 4 Tage Haft und die durch sein Ausbleiben verursachten Kosten, auferlegt werden soll. Da dieser Beschluss auch außerhalb der Hauptverhandlung ergehen kann (Lutz Meyer-Goßner StPO 47. Aufl. § 51 Rn. 23), kann der Sitzungsvertreter z.B. die Stellung eines Antrages gegen den nicht erschienen und noch nicht entschuldigten Polizeibeamten zurückstellen. Auch sollte man sich einen solchen Antrag vorbehalten, wenn der nicht erschienene Zeugen später erkennbar eine Entschuldigung (z.B. nachgewiesene Verhinderung durch Urlaub) vortragen wird, um zusätzliche Schreibarbeit des Gerichts, den Ordnungsgeldbeschluss in einem erneuten Beschluss aufzuheben, vermeiden zu helfen.

Oft übersehen wird am Ende der Beweisaufnahme, dass weitere Entscheidungen/Erklärungen der Beteiligten den Verfahrensabschluss erleichtern. So sollte der Sitzungsvertreter anhand der Anklage überprüfen, ob **Asservate** aufgeführt sind und, sofern für § 74 StGB kein Raum ist, deren außergerichtliche Einziehung anregen. Im Falle der außergerichtlichen Einziehung sollte der Sitzungsvertreter darauf achten, dass es nicht ausreichend ist, wenn lediglich im Protokoll aufgeführt wird, die sichergestellten Gegenstände sollen außergerichtlich eingezogen werden. Vielmehr muss eine entsprechende Verzichtserklärung des Angeklagten zu Protokoll genommen und verlesen werden. Die Annahmeerklärung ist, da mit ihr finanzielle Folgen verbunden sind, später dem Staatsanwalt vorbehalten. Oft lagern aber auch Beweismittel bei der Polizei und werden erst nach der Hauptverhandlung an die Staatsanwaltschaft zur Entscheidung übersandt. Hier empfiehlt sich ein Nachfragen beim Vorsitzenden, ob sich z.B. aus der Durchsuchungs-Niederschrift Anhaltspunkte für weitere sichergestellte Beweismittel ergeben, die in der Hauptverhandlung nicht zur Sprache gekommen sind.

Am **Schluss der Beweisaufnahme** wird vom Vorsitzenden oft die Frage gestellt, ob er die Beweisaufnahme schließen kann oder ob **Beweisanträge** gestellt werden. Sollte wider Erwarten ein Beweisantrag des Angeklagten oder Verteidigers gestellt werden, sollte der Sitzungsvertreter diesen in Schriftform erbitten, da er ja dazu Stellung zu beziehen hat. Einen Anspruch darauf besteht grundsätzlich nicht, wenn auch § 257a StPO etwas anderes zu bestimmen scheint (siehe dazu Lutz Meyer-Goßner StPO 47. Aufl. § 257a Rn. 4). Bei den Beweisanträgen hat er sodann zu prüfen, ob es sich überhaupt um einen Beweisantrag nach § 244 Abs. 3 StPO oder nur um einen Beweisermittlungsantrag handelt. Letzterer kann als solcher ohne nähere Begründung abgelehnt werden. Sodann hat der Sitzungsvertreter, ggfs. muss er dazu eine Unterbrechung der Hauptverhandlung erbitten, sich darüber klar zu werden, ob der Beweisantrag aus einen der in § 244 Abs. 3 StPO genannten Gründen abzulehnen oder dem Antrag stattzugeben ist. In seiner abzugebenden Stellungnahme hat er zu diesem Punkt Ausführungen zu machen, ein bloßes „Anheimstellen", wie es in der Praxis oft beobachtet wird, ist dem Einzelrichter gegenüber unkollegial und kann in den meisten Fällen eine falsch begründete Ablehnung nach sich ziehen. Der Sitzungsvertreter sollte bei dieser Prüfung auch daran denken, dass sich die von der Verteidigung gestellten Beweisanträge in der Praxis oft als Bumerang zu Lasten ihrer Mandanten herausgestellt haben.

Tipp: bei schwierigen oder umfangreichen Beweisanträgen empfiehlt sich, bei Gericht um eine Unterbrechung für 10 Minuten zu bitten, um umfassend dazu Stellung nehmen zu können.

C. Schlussvorträge

Sollte auch der Staatsanwalt keine förmlichen Beweisanträge stellen (z.B. wenn das Gericht die in der Anklageschrift aufgeführten Zeugen nicht alle geladen hat und für eine Verurteilung die bisher gehörten Zeugen nicht ausreichen: dann muss der Sitzungsvertreter einen förmlichen Beweisantrag stellen!) und hat der Vorsitzende die Beweisaufnahme geschlossen, wird in der Regel dem Sitzungsvertreter das Wort erteilt, um das Plädoyer zu halten. Eine Pflicht zum Schlussvortrag nach § 258 StPO besteht nicht. Jedoch ist der Sitzungsvertreter innerdienstlich verpflichtet (Nr. 138, 139 RiStBV), das Verhandlungsergebnis in tatsächlicher und rechtlicher Hinsicht zusammenfassend zu würdigen (Lutz Meyer-Goßner StPO 47. Aufl. § 258 Rn. 10). Und ohne den Schlussvortrag des Staatsanwalts darf die Verhandlung nicht fortgesetzt werden.

Dieser Grundsatz wird in der Praxis oft abgeschwächt, wenn etwa in einfach gelagerten Fällen vor dem Jugendrichter der Vorsitzenden den Sitzungsvertreter schlicht auffordert, seinen Antrag zu stellen. Ein zündendes Plädoyer mit allen Verästelungen des Sachverhalts wäre hier fehl am Platze, zumal den geständigen Jugendlichen nur interessiert, welche Maßnahme gegen ihn letztes Endes vom Gericht festgesetzt wird.

Das Plädoyer wird in der Regel in **freier Rede** gehalten, die Benutzung von Aufzeichnungen ist aber nicht untersagt. Sollte der Sitzungsvertreter nicht so weit sein, unmittelbar nach der letzten Zeugenvernehmung sofort sein Plädoyer zu halten, kann er bei Gericht eine Unterbrechung beantragen, die in der Regel kommentarlos gewährt wird. Denn auch der Vorsitzende war einmal Berufsanfänger und ein gut gehaltener Schlussvortrag erleichtert die Urteilsfindung!

Dabei sollte sich der Referendar darüber im Klaren sein, dass der Aufbau eines Urteils von dem einer Anklageschrift abweicht (nachzulesen z.B. bei Marquardt/Göbel „Strafprozess", 4. Aufl. 1992 Rn. 280 ff.; Rahn/Schaefer „Mustertexte zum Strafprozess", 6. Aufl. 1997 S. 169 ff.). Zuerst wird im Urteil der vom Gericht festgestellte Sachverhalt niedergelegt. Daran schließt sich die Einlassung des Angeklagten, die Wiedergabe der Zeugen, die Darstellung der sonstigen Beweismittel und die Beweiswürdigung. Daher sollte der **Aufbau des Plädoyers** diesen Darstellungen eines Urteils entsprechen. Also sollte der Sitzungsvertreter den seiner Meinung nach festgestellten Sachverhalt kurz darlegen, die dazu abgegebene Einlassung des Angeklagten umreißen und diese ggfs. anhand der Würdigung der Zeugenaussagen als widerlegt ansehen. Bei einem Geständnis kann man sich darauf zurückziehen, dass das Geständnis glaubhaft erscheint und durch die Beweismittel untermauert wird. Nicht erhobene Beweismittel oder verbotene Beweismittel dürfen nicht verwertet werden, ggfs. sollte nur der Grund des Verbots angesprochen werden.

Im Anschluss an die Würdigung erfolgt die rechtliche Subsumtion und das Eingehen auf das Strafmaß einschließlich der möglicherweise in Betracht zu ziehenden Milderungsmöglichkeiten (minder schwerer Fall, verminderte Schuldfähigkeit). Bei der Strafzumessung sollte der Schlussvortrag zuerst die entlastenden Momente ansprechen, sodann die Anhaltspunkte, die strafschärfend zu werten sind, aufzählen.

Der **Satzbau** sollte einfach und übersichtlich sein. Angesprochen wird das Gericht. Unnötige Längen sind zu vermeiden, wenn die Sache ohnehin klar ist und der Vorsitzende nur noch Ausführungen über die Strafzumessung erwartet. Daher hat jegliches Pathos zu unterbleiben. Auch Temperamentsausbrüche sind fehl am Platz, mögen sie auch im Fernsehen als wirkungsvoll herausgestellt sein. Im Schlussvortrag sollte der Schein der Einseitigkeit ebenso vermieden werden wie persönliche Angriffe gegen den Angeklagten.

Bei **mehreren Angeklagten und/oder mehreren Tatkomplexen** sollte der Staatsanwalt prüfen, ob aus Gründen der Übersichtlichkeit nicht einzelne Komplexe gesondert dargestellt und rechtlich gewertet werden sollten. Sind **einzelne Teile nicht nachweisbar,** empfiehlt es sich, diese am Anfang zu erörtern.

Nach den Ausführungen zum Sachverhalt und zur rechtlichen Würdigung stellt der Sitzungsvertreter seinen **Schlussantrag**. Dabei hat er für jede Straftat einen gesonderten Antrag zu stellen. Bei ideal konkurrierenden Handlungen beantragt er eine einheitliche Strafe, ohne dem Gericht darzulegen, welche Strafe er sich für jeden einzelnen Handlungsabschnitt vorstellt und welche zusammengesetzte Strafe ihm für diesen Komplex angemessen erscheint. Danach hat er für die Komplexe, die in Realkonkurrenz stehen, aus den einzelnen Einsatzstrafen eine Gesamtstrafe zu bilden.

Als **Rechtsfolgen** kommen bei Erwachsenen u.a. in Betracht:

Geldstrafe, §§ 47, 40 u. 41 StGB (wobei die Zahl der Tagessätze den Mindeststrafrahmen z.B. bei § 243 StGB nicht unterschreiten darf!)

Freiheitsstrafe – unter 6 Monate nur in Ausnahmefällen, § 47 Abs. 1 StGB, Nr. 138 Abs. 4 RiStBV, daher ist die kurzzeitige FS näher zu begründen
– bis zu 2 Jahren: evtl. Strafaussetzung zur Bewährung erörtern gem. § 56 StGB mit den Anträgen, welche Auflagen und Weisungen gem. § 56b, 56c StGB, Nr. 138 Abs. 5 RiStBV verhängt werden sollen

Absehen von Strafe nach §§ 46a, 60, 113 Abs. 4, 157, 158 Abs. 1, 233 StGB
Verwarnung mit Strafvorbehalt, § 59 StGB
Straffreierklärung, § 199 StGB

bei Jugendlichen und Heranwachsenden (beachte § 8 JGG):
Erziehungsmaßregeln §§ 9 ff. JGG
Zuchtmittel §§ 13 ff. JGG
Jugendstrafe §§ 17 ff. JGG

In den **Strafzumessungserwägungen** hat der Staatsanwalt gemäß § 46 StGB die Schuld des Angeklagten deutlich herauszustellen und welche Sanktion diese Schuld angemessen sühnt. Dabei ist insbesondere abzuwägen:

vor der Tat:
das Vorleben des Angeklagten, Schulbildung, Elternhaus, Umgebung, Umgang, seine persönlichen und wirtschaftlichen Verhältnisse, Vorstrafen

zur Tat:
die Beweggründe des Täters, die Gesinnung, seine Motivation,
das Maß der Pflichtwidrigkeit, die Tatausführung, die Folgen für das Tatopfer

nach der Tat:
sein Verhalten danach, Schadenswiedergutmachung, Täter-Opfer-Ausgleich

Bei einem (selten anzutreffenden Fall) **Freispruch** wird in der Regel ein anderer Aufbau des Schlussvortrags gewählt. Der Sitzungsvertreter führt zuerst kurz aus, was dem Angeklagten in der Anklageschrift vorgeworfen wird. Danach folgt die Feststellung, dass dieser Vorwurf ihm nicht nachgewiesen werden kann sowie die Darstellung der Beweismittel, die keine Anhaltspunkte für die Schuld erbracht haben. Sodann schließt sich der Schlussantrag, den Angeklagten freizusprechen, an (zu dem Kostenantrag siehe unten).

C. Schlussvorträge

In dem Schlussantrag sollte der Sitzungsvertreter auch prüfen, ob das Gericht **Nebenentscheidungen** (zum Beispiel die Einziehung des Führerscheins, die Entziehung der Fahrerlaubnis und die Verhängung einer Sperre für die Wiedererteilung einer neuen Fahrerlaubnis durch die Verwaltungsbehörde, anderenfalls erscheint die Verhängung eines Fahrverbots nach § 44 StGB erforderlich; die Einziehung nach § 74 StGB; der Verfall nach § 73 StGB u.a.) anzuordnen hat.

Soweit sich der Angeklagte in **Haft** befindet oder von der **Haft verschont** ist, hat der Staatsanwalt auch zur Frage der Aufrechterhaltung des Haftbefehls oder der Aufhebung des Haftbefehls Stellung zu beziehen und einen entsprechenden Antrag zu stellen.

Zu den **Kosten** stellt der Sitzungsvertreter in der Regel keinen Antrag. Allenfalls bei einem freisprechenden Urteil kann er den Antrag stellen, die Kosten nach Maßgabe des § 467 Abs. 2 ff. StPO dem Angeklagten oder bei einer leichtfertig erstatteten Anzeige dem Anzeigenden, der am Prozess beteiligt ist, nach § 469 StPO aufzuerlegen. Ein solcher Antrag ist grundsätzlich auch hier entbehrlich, weil die Kostenentscheidung im Strafverfahren von Amts wegen ergeht (§ 465 StPO).

Für den **Aufbau des Plädoyers** sollte der Sitzungsvertreter, der nicht geübt ist, einen Merkzettel erarbeiten, in den er die wesentliche Teile seines Plädoyers aufnimmt. Diesen Merkzettel sollte er bereits in der Beweisaufnahme im Anschluss an die einzelnen Beweiserhebungen ergänzen. Der Merkzettel könnte etwa folgendes Gerüst haben:

Plädoyer

Anrede:	„Frau Vorsitzende/Herr Vorsitzender!"
Sachverhalt:	(wie er zu Ihrer Überzeugung feststeht): „Die heutige Hauptverhandlung hat ergeben, dass der Angeklagte …
Beweisauswertung:	„Diese Feststellungen ergeben sich aus der Einlassung des Angeklagten, der angegeben hat ……… den Aussagen der Zeugen ……… dem Blutalkoholgutachten, das einen Wert von ………… ergeben hat. dem Gutachten des Sachverständigen ………"
rechtliche Würdigung:	„Damit hat der Angeklagte gegen …………§§ StGB ……… verstoßen."
Rechtsfolgen:	„Bei der Strafzumessung ist zugunsten des Angeklagten hervorzuheben. Zulasten des Angeklagten ist zu werten, dass …
Antrag:	„Ich beantrage daher gegen den Angeklagten wegen …………… auf eine …………………
Nebenentscheidung:	„Ferner beantrage ich ……………

Nach dem Plädoyer des Verteidigers könnte der Sitzungsvertreter auch eine **Replik nach § 258 Abs. 2 StPO** anbringen. Jedoch hat sich in der Praxis gezeigt, dass eine Erwiderung auf die Ausführungen des Verteidigers nicht erforderlich ist. Das Gericht hat sich ohnehin seine Meinung gebildet und selbst ungerechtfertigte, überzogene und unter die „Gürtellinie" gehende Angriffe der Verteidigung müssen nicht weiter kommentiert werden. Solche unhaltbaren Vorwürfe gegen die Anklagebehörde sprechen für sich und werden von den Gerichten eher gegen den Angeklagten verwertet! Der Sitzungsvertreter sollte sich daher angewöhnen, die Ausführungen der Verteidigung kommentarlos zur Kenntnis zu nehmen und bei Angriffen gegen die Ermittlungsbehörde getreu dem Motto „vom bellenden Hund und dem Mond" gelassen bleiben. Gelangweiltes „in der Akte Blättern" ist oft hilfreicher als Bluthochdruck und Pulsbeschleunigung!

Lediglich in den Fällen, in denen dem Sitzungsvertreter einfällt, etwas Vergessenes nachholen zu müssen (z.B. wurde ein Fahrverbot nach § 44 StGB versehentlich nicht mit beantragt), sollte der Sitzungsvertreter beantragen, nochmals das Wort zu erhalten, um den **Schlussvortrag zu ergänzen**. Auch nicht in der Beweisaufnahme eingeführte Beweismittel, die aber im Plädoyer eine wichtige Rolle gespielt haben, etwa eine Unfallskizze, lassen sich auf diese Weise heilen, indem der Sitzungsvertreter beantragt, erneut in die Hauptverhandlung einzutreten und die Unfallskizze Bl. ... d.A. zum Gegenstand der Hauptverhandlung zu machen. Hierbei ist aber Vorsicht geboten, denn in der Praxis wird dabei oft übersehen, dass nach erneuter Schließung der Beweisaufnahme die Schlussanträge erneut gehalten werden müssen (das Gericht fordert in der Regel die Beteiligten dazu auf: „Sie wiederholen Ihre Anträge?") und der Angeklagte erneut das letzte Wort haben muss. In solchen besonderen Fällen sollte der Sitzungsvertreter auf die Einhaltung dieser Regularien genau achten, um später keinen Revisionsgrund zu schaffen.

D. Urteilsverkündung

Bei der Verkündung des Urteils sollte der Sitzungsvertreter die Urteilsformel aufrecht stehend zuhören (die gebückte Haltung eines mitschreibenden Staatsanwalts birgt eine gewisse Komik und ist der Würde des Gerichts abträglich!). Vielmehr kann der Sitzungsvertreter die Urteilsformel, die er sich bis zum Platznehmen nicht merken konnte und die er in seinem Sitzungshandaktenvermerk niederlegen muss, beim Protokollführer abfragen. Sollte die Hauptverhandlung ohne Protokollführer stattgefunden haben (§ 266 Abs. 2 StPO), kann er das Ergebnis nach der vollständigen Urteilsverkündung beim Vorsitzenden erfragen.

Nach der Belehrung über den möglichen Widerruf der Strafvollstreckung zur Bewährung und das gegen das Urteil gegebene Rechtsmittel wird oft die Frage nach einem Rechtsmittelverzicht gestellt. **Den Referendaren ist ein Rechtsmittelverzicht untersagt!** Der Sitzungsvertreter sollte daher auch dann keine Erklärungen abgeben, wenn das Gericht ihn überboten hat und der Angeklagte seinerseits das Urteil annimmt!

E. Abschlussverfügung nach der Sitzung

Nach Beendigung der Hauptverhandlung hat der Sitzungsvertreter den **Sitzungsvermerk** auszufüllen. Dieser Vermerk unterrichtet den Behördenleiter, den Abteilungsleiter und Dezernenten, wie die Sitzung verlaufen und welches Ergebnis heraus gekommen ist. In der Regel werden dazu in den Staatsanwaltschaften eigene Formblätter entwickelt und in der Sitzungshandakte eingeheftet. Diese müssen bei Beendigung ausgefüllt werden.

Relativ leicht ist die **Terminverlegung** oder Festsetzung eines neuen Termins. Dabei ist der neue Termin, Datum und Uhrzeit genau wieder zu geben, da in der Regel die Staatsanwaltschaft keine weitere Ladung erhält. Ähnlich verhält es sich mit der **Fortsetzung der Verhandlung** in einem neuen Termin. Probleme treten dann auf, wenn der ursprüngliche Sitzungsvertreter an der Fortsetzung gehindert ist. In diesem Fall hat er den bisherigen Prozessverlauf in einem umfangreichen Vermerk zu protokollieren und über den Sitzungseinteiler dem neuen Sitzungsvertreter zuleiten zu lassen. In der Regel bietet sich hierbei an, das Ergebnis der bisherigen Hauptverhandlung mündlich mit dem „Nachfolger" zu besprechen. Die Sache einfach klamm heimlich auf den Aktenbock zu legen, ist unkollegial und zieht in der Regel eine schlechte Beurteilung nach sich!

Sofern weitere **Verfahren miteinander verbunden** wurden, ist zu notieren, welches führt. Einstellungen nach §§ 154, 154a StPO sind deutlich zu machen. Im Falle einer nur mit vorheriger Zustimmung des Dezernenten erfolgten Einstellung nach §§ 153, 153a StPO ist auszuführen, wie die Auflagen lauten, welche Frist bestimmt wurde und welcher StA zugestimmt hat.

Bei der **Darstellung des Antrags und der gerichtlichen Entscheidung** sollte zusätzlich eine Begründung abgegeben werden, wenn der Sitzungsvertreter von der Anklage oder das Gericht von dem Antrag des Sitzungsvertreters abgewichen ist. Diese Begründung soll die Entscheidung des Dezernenten, Rechtsmittel einzulegen, erleichtern. Keine Kommentierung ist dabei erforderlich, wenn nur minimale Abweichungen bestehen oder die ausgeurteilte Strafe gerechtfertigt erscheint, man sich sozusagen vergallopiert hat.

F. Beispiele aus der Praxis

Abweichen von der Anklage:

Antrag StA:	FoF 20 TS à 10 €	Gericht: nach Antrag
Begründung:	die angeklagte Unfallflucht war nicht nachweisbar, der Besch. hatte unwiderlegt Anstoß nicht bemerkt	

Gericht weicht ab:

Antrag StA:	3 Mo mit Bew.	Gericht: Freispruch Begründung: Hauptbelastungszeuge ist umgefallen
Rechtsmittel: wird nicht vorgeschlagen, da weitere belastende Beweismittel nicht vorhanden, Urteil scheint vertretbar		

oder

Antrag StA:	6 Mo ohne Bew.	Gericht: 3 Mo mit Bew. 2 Jahre Bew.zeit 500 € an Dt. Rote Kreuz Begründung: noch einmal e. Chance
Rechtsmittel: Berufung wird vorgeschlagen, da erhebliche Vorstrafen und Bew. Versager!		

Weitere **prozessleitende Maßnahmen**: Sofern Anhaltspunkte dafür bestehen, dass Zeugen die Unwahrheit gesagt haben, sollte deren wesentliche Aussage in einem gesonderten Vermerk wiedergegeben und ausgeführt werden, woraus sich aus Sicht des Sitzungsvertreters ergibt, dass der Zeuge gelogen hat. Die Aufgabe des Dezernenten ist es dann, auf der Grundlage dieses Vermerks eine Strafverfahren gegen den Zeugen einzuleiten.

Der Sitzungsvermerk schließt mit der (lesbaren) **Unterschrift des Sitzungsvertreters** und bei Referendaren dem Hinweis, welcher Staatsanwalt Ausbilder ist. Damit werden Rückfragen des Dezernenten erleichtert, ohne dass wertvolle Zeit durch mühsames Durchstöbern von Sitzungsplänen verstreicht.

G. Maßnahmen des Sitzungsvertreters später in der Staatsanwaltschaft

Da die Frist zur Einlegung eines Rechtsmittels an die Verkündung des Urteils und nicht an die Vorlage der Sitzungshandakte beim Dezernenten geknüpft ist, sind die Sitzungshandakten als „Eilt-Sache" zu behandeln und am selben oder spätestens am Folgetag in den Vormittagsstunden in der Wachtmeisterei der StA abzugeben.

Es versteht sich am Rande, dass die Sitzungswahrnehmung in der Regel bei den Referendaren weitere Fragen aufwirft, etwa wie man sich in Zukunft in bestimmten Fällen verhalten soll. Daher sollte der Referendar grundsätzlich bei rechtlich oder prozessual schwierigen Sachverhalten auf eine Nachbesprechung mit dem Ausbilder drängen.

Und „last but not least" sollte der Sitzungsvertreter die ausgeliehene Robe abgeben und unverzüglich seine Reisekosten liquidieren.

7. Teil. Das Strafbefehlsverfahren

Inhaltsverzeichnis

A. Anwendungsbereich und Verfahrensablauf	155
I. Anwendungsbereich des Strafbefehls	155
II. Ablauf des Strafbefehlsverfahrens	156
1. Erlass des Strafbefehls	156
2. Rücknahme des Strafbefehlsantrag	156
B. Rechtsbehelf gegen den Strafbefehl	157
I. Form und Frist	157
II. Verfahren bei rechtzeitigem Einspruch	157
III. Rücknahme und Beschränkung des Einspruchs	157
IV. Verfahren bei verspätetem oder nicht fristgerechtem Einspruch	157
1. Verwerfung des Einspruchs außerhalb der Hauptverhandlung	157
2. Verwerfung des Einspruchs in der Hauptverhandlung	157
3. Irrtümliche Annahme eines zulässigen Einspruchs	158
4. Einspruch und Wiedereinsetzung in den vorigen Stand	158
C. Rechtskraft des Strafbefehls	159
D. Verwerfung des Einspruchs nach § 412 StPO	159
I. Inhalt eines Verwerfungsurteil	159
II. Voraussetzungen für die Verwerfung	159
III. Rechtsmittel gegen das Verwerfungsurteil und Antrag auf Wiedereinsetzung	160
E. Ablehnung des Antrages auf Erlass eines Strafbefehls durch das Gericht	161
I. Voraussetzungen für die Ablehnung des Antrages auf Erlass eines Strafbefehls	161
II. Rechtsmittel gegen die Ablehnung des Erlasses eines Strafbefehls	161

A. Anwendungsbereich und Verfahrensablauf

I. Anwendungsbereich des Strafbefehls

Das Strafbefehlsverfahren ist nur im unteren Bereich der Kriminalität und nur bei Vergehen statthaft, § 407 Abs. 1 StPO, sowie in den in § 408 a Abs. 1 StPO genannten Fällen. § 408 a Abs. 1 S. 1 StPO setzt einen schriftlichen Antrag der Staatsanwaltschaft auf Erlass eines Strafbefehls voraus. Ein mündlich gestellter und protokollierter Antrag reicht hierfür nicht. Entspricht der Antrag nicht der Form des § 408 a StPO führt dies nicht zu einem von Amts wegen zu berücksichtigenden Verfahrenshindernis (Meyer-Goßner § 408 a Rn. 2). Das gleiche gilt, wenn der Antrag inhaltlich nicht den Anforderungen eines Strafbefehlsantrags entspricht. Ferner muss bereits das Hauptverfahren wegen eines Vergehens eröffnet worden sein (vgl. Meyer-Goßner § 408 a Rn. 3).

Durch Strafbefehl können nur die in § 407 Abs. 2 StPO aufgeführten **Rechtsfolgen** festgesetzt werden. Eine Freiheitsstrafe bis zu einem Jahr kann allerdings nur verhängt werden, wenn deren Vollstreckung zur Bewährung ausgesetzt wird und der Anschuldigte einen Verteidiger hat (§ 407 Abs. 2 S. 2 StPO). Hat der Angeschuldigte zum Zeitpunkt der Antragstellung noch keinen Verteidiger, ist ein solcher durch das Gericht zu bestellen (§ 408 b StPO)

Gegen einen Jugendlichen (§ 1 Abs. 2 JGG), ist der Erlass eines Strafbefehls unzulässig § 79 Abs. 1 JGG). In diesen Fällen ist das vereinfachte Jugendverfahren der §§ 76 bis 78 JGG angebracht.

Bei einem Heranwachsenden ist das Strafbefehlsverfahren dann zulässig, wenn der Richter gemäß § 105 Abs. 1 JGG Erwachsenenstrafrecht anwendet (§ 109 Abs. 2 JGG). Zuständig ist in diesem Fall dann der Jugendrichter, § 108 Abs. 2 JGG. Allerdings gilt hier § 407 Abs. 2 S. 2 StPO nicht, d.h. gegen einen Heranwachsenden kann im Strafbefehlswege keine Freiheitsstrafe verhängt werden (§ 109 Abs. 3 JGG).

Wird entgegen § 79 Abs. 1 JGG ein Strafbefehl gegen einen Jugendlichen erlassen, so ist dieser nicht unwirksam. Urteile und andere gerichtliche Entscheidungen sind nur dann unwirksam, wenn die gewollte Wirkung vom Standpunkt unseres Rechts aus nicht denkbar ist oder mit den Grundprinzipien unserer rechtsstaatlichen Ordnung in Widerspruch steht und der Mangel für einen verständigen Beurteiler offenkundig ist (vgl. Meyer-Goßner Einl. Rn. 105). Der Jugendliche muss, wenn er gegen den Strafbefehl vorgehen will, Einspruch einlegen.

II. Ablauf des Strafbefehlsverfahrens

1. Erlass des Strafbefehls

Sachlich zuständig für den Erlass des Strafbefehls ist der Strafrichter beim Amtsgericht und auch das Schöffengericht. Im Falle des Schöffengerichts erlässt jedoch den Strafbefehl der Vorsitzende allein, § 30 Abs. 2 GVG. Die **örtliche** Zuständigkeit ergibt sich wiederum aus den §§ 7 ff. StPO.

Der Richter muss gemäß § 408 Abs. 3 Satz 1 StPO den Strafbefehl erlassen, wenn die Prozessvoraussetzungen gegeben sind, Verfahrenshindernisse fehlen, der Erlass eines Strafbefehls nach § 407 Abs. 1 StPO **zulässig**, der Strafrichter im Schuld- und Rechtsfolgenausspruch mit dem Antrag der Staatsanwaltschaft übereinstimmt und hinreichender Tatverdacht gegeben ist.

Mit Unterschrift des Richters ist der Strafbefehl erlassen. Ab diesem Zeitpunkt kann gegen den Strafbefehl Einspruch eingelegt werden (BGHSt 25, 187). Ab dann tritt Rechtshängigkeit ein und nicht schon mit der Stellung des Strafbefehlsantrags (a.A. OLG Karlsruhe NStZ 1991, 602; falls der Strafbefehl nicht angegriffen wird mit Erlass, sonst mit Beginn der Hauptverhandlung).

Der **Inhalt** des Strafbefehls ergibt sich aus § 409 Abs. 1 StPO. Er wird im wesentlichen genauso abgefasst wie eine Anklageschrift, insbesondere auch die abstrakte Beschuldigung. Nur an die Stelle des Wortes „Angeschuldigter" tritt das Wort „Sie" (vgl. Muster Nr. 35 bei Böhme/Fleck/Bayerlein, sowie oben im Teil „Das Ermittlungsverfahren und die Abschlussverfügungen der Staatsanwaltschaft", 2. Kapitel unter A IV). Allerdings ist bei dem angesprochenen Muster der Satz „An die Stelle einer uneinbringlichen Geldstrafe tritt für jeden Tagessatz ein Tag Freiheitsstrafe" überflüssig (vgl. Tröndle/Fischer § 43 Rn. 4).

Nach Unterzeichnung durch den Richter muss der Strafbefehl **zugestellt** werden, vgl. § 410 Abs. 1 StPO. Für die Zustellung gelten § 36 Abs. 1 StPO und über § 37 Abs. 1 StPO die Vorschriften der ZPO. Eine **Ersatzzustellung** ist zulässig, jedoch nicht die öffentliche Zustellung gem. § 40 StPO, allerdings strittig (vgl. Meyer-Goßner § 409 Rn. 21). Hat der Beschuldigte einen Verteidiger, so ist § 145 a Abs. 1 StPO zu beachten.

Der Staatsanwaltschaft wird der Strafbefehl nicht zugestellt, auch nicht einem Nebenklageberechtigten, da im Strafbefehlsverfahren der Anschluss erst wirksam wird, wenn Termin zur Hauptverhandlung anberaumt oder der Antrag auf Erlass eines Strafbefehls abgelehnt wird, § 396 Abs. 1 Satz 3 StPO.

2. Rücknahme des Strafbefehlsantrages

Die Rücknahme des Strafbefehlsantrages ist möglich, solange der Strafbefehl nicht erlassen ist § 411 Abs. 3 StPO. Für den Fall, dass auf einen unbeschränkten Einspruch des Angeklagten eine Hauptverhandlung stattfindet, erweitert § 411 Abs. 3 StPO die Möglichkeit der Klagerücknahme § 156 StPO. Ob die Rücknahme des Strafbefehlantrages durch die Staatsanwaltschaft ohne Einspruch des Angeklagten zulässig ist, ist strittig (vgl. Meyer-Goßner § 411 Rn. 8).

Beispiel aus einer Examensklausur: Auf Antrag der Staatsanwaltschaft erging gegen A Strafbefehl wegen fahrlässiger Körperverletzung. Zwei Tage nach Erlass des Strafbefehls starb der Verletzte. Die Staatsanwaltschaft nimmt nunmehr den Strafbefehlsantrag zurück und erhebt Anklage wegen fahrlässiger Tötung. A hat gegen den Strafbefehl keinen Einspruch eingelegt. Folgt man der Meinung, dass eine Rücknahme des Strafbefehlsantrages nicht möglich ist, ist der Strafbefehl rechtskräftig und das Verfahren muss eingestellt werden. Dies wird mit dem Wortlaut des § 411 Abs. 3 StPO, der einen Einspruch voraussetzt begründet. Folgt man der gegenteiligen Ansicht kann gegen A das Verfahren wegen fahrlässiger Tötung durchgeführt werden. Zur Begründung wird angeführt, dass das Strafbefehlsverfahren nur ein summarisches Verfahren sei und die Staatsanwaltschaft auf tatsächliche Änderungen angemessen reagieren müsse. Bei einer Urteilsklausur empfiehlt es sich dieser Meinung zu folgen, anders eventuell bei einer Revisionsklausur.

B. Rechtsbehelf gegen den Strafbefehl

I. Form und Frist

Gegen den Strafbefehl steht dem Beschuldigten der Rechtsbehelf des Einspruchs gem. § 410 Abs. 1 StPO zu, und zwar innerhalb zwei Wochen schriftlich oder zu Protokoll der Geschäftsstelle. Die eigenhändige Unterzeichnung ist dabei keine wesentliche Voraussetzung der Schriftlichkeit. Es genügt ein Telefax-Schreiben aus dem ersichtlich ist, von wem das Schreiben stammt und dass kein bloßer Entwurf vorliegt (BVerfG NJW 2002, 3534). Der Einspruch kann hierbei auf bestimmte Beschwerdepunkte beschränkt werden (§ 410 Abs. 2 StPO) mit der Folge, dass im übrigen Rechtskraft gem. § 410 Abs. 3 StPO eintritt.

Über diese Frist ist der Beschuldigte zu belehren (§ 409 Abs. 1 Nr. 7 StPO). Fehlt die Belehrung, ändert dies nichts am Fristablauf, jedoch ist entsprechend § 44 Abs. 1 Satz 2 StPO eine Fristversäumung als unverschuldet anzusehen und auf Antrag Wiedereinsetzung zu gewähren.

II. Rechtzeitiger Einspruch

Ist der Einspruch rechtzeitig, ist gemäß § 411 Abs. 1 S. 2 StPO Termin zur Hauptverhandlung anzuberaumen. Da der Einspruch kein Rechtsmittel ist, erfolgt keine Verschiebung in die nächste Instanz, sondern es kommt zu einer Hauptverhandlung vor dem Richter, der den Strafbefehl erlassen hat. Grundlage für die Hauptverhandlung ist allerdings der Strafbefehlsantrag der Staatsanwaltschaft. Das Urteil wird jedoch unabhängig vom Strafbefehl gefällt. Das Verbot der reformatio in peius gilt dabei nicht § 411 Abs. 4 StPO. Im Urteil wird auch der Strafbefehl nicht erwähnt (vgl. den Teil „Das Strafurteil erster Instanz", 1. Kapitel, unter B V 5).

III. Rücknahme und Beschränkung des Einspruchs

1. Rücknahme des Einspruchs

Eine Rücknahme des Einspruchs ist bis zur Verkündung des Urteils im ersten Rechtszug zulässig § 411 Abs. 3 S. 1 StPO. Nach Beginn der Hauptverhandlung aber nur noch mit Zustimmung der Staatsanwaltschaft § 411 Abs. 3 S. 2 i.V.m. § 303 S. 1 StPO. Der Zustimmung eines Nebenklägers bedarf es nicht § 411 Abs. 3 S. 2 i.V.m. § 303 S. 2 StPO. Mit wirksamer Rücknahme lebt der Strafbefehl wieder auf. In Klausuren wird es daher in der Regel an der Zustimmung der Staatsanwaltschaft fehlen.

2. Beschränkung des Einspruchs

Auch eine Beschränkung des Einspruches auf bestimmte Beschwerdepunkte ist bis zur Verkündung des Urteils im ersten Rechtszug zulässig. Wirksam ist eine Beschränkung auf den Schuldspruch bei mehreren selbständigen Straftaten oder auf den Rechtsfolgenausspruch. Allerdings ist eine Beschränkung beim Rechtsfolgenausspruch unwirksam, wenn die Feststellungen zum Schuldspruch so knapp und unzulänglich sind, dass sie keine ausreichende Grundlage für die Prüfung des Rechtsfolgenausspruches sind (vgl. Meyer/Gößner § 410 Rn. 5). Dies kann der Fall sein, wenn das Gericht trotz eines hohen Blutalkoholgehalts nicht geprüft hat, ob der Angeklagte schuldunfähig nach § 20 StGB war (BayObLG NJW 2003, 2397). Im übrigen gelten hier die gleichen Grundsätze wie bei der Berufungsbeschränkung § 318 StPO (vgl. hierzu Teil 5 IV 3).

IV. Verspäteter oder nicht formgerechter Einspruch

1. Verwerfung außerhalb der Hauptverhandlung

Ist der Einspruch nicht form- und fristgerecht erhoben, so wird er ohne Hauptverhandlung durch Beschluss als unzulässig verworfen § 411 Abs. 1 S. 1 StPO. Gegen diesen Verwerfungsbeschluss ist die sofortige Beschwerde gegeben, §§ 411 Abs. 1 Satz 1, 311 StPO.

2. Verwerfung in der Hauptverhandlung

Wird der Umstand des nicht rechtzeitigen Einspruchs erst in der versehentlich anberaumten Hauptverhandlung bemerkt, so muss das Gericht durch Urteil auf Kosten des Angeklagten den Einspruch verwerfen. Die Kostenentscheidung ergibt sich in diesem Fall aus § 465 StPO und nicht aus § 467 StPO, da es durch die Verwerfung des Einspruchs bei einer Verurteilung bleibt (zu den Kosten vgl. Meyer-Goßner § 411 Rn. 12).

Gegen dieses Verwerfungsurteil ist die Berufung oder die Sprungrevision zulässig.

3. Irrtümliche Annahme eines zulässigen Einspruchs

Hat dagegen das AG ein Sachurteil erlassen, weil es irrtümlich von der Zulässigkeit des Einspruchs gegen einen Strafbefehl ausgegangen ist, so hat das LG das Sachurteil aufzuheben. Statt das Verfahren an das AG zurückzuverweisen, kann es selbst den unzulässigen Einspruch verwerfen (vgl. Meyer-Goßner § 411 Rn. 12; nach a.A. soll Zurückverweisung an das Amtsgericht erfolgen, das den Einspruch dann verwirft).

Beispiel: Hans Huber erhielt vom AG München einen Strafbefehl über 30 Tagessätze zu 50 € wegen fahrlässiger Körperverletzung. Der Strafbefehl wurde seiner Hauswirtin am 4.5.2004 im Wege der Ersatzzustellung übergeben. Am 26.5.2004 legt Huber dagegen Einspruch ein, als er von einem Urlaub zurückkommt.

Das AG München bestimmt daraufhin Termin, weil es der Ansicht ist, dass der Strafbefehl im Wege der Ersatzzustellung nicht zugestellt werden kann. Es verurteilt schließlich Hans Huber wegen fahrlässiger Körperverletzung zu einer Geldstrafe von 20 Tagessätzen zu 50 €. Gegen dieses Urteil legt Hans Huber Berufung ein.

Die Zustellung des Strafbefehls im Wege der Ersatzzustellung war, wie bereits ausgeführt, zulässig, §§ 37 Abs. 1 StPO, 181 Abs. 2 ZPO. Der Hauptverhandlung vor dem AG München stand deshalb die Rechtskraft des Strafbefehls gem. § 410 Abs. 3 StPO entgegen. Da der Angeklagte das amtsgerichtliche Urteil frist- und formgerecht mit Berufung angefochten hat, muss das Berufungsgericht das Urteil des Amtsgerichts aufheben, da das ergangene Urteil wegen des verspäteten Einspruchs unzulässig war. Ferner holt das Berufungsgericht die vom Amtsgericht unterlassene Verwerfung des Einspruchs nach (vgl. BGHSt 13, 306 und 26, 183). Das Berufungsgericht muss jedoch § 331 StPO beachten, weil das amtsgerichtliche Urteil die Zahl der Tagessätze auf 20 ermäßigt hat und dieses Urteil nur der Angeklagte mit Berufung angefochten hat. Bei Fortsetzung des Berufungsverfahrens hätte dieses Urteil nicht mehr zum Nachteil des Angeklagten geändert werden dürfen (vgl. Meyer-Goßner § 411 Rn. 12). Der Tenor des Berufungsurteils lautet demgemäß wie folgt:

> 1. Auf die Berufung des Angeklagten wird das Urteil des Amtsgerichts München vom ……… aufgehoben.
> 2. Der gegen den Strafbefehl des Amtsgerichts München vom ……… eingelegte Einspruch des Angeklagten vom ……… wird mit der Maßgabe verworfen, dass es bei einer Geldstrafe von 20 Tagessätzen zu je 50 € sein Bewenden hat.

Wenn sowohl das AG und das LG den unzulässigen Einspruch als zulässig angesehen haben, muss dies das Revisionsgericht ohne entsprechende Rüge von Amts wegen beachten (OLG, Düsseldorf JR 1986, 121).

4. Einspruch und Wiedereinsetzung

Gleicher Fall wie vorher. Huber hat gegen den Strafbefehl wie oben Einspruch eingelegt. Vorsorglich jedoch wegen seines Urlaubs **Wiedereinsetzung in den vorigen Stand** beantragt.

Das Gericht hat ohne Anhörung der Staatsanwaltschaft Termin bestimmt. In diesem Fall war wiederum der Einspruch verspätet. Man könnte aber in der Terminsverfügung eine stillschweigende Wiedereinsetzung in den vorigen Stand sehen (vgl. Meyer-Goßner § 46 Rn. 4). Grundsätzlich sind auch konkludente Entscheidungen möglich. Doch ist hier Vorsicht geboten (vgl. Meyer-Goßner Einl. Rn. 123). Erforderlich ist, dass der Entscheidungsinhalt in anderen Prozesshandlungen zum Ausdruck kommt, und zwar so deutlich, als ob die Entscheidung förmlich ergangen wäre. Vor Gewährung der Wiedereinsetzung hätte aber gemäß § 33 Abs. 2 StPO die Staatsanwaltschaft gehört werden müssen. In der bloßen Bestimmung zur Hauptverhandlung kann daher keine Wiedereinsetzung gesehen werden.

Über die Wiedereinsetzung kann aber das Berufungsgericht nicht selbst entscheiden, denn nach § 46 Abs. 1 StPO ist hierfür allein das Amtsgericht, das in der Sache selbst zu entscheiden hat, zuständig. Der BGH behandelt diese Frage ausdrücklich in BGHSt 22, 52 nur im Verhältnis des Revisionsgerichts zum Amtsgericht. Die dort getätigten Ausführungen müssen wohl dahin verstanden werden, dass auch das Berufungsgericht nicht anstelle des Amtsgerichts über die Wiedereinsetzung entscheiden darf (so auch Meyer-Goßner § 46 Rn. 2). Das Berufungsgericht hebt in diesem Fall das Ersturteil auf und verweist an das Amtsgericht zurück, das dann über den Wiedereinsetzungsantrag entscheiden muss.

Wird Wiedereinsetzung versagt, ist der Strafbefehl rechtskräftig, wobei allerdings wiederum das **Verschlechterungsverbot** des § 331 StPO zu beachten ist. Wird Wiedereinsetzung gewährt, wird das Verfahren neu durchgeführt.

Schließt man sich der Meinung an, dass über das Wiedereinsetzungsgesuch nur das Amtsgericht zu entscheiden hat, ist folgender Tenor denkbar:

1. Auf die Berufung des Angeklagten wird das Urteil des Amtsgerichts München vom .... aufgehoben.
2. Zur Entscheidung über den Wiedereinsetzungsantrag wird die Sache an das Gericht des ersten Rechtszuges zurückverwiesen mit der Maßgabe, dass im Fall der Ablehnung des Wiedereinsetzungsantrages der gegen den Strafbefehl des Amtsgerichts München vom .... eingelegte Einspruch des Angeklagten vom .... mit der Einschränkung verworfen wird, dass es bei einer Geldstrafe von 20 Tagessätzen zu je 50 € sein Bewenden hat.

C. Rechtskraft des Strafbefehls

Legt der Angeklagte (zur Bezeichnung vgl. § 409 Abs. 1 Satz 1 StPO) gegen den Strafbefehl nicht rechtzeitig Einspruch ein, erlangt dieser die Wirkung eines rechtskräftigen Urteils, § 410 Abs. 3 StPO. Dem Strafbefehl kommt somit die gleiche Rechtskraftwirkung zu wie einem Urteil. Nach § 373a Abs. 1 StPO ist eine Wiederaufnahme eines durch rechtskräftigen Strafbefehl abgeschlossenen Verfahrens **zuungunsten** des Verurteilten zulässig, wenn neue Tatsachen oder Beweismittel beigebracht werden, die allein oder in Verbindung mit den früheren Beweisen geeignet sind, die Verurteilung wegen eines Verbrechens zu begründen. Somit ist eine Rechtskraftdurchbrechung beim Strafbefehl nur im formellen Wiederaufnahmeverfahren zulässig. Aus § 373a StPO folgt zunächst (Absatz 2), dass sowohl zugunsten als auch zuungunsten des durch einen Strafbefehl Verurteilten die Wiederaufnahmegründe der §§ 359, 362 StPO gelten, die auch bei einer Aburteilung durch Urteil gegeben sind. Einen zusätzlichen Wiederaufnahmegrund **zuungunsten** des Verurteilten enthält Absatz 1. Voraussetzung ist aber, dass die neuen Tatsachen oder Beweismittel die Beurteilung der Tat als Verbrechen rechtfertigen. Bei der Auslegung des Begriffs neue Tatsachen oder Beweismittel kann an die Rechtsprechung zu § 359 Nr. 5 StPO angeknüpft werden (vgl. hierzu Meyer-Goßner § 359 Rn. 21–25).

D. Verwerfung des Einspruchs nach § 412 StPO

I. Inhalt des Verwerfungsurteils

Nach § 412 StPO kann der Einspruch des Angeklagten nach Maßgabe des § 329 Abs. 1 StPO verworfen werden, wenn er bei Beginn der Hauptverhandlung weder erschienen noch durch einen Verteidiger vertreten ist und das Ausbleiben nicht genügend entschuldigt ist.

Die Verwerfung erfolgt durch Urteil. Dieses Urteil ist nicht nach § 269 StPO zu begründen, wohl aber nach § 34 StPO. Vorgebrachte oder erkennbare Entschuldigungsgründe müssen behandelt werden. Eine Kostenentscheidung enthält das Verwerfungsurteil nicht, da § 473 StPO nicht gilt. Der Einspruch ist kein Rechtsmittel. Vielmehr wirkt in diesem Fall die Kostenentscheidung des Strafbefehls weiter (vgl. Meyer-Goßner § 412 Rn. 8 und § 473 Rn. 1).

II. Voraussetzungen für die Verwerfung

Voraussetzung für eine Verwerfung nach § 412 S. 1 StPO ist, wie bei § 329 StPO, die ordnungsgemäße Ladung des Angeklagten. Die Ladung des Angeklagten erfolgt durch Zustellung §§ 216, 217 StPO. Braucht die Ladungsfrist nicht mehr beachtet zu werden, wie in dem Fall einer Umladung, so genügt die formlose Mitteilung der Ladung. Jedoch muss dem Angeklagten ein Schriftstück ausgehändigt und überlassen werden, in dem Zeit und Ort sowie die Terminstunde und der Sitzungssaal bezeichnet sind (vgl. Meyer-Goßner § 216 Rn. 2).

Strittig ist, ob der Strafbefehl förmlich zugestellt sein muss (so Meyer-Goßner § 412 Rn. 2). Nach anderer Ansicht genügt formlose Bekanntgabe (OLG Zweibrücken NStZ 1994, 602).

Ferner muss das Ausbleiben des Angeklagten unentschuldigt sein. Dabei muss das Gericht etwaige Entschuldigungsgründe von Amts wegen beachten, gleichgültig, wie sie dem Gericht bekannt werden. Insbesondere muss es die Akten auf etwaige Entschuldigungsgründe durchsehen (vgl. im einzelnen Meyer-Goßner § 329 Rn. 21–29).

Erscheint der Angeklagte zu Beginn der Hauptverhandlung, ist er aber verhandlungsunfähig, so ist der Einspruch zu verwerfen. Grundsätzlich steht ein verhandlungsunfähiger Angeklagter einem nicht erschienenen gleich (Meyer/Goßner § 329 Rn. 14 und Grundgedanke § 231a StPO). Etwas anderes gilt, wenn die Verhandlungsunfähigkeit erst im Laufe der Verhandlung eintritt. § 412 StPO stellt auf den Zeitpunkt des Beginns der Hauptverhandlung ab. War hier der Angeklagte anwesend und auch verhandlungsfähig, so scheidet eine Verwerfung des Einspruches aus. Eine Verwerfung des Einspruchs kommt auch nicht in Betracht, wenn sich der Angeklagte nach Beginn der Hauptverhandlung unentschuldigt entfernt (BGHSt 23, 232).

Erscheint für den Angeklagten ein Verteidiger § 411 Abs. 2 StPO darf der Einspruch nicht verworfen werden, selbst wenn das Gericht das persönliche Erscheinen angeordnet hat § 236 StPO (Meyer/Goßner § 412 Rn. 5). Zur Begründung wird angeführt, dass § 412 StPO als Ausnahme zu der Vorschrift des § 230 StPO eng auszulegen ist und dass eine dem § 391 Abs. 2 StPO entsprechende Regelung fehlt.

Strittig ist die Frage, wenn der Verteidiger erscheint und erklärt nicht informiert zu sein. Hier ist mit dem BayObLG (BayObLG NStZ 1981, 112) zu differenzieren. Erklärt der Verteidiger, dass er mangels Information nicht auftrete, ist der Einspruch zu verwerfen. Nimmt der Verteidiger aber bei der Feststellung der Personalien des Angeklagten teil und erklärt er erst bei der Verhandlung zur Sache, dass er sich nicht äußern könne, darf der Einspruch nicht verworfen werden. Nachdem sich der Angeklagte nicht zur Sache einlassen muss, gilt dies auch für seinen Verteidiger, der ihn vertritt. Angesichts der eng auszulegenden Vorschrift des § 412 StPO, ist der Gegenansicht unter Hinweis auf die Möglichkeit der Verzögerung des Verfahrens nicht zufolgen (vgl. zur Gegenansicht Meyer/Goßner § 329 StPO Rn. 16).

III. Rechtsmittel gegen das Verwerfungsurteil und Antrag auf Wiedereinsetzung

Gegen das Verwerfungsurteil steht dem Angeklagten Berufung sowie (Sprung-)Revision zu. Allerdings sind die Rechtsmittel nach überwiegender Meinung nur mit der Begründung zulässig, dass die Voraussetzungen für die Verwerfung gefehlt haben. Der BGH (BGH NStZ 2001, 440) hat aber eine Revision mit der Sachrüge für zulässig erachtet, mit der behauptet wird, das Amtsgericht habe ein Verfahrenshindernis nicht beachtet, das bereits bei der Verkündung des Urteils erster Instanz vorgelegen habe (z.B. fehlender Strafantrag oder Verjährung). Diese Entscheidung ist aber vielfach auf Kritik gestoßen (vgl. Meyer/Goßner § 412 Rn. 10). Der Ansicht des BGH dürfte aber zu folgen sein, da Verfahrenshindernisse in jeder Lage des Verfahrens zu beachten sind.

Hat das AG den Einspruch gegen den Strafbefehl zu Unrecht gemäß § 412 S. 1 StPO verworfen, kann das Berufungsgericht die Sache unter Aufhebung des Urteils zur neuen Verhandlung und Entscheidung an das AG zurückverweisen. Diese Möglichkeit besteht weiter, obwohl § 328 Abs. 2 StPO a.F. gestrichen wurde und dies in der Neufassung des § 328 StPO nicht vorgesehen ist (zur Begründung vgl. BGH NStZ 1989, 487).

Nach § 412 StPO, der auf § 329 Abs. 3 StPO verweist, kann der Angeklagte gegen das den Einspruch verwerfende Urteil auch unter den Voraussetzungen der §§ 44ff. StPO die Wiedereinsetzung in den vorigen Stand beantragen.

Beispiel: Gegen A. erging Strafbefehl über 20 Tagessätze zu je 50 € wegen fahrlässiger Körperverletzung. Er legte gegen diesen Strafbefehl Einspruch ein. Die Ladung zum Termin wurde ihm am 3.6.2004 in seiner alten Wohnung für den 24.6.2004 zugestellt. Am 31.3.2004 war jedoch A in eine neue Wohnung umgezogen, ohne dem Gericht seine neue Anschrift mitzuteilen. Zum Termin vom 24.6.2004 erscheint A nicht. Im Termin wird deshalb sein Einspruch verworfen. Welche Möglichkeiten hat A gegen das Urteil vorzugehen?

Wie ausgeführt, kann A gegen das Urteil Berufung oder Revision einlegen, allerdings nur mit der Begründung, dass die Voraussetzungen des § 412 StPO nicht vorgelegen haben. In diesem Fall fehlt es an einer ordnungsgemäßen Ladung. Die Ladung zum Termin vom 24.6.2004 ist in seiner alten Wohnung zugestellt worden. Da A nicht ordnungsgemäß geladen ist, wäre die Berufung oder Revision erfolgreich.

Eine Revisionsrüge mit dem Inhalt, dass der Verteidiger nicht ordnungsgemäß geladen worden ist § 218 StPO, setzt voraus, dass der Revisionsführer Tatsachen vorträgt, aus denen sich ergibt, dass der Verteidiger im Falle seiner Ladung die gerichtliche Entscheidung zu Gunsten des Revisionsführers hätte beeinflussen können (BayObLG NStZ-RR 2001, 374).

Gemäß §§ 412, 329 Abs. 3 StPO hätte A auch Wiedereinsetzung in den vorigen Stand gewährt werden können. Da er nicht ordnungsgemäß geladen wurde, hat er auch den Termin vom 24.6.2004 nicht versäumt. Dennoch sind auch hier die Vorschriften über die Wiedereinsetzung anwendbar. Es sei ein Gebot der Gerechtigkeit, den, der in Wirklichkeit keinen Termin versäumt hat, genauso zu behandeln, wie jemanden, der unverschuldet einen Termin versäumt hat (Meyer/Goßner § 44 Rn. 2).

E. Ablehnung des Antrages auf Erlass eines Strafbefehls durch das Gericht

I. Voraussetzungen für die Ablehnung des Antrages auf Erlass eines Strafbefehls

Zunächst prüft das Amtsgericht, bei dem der Strafbefehlsantrag gestellt wurde, seine Zuständigkeit. Bei fehlender örtlicher Zuständigkeit lehnt es den Strafbefehlsantrag nicht ab, sondern erklärt sich durch Beschluss für unzuständig (Meyer/Goßner § 408 Rn. 2). Das Gleiche gilt bei fehlender sachlicher Zuständigkeit (Meyer/Goßner § 408 Rn. 4).

Im Übrigen lehnt das Amtsgericht den Erlass eines Strafbefehls ab bei Fehlen einer Prozessvoraussetzung oder Vorliegens eines Verfahrenshindernisses. Ferner, wenn aus tatsächlichen oder rechtlichen Gründen der hinreichende Tatverdacht fehlt, § 408 Abs. 2 StPO.

Das Amtsgericht kann auch trotz hinreichenden Tatverdachts in den Fällen des § 408 Abs. 3 StPO den Strafbefehl nicht erlassen und Termin zur Hauptverhandlung anberaumen.

Für diesen Hauptverhandlungstermin gilt § 411 Abs. 2 StPO nicht. Der Angeklagte kann sich in diesem Fall also nicht durch einen Verteidiger vertreten lassen (vgl. im Übrigen zur Regelung des § 411 Abs. 2 StPO Meyer/Goßner § 411 Rn. 4–6).

II. Rechtsmittel gegen die Ablehnung des Erlasses eines Strafbefehls

Diese Ablehnung entspricht in den Voraussetzungen dem § 204 StPO sowie in den Wirkungen den §§ 210, 211 StPO, § 408 Abs. 2 S. 2 StPO. Somit kann die Staatsanwaltschaft sofortige Beschwerde gem. §§ 210 Abs. 2, 311 StPO einlegen, wenn der Strafbefehlsantrag abgelehnt wird.

Das Landgericht kann allerdings auf die Beschwerde der Staatsanwaltschaft hin den beantragten Strafbefehl nicht selbst erlassen. Diese Abweichung von § 309 Abs. 2 StPO, nach der sonst das Beschwerdegericht die Entscheidung selbst trifft, beruht darauf, dass es nur einen Strafbefehl des Amtsgerichts gibt und nicht einen solchen des Landgerichts. Dementsprechend kann auch das Landgericht das Amtsgericht nicht anweisen, den beantragten Strafbefehl zu erlassen. Nach anderer Ansicht hebt das Landgericht die Entscheidung des Amtsgerichts auf und weist es an, Termin zur mündlichen Verhandlung entsprechend § 408 Abs. 3 S. 2 StPO zu bestimmen. Nach herrschender Meinung allerdings hebt das Landgericht nur den Beschluss des Amtsgerichts, keinen Strafbefehl zu erlassen, auf und verweist die Sache zur erneuten Behandlung zurück.

Die weitere Sachbehandlung ist dann dem Strafrichter bzw. Vorsitzenden des Schöffengerichts überlassen. Dieser kann nunmehr den Strafbefehl erlassen, Termin zur Hauptverhandlung anberaumen oder auch das Verfahren gemäß §§ 153 ff. StPO einstellen.

Wird die Ablehnung des Erlasses des Strafbefehls durch Fristablauf oder Verwerfung der Beschwerde rechtskräftig, so tritt beschränkter Strafklagenverbrauch wie bei § 211 StPO ein, § 408 Abs. 2 S. 2 StPO.

8. Teil. Die Berufung in Strafsachen

Inhaltsverzeichnis

I.	Wesen der Berufung	163
II.	Statthaftigkeit	163
III.	Berufungsgericht	164
IV.	Berufungseinlegung	164
	1. Frist und Form	164
	2. Bezeichnung des Rechtsmittels	165
	3. Berufungsbeschränkung	165
V.	Die Berufungsverhandlung	165
VI.	Die Entscheidungsmöglichkeiten im Berufungsverfahren	166
	1. Entscheidungskompetenz des Gerichts des ersten Rechtszuges	166
	2. Entscheidungen des Berufungsgerichts	166
	a) Vor der Hauptverhandlung durch Beschluss	166
	b) Aufgrund einer Hauptverhandlung durch Urteil ohne Sachentscheidung	167
	c) Aufgrund Hauptverhandlung durch Urteil in der Sache selbst	168
	d) Verfahrenseinstellung gem. §§ 153 ff. StPO	169
	3. Die Gründe des Berufungsurteils	169
	4. Die Entscheidung über die Kosten	169

I. Wesen der Berufung

Der Berufungsrechtszug eröffnet eine zweite Tatsacheninstanz. Er führt zu einer vollständigen oder (bei Beschränkung des Rechtsmittels) teilweisen Wiederholung der Überprüfung des Sachverhalts und zu dessen erneuter tatsächlicher und rechtlicher Beurteilung. Es findet damit nicht nur eine Überprüfung des angefochtenen Urteils statt, sondern es wird die Tat i.S.d. § 264 StPO in einem selbständigen Verfahren unter Durchführung einer erneuten Beweisaufnahme wie in erster Instanz zum Gegenstand der Urteilsfindung gemacht. Das bedeutet, dass auch neue Tatsachen und Beweismittel eingeführt werden können, § 323 III StPO.

Allerdings ist das sog. Verschlechterungsverbot des § 331 StPO zu beachten: hat nur der Angeklagte, zu seinen Gunsten die Staatsanwaltschaft oder sein gesetzlicher Vertreter Berufung eingelegt, so darf das angefochtene Urteil im Rechtsfolgenausspruch nicht mehr zum Nachteil des Angeklagten abgeändert werden.

Für eine Überprüfung des erstinstanziellen Verfahrens auf Verfahrensfehler besteht in der Regel keine Notwendigkeit, es sei denn, dass sich diese ausnahmsweise auch auf die Entscheidung des Berufungsgerichts auswirken würden(vgl. Meyer-Goßner 47. Aufl. Rn. 2 Vor § 312)

Beispiele: Fehlen einer wirksamen Anklage oder eines Eröffnungsbeschlusses, Verfahrensfehler bei einer Zeugenvernehmung in erster Instanz, falls diese gem. § 325 StPO verlesen werden soll.

§ 328 II StPO a.F. (durch das Strafverfahrensänderungsgesetz vom 27.1.1987 mit Wirkung vom 1.4.1987 weggefallen) sah dagegen noch eine fakultative Zurückverweisung bei Verfahrensmängeln, die eine Revision begründen würden, vor. Nunmehr jedoch muss das Berufungsgericht grundsätzlich auch dann in der Sache selbst entscheiden, wenn in der 1. Instanz gegen Vorschriften über das Verfahren verstoßen wurde und diese Gesetzesverletzungen relative oder absolute Revisionsgründe darstellen würden (vgl. Meyer-Goßner 47. Aufl § 328 Rn. 4).

Anders ist dies bei **Verstößen gegen die sachliche oder örtliche Zuständigkeit** durch das Erstgericht: Diese führen gemäß § 328 Abs. 2 zur **Aufhebung** des angefochtenen Urteils und **Verweisung** an das zuständige Gericht (vgl. hierzu im einzelnen unter Ziffer VI 2 b).

II. Statthaftigkeit

Mit der Berufung können **Urteile des Strafrichters und des Schöffengerichts** angefochten werden. Daneben besteht wahlweise die Möglichkeit der Sprungrevision nach § 335 Abs. 1 StPO. Treffen Berufung und Sprungrevisionzusammen hat also z.B. der Angeklagte Revision und die Staatsanwaltschaft Berufung eingelegt, so gebührt der Berufung als dem umfassenderen Rechtsmittel der Vorrang, § 335 Abs. 3 StPO.

Eine Einschränkung der Berufungsmöglichkeit folgt aus der durch das Rechtspflegentlastungsgesetz 1993 neu eingefügten Vorschrift des § 313 StPO. Danach ist bei Verurteilungen von geringerem Gewicht die Berufung nicht ohne weiteres statthaft, sondern nur dann zulässig, wenn sie angenommen wird. Die **Berufung** bedarf der **Annahme**, wenn

- der Angeklagte zu einer Geldstrafe von nicht mehr als 15 Tagessätzen verurteilt wurde,
- im Falle einer Verwarnung mit Strafvorbehalt (§ 59 StGB) die vorbehaltene Strafe nicht mehr als 15 Tagessätze beträgt,
- der Angeklagte nur zu einer Geldbuße nach dem OwiG verurteilt wurde oder
- der Angeklagte freigesprochen oder das Verfahren gem. § 260 III StPO eingestellt wurde und die Staatsanwaltschaft eine Geldstrafe von nicht mehr als dreißig Tagessätzen beantragt hatte (die Berufung des *Angeklagten* ist in diesem Fall mangels Beschwer ohnehin unzulässig). Legt die StA dagegen aufgrund neuer Beweismittel, die sich erst nach der Hauptverhandlung herausgestellt haben, Berufung ein, gilt § 313 I S. 2 StPO nicht (anders Meyer-Goßner 47. Aufl. § 313 Rn. 4 a)

Über die Annahme entscheidet das Berufungsgericht durch **unanfechtbaren Beschluss** (§ 322 a StPO).

Die **Annahme** der Berufung ist hierbei auszusprechen, wenn das Rechtsmittel **nicht offensichtlich unbegründet** ist (§ 313 Abs. 2 StPO). Der Begriff „offensichtlich unbegründet" ist der gleiche wie in § 349 II StPO. Stets anzunehmen ist die Berufung bei Ordnungswidrigkeiten unter den Voraussetzungen des § 313 III StPO.

Spricht das Berufungsgericht nicht die Annahme der Berufung aus, wird sie durch Beschluss als unzulässig verworfen, § 313 II 2 StPO.

III. Berufungsgericht

Berufungsgericht ist gem. § 74 Abs. 3 GVG die kleine Strafkammer des im Instanzenzug übergeordneten Landgerichts, gleichgültig ob die Berufung sich gegen ein Urteil des Strafrichters oder des Schöffengerichts richtet. Diese ist mit dem Vorsitzenden und zwei Schöffen besetzt, § 76 Abs. 1 S. 1 GVG. Bei Berufungen gegen Urteile des erweiterten Schöffengerichts (§ 29 Abs. 2 GVG) ist ein weiterer (Berufs-)Richter zuzuziehen (§ 76 Abs. 3 GVG). Damit sind bei Ausgangszuständigkeit des Schöffengerichts Erst- und Berufungsinstanz jeweils gleich besetzt.

IV. Berufungseinlegung

1. Frist und Form

Die Berufung ist binnen Wochenfrist nach Urteilsverkündung beim iudex a quo, also bei dem Gericht, dessen Urteil angefochten wird, zu Protokoll der Geschäftsstelle oder schriftlich einzulegen, § 314 I StPO. Ist das Urteil in Abwesenheit des Angeklagten verkündet worden, etwa in den Fällen des § 232 StPO, so beginnt für diesen die Frist grundsätzlich mit der Zustellung, § 314 II Hs.1 StPO. Seit Inkrafttreten des Justizmodernisierungsgesetzes am 1. 9. 2004 beginnt gem. § 314 II Hs. 2 StPO die Frist trotz Abwesenheit des Angaklagten ausnahmsweise doch schon mit der Verkündung, wenn in den Fällen der §§ 234, 387 I, 411 II 2 und 434 I 1 StPO der Angeklagte bei der Verkündung durch einen mit schriftlicher Vollmacht versehenen Verteidiger vertreten war.

Für die Schriftform lässt die Rechtsprechung auch die Einlegung per Telefax genügen. In einem solchen Fall muss das Telefax die Unterschrift enthalten (Meyer-Goßner 47. Aufl. Einl. Rn. 139 a; str.). Ebenso genügt die elektronische Übertragung eines Computer-Fax mit eingescannter Unterschrift auf ein Telefaxgerät des Gerichts, nicht jedoch eine digitale Signatur. Auch die Einlegung per e-mail entspricht nicht der gesetzlich vorgeschriebenen Form (vgl Meyer-Goßner a.a.O.).

Eine telefonische Einlegung des Rechtsmittels genügt in keinem Fall.

Eine **Begründung** der Berufung ist nicht notwendig, selbstverständlich aber höchst zweckmäßig (§ 317 StPO). Für den Staatsanwalt sehen die Richtlinien (Nr. 156 RiStBV) eine Begründungspflicht vor. Zu den möglichen *Anträgen* vgl. unten Anschnitt VI. „Entscheidungsmöglichkeiten des Berufungsgerichts"

2. Bezeichnung des Rechtsmittels

Aus der Regelung des § 300 StPO ergibt sich, dass die Berufung nicht als solche bezeichnet werden muss. In der Praxis ist es daher auch vielfach üblich, zunächst nur neutral „Rechtsmittel" einzulegen und sich erst nach Zustellung der schriftlichen Urteilsgründe für das Rechtsmittel der Berufung oder der (Sprung-) Revision zu entscheiden. Dies wird wegen der Regelung des § 335 StPO als zulässig angesehen. Erfolgt bis zum Ablauf der Revisionsbegründungsfrist (§ 345 StPO) keine nähere Bezeichnung, so ist davon auszugehen, dass der Rechtsmittelführer die umfassende Überprüfung des Sachverhalts in tatsächlicher und rechtlicher Hinsicht durch das Berufungsgericht und nicht nur die bloße Rechtsüberprüfung durch ein Revisionsgericht anstrebt.

Auch ist es möglich, innerhalb der Frist des § 345 StPO nach Berufungseinlegung zur Revision überzugehen (vgl. BGH NStZ 2004, 220) und umgekehrt. Zu den Einzelheiten vgl. den Teil „Revision in Strafsachen", dort unter A I 5 a) sowie Meyer-Goßner 47. Aufl. § 335 Rn. 9 ff.

3. Berufungsbeschränkung

Nach § 318 StPO kann die Berufung auf bestimmte Beschwerdepunkte beschränkt werden mit der Folge, dass im übrigen Teilrechtskraft eintritt (vgl. § 327 StPO). Eine solche Beschränkung kann allerdings nur dann wirksam sein, wenn der angefochtene Teil des Urteils auch losgelöst vom übrigen Urteilsinhalt selbständig überprüft und rechtlich beurteilt werden kann (sog. Trennbarkeitsformel) und die angefochtenen Urteilsteile mit den unbeanstandet gebliebenen weder miteinander in Wechselwirkung stehen noch sich widersprechen. Sind diese Voraussetzungen nicht erfüllt, so ist damit selbstverständlich nicht die Berufung unzulässig (ein häufig anzutreffender Klausurfehler!), sondern lediglich die Beschränkung gegenstandslos (vgl. hierzu im einzelnen die Ausführungen im Teil „Revision in Strafsachen" unter B I 2 g).

In der Praxis ist die Beschränkung auf den Rechtsfolgenausspruch oder innerhalb des Rechtsfolgenausspruchs (z.B. nur auf die Höhe eines Tagessatzes) am häufigsten. Praktisch bedeutsam ist vor allem auch die isolierte Anfechtung der (Versagung der) Strafaussetzung zur Bewährung (§ 56 StGB). Grundsätzlich wird man eine isolierte Anfechtung der Aussetzungsentscheidung als zulässig ansehen können (vgl. OLG Köln NStZ 89, 90). Problematisch kann eine derartige Beschränkung aber im Falle des Vorliegens sogenannter doppelrelevanter Tatsachen sein, d.h. wenn Gegenstand der Berufung solche Tatsachen und Erwägungen sind, die gleichermaßen für die Aussetzungsentscheidung und für die Strafzumessung im engeren Sinne von Bedeutung sind. Sofern eine innere Abhängigkeit der Aussetzungsentscheidung von der gesamten Straffrage besteht, ist die Beschränkung unzulässig. Eine Beschränkung auf den Rechtsfolgenausspruch kann im Einzelfall auch unwirksam sein, wenn die tatsächlichen Feststellungen in den Urteilsgründen des Erstrichters so lückenhaft und unzureichend sind, dass sie keine hinreichende Grundlage für die Nachprüfung der Rechtsfolgenentscheidung darstellen (vgl. die Nachweise bei Meyer-Goßner 47. Aufl. § 318 Rn. 16).

In jedem Fall aber ist bei der Prüfung der Frage, ob eine (wirksame) Berufungsbeschränkung vorliegt wegen der weitreichenden Folgen (Rechtskraft des Schuldspruchs!) insbesondere bei entsprechenden Erklärungen des (rechtsunkundigen) Angeklagten höchste Vorsicht am Platz. In Zweifelsfällen wird das Berufungsgericht vor der Verhandlung auf eine Klärung drängen müssen. Dies umsomehr, als die Wirksamkeit der Berufungsbeschränkung in einem sich eventuell anschließenden Revisionsverfahren von Amts wegen zu überprüfen ist (vgl. den Teil „Revision in Strafsachen", unter B I 2 e).

V. Die Berufungsverhandlung

Der Gang der Berufungsverhandlung richtet sich nach § 324 StPO und entspricht im wesentlichen dem Verlauf des erstinstanziellen Verfahrens, wie er in § 243 StPO geregelt ist (vgl. hierzu im einzelnen den Teil „Die Hauptverhandlung in Strafsachen" unter C II). An die Stelle der Verlesung des Anklagesatzes tritt im Berufungsverfahren der Vortrag des Vorsitzenden bzw. Berichterstatters über das bisherige Verfahren sowie die Verlesung des Urteils des ersten Rechtszuges, soweit es für die Berufung von Bedeutung ist und die Verfahrensbeteiligten nicht auf die Verlesung verzichten (§ 324 I S. 2 StPO).

Eine wesentliche und in der Praxis sehr wichtige Abweichung vom erstinstanziellen Verfahren enthält § 325 StPO, der in Durchbrechung des Unmittelbarkeitsgrundsatzes (§ 250 StPO) die **Verlesung** von **Vernehmungsniederschriften** aus **dem ersten Rechtszug** regelt. § 325 HS. 1 erweitert indes die Möglichkeit der Verlesung von Schriftstücken zum Zwecke der Beweisaufnahme nicht, sondern regelt für die Berichterstattung gem. § 324 StPO, die gewissermaßen eine Art Freibeweis über den bisherigen Gang des Verfahrens ist und nicht zur Beweisaufnahme im eigentlichen Sinne gehört, die Möglichkeit der Verlesung von Schriftstücken. Insoweit hat die Vorschrift nur klarstellende Funktion (vgl. Meyer-Goßner 47. Aufl. § 325 Rn. 1). Dagegen gestattet § 325 Hs. 2 über den Anwendungsbereich der §§ 251, 253 StPO hinaus und in Durchbrechung des Unmittelbarkeitsgrundsatzes eine Verlesung von Niederschriften über die erstinstanzliche Vernehmung von Zeugen und Sachverständigen

– wenn der Angeklagte und die Staatsanwaltschaft zustimmen **oder**
– eine Ladung des betreffenden Zeugen oder Sachverständigen zur Berufungshauptverhandlung nicht erfolgt ist und eine solche vom Angeklagten auch nicht rechtzeitig beantragt worden ist.

Verlesen werden dürfen nur die nach § 273 II, III StPO protokollierten Niederschriften der Vernehmungen aus der Hauptverhandlung erster Instanz, nicht dagegen Aussageprotokolle über frühere Vernehmungen (also z.B. nicht solche nach § 223 StPO).

Zu beachten ist, dass nach Verlesung einer Zeugenaussage über die **Vereidigung** des Zeugen neu zu entscheiden ist (Meyer-Goßner 47. Aufl. § 325 Rn. 13). Ist der Zeuge in erster Instanz unvereidigt geblieben und nach Auffassung des Berufungsgerichts zu vereidigen, so muss er gleichwohl geladen oder zumindest kommissarisch vernommen und vereidigt werden.

Ganz allgemein gilt, dass die richterliche Aufklärungspflicht gem. § 244 II StPO die Grenze für die Verlesung von Vernehmungsprotokollen zieht. Gibt es z.B. Anhaltspunkte dafür, dass die Protokollierung der Aussage in erster Instanz unvollständig oder nicht zuverlässig ist oder verspricht die erneute persönliche Vernehmung des Zeugen in der Berufungshauptverhandlung bessere oder weitere Aufklärung, darf sich das Gericht nicht mit der Verlesung begnügen. Da es für das Berufungsgericht im Einzelfall nur sehr schwierig zu beurteilen ist, wann es sich auf eine protokollierte Aussage verlassen und auf eine eigene, unmittelbare Beweiserhebung verzichten kann, sollte von der Möglichkeit der Verlesung nur zurückhaltend Gebrauch gemacht werden.

VI. Die Entscheidungsmöglichkeiten im Berufungsverfahren

1. Entscheidungskompetenz des Gerichts des ersten Rechtszuges

Nach § 319 StPO ist eine verfristete Berufung durch das Gericht des ersten Rechtszuges durch Beschluss zu verwerfen. Diese Regelung für das Berufungsverfahren entspricht der des § 346 StPO für das Revisionsverfahren. Die Entscheidung wird beim Schöffengericht durch den Richter am Amtsgericht (Vorsitzender) ohne Beteiligung der Schöffen getroffen, § 30 Abs. 2 GVG. Gegen den verwerfenden Beschluss des Erstrichters kann der Rechtsmittelführer Antrag auf Entscheidung des Berufungsgerichts stellen (§ 319 II StPO), eine weitere Anfechtung scheidet aus (Meyer-Goßner § 319 Rn. 5). Daneben ist gegen die Versäumung der Berufungsfrist auch der Antrag auf Wiedereinsetzung in den vorigen Stand statthaft (§§ 44 ff. StPO), über den ebenfalls das Berufungsgericht entscheidet (Meyer-Goßner § 319 Rn. 7). Zu beachten ist, dass die Entscheidungsbefugnis des Erstrichters nur den Fall der verspäteten Berufung, nicht aber auch sonstige Zulässigkeitsmängel erfasst.

2. Entscheidungen des Berufungsgerichts

a) Vor der Hauptverhandlung durch Beschluss

aa) Liegt ein Fall der Annahmeberufung vor und nimmt die Kammer die Berufung an, so hat sie die Annahme außerhalb der Hauptverhandlung in einer Art „Zwischenentscheidung" durch Beschluss auszusprechen, § 322a S. 3 StPO. Eine Begründung des Beschlusses ist nicht vorgeschrieben, dürfte jedoch zweckmäßig sein. Ähnlich wie beim Eröffnungsbeschluss im Verfahren erster Instanz kann das Gericht den Annahmebeschluss mit der Termins- und Ladungsverfügung verbinden.

bb) Nimmt das Landgericht die Berufung nicht an, so *verwirft* es diese durch zu begründenden Beschluss als *unzulässig*, §§ 313 II S. 2, 322a StPO.

cc) Sind die Vorschriften über die Berufungseinlegung nicht beachtet worden, verwirft die Kammer die Berufung ebenfalls als *unzulässig*, § 322 I S. 1 StPO.

VI. Die Entscheidungsmöglichkeiten im Berufungsverfahren

dd) Nichts anderes als in der ersten Instanz gilt bei Vorliegen eines *Verfahrenshindernisses* (z.B.: Verjährung, Fehlen eines Strafantrages, Strafklageverbrauch): Das Berufungsgericht stellt nach § 206 a StPO das Verfahren außerhalb der Hauptverhandlung durch Beschluss ein.

b) Entscheidung aufgrund einer Hauptverhandlung durch Urteil ohne Sachentscheidung

aa) Wenn Zweifel an der Zulässigkeit erst in der Hauptverhandlung geklärt werden sollten bzw. der Zulässigkeitsmangel erst in der Hauptverhandlung erkannt wird, **verwirft** das Gericht die Berufung **durch Urteil** als **unzulässig**, § 322 I S. 2 StPO.

bb) Abweichend vom Verfahren erster Instanz gelten im Berufungsverfahren **Sonderregeln** für den Fall des **Ausbleibens des Angeklagten**, § 329 StPO. Hat der Angeklagte Berufung eingelegt und ist er in der Hauptverhandlung säumig, wird seine Berufung gem. § 329 I 1 StPO **verworfen**. Voraussetzungen für eine solche Entscheidung sind:

- zulässige Berufung,
- ordnungsgemäße Ladung des Angeklagten unter Hinweis auf die Folgen des Ausbleibens,
- Ausbleiben des Angeklagten zu Beginn der Berufungshauptverhandlung (üblich ist in der Praxis eine Wartefrist von 15 Minuten),
- Nichterscheinen eines Vertreters, wenn das Verfahren ursprünglich durch einen Strafbefehl eingeleitet wurde (§ 411 II 1 StPO gilt auch für die Berufungshauptverhandlung, vgl. Meyer-Goßner § 329 Rn. 15) und
- Fehlen einer genügenden Entschuldigung.

Hat dagegen die Staatsanwaltschaft Berufung eingelegt und ist der Angeklagte säumig, kann gem. § 329 II StPO über deren Berufung auch ohne den Angeklagten verhandelt werden, wenn nicht die Berufung zurückgenommen wird. In diesem Fall ergeht also eine Sachentscheidung (siehe dazu unten c)).

In den Fällen, in denen sowohl der säumige Angeklagte als auch die Staatsanwaltschaft Berufung eingelegt haben, sollte der Sitzungsvertreter der StA im Hinblick auf § 329 III StPO allerdings sehr sorgfältig abwägen, ob er die Berufung der StA schon in der Hauptverhandlung zurücknimmt.

Auch die Berufung des Privat- oder Nebenklägers wird bei deren Säumnis verworfen, §§ 391 III, 401 III StPO.

cc) Bei sich erst in der Hauptverhandlung herausstellenden **Verfahrenshindernissen** (vgl. Meyer-Goßner 47. Aufl. Einl. Rn. 141 ff.) stellt das Gericht das Verfahren grundsätzlich **durch Urteil** ein, § 260 III StPO, soweit nicht wegen des Grundsatzes des Vorranges des Freispruchs im konkreten Fall freizusprechen ist (vgl. Meyer-Goßner 47. Aufl. § 260 Rn. 42 ff.) oder aufgrund der Sonderregel des § 328 II StPO in den Fällen der Unzuständigkeit des Erstgerichts das angefochtene Urteil aufzuheben und die Sache an das zuständige Gericht zurück zu verweisen ist.

dd) Eine **Aufhebung und Zurückverweisung** gem. § 328 II StPO kommt – anders als nach § 328 II a.F. – nur noch dann in Betracht, wenn das Gericht der ersten Instanz seine **Zuständigkeit zu Unrecht angenommen** hat.

§ 328 II StPO erfasst sowohl den Fall der sachlichen als auch örtlichen Unzuständigkeit, nicht aber die funktionelle Unzuständigkeit (Meyer-Goßner 47. Aufl § 328 Rn. 5). Im einzelnen gilt folgendes:

Ob das Erstgericht seine **örtliche Zuständigkeit** zu Recht oder zu Unrecht angenommen hat, prüft das Berufungsgericht von Amts wegen ohne ausdrücklichen Einwand des Angeklagten. Dies gilt allerdings nur dann, wenn er die Unzuständigkeit in der ersten Instanz rechtzeitig gerügt hat, § 16 S. 2 und 3 StPO.

Auch die **sachliche Zuständigkeit** des Erstgerichts (§§ 24, 25, 26, 28 GVG) prüft das Berufungsgericht von Amts wegen, § 6 StPO. Nur dann, wenn in der ersten Instanz ein höheres Gericht zuständig war, das Erstgericht also seine Kompetenz überschritten hat, ist die Aufhebung und Zurückverweisung gem. § 328 II StPO zwingend. Dies wird, da die Rechtsfolgenkompetenz des Strafrichters sich ebenso wie die des Schöffengerichts nach § 24 II GVG bemisst (vgl. Meyer-Goßner § 25 GVG Rn. 4), mithin ebenfalls die Verhängung von Freiheitsstrafen bis zu vier Jahren umfasst, im Wesentlichen nur dann der Fall sein können, wenn der **Strafrichter** ein Verbrechen abgeurteilt hat (vgl. § 25 1. Halbs. GVG:

„bei **Vergehen**"). In einem solchen Fall muss an das Schöffengericht zur erneuten Entscheidung zurückverwiesen werden. Hat dagegen das **Schöffengericht** seine Rechtsfolgenkompetenz überschritten, weil in erster Instanz eigentlich die Große Strafkammer des Landgerichts zuständig war, so wäre eine Zurückverweisung wenig sinnvoll. In einem solchen Fall hebt das Berufungsgericht das amtsgerichtliche Urteil auf und verweist die Sache an die erstinstanzlich zuständige Große Strafkammer. Da die Strafgewalt des Berufungsgerichts nicht weiter geht als die des Amtsgerichts, gilt dies auch dann, wenn sich erst in der Berufungsinstanz ergibt, dass die Rechtsfolgenkompetenz des Amtsgerichts (§ 24 II GVG) zur Ahndung der Tat nicht ausreichen wird (Beispiel: auf die Berufung der Staatsanwaltschaft gelangt das Berufungsgericht zur Überzeugung, dass eine höhere als die vom Erstgericht verhängte Freiheitsstrafe von 4 Jahren schuld- und tatangemessen ist).

Die frühere Rechtsprechung, wonach das Berufungsgericht ohne weiteres als Gericht des ersten Rechtszuges weiterverhandeln durfte, ist durch die Neufassung des § 76 I S. 1 GVG im Rahmen des Rechtspflegeentlastungsgesetzes von 1993 überholt, da Berufungsgericht stets die kleine Strafkammer ist, wohingegen die große Strafkammer ausschließlich in erster Instanz zuständig ist nicht mehr Berufungsgericht sein kann (vgl. auch Meyer-Goßner 47. Aufl. § 328 Rn. 10 und 11).

Hat das Erstgericht seine Kompetenz *unterschritten* (hat also das Schöffengericht statt der Strafrichter entschieden), erfolgt wegen § 269 StPO keine Aufhebung und Zurückverweisung.

ee) Umstritten ist, ob sich seit der Gesetzesänderung durch das StVÄG im Jahr 1987 eine Aufhebung und Zurückverweisung in allen übrigen Fällen verbietet.

Beispiele: Im Strafbefehlsverfahren erscheint der Einspruchsführer nicht zur Hauptverhandlung, sein Einspruch wird daher nach § 412 S. 1 i.V.m. § 329 I StPO ohne Verhandlung zur Sache verworfen. Hiergegen legt der Angeklagte form- und fristgerecht Berufung ein. Das Berufungsgericht gelangt zur Überzeugung, dass die Voraussetzungen des § 412 S. 1 StPO nicht vorlagen. Muss es das Urteil des Amtsgerichts aufheben und selbst in der Sache über den Einspruch entscheiden oder kann hier ausnahmsweise ohne eigene Sachentscheidung zurückverwiesen werden? Der BGH hat letzteres für zulässig gehalten (BGH NJW 1989, 1869), wohl zu Recht, da anderenfalls dem Angeklagten durch den Fehler des Erstgerichts eine Tatsacheninstanz genommen würde (vgl. Meyer-Goßner 47. Aufl. § 328 Rn. 4 und § 412 Rn. 10).

Entsprechendes gilt nach herrschender Meinung auch in dem umgekehrten Fall: Hat das Amtsgericht ein Sachurteil erlassen, anstatt den Einspruch nach § 412 StPO zu verwerfen, hebt das Berufungsgericht das Urteil auf und verweist die Sache an das Amtsgericht zurück (str.; vgl. Meyer-Goßner 47. Aufl. § 412 Rn. 10 m.w.N.). Anders ist dies allerdings, wenn das Amtsgericht zwar nach § 412 StPO den Einspruch gegen den Strafbefehl verworfen, dabei aber die Unzulässigkeit des Einspruchs übersehen hat. In diesem Fall hebt das Landgericht das nach § 412 StPO ergangene Urteil auf und verwirft den Einspruch selbst (Meyer-Goßner 47. Aufl § 412 Rn. 10 a.E.)

c) Entscheidung aufgrund Hauptverhandlung durch Urteil in der Sache selbst

Das Berufungsgericht verwirft die Berufung, wenn diese unbegründet ist. Unbegründet ist sie, wenn die Berufungshauptverhandlung zum selben Ergebnis führt wie die Verhandlung in erster Instanz, das Berufungsgericht mithin im wesentlichen dieselben Feststellungen trifft wie das Erstgericht, diese in rechtlicher Hinsicht gleich würdigt und zum gleichen Rechtsfolgenausspruch gelangt (vgl. KK-Ruß § 328 Rn. 3).

Ist die Berufung dagegen voll begründet, so hebt das Berufungsgericht das angefochtene Urteil auf und trifft eine eigene Sachentscheidung, § 328 Abs. 1 StPO.

Eine nur teilweise Aufhebung mit eigener Entscheidung zur Sache und Verwerfung der Berufung im übrigen erfolgt bei nur teilweise begründetem Rechtsmittel.

Beispiel: Die unbeschränkt eingelegte Berufung des Angeklagten führt lediglich zu einer Milderung im Rechtsfolgenausspruch.

In der Praxis wird in den Fällen der Teilaufhebung häufig im Tenor die Formulierung verwendet, wonach die Berufung verworfen wird, „mit der Maßgabe, dass (es folgt der geänderte Teil des Erstur-

VI. Die Entscheidungsmöglichkeiten im Berufungsverfahren

teils)". Oftmals wird es sich jedoch – insbesondere bei umfangreichen Änderungen – empfehlen, zur Klarstellung das gesamte Urteil aufzuheben und die Urteilsformel insgesamt neu zu fassen (vgl. auch Meyer-Goßner § 328 Rn. 2).

Zu einer Sachentscheidung kann das Berufungsgericht auch gelangen, bei unerlaubtem Ausbleiben des Angeklagten (§ 329 I S. 1 StPO), wenn die Staatsanwaltschaft Berufung eingelegt hat und das Gericht über diese Berufung in Abwesenheit des Angeklagten verhandelt (§ 329 II S. 1 StPO).

Allerdings wird in diesen Fällen das Berufungsgericht abzuwägen haben, ob nicht die Amtsaufklärungspflicht (§ 244 II StPO) oder eine mögliche Änderung des rechtlichen Gesichtspunkts (Hinweispflicht gem. § 265 StPO!) die Anwesenheit des Angeklagten und damit die Anordnung seiner Vorführung oder Verhaftung nach § 329 IV StPO erforderlich macht. Hat auch der Angeklagte Berufung eingelegt, so ergeht zu Beginn der Berufungsverhandlung ein Verwerfungsurteil nach § 329 I S. 1 StPO sowie an deren Ende gesondert ein Urteil über die Berufung der Staatsanwaltschaft, sofern diese nicht zurückgenommen wird (vgl. Meyer-Goßner § 329 Rn. 31).

d) Verfahrenseinstellung gem. §§ 153 ff. StPO

In jeder Lage des Verfahrens kann schließlich – nicht anders als in erster Instanz – auf Antrag oder mit Zustimmung der Staatsanwaltschaft und stets **durch Beschluss** das Verfahren in den Fällen der §§ 153 II, 153a II, 153b II, 154 II, 154a II, 154b IV, 154e II StPO eingestellt werden.

3. Die Gründe des Berufungsurteils

Für Aufbau und Abfassung des Berufungsurteils gelten abweichend vom Inhalt eines Strafurteils erster Instanz einige Besonderheiten. Dies ergibt sich daraus, dass das Gericht nicht nur seine eigene Entscheidung über die angeklagte Tat begründen muss, sondern darüber bereits eine – angefochtene – Entscheidung vorliegt. Das Berufungsgericht muss daher einerseits an das Urteil erster Instanz anknüpfen, darf sich andererseits aber nicht nicht auf bloße Bezugnahmen beschränken.

Die Gründe des Berufungsurteils haben deshalb zunächst Tenor und Gründe des Strafurteils, soweit sie für das Berufungsurteil von Bedeutung sind, wiederzugeben. Als Maßstab für Inhalt und Umfang dient der Bericht des Berichterstatters gem. § 324 StPO. Alsdann folgt der Bericht über den Gang des Verfahrens. Hierzu gehört insbesondere die Darstellung, wer, wann, wie und in welchem Umfang Berufung eingelegt hat, mithin die Darstellung der Tatsachen, die einerseits für die Zulässigkeit des Rechtsmittels relevant sind, andererseits – für den Fall der Berufungsbeschränkung und eine eventuell eingetretene Teilrechtskraft – für die Festlegung des Gegenstands des Berufungsverfahrens. Der weitere Inhalt (tatsächliche Feststellungen, Beweiswürdigung, rechtliche Würdigung, Strafzumessung) entspricht im wesentlichen dem eines Strafurteils erster Instanz.

4. Die Entscheidung über die Kosten

Die Kostenentscheidung ist in § 473 StPO geregelt. Zu beachten ist jedoch, dass § 473 IV StPO bei Teilfreisprüchen nicht zur Anwendung gelangt, sondern insoweit die Regelung des § 467 StPO gilt (Meyer-Goßner § 473 Rn. 25). Führt die unbeschränkte Berufung des Angeklagten zum Freispruch oder zur Verfahrenseinstellung, so gilt ebenfalls § 467 StPO. Bei Aufhebung und Zurückverweisung (nach § 328 II StPO) erfolgt durch das Berufungsgericht keine Kostenentscheidung, diese bleibt vielmehr dem Gericht, an welches zurückverwiesen wurde, vorbehalten.

Zusammenfassende Übersicht: Entscheidungsmöglichkeiten im Berufungsverfahren

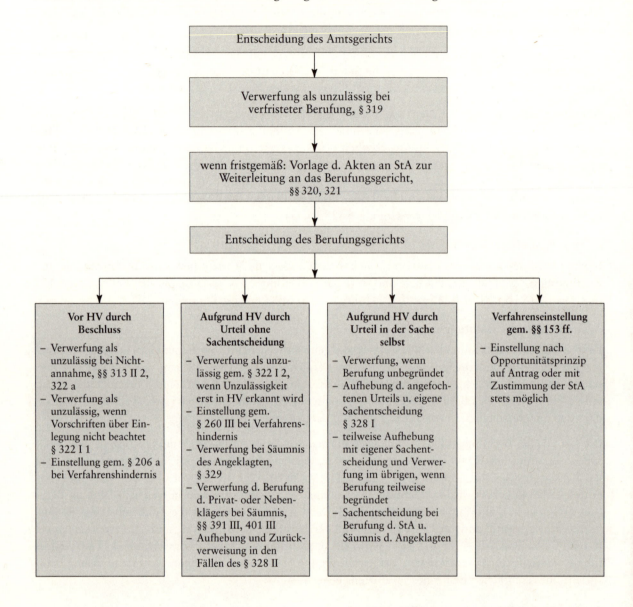

9. Teil. Die Revision in Strafsachen

Inhaltsverzeichnis

A. Die Förmlichkeiten der Revisionseinlegung und -begründung 172
    I. Einlegung der Revision 172
        1. Statthaftigkeit der Revision 172
        2. Revisionsberechtigte 173
            a) Revision der Staatsanwaltschaft 173
            b) Revision des Nebenklägers 173
        3. Beschwer 175
        4. Revisionsgericht 175
        5. Zulässigkeitserfordernisse im engeren Sinn 176
            a) Allgemeines zur Revisionseinlegung 176
            b) Frist 177
            c) Form 177
        6. Verlust der Revisionsberechtigung 178
            a) Verzicht und Rücknahme 178
            b) Beschränkung 178
    II. Die Revisionsbegründung 179
        1. Allgemeines 179
        2. Frist 179
        3. Form 180
        4. Adressat 181
        5. Inhalt 181
            a) Die Revisionsanträge 181
            b) Die Begründung der Anträge 182
        6. Die Bedeutung des Protokolls für die Revisionsrügen 184
B. Die wichtigsten Rügen im einzelnen 185
    I. Verfahrensvoraussetzungen und -hindernisse 185
        1. Einzelheiten zu ihrer Behandlung 185
        2. Die wichtigsten Verfahrensvoraussetzungen 186
            a) Die sachliche Zuständigkeit 186
            b) Der Strafantrag bei Antragsdelikten 186
            c) Die Bejahung des besonderen öffentlichen Interesses 187
            d) Anklage und Eröffnungsbeschluss 187
            e) Wirksame Berufung bei vorausgegangenem Berufungsverfahren 188
            f) Rechtskraft, Teilrechtskraft, anderweitige Rechtshängigkeit 189
            g) Möglichkeiten der Rechtsmittelbeschränkung 189
            h) Die Verjährung 190
            i) Das Verschlechterungsverbot 191
    II. Die sonstigen Verfahrensrügen 192
        1. Absolute und relative Revisionsgründe 192
        2. Einige absolute Revisionsgründe im einzelnen 192
            a) Unvorschriftsmäßige Besetzung des Gerichts 192
            b) Unzuständiges Gericht 192
            c) Vorschriftswidrige Abwesenheit von Verfahrensbeteiligten 192
            d) Verstoß gegen die Öffentlichkeit 193
            e) Fehlen der Urteilsgründe und Fristüberschreitung 193
            f) Unzulässige Beschränkung der Verteidigung 193
        3. Einige relative Revisionsgründe im einzelnen 194
            a) Zeugnis- und Auskunftsverweigerungsrechte 194
            b) Vereidigung 196
            c) Ablehnung von Beweisanträgen 196
            d) Präsente Beweismittel 198
            e) Die Aufklärungsrüge 198
            f) Der Urkundenbeweis 199
            g) Der Vorhalt 200
            h) Der Mündlichkeitsgrundsatz 201
            i) Veränderung des rechtlichen Gesichtspunkts 201
    III. Die Sachrüge 202
        1. Ziel und Anwendungsbereich 202
        2. Unzureichende Sachverhaltsfeststellung des Tatrichters 202
        3. Unzureichende Feststellungen zur Beweiswürdigung 203
        4. Der Verstoß gegen Denkgesetze und Erfahrungssätze 203
        5. Verstoß gegen den Satz „in dubio pro reo" 204

	6. Häufige Fehler bei der Strafzumessung	204
	7. Maßgebliches Recht bei Gesetzesänderungen	206
C.	Aufbauhinweise für die Revisionsklausur	207
	I. Aufgabenstellung 1: Die Erfolgsaussichten der eingelegten und begründeten Revision sind zu erörtern	207
	II. Aufgabenstellung 2: Anfertigung einer Revisionsbegründung	208
	III. Aufgabenstellung 3: Gutachten zur Vorbereitung einer Revisionsbegründung	209
D.	Lösungshinweise zu den Testfragen	210

A. Die Förmlichkeiten der Revisionseinlegung und -begründung

Am zweckmäßigsten ist es, zunächst die für diesen Abschnitt wichtigsten Bestimmungen der StPO durchzulesen: §§ 296–302, 333, 335, 341–346.

I. Die Einlegung der Revision

1. Statthaftigkeit der Revision

Die Revision ist gemäß § 333 StPO gegen die Urteile der Strafkammern sowie gegen Urteile der Oberlandesgerichte (in Bayern **derzeit noch**[1] Bayerisches Oberstes Landesgericht) im ersten Rechtszug gegeben. Dabei ist es für die Statthaftigkeit der Revision, anders als für die Zuständigkeit des Revisionsgerichts, ohne Bedeutung, ob das Landgericht in erster oder zweiter Instanz, ob die große oder kleine Strafkammer entschieden hat. Dies bedeutet, dass in den Sachen, die beim Amtsgericht ihren Ausgang genommen haben, grundsätzlich drei Instanzen zur Verfügung stehen. Ist das Landgericht erste Instanz, stehen insgesamt nur zwei Instanzen zur Verfügung.

In den oben genannten Fällen eines dreigliedrigen Instanzenzuges, also wenn das Amtsgericht erste Instanz war, müssen aber nicht beide Vorinstanzen vor Einlegung der Revision durchlaufen werden. Gemäß § 335 Abs. 1 StPO kann vielmehr ein Urteil des Amtsgerichts (des Strafrichters oder Schöffengerichts) statt mit der Berufung auch sofort mit der Revision angefochten werden; man spricht dann von der wahlweisen Sprungrevision.

Aus diesem Nebeneinander von Berufung und Revision ergeben sich verschiedene Fragen. Legt von mehreren Beteiligten (mehrere Angeklagte, Angeklagter und Staatsanwalt) der eine Berufung und ein anderer Revision gegen dasselbe Urteil ein, dann wird gemäß § 335 Abs. 3 StPO die Revision grundsätzlich als Berufung **behandelt** (es kann sinnvoll nur **ein** Gericht über den gesamten Fall entscheiden und die Berufung geht, da sie eine neue Tatsacheninstanz eröffnet und deshalb das umfassendere Rechtsmittel ist, der Revision vor). Dabei ist es ohne Bedeutung, ob von den verschiedenen Rechtsmittelführern im einzelnen die gleichen Punkte gerügt werden bzw. vom Gericht für jeden Rechtsmittelführer die gleichen Fragen zu entscheiden sind oder nicht.

Umstritten ist, wie in den Fällen der Annahmeberufung (§ 313 StPO) zu verfahren ist. Nach der einen Ansicht muss zunächst Berufung eingelegt werden; denn nur wenn diese angenommen wird, liegt eine zulässige Berufung im Sinne des § 335 Abs. 1 StPO vor, welche erst den Weg zur Sprungrevision frei macht. Die Gegenansicht hält die Sprungrevision auch hier stets für zulässig (zum Meinungsstand vgl. *Meyer-Goßner* § 335 Rn. 21, 22).

Zur Frage einer falschen oder unklaren Bezeichnung des Rechtsmittels siehe unten 5 a.

> **Testfrage 1:**
> Gegen ein Urteil des Strafrichters legt der Angeklagte (Sprung-)Revision, die Staatsanwaltschaft Berufung ein. Muss der Angeklagte bzw. sein Verteidiger das Rechtsmittel begründen?

In **Jugendsachen** gelten gewichtige Ausnahmen. Aus § 55 Abs. 1 JGG ergibt sich eine erhebliche Einschränkung für die Anfechtung von Urteilen, die lediglich auf Erziehungsmaßregeln oder Zuchtmittel lauten oder ihre Auswahl und Anordnung dem Vormundschaftsrichter überlassen. Im wesentlichen

---

[1] Nach dem vom Bayerischen Landtag am 20. Oktober 2004 beschlossenen Gesetz zur Auflösung des Bayerischen Obersten Landesgerichts (BayOblGAuflG) wird dieses mit Wirkung zum 1. Januar 2005 aufgelöst. Ab diesem Zeitpunkt wird die Zuständigkeit für alle Neueingänge auf die nach den allgemeinen Vorschriften zuständigen Gerichte übergehen, wobei für Rechtsbeschwerden in Bußgeldsachen eine zentrale Zuständigkeit des Oberlandesgerichts Bamberg vorgesehen ist (vgl. Art. 11 b BayAGGVG n.F.). Die Altverfahren (Eingang bis einschließlich 31. Dezember 2004) werden noch bis zum 30. Juni 2006 vom Bayerischen Obersten Landesgericht bearbeitet werden.

A. *Die Förmlichkeiten der Revisionseinlegung und -begründung* 173

kann der Verurteilte hier nur mit dem Ziele der Freisprechung, der Staatsanwalt nur mit dem Ziele der Bestrafung Rechtsmittel einlegen.

Hat eine Seite (der Angeklagte, der Erziehungsberechtigte, der gesetzliche Vertreter einerseits oder der Staatsanwalt andererseits) Berufung eingelegt, können sie das Berufungsurteil nicht mehr mit der Revision anfechten (§ 55 Abs. 2 JGG). Dies gilt jedoch nicht, wenn der Angeklagte durch die Berufungsentscheidung in einem Punkt erstmals beschwert ist (BayObLGSt 1972, 274).

Soll ein Urteil nur im Hinblick auf eine bewilligte oder versagte Strafaussetzung zur Bewährung angefochten werden, ist nach § 59 Abs. 1 JGG die sofortige Beschwerde das zulässige Rechtsmittel; über diese sofortige Beschwerde entscheidet nach § 59 Abs. 5 JGG dann das Revisionsgericht, wenn gleichzeitig auch Revision gegen das Urteil eingelegt wurde.

2. Revisionsberechtigte

Gemäß § 296 Abs. 1 StPO kann sowohl die Staatsanwaltschaft als auch der Angeklagte Revision gegen das Urteil einlegen. Für letzteren kann nach § 297 StPO auch der Verteidiger und bei gesetzlicher Vertretung gegebenenfalls auch der gesetzliche Vertreter nach § 298 StPO das Rechtsmittel ergreifen. Schließlich steht auch dem Erziehungsberechtigten, der nicht der gesetzliche Vertreter ist, nach § 67 Abs. 3 JGG jedes Rechtsmittel für den Jugendlichen zu.

Eine wichtige Anfechtungsmöglichkeit ergibt sich zudem aus der Verfahrensbeteiligung von Privatklägern oder Nebenklägern für diese Personengruppen.

a) Die Revision der Staatsanwaltschaft

Für die Revision der Staatsanwaltschaft ist keine Beschwer (hierzu siehe im übrigen unten 3) erforderlich. Man kann auch sagen, die Staatsanwaltschaft als zur Objektivität verpflichtete Behörde ist durch jeden Rechtsfehler „beschwert", selbst wenn das Urteil dem Antrag des Sitzungsvertreters genau entsprochen hat. Die Staatsanwaltschaft kann auch zugunsten des Angeklagten Rechtsmittel einlegen (§§ 296 Abs. 2, 358 Abs. 2 S. 1 StPO), auch kann sie in Privatklagesachen erst nach Erlass eines Urteils zum Zwecke der Revisionseinlegung die Sache an sich ziehen (§ 377 Abs. 2 StPO). Auch wenn die Staatsanwaltschaft nicht erkennbar zugunsten des Angeklagten Revision eingelegt hat, kann das Urteil dennoch zu dessen Gunsten abgeändert werden (§ 301 StPO). Hat aber die Staatsanwaltschaft zugunsten des Angeklagten Revision eingelegt, dann darf das Urteil für den Angeklagten im Strafausspruch nicht verschlechtert werden (§ 358 Abs. 2 S. 1 StPO). Im übrigen kann der Staatsanwalt, der zu Ungunsten des Angeklagten Revision eingelegt hat, sich für seine Revision nicht auf eine Verletzung von Verfahrensvorschriften stützen, die allein zugunsten des Angeklagten bestehen (§ 339 StPO, vgl. hierzu Meyer-Goßner § 339 Rn. 3).

b) Die Revision des Nebenklägers

Die Beteiligung von Nebenklägern am Strafverfahren ist ein häufiges Prüfungsthema. Deshalb sollen hier ohne Rücksicht auf Überschneidungen mit anderen Fragekomplexen einige immer wiederkehrende Fragen aus dem Recht der Nebenklage im Zusammenhang behandelt werden. Lesen Sie zunächst die §§ 395 396, 400, 401 StPO.

Das Recht der Nebenklage hat in neuerer Zeit, zuletzt durch das Opferrechtsreformgesetz vom 24. Juni 2004, eine Reihe von Modifikationen erfahren. Der zum Anschluss als Nebenkläger berechtigte Personenkreis ist durch die diversen Neufassungen des § 395 StPO neu definiert worden. Soweit in Abs. 2 Nr. 2 dieser Vorschrift wie nach früherem Recht weiterhin an die Privatklageberechtigung (§ 374 Abs. 1 Nr. 7 und 8 StPO) angeknüpft wird, ist es entsprechend der Rechtsprechung zu § 395 StPO a.F. unschädlich, wenn das Privatklagedelikt mit einem Offizialdelikt in Gesetzes- oder Idealkonkurrenz zusammentrifft (BGHSt 29, 218). Zu beachten ist, dass in Verfahren gegen Jugendliche eine Nebenklage nicht möglich ist (§ 80 Abs. 3 JGG), wohl aber in Verfahren gegen Heranwachsende, und zwar auch dann, wenn Jugendstrafrecht zur Anwendung gelangt (§ 109 Abs. 2 JGG).

Eine Reihe von Nebenklagedelikten sind gleichzeitig auch Antragsdelikte. Die nach früherem Recht bestehende Streitfrage, ob in diesen Fällen der Nebenkläger stets **selbst** den Strafantrag rechtzeitig gestellt haben muss (nicht ausreichend: Antrag eines anderen Antragsberechtigten, Bejahung des besonderen öffentlichen Interesses durch die Staatsanwaltschaft) dürfte sich weitgehend erledigt haben, da nunmehr in Abs. 1, Abs. 2 Nr. 1 sowie Abs. 3 dieser Norm allein auf die Verletzteneigenschaft abgestellt wird. Lediglich im Rahmen des § 395 Abs. 2 Nr. 2 StPO wird weiterhin zu berücksichtigen sein, dass die Privatklageberechtigung nach herrschender Meinung voraussetzt, dass der **Privatkläger** (Nebenkläger) den erforderlichen Strafantrag rechtzeitig gestellt hat (vgl. zum Ganzen Meyer-Goßner § 395 Rn. 5).

Der Anschluss als Nebenkläger geschieht gem. § 396 Abs. 1 StPO durch schriftliche Erklärung gegenüber dem Gericht und kann in jeder Lage des Verfahrens (§ 395 Abs. 4 StPO) erfolgen. Das Gericht entscheidet zwar gem. § 396 Abs. 2 StPO über die Anschlussberechtigung, nach herrschender Meinung hat der Zulassungsbeschluss aber nur deklaratorische (feststellende) Bedeutung. Daher kann ein nicht zur Nebenklage Berechtigter auch durch gerichtliche Zulassung kein Nebenkläger werden (vgl. hierzu BGHSt 41, 288, 289; BGH NStZ-RR 2001, 135). Andererseits kann jedoch der Nebenkläger nur nach erfolgter Zulassung die Prozesshandlungen eines Nebenklägers (vgl. § 397 Abs. 1 StPO) auch tatsächlich vornehmen. Gegen den zurückweisenden Beschluss steht dem Nebenkläger (und auch der Staatsanwaltschaft) die einfache Beschwerde zu (Ausnahme: § 396 Abs. 2 S. 2 i.V.m. § 395 Abs. 3 StPO), daneben kann der Nebenkläger auch Rechtsmittel gegen das ergangene Urteil einlegen und mit diesem Rechtsmittel seine Anschlusserklärung wiederholen; es entscheidet dann das Rechtsmittelgericht über die Zulassung. Wird die Nebenklage zugelassen, so kann die vom Nebenkläger eingelegte und auf die Verweigerung der Zulassung gestützte Revision schon aus diesem Grund Erfolg haben, wenn das Urteil auf diesen Mangel beruht. Umgekehrt prüft das Revisionsgericht bei einem Rechtsmittel des Nebenklägers dessen Nebenklageberechtigung stets von Amts wegen als Zulässigkeitsvoraussetzung des Rechtsmittels nach (Meyer-Goßner § 396 Rn. 20).

Der Nebenkläger kann sich nur bis zur Rechtskraft eines Urteils anschließen, und zwar unabhängig davon, ob er selbst noch zur Einlegung eines Rechtsmittels befugt ist (vgl. BGH NStZ-RR 2002, 361). In der Einlegung eines Rechtsmittels durch den bis dahin noch nicht beteiligten Nebenkläger liegt die erforderliche Anschlusserklärung (vgl. § 395 Abs. 4 S. 2 StPO). Ist jedoch das Urteil für die übrigen Beteiligten bereits rechtskräftig geworden, dann besteht für den Nebenkläger diese Möglichkeit der Anschlusserklärung und Rechtsmitteleinlegung nicht mehr; ihm kann auch nicht auf dem Weg über die Wiedereinsetzung in den vorigen Stand geholfen werden. Der Nebenkläger hat dann nicht etwa eine für ihn laufende Rechtsmittelfrist versäumt, wogegen Wiedereinsetzung möglich wäre, vielmehr hat er es versäumt, sich überhaupt einem noch offenen Verfahren anzuschließen. Aus den gleichen Gründen kann der Nebenkläger, der sich dem früheren Verfahren nicht angeschlossen hatte, später auch nicht etwa die Wiederaufnahme des Verfahrens betreiben (sich sehr wohl aber einem auf Wiederaufnahmeantrag eines anderen Prozessbeteiligten neu eröffneten Verfahren anschließen). Das Nebenklagerecht bezieht sich nur auf das betreffende Nebenklagedelikt. Der Nebenkläger kann also seine Zulassung und dementsprechend auch ein etwaiges Rechtsmittel nur auf das – wenn auch vielleicht tateinheitlich mit anderen Straftatbeständen zusammentreffende – Nebenklagedelikt stützen. Er kann somit ein Urteil nicht mit dem Ziel anfechten, dass der Angeklagte wegen einer Gesetzesverletzung verurteilt wird, die nicht zum Anschluss als Nebenkläger berechtigt (§ 400 Abs. 1 2. Alt. StPO).

Eine andere Frage ist, wie weit die Prüfungspflicht des Revisionsgerichts bei einer zulässigen Nebenklägerrevision reicht. Nach der Rechtsprechung des Bundesgerichtshofs erstreckt sich diese nur auf die richtige Anwendung der Vorschriften über das Nebenklagedelikt, und zwar auch dann, wenn dieses mit einem nicht zur Nebenklage berechtigenden Delikt in Tateinheit steht oder – bei Nichtverurteilung wegen des Nebenklagedeliktes – stehen würde (BGHSt 43, 15; vgl. auch BGH NStZ-RR 2003, 102). Führt indessen die Revision des Nebenklägers zur Aufhebung des Urteils und Zurückverweisung an die Vorinstanz, dann hat der neue Tatrichter alle in Tateinheit mit dem Nebenklagedelikt stehende Delikte wiederum zu prüfen (BGHSt 39, 390, 391).

Eine gewichtige Einschränkung des Anfechtungsrechtes des Nebenklägers beinhaltet die Regelung des § 400 Abs. 1 1. Alt. StPO: Er kann nicht Rechtsmittel mit dem Ziel einlegen, dass eine **andere Rechtsfolge** der Tat verhängt wird. Unzulässig ist hierbei nicht nur die ausdrücklich auf den Rechtsfolgenausspruch beschränkte Revision, sondern auch das in vollem Umfang eingelegte Rechtsmittel, wenn sich aus der Begründung ergibt, dass der Nebenkläger tatsächlich nur eine Änderung der Rechtsfolgen anstrebt oder er sich lediglich gegen den festgestellten Schuldumfang wenden will (zur einschlägigen umfangreichen Judikatur vgl. Meyer-Goßner § 400 Rn 3). Nichts anderes gilt, wenn nur die unausge-

A. Die Förmlichkeiten der Revisionseinlegung und -begründung

führte Sachrüge erhoben wird und das Ziel der Nebenklägerrevision unklar bleibt (BGH NStZ 1997, 97).

Kann der Angeklagte seine Revision darauf stützen, dass das Gericht zu Unrecht einen Nebenkläger zugelassen habe? Nach umstrittener Meinung ist dies in der Regel mit der Begründung abzulehnen, dass das Urteil auf dem bei fehlerhafter Zulassung des Nebenklägers sicherlich vorliegenden Verfahrensverstoß nicht beruht (§ 337 Abs. 1 StPO), weil das Gericht alle Anregungen des Nebenklägers, soweit sie für das Urteil von Bedeutung sind, auch von Amts wegen auf Grund seiner Aufklärungspflicht hätte aufgreifen müssen (vgl. zum Meinungsstand Meyer-Goßner § 396 Rn. 21).

> **Testfrage 2:**
> Der Angeklagte ist unter Freisprechung im Übrigen wegen eines Vergehens des (einfachen) Diebstahls verurteilt worden. Der Eröffnungsbeschluss bezog sich darüber hinaus noch auf ein dazu in Tatmehrheit stehendes Vergehen der Nötigung und vorsätzlichen Körperverletzung, diese beiden in Tateinheit. Der zugelassene Nebenkläger hat Revision eingelegt. Muss der Angeklagte, der aus den schriftlichen Urteilsgründen die Feststellungen eines Vergehens des Diebstahls in einem schweren Fall herauslesen zu können glaubt, befürchten, auf die Revision hin möglicherweise aus dem Strafrahmen des § 243 StGB bestraft zu werden oder sonst „schlechter wegzukommen"? Darf er umgekehrt vielleicht sogar Hoffnung haben, sich zu verbessern?

3. Beschwer

Der Beschwerdeführer muss durch die angefochtene Entscheidung beschwert sein (vgl. hierzu im einzelnen Meyer-Goßner vor § 296 Rn. 8 ff.). Die Beschwer muss aber im Entscheidungssatz selbst (im Urteilstenor) liegen, irgendwelche dem Beschwerdeführer unangenehme Ausführungen der Urteilsgründe reichen hierzu nicht aus. Deshalb kann ein wegen einer krankhaften seelischen Störung (§ 20 StGB) freigesprochener Angeklagter nicht gegen diese ihn sicherlich sehr schwer treffenden Urteilsfeststellungen vorgehen (dafür ist eben die Revision nicht geschaffen). Ähnlich verhält es sich mit einem Freispruch nur mangels Beweises statt wegen erwiesener Unschuld. Allerdings genügt eine Beschwer auch in einem Nebenpunkt: Einziehung, Verfall usw., wobei sich die Revision dann aber auch nur auf diesen Nebenpunkt beziehen kann. Eine Beschwer ist auch bei der Straffreiheitserklärung gem. § 199 StGB oder bei Absehen von Strafe in Fällen wie §§ 157 Abs. 2, 158 Abs. 1 StGB zu bejahen (weil hier immerhin ein Schuldausspruch vorliegt).

Für die Revision des Staatsanwalts ist eine Beschwer nicht erforderlich (siehe oben 2 a). Zur Beschwer des Nebenklägers ist bereits oben 2 b das Erforderliche gesagt.

4. Das zur Entscheidung über die Revision zuständige Gericht

Lesen Sie zunächst §§ 121, 135 GVG, 9 EGGVG, Art. 11 BayAGGVG[2].

Nach § 341 StPO ist die Revision beim judex a quo, d.h. bei dem Gericht, dessen Urteil angefochten wird, einzulegen. Dieses verwirft bei Vorliegen der Voraussetzungen des § 346 Abs. 1 StPO das Rechtsmittel als unzulässig, anderenfalls übersendet die Staatsanwaltschaft nach § 347 Abs. 2 StPO die Akten an das Revisionsgericht, und zwar selbstverständlich an das tatsächlich zuständige und nicht etwa an ein vom Revisionsführer bezeichnetes (unzuständiges) Gericht. Eine falsche Bezeichnung des zuständigen Revisionsgerichts in der Revisionseinlegungs- oder in der Revisionsbegründungsschrift ist deshalb unschädlich, wenn nur zutreffend an das zuletzt erkennende Gericht adressiert wurde. Auch der Examenskandidat hat, falls er nach dem Aufgabentext eine Revision einzulegen oder (und) zu begründen hat, an den judex a quo zu adressieren.

Nach § 135 GVG entscheidet der Bundesgerichtshof über die Revision gegen Urteile der Oberlandesgerichte (Bayer. Oberstes Landesgericht) in erster Instanz und gegen erstinstanzielle Urteile der Strafkammer. Nach § 121 GVG entscheidet außerhalb Bayerns das Oberlandesgericht, in Bayern nach der obengenannten Vorschriften des BayAGGVG das Bayerische Oberste Landesgericht über die Revisionen in allen anderen Fällen (also bei Revisionen gegen Urteile des Amtsgerichts und gegen **Berufungsurteile des Landgerichts**). Ausnahmsweise entscheidet das Oberlandesgericht (Bayer. Oberstes Landes-

---

[2] Zu der dort vorgesehenen Zuständigkeit des Bay. Obersten Landesgerichts vgl. oben Fußnote 1.

gericht) auch über die Revision gegen ein Urteil der Strafkammer in erster Instanz, wenn nur Verletzung des Landesrechts gerügt wird (§ 121 Abs. 1 Nr. 1c GVG).

Im Zusammenhang sollen hier auch die Zuständigkeitsfragen für die der Revisionsinstanz vorausgehenden Rechtszüge behandelt werden: lesen Sie bitte die §§ 24, 25, 26, 28, 74 Abs. 2, 76 GVG und beachten Sie insbesondere die durch das Rechtspflegeentlastungsgesetz 1993 verursachten Änderungen! Hieraus ergibt sich in Verbindung mit dem oben I 1. Gesagten (wiederholen Sie dort zunächst) folgender Instanzenzug in Strafsachen, den Sie sich unbedingt einprägen sollten:

1. Instanz	2. Instanz (Berufung)	3. Instanz (Revision)
Amtsgericht – Strafrichter	Landgericht – Kleine Strafkammer	Oberlandesgericht bzw. Bayer. Oberstes Landesgericht
Amtsgericht – Schöffengericht	Landgericht – Kleine Strafkammer	Oberlandesgericht bzw. Bayer. Oberstes Landesgericht
Landgericht – Große Strafkammer als 1. Instanz		Bundesgerichtshof
Oberlandesgericht bzw. BayObLG als 1. Instanz (§ 120 GVG)		

Eine besondere Zuständigkeit des BGH ist nach § 121 Abs. 2 GVG in den Fällen gegeben, in denen ein an sich zuständiges Oberlandesgericht (Bay. Oberstes Landesgericht) von einer Entscheidung des BGH oder eines anderen Oberlandesgerichts abweichen will. Nach § 132 Abs. 2 und 4 GVG entscheidet weiter der Große Senat für Strafsachen des BGH, wenn ein Strafsenat des BGH in einer Rechtsfrage von der Entscheidung eines anderen Senats abweichen will oder es sich um eine Rechtsfrage von grundlegender Bedeutung handelt. (vgl. hierzu den Fall aus der Praxis unten zu Ziffer I 6 a).

> **Testfrage 3:**
> a) Kann die Revision gegen ein Urteil des Schöffengerichts an den BGH gehen?
> b) Welches Gericht war 1. Instanz, wenn dem Bayerischen Obersten Landesgericht eine Revision gegen ein Urteil der kleinen Strafkammer vorliegt?
> c) Gibt es ein Gericht, das in gleicher Besetzung sowohl für erstinstanzielle als auch für zweitinstanzielle Sachen zuständig ist?

5. Die Zulässigkeitserfordernisse im engeren Sinne

a) Allgemeines zur Revisionseinlegung

Die Einlegung der Revision, die von der später zu behandelnden Revisionsbegründung streng zu unterscheiden ist, geschieht nach § 341 Abs. 1 StPO zu Protokoll der Geschäftsstelle des Gerichts (a quo) oder schriftlich. Hierzu (anders als bei der Revisionsbegründung, § 345 Abs. 2 StPO) bedarf der Angeklagte also nicht der Mithilfe seines Verteidigers oder eines Rechtsanwalts. Dabei muss die Anfechtung eindeutig und unbedingt erklärt werden. Zumindest riskant ist daher z.B. die Erklärung, das Urteil werde „vorsorglich" angefochten. Allerdings braucht, wenn sowohl die Berufung als auch Revision möglich ist (§ 335 StPO), bei der **Einlegung** des Rechtsmittels die Wahl noch nicht getroffen zu werden. Die Wahl muss dann aber später innerhalb der Revisionsbegründungsfrist nachgeholt werden. Dies hat nichts mit einer unzulässigen Bedingung zu tun, vielmehr wird in diesen Fällen das Urteil unbedingt angefochten, lediglich die Art der Anfechtung bleibt noch offen. Vielfach empfiehlt sich für den Praktiker, ein Urteil (des Strafrichters oder Schöffengerichts) zunächst nur allgemein „anzufechten", weil oft erst beim Vorliegen der Urteilsgründe die Erfolgschancen des einen oder anderen Rechtsmittels gegeneinander abgewogen werden können. Im Zweifel empfiehlt sich selbstverständlich die Berufung, weil sie eine umfassendere Nachprüfung ermöglicht und nicht die Gefahr in sich birgt, dass ein im Ergebnis falsches Urteil mangels durchgreifender Revisionsgründe aufrechterhalten bleibt (das Berufungsgericht kann den Sachverhalt neu feststellen, das Revisionsgericht nicht). Geht innerhalb offener Revisionsbegründungsfrist keine oder eine dem § 344 StPO nicht genügende Erklärung ein, so wird das Rechtsmittel als Berufung behandelt. Auch wenn das Urteil nicht nur schlechthin angefochten wurde, sondern wenn ein bestimmtes Rechtsmittel ausdrücklich gewählt wurde, kann innerhalb offener Revisionsbegründungsfrist von einem zum anderen Rechtsmittel übergegangen werden (vgl. hierzu Meyer-Goßner § 335 Rn. 9–12).

Ein Irrtum in der Bezeichnung des Rechtsmittels ist nach § 300 StPO unschädlich. Vielen Laien, gar nicht so selten aber auch „rechtskundigen" Personen, sind die feinen Unterschiede der einzelnen Rechtsmittel und Rechtsbehelfe unbekannt. Dann gilt im Zweifel das zulässige Rechtsmittel als eingelegt.

Bei mehreren zulässigen Rechtsmitteln ist der Wille des Beschwerdeführers durch Auslegung zu ermitteln, wobei das Rechtsmittel so zu deuten ist, dass der erstrebte Erfolg möglichst erreichbar ist. In Zweifelsfällen ist zweckmäßigerweise eine Erläuterung durch den Beschwerdeführer einzuholen (vgl. BGHSt 2, 63, 67).

b) Frist

Die Einlegungsfrist beträgt eine Woche, beginnend grundsätzlich mit dem Tag der Verkündung (Ausnahme: § 341 Abs. 2 StPO). Die Wochenfrist wird nach § 43 StPO berechnet, dessen komplizierte Ausdrucksweise nichts anderes bedeutet, als dass am Mittwoch spätestens die Revision bei Gericht eingehen muss, wenn das Urteil am Mittwoch der vorausgehenden Woche verkündet worden war. Jeder Strafrichter kennt aus verständlichen Gründen „seinen" Stichtag für die Revision (der dem Sitzungstag entspricht) genau! Die seltsame Neigung vieler Referendare, in obigem Beispiel auf den Donnerstag zu kommen, ist wohl nur aus § 42 StPO und der meist in den Kommentaren enthaltenen Feststellung zu erklären, dass auch bei § 43 StPO der Anfangstag nicht mitzähle. Das ist auch zutreffend, bloß führt das im Beispiel nicht zum Donnerstag, wie man vielleicht vorschnell annehmen möchte, denn zwischen **Donnerstag** früh und Mittwochabend liegt eine Woche, der erste Mittwoch ist also tatsächlich nicht mitgerechnet. Das Entsprechende gilt, wenn das Datum des Wochentags bekannt ist (Urteilsverkündung 7.2., letzter Revisionseinlegungstag 14.2.).

Wird die Revision beim unzuständigen Gericht, etwa beim Revisionsgericht eingelegt, so hängt die Rechtzeitigkeit davon ab, ob das Schriftstück nach Weiterleitung an das zuständige Gericht dort noch rechtzeitig eingeht. Die Rechtsprechung lässt es aber auch teilweise genügen, wenn das zuständige Gericht von dem Eingang des Rechtsmittels fernmündlich unterrichtet wird und darüber einen schriftlichen Aktenvermerk aufnimmt (zur Berufung vgl. OLG Zweibrücken NJW 1982, 1008; zum Meinungsstand: Meyer-Goßner vor § 42 Rn. 16).

Testfrage 4:
Das Urteil des Gerichts ist am 26.9., einem Dienstag, erlassen.
Wann endet die Revisionseinlegungsfrist?

c) Form

– Die Einlegung zu Protokoll der Geschäftsstelle
Nur zu Protokoll der Geschäftsstelle des zuständigen Gerichts (a quo); anderenfalls ist zwar die Protokollierung nicht unwirksam, die Einlegungsfrist ist aber nur gewahrt, wenn das Protokoll innerhalb der Frist dem zuständigen Gericht zugeht. Lediglich der nicht auf freiem Fuß befindliche Angeklagte kann auch zu Protokoll der Geschäftsstelle des Amtsgerichts, in dessen Bezirk der Verwahrungsort liegt, wirksam Rechtsmittel einlegen, § 299 StPO.

– Die schriftliche Einlegung
Zur Schriftform gehört, dass aus dem Schriftstück der Inhalt der Erklärung, die abgegeben werden soll, und die Person, von der sie ausgeht, schon im Zeitpunkt des Eingangs bei Gericht hinreichen zuverlässig entnommen werden können (GmS-OGB NJW 1980, 172, 174; BGH NStZ 2002, 558). Eine handschriftliche Unterzeichnung ist nicht unbedingt erforderlich, allerdings muss feststehen, dass es sich nicht um einen Entwurf handelt, sondern dass das Schriftstück mit Wissen und Willen des Berechtigten dem Gericht zugeleitet worden ist. Die Revision kann daher auch durch Telegramm, Fernschreiben, Telebrief oder Telefax eingelegt werden (zu den Einzelheiten vgl. Meyer-Goßner Einl.

Rn. 139, 139 a und vor § 42 Rn. 18, 19). Eine telefonische Erklärung gegenüber der Empfangsbehörde genügt jedoch weder der Schriftform, noch stellt sie eine Rechtsmitteleinlegung zu Protokoll der Geschäftsstelle dar (BGHSt 30, 64, 69).

Die früher strittige Frage, ob dem Schriftlichkeitserfordernis auch die elektronische Übertragung einer Textdatei mit eingescannter Unterschrift (sog. Computerfax) genügt, bei welchem – anders als etwa bei der Übermittlung per Telefax – ein handschriftlich unterzeichnetes Original nicht existiert, ist zwischenzeitlich geklärt: Der Gemeinsamen Senat der obersten Gerichtshöfe des Bundes hat auf Vorlage des XI. Zivilsenats des BGH die Wirksamkeit bejaht (NJW 2000, 2340). Eine Rechtsmitteleinlegung per e-mail dürfte hingegen ausscheiden, da mangels handschriftlicher Unterzeichnung eine verlässliche Zuordnung an einen bestimmten Absender nicht gewährleistet ist.

6. Verlust der Revisionsberechtigung durch Verzicht, Rücknahme oder Beschränkung

a) Verzicht und Rücknahme

Lesen Sie zunächst § 302 StPO.

Ein Revisionsberechtigter kann auf sein Rechtsmittel ganz oder teilweise verzichten, er kann ein eingelegtes Rechtsmittel ganz oder teilweise wieder zurücknehmen. Häufig führen in diesem Zusammenhang die von einem rechtsunkundigen Angeklagten abgegebenen Erklärungen zu Auslegungsschwierigkeiten. Der Verzichtswille muss zweifelsfrei feststehen.

Der Verteidiger bedarf für die Rücknahme und den Verzicht einer besonderen Ermächtigung des Angeklagten (§ 302 Abs. 2 StPO). Die bei Übernahme des Mandats erteilte allgemeine Prozessvollmacht genügt im allgemeinen nicht (vgl. Meyer-Goßner § 302 Rn. 32).

Umstritten ist derzeit die Frage der Zulässigkeit und Wirksamkeit eines Rechtsmittelverzichts im Zusammenhang mit sog. **Urteilsabsprachen** (zur Zulässigkeit einer Verständigung in Strafsachen und zu den hierbei einzuhaltenden Voraussetzungen vgl. grundlegend BGHSt 43, 195 ff.). Bereits nach der früheren Rspr. des 4. Strafsenats des BGH war die Vereinbarung eines Rechtsmittelverzichts mit dem Angeklagten vor der Urteilsverkündung unwirksam (BGH a.a.O. S. 204/205; vgl. auch BGHSt 45, 227). Dem hat sich der 3. Strafsenat nunmehr ausdrücklich angeschlossen und darüber hinaus die Auffassung vertreten, dass damit auch die **Erklärung** des Angeklagten auf Rechtsmittel zu verzichten **unwirksam** ist, wenn ihr eine Urteilsabsprache vorausgegangen ist, in der unzulässigerweise ein Rechtsmittelverzicht versprochen worden ist. Dies gelte auch dann, wenn zwar im Rahmen der Absprache die Vereinbarung eines Rechtsmittelverzichts nicht (ausdrücklich) stattgefunden, das Gericht nach Urteilsverkündung aber auf eine entsprechende Erklärung des Angeklagten hingewirkt hat. Er hat bei den übrigen Strafsenaten gemäß § 132 Abs. 3 S. 1 GVG angefragt, ob an entgegenstehender Rechtsprechung festgehalten wird (vgl. Anfragebeschluss vom 24. Juli 2003 = NJW 2003, 3426). Nachdem der 1. und 2. Strafsenat (vgl. die in NStZ 2004, 164 und NJW 2004, 1336 abgedruckten Antwortbeschlüsse) mitgeteilt haben, dass sie an ihrer entgegenstehenden Rechtsprechung zur Wirksamkeit eines unzulässigerweise vereinbarten Rechtsmittelverzichts (vgl. etwa BGH NStZ 1997, 611; 2000, 386; NStZ-RR 2001, 334; 2002, 114) festhalten, hat der 3. Strafsenat mit Beschluss vom 15. Juni 2004 die Rechtsfrage dem Großen Senat für Strafsachen nach § 132 Abs. 2 und 4 GVG zur Entscheidung vorgelegt. Eine Entscheidung des Großen Senats stand zum Zeitpunkt der Drucklegung noch aus.

Die Unwirksamkeit einer Verzichts- oder Rücknahmeerklärung kann sich im Einzelfall auch aus den Grundgedanken des § 136a StPO ergeben (vgl. aus der neueren Rspr. etwa: BGHSt 46, 257 [Irreführung durch unrichtige amtliche Auskunft]; BGH NJW 2004, 1885 [Ankündigung eines unsachgemäßen Haftantrags durch den Staatsanwalt]; BGH Beschl. vom 16. September 2004 – 4 StR 84/04 [Drohung mit sachlich nicht gerechtfertigter Invollzugsetzung eines Haftbefehls]). Im übrigen gilt jedoch der Grundsatz, dass der Widerruf und die Anfechtung von Verzicht oder Rücknahme nicht möglich sind (vgl. BGHSt 45, 51, 53).

b) Die Beschränkung

Ein Rechtsmittel, also auch die Revision, kann in bestimmten Grenzen auch nur beschränkt eingelegt werden, d.h., der Rechtsmittelführer lässt einen logisch abtrennbaren Teil des angefochtenen Urteils rechtskräftig werden und wendet sich nur gegen die durch das vorausgehende Urteil erfolgte Behand-

A. Die Förmlichkeiten der Revisionseinlegung und -begründung

lung eines anderen abtrennbaren Teiles oder einer anderen abtrennbaren Frage. Dabei kann die Beschränkung von **vornherein** erfolgen, indem nur ein Teil des Urteils ausdrücklich angefochten wird und dann nach Ablauf der Einlegungsfrist eine weitere Ausdehnung des Rechtsmittels nicht mehr möglich ist. Die gleiche Wirkung kann aber auch erzielt werden auf die unter oben a) angeführte Weise, nämlich durch teilweisen **Verzicht** oder teilweise **Rücknahme.** Es handelt sich aber nicht um eine Teilanfechtung, wenn zunächst das ganze Urteil angefochten wird, dann aber innerhalb der Revisionsbegründungsfrist nur Rügen zulässigerweise vorgebracht werden, die sich auf einen bestimmten abtrennbaren Teil des Urteils beziehen (in diesem Fall ist innerhalb der gestellten Anträge umfassend zu entscheiden und dabei die Revision eben teilweise als unzulässig zu verwerfen). Im einzelnen tauchen im Zusammenhang mit der möglichen Beschränkung eines Rechtsmittels zahlreiche Zweifelsfragen auf (vgl. hierzu die einschlägigen Kommentierungen zu §§ 318, 344 Abs. 1 StPO). Diese spielen aber bei der Lösung praktischer Strafprozessfälle zumeist nicht für den Umfang der eingelegten Revision eine Rolle, sondern weit häufiger bei der Nachprüfung des **vorausgehenden** Urteils der **Berufungs**instanz durch das Revisionsgericht (hat etwa das Berufungsgericht das Ersturteil in einem Punkt abgeändert, der infolge der Beschränkung der Berufung gar nicht mehr abänderlich war?). Deshalb sollen diese wichtigen Fragen im Rahmen der einzelnen Revisionsrügen unter B I 2 f) näher behandelt werden.

II. Die Revisionsbegründung (§§ 344, 345 StPO)

1. Allgemeines

Im Gegensatz zur Berufung bedarf die Revision, um zulässig zu sein, einer fristgemäßen Rechtfertigung. Ein verhältnismäßig hoher Prozentsatz von Revisionsverwerfungen, hiervon wieder die Mehrzahl als „offensichtlich unbegründet" (vgl. § 349 Abs. 2 StPO), ist die Folge unzureichender Revisionsbegründungen. Freilich muss, von allen Einzelkenntnissen einmal ganz abgesehen, vorab das Wesen dieses Rechtsmittels erkannt werden und bei der Revisionsrechtfertigung vor Augen stehen, sonst ist die Gefahr groß, dass trotz umfangreicher und mühevoller Schreibarbeit nur eine enttäuschende Verwerfung der Revision als offensichtlich unbegründet am Ende steht. Deshalb hier einiges allgemein zur Revision:

Mit der Revision kann eine Überprüfung des angefochtenen Urteils nur in rechtlicher, nicht in tatsächlicher Hinsicht erreicht werden. Das Revisionsgericht ist an die tatsächlichen Feststellungen des angefochtenen Urteils und die dort vorgenommene Beweiswürdigung gebunden. Das Revisionsgericht ist nun einmal keine Tatsacheninstanz. Nur wenn das angefochtene Urteil gegen die Gesetze der Logik und der Lebenserfahrung (hierzu später genauer) verstößt, kann dies das Revisionsgericht beanstanden und die davon betroffenen Urteilsfeststellungen aufheben. Aber: nicht nur zwingende Schlussfolgerungen, sondern schon **mögliche** sind logisch, unlogisch sind nur die gedanklich völlig ausgeschlossenen Folgerungen! Freilich führt eine erfolgreiche Revision, auch so weit sie wegen Verfahrensrügen durchgreift, in der Regel zur Aufhebung des Urteils samt den getroffenen Tatsachenfeststellungen. Dabei handelt es sich aber nicht darum, dass das Revisionsgericht die Tatsachenfeststellungen wegen etwaiger inhaltlicher Unrichtigkeit aufhebt, vielmehr krankt hier nur das **Verfahren** der Tatsachenfeststellung an einem Fehler: das Gericht, an das die Sache zurückverwiesen wird, kann durchaus unter Vermeidung des bisherigen Fehlers wieder zu den gleichen Tatsachenfeststellungen kommen. Aus all dem wird klar, worin allein die Chance des Revisionsführers liegt: will er eine für sich günstigere Tatsachenfeststellung erreichen, muss er unter Hinnahme der zunächst festgestellten Tatsachen das Urteil aus einer ganz anderen Richtung her bekämpfen, etwa wegen eines Verfahrensverstoßes oder wegen Fehler der Rechtsanwendung auf den vom Gericht nun einmal (wenn auch nach Ansicht des Revisionsführers falsch) festgestellten Sachverhalt. Erst dann, wenn seine Revision Erfolg gehabt hat und die Sache unter Aufhebung der tatsächlichen Feststellungen an die Vorinstanz zurückverwiesen worden ist, mag der Revisionsführer neue Zeugen benennen, den bisherigen Zeugen weitere Vorhalte machen, im Plädoyer für eine andere Beweiswürdigung eintreten usw.

2. Frist

Die Frist für die Revisionsrechtfertigung beträgt nach § 345 Abs. 1 S. 1 StPO einen Monat; sie beginnt grundsätzlich mit dem Ablauf der Revisionseinlegungsfrist. War allerdings das Urteil zu diesem Zeitpunkt noch nicht zugestellt – was der Regelfall sein wird –, so beginnt die Frist erst mit dessen (wirksamen!) Zustellung (vgl. § 345 Abs. 1 S. 2 StPO und hierzu Meyer-Goßner § 345 Rn. 5). In diesem Zusammenhang ist § 273 Abs. 4 StPO zu beachten: eine Urteilszustellung vor Fertigstellung des Protokolls setzt die von der Urteilszustellung abhängigen Fristen, also auch die Revisionsbegründungsfrist, **nicht** in Lauf (BGHSt 27, 80) Nach Ablauf der Begründungsfrist sind weitere **Verfahrensrügen** nicht mehr möglich. Fehlende Belehrung über die Frist hindert, anders als bei der Beschwerdebelehrung der Staatsanwaltschaft in der Einstellungsverfügung (§ 172 Abs. 1 S. 3 StPO), den Fristbeginn hier nicht, vielmehr besteht gegebenenfalls nur die Möglichkeit der Wiedereinsetzung (§§ 44 S. 2, 35 a StPO).

Die Revisionsrechtfertigung kann aber schon vor Beginn der Rechtfertigungsfrist erfolgen. Insbesondere empfiehlt es sich, um jedenfalls einmal eine zulässige Revision angebracht zu haben, bereits bei der Einlegung der Revision die allgemeine (unausgeführte) Sachrüge („Gerügt wird die Verletzung materiellen Rechts") zu erheben.

Wird die Frist versäumt, mag gegebenenfalls die Wiedereinsetzung helfen. Allerdings kommt diese im allgemeinen nur in Betracht, wenn die Frist schlechtweg versäumt wurde, nicht aber, wenn einzelne Rügen, auch die allgemeine Sachrüge, rechtzeitig erhoben wurden und jetzt nur noch für weitere (Verfahrens-)Rügen eine Wiedereinsetzung angestrebt wird (zu den in der Rspr. zugelassenen Ausnahmen vgl. Meyer-Goßner § 44 Rn. 7 a). Wie immer bei der Wiedereinsetzung ist auch hier darauf zu achten, dass die versäumte Prozesshandlung zugleich mit dem Wiedereinsetzungsantrag, spätestens aber vor Ablauf der Frist des § 45 Abs. 1 S. 1 StPO, nachgeholt wird. Für bestimmte Fälle wird allerdings die Meinung vertreten, dass die Wochenfrist des § 45 Abs. 1 S. 1 StPO durch die Monatsfrist des § 345 Abs. 1 StPO ersetzt wird (vgl. im einzelnen Meyer-Goßner § 45 Rn. 11).

3. Form der Revisionsbegründung

Hier geht es zunächst nur um die äußeren Förmlichkeiten nach § 345 Abs. 2 StPO, bei deren Verletzung die Revision schon durch das Gericht, dessen Urteil angefochten wird (und bei dem ja bekanntlich die Revision einzulegen ist, § 341 Abs. 1 StPO), durch Beschluss als unzulässig verworfen wird, § 346 Abs. 1 StPO. Zur wichtigen Vorschrift des § 344 StPO, die zum Inhalt der Revisionsrechtfertigung gewisse Zulässigkeitserfordernisse enthält, erst später!

Die Möglichkeiten sind hier für den Angeklagten und für die übrigen Beteiligten unterschiedlich. Der **Angeklagte** kann die Revisionsrechtfertigung zu Protokoll der Geschäftsstelle des Gerichts einlegen, dessen Urteil angefochten wird; für den nicht auf freiem Fuß befindlichen Angeklagten gilt auch hier wieder § 299 StPO. Aufnahme des Protokolls durch eine unzuständige Geschäftsstelle ist wirkungslos, da nützt also eine Zuleitung an die richtige Geschäftsstelle nicht, weil es ja nicht um den Zugang, sondern um die Errichtung des Protokolls geht. Des weiteren kann die Rechtfertigung durch eine vom Verteidiger oder durch einen Rechtsanwalt unterzeichnete Schrift erfolgen. Für den **Privatkläger** gilt § 390 Abs. 2 StPO, d.h. die Revisionsanträge nebst Begründung können nur mittels einer von einem Rechtsanwalt unterzeichneten Schrift angebracht werden. Fraglich ist, was nunmehr für den **Nebenkläger** gelten soll. § 397 Abs. 1 StPO a.F. verlieh dem Nebenkläger die gleichen Rechte wie dem Privatkläger, so dass – wie bei diesem – § 390 Abs. 2 StPO kraft Verweisung zur Anwendung kam. Diese grundsätzliche Gleichstellung des Nebenklägers mit dem Privatkläger ist jedoch in der Neufassung des § 397 Abs. 1 StPO durch das OpferschutzG vom 18. 12. 1986 aufgegeben und durch eine Aufzählung einzelner Rechte des Nebenklägers ersetzt worden. Ein Hinweis auf § 390 Abs. 2 StPO fehlt, auch die übrigen Vorschriften über die Nebenklage enthalten keine entsprechende Regelung. Die dergestalt entstandene Gesetzeslücke ist durch eine analoge Anwendung des § 390 Abs. 2 StPO zu schließen (Meyer-Goßner § 401 Rn. 2).

Einzelheiten zu den Anforderungen an die vom Verteidiger oder von einem Rechtsanwalt zu unterzeichnende Schrift können gegebenenfalls bei Meyer-Goßner Einleitung Rn. 129, 130, 139, 140 sowie § 345 Rn. 14 ff. entnommen werden. Strittig war, ob telegraphische Einlegung ausreicht (problematisch deshalb, weil – anders als bei gewöhnlicher Schriftform – hier in § 345 Abs. 2 StPO die **Unterzeichnung** durch den Rechtsanwalt verlangt wird, die beim Ankunftstelegramm nicht vorliegt). Die Zulässigkeit einer telegraphischen Revisionsbegründung wird jedoch von der Rechtsprechung bejaht (BGHSt 31, 7). Umstritten ist auch, ob das Formerfordernis der Unterzeichnung beinhaltet, dass der Rechtsanwalt oder Verteidiger die Begründungsschrift selbst verfasst oder zumindest deren Inhalt mitgestaltet haben muss (vgl. hierzu Meyer-Goßner § 345 Rn. 14). In jedem Fall muss stets erkennbar sein, dass er die eigene Verantwortung für den Inhalt trägt. Dies kann bereits durch Formulierungen wie „auf ausdrück-

A. Die Förmlichkeiten der Revisionseinlegung und -begründung

lichen Wunsch meines Mandanten begründe ich die Revision wie folgt …" ausgeschlossen sein (vgl. Meyer-Goßner § 345 Rn. 16).

Die **Staatsanwaltschaft** kann die Revision in einfacher Schriftform rechtfertigen; es genügt als Unterzeichnung der in Maschinenschrift wiedergegebene Name des Verfassers, sofern dieser mit einem Beglaubigungsvermerk versehen ist (GmS – OBG NJW 1980, 174).

4. Adressat

Wie die Revisionseinlegung geht auch die Revisionsrechtfertigung an den judex a quo. Andernfalls kommt es für die Fristwahrung darauf an, ob der unzuständige Empfänger der Revisionsbegründungsschrift diese rechtzeitig an das zuständige Gericht weiterleitet. Sind alle Formerfordernisse erfüllt, erhält der Gegner des Revisionsführers nach § 347 Abs. 1 StPO die Revisionsschrift zugestellt und kann binnen einer Woche hierzu eine Gegenerklärung abgeben. Erst dann sendet die Staatsanwaltschaft die Akten gem. § 347 Abs. 2 StPO an das Revisionsgericht. Selbstverständlich kann der Gegner des Revisionsführers auch weiterhin Erklärungen abgeben, die Frist aus § 347 Abs. 1 StPO hat nur Bedeutung für den Fortgang des Verfahrens nach Abs. 2.

Zur Gegenerklärung der Staatsanwaltschaft siehe RiStBV Nr. 162 (die Gegenerklärung hat nicht etwa den Sinn, Rechtsausführungen zu den Revisionsrügen des Angeklagten zu machen, vielmehr sollen nur die für die Verfahrensrügen maßgeblichen Tatsachen übersichtlich zusammengestellt werden).

Erst mit Eingang der Akten beim Revisionsgericht ist die Sache dort anhängig. Bis dahin sind alle Anträge und Eingaben noch an den judex a quo zu richten. Für das Wiedereinsetzungsgesuch siehe § 45 Abs. 1 StPO.

5. Inhalt der Revisionsbegründung

Nach § 344 Abs. 1 StPO hat der Beschwerdeführer sich darüber zu erklären, inwieweit er das Urteil anfechte und dessen Aufhebung beantrage. Weiter hat er diese Anträge zu begründen, wobei nach § 344 Abs. 2 StPO bei der Begründung zu unterscheiden ist zwischen der Rüge der Verletzung des **sachlichen (materiellen) Rechts** und des **Verfahrensrechts** (letzterenfalls nämlich ist für die Zulässigkeit die Angabe des verfahrensrechtlichen Sachverhalts erforderlich, der den Verstoß enthalten soll, § 344 Abs. 2 S. 2 StPO).

a) Die Revisionsanträge

Wenn auch für die Zulässigkeit der Revisionsrechtfertigung nicht unbedingt ein förmlicher Antrag vorliegen muss, so muss doch zumindest aus dem Inhalt klar werden, inwieweit das Urteil angefochten wird. Das Rechtsmittel kann ja auf abtrennbare Teile oder Punkte beschränkt werden. So kann der Revisionsantrag etwa lauten „das angefochtene Urteil in vollem Umfange aufzuheben und die Sache an die Vorinstanz zurückzuverweisen" oder „das Urteil im Strafmaß" oder „hinsichtlich der Entziehung der Fahrerlaubnis" oder „hinsichtlich der Versagung der Strafaussetzung zur Bewährung" oder „so weit der Angeklagte wegen Diebstahls verurteilt wurde" aufzuheben und zurückzuverweisen. In der Regel wird nur Rückverweisung in Betracht kommen, da das Revisionsgericht selbst keine entsprechenden tatsächlichen Feststellungen treffen kann, grundsätzlich auch nicht das dem Tatrichter vorbehaltene Ermessen bei der Straffindung ausüben kann. Soweit durch die Einführung des § 354 Abs. 1 a und 1 b StPO durch das 1. Justizmodernisierungsgesetz vom 24. August 2004 die Befugnisse des Revisionsgerichts bei der Straffindung eine Erweiterung erfahren haben, dürfte dies für die Antragstellung nur von untergeordneter Bedeutung sein. Ist freilich nach Meinung der Revision die Entscheidung genau festlegend, etwa Freisprechung oder Einstellung des Verfahrens aus Rechtsgründen (unter Zugrundelegung des vom Erstrichter angenommenen Sachverhalts), so kann der Antrag vernünftigerweise auch auf Freispruch usw. lauten (vgl. § 354 Abs. 1 StPO). So weit eine Beschränkung des Rechtsmittels unzulässig ist (hierzu siehe später B I 2 g), wird nicht etwa die Revision unzulässig, vielmehr beachtet das Revisionsgericht die Einschränkung nicht und prüft das Urteil in dem rechtlich notwendigen Maße nach (die Revision sei etwa unsinnigerweise auf den Schuldspruch beschränkt, die Strafhöhe will der Angeklagte aber hinnehmen, so prüft das Revisionsgericht Schuld- und Strafausspruch nach). Ähnlich prüft das Revisionsgericht bei Zweifeln über den Umfang der Anfechtung möglichst umfassend nach.

b) Die Begründung der Anträge

Die Begründung muss in sich den Erfordernissen entsprechen. Bezugnahme auf andere Schriftstücke, Urkunden usw. reicht nicht aus. Verbleibt ohne die unzulässigen Verweisungen keine den Formerfordernissen entsprechende Rüge mehr, ist die Revision insgesamt unzulässig.

Die Revisionsbegründung muss die **Verletzung von Rechtsnormen** behaupten. Das sind vor allem die Bestimmungen des StGB und der StPO und der einschlägigen Nebengesetze, aber auch alle anderen Rechtsnormen i.w.S., auch Gewohnheitsrecht, Verordnungen. Oft sind aber auch Verstöße gegen Regeln, die nicht zu den Rechtsnormen zählen, gleichzeitig Verstöße gegen Gesetzesbestimmungen (so kann z.B. ein Verstoß gegen den Geschäftsverteilungsplan ein Verstoß gegen §§ 21 a ff. GVG sein). Bei den vielgenannten Verstößen gegen Denkgesetze, gegen die allgemeine Lebenserfahrung usw. handelt es sich nicht selbst um Verstöße gegen Rechtsnormen, aber es liegt in diesen Fällen eine unrichtige Anwendung der Rechtsnormen vor, die das Gericht unter Verletzung der Denkgesetze usw. zur Anwendung gebracht hat.

Hingegen handelt es sich nicht um eine fehlerhafte Gesetzesanwendung, wenn dem betreffenden Gesetz ein falscher Sachverhalt zugrunde gelegt wird. Hier ist nur die Sachverhaltsfeststellung falsch, was das Revisionsgericht (auf die Sachrüge) nicht nachprüfen kann; das Gesetz selbst ist dann nämlich, wenn auch **im Ergebnis** falsch, zutreffend angewandt. Will der Angeklagte in einem solchen Fall gegen das Urteil vorgehen, so kann er sich nur (mit der Verfahrensrüge) gegen die Prozedur der Sachverhaltsfeststellung wenden, gegebenenfalls mag die Beanstandung der Ablehnung eines Beweisantrags, die Aufklärungsrüge, die Rüge von Verstößen gegen Vorschriften über die Vernehmung von Zeugen usw. durchgreifen. Daran ist zu sehen, dass der Schwerpunkt der Arbeit eines Verteidigers eben in der Hauptverhandlung liegt; dort, nicht in der Revision, muss der Verteidiger alles tun, was eine fehlerhafte Tatsachenfeststellung vermeiden hilft (Beweisanträge, Fragen, Vorhalte, treffsichere Behandlung von Beweiswürdigung im Schlussvortrag usw.).

Von großer Bedeutung ist – wie bereits die obigen Ausführungen zeigen – die Unterscheidung zwischen Verfahrens- und Sachrügen. Die **Sachrüge** kann nämlich zulässig schon durch eine allgemeine Rüge erhoben werden. Der häufige, stereotype Satz: „Ich rüge die Verletzung sachlichen Rechts" genügt und bewahrt eine ansonsten form- und fristgerechte Revision in jedem Falle vor der Verwerfung als unzulässig. Doch wird kein Rechtsanwalt mit etwas Ehrgeiz sich nur auf diesen Satz beschränken, er wird selbstverständlich fundierte Rechtsausführungen zu der angeblichen Verletzung des materiellen Rechts machen. Dem Staatsanwalt macht Nr. 156 Abs. 2 RiStBV eine Begründung auch bei der bloßen Sachrüge zur Pflicht.

Der Referendar, der im Examen eine Revisionsbegründung zu fertigen hat, wird wohl selbst ahnen, dass er mit einer bloßen Sachrüge ohne fundierte rechtliche Begründung den Prüfer nicht besonders beeindrucken wird.

> **Testfrage 5:**
> Die Verteidigung hat die Verletzung einzelner materieller Rechtsnormen gerügt. Kann sie nach Ablauf der Revisionsbegründungsfrist noch weitere Sachrügen erheben?

Nach der wichtigen Vorschrift des § 344 Abs. 2 S. 2 StPO sind bei **Verfahrensrügen** die Tatsachen, die nach Auffassung des Revisionsführers den Verfahrensverstoß begründen, so konkret und vollständig – ohne Bezugnahme auf Akten und sonstige Schriftstücke – zu bezeichnen, dass das Revisionsgericht allein aufgrund der Revisionsschrift prüfen kann, ob der gerügte Verfahrensverstoß vorliegt, wenn die behaupteten Tatsachen bewiesen werden. Hierbei muss erkennbar sein, welche konkrete Handlung oder Unterlassung des Gerichts beanstandet wird, d.h. es genügt nicht die bloße chronologische Schilderung des Ablaufs der Hauptverhandlung oder eines Teils hiervon in der Hoffnung, das Revisionsgericht werde schon einen Verfahrensverstoß „finden". Andererseits ist es unerheblich, ob der Revisionsführer die (angeblich) verletzte Verfahrens**norm** korrekt bezeichnet.

Während das Revisionsgericht keine Tatsachenfeststellung bezüglich der dem Angeklagten zur Last liegenden Straftat treffen kann, obliegt ihm bei angeblichen Verfahrensverstößen jedoch die Feststellung der einschlägigen Tatsachen. Das leuchtet leicht ein, wenn es auch oft in den Revisionsbegründungen verkannt wird; wer sollte denn sonst die Tatsachen feststellen, das Verfahren der Vorinstanz konnte sich doch schlechterdings nicht bereits auf etwaige Verstöße gerade dieser Instanz beziehen.

A. Die Förmlichkeiten der Revisionseinlegung und -begründung

Es wird sich bei den hier anzuführenden Tatsachen fast durchwegs um solche handeln, die sich im **Prozess** ereignet haben, meist Handlungen oder Unterlassungen des Gerichts, dessen Urteil angefochten werden soll. Nur selten kann das Urteil einmal auf Geschehnissen außerhalb der Hauptverhandlung beruhen. Daher ist grundsätzlich ein angeblicher Verstoß des Staatsanwalts oder der Polizei im Ermittlungsverfahren für das angefochtene Urteil ohne Bedeutung, ebenso Fehler des Gerichts der Vorinstanz (vgl. dazu noch unten im letzten Absatz vor 6. zum Begriff des „Beruhens" gem. § 337 Abs. 1 StPO).

Die Tatsachen sind anzugeben, ein summarischer Hinweis auf einen bestimmten markanten Paragraphen, etwa auf § 265 StPO, oder ein gängiges Schlagwort, etwa „Aufklärungsrüge", reicht nicht aus.

Richtig ist beim Beispiel des § 265 StPO vielmehr folgendes:
„In der mit Beschluss vom ... unverändert zugelassenen Anklage lag dem Angeklagten eine vorsätzliche Körperverletzung zur Last. Die Verurteilung des Angeklagten erfolgte indessen wegen gefährlicher Körperverletzung. Das Gericht hat den Angeklagten nicht auf die Veränderung des rechtlichen Gesichtspunktes hingewiesen".

Oder bei einem Verstoß gegen § 52 StPO:
„Im Termin vom ... ist die Ehefrau des Angeklagten als Zeugin vernommen worden. Die Zeugin sagte zur Sache aus; eine Belehrung über das ihr nach § 52 Abs. 1 Nr. 2 StPO zustehende Zeugnisverweigerungsrecht ist entgegen § 52 Abs. 3 StPO nicht erfolgt. Auf diesem Rechtsfehler beruht das Urteil auch, da ...

Oder bei Ablehnung eines Beweisantrags als „bedeutungslos":
„Der Unterzeichnete hat in der Hauptverhandlung beantragt, den Zeugen X darüber zu vernehmen, dass sich der Angeklagte zur gleichen Zeit, zu der er sich nach der zugelassenen Anklage am Tatort aufgehalten haben soll, bei dem genannten Zeugen besuchsweise befunden habe. Das Gericht hat den Beweisantrag als „bedeutungslos" abgelehnt mit der Begründung, dass das Gegenteil des Beweisthemas bereits durch die übrige Beweisaufnahme feststehe, mithin nicht zu erwarten sei, dass dieser Zeuge das bestätigen könne, was in sein Wissen gestellt wird. Damit hat das Gericht gegen § 244 Abs. 3 S. 2 StPO verstoßen ..." (vgl. hierzu unten B II 3 c unter „Ablehnung wegen Bedeutungslosigkeit").

> **Testfrage 6:**
> Formulieren Sie übungshalber eine zulässige Verfahrensrüge zu einem Verstoß gegen § 140 Abs. 1 Nr. 5 StPO i.V.m. § 338 Nr. 5 StPO.

Von einer Rüge kann nicht gesprochen werden, wenn die Tatsachen nicht bestimmt behauptet werden. Das Revisionsgericht prüft nicht etwa auf eine entsprechende Anregung, ob in diesem oder jenem Punkt ein Verstoß vorgekommen ist oder nicht, vielmehr muss der Revisionsführer das tatsächliche Geschehen als bestimmt darstellen, das Revisionsgericht prüft dann freilich, ob sich der Sachverhalt wie behauptet auch wirklich zugetragen hat und ob darin ein Rechtsverstoß liegt.

Mit der ordnungsgemäßen Anführung der Tatsachen könnte sich an sich der Revisionsführer begnügen. Das Revisionsgericht prüft von sich aus zunächst, ob der behauptete Vorgang sich als Verfahrensfehler darstellt, ob er auch wirklich geschehen ist und ob das Urteil darauf beruht (§ 337 Abs. 1 StPO, sofern nicht ein sog. absoluter Revisionsgrund eingreift). Es empfiehlt sich aber, und dies erst recht für das Examen, neben der ordnungsgemäßen Rüge auch die rechtliche Beurteilung des Sachverhalts. Hierzu gehört insbesondere auch eine Behandlung der Frage, ob das Urteil auf dem Verstoß beruht. Ein Urteil beruht aber immer auf einem Verstoß, wenn es überhaupt möglich ist, dass der Verstoß von Einfluss auf das Urteil sein konnte, oder umgekehrt, ein Verstoß ist nur dann ohne Bedeutung, wenn ausgeschlossen werden kann, dass das Urteil auf ihm beruht. Der Verfahrensverstoß muss also feststehen, sein Einfluss auf das Urteil braucht aber nur nicht ausgeschlossen werden zu können. Mit dem Erfordernis des „Beruhens" hängt es übrigens zusammen, dass für die Revision grundsätzlich **nur die Verstöße der dem Revisionsverfahren vorausgehenden Instanz in Betracht kommen,** während bei 3 Instanzen z.B. ein in erster Instanz unterlaufener Fehler in der Regel für die Beurteilung des Revisionsgerichts ohne jede Bedeutung ist (das Gericht der 2. Instanz findet sein Urteil ja nur auf Grund der eigenen, nicht der vorangegangenen Hauptverhandlung). Das gleiche gilt für etwaige Fehler des Ermittlungsverfahrens.

Das wird übrigens in Klausurarbeiten oft übersehen und es werden dann in der Eile sämtliche Fehler zweier Tatsacheninstanzen in die Revisionsbegründung hineingepackt; richtig ist es in diesen Fällen, Fehler der 1. Instanz nur in einem Hilfsgutachten zu erwähnen unter Hinweis darauf, dass das Urteil der Berufungsinstanz hierauf nicht beruht. Freilich kann – insbesondere bei Verfahrensvoraussetzungen – ein bereits in die Zeit vor der Hauptverhandlung erster Instanz zurückreichender Fehler Auswirkungen auch auf das zweitinstanzliche Urteil haben, so wenn etwa das Fehlen eines Eröffnungsbeschlusses übersehen wurde.

6. Die Bedeutung des Protokolls für die Revisionsrügen

Lesen Sie zunächst §§ 271 bis 274 StPO. Nur durch das Protokoll kann der Nachweis geführt werden, soweit es um die „Beobachtung der für die Hauptverhandlung vorgeschriebenen Förmlichkeiten" geht. Zu diesen Förmlichkeiten gehören insbesondere die Entscheidungen, also auch das Urteil, Angabe über die Öffentlichkeit der Verhandlung, Verlesung des Anklagesatzes durch den Staatsanwalt (§ 243 Abs. 3 Satz 1 StPO), alle Beweisakte, Angaben zur Vereidigung von Zeugen, über die ununterbrochene Anwesenheit der zur Anwesenheit verpflichteten Personen usw. Im einzelnen siehe Meyer-Goßner § 273 Rn. 7 ff. Nicht hierher zählen die Einlassung des Angeklagten, die Bekundungen der Zeugen und die sonstigen Beweisergebnisse. So weit die Beweisfunktion des Protokolls reicht, ist ein Freibeweis durch das Gericht ausgeschlossen. Daher versteht es sich von selbst, dass es in der Revision keinen Sinn hat, solche Verfahrensverstöße zu rügen, wenn sie sich nicht aus dem Protokoll ergeben, mögen sie auch in Wirklichkeit geschehen sein. Umgekehrt, das ist die logische Konsequenz, führen Verfahrensrügen, soweit sie sich auf die Beweiskraft des Protokolls stützen können, ungehindert zum Erfolg, selbst wenn sich der Verstoß in Wirklichkeit gar nicht zugetragen hat. Die Beweiswirkung des Protokolls ist also positiv und negativ: Das als Geschehen Protokollierte wird als so geschehen nachgewiesen, umgekehrt beweist das Schweigen des Protokolls, dass etwas Bestimmtes nicht geschehen ist. So wichtig nun das Protokoll bei der Beweisführung ist – praktisch entscheidet es im Umfange seiner Beweiskraft allein über den Erfolg – so ist das Protokoll doch eines nicht, was ihm viele Revisionen zuschreiben: Es ist nicht wie das angefochtene Urteil selbst Gegenstand der Nachprüfung durch das Revisionsgericht. Das Protokoll kann so schlecht und fehlerhaft geführt sein, wie nur denkbar, so ist dies für sich allein kein Verstoß, der zur Aufhebung des Urteils führen könnte. Logischerweise kann das Urteil ja auch auf dem erst nach Verkündung des Urteils herzustellenden Protokoll nicht beruhen. Dies wird in Revisionen so häufig verkannt, dass für solche unzulässige Rügen ein eigener Begriff existiert, „die unzulässige Protokollrüge".

Keine Aussicht auf Erfolg hat demgemäß die Rüge: „Das Protokoll enthält, obwohl dies nach § 273 StPO vorgeschrieben ist, keinen einzigen Hinweis auf die Belehrung des Zeugen über das ihm zustehende Zeugnisverweigerungsrecht". Ob das Protokoll diesen Hinweis enthält oder nicht, ist für sich genommen ohne jede Bedeutung. Wogegen das Gericht allein verstoßen haben kann, ist hier etwa gegen die Bestimmung des § 52 StPO. Der Verteidiger muss die unterlassene Belehrung des Zeugen, nicht die unterlassene Protokollierung, rügen. Rügt er das richtig, dann freilich tut er sich mit dem **Nachweis** der unterbliebenen Belehrung sehr leicht, dieser ist durch das Protokoll schon erfolgreich geführt. Ja sogar dann, wenn der Zeuge in Wirklichkeit doch belehrt wurde und dies nur versehentlich nicht im Protokoll enthalten ist. Deshalb würde der Verteidiger in obiger „Protokollrüge" seine verfehlte Stoßrichtung erst richtig aufzeigen, wenn er etwa fortfährt: „dabei wurden der Zeuge in Wahrheit belehrt!" Gerade dieser Satz entzöge seiner Revision jegliche Chance, dass vielleicht zur Not noch aus anderen Äußerungen der Revisionsbegründung die Behauptung herausgelesen wird, das Gericht habe den Zeugen nicht über das Zeugnisverweigerungsrecht belehrt. Dieser als Krönung der Rüge gedachte Satz hieße in Wirklichkeit nichts anderes als: Das Gericht hat sich bei der Urteilsfindung völlig korrekt verhalten.

All das heißt nun freilich nicht, dass das unrichtige Protokoll nicht richtiggestellt werden könnte. Vielmehr ist es zulässig, wenn auch im Gesetz nicht ausdrücklich behandelt, dass ein von den Urkundspersonen als unrichtig erkanntes Protokoll von Amts wegen oder auf Antrag **berichtigt** wird. Das setzt allerdings Übereinstimmung, der Urkundspersonen (des Protokollführers und des Vorsitzenden) voraus und scheidet aus, wenn sich einer von ihnen an den wirklichen Vorgang nicht mehr erinnert.

Umgekehrt freilich kann eine von Amts wegen oder etwa auf Antrag der Staatsanwaltschaft erfolgende Protokollberichtigung auch einen zunächst aus dem Protokoll sich ergebenden Verfahrensverstoß beweismäßig zum Wegfall bringen. Das allerdings nur, solange dieser Verfahrensverstoß nicht bereits in der Revision gerügt wurde: einer bereits erhobenen Verfahrensrüge darf durch eine Protokollberichtigung der Boden nicht entzogen werden, das Revisionsgericht muss hierbei von der ursprünglichen Protokollfassung ausgehen (BGHSt 10, 145; 34, 11, 12).

B. Die wichtigsten Rügen im einzelnen

Die praktisch bedeutsamste Unterscheidung von Verstößen ist bereits bekannt: Verstöße gegen das sachliche und gegen das Verfahrensrecht. Innerhalb der Verfahrensrügen ist jedoch noch eine besondere Untergruppe von Bedeutung, nämlich die Verfahrenshindernisse oder das Fehlen von Verfahrensvoraussetzungen. Insoweit nämlich, das ist von Wichtigkeit, prüft das Revisionsgericht **von Amts wegen** das Verfahren nach, nicht also nur auf Rügen hin.

Damit ergibt sich folgende Dreiteilung:

I. Die Verfahrensvoraussetzungen und Verfahrenshindernisse

1. Einzelheiten zu ihrer Behandlung

Die Verfahrenshindernisse sind fehlende Verfahrensvoraussetzungen und umgekehrt. Auf eine genaue Unterscheidung der beiden Gruppen kann daher verzichtet werden, im folgenden Text vertritt ein Begriff jeweils auch den anderen. Das Revisionsgericht berücksichtigt diese Fragen nicht nur auf eine entsprechende Rüge. Wie bei allen anderen Verfahrensrügen erforscht das Revisionsgericht selbstverständlich auch hier den Sachverhalt von Amts wegen. Das bedeutet aber nicht, dass Fehler im Zusammenhang mit Verfahrenshindernissen nicht gerügt werden könnten oder sollten, nur kommt es insoweit eben nicht auf eine zulässige Rüge an. Das Revisionsgericht kann aber das Fehlen einer Verfahrensvoraussetzung nur dann berücksichtigen, wenn wenigstens eine **zulässige** Revision vorliegt. Fehlt es schon hieran, dann ist die Revision in jedem Falle als unzulässig zu verwerfen, selbst wenn ein Verfahrenshindernis offen zu Tage liegt und ohne weiteres zur Einstellung des Verfahrens hätte führen müssen.

Ein Prozesshindernis führt grundsätzlich **zur Einstellung** des Verfahrens, und zwar außerhalb der Hauptverhandlung durch Beschluss (§ 206 a StPO), in der Hauptverhandlung durch Urteil (§ 260 Abs. 3 StPO).

Nur ausnahmsweise kommen andere Entscheidungsmöglichkeiten in Betracht (vgl. Meyer-Goßner Einl. Rn. 154 sowie § 260 Rn. 42 ff.), insbesondere erfolgt Verwerfung der Revision, wenn das Verfahrenshindernis das Rechtsmittel unzulässig macht, z.B. Eintritt der Rechtskraft bei Versäumung der Revisionseinlegungsfrist.

Für die Wirkung eines Verfahrenshindernisses gilt folgendes:

Betrifft das Hindernis nur **eine** von mehreren selbständigen (prozessualen) Taten, dann erfolgt auch nur bezüglich dieser Einzeltat eine Einstellung. Zu beachten ist aber, dass eine Einstellung wegen einer bestimmten Tat auch dann erfolgt, wenn etwa der Schuldspruch rechtskräftig geworden ist, wohl aber die Straffrage noch offen ist. Bezieht sich hingegen das Verfahrenshindernis nur auf einen von mehreren Gesichtspunkten ein- und derselben Tat (i.S.v. § 52 StGB), so entfällt (ohne eigene Einstellung) lediglich dieser rechtliche Gesichtspunkt.

Besteht die Möglichkeit der Heilung von Verfahrenshindernissen, ein Strafantrag kann z.B. noch nachgeholt werden, dann ist vor der Entscheidung den Befugten Gelegenheit zur Nachholung zu geben. Sehr umstritten ist, ob bei Entscheidungsreife im Sinne eines Freispruchs auf diesen zu erkennen ist oder ob das Verfahren einzustellen ist (die wohl herrschende Meinung bejaht hier Freispruch). Besonders schwierig ist die Lösung, wenn bei ein und derselben Tat i.S. von § 52 StGB unter dem einen rechtlichen Gesichtspunkt ein Verfahrenshindernis besteht, unter dem anderen Freispruch veranlasst ist. Zu den verschiedenen in diesem Zusammenhang zu berücksichtigenden Fragen und zum Umfang der Rechtskraft bei fehlerhafter Entscheidung siehe Meyer-Goßner § 260 Rn. 44–46. Zu beachten ist bei fehlenden, jedoch nachholbaren Prozessvoraussetzungen (z.B. Fehlen der Anklage), dass hier zwar gegebenenfalls Einstellung des Verfahrens erfolgen muss, dass aber dann ein neues Verfahren ordnungsgemäß eingeleitet und durchgeführt werden kann, wobei dann nach zutreffender Ansicht in dem neuen Verfahren das Verbot der Schlechterstellung im Vergleich zum ersten angefochtenen Urteil gilt (vgl. BayObLG NJW 1961, 1487, anders nunmehr die wohl h.M., vgl. Meyer-Goßner § 331 Rn. 4).

> **Testfrage 7:**
> Wann ist wohl bei einem Verfahrenshindernis oder bei einer fehlenden Prozessvoraussetzung deren ausdrückliche Beanstandung durch eine Rüge notwendig, um vom Revisionsgericht berücksichtigt werden zu können?

2. Die wichtigsten Verfahrensvoraussetzungen

Vergleiche zu den einzelnen Verfahrensvoraussetzungen zunächst die Aufstellung bei Meyer-Goßner Einl. Rn. 145.

a) Die sachliche Zuständigkeit

Sie wird für die einzelnen Gerichte nach der Strafgewalt durch das GVG festgelegt. Es ergibt sich die Reihenfolge: Strafrichter, Schöffengericht, Strafkammer, OLG (Bayer. Oberstes Landesgericht); bei den Jugendgerichten: Jugendrichter, Jugendschöffengericht, Jugendkammer. Gericht höherer Ordnung ist hierbei nicht etwa das im Instanzenzug übergeordnete Gericht – dann spricht man von funktioneller Zuständigkeit, deren Verletzung durch das Revisionsgericht nur auf Rüge berücksichtigt wird – vielmehr geht es bei der sachlichen Zuständigkeit um die unterschiedliche Strafgewalt unter **erstinstanziell** tätigwerdenden Gerichten.

Ist Anklage zum sachlich unzuständigen Gericht erhoben worden, ist zu unterscheiden:

Vor Eröffnung des Hauptverfahrens kann das Gericht **höherer** Ordnung nach § 209 Abs. 1 StPO die Sache vor dem Gericht niederer Ordnung eröffnen, **nach** Eröffnungsbeschluss ist eine Verweisung an ein Gericht niederer Ordnung ausgeschlossen, § 269 StPO. Das Gericht **niederer** Ordnung kann seinerseits im Eröffnungsverfahren und vor der Hauptverhandlung die Sache dem Gericht höherer Ordnung zur Entscheidung über eine Übernahme vorlegen (§§ 209 Abs. 2, 225 a StPO), **nach** Beginn der Hauptverhandlung sogar mit **bindender** Wirkung die Sache an dieses verweisen (§ 270 StPO). Wird die Strafgewalt eines Gerichts überschritten, dann liegt ein von Amts wegen in der Revision zu berücksichtigender Verfahrensverstoß vor (§ 6 StPO).

Die Entscheidung eines höheren Gerichts statt eines niedrigeren (z.B. es entscheidet eine Strafkammer des Landgerichts, obgleich die Strafgewalt des Amtsgerichts ausreichte) ist hingegen grundsätzlich unschädlich (vgl. § 269 StPO). Dies gilt allerdings nicht, wenn die Anrufung des höheren Gerichts auf objektiver Willkür beruht, d.h. wenn sie auf sachfremde oder andere offensichtlich unhaltbare Erwägungen gestützt ist (BGH NJW 1993, 1608). Noch nicht abschließend geklärt ist unter den Strafsenaten des BGH, ob in den (eher seltenen) Fällen, in denen die Annahme der sachlichen Zuständigkeit des höheren Gerichts auf objektiver Willkür beruht, ein nur auf eine entsprechende Verfahrensrüge zu berücksichtigender Verstoß vorliegt (so z.B. der 1. Strafsenat, vgl. BGHSt 43, 53), oder ob ein solcher Verstoß – wie es die Regelung des § 6 StPO nahe legt – ein Verfahrenshindernis darstellt und daher auch ohne Verfahrensrüge von Amts wegen zu berücksichtigen ist (so der 4. Strafsenat, vgl. BGHSt 40, 120; 45, 58, 59; 46, 238, 245).

> **Testfrage 8:**
> a) Ist in obiger Rangfolge der einzelnen Gerichte die kleine Strafkammer übersehen worden?
> b) Ist das Schöffengericht gegenüber dem Strafrichter ein Gericht höherer Ordnung?

b) Der Strafantrag bei den Antragsdelikten

Hier ist auf §§ 77 ff. StGB und die Kommentierung bei Tröndle/Fischer zu verweisen. Der Strafantrag und die verschiedenen damit zusammenhängenden Zweifelsfragen (Vertretung Minderjähriger, mehrere Berechtigte, Fristberechnung) sind oft Gegenstand von Prüfungsarbeiten. Auf die Bedeutung des Strafantrags bei vielen Privatklagedelikten ist bereits oben A I 2 b) hingewiesen.

c) Die Bejahung des besonderen öffentlichen Interesses durch die Staatsanwaltschaft (vgl. z.B. §§ 230 Abs. 1 S. 1, 303 c StGB).

Oft werden folgende scharf zu unterscheidende Fälle verwechselt:

§ 230 Abs. 1 S. 1 StGB: Hier wird der sonst bei einigen **Körperverletzungsdelikten** erforderliche Strafantrag des Verletzten ersetzt durch die Erklärung der Staatsanwaltschaft, dass das besondere öffentliche Interesse an der Strafverfolgung bejaht werde. Dann ist die Tat verfolgbar, auch ohne dass ein Strafantrag vorliegt. Fehlt diese Erklärung der Staatsanwaltschaft, liegt ein Prozesshindernis vor, das von Amts wegen zu berücksichtigen ist. Aber Vorsicht: Nur das Vorliegen dieser Erklärung der Staatsanwaltschaft ist eine Prozessvoraussetzung, der sachliche Inhalt dieser bejahenden Erklärung ist nicht durch das Gericht nachprüfbar. Im übrigen kann diese Erklärung auch noch in der Revisionsinstanz nachgeholt werden und der Mangel damit geheilt werden.

§ 376 StPO: Bei Bejahung des öffentlichen Interesses (nicht: **besonderes** öffentliches Interesse, wie oben) kann der Staatsanwalt die Verfolgung eines Privatklagedelikts an sich ziehen. Zu beachten ist hier, dass der Staatsanwalt wegen der Unteilbarkeit immer von Amts wegen verfolgen muss, wenn Privatklagedelikte und Offizialdelikte in Tateinheit stehen. Die Entscheidung der Staatsanwaltschaft nach § 376 StPO kann ebenfalls durch das Gericht nicht nachgeprüft werden.

§§ 153 ff. StPO: Einstellungsmöglichkeit bei **Offizialdelikten**, so weit nicht das öffentliche Interesse dem entgegensteht. Nicht nachprüfbar durch das Gericht (vgl. § 172 Abs. 2 Satz 3 StPO).

d) Anklage und Eröffnungsbeschluss, Nachtragsanklage, mündliche Anklage im beschleunigten Verfahren (§§ 264, 266, 418 StPO)

Ein völliges Fehlen von Anklage oder Eröffnungsbeschluss wird selten sein. Eine Anklageschrift kann jedoch so unbestimmt sein, dass sie ihre eigentliche Funktion – genügende Identifizierung der Tat – nicht erfüllt. Wird dieser Mangel weder im Eröffnungsverfahren noch in der Hauptverhandlung behoben, so sind Anklageschrift und der Eröffnungsbeschluss unwirksam, was zur Einstellung des Verfahrens führt (BGH NJW 1991, 2716; NStZ 1992, 553). Am Erfordernis der Anklage oder des Eröffnungsbeschlusses fehlt es weiterhin auch, so weit das Gericht bei seinem Urteil den Umfang der Anklage (des Eröffnungsbeschlusses) einschließlich einer etwaigen Nachtragsanklage überschritten hat.

Zahlreiche schwierige Fragen treten in diesem Zusammenhang auf. Sie haben ihre große praktische Bedeutung nicht nur dort, wo es darum geht, ob das Gericht die Anklage (Eröffnungsbeschluss) einerseits ausgeschöpft oder andererseits überschritten hat, sondern insbesondere auf dem Gebiet der Rechtskraft; denn: so weit das Gericht zur Entscheidung berufen ist, reicht dann logischerweise auch im Verhältnis zu anderen Gerichten die Sperrwirkung von Rechtskraft oder Rechtshängigkeit, ohne Rücksicht darauf, ob das Gericht diesen Umfang seiner Entscheidung kennt und wahrgenommen hat oder nicht. Um diese Fragen in den Griff zu bekommen, empfiehlt sich daher gleichzeitig ein Durcharbeiten des unter f) behandelten Punktes „Rechtskraft, Teilrechtskraft, anderweitige Rechtshängigkeit". Des weiteren berühren die hier einschlägigen Probleme auch die richtige Fassung des Urteilstenors (§ 260 StPO). Zunächst zum Verhältnis von Anklage zu Eröffnungsbeschluss. § 264 Abs. 1 StPO ist hier missverständlich: nicht die Anklage, sondern der Eröffnungsbeschluss ist nach dessen Erlass für das Gericht maßgebend; § 264 Abs. 2 StPO macht das deutlich. Die Anklage steckt aber ihrerseits für den Eröffnungsbeschluss den Rahmen ab. Der Eröffnungsbeschluss darf nicht weiter gehen als die Anklage, sonst besteht das von Amts wegen zu berücksichtigende Verfahrenshindernis fehlender Anklage. Bleibt der Eröffnungsbeschluss hinter der Anklage zurück, dann ist diese Einschränkung für das weitere Verfahren maßgebend (die Staatsanwaltschaft kann, so weit die Eröffnung abgelehnt wurde, nur sofortige Beschwerde einlegen; § 210 Abs. 2 StPO). Im beschleunigten Verfahren bedarf es eines Eröffnungsbeschlusses nicht (§ 418 Abs. 1 StPO). Der Verfahrensgegenstand wird daher dort regelmäßig allein durch die – u.U. mündlich erhobene – Anklage bestimmt (§ 418 Abs. 3 StPO).

Anders verhält es sich in den Fällen der Nachtragsanklage. Hier ist gem. § 266 Abs. 1 StPO ein gerichtlicher Einbeziehungsbeschluss erforderlich, der die Wirkung eines Eröffnungsbeschlusses hat und dessen Fehlen ein von Amts wegen zu beachtendes Prozesshindernis begründet, welches grundsätzlich zur Verfahrenseinstellung führt (vgl. Meyer-Goßner § 266 Rn. 15 und 20).

Tat im prozessualen Sinn ist der einheitliche und geschichtliche Vorgang, innerhalb dessen der Angeklagte einen Straftatbestand verwirklicht hat (BGHSt 22, 105).

Zunächst muss hierbei die Personenidentität gewahrt sein (es kann also während des Prozesses kein Wechsel in der Person des Angeklagten eintreten).

Darüber hinaus ist maßgebend der einheitliche geschichtliche Vorgang. Dieser prozessrechtliche Begriff der Tat im Sinne von § 264 Abs. 1 StPO ist weiter als der materiellrechtliche Begriff der „Handlung" in den §§ 52, 53 StGB. In einer Tat i.S. von § 264 Abs. 1 StPO können mehrere selbständige Handlungen (§ 53 StGB) stecken (z.B. bei einem Verkehrsunfall das anschließende unerlaubte Entfernen, vgl. BGHSt 24, 185, 186). Es entscheidet die natürliche Auffassung des Lebens darüber, ob ein bestimmtes Ereignis zu dem einheitlichen Vorgang gehört. Dies bereitet keine Schwierigkeiten, wenn in der Sachverhaltsschilderung der Anklage die Merkmale aller in Betracht kommenden selbständigen Handlungen i.S. von § 53 StGB enthalten sind.

Auch wenn dies nicht der Fall ist, kann die gesamte Tat i.S.d. § 264 StPO zum Urteilsgegenstand gemacht werden. Zwar kann keine Tat abgeurteilt werden, die nicht in der Anklageschrift enthalten und auf die sich damit der Verfolgungswille der Staatsanwaltschaft nicht bezieht. Innerhalb **einer** prozessualen Tat ist jedoch der Verfolgungswille der Staatsanwaltschaft unteilbar, so weit nicht das Gesetz Ausnahmen zulässt (vgl. § 154 a StPO!)

Liegt eine einzige Handlung i.S. von § 52 StGB vor, dann bezieht sich die Anklage, ist auch nur **ein** Gesichtspunkt dieser Tat aus der Sachverhaltsschilderung erkennbar, natürlich auf jeden rechtlichen Gesichtspunkt. Dies gilt grundsätzlich auch für die Dauerstraftat. Allerdings werden hier – wie auch bei den sog. Organisationsdelikten – in der Rechtsprechung mit Blick auf die Frage des Strafklageverbrauchs Ausnahmen gemacht (vgl. hierzu Meyer-Goßner § 264 Rn. 6a und 6b).

Enthält die Anklage ein solches Delikt, dann sind damit ohne Rücksicht auf den Umfang der Sachverhaltsschilderung alle zu dieser einheitlichen Tat gehörenden Einzelhandlungen, mögen sie sich auch erst in der Hauptverhandlung herausgestellt haben, mitumfasst (sind also mit abzuurteilen und werden umgekehrt von der Rechtskraft mitumfasst, sind also erledigt, selbst wenn sie verborgen geblieben sind).

Dieser „Grundsatz der Unteilbarkeit", dem die Verpflichtung des Gerichts entspricht, den Umfang der Tat voll auszuschöpfen, erleidet freilich dann Ausnahmen, wenn bestimmte Hindernisse der Verfolgung einer Handlung unter einem bestimmten rechtlichen Gesichtspunkt entgegenstehen: Trifft z.B. ein Vergehen der Beleidigung rechtlich zusammen mit einem Vergehen der vorsätzlichen Körperverletzung, dann wird nur wegen der Körperverletzung verurteilt, wenn etwa das Vergehen der Beleidigung bereits verjährt ist oder der erforderliche Strafantrag fehlt (etwa weil nur der Staatsanwalt nach § 230 Abs. 1 S. 1 StGB das besondere öffentliche Interesse an der Verfolgung der Tat bejaht hat).

> **Testfrage 9:**
> Dem A liegt zur Last, am 9.7.2004 gegen 21.30 Uhr im Stadtgebiete von Würzburg im Zustand alkoholbedingter Fahruntauglichkeit ein Kraftfahrzeug geführt zu haben. In der Hauptverhandlung stellt sich heraus, dass er noch in der gleichen Nacht seine Fahrt nach Nürnberg fortgesetzt, dort einen schweren Verkehrsunfall verursacht und sich anschließend zu Fuß unerlaubt vom Unfallort entfernt hat. Kann oder muss das Gericht die Vergehen nach §§ 315c Abs. 1 Nr. 1a, 142 StGB mitaburteilen oder muss die Staatsanwaltschaft Nachtragsanklage erheben?

> **Testfrage 10:**
> Dem Angeklagten liegt die Tötung des X zur Last. Die Tat soll er am 13. Februar 2004 unter Verwendung einer Schusswaffe begangen haben. Der Verteidiger beruft sich auf das Prozesshindernis „ne bis in idem". Der Angeklagte war nämlich rechtskräftig wegen folgenden Sachverhalts bereits verurteilt: Er habe in dem Zeitraum 1. Januar bis 1. Mai 2004 unerlaubt die tatsächliche Gewalt über eine Schusswaffe ausgeübt. Bei der Waffe handele es sich um die Tatwaffe.

e) Wirksame Berufung bei vorausgegangenem Berufungsverfahren

Nach Durchführung eines Berufungsverfahrens obliegt dem angerufenen Revisionsgericht die Überprüfung des Urteils dieser Vorinstanz, nicht das der ersten Instanz! War aber die eingelegte Berufung gar nicht zulässig, dann hätte es nicht zu einem Sachurteil in zweiter Instanz kommen dürfen und somit auch nicht zu einem Verfahren in der Revision. Auf die Revision hin ist dann das Berufungsurteil aufzuheben und das Rechtsmittel der Berufung als unzulässig zu verwerfen (womit das Ersturteil wieder hergestellt wird ohne Rücksicht auf etwaige Fehler dieses Urteils). Es kommt hier aber nicht etwa eine Einstellung in Betracht. Auch ist nicht die Revision wegen Fehlens der Zulässigkeit der Berufung ihrerseits wieder unzulässig, sondern es liegt ein für die Zulässigkeit der Revision ausreichendes, wenn auch fehlerhaftes Berufungsurteil vor und nur über eine zulässige Revision kann dieser Fehler des Berufungsurteils beseitigt werden. Hat bei einer an sich zulässigen Berufung das Berufungsgericht eine Beschränkung der Berufung übersehen, dann handelt es sich insoweit um ein Problem der bereits eingetretenen Teilrechtskraft, siehe hierzu unten f).

f) Rechtskraft, Teilrechtskraft, anderweitige Rechtshängigkeit

Man unterscheidet gemeinhin formelle und materielle Rechtskraft. Dabei ist mit formeller Rechtskraft gemeint, dass ein Urteil nicht mehr mit ordentlichen Rechtsmitteln angefochten werden kann. Die materielle Rechtskraft, für welche die formelle die Voraussetzung ist, bedeutet demgegenüber, dass dieselbe Sache nicht noch einmal zum Gegenstand eines **anderen** Verfahrens gemacht werden darf. Beide Gesichtspunkte können in der Revision eine Rolle spielen: so weit innerhalb des vorliegenden Instanzenzuges Rechtskraft eingetreten ist, siehe z.B. oben e), kann auf Rechtsmittel hin nichts mehr an der Entscheidung geändert werden. So weit aber bei der Behandlung der Sache gegen die in einem anderen Verfahren entstandene Rechtskraft verstoßen wird, besteht das Verfahrenshindernis „ne bis in idem", ja schon die anderweitige **Rechtshängigkeit** verbietet eine Beurteilung derselben Sache im anhängigen Verfahren. Die Rechtskraftwirkung reicht hier so weit wie der Prozessgegenstand i.S. von § 264 StPO (siehe oben d), gilt aber insoweit nicht, als das Gericht aus Rechtsgründen gehindert war, die Tat unter einem bestimmten rechtlichen Gesichtspunkt zu prüfen.

Schwierigkeiten ergeben sich insbesondere im Rahmen der Organisationsdelikte (z.B. §§ 129, 129a StGB; hierzu in jedem Fall BGHSt 29, 288 und BVerfGE 56, 22 nachlesen) und Dauerdelikte (z.B. unerlaubter Waffenbesitz, unerlaubter Besitz von Betäubungsmitteln, Fahren ohne Fahrerlaubnis), wenn im unmittelbaren Zusammenhang mit diesen weitere (schwerere) Straftaten verübt werden. Ist beispielsweise eine Verurteilung wegen unerlaubten Besitzes einer Schusswaffe rechtskräftig und ergibt sich später, dass der Verurteilte in dem abgeurteilten Zeitraum mit derselben Waffe einen Mord begangen hat (vgl. oben Testfrage 10), so stellt sich die Frage des Strafklageverbrauchs für das Tötungsdelikt (verneinend BGHSt 36, 151, wo bei dieser Konstellation von jeweils selbständigen materiellrechtlichen Handlungen ausgegangen worden ist).

Die im Zusammenhang mit der **fortgesetzten Handlung** stehenden Rechtskraftprobleme dürften hingegen durch die Entscheidung des Großen Strafsenats (BGH NStZ 1994, 383) weitgehend an praktischer Bedeutung verloren haben.

Ob eine Sache von der Rechtskraft eines früheren Verfahrens umfasst wird und diese damit einer erneuten Strafverfolgung entgegensteht, hat der **neue** Tatrichter für sein Verfahren selbständig zu entscheiden. Er ist hierbei nicht an die rechtliche Beurteilung des anderen Gerichts gebunden.

g) Möglichkeiten der Beschränkung eines Rechtsmittels

Wird eine Entscheidung hinsichtlich eines abtrennbaren Teils des Prozessstoffes rechtskräftig, der auch Gegenstand eines eigenen Verfahrens hätte sein können, so spricht man von vertikaler Teilrechtskraft.

Beispiel: Hinsichtlich **eines** Angeklagten wird das Urteil rechtskräftig, hinsichtlich eines anderen erfolgt Anfechtung; oder: Von mehreren selbständigen Taten wird nur wegen einer oder einiger ein Rechtsmittel eingelegt.

Wird hingegen innerhalb ein und derselben Tat eines Angeklagten das Rechtsmittel beschränkt, es wird z.B. nur der Rechtsfolgenausspruch angefochten, dann spricht man von horizontaler Teilrechtskraft (weil hier die erforderliche Rechtskraft bei einem einheitlichen Komplex stufenweise herbeigeführt wird).

Eine Beschränkung des Rechtsmittels ist nur in bestimmten Grenzen möglich. Es kann z.B., weil es sich um von Amts wegen zu prüfende Umstände handelt, ein Rechtsmittel nicht so beschränkt werden, dass das Vorliegen von Verfahrensvoraussetzungen vom Revisionsgericht nicht überprüft werden dürfte. Im

Übrigen ist eine Beschränkung nur möglich auf einen logisch abtrennbaren Teil des Urteils. Verstößt eine Rechtsmittelbeschränkung hiergegen, dann ist aber nicht etwa das Rechtsmittel unzulässig, sondern nur diese Beschränkung unwirksam. Insbesondere kann das Rechtsmittel auf eine oder mehrere selbstständige Taten im Sinne von § 53 StGB beschränkt werden. Dies setzt aber voraus, dass das angefochtene Urteil die Konkurrenzfragen auch richtig entschieden hat. Hat z.B. das Urteil zu Unrecht Tateinheit angenommen, dann kann, weil für die Revisionseinlegung zunächst hiervon auszugehen ist, die Revision nicht vortragen, es liege Tatmehrheit vor und es werde auf eine der Taten beschränkt. Im umgekehrten Fall, wenn also das Urteil irrig von Tatmehrheit ausgeht, beurteilt das Revisionsgericht auch bei beschränktem Rechtsmittel die ganze einheitliche Tat.

Innerhalb des **Schuldspruchs** gibt es keine weitere Trennung mehr, da die einheitliche Tat unter jedem rechtlichen Gesichtspunkt zu überprüfen ist. Deshalb kann die Revision auch nicht beschränkt werden auf die Fragen: Tateinheit oder Tatmehrheit, Vorsatz oder Fahrlässigkeit, Gewerbsmäßigkeit. Innerhalb des **Rechtsfolgenausspruchs** ist eine weitgehende Trennung möglich. Das Rechtsmittel kann hier grundsätzlich auf einzelne Nebenfragen und Nebenfolgen beschränkt werden (zu den Einzelheiten vgl. die Kommentierung bei Meyer-Goßner § 318 Rn. 18 bis 30).

Die Grenzen der Möglichkeit von Rechtsmittelbeschränkungen gelten nun aber, darauf ist hinzuweisen, nicht etwa für die entsprechenden Revisionsrügen. Die betreffende Revisionsrüge braucht sich keineswegs nur auf den angefochtenen Teil oder die angefochtene Frage zu beziehen; so weit sie logischerweise weiterreicht, steht das der Beschränkung des Rechtsmittels nicht entgegen (die Ausnahme bei Verfahrenshindernissen wurde bereits oben behandelt). So kann z.B. eine fehlerhafte Besetzung des Gerichts gerügt werden bei einer lediglich wegen der Entziehung der Fahrerlaubnis eingelegten Revision (obwohl natürlich auch der Schuldspruch von der Besetzung des Gerichts betroffen würde; aber das Revisionsgericht hebt dennoch, wenn die Rüge durchgreift, nur den Rechtsfolgenausspruch wegen der Entziehung der Fahrerlaubnis auf und verweist zurück).

> **Testfrage 11:**
> Der Angeklagte ist wegen Beleidigung verurteilt worden, obwohl der Verletzte erst nach Ablauf der Antragsfrist Strafantrag gestellt hat. Der Angeklagte legt nur im Strafausspruch Revision ein. Wie lautet die Entscheidung des Revisionsgerichts, wenn es Rechtsfehler des Erstgerichts bei der Findung der Strafe entdeckt?

> **Testfrage 12:**
> Der Angeklagte wurde wegen Betrugs verurteilt. Die Staatsanwaltschaft ist der Meinung, dass in Tateinheit hiermit auch ein Vergehen der Urkundenfälschung vorgelegen habe. Sie legt deshalb Revision ein und beschränkt das Rechtsmittel auf die Verneinung der Urkundenfälschung, um zu verhindern, dass bei einem Erfolg der Revision und bei Aufhebung des angefochtenen Urteils die umfangreiche Beweisaufnahme zur Frage des Betrugs wiederholt werden muss. Geht ihre Rechnung auf?

h) Die Verjährung

Im Einzelnen muss hier auf die §§ 78 ff. StGB verwiesen werden. Die Verjährung wird in Übungsarbeiten häufig übersehen. Die Gefahr ist deshalb so groß, weil dieses Verfahrenshindernis nicht durch irgendein Prozessgeschehen eintritt, das die Aufmerksamkeit auf sich ziehen würde. Um so erstaunlicher allerdings, dass Kandidaten sogar dann versagen, wenn in einer prozessrechtlichen Arbeit ein für den Eingeweihten deutlicher Hinweis auf die Fragen der Verjährung enthalten ist: wenn nämlich im Sachverhalt Ereignisse erwähnt werden, die nach § 78 c StGB die Bedeutung einer Verjährungsunterbrechung haben können. Daraus ergibt sich: Auf die Verjährung ist immer dann, wenn der zu beurteilende Sachverhalt weiter als 3 Jahre (= kürzeste Verjährungsfrist) zurückliegt, besonders zu achten, umgekehrt aber ist, wenn die Verjährungsfrist überschritten wäre, sorgfältig zu untersuchen, ob nicht unterbrochen wurde. Zu beachten ist zudem, dass sich im Falle mehrerer Taten desselben Täters die Verjährungsfrist für jede Tat gesondert bestimmt, und zwar auch bei Tateinheit (§ 52 StGB), so dass eine früher verjähren kann als die andere.

i) Verschlechterungsverbot, § 331 Abs. 1 StPO

Zweifelhaft ist hier, ob es sich wirklich um ein Verfahrenshindernis handelt, wenn bei vorausgegangenem Berufungsverfahren die Vorinstanz das Urteil gegenüber der ersten Instanz im Strafausspruch unzulässig verschärft hat. Nach der Rechtsprechung des BGH ist jedenfalls ein Verstoß gegen § 331 StPO in der Revision von Amts wegen – d.h. ohne Erfordernis einer Verfahrensrüge – zu berücksichtigen (vgl. Meyer-Goßner § 331 Rn. 24).

Das Verbot der Schlechterstellung bezieht sich zunächst einmal nur auf Art und Höhe der Strafe. Auf die etwas spektakuläre Prüfungsfrage „wann kann jemand wegen Mordes zu einer Geldstrafe verurteilt werden?" soll hier nicht verzichtet werden: wenn nach einer Verurteilung des Angeklagten zu einer Geldstrafe etwa wegen fahrlässiger Tötung sich in der nächsten Instanz herausstellt, dass in Wirklichkeit Mord vorliegt, dann kann das Rechtsmittelgericht, wenn nur zugunsten des Angeklagten Rechtsmittel eingelegt war, diese Geldstrafe nicht verschlechtern, wohl aber kann und muss, sofern das Rechtsmittel auch den Schuldspruch ergriffen hat, dieser abgeändert werden, ohne dass die §§ 331, 358 Abs. 2 StPO entgegenstehen.

In diesem Beispiel sind die wichtigsten Fragen enthalten. Das Verschlechterungsverbot hat, das ist zunächst festzuhalten, mit dem Umfang der Rechtskraft nichts zu tun. So weit das Urteil rechtskräftig ist, kann eine Abänderung im Rechtsmittelverfahren nicht mehr erfolgen. Beschränkt sich das Rechtsmittel auf einen Teil der Straffrage, dann steht im übrigen auch die Strafe fest. Das Verbot der Schlechterstellung gewinnt überhaupt erst Bedeutung, wenn der Umfang des Rechtsmittels eine Nachprüfung und Abänderung des Urteils in dem in Frage kommenden Punkt an sich zuließe. Irreführend ist daher die vielfach gewählte Bezeichnung einer „einseitig beschränkten Rechtskraft" für das Verschlechterungsverbot (so aber BGHSt 11, 319, 322: „zugunsten des Angeklagten wirksam beschränkte Rechtskraft").

Das Verschlechterungsverbot greift dann, so weit überhaupt eine Änderung möglich ist, nur bei der Art und Höhe der Folgen ein. Eine Verschärfung des Schuldspruchs wird nicht ausgeschlossen, das Rechtsmittelgericht hat im Gegenteil einen unrichtigen Schuldspruch zu berichten. Dabei hindern auch etwaige unangenehme Folgen dieser Richtigstellung im Schuldspruch für den Angeklagten nichts: dass etwa der Angeklagte, ein Beamter, durch den verschlechterten Schuldspruch mit seiner Entlassung rechnen muss usw.

Zu beachten ist, dass bei Fortsetzungs- und Dauerstraftaten das Verschlechterungsverbot nicht für Tatteile gilt, welche **nach** dem Ersturteil begangen werden (Meyer-Goßner § 331 Rn. 10). In einem solchen Fall wäre allerdings auch die Aburteilung in einem neuen Verfahren möglich, weil der erstinstanzliche Schuldspruch die bis dahin gegebene Einheitlichkeit des Tatgeschehens unterbricht (Zäsurwirkung) und vom Strafklageverbrauch naturgemäß nur Vergangenes, nicht aber Zukünftiges erfasst werden kann (Meyer-Goßner § 264 Rn. 9). Zur Frage, welche Strafe im einzelnen die mildere ist, vergleiche die Kommentierung bei Meyer-Goßner § 331 Rn. 13 ff.

> **Testfrage 13:**
> Der Angeklagte ist wegen fahrlässigen Falscheides (§ 163 StGB) zur Freiheitsstrafe von 8 Monaten verurteilt. Er legt hiergegen unbeschränkt Berufung ein, der Staatsanwalt legt im Strafmaß Berufung ein. Das Berufungsgericht stellt einen Meineid (§ 154 StGB) fest. Wie muss das Berufungsurteil hinsichtlich des Schuldspruchs lauten und bis zu welcher Höchststrafe kann das Urteil gehen?

> **Testfrage 14:**
> Der Angeklagte ist wegen Raubes zu einem Jahr Freiheitsstrafe verurteilt. Er legt hiergegen im Strafmaß Berufung ein. Das Berufungsgericht entdeckt, dass in Wirklichkeit ein schwerer Fall von Diebstahl vorliegt, und ermäßigt die Strafe auf 4 Monate. Den Schuldspruch lässt es, da rechtskräftig, zutreffend bestehen. Die Staatsanwaltschaft legt Revision ein und erhebt die Sachrüge. Hat diese Erfolg?

II. Die sonstigen Verfahrensrügen

1. Absolute und relative Revisionsgründe

Hier ist zwischen den „absoluten" und „relativen" Revisionsgründen zu unterscheiden. Die absoluten Gründe finden sich in § 338 StPO. Liegt ein Verstoß i.S.d. § 338 StPO vor, führt die Revision grundsätzlich ohne weiteres zum Erfolg. Nach der Rechtsprechung darf in diesen Fällen ausnahmsweise nur dann von einer Urteilsaufhebung abgesehen werden, wenn das Beruhen des Urteils auf den Verstoß **denkgesetzlich** ausgeschlossen werden kann (vgl. BGH NJW 1977, 443). Allerdings muss das Urteil nicht immer im Umfang der Anfechtung aufgehoben werden. Hat sich der Verfahrensmangel nur auf einen abtrennbaren Teil – etwa nur auf den Rechtsfolgenausspruch oder auf eine von mehreren der ausgeurteilten Taten – ausgewirkt, so hat das Urteil im übrigen Bestand (vgl. BGH NJW 2003, 597). Demgegenüber ist bei allen übrigen Verfahrensverstößen nach § 337 Abs. 1 StPO erforderlich, dass das Urteil auch auf der Gesetzesverletzung **beruht**. Dies ist allerdings bereits dann der Fall, wenn ein Ursachenzusammenhang nicht auszuschließen ist. Im folgenden werden nur einige besonders wichtige absolute Revisionsgründe behandelt. Bei einer Prüfungsaufgabe empfiehlt sich aber immer ein kurzes Überfliegen der in § 338 StPO aufgezählten einzelnen Rügemöglichkeiten.

2. Einige absolute Revisionsgründe des § 338 StPO

Vorbemerkung:

§ 338 StPO enthält nicht selbst die Vorschriften, die ein bestimmtes Verhalten des Gerichts festlegen. Demgemäß kann auch nicht gegen § 338 StPO, sondern jeweils nur gegen die zugrundeliegenden Bestimmungen (etwa der StPO oder des GVG) verstoßen werden. Die Bedeutung von § 338 StPO liegt vielmehr darin, diese Verstöße zu **absoluten** Revisionsgründen zu erheben.

a) Unvorschriftsmäßige Besetzung des Gerichts (§ 338 Nr. 1)

Von Bedeutung ist in diesem Zusammenhang zunächst die Regelung des § 222 a StPO. Ist nach dieser Vorschrift die Mitteilung der Besetzung des Gerichts vorgeschrieben (dies ist allein in Verfahren im **ersten Rechtszug** vor dem Land- oder Oberlandesgericht der Fall), so ist eine Rügemöglichkeit nach § 338 Nr. 1 StPO nur dann eröffnet, wenn eine der Voraussetzungen in Buchstabe a bis d dieser Vorschrift vorliegt. Anderenfalls ist **Rügepräklusion** eingetreten (vgl. Meyer-Goßner § 338 Rn. 16). Des weiteren ist zu berücksichtigen, dass jedenfalls nach der Rechtsprechung nicht bereits jede inkorrekte Besetzung der Richterbank zu einer erfolgreichen Rüge nach § 338 Nr. 1 StPO führt. Vielmehr wird eine (objektiv) willkürliche Fehlbesetzung gefordert, die sich von den gesetzlichen Maßstäben völlig entfernt und unter keinem rechtlichen Gesichtspunkt mehr vertretbar erscheint (vgl. die Nachweise bei Meyer-Goßner § 338 Rn. 6 und § 16 GVG Rn. 6). So sind beispielsweise Verfahrensfehler bei der Beschließung des Geschäftsverteilungsplanes (§ 21 e GVG) oder bei der Schöffenwahl (§ 42 GVG) als solche nicht bereits geeignet, eine erfolgreiche Revision zu begründen, es sei denn, es liegen hier offensichtliche und besonders schwer wiegende Fehler vor (so z.B. im Fall der „Frankfurter Schöffenwahl", BGH NJW 1984, 2839).

b) Unzuständiges Gericht (§ 338 Nr. 4)

Diese Vorschrift hat nicht die große Bedeutung, wie man meinen sollte. Die Frage der sachlichen Zuständigkeit stellt bereits eine Verfahrensvoraussetzung dar und ist in jeder Lage des Verfahrens von Amts wegen zu prüfen, § 6 StPO. Für die Rüge der örtlichen Unzuständigkeit ist Voraussetzung, dass der Angeklagte bereits in erster Instanz einen entsprechenden Einwand vor seiner Vernehmung zur Sache geltend gemacht hat (§ 16 StPO), das gleiche gilt gem. § 6 a StPO auch für die Rüge der Zuständigkeit besonderer Strafkammern (§§ 74 Abs. 2, 74 a, 74 c GVG). Die im Verhältnis zu den Erwachsenengerichten vorrangige Zuständigkeit der Jugendgerichte soll demgegenüber **in der Revisionsinstanz** nur auf Rüge gem. § 338 Nr. 4 StPO, **im übrigen** aber in jeder Lage des Verfahrens von Amts wegen zu beachten sein (Meyer-Goßner Rn. 11 vor § 1 und § 338 Rn. 34).

c) Vorschriftswidrige Abwesenheit von Verfahrensbeteiligten (§ 338 Nr. 5)

Auch hier handelt es sich weitgehend schon fast um Prozesshindernisse. Entfernt sich einer der Prozessbeteiligten während der Verhandlung und wird ohne ihn verhandelt, dann fällt dieser Umstand sicher in einer Prüfungsaufgabe sofort auf. Einzelheiten ergeben sich aus den Kommentierungen. Von besonderer Bedeutung aber ist in diesem Zusammenhang das Fehlen eines **notwendigen Verteidigers**! Gegen

B. Die wichtigsten Rügen im einzelnen   193

§§ 226, 140 StPO ist nämlich nach überwiegender Meinung schon dann verstoßen, wenn ein Fall notwendiger Verteidigung vorliegt, das Gericht aber die Bestellung unterlässt (vgl. Meyer-Goßner § 226 Rn. 10). Hinzu kommt, dass es sich hierbei um ein unverzichtbares Recht des Angeklagten handelt. Also in diesem Punkt besondere Aufmerksamkeit bei der gutachterlichen Würdigung eines Strafverfahrens!

Ähnliches gilt für die Frage der Hinzuziehung eines **Dolmetschers.** Ist z.B. der Angeklagte der deutschen Sprache nicht hinreichend mächtig, so ist die Anwesenheit eines Dolmetschers durch Gesetz (§ 185 GVG) vorgeschrieben i.S. des § 338 Nr. 5 StPO und stellt seine Nichtanwesenheit demzufolge einen absoluten Revisionsgrund dar.

Eine häufige Fehlerquelle folgt auch aus der Möglichkeit der vorübergehenden Entfernung des Angeklagten während der Vernehmung eines Zeugen oder Mitangeklagten, § 247 StPO. Hier ist zu beachten, dass der Angeklagte nur während der Vernehmung als solchen ausgeschlossen werden darf. Andere Beweisvorgänge (z.B. Verlesung von Urkunden, Augenscheinseinnahmen, Vernehmung weiterer Zeugen) sind während der Abwesenheit des Angeklagten untersagt, und zwar auch dann, wenn sie für die Vernehmung sachdienlich wären (Beispiel: Augenscheinnahme von Lichtbildern über den Tatort; vgl. den instruktiven Fall BGH bei Becker NStZ-RR 2003, 3)

d) Verstoß gegen die Öffentlichkeit (§ 338 Nr. 6)

Zu beachten ist, dass hier nur die unzulässige **Einschränkung** der Öffentlichkeit gerügt werden kann, nicht also z.B., dass die Öffentlichkeit **nicht** ausgeschlossen wurde. Ein „Zu viel an Öffentlichkeit" kann allenfalls über § 337 StPO gerügt werden, d.h. es müsste das Urteil auf dem Verstoß beruhen. Weiter scheiden Fälle aus, in denen ein Verstoß nicht auf ein Verschulden des Gerichts, sondern z.B. nur auf ein Versehen des Gerichtswachtmeisters zurückgeht (vgl. Meyer-Goßner § 338 Rn. 49 u. 50). Zum notwendigen Revisionsvorbringen nach § 344 Abs. 2 S. 2 StPO zählt daher auch die Angabe der Tatsachen, aus denen sich ergibt, dass das Gericht den Verstoß zu vertreten hat (BayObLGSt 1994, 41). Für Rundfunkaufnahmen usw.: § 169 Satz 2 GVG. Zum Zustandekommen des Beschlusses über die Ausschließung der Öffentlichkeit: § 174 GVG.

Von Bedeutung ist, dass – so weit der Ausschluss der Öffentlichkeit auf § 171 b GVG beruht – die gerichtliche Entscheidung nach dem Abs. 3 dieser Vorschrift unanfechtbar ist. Gemäß § 336 S. 2 StPO kann daher auch nicht die Revision darauf gestützt werden, dass die Voraussetzungen des § 171 b GVG tatsächlich nicht vorgelegen haben.

e) Fehlen der Urteilsgründe und Fristüberschreitung (§ 338 Nr. 7)

Besondere Relevanz kommt hier der Frage der Fristüberschreitung zu. Nach § 275 Abs. 1 S. 2 StPO ist das (**fertige!**) Urteil spätestens 5 Wochen nach der Verkündung zu den Akten zu bringen. Diese Frist kann sich entsprechend der dort im weiteren getroffenen Regelungen bei Hauptverhandlungen, die sich über eine Vielzahl von Verhandlungstagen erstrecken, verlängern. **Fertig** ist das Urteil jedoch erst, wenn es von allen **Berufs**richtern (vgl. § 275 Abs. 2 S. 1 und 3 StPO), die an der Entscheidung mitgewirkt haben, unterschrieben worden ist (BGHSt 31, 212), und zwar nach Herstellung des endgültigen Textes! Ist ein Richter an der Unterschrift **verhindert,** so kann dies durch einen entsprechenden Vermerk des Vorsitzenden bzw. des ältesten beisitzenden Richters „ersetzt" werden (§ 275 Abs. 2 S. 2 StPO). Mit der Revision (Rüge: Verstoß gegen § 275 Abs. 1 i.V.m. § 338 Nr. 7 StPO) kann jedoch geltend gemacht werden, dass die Annahme der Verhinderung auf willkürliche, sachfremde Erwägungen beruht (BGH a.a.O., dort verneint in einem Fall, in welchem der Vorsitzende und ein Beisitzer einer Strafkammer wegen Teilnahme an einem Betriebsausflug des Landgerichts das Urteil nicht vor Ablauf der Frist unterschreiben konnten).

f) Unzulässige Beschränkung der Verteidigung in einem wesentlichen Punkt durch Gerichtsbeschluss (§ 338 Nr. 8)

Mit diesem „absoluten" Revisionsgrund ist der Übergang zu den relativen Revisionsgründen hergestellt. Da die Verteidigung in einem **wesentlichen** Punkt beschränkt sein muss, muss praktisch ein **Beruhenkönnen** des Urteils auf dem etwaigen Verstoß feststehen. § 338 Nr. 8 StPO ist auch nicht etwa selbst eine Vorschrift, gegen welche verstoßen werden kann. Vielmehr muss die Beschränkung der Verteidigung in dem Verstoß gegen eine sonstige Norm des Prozessrechts bestehen. Erste Voraussetzung ist grundsätzlich ein in der Hauptverhandlung ergangener Beschluss des Gerichts. Deshalb scheidet hier von vornherein alles aus, was überhaupt nicht in der Hauptverhandlung geschehen ist. Da etwaige Verstöße durch den Vorsitzenden grundsätzlich nicht ausreichen, muss der Verteidiger bereits in der Hauptverhandlung bei sachleitenden Anordnungen des Vorsitzenden auf einen Beschluss des Gerichts hinwirken (hierzu im einzelnen unbedingt die Kommentierung bei Meyer-Goßner § 238 Rn. 13 ff. und 22 nachlesen). Damit kommt der Vorschrift des § 238 Abs. 2 StPO in der Praxis große revisionsrechtliche Bedeutung zu.

Ausnahmsweise kann ein solcher Beschluss auch in einer stillschweigenden Ablehnung oder Übergehung des Antrags erblickt werden (Meyer-Goßner § 338 Rn. 60).

Die Verteidigung muss „unzulässig" beschränkt werden: zahlreiche für den Angeklagten vielleicht nachteilige Entscheidungen stehen im Ermessen des Gerichts und sind – von groben Fällen eines Ermessensfehlgebrauchs einmal abgesehen – zulässig.

Aus alledem ergibt sich, dass die Anwendbarkeit der Nummer 8 wesentlich eingeschränkter ist, als ihr Wortlaut im ersten Augenblick anzudeuten scheint. Es empfiehlt sich deshalb in Prüfungsaufgaben, vorrangig **die Verfahrensvorschrift** als Objekt der Rüge darzustellen, deren Verletzung ohnehin für eine Anwendbarkeit von § 338 Nr. 8 StPO gefunden werden muss. So z.B. sollte bei einer (aus der Sicht des Revisionsführers) unzulässigen Ablehnung eines Beweisantrages primär die Verletzung des § 244 Abs. 3 S. 2 StPO gerügt werden. Sind zudem auch die Voraussetzungen des § 338 Nr. 8 StPO gegeben (Gerichtsbeschluss), dann ist ergänzend auf diese Vorschrift hinzuweisen. In jedem Fall muss zur Kausalitätsfrage Stellung genommen werden, wobei – wie oben bereits ausgeführt – es keinen praktischen Unterschied macht, ob § 337 Abs. 1 StPO oder § 338 Nr. 8 StPO herangezogen wird.

3. Einige relative Revisionsgründe im einzelnen

a) §§ 52–58, 252 StPO (Vernehmung von Zeugen, Zeugnis- und Auskunftsverweigerungsrecht, Belehrung hierüber)

Zahlreiche Rügen beziehen sich auf die Vernehmung von Zeugen. Enthält eine Strafprozessarbeit die Niederschrift über die Hauptverhandlung, dann suchen Sie diese systematisch nach etwaigen Verstößen gegen die §§ 52 ff. StPO durch. Auch hier gilt wieder, dass der Fehler oft gerade darin liegt, dass nichts geschehen ist, wo etwas hätte geschehen sollen (z.B. unterbliebene Belehrung). Also besondere Aufmerksamkeit!

Zunächst ist das **Zeugnisverweigerungsrecht,** bei dem der Zeuge schlechthin jegliche Aussage verweigern kann (§§ 52–54 StPO) zu unterscheiden vom so genannten **Auskunftsverweigerungsrecht** (des § 55 StPO), bei dem der betreffende Zeuge nur die Auskunft auf einzelne Fragen verweigern kann, grundsätzlich aber zeugnispflichtig bleibt.

Über beide Möglichkeiten ist nach §§ 52 Abs. 3, 55 Abs. 2 StPO zu belehren. Hinzu kommt noch die allgemeine Belehrung nach § 57 StPO gegenüber allen Zeugen über ihre Wahrheitsverpflichtung.

Diese letztgenannte Belehrung wird in der Praxis besonders dann immer wieder übersehen, wenn sich ein Zeuge verspätet hat und sich erst nach der gegenüber den anderen Zeugen gemeinsam durchgeführten Belehrung einfindet.

Allerdings handelt es sich bei der Belehrungspflicht nach § 57 StPO um eine Ordnungsvorschrift und nach überwiegender Meinung auch im Falle des § 55 StPO lediglich um eine für den Angeklagten nicht revisible Schutzvorschrift zugunsten des Zeugen (sog. Rechtskreistheorie). Deshalb kann auch trotz Berufung auf § 55 StPO eine frühere Aussage dieses Zeugen in dieser Sache herangezogen werden, umstritten ist allerdings die Frage der Verlesbarkeit nach § 251 StPO (vgl. hierzu Meyer-Goßner § 251 Rn. 10).

Ist aber die Belehrung über das Zeugnisverweigerungsrecht (§ 52 StPO) unterblieben, dann darf die Aussage nicht verwertet werden, auch eine frühere im gleichen Verfahren gemachte Aussage ist unter dieser Voraussetzung unverwertbar. § 52 StPO dient **auch** dem Schutz des Angeklagten. Es kommt dabei nicht darauf an, ob das Gericht das Zeugnisverweigerungsrecht überhaupt erkennt oder hat erkennen können.

B. Die wichtigsten Rügen im einzelnen   195

Wurde umgekehrt versehentlich über ein gar nicht bestehendes Zeugnisverweigerungsrecht belehrt, dann kommt ein für das Urteil ursächlicher Verstoß nur in Betracht, wenn der Zeuge das Zeugnis auch verweigert hat: Die Revision kann dann gestützt werden auf eine Verletzung der §§ 244 Abs. 2, 245 StPO; das Gericht hat eine **gebotene** Zeugenvernehmung **unterlassen**.

Macht der Zeuge von seinem Verweigerungsrecht erst später Gebrauch, stellt sich das Problem der Verwertbarkeit früherer Aussagen. Nach § 252 StPO darf eine frühere Aussage dann nicht mehr **verlesen** werden.

Über dieses **Verlesungsverbot** hinaus begründet § 252 StPO aber auch ein allgemeines **Verwertungsverbot.** Es darf also die frühere Aussage auch nicht etwa durch Vernehmung des Vernehmungsbeamten in die Verhandlung eingeführt werden oder einem Zeugen oder dem Angeklagten vorgehalten werden usw. Bei dem **Verlesungsverbot** hat es sogar sein Bewenden, wenn der betreffende Zeuge von einem **Richter** unter ordnungsgemäßer Belehrung über sein Zeugnisverweigerungsrecht vernommen worden war. Die Aussage ist aber dann jedoch nach h.M. **verwertbar,** es kann nämlich (und muss, § 244 Abs. 2 StPO) der vernehmende Richter als Zeuge gehört werden und damit die frühere Aussage dieses Zeugen in den Prozess eingeführt werden, auch darf hier dem Vernehmungsrichter die protokollierte Aussage zur Gedächtnisstütze vorgehalten werden (zum gesamten Problemkreis vgl. Meyer-Goßner § 252 Rn. 13–15). Nach der neueren – umstrittenen – Rechtsprechung des BGH (vgl. hierzu das bei Meyer-Goßner § 252 Rn. 16a genannte ablehnende Schrifttum) kann der Zeuge auch trotz Geltendmachung des Zeugnisverweigerungsrechts die Verwertung der bei bei einer früheren nichtrichterlichen Vernehmung gemachten Aussage gestatten (vgl. BGHSt 45, 203), d.h. der Zeuge schweigt und es wird etwa eine polizeiliche Verhörsperson als Zeuge über den Inhalt einer früheren Vernehmung des Zeugen vernommen. Bei der Würdigung der Aussage ist jedoch der erheblich geringere Beweiswert zu beachten (BGH a.a.O. S. 208; BGH StV 2003, 601)

Bei mehreren Mitangeklagten ist, falls ein Zeuge nicht im Verhältnis zu allen Angeklagten ein Verweigerungsrecht hat, insoweit ein Verweigerungsrecht gegeben, als ein untrennbarer Zusammenhang mit der Tat der in Betracht kommenden Mitangeklagten besteht. Dies gilt selbst dann, wenn die Aburteilung in getrennten Verfahren erfolgt, sofern zwischen diesen zu irgendeinem Zeitpunkt eine prozessuale Gemeinsamkeit bestand (BGH NJW 1987, 1033).

Nicht um den Fall des § 52 (§ 252) StPO handelt es sich aber bei zufälligen Äußerungen des weigerungsberechtigten Zeugen gegenüber dritten Personen oder bei sonst außerhalb einer Zeugenvernehmung liegenden Äußerungen. Solche Äußerungen sind wiederum Wahrnehmungen durch andere Personen, diese Zeugen vom Hörensagen können über ihre Wahrnehmungen selbstverständlich vernommen werden. Nach der bisherigen Rechtsprechung zählten hierzu auch die gegenüber einem gezielt eingesetzten V-Mann abgegebenen Erklärungen (BGH NJW 1994, 2904). Das BVerfG hat hierin jedoch einen Verstoß gegen das Gebot des fairen Verfahrens gesehen (NStZ 2000, 489), so dass eine Verwertbarkeit nicht gegeben sein dürfte.

Besonderheiten gelten für die Vernehmung von Minderjährigen und unter Betreuung (§ 1896 BGB) stehenden Personen, vgl. § 52 Abs. 2 StPO.

Zu beachten ist auch, dass zeugnisverweigerungsberechtigte Personen ihre Untersuchung nach § 81c Abs. 3 S. 1 StPO verweigern können.

Testfrage 15:
Ein 13-jähriges Mädchen erscheint mit ihrer 18-jährigen Schwester bei der Polizei und erklärt, sie sei von ihrem Onkel, bei dem sie sich gerade in Ferien befinde, „unanständig angefasst" worden. Daraufhin werden beide Mädchen im Einzelnen vernommen, wobei die 18-jährige zwar keine eigenen Wahrnehmungen bekunden kann, ihr habe aber die jüngere Schwester die Vorfälle erzählt. In der späteren Hauptverhandlung leugnet der Angeklagte. Die 13-jährige verweigert das Zeugnis. Gegenüber der Aussage der 18-jährigen wendet der Angeklagte ein, es handle sich um einen Racheakt, weil er seine Nichte streng gehalten habe.
a) Durfte die 18-jährige Zeugin darüber befragt werden, was ihr ihre Schwester erzählt hatte?
b) Darf der ebenfalls als Zeuge geladene Polizeibeamte, der die Anzeige entgegengenommen hat, zu den Angaben der 13-jährigen Zeugin vernommen werden?

> c) Wie hätte das Verfahren gestaltet werden sollen, um in der Hauptverhandlung möglichst unabhängig von einer etwaigen Zeugnisverweigerung zu sein?

b) Vereidigung von Zeugen und Sachverständigen (§§ 59 ff., 79 StPO)

Früher gehörten Rechtsfragen im Zusammenhang mit der Vereidigung von Zeugen (und Sachverständigen) zu einer der beliebtesten revisionsrechtlichen „Spielwiesen". Nach dem Inkrafttreten des 1. Justizmodernisierungsgesetzes am 1. September 2004 dürfte sich diese Thematik weitgehend entschärft haben, da nunmehr die Vereidigung von Zeugen und Sachverständigen im Ermessen des Gerichts steht (§§ 59 Abs. 1 S. 1, 79 Abs. 1 StPO). Ein Grund dafür, dass der Zeuge vereidigt wird, braucht im Protokoll nicht anzugeben werden (§ 59 Abs. 1 S. 2 StPO)

Allerdings gelten die in **§ 60 Nr. 1 und 2 StPO** angeordneten Vereidigungs**verbote** fort. Diese Vorschrift bereitet in Examensarbeiten häufig Schwierigkeiten. Insbesondere rächt es sich oftmals, wenn die materiell-rechtliche Überprüfung des Sachverhalts nicht wenigstens in Gedanken bereits erfolgt ist. Dann wird nämlich gern der Verdacht der Teilnahme oder der Begünstigung beim Zeugen übersehen. Im einzelnen gilt folgendes: Tat ist hier der umfassende historische Vorgang im Sinn des § 264 StPO; der Tat- oder Beteiligungsverdacht kann auch ein „entfernter" sein. Eine etwaige Verfahrenseinstellung durch die Staatsanwaltschaft steht der Bejahung dieses Verdachts nicht entgegen. Für die Strafvereitelung und Begünstigung reicht nicht die in der Aussage selbst möglicherweise liegende Begünstigung aus, vielmehr muss diese vor der Aussage geleistet worden sein. Umstritten ist dies insbesondere in den Fällen, in denen die Aussage dem Angeklagten schon vorher zugesagt worden war, vgl. im einzelnen bei Meyer-Goßner § 60 Rn. 20 u. 21.

Ist ein Zeuge entgegen § 60 StPO vereidigt worden und wird dieser Fehler noch spätestens bis zur Beendigung der Urteilsverkündung entdeckt, dann bleibt nur ein entsprechender Hinweis an die Prozessbeteiligten übrig, damit diese sich gegebenenfalls mit Anträgen hierauf einstellen können. Schließlich muss das Gericht, mag dies auch eine Gehirnakrobatik bedeuten, diese Aussage nach besten Kräften so bewerten, als sei der Zeuge nicht vereidigt worden (was anderes sollte das Gericht denn machen? Viele Referendare widersprechen hier erfahrungsgemäß, wissen aber auch keine bessere Lösung).

Eine verbotswidrige Vereidigung bedeutet einen (relativen) Revisionsgrund. Das Verbot ist aber zwingend, so dass eine unterbliebene Beanstandung nach § 238 Abs. 2 StPO hier unschädlich ist (Meyer-Goßner § 60 Rn. 31 a.E.).

Nach § 61 StPO haben die in § 52 Abs. 1 StPO bezeichneten Angehörigen weiterhin das Recht, die Beeidigung des Zeugnisses zu verweigern; darüber sind sie zu belehren. Diese Belehrung muss neben der nach § 52 Abs. 3 StPO treten. Unterblieb sie und wurde vereidigt, dann liegt ein durchgreifender Revisionsgrund vor, wenn das Urteil auf der Aussage beruht; für den Angeklagten aber nur, wenn ihn die Aussage belastet hat (vgl. Meyer Goßner Rn. 3 zu § 63 StPO a.F.).

c) Ablehnung von Beweisanträgen (§ 244 StPO)

Schon früher wurde gezeigt, welche Anforderungen an eine entsprechende Rüge gestellt sind: Hier sind das bezeichnete Beweismittel nebst dem Beweisthema in die Revisionsbegründung aufzunehmen und die Ablehnung durch das Gericht und deren Begründung mitzuteilen.

Zunächst muss freilich ein ordnungsgemäßer Beweisantrag vorliegen, d.h. „ein in der Hauptverhandlung vor der Urteilsverkündung mündlich vorgetragenes ernst gemeintes Verlangen eines Verfahrensbeteiligten an das Gericht, es möge über eine **bestimmte** die Schuld oder Straffrage betreffende Behauptung mit einem **bestimmt bezeichneten** Beweismittel Beweis erhoben werden" (BGHSt 6, 129). Nicht ausreichend ist also der so genannte **Beweisermittlungsantrag,** der sich meist mit dem Wort „ob" verrät. Auch bloße Anregungen sind keine Beweisanträge. Sie sind aber vom Gericht im Rahmen des § 244 Abs. 2 StPO zu beachten und können evtl. bei Nichterhebung des Beweises die so genannte „Aufklärungsrüge" begründen (vgl. hierzu Meyer-Goßner § 244 Rn. 80 ff. sowie unten unter e).

Nach § 244 Abs. 6 StPO bedarf die Ablehnung eines **Beweisantrages** eines Gerichtsbeschlusses, der mit Begründung ins Protokoll aufzunehmen ist. Hilfsweise gestellte Beweisanträge, das sind insbesondere die für den Fall der Verurteilung gestellten Anträge, brauchen nur in den Urteilsgründen verbeschieden zu werden.

Unzulässige Beweisanträge (weil etwa der benannte Zeuge von seinem Verweigerungsrecht Gebrauch gemacht hat, weil das Beweisthema sich auf Tatsachen bezieht, die wegen Rechtskraft nicht mehr nachgeprüft werden können, weil ein Beweiserhebungsverbot besteht usw.) sind abzulehnen (§ 244 Abs. 3 S. 1). Im übrigen dürfen Beweisanträge nur aus den in § 244 Abs. 3 S. 2, Abs. 4 u. 5 StPO enthaltenen Gründen abgelehnt werden (vgl. im einzelnen auch den Teil „Die Hauptverhandlung in Strafsachen" S. 98 ff.). Im Einzelnen sei nur auf einige Punkte hingewiesen, die besonders häufig übersehen werden:

– **Offenkundigkeit:** Das sind allgemein bekannte Tatsachen (z.B. historische Vorkommnisse, einfache Naturgesetze usw.) oder jedenfalls dem Gericht **aus seiner Tätigkeit** sicher bekannte Tatsachen (Gerichtskundigkeit); hier ist Beweis nicht erforderlich. Die Verwertung offenkundiger Tatsachen oder Erfahrungssätze ist jedoch zuvor den Verfahrensbeteiligten in der Hauptverhandlung bekanntzugeben (vgl. Meyer-Goßner § 244 Rn. 3).

– **Ablehnung wegen Bedeutungslosigkeit:** Hier muss der Zusammenhang der bezeichneten Beweis**tatsachen** mit der abzuurteilenden Tat fehlen oder zumindest müssen diese Tatsachen trotz eines solchen Zusammenhanges von vorneherein ungeeignet sein, die Entscheidung irgendwie zu beeinflussen. Die Bedeutungslosigkeit darf jedoch nicht aus dem bisherigen Beweis**ergebnis** entnommen werden, dies wäre eine unzulässige Vorwegnahme der Beweiswürdigung. Auch darf sich das Gericht im späteren Urteil nicht in Widerspruch mit der im Ablehnungsbeschluss angegebenen Begründung setzen.

Praktische Bedeutung hat dieser Ablehnungsgrund auch im Bereich der sog. Indiztatsachen (zu diesem Begriff vgl. Meyer-Goßner § 261 Rn. 25): hier kann auch dann, wenn ein (mittelbarer) Zusammenhang zum Gegenstand der Urteilsfindung besteht, wegen Bedeutungslosigkeit eine Beweiserhebung abgelehnt werden, wenn die unter Beweis gestellte Indiztatsache selbst im Falle ihres Erwiesenseins die gerichtliche Entscheidung nicht beeinflussen könnte, weil sie nur einen möglichen, nicht aber zwingenden Schluss rechtfertigt und das Gericht den möglichen Schluss nicht ziehen will.

Beispiel: Die Verteidigung beantragt in einem Verfahren wegen Vergewaltigung die Erhebung von umfangreichen Zeugenbeweis zum Beweis der Tatsache, dass die Hauptbelastungszeugin (Tatopfer) vor der Tat umfangreiche Männerbekanntschaften unterhielt und zeitweilig auch der Prostitution nachging. Die Zielrichtung ist klar: diese Tatsachen sollen ein Indiz dafür darstellen, dass es auch bei der Tat einverständlich zum Geschlechtsverkehr gekommen ist. Dies ist aber allenfalls ein möglicher, keinesfalls jedoch ein zwingender Schluss. Das Gericht kann daher den Beweisantrag wegen Bedeutungslosigkeit ablehnen, wenn es auf der Grundlage des bisherigen Beweisergebnisses diesen Schluss nicht ziehen will.

– **Schon erwiesene Tatsachen:** Nicht umgekehrt, dass die Beweistatsache schon widerlegt sei (was oft verwechselt wird und wiederum eine unzulässige Beweisantizipation darstellen würde).

– **Völlig ungeeignete Beweismittel:** Anders als bei der Bedeutungslosigkeit ist hier das Beweis**mittel** unbrauchbar. Die Gefahr einer unzulässigen Vorwegnahme der Beweiswürdigung ist aber bei diesem Ablehnungsgrund besonders groß. Ein völlig ungeeignetes Beweismittel liegt nur vor, wenn aus bestimmten Umständen von vornherein sicher gesagt werden kann, dass das Beweismittel zur Feststellung der behaupteten Tatsachen völlig ungeeignet ist (ein Zeuge soll etwa zur Nachtzeit aus größter Entfernung mit bloßem Auge ein Detail beobachtet haben).

– **Prozessverschleppung:** Dieser Ablehnungsgrund ist angesichts der restriktiven Rechtsprechung des Bundesgerichtshofes (vgl. die Nachweise bei Meyer-Goßner § 244 Rn. 67 bis 69) weitgehend zur Bedeutungslosigkeit verdammt. Danach ist Voraussetzung zunächst, dass der Beweisantrag **ausschließlich** zur Verfahrensverzögerung gestellt wird. Hierbei ist die **Absicht des Antragstellers** maßgebend, d.h. wird der Antrag vom Verteidiger gestellt, so kommt es auf dessen Willensrichtung an. Ferner muss das Gericht auf Grund des bisherigen Beweisergebnisses **überzeugt** sein, dass die Beweiserhebung nichts zugunsten des Antragstellers ergeben wird und sich dieser auch dessen **bewusst** ist!

– **Die Wahrunterstellung:** Sie kann nur **zugunsten** des Angeklagten geschehen, andererseits muss es sich um eine erhebliche Behauptung handeln. Da aber selbstverständlich der Angeklagte auch nicht einfach mit einer Wahrunterstellung freigesprochen werden kann, sondern hierfür eine ordentliche Sachaufklärung vorliegen muss (andernfalls Rechtsmittel des Staatsanwalts), stellt die Wahrunterstellung in der Praxis ein Indiz dafür dar, dass das Gericht trotz dieser Wahrunterstellung zu einer Verurteilung zu kommen glaubt!

Die späteren Urteilsgründe dürfen der Wahrunterstellung dann aber auch nicht widersprechen!

d) Das präsente Beweismittel, § 245 StPO

Hier wird häufig übersehen, dass präsenter Zeuge, dessen Vernehmung nicht abgelehnt werden kann, nur der vom Gericht **geladene** und **erschienene** Zeuge ist (§ 245 Abs. 1 StPO), also nicht der vom Verteidiger lediglich mitgebrachte. In letzterem Fall müsste der Angeklagte einen förmlichen Beweisantrag stellen, der freilich gem. § 244 Abs. 3 StPO gegebenenfalls abgelehnt werden kann. Der Verteidiger hätte auch nach § 220 Abs. 1 StPO die **Ladung** dieses Zeugen selbst veranlassen können und so seine Vernehmung mittels eines Beweisantrages vorbehaltlich der in § 245 Abs. 2 S. 2 und 3 StPO verbleibenden Ablehnungsgründe erzwingen können. Andere Beweismittel müssen, um unter § 245 Abs. 1 StPO zu fallen, herbeigeschafft sein. Das gilt insbesondere für Urkunden. So weit diese in den Akten enthalten sind, sind sie nicht allein deshalb präsente Beweismittel. Solche Urkunden werden vielmehr erst dann „herbeigeschafft", wenn sich ein Prozessbeteiligter auf sie zum Beweis einer ganz bestimmten Behauptung beruft oder das Gericht zu erkennen gegeben hat, dass von ihnen in der Beweisaufnahme Gebrauch gemacht werden soll (BGHSt 37, 168).

e) Insbesondere die so genannte Aufklärungsrüge (§ 244 Abs. 2 StPO)

Sie wird in der Praxis arg strapaziert: verständlich, kann sie doch immer noch konstruiert werden, wenn sonst keine Angriffsmöglichkeit mehr gegeben ist. Aber für ihren Erfolg reicht das noch lange nicht.

Die Aufklärungspflicht des Gerichts geht keineswegs so weit, wie die Pflicht, förmlichen Beweisanträgen nach § 244 Abs. 3 S. 2 StPO stattzugeben. Es ist vielmehr im Einzelfall darauf abzustellen, inwieweit die dem Gericht bekannten Tatsachen (einschließlich Akteninhalt und Verfahrensablauf) es nahe legen, von einem Beweismittel zur Klärung einer Beweistatsache Gebrauch zu machen (BGHSt 3, 169). Da das Gericht durch § 244 Abs. 4 und 5 StPO beim Beweis durch Sachverständige, durch Augenschein und durch sog. „Auslandszeugen" wesentlich freier gestellt ist als bei sonstigen Beweisanträgen, hat die Aufklärungsrüge auch dort ihre größere Bedeutung. Ferner kann § 244 Abs. 2 StPO dem Gericht Nachforschungen zur Pflicht machen, die durch den Angeklagten nicht mit einem bestimmten Beweisantrag erzwungen werden können: so insbesondere, wenn der Angeklagte keine bestimmte Tatsache behaupten kann, vielmehr die Grundlage hierfür erst durch irgendwelche Beweismittel herbeigeschafft werden muss (Beweisermittlung). Hierher gehören auch die Möglichkeiten, durch Zeichnungen eine Sache besser aufzuklären, einen Zeugen während der Verhandlung zu irgendwelchen tatsächlichen Feststellungen wegzuschicken, ihm etwa die Beschaffung seiner Geschäftsunterlagen aufzugeben, Demonstrationen zu veranstalten oder Gegenüberstellungen durchzuführen usw.

Diese Vielseitigkeit ihres Anwendungsgebietes bringt aber bei der Aufklärungsrüge umgekehrt die große Gefahr einer nicht ordnungsgemäßen Begründung nach § 344 Abs. 2 StPO mit sich. Zahlreiche Aufklärungsrügen scheitern hieran. Eine ordnungsgemäße Rüge muss im einzelnen angeben, **was** das Gericht hätte klären sollen (detailliert!), welches **Beweismittel** es hierfür hätte heranziehen sollen, aus welchen Gründen sich dem Gericht diese Aufklärung hätte **aufdrängen** müssen (aus irgendwelchen Feststellungen in den Akten, aus Verhalten des Angeklagten oder Zeugen in der Verhandlung usw.) und welches Ergebnis von der unterbliebenen Beweiserhebung zu erwarten gewesen wäre (vgl. zu all dem Meyer-Goßner § 244 Rn. 81).

> **Testfrage 16:**
>
> a) Formulieren Sie eine Aufklärungsrüge bei folgendem Sachverhalt:
>
> Der leugnende Angeklagte wird wegen Raubes verurteilt. In der Hauptverhandlung fiel dem Gericht, wie sich aus den Urteilsgründen auch ergibt, merkwürdiges Verhalten des Angeklagten auf (öfters zusammenhangloses Lachen usw.). Das Gericht führt dies aber nur auf eine gewisse Verlegenheit und Unbeholfenheit vor Gericht zurück. Erst nach Urteilserlass beauftragen Verwandte des Angeklagten einen Rechtsanwalt und erzählen ihm, dass der Angeklagte auch sonst oft „wirres Zeug" rede, es möge Revision mit dem Ziel der Untersuchung des Angeklagten auf seinen Geisteszustand eingelegt werden.
>
> b) Liegt hier noch ein weiterer Revisionsgrund vor?

f) Verstöße in Zusammenhang mit dem Urkundenbeweis

Lesen Sie zunächst § 249 StPO. Der Wortlaut dieser Bestimmung enthält aber nicht etwa eine Gestattungsnorm, vielmehr ist dort das „Wie" des Urkundenbeweises geregelt. Die Bestimmung sagt nichts darüber aus, ob der Urkundenbeweis erhoben werden muss, darf oder ausgeschlossen ist. Eine Pflicht zur Erhebung des Urkundenbeweises ergibt sich im Einzelfall aus §§ 244 Abs. 2 u. 3, 245 StPO. Umgekehrt enthalten die §§ 250–256 StPO (für die 2. Instanz § 325 StPO) Einschränkungen gegenüber der Möglichkeit des Urkundenbeweises. Lesen Sie diese Bestimmungen. Dabei ist teilweise die Verlesung nicht als solche untersagt (§ 250 StPO), vielmehr ist genau genommen nur untersagt, von der persönlichen Einvernahme des Zeugen Abstand zu nehmen. Aus §§ 250, 251 StPO wird in der Regel das Gebot der Unmittelbarkeit (Unmittelbarkeitsgrundsatz) herausgelesen. Man mag diese Bestimmungen ruhig als einen gesetzgeberischen Ausdruck dieses Grundsatzes ansehen, wichtig ist aber, dass der Unmittelbarkeitsgrundsatz nicht unbedingt (nur) verknüpft ist mit den Vorschriften über den Urkundenbeweis. Unmittelbarkeit der Beweisaufnahme bedeutet vielmehr etwas Positives: Das erkennende Gericht – also nicht andere Personen, grundsätzlich auch nicht ein anderes Gericht – hat sich vom Vorliegen einer Tatsache möglichst umfassend und genau Kenntnis zu verschaffen und muss daher das beste verfügbare Beweismittel benützen, das ist bei Zeugen in der Regel der unmittelbare Zeuge, nicht bloß der Zeuge vom Hörensagen. Diese Pflicht ergibt sich aber einfach aus der Aufklärungspflicht des Gerichts: § 244 Abs. 2 StPO! Aus der gleichen Aufklärungspflicht folgt aber des weiteren, dass das Gericht gegebenenfalls auch mittelbare Zeugen vernehmen muss, dies ist keineswegs durch den Grundsatz der Unmittelbarkeit ausgeschlossen. Ganz im Gegenteil beruht der Ausgang des Prozesses oft mit Recht auf dem so genannten mittelbaren Zeugen. Sehen Sie sich daraufhin nochmals den Testfall 15 an, dort ist die Möglichkeit einer Verurteilung nur auf Grund der Zeugen vom Hörensagen angedeutet. Im übrigen scheint schon die Unterscheidung zwischen unmittelbaren und mittelbaren Zeugen sehr problematisch. Man kann diese Begriffe in Beziehung setzen zum eigentlichen, dem Angeklagten vorgeworfenen Tatgeschehen, man kann aber diese Unterscheidung ebenso gut für jede einzelne Tatsache, die bei der Beweisführung Bedeutung hat, treffen: Dann ist **unmittelbarer** Zeuge in obigem Testbeispiel 15 auch der Polizeibeamte und die 18-jährige Schwester der Verletzten; freilich nicht bezüglich der sexuellen Handlungen, wohl aber für den Zustand der Tatzeugin, für deren Äußerungen, für den Zeitpunkt ihrer Erzählung usw. Es kommt eben nur darauf an, welche Tatsache das Gericht durch den betreffenden Zeugen gerade aufzuklären versucht. Benötigt das Gericht ein Indiz für seine Beweiswürdigung, dann ist der für dieses Indiz unmittelbare Zeuge zu vernehmen, wenn er zur Verfügung steht, und nicht ein entfernter. Aus all dem folgt, dass unter Berufung auf den Unmittelbarkeitsgrundsatz nicht **die Benutzung** eines bestimmten Beweismittels (ob Zeuge oder Urkunde), sondern nur die **Nichtbenutzung** eines **anderen** Beweismittels mit der Revision gerügt werden kann, mit den Vorschriften über den Urkundenbeweis hat dieses Prinzip nichts zu tun. Das hat für die Begründung einer Revision die Folge, dass dort vorgetragen werden muss, welches weitere Beweismittel der Richter für welche Frage hätte benützen müssen und weshalb sich ihm dies auch aufgedrängt haben musste.

Das **Wie** des Urkundenbeweises besteht in der Regel im **Verlesen** (§ 249 Abs. 1 StPO). Die Verlesung (auch auszugsweise) wird durch den Vorsitzenden angeordnet (§ 238 Abs. 1 StPO), bei Beanstandung ergeht Gerichtsbeschluss (§ 238 Abs. 2 StPO). Daneben kann nach § 249 Abs. 2 StPO außer in den Fällen der §§ 253, 254 StPO von einer Verlesung abgesehen werden, wenn die Richter und Schöffen vom Wortlaut der Urkunde Kenntnis genommen haben und die übrigen Beteiligten hierzu Gelegenheit hatten. Dies ist in das Protokoll aufzunehmen, vgl. § 249 Abs. 2 S. 3 StPO.

Ein revisibler Verstoß gegen § 249 StPO liegt vor, wenn das Urteil einen Sachverhalt durch eine Urkunde als festgestellt ansieht, mittels der gar nicht in der nach § 249 StPO zugelassenen Form Beweis erhoben wurde. Das Unterlassen eines Urkundenbeweises kann wie jede andere unterlassene Beweiserhebung nach § 244 Abs. 2 u. 3, § 245 StPO gerügt werden, wobei über die allgemeinen Gründe für die Ablehnung eines Beweisantrages hinaus hier noch besondere Verbote des Urkundenbeweises nach §§ 250–256 StPO zu beachten sind (gegen §§ 244, 245 StPO kann nicht verstoßen werden, wenn die Erhebung des Beweises unzulässig ist). Zur – höchstrichterlich weitgehend noch nicht geklärten – Rügemöglichkeit bei Anordnung des Selbstleseverfahrens vgl. Meyer-Goßner § 249 Rn. 31.

Gegen die **Durchführung** eines Urkundenbeweises kann sich ein Prozessbeteiligter nach §§ 250–256 StPO gegebenenfalls mit der Revision wenden. Die einzelnen Fälle sind aber etwas unterschiedlich:

Wird bei **§ 250 StPO** unzulässigerweise, d.h. nicht durch § 251 StPO gedeckt, nur durch Verlesung der Niederschrift Beweis geführt, dann kann dies unter Berufung auf diese Bestimmungen gerügt werden (obwohl auch hier ganz genau genommen nicht die Verlesung, sondern die unterlassene persönliche Vernehmung Gegenstand der Rüge ist und damit gegen die Sachaufklärungspflicht in § 244 Abs. 2 StPO verstoßen wurde; aber die Sonderregelung der §§ 250, 251 StPO liefert hier einen eigenen Revisionsgrund). Beachten Sie hierzu: § 251 StPO (in der Neufassung durch das 1. Justizmodernisierungsgesetz) erlaubt nunmehr in den Fällen des Abs. 2 die Verlesung **richterlicher** Protokolle und in den engeren Grenzen des Abs. 1 auch die Verlesung **polizeilicher** Protokolle und sonstiger Urkunden zu Beweiszwecken. Das Fehlen des nach § 251 Abs. 4 S. 1 StPO notwendigen Beschlusses kann die Revision begründen (vgl. Meyer-Goßner § 251 Rn. 42). § 252 StPO enthält ein striktes Verlesungs- und Verwertungsverbot (hierzu bereits oben a).

§ 253 StPO:
Diese Bestimmung – die eine Kombination zwischen Zeugen- und Urkundenbeweis beinhaltet – erlaubt bei Erinnerungsschwierigkeiten oder bei Widersprüchen mit früheren Vernehmungen eine Verlesung des einschlägigen Teils einer Niederschrift über eine frühere (richterliche oder polizeiliche) Vernehmung **desselben** Zeugen. Dies hat aber mit dem häufig angewandten „Vorhalt" (dazu siehe unten g) nichts zu tun. Ein solcher mündlicher Vorhalt wird in diesen Fällen freilich in der Regel vorausgegangen sein. § 253 StPO greift dann ein, wenn trotz eines Vorhalts der Zeuge sich nicht mehr erinnert oder bei seiner von früher abweichenden Aussage bleibt. Dann kann entweder die Vernehmungsperson gehört oder durch den nach § 253 für zulässig erklärten Urkundenbeweis diese fragliche frühere Vernehmung in den Prozess eingeführt werden.

Eine solche Verlesung zu echten Beweiszwecken ist, anders als beim bloßen Vorhalt, der ebenfalls durch Verlesen geschehen kann, zu protokollieren. Immer aber handelt es sich hier um eine Verlesung der **eigenen** früheren Aussage dieses Zeugen, während beim Vorhalt auch Angaben anderer Personen dem betreffenden Zeugen oder dem Angeklagten vorgehalten werden können.

§ 254 Abs. 1 StPO:
Lesen Sie diese Bestimmung. Sie werden dann verstehen, dass der routinierte Staatsanwalt in schwer wiegenden Fällen, etwa Mord, einen geständigen Täter alsbald dem Ermittlungsrichter vorführen und dort das Geständnis im Rahmen einer **richterlichen** Vernehmung in die Niederschrift aufnehmen lassen wird!

§ 256 StPO:
Auch Gutachten sind grundsätzlich mündlich und persönlich zu erstatten. Eine Ausnahme besteht für die behördlichen und sonstigen in der durch das 1. Justizmodernisierungsgesetz neugefassten Bestimmung des § 256 StPO genannten Gutachten, Zeugnisse, Atteste, Berichte und Protokolle: hier muss dann aber das Gutachten oder Zeugnis auch wirklich von der Behörde als solcher abgegeben, d.h. vom Behördenvorstand oder einem befugten Vertreter unterschrieben sein (§ 256 Abs. 1 Nr. 1a StPO), darf also nicht, wie oft, von einem Angehörigen dieser Behörde als Privatperson abgegeben worden sein.

Bei den ärztlichen Attesten nach § 256 Abs. 1 Nr. 2 StPO ist zu beachten, dass deren Verlesung nur zulässig ist, wenn sie sich auf **Körperverletzungs**delikte beziehen, die nicht zu den schweren i.S.d. §§ 226, 227 StGB gehören. Konkurriert das Delikt der Körperverletzung mit einer anderen Straftat (z.B. mit § 177 StGB), so ist die Verlesung grundsätzlich unzulässig, es sei denn, es kann ausgeschlossen werden, dass dem Attest insoweit irgendeine Beweiswirkung zukommen kann (BGH NJW 1986, 1555).

g) Insbesondere der Vorhalt

Hierbei handelt es sich überhaupt nicht um ein Beweismittel, sondern um eine Vernehmungshilfe; der Vorhalt soll in diesem Zusammenhang nur deshalb behandelt werden, weil er in Übungsarbeiten (übrigens auch in der Praxis) oft fälschlich als eine Form der Beweiserhebung angesehen wird. **Beweismittel ist vielmehr nur das, was** auf den Vorhalt hin von der vernommenen Person **erklärt wird**. Der Vorhalt ist also nichts anderes als eine Frage (selbst wenn er unnötig durch teilweise Vorlesung einer Aussage usw. vorgenommen werden sollte) und so allgemein wie Fragen ist er deshalb auch zulässig. Der Richter kann hierbei seine Aktenkenntnis verwerten, die er nicht unmittelbar zur Urteilsgrundlage machen darf, hier können einem Zeugen die Aussagen anderer Zeugen oder irgendwelche Urkunden, Skizzen

B. Die wichtigsten Rügen im einzelnen

usw. vorgehalten werden. Nur schlechthin unverwertbare Unterlagen dürfen dabei nicht verwendet werden (Hauptfall: § 252 StPO). Misslingt der Vorhalt, weil der Zeuge weiterhin bei seiner abweichenden Darstellung bleibt oder sich nicht erinnern kann, dann kann gegebenenfalls § 253 StPO angewendet werden oder die frühere Vernehmungsperson vernommen werden. Dazu wird wegen § 244 Abs. 2 StPO in der Regel sogar eine Pflicht bestehen. Ist dann auf diese Weise die frühere Aussage ordnungsgemäß in den Prozess eingeführt, dann setzt die freie richterliche Beweiswürdigung ein, welche Feststellungen das Gericht aus den unterschiedlichen Aussagen entnehmen zu können glaubt.

> **Testfrage 17:**
> Der Angeklagte leugnet in der Hauptverhandlung, zur Tatzeit am Tatort gewesen zu sein. In einer früheren polizeilichen Vernehmung hatte er dies jedoch zugegeben. Es werden 2 Zeugen B und C vernommen, die den Angeklagten am Tatort gesehen haben wollen. Vor der Polizei hatten die beiden Zeugen die Kleidung des Angeklagten für die Tatzeit im wesentlichen gleich geschildert. In der Hauptverhandlung weicht der Zeuge C von dieser Schilderung ab. Auf Vorhalt seiner früheren Aussage erklärt dieser Zeuge, er könne sich jetzt einfach nicht mehr an die Kleidung erinnern, er habe sich aber früher wie heute um eine wahrheitsgemäße Darstellung bemüht. Der Angeklagte erklärt auf Vorhalt seiner früheren Aussage: „Das stimmt nicht." Darauf meint der Richter, man müsse eben die Hauptverhandlung unterbrechen und den Polizeibeamten als Zeugen herbeiholen.
> a) Hat er damit recht?
> b) Konnten dem Angeklagten auch die Vernehmungsprotokolle der Zeugen vorgehalten werden?
> c) Konnte dem C auch das Vernehmungsprotokoll und die Aussage des B in der Hauptverhandlung vorgehalten oder konnten die Vernehmungsprotokolle des B und des C nach § 253 StPO verlesen werden?

h) Verstoß gegen § 261 StPO (Mündlichkeitsgrundsatz)

In dieser Vorschrift ist sowohl die **freie Beweiswürdigung** durch das Gericht festgelegt (die Beweiswürdigung kann nur in ganz engen Grenzen angegriffen werden, siehe bei der Sachrüge), ferner ist hier das Mündlichkeitsprinzip normiert, wonach das Gericht nur auf den „Inbegriff der Verhandlung" seine Überzeugung stützen kann. Der Nachweis eines Verstoßes gegen diesen Grundsatz der Mündlichkeit – und ein solcher Nachweis ist für den Erfolg der Revision nötig – wird in der Regel nur gelingen, wenn das Urteil ausdrücklich Bezug nimmt auf Beweismittel, die nicht Gegenstand der Hauptverhandlung gewesen sind. Die „Fundgrube" für solche Verstöße ist in der Examensarbeit in der Regel der Absatz des angefochtenen Urteils, der etwa mit den Worten beginnt: „Dieser Sachverhalt steht fest zur Überzeugung des Gerichts auf Grund der eidlichen Aussage des Zeugen ... und der uneidlichen Aussage der Zeugen ... ferner ..." Hier ist genau, etwa an Hand des Protokolls über die Hauptverhandlung, nachzuprüfen, ob jeder im Urteil angeführte Zeuge auch wirklich vernommen wurde, ob er wirklich vereidigt wurde, ob die Urkunde auch wirklich verlesen wurde, ob die Vorstrafen auch wirklich festgestellt wurden, ob Gutachten eingeführt wurden, usw.

Hingegen kann die Revision nicht mit Erfolg geltend machen, ein Zeuge sei zu einem bestimmten Punkt überhaupt nicht vernommen worden, seine Aussage habe anders gelautet, als in den Urteilsgründen wiedergegeben usf. Das Revisionsverfahren ist eine reine Rechtsinstanz, eine Rekonstruktion der Beweisaufnahme ist daher nicht möglich. Anders verhält es sich nur, wenn beanstandet wird, das Urteil gebe in der Hauptverhandlung verlesene Zeugenaussagen oder den Wortlaut einer verlesenen Urkunde falsch wieder, denn in einem solchen Fall fehlt es bereits an der äußeren Grundlage für die richterliche Beweiswürdigung (vgl. hierzu Meyer-Goßner § 261 Rn. 38 a).

i) § 265 StPO (Hinweis auf die Veränderung des rechtlichen Gesichtspunkts)

Eine Bestimmung, die wohl jeder Examenskandidat kennt. Deshalb hier nur der kurze ergänzende Hinweis:

§ 265 StPO greift ein als Ergänzung zu § 264 StPO, wonach der Richter den Sachverhalt unter jedem rechtlichen Gesichtspunkt zu prüfen hat. Kommt freilich ein **neuer** Sachverhalt im Sinne von § 264 StPO in Betracht, dann kann nur die Nachtragsanklage innerhalb des gleichen Verfahrens diesen neuen Sachverhalt einführen. Bei der gleichen (prozessualen) Tat, aber bei anderer rechtlicher Qualifizierung, trifft hingegen § 265 StPO zu.

Trotz allgemeiner Kenntnis dieser Vorschrift wird ein etwaiger Verstoß hiergegen in den Übungsarbeiten immer wieder übersehen. Dies wieder einmal deshalb, weil hier der Fehler wirklich im „Fehlen", nicht in einem positiven Geschehen liegt. Es hilft nur eine **routinemäßige** Prüfung in **jedem** einzelnen Fall in der Form, dass zunächst ein Abgleich zwischen dem Schuldvorwurf in der zugelassenen Anklage und der Formel des angefochtenen Urteils vorzunehmen ist. Hierbei empfiehlt es sich wegen § 265 Abs. 2 StPO auch einen Blick in die Ausführungen des Urteils zur Strafzumessung zu werfen zur Überprüfung, ob sich evtl. neue rechtsfolgenverschärfende Umstände ergeben haben. Bei Divergenzen ist anschließend der Sachverhalt bzw. das wiedergegebene Sitzungsprotokoll darauf zu durchforsten, ob ein entsprechender rechtlicher Hinweis durch das Gericht erfolgt ist.

§ 265 StPO findet **entsprechende** Anwendung, wenn zwar der rechtliche Vorwurf keine Änderung erfährt, aber die **tatsächlichen** Grundlagen des Schuldvorwurfs sich **erheblich** ändern (vgl. die Beispiele aus der Rechtsprechung bei Meyer-Goßner § 265 Rn. 22). Auch bei sonstigen Änderungen der Sachlage wird der Angeklagte auf diese hinzuweisen sein, wenn dies für seine umfassende Verteidigung erforderlich ist und sich ihm die Änderungen nicht ohne weiteres aus dem Gang der Hauptverhandlung erschließen.

III. Die Sachrüge

1. Ziel und Anwendungsbereich

Mit ihr wird gesagt, das Gericht habe aus dem **von ihm selbst festgestellten Sachverhalt** falsche rechtliche Schlussfolgerungen gezogen. Diese Rüge hat also, das wird in vielen Revisionen verkannt, nicht zum Ziel, die Beweiswürdigung des Tatrichters anzugreifen. Ein Angriff gegen die Beweiswürdigung ist grundsätzlich nicht möglich; soweit die Rechtsprechung der Revisionsgerichte in engen Grenzen Ausnahmen hierzu macht, handelt es sich immer um Fälle, in denen genau genommen die Art der Überzeugungsbildung zu beanstanden ist, nicht etwa das bloße Ergebnis. In der praktischen Übungsarbeit ist die Möglichkeit einer Sachrüge daher allein im Urteil selbst zu suchen. Eine (angebliche) Divergenz zwischen den Urteilsfeststellungen und den aus dem Protokoll etwa ersichtlichen Zeugenaussagen oder aus dem sonstigen Text einer Arbeit ist bei dieser Frage ohne jede Bedeutung! Das soll beispielhaft verdeutlicht werden, weil es erfahrungsgemäß den Referendaren anfangs nicht recht eingehen will (sie sind vom Studium her gewöhnt, das Strafgesetz auf einen vorgegebenen Sachverhalt anzuwenden, der immer „richtig" ist, was für die Urteilsfeststellungen natürlich nicht so sicher gilt): Nach dem Aufgabentext leidet der Angeklagte an einer krankhaften seelischen Störung i.S.d. § 20 StGB; das Gericht kommt nach eingehender (freilich ohne Hinzuziehung eines Sachverständigen geschehener) Erörterung dieses Punktes zur Verneinung einer entsprechenden Erkrankung. Fast alle Kandidaten glauben nun, einen Verstoß gegen § 20 StGB rügen zu können. Das ist gerade nicht der Fall, weil das Gericht auf den von ihm festgestellten Sachverhalt – geistige Gesundheit des Angeklagten – das Recht richtig angewandt hat (Ablehnung von § 20 StGB). Was freilich unter Umständen gerügt werden kann, ist ein Verstoß gegen die Aufklärungspflicht, weil kein Sachverständiger hinzugezogen wurde.

Oder: Der Angeklagte wird trotz sehr widersprüchlicher Zeugenaussage für schuldig befunden. Viele Referendare machen hieraus eine verfehlte Sachrüge und meinen, das Gericht habe bei dieser Beweislage nicht schuldig sprechen dürfen.

> **Testfrage 18:**
> Wurde aber in dem eben genannten Fall nicht gegen den Satz „in dubio pro reo" verstoßen?

2. Unzureichende Sachverhaltsfeststellung des Tatrichters

Um aber die Subsumtion der Tatsachen unter das Recht überprüfen zu können, verlangen die Revisionsgerichte eine ausreichende Sachverhaltsfeststellung, und zwar über die gesetzliche Bestimmung in § 267 Abs. 1 StPO hinaus. Sind nicht einmal die Erfordernisse des § 267 Abs. 1 StPO erfüllt, dann liegt neben dem in der Regel gegebenen Sachverstoß auch ein Verfahrensverstoß gegen § 267 Abs. 1 StPO vor.

Des weiteren muss das Urteil die einzelnen Tatbestandsmerkmale, die objektiven und die subjektiven, mit eigenen Worten, also nicht mit formelhaften Wendungen umschreiben. Aber kein allzu pedantischer Maßstab! Wer hinter einem Baum hervorspringt, dem Opfer einige Messerstiche versetzt und dann dem Getöteten alle Wertgegenstände wegnimmt, hat selbstverständlich auch nach Ansicht des Tatrichters vorsätzlich gehandelt, selbst wenn hierüber im Urteil kein Wort steht. Insbesondere zum inneren Tatbestand wird in vielen Urteilen zumindest eine unklare, wenn nicht gar unrichtige Feststellung getroffen; um den Vorsatz des Täters zu belegen, wird häufig gesagt, der Angeklagte habe „wissen müssen, dass ...". Diese Formulierung lässt aber, mag es auch aus dem Zusammenhang anders entnommen werden können, immerhin offen, ob der Angeklagte diese sehr nahe liegende Kenntnis auch wirklich gehabt hat, ob er also nicht bloß fahrlässig gehandelt hat.

3. Unzureichende Ausführungen zur Beweiswürdigung

Aus § 267 StPO ergibt sich nicht unmittelbar, dass die Urteilsgründe auch die Beweiswürdigung des Gerichts wiedergeben müssen. Hieraus hat noch die ältere Rechtsprechung des BGH gefolgert, dass es z.B. nicht erforderlich sei, die Zeugenaussagen im Urteil ausdrücklich zu würdigen, vielmehr genüge es, wenn die Urteilsgründe die vom Gericht für erwiesen erachteten **Tatsachen** selbst genau bezeichnen (so BGH NJW 1951, 413). Insoweit ist jedoch ein grundlegender Wandel eingetreten. Nach der aktuellen Rechtsprechung des BGH liegt vielmehr grundsätzlich bereits ein sachlich-rechtlicher Fehler vor, der zur Aufhebung des Urteils führen muss, wenn die Beweisgründe im Urteil fehlen und die Urteilsgründe weder die Einlassung des Angeklagten wiedergeben noch diese unter Berücksichtigung der erhobenen Beweise würdigen (vgl. Meyer-Goßner § 267 Rn. 12). Der Tatrichter hat somit seine Überzeugungsbildung in nachvollziehbarer (und damit überprüfbarer!) Weise darzulegen, ohne allerdings selbstverständlich auf alle Einzelheiten eingehen zu müssen (siehe hierzu auch noch unten unter 4.).

4. Der Verstoß gegen Denkgesetze und Erfahrungssätze

Ist auch der Richter in der Beweiswürdigung grundsätzlich frei, so ist dies doch nicht dahin zu verstehen, als dürfte er schlechterdings unmögliche Schlüsse ziehen, ohne dass dies überprüft werden könnte. Daher werden bei der Sachrüge die Gedankengänge des Urteils zur Beweiswürdigung sehr wohl daraufhin untersucht, ob der vom Tatrichter gezogene Schluss etwa gegen die Gesetze der Logik verstößt, oder ob er allgemeine Erfahrungssätze missachtet; in solchen Fällen würde eben „Das Recht nicht richtig angewendet" (§ 337 Abs. 2 StPO). Um solche etwaige Fehler finden zu können, wird dann auch mit Recht verlangt, dass das Urteil wenigstens in groben Zügen die Beweiswürdigung durch den Richter erkennen lässt (so weit eben nach dem Sachverhalt erforderlich; Geständnis des Angeklagten im einen Fall – schwieriger Indizienbeweis im anderen Fall).

a) Verstoß gegen die Denkgesetze

Oft wird diese Rüge als letzte Rettung versucht. Selten aber wird wirklich ein solcher Verstoß vorliegen. Meist wird nämlich verkannt, dass ein Verstoß gegen die Logik nur gegeben ist, wenn der gezogene Schluss schlechterdings in dieser Weise gedanklich unmöglich ist, nicht aber, wenn die Logik auch andere Schlüsse erlaubt. Widersprechen sich z.B. die Angaben zweier Zeugen, dann kann nach der Logik die eine oder die andere oder gar keine der Aussagen richtig sein; unlogisch wäre demnach z.B., beide gleichzeitig für richtig zu halten oder zu glauben, es **könne** gar keine von beiden richtig sein. Die oft erhobene Rüge „dieser oder jener Schluss sei nicht zwingend, das Urteil verstoße daher gegen den Satz „in dubio pro reo" greift jedenfalls mit dieser Begründung weder unter dem Gesichtspunkt des Verstoßes gegen die Denkgesetze noch unter dem Gesichtspunkt „in dubio ..." durch. Im übrigen braucht die Beweiswürdigung eines Urteils keineswegs alle vom Gericht für seine Überzeugungsbildung herangezogenen Umstände zu umfassen; das wäre übrigens auch schlechterdings unmöglich.

Der wohl weiteste Einbruch in die freie Beweiswürdigung des Tatrichters ist in der Rechtsprechung der Revisionsgerichte dort vorgenommen worden, wo der Tatrichter eine nahe liegende Möglichkeit völlig übersehen hat. Aber auch hier gilt: der Tatrichter muss nicht alles Erdenkliche in seinem Urteil erörtern. Nur wo aus dem Urteil deutlich wird, dass die Beweiswürdigung des Richters beeinflusst ist von der Außerachtlassung einer anderen nahe liegenden Möglichkeit kann dies mit der Sachrüge bekämpft werden. Zumindest bedenklich und riskant ist daher die häufig in Urteilen zu findende Wendung: „... dies lässt **nur** den Schluss zu, dass ...". Kaum ein Ereignis lässt nur diesen und keinen anderen Schluss zu! Hingegen ist denkgesetzlich alles in Ordnung, wenn das Gericht diesen **nahe liegenden** Schluss und nicht einen anderen zieht.

Einige typische Denkverstöße sind: Rechenfehler, einander widersprechende Urteilsfeststellungen (Vorsicht bei der Strafzumessung, dort wird oft etwas zugunsten des Angeklagten unterstellt, was sich nicht mit den Feststellungen zur Schuld verträgt), der Zirkelschluss (das zu Beweisende wird im Rahmen der Beweiswürdigung als schon gegeben vorausgesetzt), die Begriffsvertauschung (innerhalb einer gedanklichen Deduktion wird ein weiterer Begriff durch einen engeren ersetzt oder umgekehrt; eine ohne Rücksicht hierauf gezogene Schlussfolgerung ist dann oft falsch). Hingegen handelt es sich nicht um Denkfehler, wenn auch oft als solche bezeichnet: einander widersprechende Unterstellungen zugunsten eines jeden von mehreren Angeklagten (resultierend etwa aus dem Prinzip „in dubio pro reo").

b) Verstoß gegen Erfahrungssätze

Das Recht wird auch nicht richtig auf den Sachverhalt angewendet, wenn dieser Sachverhalt nach der Lebenserfahrung sich einfach nicht so zugetragen haben kann oder wenn umgekehrt die Feststellungen des Richters auf einen angeblich zwingenden Erfahrungssatz gestützt sind, den es in Wirklichkeit nicht gibt.

Aber auch hier wieder Vorsicht! Was nach der Lebenserfahrung sehr unwahrscheinlich ist, ist deshalb keineswegs schon unmöglich (z.B. ein falsches Geständnis des Angeklagten). Das Revisionsgericht kann erst eingreifen, wenn z.B. die Urteilsfeststellungen einem physikalischen Erfahrungssatz widersprechen (es wird etwa trotz Fehlens von sichtbaren Beschädigungen am Wagen ein Frontalzusammenstoß bei hoher Geschwindigkeit angenommen usw.).

> **Testfrage 19:**
> Was halten Sie von der Revisionsrüge in folgendem Fall? Das Gericht glaubt dem Belastungszeugen mit der Begründung, es handle sich bei diesem Zeugen um einen Freund des Angeklagten, es sei daher nicht anzunehmen, dass dieser wahrheitswidrig zuungunsten des Angeklagten ausgesagt habe. Die Revision bringt vor: „Das Gericht schließt aus der Freundschaft des Angeklagten mit dem Zeugen, dass der Zeuge nicht wahrheitswidrig den Angeklagten belaste. Dabei unterstellt das Gericht, dass ein „Freund" einem anderen nicht auch übel gesinnt sein könne. Das ist aber nicht richtig".

5. Verstoß gegen den Satz „in dubio pro reo"

Dieser Satz dürfte dem sachlichen Strafrecht zuzurechnen sein und deshalb ist ein Verstoß hiergegen auf die Sachrüge hin zu berücksichtigen. Der Satz bedeutet, dass von mehreren (vom Tatrichter angenommenen!) tatsächlichen Möglichkeiten die dem Angeklagten günstigere genommen werden muss. Nicht bedeutet dieser Satz, dass sich der Tatrichter seinerseits aus allen denkbaren Möglichkeiten nur von der dem Angeklagten vorteilhaftesten überzeugen dürfe, und ebenso wenig greift er ein, wenn nach Ansicht des Revisionsführers der Richter hätte Zweifel haben sollen (aber nicht gehabt hat). Er gilt im Bereich des materiellen Strafrechts, und zwar für den allgemeinen und für den besonderen Teil (Ausnahmen hiervon sind gesetzliche Beweisregeln, wie z.B. in § 186 StGB). Nach überwiegender Meinung wird der Satz „in dubio pro reo" heute auch auf die meisten Verfahrenshindernisse angewandt (etwa bei Zweifel am Eintritt der Verjährung usw.), vgl. Meyer-Goßner § 261 Rn. 34.

Bei Zweifel über die Rechtzeitigkeit eines Rechtsmittels ist dieses als zulässig anzusehen. Der Satz „in dubio pro reo" gilt jedoch nicht bei (nach § 344 Abs. 2 StPO) zu rügenden Verfahrensfehlern: diese müssen, um die Aufhebung eines Urteils zu rechtfertigen, nach Überzeugung des Revisionsgerichts wirklich vorliegen.

Beispiele zu Verstößen gegen den Satz „in dubio pro reo" im materiellen Recht:
Die Urteilsgründe machen deutlich, dass das Gericht dem Angeklagten die Beweislast überbürdet, etwa mit den Worten „der Angeklagte konnte seine Alibibehauptung nicht beweisen". Hingegen kein Verstoß: „der Angeklagte hat keine Alibizeugen benennen können; das Gericht glaubt dem Zeugen X, der den Angeklagten am Tatort gesehen hat".

6. Häufige Fehler bei der Strafzumessung

Auf die (allgemeine) Sachrüge hin unterliegt auch die Strafzumessung der revisionsrechtlichen Überprüfung.

B. Die wichtigsten Rügen im einzelnen 205

Vorab ist auch bei den Strafzumessungsgründen zunächst im Auge zu behalten, ob die einzelnen tatsächlichen Feststellungen prozessordnungsgemäß getroffen wurden (es werden etwa Vorstrafen berücksichtigt, die gar nicht Gegenstand der Verhandlung waren: Verstoß gegen § 261 StPO). Andererseits ist auch hier – wie beim Schuldspruch – grundsätzlich ein Angriff gegen die Beweiswürdigung aussichtslos.

Im Übrigen gilt: Der Tatrichter ist bei der **Bewertung** der einzelnen Faktoren und damit bei der Findung der Strafhöhe weitestgehend frei. Die Strafbemessung ist – so die ständige Rechtsprechung – grundsätzlich Sache des Tatrichters. Das Revisionsgericht hat auch in Zweifelsfällen dessen Wertung hinzunehmen. Es darf nur eingreifen, wenn die Strafzumessungserwägungen des Urteils in sich rechtsfehlerhaft sind oder wenn der Tatrichter bei der ihm nach § 46 StGB obliegenden Abwägung wesentliche rechtlich anerkannte Strafzumessungsgesichtspunkte (z.B. Geständnis des Angeklagten, Schadenswiedergutmachung, erhebliches Mitverschulden des Tatopfers usf.) nicht bedacht hat. In krassen Ausnahmefällen kann das Revisionsgericht eine Strafe auch beanstanden, die bei Berücksichtigung des zur Verfügung stehenden Strafrahmens als unvertretbar hoch oder niedrig anzusehen ist, mithin sich von ihrer Bestimmung löst, gerechter Schuldausgleich zu sein (vgl. z.B. BGH NJW 1990, 846; 1995, 2234; Beispiel: Verhängung einer Freiheitsstrafe von 11 Monaten für die Abgabe von 1 g Haschisch). Zu beachten ist, dass je mehr sich die verhängte Strafe dem oberen oder unteren Rand des Strafrahmens nähert, desto höhere Anforderungen an eine erschöpfende Würdigung und umfassende Abwägung der Strafzumessungstatsachen zu stellen sein werden (BGH NStZ-RR 2003, 52).

Der Grundsatz, dass die Strafzumessung alleinige Aufgabe des Tatrichters ist, hat durch das 1. Justizmodernisierungsgesetz eine Lockerung erfahren. Nach § 354 Abs. 1 a StPO kann bei Rechtsfehlern, die nur die Bemessung der Rechtsfolgen betreffen, das Revisionsgericht von einer Aufhebung des Urteils absehen, wenn es die verhängte Rechtsfolge – trotz des Verstoßes – im Ergebnis als angemessen ansieht. Auf Antrag der Staatsanwaltschaft kann es die Rechtsfolgen auch angemessen herabsetzen. Ähnliche Regelungen sieht § 354 Abs. 1 b StPO für den Fall von Gesetzesverletzungen im Zusammenhang mir der Bildung einer Gesamtstrafe vor.

Zu den bei der Strafzumessung zu beachtenden Grundsätzen vgl. oben den Teil 3 „Strafurteil erster Instanz" S. 130 ff. Hier sollen nur einige typische, in der Praxis und in Übungsarbeiten immer wieder auftauchende Rechtsfragen behandelt werden:

– Der Tatrichter hat den gesetzlichen Strafrahmen nicht eingehalten oder ist erkennbar von einem falschen Strafrahmen ausgegangen.

Beispiel: Das Tatgericht hat den Angeklagten wegen Brandstiftung (§ 306 StGB) zu einer Freiheitsstrafe von 8 Jahren verurteilt. Aus den Urteilsgründen ergibt sich, dass es – fehlerhaft – von einem oberen Strafrahmen von 15 Jahren (statt: 10 Jahre) ausgegangen ist. Der Strafausspruch wird auf diesen Rechtsfehler regelmäßig beruhen (§ 337 Abs. 1 StPO), da die verhängte Strafe der Höchststrafe des § 306 StGB nahe kommt und damit nicht ausgeschlossen werden kann, dass das Gericht bei Zugrundelegung des korrekten Strafrahmens auf eine niedrigere Freiheitsstrafe erkannt hätte. Andererseits könnte bei einer Verhängung einer Freiheitsstrafe von nur 2 Jahren gegebenenfalls ein Beruhen ausgeschlossen werden, da sich das Tatgericht bei der Strafbemessung erkennbar an den unteren Strafrahmen (1 Jahr Freiheitstrafe) und nicht an die Höchststrafe orientiert hat.

– Das Tatgericht hat das Vorliegen besonderer gesetzlicher Strafmilderungsgründe bei der Festlegung des Strafrahmens nicht beachtet.

Beispiel: Der Tatrichter hat den Angeklagten wegen versuchten Totschlags aus dem Strafrahmen des § 212 Abs. 1 StGB zu einer Freiheitsstrafe von 9 Jahren verurteilt. Aus den Urteilsgründen ergibt sich, dass nicht ausgeschlossen werden kann, dass die Schuldfähigkeit des Angeklagte zum Tatzeitpunkt im Sinne des § 21 StGB erheblich vermindert war. Hier ist zu beachten, dass bei zweifacher Milderung nach §§ 23 Abs. 2, 21, 49 Abs. 1 Nr. 2 StGB das Höchstmaß des Strafrahmens des § 212 Abs. 1 StGB (15 Jahre Freiheitsstrafe) sich auf 8 Jahre 5 Monate Freiheitsstrafe ermäßigt. Zwar sind die Strafmilderungsgründe der §§ 21, 23 Abs. 2 StGB – anders als etwa bei der Beihilfe (vgl. § 27 Abs. 2 S. 2 StGB) – nicht zwingend. Will das Gericht jedoch von der Milderungsmöglichkeit keinen Gebrauch machen, bedarf es hierzu einer eingehenden Begründung.

– Der Tatrichter hat das Vorliegen von Sonderstrafrahmen für „minder schwere Fälle" (vgl. z.B. §§ 177 Abs. 5, 213, 250 Abs. 3 StGB) oder „besonders schwere Fälle" (z.B. §§ 177 Abs. 2, 243, 263 Abs. 3 StGB) nicht gesehen.

In dem vorausgegangenen Beispielsfall ist unter Umständen dem Tatgericht ein weiterer Fehler unterlaufen: Nach ständiger Rechtsprechung kann schon das Vorliegen nur eines sog. „vertypten Strafmilderungsgrundes" (d.h. eines solchen im Sinne des § 49 StGB) zur Annahme eines minder schweren Falles führen (vgl. z.B. BGH NStZ-RR 2004, 14). Das Gericht hätte daher das Vorliegen eines „sonstigen minder schweren Falles" im Sinne des § 213 2. Alt. StGB prüfen müssen. Ob allerdings der Angeklagte bei der Annahme eines minder schweren Falles nach § 213 StGB „besser fahren" würde, ist fraglich. Werden nämlich im Beispielsfall beide „vertypten Milderungsgründe" zur Bejahung eines minder schweren Falles des Totschlags herangezogen, so sind sie im Sinne des § 50 StGB „verbraucht", d.h. sie können nicht mehr zu einer Strafrahmenverschiebung nach § 49 StGB herangezogen werden. Es hätte daher bei dem Strafrahmen des § 213 StGB sein Bewenden, der bis zu 10 Jahre Freiheitsstrafe reicht und damit über dem oben bei zweifacher Strafmilderung nach § 49 StGB errechneten liegt (vgl. zu der gesamten Problematik Tröndle/Fischer § 50 Rn. 3 ff.).

Andererseits gibt das Vorliegen eines „vertypten Strafmilderungsgrundes" auch Anlass zur Prüfung, ob – trotz Vorliegens eines Regelbeispiels – ein besonders schwerer Fall (etwa nach § 243 Abs. 1 StGB) zu verneinen ist (vgl. BGH NStZ-RR 2003, 297).

– Verbot der Doppelverwertung, § 46 Abs. 3 StGB

Es liegt auf der Hand, dass Tatbestandsmerkmale, die die Strafbarkeit überhaupt erst begründen, nicht nochmals bei der Straffindung berücksichtigt werden dürfen. Ebenso leuchtet es ein, dass dem Angeklagten nicht angelastet werden kann, dass er die Tat überhaupt begangen hat. (zum Beispiel: „der Angeklagte hat sich auch nicht durch die vorangegangenen Fehlschläge von der weiteren Tatausführung abhalten lassen", BGH NStZ-RR 2001, 295). Trotzdem wird in der Praxis hiergegen immer wieder verstoßen. Eine Darstellung der Einzelfälle ist hier nicht möglich, insoweit muss auf die einschlägigen Kommentierungen (z.B. Tröndle/Fischer § 46 Rn. 77 ff.) verwiesen werden.

– Prozessverhalten des Angeklagten

Einem leugnenden Angeklagten kann grundsätzlich nicht angelastet werden, dass er weder Schuldeinsicht noch Reue zeigt. Straferschwerend darf bei ihm auch nicht berücksichtigt werden, dass er nicht bereit ist, Schadenswiedergutmachung zu leisten oder die Tatbeute herauszugeben (vgl. BGH NStZ 2003, 199). Auch der Umstand, dass er den Hauptbelastungszeugen als Lügner bezeichnet, wird regelmäßig als ein noch zulässiges Verteidigungsverhalten zu werten sein.

– Vorstrafen

Vorstrafen – auch nicht einschlägige – können selbstverständlich bei der Bemessung der Strafe berücksichtigt werden. Allerdings sind bei länger zurückliegenden Vorstrafen die Tilgungsfristen nach dem BZRG zu beachten. Getilgte oder tilgungsreife Vorstrafen dürfen nach der Regelung der §§ 51, 64a Abs. 3, 65, 66 BZRG nicht strafschärfend verwertet werden

– Kurze Freiheitsstrafen

Hier ist bei der Verhängung von Freiheitsstrafen unter 6 Monaten § 47 StGB zu beachten

7. Maßgebliches materielles Recht bei Gesetzesänderungen

Aus der Vorschrift des § 354a StPO folgt, dass das Revisionsgericht Änderungen des sachlichen Rechts auch dann zu berücksichtigen hat, wenn sie erst nach dem Erlass der angefochtenen Entscheidung in Kraft treten. Dies gilt auch für Rechtsänderungen, die nur den Rechtsfolgenausspruch betreffen. Besondere Bedeutung gewinnt diese Regelung im Hinblick auf die Bestimmung des § 2 Abs. 3 StGB.

Beispiel: Der Angeklagte wird mit Urteil vom 30. März 2003 wegen eines im Dezember 1997 begangenen schweren Raubes zu einer Freiheitsstrafe von 6 Jahren verurteilt. Das Landgericht stützt die Verurteilung – rechtlich korrekt – auf § 250 Abs. 1 Nr. 2 StGB in der bis zum 1. April 1998 (Inkrafttreten des Sechsten Gesetzes zur Reform des Strafrechts [6. StrRG]) geltenden Fassung, weil der Angeklagte bei dem Tatgeschehen eine (ungeladene) Pistole als Drohmittel eingesetzt hatte (zur Rechtslage nach

§ 250 StGB a.F. vgl. Tröndle StGB 48. Aufl. § 250 Rn. 5). Auf die Sachrüge wird das Urteil im Strafausspruch der Aufhebung unterliegen. Denn nach der Neufassung des § 250 StGB durch das 6. StrRG liegt, da eine ungeladene Schusswaffe keine „Waffe oder ein anderes gefährliches Werkzeug" im Sinne des § 250 Abs. 2 Nr. 1 StGB n.F. darstellt, lediglich ein Fall des § 250 Abs. 1 Nr. 1 b StGB n.F. vor, der eine Mindestfreiheitsstrafe von „nur" 3 Jahren (gegenüber 5 Jahre nach altem Recht) vorsieht. Das Revisionsgericht hat dieses mildere Recht gemäß § 354 a StPO i.V.m. § 2 Abs. 3 StGB anzuwenden und wird in aller Regel nicht ausschließen können, dass die Strafe bei Anwendung des milderen Strafrahmens des § 250 Abs. 1 Nr. 1 b StGB n.F. niedriger ausgefallen wäre (vgl. zu dem gesamten Problemkreis BGH NStZ 1998, 567; NStZ-RR 1998, 358; StV 1998, 485 und 486).

C. Aufbauhinweise für Examensklausuren mit revisionsrechtlich bezogener Fragestellung im Strafrecht

I. Aufgabenstellung 1: Die Erfolgsaussichten der eingelegten und begründeten Revision sind zu erörtern

1. **Förmlichkeiten der Revisionseinlegung und Begründung.**
   Welches Gericht ist zur Entscheidung zuständig?

2. Erörterung der **Prozessvoraussetzungen und Verfahrenshindernisse,** die von Amts wegen zu prüfen und deshalb auch ohne ausdrückliche Rüge zu berücksichtigen sind.
   Als solche kommen in Betracht:

   2.1 Deutsche Gerichtsbarkeit
   sachliche Zuständigkeit (§ 6 StPO i.V.m.d. GVG)
   in best. Grenzen örtl. Zuständigkeit (vgl. § 16 StPO).

   2.2 absolute Schuldunfähigkeit des Angeklagten (§ 19 StGB)
   Verhandlungsfähigkeit des Angeklagten
   Immunität
   Tod des Angeklagten

   2.3 anderweitige Rechtshängigkeit
   Rechtskraft, auch Teilrechtskraft
   sonstige Fälle beschränkten Strafklageverbrauchs oder einer Sperrwirkung (z.B. §§ 211, 174 Abs. 2, 153 a Abs. 1 S. 4 StPO)
   Verjährung (§§ 78 ff. StGB)
   Straffreiheit (Amnestie)

   2.4 Strafantrag bei Antragsdelikten
   Ermächtigung (vgl. §§ 97 Abs. 3, 104 a StGB)
   Bejahung des bes. öffentlichen Interesses durch die Staatsanwaltschaft (vgl. §§ 183 Abs. 2, 230 Abs. 1, 248 a, 303 c StGB)

   2.5 öffentliche Klage – ggf. Nachtragsanklage – oder Privatklage
   Eröffnungsbeschluss – ggfs. Einbeziehungsbeschluss –

   2.6 für das Rechtsmittelverfahren:
   wirksame Anfechtung
   Verbot oder Schlechterstellung (§§ 331, 358 StPO)

   2.7 bei besonderen Verfahrensarten deren Zulässigkeit (Privatklage, Nebenklage, Wiederaufnahme)

3. Stellungnahme zu den erhobenen **prozessualen Rügen**

   3.1 wurden sie ordnungsgemäß erhoben (§ 344 Abs. 2 StPO)?

   3.2 liegt ein Verfahrensverstoß vor und ist er bewiesen (Beweiskraft des Protokolls!)?

   3.4 kann der Rechtsmittelführer den Verfahrensverstoß rügen (Beschwer, Rechtskreistheorie, § 339 StPO, Verlust von Verfahrensrügen)?

   3.5 kann das Urteil auf dem Verfahrensverstoß beruhen (§§ 337, 338 StPO)?

4. Wenn **Sachrüge** erhoben ist: Untersuchung des Urteils in sachlicher Hinsicht.
Hier sollte neben der materiell-rechtlichen Überprüfung vor allem auf folgende Fragen geachtet werden:

4.1 Sind in den Urteilsgründen sämtliche (auch die subjektiven) Tatbestandsmerkmale festgestellt oder ist die Tatsachenfeststellung unzureichend?

4.2 Sind die Tatsachenfeststellungen der Urteilsgründe widersprüchlich, unklar, lückenhaft oder nur formelhaft?

4.3 Ist der Grundsatz „in dubio pro reo" verletzt?
Dies ist bei der Beweiswürdigung nur dann der Fall, wenn aus dem Urteil selbst hervorgeht, dass der Tatrichter von der Richtigkeit der Tatsachen, auf die er seine Entscheidung gegründet hat, nicht voll überzeugt gewesen ist (siehe oben unter B III 5). Darauf, ob der Angeklagte oder sein Verteidiger die Beweislage für zweifelhaft gehalten haben, kommt es nicht an.

4.4 Erfolgte bei der Beweiswürdigung ein Verstoß gegen Denkgesetze (zwingende Gesetze der Logik) oder Naturgesetze?
Stehen die Darlegungen im Widerspruch zu allgemein gültigen Erfahrungssätzen?
Enthält die Beweiswürdigung eine Begriffsvertauschung (-verwechslung) oder einen Zirkelschluss?

4.5 Sind die Ausführungen zur Rechtsfolgenbestimmung zu beanstanden?
Nicht erforderlich ist, dass sich das Urteil mit allen in Betracht kommenden Strafzumessungsgründen auseinander setzt; es kann aber die Revision begründen, wenn erkennbar sich aufdrängende Strafzumessungsgesichtpunkte gar nicht behandelt worden sind (BGH bei Dallinger MDR 1971, 721).
Dem Fehlen von Strafzumessungsgründen steht es gleich, wenn ein Urteil nur formelhafte Wendungen enthält (z.B. nur: Strafe von ... erschien schuld- und tatangemessen).
Zu den häufigsten Fehlern vgl. oben unter B III 6.

5. **Entscheidungsvorschlag**

6. **Hilfsgutachten**
Ausführungen zu nicht gerügten prozessualen Verstößen und zu materiell-rechtlichen Fragen, falls die allgemeine Sachrüge nicht erhoben wurde.

II. Aufgabenstellung 2: Fertigen Sie die Revisionsbegründung

1. **Adressat**
spätester Eingangszeitpunkt bei Gericht

2. **Revisionsanträge**

    2.1 Kassatorischer Teil (§ 353 StPO)
    Er ist grundsätzlich Zulässigkeitsvoraussetzung.

    2.2 begehrte Entscheidung zu den Folgen der Aufhebung (§§ 353 Abs. 2, 354, 355 StPO).

3. **Begründung der Revisionsanträge**

    3.1 Hinweis auf bestehende Verfahrenshindernisse oder fehlende Prozessvoraussetzungen.

    3.2 Verfahrensrügen, die Erfolg versprechen.

      3.2.1 Angabe von Tatsachen, in denen der Verfahrensverstoß zu sehen ist (§ 344 Abs. 2 S. 2 StPO).
      Bezugnahme auf Schriftstücke oder Urkunden reicht ebenso wenig aus wie der summarische Hinweis auf einen bestimmten Paragraphen (etwa § 265 StPO) oder ein gängiges Schlagwort (Aufklärungsrüge).
      Von einer Rüge kann nicht gesprochen werden, wenn die Tatsachen nicht bestimmt behauptet werden. Das Revisionsgericht prüft nicht auf eine entsprechende Anregung nach, ob in diesem Punkt ein Verstoß vorliegt oder nicht; vielmehr muss der Revisionsführer das tatsächliche Geschehen als bestimmt darstellen.

C. Aufbauhinweise für Examensklausuren

Die strenge Form des § 344 Abs. 2 S. 2 StPO gilt nicht für Rügen hinsichtlich Prozessvoraussetzungen und Verfahrenshindernissen, da diese vom Revisionsgericht von Amts wegen zu erörtern sind. Darauf ist vorab hinzuweisen (s. 3.1).

3.2.2 Des weiteren sollte, ohne dass dies eine Zulässigkeitsvoraussetzung für die Revision wäre – jedenfalls in der Klausur erfolgen:
  3.2.2.1 Angabe der Beweismittel (Hauptverhandlungsprotokoll).
  3.2.2.2 Ausführungen, gegen welche Norm verstoßen wurde.
  3.2.2.3 Darlegung, dass das Urteil auf diesem beruhen kann (§ 337 StPO setzt nur die Möglichkeit eines ursächlichen Zusammenhangs voraus).
  So weit sich der Verfahrensverstoß als absoluter Revisionsgrund i.S.d. § 338 Nr. 1–7 StPO darstellt, braucht der Beruhensfrage nicht weiter nachgegangen zu werden.

3.3 Bei materiell-rechtlichen Rügen genügt in der Praxis der Satz: „Ich rüge die Verletzung sachlichen Rechts".
In der Klausur hat aber – wie von einem ordnungsgemäß arbeitenden Rechtsanwalt und der durch Nr. 156 Abs. 2 RiStBV gebundenen Staatsanwaltschaft – eine umfassende Darlegung zu erfolgen, worin der Rechtsverstoß gesehen wird.
Dabei ist stets von der Frage auszugehen: Tragen die **im Urteil** festgestellten Tatsachen die daraus gezogenen rechtlichen Folgerungen?

4. Hilfsgutachten
  4.1 Förmlichkeiten der Zulässigkeit der Revision
  4.2 Erörterung der formellen Verstöße, auf die die Revision nicht gestützt werden kann:
    4.2.1 Heilung eingetreten.
    4.2.2 Vom Rechtsmittelführer nicht rügbar (vgl. Aufgabenstellung 1 unter 3.4).
    4.2.3 Urteil kann auf Fehler nicht beruhen.
  4.3 Erörterung der materiell-rechtlichen **Probleme,** bei deren Behandlung dem Gericht kein Fehler bei der Anwendung sachlichen Rechts unterlaufen ist.
    Ein Rechtsanwalt wird sich in strittigen Fragen auf die für seinen Mandanten günstige Rechtsansicht beziehen;
    es dürfen insoweit aber natürlich niemals abwegige Meinungen in die Revisionsbegründung aufgenommen werden.

III. Aufgabenstellung 3: Zur Vorbereitung einer Revisionsbegründung ist ein Gutachten über die materielle und prozessuale Rechtslage unter Berücksichtigung der Erfolgsaussichten des Rechtsmittels zu erstatten.

1. Zulässigkeit der Revision.
2. Erörterung der Prozessvoraussetzungen und Verfahrenshindernisse
3. Die Erörterung der prozessualen Fragen i.d.R. in chronologischer Reihenfolge. Ausgangspunkt stets: HV-Protokoll.
   Bei jedem Verstoß ist anzugeben, ob und gegebenenfalls von wem darauf mit Erfolg die Revision gestützt werden kann.
   Bisweilen kann es sich empfehlen, die materiell-rechtlichen Fragen vor den prozessualen zu erörtern, insbesondere wenn Probleme des § 244 Abs. 2 u. 3 StPO auftauchen.
4. Die Erörterung materiell-rechtlicher Probleme.
   4.1 Hat das Gericht auf den von ihm festgestellten Sachverhalt die von ihm herangezogenen Vorschriften zu Recht und richtig angewandt?
   4.2 Rechtfertigen die vom Vorderrichter festgestellten Tatsachen die Anwendung anderer Strafgesetze?
      Bei jedem Verstoß ist anzugeben, ob derjenige, der Revision einzulegen beabsichtigt, sein Rechtsmittel darauf mit Erfolg stützen kann.
5. Zusammenfassung der Verstöße, die zur Aufhebung des Urteils führen.

D. Lösungshinweise zu den Testfragen

Testfrage 1:

Für die **Behandlung als Berufung** nicht, § 317 StPO. Er muss jedoch bedenken, dass nach § 335 Abs. 3 S. 1 StPO **keine Umwandlung** der Revision in eine Berufung stattfindet, sondern vielmehr die Revision bedingt bestehen bleibt, bis entweder das Berufungsgericht sachlich entschieden hat oder die Berufung durch die Staatsanwaltschaft nicht mehr zurückgenommen werden kann (vgl. Meyer-Goßner § 335 Rn. 17). Nimmt die Staatsanwaltschaft z.B. die Berufung anschließend zurück, so lebt die Rechtsnatur des Rechtsmittels als Revision wieder auf. Ist dann eine Begründung in der Form und Frist des § 345 StPO nicht erfolgt, so würde die Revision als unzulässig verworfen, § 346 Abs. 1 StPO. Der Angeklagte wird daher zweckdienlicherweise das Rechtsmittel gem. §§ 344, 345 StPO durch seinen Verteidiger begründen lassen.

Testfrage 2:

Der Angeklagte muss sehr wohl befürchten, „schlechter wegzukommen"; freilich droht ihm keine Verurteilung wegen Diebstahls in einem schweren Fall, § 243 StGB. Der Nebenkläger kann seine Revision zulässigerweise nur auf die Freisprechung vom Vergehen der Körperverletzung – Nebenklagedelikt gem. § 395 Abs. 1 Nr. 1 c StPO – stützen. Die hierauf gestützte Revision ergreift aber notwendig auch den Freispruch von dem damit in Tateinheit stehenden Vergehen der Nötigung. Damit wird der Eintritt der Rechtskraft im Schuldspruch für beide Delikte verhindert und eine Verurteilung und Bestrafung des Angeklagten wegen beider Delikte wird im weiteren Verlauf nicht ausgeschlossen, da das Verschlechterungsverbot beim Rechtsmittel des Nebenklägers nicht eingreift (Folge: Gesamtstrafe nach § 53 Abs. 1 StGB voraussichtlich durch Erhöhung der für den Diebstahl ausgesprochenen Strafe). Hingegen ergreift die Revision des Nebenklägers nicht den Schuldspruch im Falle des Diebstahls, insoweit tritt Rechtskraft ein und das Urteil kann weder im Schuldspruch noch in der Straffolge hier abgeändert werden. Sollte der Nebenkläger zu diesem Punkt Rügen erhoben haben, so wären diese unzulässig und unbeachtlich.

Besser freilich kann der Angeklagte durch die Revision nicht wegkommen als bisher: Der Schuldspruch bezüglich des Diebstahls ist rechtskräftig, im Übrigen war der Angeklagte ja freigesprochen.

Testfrage 3:

a) Im regulären Instanzenzug nicht, da der BGH Revisionsgericht ist nur bei Anfechtung von erstinstanziellen Urteilen der großen Strafkammer. Es ist vielmehr (derzeit noch) das BayObLG in Bayern, sonst das übergeordnete OLG zuständig. Allerdings könnte dem BGH die Sache vom OLG bzw. BayObLG nach § 121 Abs. 2 GVG vorgelegt werden.

b) Der Strafrichter oder das Schöffengericht (vgl. § 76 Abs. 1 S. 1 GVG).

c) Seit der Neufassung des § 76 Abs. 1 S. 1 GVG nicht mehr, da nunmehr die große Strafkammer allein erstinstanzlich zuständig ist. Allerdings können jetzt im Einzelfall die kleine und große Strafkammer auch einmal die gleiche Besetzung aufweisen (vgl. § 76 Abs. 2 und 3 GVG).

Testfrage 4:

Erst am 4.10., weil der 3.10. ein gesetzlicher Feiertag (Tag der Deutschen Einheit) ist (§ 43 Abs. 2 StPO)

Testfrage 5:

Selbstverständlich ja! Nachdem bereits die allgemeine (unausgeführte) Sachrüge zu einer vollständigen Prüfung auf materiellrechtliche Verstöße durch das Revisionsgericht führt, haben Einzelausführungen nur die Qualität einer Anregung an das Revisionsgericht, eine bestimmte Rechtsfrage zu prüfen. Sie können daher bis zur Entscheidung des Revisionsgerichts „nachgeschoben" werden.

Testfrage 6:

Etwa:

„Der Angeklagte befindet sich in dieser Sache seit 1.8.2004 ununterbrochen in U-Haft. Die Hauptverhandlung fand am 4.11.2004 statt. Das Gericht hatte dem Angeklagten einen Pflichtverteidiger nicht beigeordnet. Der Angeklagte selbst hatte keinen Verteidiger beauftragt. An der Hauptverhandlung vom 4.11.2004 nahm daher kein Verteidiger teil. Damit hat das Gericht gegen § ..."

Testfrage 7:

Wenn nur diese einzige Rüge erhoben werden soll und tatsächlich erhoben wird. Dann nämlich läge mangels allgemeiner Sachrüge oder mangels sonstiger in der Form des § 344 Abs. 2 StPO erhobener Verfahrensrügen überhaupt keine zulässige Revision vor. Eine solche muss aber erst einmal vorliegen, um dem Revisionsgericht eine Nachprüfung der von Amts wegen zu berücksichtigenden Fragen zu ermöglichen.

Testfrage 8:

a) Die Antwort „nein" ist selbstverständlich schon aus der Fragestellung klar. Die Begründung lautet: Die kleine Strafkammer hat in dieser Aufzählung keinen Platz, weil sie **nur** als Berufungskammer tätig wird, während die sachliche Zuständigkeit die Verteilung unter **erstinstanziellen** Gerichten betrifft. Das OLG (bzw. das Bayer. Oberste Landesgericht) ist in der Aufzählung wegen seiner erstinstanziellen Zuständigkeit in manchen Staatsschutzsachen enthalten.

b) Ja, obgleich beide „das Amtsgericht" bilden (vgl. Meyer-Goßner § 25 GVG Rn. 1). Die Strafgewalt des Schöffengerichts geht jedoch weiter als die des Strafrichters. Der Strafrichter kann nämlich anders als das Schöffengericht keine **Verbrechen** aburteilen (vgl. den Wortlaut des § 25 GVG: „bei Vergehen"). Bezüglich der Rechtsfolgenkompetenz bestehen demgegenüber entgegen einem weit verbreiteten Irrtum keine Unterschiede: **beide** können Freiheitsstrafen von nunmehr bis zu vier Jahren verhängen, § 24 Abs. 2 GVG (vgl. auch Meyer-Goßner § 25 GVG Rn. 4).

Testfrage 9:

Es kommt – wie so häufig – darauf an!

Liegt zwischen der Fahrt in Würzburg und der Weiterfahrt nach Nürnberg mit anschließendem Unfall keine Unterbrechung, welcher nach Art und Dauer eine Zäsurwirkung zukommen könnte, dann wird durch die Trunkenheitsfahrt materiell-rechtlich Handlungseinheit begründet, die prozessual **eine** Tat i.S.d. § 264 StPO darstellt. Das Gericht muss dann den gesamten einheitlichen geschichtlichen Vorgang unter jedem rechtlichen Gesichtspunkt aburteilen, anderenfalls ist die Strafklage verbraucht. Dies gilt auch hinsichtlich des Unerlaubten Entfernens vom Unfallort (§ 142 StGB). Zwar wird insoweit aufgrund eines neuen Tatentschlusses materiellrechtlich Tatmehrheit (§ 53 StGB) anzunehmen sein, dies hindert jedoch nicht die Annahme **einer** prozessualen Tat (BGH NStZ 1983, 87). Eine Nachtragsanklage kommt, da die prozessuale Tat bereits angeklagt ist, nicht in Betracht. Es war lediglich § 265 StPO zu beachten.

Anders verhält es sich, wenn zwischen der Fahrt in Würzburg und dem nachfolgenden Geschehensablauf eine Zäsur gegeben ist, etwa: ein neuer Tatentschluss oder eine einschneidende Fahrtunterbrechung. Dann muss mangels Tatidentität Nachantragsklage erhoben werden. Es kann aber auch ein späteres Gericht die neue Tat aburteilen und gegebenenfalls eine (nachträgliche) Gesamtstrafe gem. § 55 StGB bilden.

Testfrage 10:

Der Verstoß gegen das WaffenG (Dauerdelikt) und die Tötungshandlung würden nach den allgemeinen Grundsätzen an und für sich wegen der zeitlichen Überschneidung in Tateinheit (§ 52 StGB) stehen. Der Bundesgerichtshof hat jedoch hier Tatmehrheit und damit zwei prozessuale Taten i.S.d. § 264 StPO angenommen, da das weitere Delikt (§ 211 oder § 212 StGB) das strafrechtliche Gewicht der Dauerstraftat erheblich übersteige und damit mit Beginn der Tötungshandlung eine Zäsur anzunehmen sei (BGHSt 36, 151). Danach könnte gegen eine Verurteilung des Angeklagten nicht unter dem Gesichtspunkt des Verbotes der Doppelbestrafung vorgegangen werden.

Testfrage 11:

Das Revisionsgericht kümmert sich um den Fehler bei der Straffindung überhaupt nicht. Das Verfahren ist vielmehr einzustellen. Von Amts wegen wird das Vorliegen des Strafantrags geprüft. Fehlt dieser, dann hat das Gericht den Fehler, so weit er reicht, also für die Schuldfrage und nicht nur für die

Straffrage, zu berücksichtigen. Voraussetzung ist lediglich eine zulässige Revision (vgl. Meyer-Goßner Einl. Rn. 151 und 154).

Testfrage 12:

Vielleicht, aber jedenfalls nicht aus dem angegebenen Grund. Die Beschränkung des Rechtsmittels ist unwirksam, da es um Tateinheit geht. Das Revisionsgericht prüft also die ganze Tat nach, übrigens auch zugunsten des Angeklagten (§ 301 StPO)! Stellt sich freilich heraus, dass die Feststellungen des Gerichts zum Betrug in Ordnung sind, dass sie aber bei richtiger Rechtsanwendung auch zur Verurteilung wegen Urkundenfälschung hätten führen müssen, dann mag sein, dass zwar das Urteil, nicht aber die zugrundeliegenden Tatsachenfeststellungen aufgehoben werden (vgl. § 353 Abs. 2 StPO) und dass eine Wiederholung der Beweisaufnahme vermieden wird.

Testfrage 13:

Es handelt sich um eine interessante Kombination von Problemen. Das Berufungsgericht wird, da das vorangehende Urteil unbeschränkt angefochten ist, den Schuldspruch in „Meineid" umändern. Das Verschlechterungsverbot hat hierbei überhaupt keine Bedeutung. Da der Staatsanwalt Berufung im Strafmaß eingelegt hat, kann die Strafe grundsätzlich auch verschlechtert werden. Aber es wäre selbstverständlich völlig ungerechtfertigt, den für Meineid geltenden Strafrahmen anzuwenden, denn dieser Strafrahmen ist gerade nicht durch das Rechtsmittel der Staatsanwaltschaft eröffnet worden und es würde sich sonst das Rechtsmittel des Angeklagten auch im Strafergebnis zu seinen eigenen Ungunsten auswirken. Daher ist nach h.M. (vgl. BGH NJW 1986, 332; BayObLG NStZ-RR 2000, 379) der Strafrahmen für fahrlässigen Falscheid einzuhalten, innerhalb dieses Rahmens allerdings kann dann sehr wohl eine Verschlechterung gegenüber der ursprünglichen Strafhöhe erfolgen (bis zur Freiheitsstrafe von 1 Jahr = Höchststrafe für fahrl. Falscheid, § 163 StGB).

Testfrage 14:

Ja. Das Berufungsgericht hat sich nicht an den Strafrahmen des § 249 StGB gehalten (untere Grenze 6 Monate, § 249 Abs. 2 StGB). Dieser ist mit dem rechtskräftigen Schuldspruch aus § 249 StGB unabänderlich und maßgebend. Die Anfechtung im Strafausspruch kann nur in den Grenzen zu einer Ermäßigung der Strafe führen, die durch den rechtskräftigen Schuldspruch gezogen sind.

Testfrage 15:

a) Ja, es handelt sich hier um zufällige Äußerungen außerhalb einer Vernehmung gegenüber einem Dritten. Übrigens liegt auch nicht etwa ein Verstoß gegen den Unmittelbarkeitsgrundsatz vor. Für die Erzählung der jüngeren Schwester ist vielmehr die 18-jährige Zeugin unmittelbare Zeugin. Eine andere Frage ist, inwieweit das Gericht hieraus das wirkliche Geschehen zweifelsfrei feststellen kann. Gegen das Prinzip der Unmittelbarkeit würde nur verstoßen, wenn die eigentliche Tatzeugin nicht vernommen würde, obwohl sie vernommen werden könnte.

b) Ja, aber nur zu seinen Wahrnehmungen außerhalb der eigentlichen Vernehmung (also darüber etwa, welchen Eindruck die Zeugin bei ihrem Erscheinen gemacht hat, ferner über ihre Äußerung, ihr Onkel habe sie „unanständig angefasst"). Vielleicht reicht das dann aus, aus der Erzählung der 18-jährigen Zeugin das Tatgeschehen zu rekonstruieren.

c) Die 13-jährige Zeugin hätte vom Ermittlungsrichter unter Belehrung nach § 52 Abs. 1 Nr. 3 StPO vernommen werden sollen. Hätte sie das Zeugnis dort verweigert, wäre vielleicht gar nicht angeklagt worden. Hätte sie ausgesagt, könnte jetzt ihre Aussage durch Vernehmung des Richters in den Prozess eingeführt werden. Je nach Stand der geistigen Reife des Kindes wäre ggfs. zusätzlich noch die Zustimmung des gesetzlichen Vertreters erforderlich (vgl. § 52 Abs. 2 StPO).

Testfrage 16:

a) (1) „Das Gericht hat den Angeklagten für voll schuldfähig gehalten. Auf Grund des merkwürdigen Verhaltens des Angeklagten – dieser hat in der Hauptverhandlung öfters zusammenhanglos gelacht – hätte das Gericht eine die Schuldfähigkeit ausschließende krankhafte seelische Störung in Erwägung ziehen müssen. Darüber hätte das Gericht Beweis erheben müssen durch Zuziehung eines Sachverständigen. Die eigene Sachkunde des Gerichts reicht hierfür nicht aus, jedenfalls hat das Gericht in den Urteilsgründen nichts dazu ausgeführt, inwiefern es etwa auf diesem Gebiet eine besondere eigene Sachkunde besitze. Das Gericht hätte zumindest, bevor es das Verhalten des Angeklagten lediglich auf seine Unbeholfenheit vor Gericht zurückführte, die Verwandten X und Y des Angeklagten als Zeugen hierzu hören müssen. Die Beweiserhebung hätte ergeben, dass der Angeklagte an einer Psychose aus dem schizophrenen Formenkreis leidet.

(2) Damit hat das Gericht gegen seine Pflicht aus § 244 Abs. 2 StPO verstoßen. Auf diesem Verstoß beruht das Urteil auch, da nicht auszuschließen ist, dass die unterlassene Aufklärung zur Feststellung der Schuldunfähigkeit des Angeklagten und damit zu seinem Freispruch geführt hätte".

b) Ja, notwendige Verteidigung: Absoluter Revisionsgrund gemäß §§ 338 Nr. 5, 140 Abs. 1 Nr. 2 StPO in Verb. mit §§ 249, 12 Abs. 1 StGB.

Testfrage 17:

a) Vielleicht, jedenfalls handelt er vorschnell. Die doppeldeutige Erklärung des Angeklagten ist zunächst einmal durch Befragen auf ihren Sinn hin zu klären. Nur wenn der Angeklagte damit sagen will, er habe sich anders als niedergeschrieben geäußert, bedarf es der Vernehmung des Polizeibeamten (eine Verlesung nach § 254 Abs. 1 StPO kommt nicht in Betracht, da kein richterliches Protokoll). Räumt der Angeklagte aber ein, wie niedergeschrieben ausgesagt zu haben, diese Aussage sei aber inhaltlich nicht wahr, dann kann das Gericht gegebenenfalls davon ausgehen, dass der Angeklagte das Niedergeschriebene auch gesagt hat und es kann möglicherweise in freier Beweiswürdigung die Täterschaft feststellen (der Polizeibeamte kann hierfür überhaupt nichts beisteuern).

b) Ja, für Vorhalte bestehen grundsätzlich keine Beschränkungen. Aber damit sind diese Vernehmungen nicht Beweisgrundlage, allenfalls das, was der Angeklagte hierauf einräumt.

c) Aus dem gleichen Grund wie bei b) konnte die Vernehmungsniederschrift des B dem C vorgehalten werden. Auch hier liegt aber kein Beweis durch den Vorhalt vor. Eine echte Beweisaufnahme durch Verlesung (§ 253 StPO) scheidet insoweit aus, weil es sich um die Vernehmungsniederschrift eines **anderen** Zeugen handelt. Hingegen konnte bei der Vernehmung des C dessen **eigene** frühere Aussage nach § 253 StPO verlesen und damit Beweisgegenstand werden. Ist dann auf diese Weise der Inhalt der früheren Aussage festgestellt, dann greift die freie richterliche Beweiswürdigung ein.

Testfrage 18:

Das hängt einzig und allein davon ab, was das Urteil zur Beweiswürdigung sagt. Nur wenn **hieraus** Zweifel **des Richters** erkennbar werden, verstößt der dennoch gefundene Schuldspruch gegen diesen Satz (Meyer-Goßner § 261 Rn. 26).

Testfrage 19:

Hier schiebt die Revision dem Gericht einen Erfahrungssatz unter, den dieses gar nicht aufgestellt hat. Das Gericht hat nicht geglaubt, dass ein Freund niemals einem anderen Freund übel gesinnt sein könne, es hat vielmehr nur im konkreten Fall den Schluss gezogen, dass dieser Freund mangels gegenteiliger Anhaltspunkte die Wahrheit gesagt habe. Also keine Aussicht auf Erfolg der Rüge.

10. Teil. Schwerpunkte der Strafverteidigertätigkeit

Inhaltsverzeichnis

1. Kapitel. Die Rechtsstellung des Strafverteidigers und das Mandatsverhältnis	216
A. Die Stellung und die Risiken des Strafverteidigers	216
I. Rechtliche Stellung	216
1. Der Streit um das „Organ der Rechtspflege"	216
2. Die Stellung des Verteidigers zum Beschuldigten	217
II. Rechte und Pflichten des Verteidigers	217
1. Die Rechte des Verteidigers	217
2. Die Pflichten des Verteidigers	218
III. Die Strafbarkeit des Verteidigers	219
1. Strafrechtliche Probleme bei der Verteidigung	219
a) Ehrverletzungsdelikte	219
b) Aussagedelikte	220
c) Nötigung und Erpressung	220
d) Strafvereitelung	220
e) Unerlaubter Verkehr mit Gefangenen	221
2. Eigennützige Delikte des Verteidigers	221
a) Delikte im Zusammenhang mit der Honorierung des Strafverteidigers	221
b) Verletzung und Verwertung fremder Geheimnisse	222
c) Parteiverrat	222
3. Teilnahmehandlungen	223
IV. Die zivilrechtliche Haftung des Verteidigers	223
B. Das Mandatsverhältnis	224
I. Die Wahlverteidigung	224
II. Die Pflichtverteidigung	225
2. Kapitel. Die Verteidigung im Ermittlungsverfahren	226
A. Die Stellung der Verteidigung im Ermittlungsverfahren	226
B. Die Tätigkeit der Verteidigung im Ermittlungsverfahren	226
I. Die Tätigkeit nach Innen	226
II. Die Tätigkeit nach Außen	227
1. Das Akteneinsichtsrecht	227
2. Weitere Ermittlungshandlungen des Verteidigers	228
III. Bestimmung von Verfahrensziel und Verfahrensstrategie	228
IV. Die Einlassung des Beschuldigten im Ermittlungsverfahren	229
1. Vernehmung durch die Polizei	229
2. Vernehmung durch die Staatsanwaltschaft	230
3. Vernehmung durch den Richter	231
3. Kapitel. Die Verteidigung in Haftsachen	231
A. Vorbemerkung	231
B. Die Kontaktaufnahme mit dem Beschuldigten	232
I. Vorläufige Festnahme des Beschuldigten	232
II. Ein Haftbefehlsantrag liegt vor bzw. ein Haftbefehl, der zu eröffnen ist	232
III. Ein Haftbefehl ist erlassen, der Beschuldigte ist flüchtig	232
C. Die Verteidigung gegen den Haftbefehl	233
I. Verteidigungsmöglichkeiten gegen den dringenden Tatverdacht	233
II. Verteidigungsmöglichkeiten gegen die Haftgründe	233
1. Haftgrund der Flucht	233
2. Fluchtgefahr	233
3. Verdunkelungsgefahr	234
4. Haftgrund der Tatschwere	234
5. Wiederholungsgefahr	235
III. Grundsatz der Verhältnismäßigkeit	235
IV. Prozessuale Mittel gegen den Erlass und die Aufrechterhaltung des Haftbefehls	236
1. Haftprüfung/mündliche Haftprüfung	236
2. Haftbeschwerde und weitere Haftbeschwerde	236
4. Kapitel. Die Verteidigung im Zwischenverfahren	237
A. Vorbemerkung	237
B. Verteidigungsziele	237
I. Ablehnung der Eröffnung	237
II. Teileinwendungen	238

5. Kapitel. Die Verteidigung im Hauptverfahren	239
A. Die Vorbereitung der Hauptverhandlung	239
I. Die Akteneinsicht	239
II. Die Überprüfung und Festlegung des Aussageverhaltens des Beschuldigten	239
1. Die Aussageverweigerung	239
2. Die Teileinlassung	239
3. Die Einlassung zur Sache	240
B. Die Verteidigung in der Hauptverhandlung	240
I. Anträge zu Beginn der Hauptverhandlung	240
II. Die Äußerung des Angeklagten	240
III. Die Beweisaufnahme	241
IV. Das Beweisantragsrecht	241
1. Die Anwendbarkeit des Beweisantragsrechts	241
2. Inhaltliche Anforderungen an den Beweisantrag	242
a) Beweismittel	242
b) Beweistatsachen	242
3. Der bedingte Beweisantrag	242
4. Das Selbstladungsrecht	243
V. Der Schlussvortrag	244
1. Rechtliche Grundlage	244
2. Taktik und Inhalt des Schlussvortrags	244
3. Aufbau des Schlussvortrags	245
a) Klärung von Vorfragen	245
b) Aufbauschema	245

1. Kapitel. Die Rechtsstellung des Strafverteidigers und das Mandatsverhältnis

A. Die Stellung und die Risiken des Strafverteidigers

I. Rechtliche Stellung

1. Der Streit um das „Organ der Rechtspflege"

Im Vergleich zur Tätigkeit eines Staatsanwalts und eines Richters, von denen in den vorherigen Kapiteln weitgehend die Rede war, liegt das Besondere der Verteidigertätigkeit darin, dass sie einseitig zugunsten des Beschuldigten ausgeübt wird. Diese Einseitigkeit ist als Gegengewicht zur Strafverfolgungsgewalt der staatlichen Strafverfolgungsorgane für die Sicherung des Gleichgewichts im rechtlichen Strafprozess unverzichtbar. Die Machtfülle, mit der die Strafverfolgungsorgane ausgestattet sind, beinhaltet immer die Gefahr, sich gegen den Beschuldigten zu kehren und jenes Gleichgewicht von gesellschaftlicher Sicherheit und individueller Freiheit zu stören, das die Leitidee des rechtsstaatlichen Strafverfahrens bildet (Ignor Jura 1990, 238). Deshalb wird der Verteidiger durch die Einseitigkeit, mit der er ausschließlich zugunsten des von den staatlichen Verfolgungsmaßnahmen betroffenen Mandanten am Strafprozess mitwirkt, seiner Funktion im Rahmen der Gesamtrechtsordnung gerecht (OLG Düsseldorf StraFo 1997, 333, 343).

Welche konkreten Aufgaben der Strafverteidigung dabei zuzusprechen sind, ist in den Einzelheiten umstritten. Nach herrschender Meinung ist der Verteidiger neben dem Gericht und der Staatsanwaltschaft **gleichberechtigtes Organ der Rechtspflege** (BVerfGE 38, 105, 119; BVerfGE 53, 207, 214; BGHSt 9, 20, 22; BGHSt 15, 326). Als unabhängiges Organ der Rechtspflege (§ 1 BRAO) steht er nicht unter der Kontrolle des Gerichts (BVerfGE a.a.O.). Er ist ausschließlich im Rahmen der Gesetze einseitig den Interessen seines Mandanten verpflichtet, muss für diesen alles Günstige vorbringen und ist berechtigt, an anderen Verfahrensbeteiligten, Zeugen oder Sachverständigen durchaus scharfe, nicht aber unsachliche Kritik zu üben. Zusätzlich soll ihn die Pflicht treffen, dafür zu sorgen, dass das Verfahren sachdienlich und in prozessual geordneten Bahnen durchgeführt wird (BGHSt 38, 111, 115). Dem Verteidiger wird somit eine Doppelfunktion zugesprochen, als „Organ der Rechtspflege" sowohl individuelle als auch öffentliche Aufgaben wahrzunehmen.

Diese so genannte „Organtheorie" hat aber keine ungeteilte Zustimmung erfahren, weil die begründete Sorge besteht, dass sie herangezogen werden könnte, um dem Verteidiger besondere Pflichten aufzugeben und ihn zu disziplinieren. Ihr entgegengestellt werden **„Interessen- und Vertretertheorien"**, die im Vordergrund die Aufgabe des Strafverteidigers, einseitig zugunsten des Beschuldigten tätig zu werden und diesen zu unterstützen, sehen. Eine besondere Ausprägung hiervon ist die „Vertragstheorie", welche die Stellung des Verteidigers ausschließlich im Sinne eines zivilrechtlichen Geschäftsbesorgungsvertrags sieht. Danach soll der Verteidiger von den Weisungen seines Mandanten abhängig sein, soweit nicht durch §§ 134, 138 BGB Grenzen gesetzt sind (LR/Lüderssen vor § 137 StPO Rn. 33 ff.).

Zusätzlich wird auch eine **„verfassungsrechtlich-prozessuale" Theorie** vertreten, wonach die Rechtsstellung des Verteidigers durch die Gesamtheit der die Verteidigung betreffenden Rechte und Pflichten definiert sei. Strafverteidigung soll demnach die Konkretisierung des grundgesetzlich verbürgten Rechts auf ein faires Verfahren sein, mit der Folge, dass die Grenze zwischen zulässigem und unzulässigem Verteidigerhandeln lediglich nach den Regeln der StPO zu bestimmen sei. Dies hätte zur Folge, dass unzulässiges oder gar strafbares Verteidigerhandeln solange nicht vorliegen kann, wie die Handlung prozessual zulässig ist. Lediglich Verteidigerhandlungen „jenseits aller denkbaren Verteidigungszwecke" könnten damit strafrechtlich relevant sein (Paulus NStZ 1992, 305, 310).

2. Die Stellung des Verteidigers zum Beschuldigten

Der Verteidiger ist Kraft seiner Stellung **Beistand** (§ 137 StPO) des Beschuldigten. Er kann in jeder Lage des Verfahrens aus eigenem Recht und im eigenen Namen in das Verfahren eingreifen, auch wenn der Beschuldigte nicht unterrichtet ist (BGHSt 26, 291, 298). Erklärungen des Verteidigers zur Sache sind nicht Erklärungen des Beschuldigten (BGH NStZ 1990, 447). Folgt man mit der herrschenden Meinung der Organtheorie, so ergibt sich aus der Stellung des Verteidigers als gleichgeordnetem Organ der Rechtspflege und der daraus resultierenden Verpflichtung, nur rechtlich erlaubte Mittel einzusetzen, dass der Verteidiger an Anweisungen des Beschuldigten nicht gebunden ist (BGHSt 13, 337, 343). Vielmehr handelt der Verteidiger unabhängig und in eigener Verantwortung. Er ist gerade nicht dessen Vertreter, sondern eigenverantwortlicher selbständiger Beistand (BGHSt 9, 356, BGHSt 12, 367, 369).

II. Rechte und Pflichten des Verteidigers

1. Die Rechte des Verteidigers

Die Strafprozessordnung hat nur in wenigen Vorschriften die Rechte des Verteidigers ausdrücklich geregelt. Dabei sind als wichtige Rechte beispielhaft aus allen Bereichen des Strafverfahrens anzusprechen

- das Akteneinsichtsrecht (§ 147 StPO)
- das Recht auf schriftlichen und mündlichen Verkehr mit den inhaftierten Beschuldigten (§ 148 StPO)
- das Anwesenheitsrecht bei richterlichen Vernehmungen eines Zeugen oder Sachverständigen (§ 168 c Abs. 2 StPO)
- das Recht auf Teilnahme am richterlichen Augenschein (§ 168 d Abs. 1 StPO)
- das Recht auf Ladung (§ 218 StPO) und das Recht auf Aussetzung der Verhandlung bei Nichteinhaltung der Ladungsfrist (§ 218 S. 2 StPO i.V.m. § 217 Abs. 2 StPO).
- das Beweisantragsrecht zur Vorbereitung der Hauptverhandlung (§ 219 StPO)
- das Recht auf Unterbrechung der Hauptverhandlung und Einsicht in die maßgebenden Unterlagen zur Überprüfung der Gerichtsbesetzung (§ 222 a Abs. 2 u. 3 StPO)
- das Recht auf Benachrichtigung vom Termin zu bestimmten richterlichen Ermittlungshandlungen (§ 224 Abs. 1 S. 1 StPO; § 225 StPO; § 233 Abs. 3 StPO)
- das Recht zum Kreuzverhör (bei übereinstimmendem Antrag mit der Staatsanwaltschaft, § 239 StPO)
- das Fragerecht (§ 242 Abs. 2 S. 1 StPO)
- das Beweisantragsrecht (§ 244 Abs. 3–5 StPO)
- Zustimmungsrechte bei der Verlesung von Urkunden (§ 251 Abs. 1 Nr. 1 StPO und § 251 Abs. 2 Nr. 3 StPO).
- das Erklärungsrecht (§ 257 Abs. 2 StPO)
- das Revisionsantrags- und Revisionsbegründungsrecht (§ 345 StPO)
- das Recht auf Anbringung eines Wiederaufnahmeantrags (§ 366 Abs. 2 StPO)

Mit den in der StPO ausdrücklich benannten Rechten des Verteidigers ist die Rechtsstellung des Verteidigers jedoch nicht abschließend beschrieben. Denn darüber hinausgehend ergeben sich seine Rechte aus der Rechtsstellung als freiem Organ der Rechtspflege und aus seinen gesetzlichen Aufgaben. Der Verteidiger ist daher zu allen Handlungen berechtigt, die dem Schutz und der Verteidigung des Beschuldigten dienen. Handlungen, die nur dem Beschuldigten, aber nicht dem Verteidiger zustehen (z.B. das Ablehnungsrecht gem. § 24 Abs. 3 StPO) kann er im Namen des Mandanten ausüben. Die Grenzen werden durch die strafrechtlichen Vorschriften und das Berufsrecht vorgegeben.

2. Die Pflichten des Verteidigers

Dem Strafverteidiger obliegen drei jeweils strafbewehrte Pflichten:

• Die **Wahrheitspflicht** (vgl. BGH NJW 72, 2114)

Als Organ der Rechtspflege darf der Verteidiger nicht lügen, Beweismittel nicht trüben, Sachverhalte nicht verdunkeln und ähnliche, die Wahrheitserforschung erschwerenden rechtswidrigen Handlungen verüben (BGHSt 9, 20, 22). Der Verteidiger darf allerdings auf die Richtigkeit von Informationen tatsächlicher Art des Mandanten vertrauen (BGHNJW 1985, 1154). Der Verstoß gegen die Wahrheitspflicht wird durch § 258 StGB (Strafvereitelung) unter Strafe gestellt.

• Die **Verschwiegenheitspflicht**

Der Verteidiger darf nichts mitteilen, was ihm im Mandatsverhältnis anvertraut wurde, es sei denn er wurde vom Mandanten hierzu autorisiert. Wegen der Verschwiegenheitspflicht darf der Verteidiger grundsätzlich nicht zur Überführung des Beschuldigten beitragen. Auch die Verletzung der Schweigepflicht wird gem. § 203 Abs. 1 Nr. 3 StGB unter Strafe gestellt. Mit der Verschwiegenheitsverpflichtung korrespondiert gleichzeitig das Recht des Verteidigers zu schweigen (§ 53 Abs. 1 Nr. 2 StPO), wobei allerdings zu beachten ist, dass das Verweigerungsrecht und die Schweigepflicht nicht deckungsgleich sind.

• Die **Fürsprachepflicht**

Als Beistand darf und muss der Strafverteidiger nur für den Beschuldigten tätig sein. Die Verletzung der Fürsprachepflicht steht gemäß § 356 StGB (Parteiverrat) unter Strafandrohung. Dem Verteidiger ist es allerdings nicht untersagt, im Einvernehmen mit dem Mandanten zugleich auch im zulässigen Rahmen die Interessen Dritter im Strafverfahren zu beachten.

Für die praktische Arbeit des Strafverteidigers haben diese Pflichten u.a. folgende wesentlichen Auswirkungen:

Der Verteidiger darf demnach

- von einem Geständnis abraten,
- Zeugen darüber informieren, dass ihnen ein Zeugnisverweigerungsrecht zusteht und diese bitten, von diesem Recht Gebrauch zu machen und
- auf Freispruch plädieren, auch wenn der Beschuldigte gegenüber seinem Verteidiger die Tat eingeräumt hat (der Verteidiger ist hierzu nicht nur berechtigt, sondern sogar verpflichtet, wenn die Beweise zu einer Überführung nicht ausreichen),

Dem Verteidiger ist es hingegen untersagt,

- zum wahrheitswidrigen Widerruf eines Geständnisses zu raten,
- eine Falschaussage herbeizuführen,
- Beweismittel zu beseitigen und
- Verdunkelungshandlungen des Angeklagten zu fördern oder diese selbst vorzunehmen.

Neben diesen strafbewehrten Pflichten des Verteidigers bestehen aber auch „**prozessuale Obliegenheiten**", deren Nichtbeachtung zwar nicht zu einer Sanktion führen, aber zu einem möglichen Rechtsverlust für den Mandanten. Der Verteidiger hat die grundsätzliche Verpflichtung, den Beschuldigten bestmöglich zu verteidigen (§ 43 BRAO: „*Der Rechtsanwalt hat seinen Beruf gewissenhaft auszuüben*"). Er hat die Verteidigung so zu führen, dass es nicht infolge von Nichtbeachtung prozessualer Verpflichtungen zu einem Rechts- oder Rügeverlust für den Beschuldigten kommt. In diesem Zusammenhang ist anzusprechen das so genannte Beanstandungsrecht gem. § 238 Abs. 2 StPO, mit dessen Ausübung als Zwischenrechtsbehelf in der Hauptverhandlung erst die Voraussetzung dafür geschaffen wird, dass in einem späteren Revisionsverfahren bestimmte Geschehensabläufe überprüfbar sind. Insbesondere ist aber zu erwähnen die so genannte Widerspruchslösung des BGH (BGHSt 38, 214), die als Voraussetzung für eine mögliche Unverwertbarkeit von bestimmten Handlungen vor der Hauptverhandlung voraussetzt, dass in der Hauptverhandlung rechtzeitig der Verwertung durch das Tatgericht widersprochen wird (vgl. zum Ganzen auch Basdorf, formelle und informelle Präklusion im Strafverfahren – Mitwirkungspflichten und gesteigerte Verantwortung des Verteidigers, in: Schriften der Strafverteidigervereinigungen, 21. Strafverteidigertag 1997, S. 153 ff.).

III. Die Strafbarkeit des Verteidigers

Bereits aufgrund der einseitigen Interessenausrichtung des Rechtsanwalts zugunsten des Mandanten ergibt sich gerade im Strafverfahren für den Verteidiger die Gefahr, die Grenzen zulässigen Vorgehens oder Verhaltens zu überschreiten. Verteidigung erfolgt nicht im rechtsfreien Raum. Die einseitige Interessenvertretung findet vielmehr dort ihre Grenzen, wo der Rechtsanwalt mit seinem Vorgehen oder Verhalten zugunsten des Mandanten das nach dem Straf- oder Berufsrecht Zulässige überschreitet. Grundsätzlich kommt bei einem Strafverteidiger dabei die Verletzung jeder möglichen Strafrechtsnorm in Betracht. Dennoch gibt es aber drei Problemfelder, in denen besondere Schwierigkeiten bei der rechtlichen Einordnung von Sachverhalten auftreten können. Dabei handelt es sich zum einen um strafrechtlich relevante Verhaltensweisen bei der Verteidigung des Beschuldigten. Zum anderen kann es um eigennützige Taten des Verteidigers gehen, die sich sogar gegen den Mandanten richten können und darüber hinausgehend ist die generelle Problematik möglicher Teilnahmehandlungen anzusprechen.

Strafrechtlich relevante Verhaltensweisen bei der Verteidigung können vor allem begangen werden durch:

– Ehrverletzungsdelikte, §§ 185 ff. StGB,
– Aussagedelikte, §§ 153 ff. StGB,
– Nötigung und Erpressung, §§ 240, 253 StGB,
– Strafvereitelung, § 258 StGB,
– daneben bietet die Ordnungswidrigkeit des unerlaubten Verkehrs mit Gefangenen, § 115 OWiG, besondere Gefahren.

Im Bereich der **eigennützigen Delikte** sind als Straftatbestände insbesondere von Bedeutung:

– Delikte im Zusammenhang mit der Honorierung des Strafverteidigers (Hehlerei, § 259 StGB; Geldwäsche, § 261 StGB; Gebührenüberhebung § 352 StGB; Betrug § 263 StGB; Gläubigerbegünstigung § 283 c StGB)
– Verletzung und Verwertung fremder Geheimnisse (§§ 203, 204 StGB)
– Parteiverrat (§ 356 StGB)

1. Strafrechtliche Probleme bei der Verteidigung

a) Ehrverletzungsdelikte, §§ 185 ff. StGB

Im Hinblick auf Ehrverletzungsdelikte muss beachtet werden, dass selbst dann, wenn die tatbestandlichen Voraussetzungen eines solchen Delikte vorliegen, das Verhalten eines Rechtsanwalts in der Regel gem. § 193 StGB gerechtfertigt sein kann, so weit es sich um Äußerungen handelt, die zur Ausführung oder zur Verteidigung von Rechten oder zur Wahrnehmung berechtigter Interessen gemacht werden. Eine Strafbarkeit kann allerdings dann gegeben sein, wenn die Beleidigung aus der Form der Äußerung oder aus den Umständen, unter welchen sie geschah, hervorgeht. Dabei ist zu beachten, dass ein Recht des Strafverteidigers auf umfassenden Vortrag besteht und dieser grundsätzlich auch die aus den Tatsachen gezogenen Folgerungen mit umfasst (BGH NJW 1962, 243, 244). Ein Rechtsanwalt darf seine Behauptungen in starken, eindringlichen Äußerungen und sinnfälligen Schlagworten vortragen und sich zur Wahrung der Interessen seines Mandanten auch drastischer Formulierungen bedienen (BVerfG NJW 91, 2047, 2075). So hat das Bundesverfassungsgericht u.a. die Behauptung eines Rechtsanwalts gebilligt, eine Verfahrenseinstellung der Staatsanwaltschaft sei „willkürlich" und begründe den Verdacht einer „rassisch gelenkten Fehlbeurteilung", weil es die Kritik des Rechtsanwalts als nicht völlig fern liegend ansah (BVerfG StV 1994, 489). Allerdings ist die Verwendung von Schimpfwörtern, die den Betroffenen zusätzlich abwerten, nicht mehr gedeckt.

b) Aussagedelikte, §§ 153 ff. StGB

Weil es sich bei Aussagedelikten um eigenhändige Delikte handelt, besteht für den Verteidiger hinsichtlich dieser Straftatbestände vor allem die Gefahr, sich wegen Teilnahme an ihnen strafbar zu machen. **Beihilfe durch aktives Tun** ist möglich, wenn ein bereits zur Falschaussage entschlossener Zeuge in Bezug auf seine Entscheidung bestärkt wird, indem etwa der Zeuge ermuntert wird *„die Sache durchzustehen"* (VRS 1983, 187), zum anderen dann, wenn der Verteidiger die äußeren Umstände für den Zeugen günstiger gestaltet, etwa durch Versprechen von Geschenken oder durch die Beseitigung von Hindernissen (BGHSt 17, 321, 323). Besondere Probleme können sich ergeben, wenn der Verteidiger mit den geschädigten Zeugen vor der Hauptverhandlung einen Vergleich abschließt, der auch eine Geldzahlung zur Schadenswiedergutmachung beinhaltet. Dies ist zwar grundsätzlich zulässig und kann sogar wünschenswert sein. Bedenklich wird es jedoch, wenn die Zahlung durch eine Bedingung mit dem späteren Aussageverhalten des Zeugen in der Hauptverhandlung verknüpft wird (BGH StV 2000, 427).

Eine **Beihilfe durch Unterlassen** würde hingegen eine Garantenstellung des Rechtsanwalts im Sinne des § 13 StGB voraussetzen. Diese ergibt sich jedoch weder aus der Berufspflicht des Rechtsanwalts (BGHSt 4, 327, 328) noch aus der Wahrheitspflicht der Prozessparteien gem. § 138 ZPO (BGHSt 2, 134; BGHSt 4, 327, 328; BGH NJW 1953, 1399, 1400). Eine Garantenstellung kann sich deshalb nur aus vorangegangenem Tun ableiten. Dies wird bejaht, wenn der Verteidiger einen Zeugen durch sein Vorverhalten in eine besondere, dem Prozess nicht mehr eigentümliche Gefahr einer Falschaussage oder eines Meineides gebracht hat (BGHSt 4, 327, 370; BGHSt 17, 321, 323).

c) Nötigung und Erpressung, §§ 240, 253 StGB

Tatbestandrelevanz kann dann gegeben sein, wenn ein Rechtsanwalt eine Verbindung zwischen möglichem strafrechtlichen Verhalten einer Person und den für den Mandanten zu verfolgenden Ansprüchen herstellt und das **mögliche strafbare Verhalten des Anspruchgegners als Druckmittel** zur Durchsetzung des Anspruchs verwendet. Häufigster Anwendungsfall in der Praxis ist dabei die Drohung mit der Erstattung einer Strafanzeige, wenn nicht irgendeine Handlung erfolge. Eine solche Drohung ist zumindest bei einer willkürlichen Verknüpfung eines Vorganges mit einem Anspruch, der auf einem anderen Lebensvorgang beruht, regelmäßig als verwerflich im Sinne der §§ 240 Abs. 2, 253 Abs. 2 StGB anzusehen (BGHSt 5, 254, 258). Ebenso ist entschieden worden, dass dann, wenn ein Verteidiger lediglich aufgrund einer ungeprüften Mandanteninformation einem Dritten eine angeblich begangene Straftat vorwirft und diesem zur Abwendung einer Verurteilung die Zahlung eines Geldbetrags an eine gemeinnützige Einrichtung abverlangt, dies den Tatbestand der versuchten Erpressung erfüllen kann (OLG Karlsruhe Justiz 1981, 212).

d) Strafvereitelung, § 258 StGB

Bei der Strafvorschrift des § 258 StGB handelt es sich um einen konturenlosen Straftatbestand, dessen Erfüllung von dem Einhalten oder Nichteinhalten anderer Normen abhängt. In diesem Sinn ist § 258 StGB akzessorisch.

Jedenfalls hat der BGH (BGH StV 2000, 427) darauf hingewiesen, dass die Stellung als Verteidiger in einem Strafprozess und das damit verbundene Spannungsverhältnis zwischen Organstellung und Beistandsfunktion eine besondere **Abgrenzung zwischen erlaubtem und unerlaubtem Verhalten** erfordert. Grundsätzlich gelten die Straftatbestände zwar für jedermann. Weil die Struktur bestimmter Straftatbestände aber für den Verteidiger selbst das Risiko birgt, durch ein im Rahmen wirksamer Verteidigung liegendes Verhalten in den Anwendungsbereich des Straftatbestandes zu kommen, muss der besonderen Situation des Verteidigers durch Auslegung des jeweiligen Straftatbestandes hinreichend Rechnung getragen werden. Hinsichtlich des objektiven Tatbestandes der Strafvereitelung bedeutet dies, dass so weit ein Strafverteidiger prozessual zulässig handelt, sein Verhalten deshalb schon nicht tatbestandsmäßig im Sinne des § 258 StGB ist und nicht erst rechtfertigend. § 258 StGB verweist auf die Regelungen des Prozessrechts. Bei deren Auslegung kann auch das Standesrecht von Bedeutung sein. Standesrechtlich zulässiges Verhalten wird in der Regel prozessual nicht zu beanstanden sein. Standesrechtlich unzulässiges Verhalten führt nicht ohne weiteres zur weiteren Strafbarkeit. Der Verteidiger darf deshalb grundsätzlich alles tun, was in gesetzlich nicht zu beanstandender Weise seinem Mandanten nützt (BGHSt 38, 345, 347). Er hat die Aufgabe, zum Finden einer sachgerechten Entscheidung beizutragen und dabei das Gericht vor Fehlentscheidungen zu Lasten seines Mandanten zu bewahren. Allerdings muss er sich bei seinem Vorgehen auf verfahrensrechtlich erlaubte Mittel beschränken und sich jeder bewussten Verdunkelung des Sachverhaltes und jeder sachwidrigen Erschwerung der Strafverfolgung enthalten.

Auf der anderen Seite darf der Verteidiger aber solche Tatsachen und Beweismittel einführen, die einen von ihm lediglich für möglich gehaltenen Sachverhalt belegen können. Das ist ihm nach der Rechtsprechung nicht nur gestattet, sondern kann vielmehr sogar geboten sein. Eine andere Beurteilung liefe darauf hinaus, dass ein Rechtsanwalt, wenn er die Interessen eines Mandanten vertritt, nur das vorbringen dürfte, von dessen Richtigkeit er voll überzeugt ist, was regelmäßig einer eingehenden Nachprüfung der von dem Mandanten ihm gegenüber aufgestellten Behauptungen erforderte und ihm, so weit er nicht jeden Zweifel ausschließen kann, praktisch die Möglichkeit verschließen würde, bestehende Rechte seines Mandanten wahrzunehmen (BGH a.a.O.).

Im Hinblick auf den subjektiven Tatbestand bedeutet dies, dass der Verteidiger zwar nicht wissentlich falsche Tatsachen behaupten und hierfür Zeugen benennen darf, weil er in den von der Rechtsprechung aufgestellten Grenzen dazu verpflichtet ist, darauf zu achten, dass keine Zeugen benannt werden, von denen erkannt wird, dass sie eine Falschaussage machen werden. Auf der anderen Seite gilt aber, dass dann, wenn der Verteidiger lediglich Zweifel an der Richtigkeit einer Zeugenaussage hat, die seinen Mandanten entlasten könnte, es ihm nicht verwehrt ist, den Zeugen auch zu benennen (BGH St 38, 345, 350 für den Fall der Urkundenvorlegung). Dies hat zur Folge, dass im subjektiven Tatbestand für das Vorliegen einer strafbaren Strafvereitelung Voraussetzung ist, dass beim Verteidiger hinsichtlich Tathandlung und Vereitelungserfolg **Absicht oder Wissentlichkeit** vorliegt, während für die **Kenntnis der Vortat bedingter Vorsatz** genügt (BGH StV 2000, 427, 429).

e) Unerlaubter Verkehr mit Gefangenen, § 115 OWiG

Grundsatz ist, dass nur der Verteidiger die Möglichkeit des ungehinderten Verkehrs mit seinem Mandanten hat (§ 148 Abs. 1 StPO). Rechtsanwälte, die den Beschuldigten anderweitig vertreten, können sich hingegen nicht auf § 148 Abs. 1 StPO berufen. Selbst der Verteidiger hat, wenn er den Mandanten zusätzlich in einem anderen Bereich vertritt, kein (weitergehendes) Recht auf ungehinderten Verkehr mit dem Beschuldigten. Dies bedeutet, dass z.B. der Verteidiger, der den Beschuldigten gleichzeitig in seiner Mietsache vertritt, ihm seinen Klageentwurf nicht per „Verteidigerpost" übermitteln darf. Zu beachten ist, dass ein Verstoß, je nach Hintergrund, allerdings nicht nur eine Ordnungswidrigkeit darstellen kann.

Beispiel: Transportiert der Verteidiger einen Brief seines inhaftierten Mandanten an dessen Freund aus der Haftanstalt, so begeht er damit eine Ordnungswidrigkeit gem. § 115 OWiG. Gleichzeitig liegt auch ein berufsrechtliches Fehlverhalten vor. Beinhaltet der Brief nicht nur Grüße an den Freund, sondern wird der Freund auch darin aufgefordert, unter näherer Beschreibung der Örtlichkeit deponiertes Rauschgift aus einem Versteck zu holen, gerät der Verteidiger in die Gefahr, nicht nur wegen Beihilfe sondern sogar wegen Handeltreibens mit Betäubungsmitteln verfolgt zu werden. Wird in dem Brief hingegen beschrieben, in welcher Form der Freund auf potentielle Zeugen des Verfahrens einwirken und sie bedrohen soll, damit sie ihre Aussage verändern, kann je nach Ausgestaltung des Einzelfalles entweder eine Beihilfe zur Strafvereitelung oder aber der Tatbestand selbst durch den Rechtsanwalt erfüllt sein.

2. Eigennützige Delikte des Strafverteidigers

a) Delikte im Zusammenhang mit der Honorierung des Strafverteidigers

Gefahren eigener Strafbarkeit können für den Verteidiger auch im Bereich der Honorierung des anwaltlichen Bemühens auftauchen. Dabei ist die unproblematischste Vorschrift noch der Straftatbestand der **Hehlerei** (§ 259 StGB). Wegen der Straflosigkeit der Ersatzhehlerei (Tröndle/Fischer § 259 StGB Rn. 9) kann der Straftatbestand im Regelfall nur dann vorliegen, wenn der Verteidiger unmittelbar Zuwendungen aus der Tatbeute erhält.

Problematischer verhält es sich hingegen mit dem sehr viel weiter gefassten Tatbestand der **Geldwäsche** (§ 261 StGB), mit dem auch die leichtfertige Geldwäsche gem. § 261 Abs. 5 StGB unter Strafe gestellt ist. In einer Grundsatzentscheidung hat das Bundesverfassungsgericht (BVerfG NJW 2004, 1305) allerdings festgestellt, dass § 261 Abs. 2 Nr. 1 StGB zwar mit dem Grundgesetz vereinbar sei, dies für den Strafverteidiger aber nur dann gelte, wenn er zum Zeitpunkt der Annahme des Honorars sichere Kenntnis von dessen Herkunft hatte. Dabei seien Strafverfolgungsbehörde und Gerichte ferner dazu verpflichtet, auf die besondere Stellung des Strafverteidigers schon ab dem Ermittlungsverfahren angemessen Rücksicht zu nehmen. Das Bundesverfassungsgericht hat damit deutlich gemacht, dass es selbstverständlich auch dem Verteidiger nicht erlaubt ist, Honorar anzunehmen, von dem er positiv weiß, dass es aus einer Katalogtat des § 261 StGB stammt. Auf der anderen Seite hat es aber die Unsicherheit beseitigt, dass die Honorarannahme im Verfahren wegen einer Katalogtat als leichtfertige oder bedingt vorsätzliche Geldwäsche angesehen werden könnte. Der Verteidiger ist nach dieser Entscheidung zu Nachforschungen über die legalen oder illegalen Einnahmequellen des Mandanten nicht verpflichtet.

Darüber hinausgehend kann sich auch ein Verteidiger wegen **Gebührenüberhebung** (§ 352 StGB) oder **Betrugs** (§ 263 StGB), falls zur Gebührenüberhebung noch eine sonstige Täuschung tritt, strafbar machen, wenn er Vergütungen fordert, die ihm nicht zustehen. Die Gefahr der **Gläubigerbegünstigung** (§ 283 c StGB) kann hingegen auftreten, wenn der Verteidiger, dessen Mandant sich in einer schlechten wirtschaftlichen Lage befindet, entweder bereits Honoraransprüche aus zurückliegenden Tätigkeiten hat, oder aus künftigen Leistungen erwerben wird und diese absichern will. Veranlasst der Rechtsanwalt in einer solchen Situation seinen schon in der Krise befindlichen Mandanten, eine Absicherung der Altforderung vorzunehmen oder gestaltet er die hierzu notwendigen Vereinbarungen, kann er Anstifter bzw. Gehilfe einer Gläubigerbegünstigung sein, falls auch die weiteren Voraussetzungen des § 283 c StGB vorliegen. Will sich der Verteidiger hingegen nur etwa durch Vorschusszahlung in angemessenem Umfang für seine künftigen Leistungen absichern, so liegt ein Fall kongruenter Deckung und damit keine strafbare Handlung vor (BGH Wistra 1989, 102, 103; BGH NStZ 1993, 239).

b) Verletzung und Verwertung fremder Geheimnisse (§§ 203, 204 StGB)

Die Taten nach §§ 203, 204 StGB sind Sonderdelikte, wobei der Rechtsanwalt zum möglichen Täterkreis gehört. Das Gebot anwaltlicher Verschwiegenheit (§ 203 Abs. 1 Ziff. 3 StGB) umfasst nicht nur das Verbot, ein fremdes Geheimnis, namentlich ein zum persönlichen Lebensbereich gehörendes Geheimnis oder ein Betriebs- oder Geschäftsgeheimnis zu offenbaren (§ 203 Abs. 1 StGB). Der Verteidiger hat vielmehr über alles zu schweigen, was ihm in Wahrnehmung des Mandates anvertraut worden oder ihm aus Anlass des Mandats oder der Mandatsanbahnung bekannt geworden ist. Dies betrifft deshalb auch die Frage, ob ein Mandatsverhältnis überhaupt besteht. **Die Verschwiegenheit ist unbegrenzt** und besteht auch nach Beendigung des Mandats fort. Eine Durchbrechung der Verschwiegenheitspflicht ist in Ausnahmen möglich, wenn bei einer vorzunehmenden Güterabwägung einem anderen Rechtsgut eine gesteigerte Bedeutung zukommt. Bejaht worden ist dies etwa für den Fall der Gefahr für die Allgemeinheit wegen einer besonderen Krankensituation des Mandanten oder aber auch zur Geltendmachung von Gebührenansprüchen des Rechtsanwalts oder der Abwehr von Regressforderungen des Mandanten. Ebenfalls kann die Verschwiegenheitspflicht durchbrochen werden, wenn der Rechtsanwalt sich im Zusammenhang mit dem Mandatsverhältnis strafbar gemacht hat und eine strafbefreiende Selbstanzeige erstatten will. Verneint worden ist allerdings die Berechtigung der Durchbrechung der Verschwiegenheitspflicht, wenn der Verteidiger hiermit gegen den Willen des Mandanten dessen strafrechtliche Verantwortlichkeit im Sinne der §§ 20, 21 StGB problematisieren oder mit dem Argument körperlicher Leiden des Mandanten gegen dessen Willen einen günstigeren Verfahrensausgang erstreben will.

c) Parteiverrat, § 356 StGB

Der Tatbestand des Parteiverrats soll die Rechtspflege davor schützen, dass Rechtsanwälte sie dadurch beschädigen, dass sie sich gegenüber ihren Auftraggebern pflichtwidrig verhalten. Es geht also um den **Schutz des Vertrauens der Bevölkerung in die Integrität der Rechtspflege**. Die Wahrung der Interessen der Auftraggeber ist nur sekundärer Schutzzweck (BGHSt 15, 332, 336; BayObLGSt 1959, 219, 222; BayObLGJR 1991, 163, 164). Aus diesem Grund kommt es für die Erfüllung des Tatbestandes auch nicht darauf an, ob ein Einverständnis des früheren Auftraggebers zur Verletzung vorliegt (BayObLGStV 1995, 473). Lediglich in Ausnahmefällen kann ein vorliegendes Einverständnis den Interessengegensatz beseitigen. Dies kann vorliegen, wenn die für die Gegenpartei entwickelte Tätigkeit in keiner Beziehung mehr gegen die Belange der zuerst vertretenen Partei gerichtet ist und die Parteien noch um eine gütliche Beilegung eines Interessenwiderstreits im Sinne eines Interessenausgleichs bemüht sind (BGHSt 18, 192, 198; BayObLGStV 95, 473). Von besonderer Bedeutung sind die Tatbestandsmerkmale „*derselben Rechtssache*" und „*dienen*". Der Begriff „**derselben Rechtssache**" geht weiter als der Begriff des Rechtsstreites (BGHSt 7, 17, 19). Danach liegt eine Identität nicht nur dann vor, wenn es sich um dasselbe Verfahren handelt, sondern auch dann, wenn ein identischer Sachverhalt von rechtlicher Bedeutung gegeben ist (BGHSt 18, 192). Deshalb liegt das Tatbestandsmerkmal derselben Rechtssache auch vor, wenn ein Rechtsanwalt zunächst den Ehemann wegen eines Sittlichkeitsdeliktes verteidigt hat und anschließend die Ehefrau in einem darauf gestützten Scheidungsverfahren vertritt (BGH Anwaltsblatt 1954, 199, 200). Bei Fragestellungen hinsichtlich des Tatbestandsmerkmals „*dienen*" ist hingegen zu beachten, dass nach heutiger Rechtsprechung (OLG Stuttgart, NStZ 1986, 412, 413) die Zurechnung von Tätigkeiten anderer Rechtsanwälte (Sozien) nicht möglich ist. Ein Strafverteidiger vertritt deshalb keine gegensätzlichen Interessen, wenn er einen Mandanten verteidigt, der zuvor von seinem Sozius im Auftrag eines anderen Mandanten angezeigt wurde. Dass ein solches Mandat dennoch nicht angenommen werden sollte, steht auf einem anderen Blatt.

3. Teilnahmehandlungen

Bereits in den vorgehenden Abschnitten wurden einzelne strafbare Teilnahmehandlungen eines Strafverteidigers angesprochen. Aufgrund seiner besonderen Tätigkeit ist aber auch darüber hinausgehend ständig die Gefahr gegeben, dass Handlungen des Verteidigers zumindest als Förderung der Straftaten des Mandanten interpretiert werden können. Wird jedoch gegen den Rechtsanwalt der Vorwurf erhoben, er habe sich durch die Erteilung eines Rechtsrates der Beihilfe zu einer Straftat seines Mandanten schuldig gemacht, so ist zu beachten, dass für ihn der Erfahrungssatz streitet, dass das Bewusstsein und der Wille eines Rechtsanwalts bei der Erteilung eines Rechtsrates in der Regel darauf gerichtet ist, pflichtgemäß Rat zu erteilen und nicht darauf eine Straftat zu fördern (BGH StV 1993, 28 m.w.N.). Die in neuerer Zeit stärker beachtete Problematik einer möglichen Strafbarkeit bei Durchführung von **berufstypischen** „*neutralen*" **Handlungen** (etwa die Frage der Strafbarkeit eines Bankmitarbeiters, wenn er Kundengelder zum Zwecke der Steuerhinterziehung im Rahmen seiner Tätigkeit ins Ausland transferiert) ist auch beim Strafverteidiger zu beachten. Zielt das Handeln des Haupttäters (Mandanten) ausschließlich darauf ab, eine strafbare Handlung zu begehen und weiß dies der Verteidiger, so ist sein Tatbeitrag als strafbare Beihilfehandlung zu werten. In einem solchen Fall wäre das Verhalten des Verteidigers als „Solidarisierung" mit dem Täter zu deuten und deshalb nicht mehr als sozialadäquat anzusehen. Weiß der Verteidiger hingegen nicht, wie der von ihm geleistete Beitrag vom Haupttäter verwendet wird und hält er es lediglich für möglich, dass sein Tun zum Begehen einer Straftat benutzt wird, so ist sein Handeln regelmäßig noch nicht als strafbare Beihilfehandlung zu beurteilen. Dies gilt jedoch wiederum nicht, wenn das vom Verteidiger verkannte Risiko strafbaren Verhaltens des Mandanten derart hoch wäre, dass sich der Verteidiger mit seiner Hilfeleistung „*die Förderung eines erkennbaren tatgeneigten Täters angelegen*" sein ließe (BGH NStZ 200, 34 m.w.N.) Nimmt deshalb der Verteidiger billigend in Kauf, dass sein geleisteter Beitrag von dem Haupttäter zur Begehung einer Straftat genutzt wird, so kann dies bereits für die subjektive Tatseite der Beihilfe ausreichen (BGH Wistra 1993, 181).

IV. Die zivilrechtliche Haftung des Verteidigers

Nicht nur der zivilrechtlich tätige Anwalt muss bei Schlechtleistung im Rahmen seines mit dem Mandanten abgeschlossenen Anwaltsvertrags, der einen entgeltlichen Geschäftsbesorgungsvertrag im Sinne des § 675 BGB darstellt, mit Haftungsansprüchen rechnen. Auch der Verteidiger kann zum **Schadenersatz** verpflichtet sein, wenn er für die **Art und Weise der Durchführung des Strafverfahrens oder das Ergebnis verantwortlich** ist. Ansprüche können dabei insbesondere daraus resultieren, dass es der Verteidiger (mit) zu vertreten hat, dass das Verfahren eine gewisse Dauer erreicht hat. So kann die Nichtbeachtung der Verjährung eine Schadensersatzpflicht begründen. Erkennt der Verteidiger, dass ein verfahrensrechtlicher Vorwurf bereits verjährt ist, muss dies frühestmöglich gerügt werden. Erfolgt die Rüge hingegen erst im Rahmen des Revisionsverfahrens, begründet dies eine Schadensersatzpflicht (BGH NJW 64, 2403). Dieselbe Verpflichtung trifft den Verteidiger im Hinblick auf die Erstattung von strafbefreienden Selbstanzeigen. Wird es versäumt, trotz bestehender Möglichkeiten, den Mandanten darüber aufzuklären, dass noch eine strafbefreiende Selbstanzeige im Hinblick auf eine mögliche Strafbarkeit wegen Steuerhinterziehung oder Geldwäsche gegeben ist und kommt es (auch) deswegen zu einem Strafverfahren, kann den Verteidiger eine Schadenersatzpflicht treffen, wobei Verfahrenskosten als Schaden angesehen werden können (BGH VersR 60, 273).

Ein weiteres erhebliches Haftungspotential liegt im **Strafzumessungsbereich**. So hat der Strafverteidiger im Rahmen von Einsprüchen gegen einen ergangenen Strafbefehl darauf hinzuweisen, dass eine Verschlechterungsgefahr wegen des fehlenden Verböserungsverbots besteht. Ist ein solcher Hinweis nicht erfolgt und kommt es etwa zu einer Tagessatzerhöhung, so kann daraus ein Haftungsfall folgen (OLG Düsseldorf, StV 1986, 211 zum notwendigen Hinweis auf das Risiko zur Neufestsetzung der Tagessatzhöhe, wobei bei Vorsatzdelikten allerdings fraglich ist, ob wegen des höchstpersönlichen Charakters einer Geldstrafe ein erstattbarer Schadensersatzanspruch entsteht; LG Bonn, NJW 1997, 1449).

Im Rahmen von Bankrottdelikten ist zu beachten, dass wegen § 6 GmbHG eine fünfjährige Sperre für die Tätigkeit als Geschäftsführer einer GmbH eintritt. Der Verteidiger ist deshalb **haftungsrechtlich gehalten**, seinen Mandanten nicht nur auf diese **gesetzliche Folge hinzuweisen**, sondern auch darauf, dass für die Dauer der Sperrfrist Handlungen des Nochgeschäftsführers unwirksam sind. Haftungsansprüche gegen den Anwalt können darüber hinausgehend auch weitere Nebenfolgen von Verurteilungen auslösen. So ist im Bereich des Ausländerrechts zu beachten, dass ein bestimmtes Strafmaß zwingend zur Ausweisung führt, im Bereich des Beamtenrechts, dass ab einem bestimmten Strafmaß die Entlassung aus dem Dienstverhältnis die automatische Folge ist. Werden hierauf weder der Mandant noch das Gericht (!) hingewiesen, kann ebenfalls eine Schadensersatzpflicht begründet sein (OLG Nürnberg StV 97, 481, § 59 Beamtenversorgungsgesetz; OLG Düsseldorf, NJW RR 99, 785 zu § 51 LBG Nordrhein-Westfalen).

B. Das Mandatsverhältnis

I. Die Wahlverteidigung

Gemäß § 137 Abs. 1 StPO hat der Beschuldigte das Recht auf Verteidigung in jeder Lage des Verfahrens. Er ist in der **Auswahl** seiner Verteidiger frei. Jedoch ist die **Anzahl** der (Wahl-) Verteidiger auf höchstens drei beschränkt. In geeigneten besonderen Fällen können deshalb neben drei Wahlverteidigern zusätzlich noch Pflichtverteidiger den Mandanten verteidigen. Ebenso ist zu beachten, dass ein unterbevollmächtigter Rechtsanwalt kein weiterer Verteidiger im Sinne von § 137 Abs. 1 StPO ist, wenn er nur an Stelle des Hauptbevollmächtigten tätig wird (Meyer-Goßner § 137 StPO Rn. 5).

Der Wahlverteidiger darf einen **Rechtsreferendar** als Unterbevollmächtigten einschalten, wenn der Rechtsreferendar mindestens 15 Monate im Justizdienst ist und das Einverständnis des Mandanten vorliegt (§ 139 StPO). Nach der Neufassung dieser Vorschrift gilt diese Befugnis des Rechtsreferendars nicht erst ab Vorliegen einer Anklageschrift, sondern auch für die Verteidigung vor Eröffnung des Hauptverfahrens bei Zustimmung des Beschuldigten (Meyer-Goßner, § 139 StPO Rn. 5).

Der **Anwaltsvertrag als entgeltlicher Geschäftsbesorgungsvertrag** unterliegt keinem Formzwang. Er kann deshalb auch lediglich mündlich abgeschlossen werden. Dabei gilt die Vermutung, dass der Rechtsanwalt, der für einen Mandanten auftritt, auch von diesem beauftragt worden ist (BGHSt 36, 259; BayObLG AnwBl. 81, 18). Entgegen dieser eindeutigen Rechtslage ist es dennoch bei einigen Staatsanwaltschaften üblich, die Durchführung bestimmter Handlungen (z.B. Gewährung der Akteneinsicht) vom Vorliegen einer schriftlichen Vollmacht abhängig zu machen. Um sich nicht mit Nebensächlichkeiten aufzuhalten und auch gegenüber Dritten (z.B. Justizvollzugsanstalten) die Beauftragung dokumentieren zu können, ist deshalb die Ausfertigung einer schriftlichen Vollmachtsurkunde sinnvoll. Hierbei ist der Ausdruck der Sozien auf der Vollmachtsurkunde für die Bestimmung der Anzahl der Verteidiger bedeutungslos (BVerfGE NJW 1977, 99). Aber auch hier gilt, dass zur Klarstellung und eindeutigen Identifikation der beauftragten Verteidiger diese auf der Vollmachtsurkunde durch Ausstreichen der nicht bevollmächtigten Sozien verdeutlicht werden können.

Das Verteidigerwahlmandat ist beendet, wenn es von einer der beiden Parteien gekündigt wird. Dies ist grundsätzlich jederzeit möglich. Allerdings darf der Verteidiger nicht zur „Unzeit" kündigen (§ 59 b Abs. 2 Nr. 5 a BRAO). Aus einer solchen **Kündigung** könnte sich auch eine Kostentragungspflicht gem.

§ 145 Abs. 4 StPO ergeben. Kommt es zur Kündigung des Mandates, wirken für den Rechtsanwalt die Vertragspflichten nach. Dies hat zur Folge, dass gegenüber Staatsanwaltschaft oder Gericht die Mandatsbeendigung unverzüglich anzuzeigen ist, aber der Grund der Beendigung des Mandats nicht mitgeteilt werden darf.

Obwohl der Verteidiger grundsätzlich in seiner Entscheidung, ob er ein Mandat annimmt oder ablehnt frei ist, sind dennoch die gesetzlichen Grenzen zu beachten. Hierzu zählt sowohl das strafbewehrte Verbot des Parteiverrates (§ 356 StGB, vgl. o.) als auch das berufsrechtliche **Verbot der Vertretung widerstreitender Interessen** (§ 43 a Abs. 4 BRAO). Darüber hinausgehend lange Zeit bestehende Probleme aufgrund einer sehr weit gefassten Regelung zum Tätigkeitsverbot bei Interessenkonflikten gem. § 3 der Berufsordnung der Rechtsanwälte bestehen derzeit nicht mehr, weil das Bundesverfassungsgericht diese Norm für verfassungswidrig erklärt hat (BVerfG NJW 2003, 2520, 2522).

Zu beachten ist aber weiterhin das **Verbot der Mehrfachverteidigung** gem. § 146 StPO. Mehrere derselben Tat im Sinne des § 264 StPO Beschuldigte darf der Verteidiger nicht gleichzeitig verteidigen. Aufgrund des StVÄG 1987 ist allerdings die sukzessive Mehrfachverteidigung („gleichzeitig") für zulässig erklärt worden. Danach ist die Übernahme oder Fortführung eines Mandats zulässig, wenn das Mandat des Mitbeschuldigten rechtlich beendet ist. Endet folglich das Verfahren gegen den Mandanten rechtskräftig oder wird das Mandat beendet, steht gem. § 146 StPO der Verteidigung eines Mitbeschuldigten nichts entgegen, so weit die Verteidigung nicht mit anderen Vorschriften kollidiert. Auch die Sozien einer Anwaltssozietät verstoßen nicht gegen § 146 StPO, wenn sie jeweils in Einzelvollmacht für jeweils einen Beschuldigten auftreten (BGH NJW 1994, 2302).

II. Die Pflichtverteidigung

Die Pflichtverteidigung trägt als Konkretisierung des in Art. 20 GG verankerten Rechtsstaatsprinzip den „Geboten der Waffengleichheit" und der fairen Verfahrensführung Rechnung (BVerfG StV 1986, 160, 165).

Eine notwendige Verteidigung kann gem. §§ 140, 117 Abs. 4, 364 a, 364 b, 408 b, 418 Abs. 4 StPO, § 68 JGG oder § 40 Abs. 2 Nr. 1 IRG (Europäisches Haftbefehlsgesetz) vorliegen.

Die **Beiordnung eines Pflichtverteidigers** kann entweder auf Antrag oder von Amts wegen erfolgen. § 142 StPO regelt die Auswahl des Pflichtverteidigers. Dabei ist zu beachten, dass nach dem Wortlaut des § 142 Abs. 2 S. 2 StPO der Beschuldigte zwar die Möglichkeit hat, einen Verteidiger zu bezeichnen, jedoch keinen Rechtsanspruch auf die Beiordnung des gewünschten Rechtsanwalts. Jedoch ist gem. § 142 Abs. 1 S. 3 StPO der vom Beschuldigten zu bezeichnende Verteidiger zu bestellen, wenn nicht wichtige Gründe entgegenstehen. Dadurch wird das dem Vorsitzenden grundsätzlich zustehe Ermessen stark eingeschränkt (Meyer-Goßner, § 142 StPO Rn. 3 m.w.N.). Gegen die Ablehnung der beantragten Beiordnung sowie gegen die Ablehnung einer konkreten Pflichtverteidigerbestellung ist die **Beschwerde** des Beschuldigten grundsätzlich zulässig (§ 304 StPO; OLG München NJW 1981, 2208; OLG Köln NStZ 1991, 248; OLG Düsseldorf StraFO 1998, 341 ff. m.w.N.; a.A. OLG Hamburg, NStZ 1985, 88 ff.).

Zu beachten ist, dass eine Pflichtverteidigerbestellung auch schon im **Vorverfahren** möglich ist (§ 141 Abs. 3 StPO). Diese erfolgt auf Antrag der Staatsanwaltschaft und hat zu erfolgen, wenn und sobald nach Auffassung der Staatsanwaltschaft die Verteidigung im (künftigen) gerichtlichen Verfahren notwendig sein wird. Gerade im Hinblick auf die Einhaltung von Art. 6 MRK hat der BGH darauf hingewiesen, dass ein Anlass zu möglichst frühzeitiger Mitwirkung eines Verteidigers darin liegen kann, dass der Beschuldigte von der Anwesenheit bei einer zur Beweissicherung durchgeführten ermittlungsrichterlichen Vernehmung des „zentralen Belastungszeugen" ausgeschlossen wird (BGHSt 47, 172).

2. Kapitel. Die Verteidigung im Ermittlungsverfahren

A. Die Stellung der Verteidigung im Ermittlungsverfahren

Das Ermittlungsverfahren stellt den für den Verteidiger wichtigsten Verfahrensabschnitt dar. Auch wenn andere Verfahrensabschnitte wie die Hauptverhandlung eine öffentlichkeitswirksamere Darstellung der eigenen Person ermöglichen mögen, bietet eine gute Verteidigung im Ermittlungsverfahren indes die besten Möglichkeiten und Chancen für eine effiziente Verteidigung. Dies ergibt sich bereits aus der Überlegung, dass in einem Verfahrensstadium wie dem Ermittlungsverfahren, in dem Sachverhalte erst aufgeklärt und Beweise gewonnen werden müssen, sehr viel mehr Gestaltungsmöglichkeiten bestehen als zu einem späteren Zeitpunkt, zu dem wesentliche Erkenntnisse des Verfahrens schon in den Akten dokumentiert sind. Es ist daher zwangsläufig, dass zwar in etwa die Hälfte aller Ermittlungsverfahren eingestellt werden. Die Freispruchquote in der Hauptverhandlung liegt hingegen lediglich bei ca. 3%. Besondere Schwierigkeiten bereitet der Verteidigung bei der Tätigkeit in diesem Verfahrensabschnitt jedoch, dass die Staatsanwaltschaft nach der Gesetzeslage Herrin des Ermittlungsverfahrens ist und deshalb einen gesetzlich gewollten Vorsprung vor der Verteidigung hat (§ 160 StPO, vgl. zum Ganzen auch 1. Teil, das Ermittlungsverfahren und die Abschlussverfügungen der Staatsanwaltschaft, dort 1. Kapitel). Die Verteidigung kann nur versuchen diesen Vorsprung durch besondere Kraftanstrengungen auszugleichen.

B. Die Tätigkeit der Verteidigung im Ermittlungsverfahren

I. Die Tätigkeit nach Innen

Effiziente Strafverteidigung setzt voraus, dass sowohl die Empfehlungen an den Mandanten als auch die Entfaltung der mit dem Mandanten abgestimmten Verteidigertätigkeit auf der Grundlage möglichst genauer Kenntnis des bestehenden Sachverhaltes erfolgt. Dies bedingt, dass am Anfang der Verteidigertätigkeit die **Informationsgewinnung** zu stehen hat. Aufgrund der erhaltenen Informationen sind sodann Verteidigungsziele zu definieren, wobei dies mit der Analyse zu verbinden ist, welche taktischen und strategischen Mittel zur Verfügung stehen und eingesetzt werden sollen. Dabei ist in Alternativen hinsichtlich erreichbarer Verfahrensziele zu denken, weil das gesamte Strafverfahren kein starrer von vorne herein bestimmbarer Prozess ist. Im Rahmen dieser Tätigkeit ist es für den Verteidiger stets zwingend geboten, mit dem Mandanten im Gespräch zu bleiben, ihn über den Verlauf des Verfahrens aufzuklären und zu beraten.

Der eigene Mandant ist für den Strafverteidiger die erste und wichtigste Informationsquelle. Der Mandant wird dem Anwalt aus seiner Sicht von den gegen ihn erhobenen Vorwürfen berichten und eine erste Sachverhaltsdarstellung abgeben. Auch wenn eine solche Sachverhaltsdarstellung sehr subjektiv geprägt und – wie sich in der Praxis immer wieder zeigt – aus völlig verschiedenen Gründen häufig falsch ist, so wird für den Verteidiger doch eine erste „Idee" gewonnen, um was es in dem Mandat gehen könnte. Viele weitere Informationen lassen sich darüber hinausgehend aus Fragen an den Mandanten gewinnen. Dabei ist es für den Verteidiger wichtig, die **prozessuale Situation, in der sich sein neuer Mandant überhaupt befindet**, zu klären. Der Mandant kann in einem Strafverfahren **Beschuldigter** oder aber auch nur **Zeuge** sein. Bereits durchgeführte Vernehmungen können Beschuldigtenvernehmungen oder Zeugenvernehmungen gewesen sein, Durchsuchungshandlungen können gem. § 102 StPO oder gem. § 103 StPO durchgeführt worden sein. Die Rechtssituationen, die sich für den Betroffenen daraus ergeben, sind jedoch völlig verschieden. Die Beschuldigteneigenschaft wird durch die förmliche Einleitung eines Ermittlungsverfahrens begründet, die dem Beschuldigten aber nicht bekannt sein muss. Beschuldigter ist derjenige, gegen den die Strafverfolgungsorgane das Verfahren als den für eine Straftat Verantwortlichen betreiben (Meyer-Goßner Einleitung, Rn. 76). Dabei ist jedoch zu beachten, dass auch außerhalb der förmlichen Einleitung eines Ermittlungsverfahrens eine Beschuldigteneigenschaft dann begründet wird, wenn die Staatsanwaltschaft Maßnahmen ergreift, die nur gegen Beschuldigte zulässig wären oder das gesamte Vorhaben darauf abzielt, eine Person strafrechtlich verfolgen zu wollen (Meyer-Goßner a.a.O.).

Besteht die Beschuldigteneigenschaft beim Mandanten, so stehen ihm die entsprechenden Beschuldigtenrechte zu. Stellt sich hingegen heraus, dass der Mandat derzeit „nur" Zeuge in einem Strafverfahren ist, bedeutet dies nicht, dass nicht zu einem späteren Zeitpunkt ein Wechsel in die Beschuldigteneigenschaft erfolgen könnte. Über diese Zusammenhänge hat der Verteidiger den Mandanten ebenso aufzuklären, wie auch über die entsprechend seiner Verfahrenssituation bestehenden Rechte und Pflichten.

II. Die Tätigkeit nach Außen

1. Das Akteneinsichtsrecht

Auch die Tätigkeit nach Außen steht zu Beginn unter dem Gebot der dringend notwendigen Informationsbeschaffung. Die wichtigste Informationsgewinnung erfolgt dabei aus den Akten der Ermittlungsbehörden.

Das **Recht zur Akteneinsicht** ist in § 147 StPO geregelt. Der Verteidiger ist im gesamten Verfahren befugt in ausreichender und zumutbarer Weise Akten einzusehen und alle Beweismittel zu besichtigen. Dabei gilt der Grundsatz der Aktenvollständigkeit. Dieses Recht kann gem. § 147 Abs. 2 StPO ganz oder teilweise versagt werden, wenn die Gewährung der Akteneinsicht den Untersuchungszweck gefährden würde. Eine konkrete Gefahr wird nicht vorausgesetzt. Für die Beschränkung reicht jedoch keine vage oder pauschal formulierte, nur entfernte Möglichkeit der Gefährdung. Gegen die Versagung der Akteneinsicht gem. § 147 Abs. 2 StPO gibt es jedoch nach herrschender Auffassung kein förmliches Rechtsmittel (BVerfG StV 94, 1). Zu beachten ist aber, dass dies nur gilt, so weit es die Reichweite des § 147 Abs. 2 StPO betrifft, wobei der Versagungsgrund des § 147 Abs. 2 StPO nicht nur hinsichtlich seiner Begründung begrenzt ist sondern auch zeitlich. So ist eine Aktenversagung gem. § 147 Abs. 2 StPO ab dem Vermerk des Abschlusses der Ermittlungen (§ 169 a StPO) nicht mehr möglich.

Noch anderes sieht es bei einer Versagung der Akteneinsicht gem. § 147 Abs. 3 StPO aus. Mit dieser Vorschrift wird bestimmt, dass der Verteidigung in bestimmte Aktenteile (**privilegierte Akten**) stets Akteneinsicht zu gewähren ist. Wurde durch die Staatsanwaltschaft eine Akteneinsicht in die privilegierten Aktenteile gem. § 147 Abs. 3 StPO verwehrt, so war bislang schon anerkannt, dass dies als Justizverwaltungsakt aufzufassen sei mit der Folge, dass der Rechtsweg über § 23 EGGVG eröffnet war. Mit dem Strafverfahrensänderungsgesetz 1999 ist aber für den Beschuldigten durch die Neufassung von § 147 Abs. 5 S. 2 StPO eine Möglichkeit geschaffen worden, bei bestimmten Gegebenheiten gegen die Versagung der Akteneinsicht auf anderem Weg Rechtsschutz zu erhalten. Mit dieser Norm, die eine Rechtsschutzangleichung an die bereits seit Jahren für den Opferanwalt bestehende Möglichkeit der Anrufung des Gerichts gem. § 406 e Abs. 4 StPO darstellt, kann nunmehr Antrag auf gerichtliche Entscheidung in den Fällen gestellt werden, in denen die Staatsanwaltschaft entweder die Akteneinsicht gem. § 147 Abs. 3 StPO versagt, darüber hinausgehend aber auch noch dann, wenn die Akteneinsicht versagt wird, obwohl sich der Beschuldigte nicht auf freiem Fuß befindet oder der Abschluss der Ermittlungen in den Akten vermerkt ist.

Zuständig für eine solche Entscheidung ist dann entgegen der sonstigen Handhabung nicht der Ermittlungsrichter beim Amtsgericht sondern das Landgericht (§ 161 a Abs. 3 StPO). Der **Antrag auf gerichtliche Entscheidung** ist gem. § 161 a Abs. 3 StPO in entsprechender Anwendung von § 306 StPO bei der die Akteneinsicht versagenden Staatsanwaltschaft zu stellen, weil diese die angefochtene Entscheidung erlassen hat.

Mit Einführung der Rechtsschutzmöglichkeit des § 147 Abs. 5 S. 2 StPO sind jedoch noch nicht alle Verteidigungsmöglichkeiten ausgeschöpft. Denn im Hinblick auf den nicht auf freiem Fuß befindlichen Beschuldigten hat das Bundesverfassungsgericht (BVerfG StV 94, 465) bereits zu einem früheren Zeitpunkt festgestellt, dass im Rahmen einer Haftprüfung das Gericht nur den Sachverhalt zum Gegenstand seiner Entscheidung machen darf, der auch dem Beschuldigten bzw. dessen Verteidiger zuvor im Wege der Akteneinsicht bekannt geworden ist. Der **Antrag auf mündliche Haftprüfung** stellt deshalb einen **indirekten Weg** dar im Falle des inhaftierten Mandanten Akteneinsicht zu erhalten.

Die Akteneinsicht erfolgt in der Kanzlei (§ 147 Abs. 4 StPO). Zuständig für die Gewährung der Akteneinsicht ist im Rahmen des Ermittlungsverfahrens die Staatsanwaltschaft, ab Anklageerhebung der Vorsitzende des zuständigen Gerichts (§ 147 Abs. 5 S. 1 StPO). Der Verteidiger ist berechtigt und auch verpflichtet, dem Beschuldigten mündlich oder durch Übergabe von Kopien über den Akteninhalt zu informieren. Eine Ausnahme bilden lediglich Verschlusssachen (BGHSt 18, 369, 371 ff.). Hat der Verteidiger Grund zur Annahme, sein Mandant werde den Akteninhalt zu verfahrensfremden Zwecken verwenden (z.B. Zeugenbeeinflussung), so hat er die Weitergabe der Akten zu unterlassen. Es gilt der Grundsatz, dass die Weitergabe der Aktenteile an Dritte nicht zulässig ist. Nur ausnahmsweise kann mit Zustimmung des Beschuldigten die Akte an Dritte weitergegeben werden, wenn dies den Verteidigungszwecken dienlich und jeglicher Missbrauch auszuschließen ist. Dies kann der Fall bei Beauftragung von weiteren Sachverständigen sein.

2. Weitere Ermittlungshandlungen des Verteidigers

Der Verteidiger ist allerdings bei der Suche nach Informationsquellen nicht nur auf seinen Mandanten und die Einsicht in die Ermittlungsakten beschränkt. Er ist vielmehr berechtigt und, wenn dies im Sinne einer bestmöglichen Verteidigung geboten ist, auch verpflichtet, **eigene Ermittlungen** anzustellen. Der Verteidiger hat ein eigenes Ermittlungsrecht (Meyer-Goßner vor § 137 StPO Rn. 2; OLG Frankfurt StV 1981, 28, 30). Dies betrifft auch das Recht, insbesondere Zeugen, Mitbeschuldigte und Sachverständige vor und außerhalb der Hauptverhandlung zu befragen. Dabei ist von der rechtlichen Möglichkeit der Befragung allerdings die Frage der Opportunität der Maßnahme zu unterscheiden. Trotz der grundsätzlich bestehenden rechtlichen Zulässigkeit sollten bereits vernommene Zeugen nicht noch einmal durch den Verteidiger vernommen werden, weil in diesen Fällen der Verdacht der versuchten Zeugenbeeinflussung zu stark hervortreten könnte.

III. Bestimmung von Verfahrensziel und Verfahrenstrategie

Die Bestimmung von Verfahrensziel und Verfahrensstrategie erfolgt auf der Grundlage der gewonnenen Informationen. Dabei gilt, dass oberstes Verteidigungsziel sein muss, die **Einstellung des Verfahrens** noch im Ermittlungsverfahren zu erreichen. Grundsätzlich ist jede Einstellung im Ermittlungsverfahren für den Beschuldigten sogar als günstiger zu erachten als ein Freispruch nach einer Hauptverhandlung. Abgesehen davon, dass ein Freispruch ohnehin nicht sicher vorhergesagt werden kann – immerhin hat das zuständige Gericht zuvor dann schon einmal zumindest den für die Eröffnung des Hauptverfahrens erforderlichen hinreichenden Tatverdacht bejaht – gehen mit einer Hauptverhandlung für den Beschuldigten auch weitere schwer wiegende Nachteile einher. Die Durchführung einer Hauptverhandlung ist stets mit erheblichen persönlichen aber auch wirtschaftlichen Belastungen verbunden, die auch im Falle eines Freispruchs nicht kompensiert werden, weil der Freigesprochene nur die sog. „notwendigen Kosten" ersetzt erhält. Zudem wird der immaterielle Schaden, der etwa durch eine Rufschädigung allein durch die Tatsache der Hauptverhandlung erfolgt, selten reparabel sein.

Aus alledem folgt, dass die Einstellung des Verfahrens für die Verteidigung im Vordergrund stehen muss. Im Hinblick auf die bestehenden Einstellungsmöglichkeiten im Ermittlungsverfahren (vgl. hierzu 1. Teil, Das Ermittlungsverfahren und die Verfügungen der Staatsanwaltschaft, 2. Kapitel, D Einstellung des Verfahrens) ist allerdings darauf hinzuweisen, dass oberstes Ziel der Verteidigung häufig die Erlangung der **Rechtssicherheit für den Mandanten** zu sein hat. Von daher kann letztlich eine Einstellung des Verfahrens gem. § 153a StPO für den Beschuldigten sehr viel günstiger sein, weil durch diese Einstellung eine beschränkte Rechtskraft bewirkt wird, als eine Einstellung gem. § 170 Abs. 2 StPO. Zwar erfolgt die Einstellung gem. § 170 Abs. 2 StPO mangels Tatverdachts, dennoch hat diese Vorschrift keineswegs die Funktion eines „Freispruchs im Ermittlungsverfahren". Der Unterschied liegt vielmehr darin, dass bei einem Freispruch Strafklageverbauch eintritt, wohingegen nach einer Einstellung gem. § 170 Abs. 2 StPO die Staatsanwaltschaft nicht gehindert ist, das Verfahren wieder aufzunehmen, wenn zureichende neue Anhaltspunkte vorliegen. Auch müssen die Nebenfolgen einer Einstellung bedacht werden. So erweist sich etwa eine Einstellung gem. §§ 153 u. 153a StPO günstiger als eine Einstellung gem. §§ 45, 47 JGG (bei einem Heranwachsenden), weil bei einer Einstellung nach dem JGG ein Eintrag im Erziehungsregister erfolgt.

Ist eine vollständige Einstellung des Ermittlungsverfahrens nicht möglich, so ist das Erreichen einer **Teileinstellung** von Verfahrenskomplexen gem. §§ 154, 154a StPO (vgl. 1. Teil, Das Ermittlungsverfahren und die Abschlussverfügung der Staatsanwaltschaft, a.a.O.) immer noch günstiger als eine Anklage, die den vollständigen Vorwurf gegen den Mandanten enthält. Denn für den Beschuldigten wirkt sich die Verurteilung wegen bestimmter Strafnormen selbst dann nicht gleich aus, wenn sie den selben Strafrahmen enthalten. Vielmehr kann aufgrund des persönlichen Zuschnitts des Beschuldigten eine Norm sehr viel gravierendere Einschnitte mit sich bringen, als die Verurteilung wegen einer anderen Norm. So führt für den Geschäftsführer einer GmbH die Verurteilung wegen eines Bankrottdeliktes (§§ 283 ff. StGB) zwingend zum Verbot der Geschäftsführertätigkeit gem. § 6 GmbHG, eine Verurteilung wegen Betrugs oder Untreue gem. §§ 263, 266 StGB hingegen nicht. Ergibt sich für den Verteidiger hingegen, dass die Erhebung der öffentlichen Klage nicht zu vermeiden ist, bleibt zusätzlich der Versuch, eine Lösung auf dem Strafbefehlswege zu erreichen.

Abhängig von der Bestimmung des Verfahrensziels ist die **Verfahrensstrategie**. Sie kann etwa darin bestehen, gleich zu Beginn des Verfahrens das Gespräch mit weiteren Verfahrensbeteiligten zu suchen (Staatsanwalt, möglicherweise aber auch mit dem Geschädigten oder Anzeigeerstatter). Denkbar ist auch, dass der Beschuldige sich – ausnahmsweise – frühzeitig zu bestimmten Sachverhalten äußert. Bei komplizierteren Sachverhalten tatsächlicher oder rechtlicher Art bieten sich darüber hinausgehend schriftliche Stellungnahmen an. Weiterhin denkbar sind auch Beweisanträge oder eigene Ermittlungstätigkeiten, deren Ergebnisse zu geeigneter Zeit zu den Akten gegeben werden.

IV. Die Einlassung des Beschuldigten im Ermittlungsverfahren

Die Entscheidung, ob der Verteidiger seinem Mandanten rät sich bereits im Ermittlungsverfahren zu äußern und in welcher Form diese Äußerung zu erfolgen hat, ist eine taktische Frage, die – so weit es sich um einen von Anfang an beratenen Mandanten handelt – erst nach der Definition des Verfahrensziels und der Verfahrensstrategie zu beantworten ist. Lediglich in den Fällen, in denen erst zu einem späteren Zeitpunkt vom Beschuldigten ein Verteidiger mandatiert wird, kann es dazu kommen, dass bereits Äußerungen des Beschuldigten ohne vorherige prozessuale Überlegungen im Ermittlungsverfahren erfolgt sind.

Kommt es zu einer **Äußerung des Beschuldigten** im Ermittlungsverfahren so wird sie im Regelfall entweder durch eine **schriftliche Stellungnahme** oder eine **Beschuldigtenvernehmung** erfolgen. Bei einer schriftlichen Stellungnahme ist zu beachten, dass diese, so weit sie in einem Verteidigungsschriftsatz erfolgt, nur dann in einer späteren Hauptverhandlung dem Beschuldigten zugerechnet werden kann, wenn er sich den Inhalt zu eigen macht. Schweigt der Beschuldigte hingegen in einer späteren Hauptverhandlung, wäre die Stellungnahme der Verteidigung nicht im Wege des Urkundsbeweises einführbar, sondern wegen § 250 StPO nur im Wege der Zeugeneinvernahme des Verfassers der Stellungnahme (BGH StV 93, 623). Nachdem es sich hierbei jedoch um den Verteidiger handelt und dieser der Schweigepflicht unterliegt, von der er in einem solchen Fall wohl kaum entbunden würde, läge eine unverwertbare Stellungnahme bei den Akten.

1. Vernehmung durch die Polizei

Kommt es zu einer **mündlichen Vernehmung**, sind je nach Art und Weise der Vernehmung des Beschuldigten die bestehenden Rechte und Pflichten zu beachten. Bei der ersten Vernehmung, die in der Regel durch die Polizei erfolgt (§ 163a Abs. 4 StPO) muss dem Tatverdächtigen eröffnet werden, welche Tat ihm im Sinne von § 264 StPO zur Last gelegt wird. Gem. § 136 StPO müssen folgende Hinweise erfolgen:

- **Belehrung über die Aussagefreiheit**

Im Strafprozess gilt der Grundsatz, dass niemand verpflichtet ist, gegen sich selbst auszusagen (BGHSt 14, 358, 364). Es steht dem Beschuldigten daher frei, sich zu den Vorwürfen zu äußern oder nicht zur Sache auszusagen. Hierüber ist der Beschuldigte zu belehren. Ein **Verstoß gegen die Belehrungspflicht** führt zu einem **Verwertungsverbot** der Aussage, wenn der Beschuldigte in der Hauptverhandlung rechtzeitig – bis zu dem in § 257 StPO genannten Zeitpunkt – widerspricht und nicht anderweitig von seinem Schweigerecht Kenntnis hatte (BGH StV 92, 212).

Der Beschuldigte ist allerdings gemäß § 111 OWiG verpflichtet, Angaben zur Person zu machen. Dazu gehören Vor-, Familien- und Geburtsname, Ort und Tag der Geburt, Familienstand, Beruf, Wohnort, Wohnung und Staatsangehörigkeit. Weitere Angaben, insbesondere die darüber hinausgehende Ermittlung der persönlichen Verhältnisse des Beschuldigten, gehören bereits zur Sachvernehmung, welche vom Aussageverweigerungsrecht umfasst sind.

- **Hinweis auf das Recht zur Verteidigerkonsultation**

Gerade die Frage, ob der Beschuldigte aussagen oder schweigen will, kann die Beratung mit einem Verteidiger erfordern. Es ist daher dem Beschuldigten Gelegenheit zu geben, sich mit dem bereits bekannten oder einem von ihm noch zu wählenden Verteidiger in Verbindung zu setzen. Erklärt der Beschuldigte, dass er erst mit seinem Verteidiger sprechen wolle, so muss eine beabsichtigte Vernehmung aufgeschoben und die weitere Entscheidung des Beschuldigten, ob er sich zur Sache einlassen will, abgewartet werden (BGHSt 38, 372). Wird dem Beschuldigten vor seiner ersten Vernehmung die von ihm gewünschte Befragung seines gewählten Verteidigers verwehrt, so können seine Angaben **unverwertbar** sein, wenn er sich dem in der Hauptverhandlung widersetzt (BGHSt 42, 15; in Abgrenzung hierzu aber BGHSt 42, 170).

- **Hinweis auf das Beweisantragsrecht**

Gemäß § 136 Abs. 1 Satz 3 StPO ist der Beschuldigte darüber zu belehren, dass er zu seiner Entlastung einzelne Beweiserhebungen beantragen kann. Diese Belehrung erfolgt im Anschluss an den Hinweis auf das Schweigerecht. Der Beschuldigte ist auch dann über sein Beweisantragsrecht zu belehren, wenn er vorher bereits erklärt hat, nicht aussagen zu wollen. Das Unterlassen dieser Belehrung führt allerdings nicht zu einem Verwertungsverbot.

- **Hinweis auf die Möglichkeit der schriftlichen Äußerung (§ 136 Abs. 1 Satz 4 StPO)**

Eine schriftliche Äußerung empfiehlt sich in den Fällen, in denen der Sachverhalt komplex und/oder die Rechtslage viele schwierige Probleme aufwirft. Ein unterlassener Hinweis hierauf ist aber unschädlich.

Die **Methode der Vernehmung** wird vom Gesetzgeber nicht geregelt. Die Vorschrift des § 69 Abs. 1 StPO (dem Zeugen muss die Gelegenheit eingeräumt werden, einen zusammenhängenden Bericht abzugeben) gilt für den Beschuldigten nicht. Üblicherweise wird daher der Beschuldigte konkret befragt. Der anwesende Verteidiger hat bei dieser Methode der Vernehmung darauf zu achten, dass der Beschuldigte zum Vorwurf gehörende Antworten in seiner Sprache abgibt, ungenaue Erinnerungen auch als solche bezeichnet und Fragen, die er nicht beantworten kann, erst nach Rücksprache beantwortet und formuliert. Die Aufzeichnung der Formulierung im Vernehmungsprotokoll ist genauestens zu überwachen. Dabei muss der Verteidiger projektiv denken. Er muss sich darüber im Klaren sein, wie diese jetzige schriftliche Aussage auf den später mit der Sache befassten Staatsanwalt oder Richter unter Berücksichtigung von Tatverdacht, Tatschwere und etwaiger später stattfindender Strafzumessung wirken wird. Der Mandant ist deswegen darauf hinzuweisen, dass eine einmal erfolgte Vernehmung nahezu nicht „widerrufen" werden und der Vernehmungsbeamte als Zeuge vom Hörensagen in einer späteren Hauptverhandlung gegen den Beschuldigten aussagen kann. Dieser wird den Inhalt der Vernehmung und das Zustandekommen der Aussagen schildern können (Art und Umfang der Verteidigermitwirkung, langsames oder schnelles Antworten, Sicherheit und Unsicherheit im Aussageverhalten).

Im Rahmen der Beschuldigtenvernehmung durch die Polizei hat der Verteidiger kein Anwesenheitsrecht, aber die StPO schreibt auch keine Pflicht vor, ihn auszuschließen. Deshalb wird ein Verteidiger in der Regel die Bereitschaft auszusagen davon abhängig machen, dass ihm die **Anwesenheit** gestattet wird. Der Beschuldigte ist nicht verpflichtet, der Vorladung durch die Polizei Folge zu leisten und den Vernehmungstermin wahrzunehmen.

2. Vernehmung durch die Staatsanwaltschaft

Der Beschuldigte ist **verpflichtet**, auf Ladung der Staatsanwaltschaft zu erscheinen (§§ 161 a I, 163 a III StPO). Bleibt der Beschuldigte aus, so kann er zwangsweise vorgeführt werden (§ 163 a III Satz 2 i.V.m. § 133 StPO). Ein Vorführungsbefehl ist allerdings nur zulässig nach vorheriger Androhung der Vorführung in der Ladung (§ 163 a Abs. 3 Satz 2 i.V.m. §§ 133 Abs. 2, 134 Abs. 2 StPO).

Der Verteidiger hat ein **Anwesenheitsrecht** (§ 163 a Abs. 3 Satz 2 i.V.m. 168 c Abs. 1 StPO). (Weder der Beschuldigte noch der Verteidiger haben allerdings das Recht bei einer staatsanwaltlichen Zeugen- oder Sachverständigenvernehmung anwesend zu sein (§ 161 a StPO)). Der Verteidiger hat ein Fragerecht (Meyer-Goßner, § 168 c, Rn. 1). Zu beachten ist, dass im Rahmen einer staatsanwaltlichen Vernehmung die Anfertigung eines Protokolls von der StPO nicht vorgeschrieben wird (§ 168 b StPO). Dies bedeutet, dass der Staatsanwalt auch berechtigt ist, nur einen kurzen Aktenvermerk über die Vernehmung anzufertigen, welcher sehr verkürzend und entstellend sein kann. Des weiteren kann der

Staatsanwalt ein Ergebnisprotokoll verfassen, dass selektiven Charakter haben kann. Der Verteidiger hat das Recht gemäß § 147 Abs. 3 StPO eine Abschrift zu erhalten.

3. Vernehmung durch den Richter

Im Rahmen des Ermittlungsverfahren hat grundsätzlich die Staatsanwaltschaft zu entscheiden, wer den Beschuldigten vernimmt. In der Regel unternimmt dies die Polizei oder Staatsanwaltschaft. Ausnahmsweise ersucht jedoch die Staatsanwaltschaft gemäß § 162 Abs. 1 StPO den zuständigen Ermittlungsrichter zur Beschuldigtenvernehmung, wenn ein Geständnis des Beschuldigten bevorsteht und zu befürchten ist, dass das Geständnis im Rahmen der Hauptverhandlung vom Beschuldigten nicht wiederholt wird. Ein richterliches Vernehmungsprotokoll kann dann gemäß § 254 StPO im Rahmen der Hauptverhandlung verlesen werden. Dem Verteidiger steht das **Anwesenheitsrecht** (§ 168c Abs. 1 StPO) und ein **uneingeschränktes Fragerecht** zu.

3. Kapitel. Die Verteidigung in Haftsachen

A. Vorbemerkung

Die **Anordnung der Untersuchungshaft stellt den massivsten Eingriff** des Staates in das Leben des Beschuldigten dar, wobei die Konsequenzen sich nicht auf den Verlust der physischen Freiheit beschränken. Vielmehr wird der Betroffene mit einer Vielzahl von Nebenwirkungen konfrontiert, welche sich in alle Lebensbereiche erstrecken können. Weitgehende Suspendierung der sozialen Kontakte, Arbeitsplatzverlust und wirtschaftliche Einbußen sind nur einige Faktoren, welche bei den Betroffenen große psychische Probleme aufwerfen können. Eine Multiplizierung erfährt diese Belastung durch die Erkenntnis, dass man als Untersuchungshäftling nicht mehr der Herr seines Tuns ist, sondern vielmehr, oft als willkürlich empfunden, über die eigene Person verfügt werden kann. Diese Ausnahmesituation und die Probleme bei der Verteidigung und Betreuung eines Untersuchungshäftlings verlangen vom Strafverteidiger Verantwortungsbereitschaft und hohes Engagement. Zusätzlich muss sich der Strafverteidiger bei der Verteidigung eines Untersuchungshäftlings darüber bewusst sein, dass, obwohl dies vordergründig vom Beschuldigten so gesehen wird, das Ziel einer optimalen Verteidigung nicht lediglich die Freilassung des Mandanten sein kann, sondern mit der Beantwortung der Haftfrage häufig auch das Ergebnis des gesamten Strafverfahrens maßgeblich praejudiziert wird. Nachdem bereits an anderer Stelle (vgl. 2. Teil, Eingriffsbefugnisse im Ermittlungsverfahren) die rechtlichen Voraussetzungen der Untersuchungshaft beschrieben worden sind, soll es nachfolgend nur noch darum gehen, welche Handlungsmöglichkeiten der Verteidiger in der Situation der Untersuchungshaft des Mandanten hat.

Obwohl im folgenden nicht behandelt, darf dabei allerdings nicht verkannt werden, dass im strafrechtlichen Verfahren neben der im Vordergrund stehenden Untersuchungshaft auch aus anderen Gründen eine Inhaftierung (bzw. Freiheitsentziehung) in Betracht kommen kann. Es handelt sich hierbei um:

- Anordnung der Erzwingungshaft gem. § 230 Abs. 2 StPO
- Anordnung der Hauptverhandlungshaft gem. § 127b StPO
- Anordnung der vorläufigen Unterbringung gem. § 126a StPO
- Anordnung der Sicherungshaft gem. § 453c StPO
- Anordnung der Vollstreckungshaft gem. § 457 Abs. 2 StPO
- Inhaftierung aufgrund Europäischen Haftbefehls gem. §§ 78 ff. IRG.

Auf die Verteidigung gegen eine nach diesen Vorschriften erfolgte Maßnahme wird hier nicht eingegangen.

B. Die Kontaktaufnahme mit dem Beschuldigten

Der Beschuldigte kann sich in jeder Lage des Verfahrens verteidigen lassen. Dies bedeutet, dass der festgenommene Beschuldigte auch über die **Möglichkeit der Verteidigerkonsultation** belehrt werden muss. Es muss dem Beschuldigten gestattet werden, mit einem Verteidiger seiner Wahl Kontakt aufzunehmen, was in der Regel telefonisch oder, sofern bereits ein Haftbefehl ergangen ist, schriftlich aus der Vollzugsanstalt stattfindet.

I. Vorläufige Festnahme des Beschuldigten

Im Falle der vorläufigen Festnahme (§ 127 StPO) wird der Verteidiger den Beschuldigten im Regelfall bei der Polizeidienststelle treffen. Nachdem ein Haftbefehl noch nicht vorliegt, bedarf es für das Gespräch mit dem Beschuldigten keiner richterlichen Genehmigung. Es besteht ein **Recht auf unüberwachte Gespräche** zwischen Verteidiger und Beschuldigtem entsprechend § 148 Abs. 1 StPO. Im Sinne einer effektiven Verteidigung muss dem Verteidiger gestattet werden, eine angemessene Zeit mit seinem Mandanten unüberwacht zu sprechen. Dies muss selbst dann gelten, wenn bereits eine Haftbefehlseröffnung unmittelbar bevorsteht.

II. Ein Haftbefehlsantrag liegt vor bzw. ein Haftbefehl, der zu eröffnen ist

In diesem Fall muss der Verteidiger sich eine **Sprecherlaubnis** (mündlich oder schriftlich) beim zuständigen Ermittlungsrichter besorgen und anschließend den Beschuldigten zum unüberwachten Gespräch (§ 148 Abs. 1 StPO) in der Haftanstalt der Polizei oder des Gerichts aufsuchen. Dabei hat der Verteidiger durch rasche Kontaktaufnahme mit dem Ermittlungsrichter sicherzustellen, dass die Vorführung und Entscheidung über den Erlass des Haftbefehls nur in Anwesenheit des Verteidigers erfolgt, also dieser vorher zu verständigen ist.

III. Ein Haftbefehl ist erlassen, der Beschuldigte ist flüchtig

Die **Kontaktaufnahme** mit einem flüchtigen Beschuldigten ist an jedem Ort **zulässig**. Sie dient der Vollmachtserteilung und der Beratung im vertraulichen Gespräch. Der Verteidiger ist ohne Zustimmung des Beschuldigten nicht dazu befugt, den Aufenthaltsort mitzuteilen (§ 203 StGB). Der Verteidiger ist weiterhin auch nicht dazu verpflichtet, darauf hinzuwirken, dass sich der Beschuldigte stellt. Falls der Beschuldigte sich bei seinem Verteidiger danach erkundigt, welche Länder mit der Bundesrepublik Deutschland ein Auslieferungsabkommen getroffen haben und wie sich die Auslieferungspraxis darstellt, so ist eine Mitteilung darüber zulässig. Unzulässig wäre es hingegen, wenn der Verteidiger dem Beschuldigten von sich aus zur Flucht rät oder Empfehlungen darüber ausspricht, welche Länder aufgesucht werden sollten, weil keine Auslieferungsabkommen bestehen. Bereits diese Alternativen zeigen, wie eng die Grenze zwischen erlaubter Strafverteidigung und Strafvereitelung gem. § 258 StGB sein kann.

Umstritten ist darüber hinausgehend die Frage, ob der Strafverteidiger dem Beschuldigten mitteilen darf, dass ein Haftbefehl erlassen wurde. Der BGH (BGHSt 29, 99, 103) hat das für unzulässig gehalten. Diese Auffassung wird von der Literatur jedoch entschieden abgelehnt und würde möglicherweise heute auch nicht mehr vom BGH vertreten werden. Für die Auffassung der Literatur spricht, dass der Verteidiger als Beistand seines Mandanten zur optimalen Verteidigung verpflichtet ist. Das **Verschweigen eines Haftbefehls** würde auf den Verzicht einer effektiven Verteidigung an einem entscheidenden Punkt hinauslaufen, denn die im Haftbefehl enthaltenen Informationen zum Tatvorwurf und zur rechtlichen Beurteilung bedürfen einer Erörterung mit dem Mandanten. Des weiteren würde sich das Verschweigen des Haftbefehls negativ auf das Vertrauensverhältnis zwischen Strafverteidiger und Mandanten auswirken. Demnach ist der Verteidiger aufgerufen die Existenz des Haftbefehls gegenüber seinem Mandanten zu offenbaren. Dies gilt jedoch nur dann, wenn der Verteidiger in zulässiger Weise von der Existenz des Haftbefehls erfahren hat!

C. Die Verteidigung gegen den Haftbefehl

I. Verteidigungsmöglichkeiten gegen den dringenden Tatverdacht

Gemäß § 112 Abs. 1 i.V.m. § 114 Abs. 2 Nr. 4 StPO darf ein Haftbefehl nur dann erlassen werden, wenn der Beschuldigte der Begehung einer Straftat **dringend verdächtig** ist. Der Gesetzgeber hat den dringenden Tatverdacht nicht näher erläutert. Die von Rechtsprechung und Literatur erarbeitete Definition beschreibt den dringenden Tatverdacht als große Wahrscheinlichkeit, dass der Beschuldigte Täter oder Teilnehmer einer Straftat ist (Meyer-Goßner § 112 StPO Rn. 5). Dies bedeutet, dass der dringende Tatverdacht intensiver als der hinreichende Tatverdacht sein muss, welcher die Eröffnung des Hauptverfahrens rechtfertigt. Eine Überzeugung von der Schuld des Beschuldigten ist allerdings nicht notwendig. Die Verteidigung gegen den dringenden Tatverdacht ist primär als Verteidigung gegen Sachverhaltsfeststellungen zu sehen, erst in zweiter Linie eine Verteidigung auf rechtlicher Ebene.

II. Verteidigungsmöglichkeiten gegen die Haftgründe

Gemäß § 112 Abs. 1 StPO setzt die Anordnung der Untersuchungshaft einen **Haftgrund** voraus. Als Gründe führt der Gesetzgeber auf:

- Flucht (§ 112 Abs. 2 Nr. 1 StPO)
- Fluchtgefahr (§ 112 Abs. 1 Nr. 2 StPO)
- Verdunkelungsgefahr (§ 112 Abs. 2 Nr. 3 StPO)
- Straftaten der Schwerkriminalität (§ 112 Abs. 4 StPO)
- Wiederholungsgefahr (§ 112 a StPO)

Die §§ 112, 112 a StPO zählen die Haftgründe (für die Verhängung von Untersuchungshaft) abschließend auf, so dass die Anordnung der Untersuchungshaft aus anderen Gründen nicht in Frage kommt.

1. Haftgrund der Flucht (§ 112 Abs. 2 Nr. 1 StPO)

Gemäß § 112 Abs. 2 Nr. 1 StPO besteht der **Haftgrund der Flucht**, wenn der Beschuldigte flüchtig ist oder sich verborgen hält. Dies wiederum setzt voraus, dass der Beschuldigte sich dem Strafverfahren, in dem über die Untersuchungshaft zu entscheiden ist, dauernd oder zumindest für längere Zeit entziehen will.

Im wesentlichen verspricht die Verteidigung gegen den Haftgrund der Flucht dann Erfolg, wenn dargelegt werden kann, dass die Unerreichbarkeit des Beschuldigten nicht auf Gründen basiert, welche in dem gegen ihn anhängigen Strafverfahren liegen.

2. Fluchtgefahr § 112 Abs. 2 Nr. 2 StPO

Der **Haftgrund der Fluchtgefahr** besteht dann, wenn die Würdigung der Umstände des Falles es wahrscheinlicher macht, dass sich der Beschuldigte dem Strafverfahren entziehen, als dass er sich ihm zur Verfügung halten wird (Meyer-Goßner § 112, Rn. 17). Unter Sich-Entziehen ist ein Verhalten zu verstehen, dass den Erfolg hat, dass der Fortgang des Strafverfahrens dauernd oder wenigstens vorübergehend durch Aufhebung der Bereitschaft des Beschuldigten verhindert wird, für Ladungen und Vollstreckungsmaßnahmen zur Verfügung zu stehen (BGHSt 23, 380, 384).

In der Praxis kommt dem Haftgrund der Fluchtgefahr die weitaus größte Bedeutung zu, wobei häufig die Fluchtgefahr mit der Höhe der Straferwartung und dem daraus resultierenden Anreiz für den Beschuldigten, sich dem Verfahren entziehen zu wollen, begründet wird. Weitere Faktoren, welche die Fluchtgefahr begründen können, sind festgestellte Fluchtvorbereitungen, mangelnde soziale Bindungen, kein fester Wohnsitz und sonstige Handlungen, die geeignet sind den ordnungsgemäßen Ablauf des Strafverfahrens zu gefährden (z.B. Herbeiführung der Verhandlungsunfähigkeit). Die Verteidigung gegen den auf Fluchtgefahr basierenden Haftbefehl hat sich in der Praxis häufig auf das Ziel der **Außervollzugsetzung des Haftbefehls** (§ 116 StPO) auszurichten. Die Praxis zeigt, dass die Geneigtheit der Ermittlungsrichter einmal erlassene Befehle ganz aufzuheben gering ist, jedoch das Erreichen einer Außervollzugsetzung des Haftbefehls durchaus realistisch ist. Dementsprechend wird von der Möglichkeit der Haftverschonung bei dem Haftgrund der Fluchtgefahr am häufigsten Gebrauch gemacht. Der Verteidiger wird deshalb im Rahmen der Haftprüfung oder Haftbeschwerde den auf eine Haftentlassung des Beschuldigten abzielenden Antrag stets so formulieren, dass als Hauptantrag die Aufhebung des Haftbefehls gefordert und hilfsweise seine Außervollzugsetzung beantragt wird. Es müssen daher bereits im Vorfeld der Haftprüfung oder der Haftbeschwerde mit dem Beschuldigten die weniger einschneidenden Maßnahmen im Sinne des § 116 StPO bezüglich deren Realisierbarkeit erörtert werden. Häufig muss hierbei die Frage geklärt werden, ob ein fester Wohnsitz vorhanden oder begründet werden (z.B. Aufnahme des Beschuldigten in der Wohnung Eltern) oder Kaution gestellt werden kann.

3. Verdunkelungsgefahr (§ 112 Abs. 2 Nr. 3 StPO)

Der **Haftgrund der Verdunkelungsgefahr** (§ 112 Abs. 2 Nr. 3 StPO) setzt voraus, dass bestimmte Tatsachen den dringenden Verdacht begründen, der Beschuldigte werde durch aktive Handlungen eine Aufklärung der Straftat zu vereiteln suchen und dadurch die Wahrheitsermittlung tatsächlich erschweren können.

Die als Verdunkelungshandlungen in Betracht kommenden Verhaltensweisen sind abschließend in § 112 Abs. 2 Nr. 3 a–c StPO aufgeführt.

Nicht selten bietet der Haftgrund der Verdunkelungsgefahr Ansatzpunkte für die Verteidigung zur Argumentation auf rechtlicher Ebene, denn zuweilen wird der Haftgrund der Verdunkelungsgefahr gesetzwidrig gehandhabt, indem der Haftbefehl als Gründe für Verdunkelungsgefahr Aussageverweigerung oder Bestreiten des Tatvorwurfs durch den Beschuldigten anführt. Mitunter wird das Vorliegen der Verdunkelungsgefahr auch lediglich damit begründet, dass eine verdunkelungstypische Deliktsart vorliegt oder dass Tatkomplizen flüchtig oder noch nicht ermittelt seien.

Auch in tatsächlicher Hinsicht bieten Haftbefehle, welche auf Verdunkelungsgefahr basieren, Angriffspunkte. So wird z.B. allein die Tatsache als Beleg für das Vorliegen der Verdunkelungsgefahr angeführt, dass der Beschuldigte mit Zeugen zum Zwecke der Sachaufklärung gesprochen oder sie zu Erklärungen veranlasst habe. Dies begründet aber keine Verdunkelungsgefahr, sondern stellt lediglich eine Aufklärungshandlung dar.

Zu beachten ist weiter, dass der Haftgrund der Verdunkelungsgefahr im Laufe der Ermittlungstätigkeit der Staatsanwaltschaft an **Intensität** abnimmt. Je weiter die Staatsanwaltschaft in ihrer Ermittlungstätigkeit fortgeschritten ist, desto geringer wird eine potentielle Verdunkelungsgefahr. Die „Dynamik" des Haftgrundes der Verdunkelungsgefahr bietet daher für die Verteidigung eine ausgezeichnete Chance eine Aufhebung des Haftbefehls zum Ende des Ermittlungsverfahrens zu erreichen. Der von der Staatsanwaltschaft häufig gesehenen Gefahr, dass auch nach Vernehmung der Zeugen der Beschuldigte auf diese einwirkt, so dass die Zeugen im Rahmen der Hauptverhandlung ihr Aussageverhalten zugunsten des Beschuldigten ändern könnten, kann die Verteidigung dadurch entgegentreten, dass sie die richterliche Vernehmung gemäß §§ 162 Abs. 1, 168c Abs. 2 StPO zum Zwecke der Beweissicherung anregt. Die auf diese Weise erstellten richterlichen Protokolle können später im Rahmen der Hauptverhandlung als Urkundsbeweis die Aussage der Zeugen ersetzen. Damit läge aber der Haftgrund der Verdunkelungsgefahr nicht mehr vor. Denn wenn Verdunkelungshandlungen nicht dazu geeignet sind, die Ermittlung der Wahrheit zu erschweren, darf die Untersuchungshaft nicht angeordnet bzw. aufrechterhalten werden (Meyer-Goßner, § 112 StPO Rn. 35).

4. Haftgrund der Tatschwere (§ 112 Abs. 3 StPO)

Die Verfassungsmäßigkeit des § 112 Abs. 3 StPO ist sehr umstritten. Mit überzeugenden Argumenten wird gegen die Verfassungsmäßigkeit ausgeführt, dass ein offensichtlicher Verstoß gegen den Verhältnismäßigkeitsgrundsatz vorliegt, wenn bei einem Tatverdächtigen, bei dem weder Flucht-, Verdunkelungs- noch Wiederholungsgefahr vorliegt, nur wegen der **Schwere der Straftat** ein Haftbefehl erlassen wird. Das Bundesverfassungsgericht legt § 112 Abs. 3 StPO daher **verfassungskonform** dahingehend aus, dass der Erlass eines Haftbefehls nur dann zulässig ist, wenn Umstände vorliegen, die die Gefahr begründen, dass ohne Festnahme des Beschuldigten die alsbaldige Aufklärung und Ahndung der Tat gefährdet sein könnte; ausreichend kann schon die zwar nicht mit bestimmten Tatsachen belegbare, aber nach den Umständen des Falles doch nicht auszuschließende Flucht- oder Verdunkelungsgefahr oder ernstliche Befürchtung sein, dass der Täter weitere Taten ähnlicher Art begehen werde (BVerfGE 19, 342, 350).

Zu beachten ist allerdings, dass die Vorschrift bei dieser Auslegung weder eine Vermutung der Haftgründe zulässt, noch eine „Umkehr der Beweislast" stattfindet. Dem Richter wird lediglich die Feststellung erlassen, dass bestimmte Tatsachen Flucht- oder Verdunkelungsgefahr begründen (Meyer-Goßner, § 112 StPO Rn. 38). Aufgrund dieser Rechtslage stellt die zu schematisierte Anwendung des Haftgrundes des § 112 Abs. 3 StPO einen häufigen Fehler dar. Der Verteidiger muss sich deshalb in der Verteidigung gegen den Haftgrund der Tatschwere hiermit auseinander setzen und Gründe vortragen, die im konkreten Fall gegen Verdunkelungs- und Fluchtgefahr sprechen. Dabei ist insbesondere bei einer kurzen Straferwartung und bereits länger andauernder Untersuchungshaft auch der Grundsatz der Verhältnismäßigkeit anzusprechen.

5. Wiederholungsgefahr (§ 112 a StPO)

Der Begriff **Wiederholungsgefahr** wird in § 112 a Abs. 1 Satz 1 als Gefahr der Begehung weiterer erheblicher Straftaten gleicher Art oder der Fortsetzung der Straftat definiert. Erheblich im Sinne der Vorschrift sind Taten, die mindestens dem Bereich der mittleren Kriminalität angehören.

Die Verteidigung gegen der Haftgrund der Wiederholungsgefahr hat sich in erster Linie mit den rechtlichen Voraussetzungen der Untersuchungshaftanordnung auseinander zu setzen, da Haftbefehle, welche durch Wiederholungsgefahr begründet werden, häufig den gesetzlichen Anforderungen nicht entsprechen. Dies liegt zum einen daran, dass der Wortlaut der Vorschrift missverständlich ist, zum anderen die gesetzlichen Voraussetzungen in Rechtsprechung und Literatur höchst umstritten sind. In der Praxis wird daher auf den Haftgrund der Wiederholungsgefahr relativ selten zurückgegriffen und mitunter auf den durch formale Merkmale leichter zu begründenden Haftgrund der Fluchtgefahr ausgewichen.

III. Grundsatz der Verhältnismäßigkeit

Gemäß § 112 Abs. 1 Satz 2 StPO darf Untersuchungshaft nicht angeordnet werden, wenn sie zu der Bedeutung der Sache und der zu erwartenden Strafe oder Maßregel der Besserung und Sicherung außer Verhältnis steht. Trotz dieses eindeutigen Wortlautes und des Umstandes, dass der Grundsatz der Verhältnismäßigkeit Verfassungsrang einnimmt, ist für den Verteidiger die Aufhebung oder zumindest Außervollzugsetzung eines Haftbefehls durch Darlegung nicht vorliegender Verhältnismäßigkeit nur sehr schwer zu erreichen. Die Frage der Verhältnismäßigkeit wird von vielen Gerichten so gut wie nicht erörtert. Dies findet seinen Ausdruck darin, dass in den Haftbefehlen in aller Regel lediglich in Form von standardisierten Floskeln auf die Verhältnismäßigkeit eingegangen wird. Dementsprechend obliegt es der Verteidigung, den Verstoß gegen den Verhältnismäßigkeitsgrundsatz darzulegen und das Gericht auf diese Problematik hinzuweisen. Dabei ist zu beachten, dass

- der Grundsatz der Verhältnismäßigkeit keine Haftvoraussetzung, sondern die **Unverhältnismäßigkeit einen Haftausschließungsgrund** darstellt (Meyer-Goßner § 112, Rn. 8),
- der Grundsatz in dubio pro reo nicht gilt,
- die Unverhältnismäßigkeit sich nicht allein schon deshalb ergibt, weil nur eine kurzfristige oder keine zu vollstreckende Freiheitsstrafe oder eine Geldstrafe zu erwarten ist (Meyer-Goßner § 112, Rn. 11).

Diese Vorgaben lassen bereits erkennen, dass die Lösung der Haftfrage über den Weg der Verhältnismäßigkeit häufig nur geringe Aussicht auf Erfolg verspricht. Im einzelnen sind bei der Überprüfung der Verhältnismäßigkeit die Kriterien der Bedeutung der Sache, die zu erwartende Strafe und die vom Haftbefehl ausgehenden Nachteile gegeneinander abzuwägen.

- **Bedeutung der Sache**

Bei der Beurteilung der Bedeutung der Sache muss das Gewicht des öffentlichen Interesses an einer Verfolgung der in Rede stehenden Rechtsgutverletzung ermittelt werden (LG Hamburg StV 1987, 399, 400). Bei der Abwägung ist nicht auf den abstrakten Tatvorwurf, sondern auf den **konkreten Einzelfall** einschließlich aller besonderen Umstände in der Tat und in der Persönlichkeit des Beschuldigten abzustellen. Im Rahmen der Bedeutung der Sache sind daher Bagatelldelikte oder Straftaten mit geringem Schaden zu behandeln.

- **Strafprognose**

Bei der Beurteilung, welche Rechtsfolgen vermutlich gegen den Beschuldigten verhängt werden, ist zunächst von dem abstrakten Strafrahmen auszugehen, so dann sind in groben Zügen die Strafzumessungserwägen anzustellen, von denen sich voraussichtlich auch das Gericht in der Hauptverhandlung leiten lassen wird. Sämtliche in Betracht kommenden Strafrahmenverschiebungen, Strafzumessungsgesichtspunkte einschließlich etwaiger Strafaussetzungsmöglichkeiten sind zu berücksichtigen.

Wenn eine Freiheitsstrafe wahrscheinlich zur Bewährung ausgesetzt wird, wird im Hinblick auf die Rechtsfolgenerwartung eine Verhaftung des Beschuldigten im Regelfall einen unverhältnismäßigen Eingriff darstellen (OLG Koblenz MDR 1974, 596). Jedoch ist zu sehen, dass, auch wenn die Straftat nur mit Freiheitsstrafe bis zu sechs Monaten bedroht oder aus sonstigen im Einzelfall vorliegenden Gründen voraussichtlich nur eine solche Strafe ausgesprochen wird, die Verhaftung dennoch zulässig und der Verhältnismäßigkeitsgrundsatz gewahrt sein kann.

- **Beurteilung der Nachteile**

Bei der Beurteilung, welche Nachteile von der Untersuchungshaft ausgehen, ist ebenfalls eine Einzelfallbetrachtung angezeigt. Aspekte, wie z.B. die Gefährdung der beruflichen oder wirtschaftlichen Existenz des Beschuldigten sind ebenso zu berücksichtigen wie die Beeinträchtigung seines Ansehens. Auch gesundheitliche Belastungen, die unterhalb der Schwelle der Haftunfähigkeit liegen können, sind in den Abwägungsprozess mit einzubeziehen. Die mit der Anordnung der Untersuchungshaft verbundenen negativen Folgen für Angehörige des Beschuldigten, sonstige nahe stehende Personen und seinen Arbeitgeber sind ebenfalls geeignet, die Unverhältnismäßigkeit zu begründen.

IV. Prozessuale Mittel gegen den Erlass und die Aufrechterhaltung des Haftbefehls

1. Haftprüfung/mündliche Haftprüfung

Mit der Haftprüfung kann der Beschuldigte jederzeit verlangen, dass die Voraussetzungen des Haftbefehls gerichtlich überprüft werden. Für den Antrag ist keine besondere Form vorgeschrieben. Er kann auch mündlich oder zu Protokoll des Urkundsbeamten der Geschäftsstelle oder durch einen begründeten Schriftsatz des Rechtsanwalts eingebracht werden. Ein besonderer Antrag auf mündliche Verhandlung ist sinnvoll bei Personenverschiedenheit der Ermittlungsrichter, die bei der Eröffnung des Haftbefehls und der Durchführung der mündlichen Haftprüfung zuständig sind. Auch bei einem Antrag auf Haftprüfung kann ohne entsprechenden Antrag eine mündliche Verhandlung stattfinden, wenn der zuständige Richter nach seinem Ermessen eine solche für geboten erachtet (§ 118 Abs. 1 StPO). **Der Sinn der mündlichen Haftprüfung liegt darin, durch den persönlichen Eindruck vom Beschuldigten den Richter zu veranlassen, wegen des nunmehr geschaffenen Vertrauens in den Beschuldigten, den Haftbefehl aufzuheben oder außer Vollzug zu setzen.** Die mündliche Haftprüfung eignet sich als Rechtsbehelf, um die Persönlichkeit des Beschuldigten, die sozialen Verhältnisse und die Einstellung zum Tatvorwurf (gegebenenfalls durch ein Geständnis) zu „demonstrieren". Für den Verteidiger wichtig: die Möglichkeit der (wenig genutzten) sofortigen Beweisaufnahme im Termin der mündlichen Haftprüfung im Rahmen des § 118 a Abs. 3 StPO. Der Verteidiger wird in einem solchen Fall den Zeugen mitbringen, da ein Ermittlungsrichter kaum die Zeit hat, den Haftprüfungstermin zu verlängern und/oder fortzusetzen, nur um einen Zeugen zu laden. Der Ermittlungsrichter kann das Ermittlungsergebnis im Wege des Freibeweises würdigen.

Die mündliche Haftprüfung ist, solange keine Hauptverhandlung stattfindet, alle zwei Monate zulässig (§ 118 Abs. 3 StPO). Aufgrund dieser **Sperrfrist** wird ein Verteidiger den Haftprüfungsantrag zurücknehmen, wenn ein negativer Beschluss zu erwarten ist. Der zurückgenommene Haftprüfungsantrag hat keine Sperrfrist zur Folge. Die Rücknahme des Haftprüfungsantrages ist auch im Rahmen einer mündlichen Haftprüfung möglich. Wurde allerdings in einer mündlichen Haftprüfung entschieden, so muss neben der Zweimonatsfrist auch die Haftzeit von drei Monaten verstrichen sein. Nach Eingang des Antrages ist binnen 14 Tagen zu terminieren (§ 118 V StPO). Eine Fristversäumnis hat allerdings keinerlei weitergehende Konsequenzen.

2. Haftbeschwerde und weitere Haftbeschwerde

Die **Beschwerde** (ausschließlich schriftliches Verfahren) ist zulässig gemäß §§ 304, 305 Satz. 2 StPO gegen jeden Haftbefehl, da der Haftbefehl als richterlicher Beschluss ergeht. Grundlage der Entscheidung des Beschwerdegerichts ist nur das vorhandene Aktenmaterial. Daraus ergibt sich, dass eine Haftbeschwerde im Hinblick auf den dringenden Tatverdacht keine übermäßige Aussicht auf Erfolg verspricht, jedoch bei problematischen Rechtsfragen den richtigen Weg darstellt. In taktischer Hinsicht wird ein Verteidiger zusätzlich zu beachten haben, dass eine negative Beschwerdeentscheidung eine praejudizielle Wirkung haben kann. Im Beschwerdeverfahren ist eine mündliche Verhandlung gemäß § 118 Abs. 2 StPO möglich, jedoch wird ihre Notwendigkeit von den Gerichten sehr selten bejaht. Die weitere Beschwerde trägt die gleichen Möglichkeiten und Gefahren in sich wie die Beschwerde. Eine ablehnende Entscheidung des Strafsenats kann unter Umständen eine lange Untersuchungshaft bedeuten. Bei einer absehbaren negativen Entscheidung wird ein Verteidiger deshalb im Regelfall die weitere Beschwerde zurücknehmen.

4. Kapitel. Die Verteidigung im Zwischenverfahren

A. Vorbemerkung

Das **Zwischenverfahren** beginnt mit der Einreichung der Anklageschrift beim zuständigen Gericht. Das Gericht (nur die Berufsrichter) hat darüber zu beschliessen, ob das Hauptverfahren zu eröffnen (§ 203 StPO) oder ob die Eröffnung des Hauptverfahrens abzulehnen ist (§ 204 StPO). Das Gericht ist hierbei an die Anträge der Staatsanwaltschaft nicht gebunden (§ 206 StPO) und kann gegebenenfalls Änderungen des Anklagesatzes vornehmen. Vor seiner Entscheidung hat es den Angeschuldigten gemäß § 201 StPO anzuhören und unter Umständen den Sachverhalt weiter aufzuklären (§ 202 StPO).

Obwohl über 90 % aller Anklageschriften letztendlich zur Hauptverhandlung zugelassen werden, bietet das Zwischenverfahren der Verteidigung gute Möglichkeiten, effektiv auf den weiteren Fortgang des Verfahrens einzuwirken. Dabei ist zu beachten, dass es bei den Bemühungen der Verteidigung nicht lediglich um die Frage der **Zulassung** oder **Nichtzulassung** der Anklageschrift gehen wird, sondern auch eine **Modifikation** der Anklage positive Wirkung entfalten kann.

B. Verteidigungsziele im Zwischenverfahren

I. Ablehnung der Eröffnung (§ 204 Abs. 1 StPO)

Die **Nichteröffnung** des Hauptverfahrens kann auf **tatsächlichen** oder auf **rechtlichen** Gründen beruhen. Das Gericht beschließt hingegen die Eröffnung des Hauptverfahrens, wenn nach den Ergebnissen des vorbereitenden Verfahrens der Angeschuldigte einer Straftat hinreichend verdächtig erscheint (§ 203 StPO). Weil dieser Verdachtsgrad auf einer erheblich niedrigeren Stufe steht, als der für einen Haftbefehl gem. § 112 StPO vorauszusetzende dringende Tatverdacht, wird im Falle eines inhaftierten Beschuldigten nur selten eine Nichteröffnungsentscheidung des Gerichts zu erreichen sein. Hinzu tritt, dass bei der Beurteilung der Frage, ob ein hinreichender Tatverdacht zu bejahen ist, dass Gericht zur vorläufigen Tatbewertung einen gewissen Beurteilungsspielraum hat, bei dem der Grundsatz „in dubio pro reo" noch keine Rolle spielt. Dennoch muss sowohl hier als auch in übrigen Fällen aber eine Überprüfung stattfinden, ob tatsächliche oder rechtliche Gründe der Verfahrenseröffnung nicht doch entgegenstehen.

So kann an eine **Nichteröffnung aus tatsächlichen Gründen** dann zu denken sein, wenn der Sachverhalt entweder Kausalitätsprobleme aufweist oder aber insbesondere Sachverständigenfragen im Raum stehen. Erheblich mehr Ansatzpunkte bietet jedoch die Frage, ob aus **Rechtsgründen** die Eröffnung des Hauptverfahrens abzulehnen ist. In diesem Bereich wird ein Verteidiger einen genauen Blick darauf zu richten haben, ob die erforderlichen **Verfahrensvoraussetzungen** vorliegen und keine **Verfahrenshindernisse** bestehen. Dabei ist insbesondere zu achten auf

- Strafantragsdelikte:
  Vorliegen eines wirksames Strafantrags (Berechtigter, Form, Frist, Inhalt, Rücknahme [Bejahung des öffentlichen Interesses durch die Staatsanwaltschaft?]) Privatklagedelikt, bei dem nicht das öffentliche Interesse bejaht wird (§§ 374, 376 StPO)
- Behördliche Ermächtigung (§§ 90 Abs. 4, 90 b Abs. 2, 97 Abs. 3, 104 a, 194 Abs. 4, 353 a Abs. 2, 353 b Abs. 4 StGB).
- den Inhalt der Anklageschrift (§ 200 StPO):
  • fehlerhafter Anklagesatz (wird die Anklage ihrer Konkretisierungs- und Umgrenzungsfunktion gerecht; BGH StV 2000, S. 6).

- Fehler im wesentlichen Ergebnis der Ermittlungen (§ 200 Abs. 2 StPO; wird die Anklage ihrer Informationsfunktion gerecht; ob die Anklage bei Mängeln in der Darstellung des wesentlichen Ermittlungsergebnisses unwirksam ist, ist umstritten; BGH StV 95, 338; keine Unwirksamkeit, a.A. OLG Schleswig StV 95, 95, OLG Düsseldorf, StV 97, 10)
- Verfolgungsverjährung
- Strafunmündigkeit (§ 19 StGB, im Privatklageverfahren § 80 JGG)
- dauernde Verhandlungsunfähigkeit
- Anwendbarkeit des deutschen Strafrechts (BGH NStZ 86, 320)
- fehlende Unterworfenheit unter die deutsche Gerichtsbarkeit
- Immunität (liegt Genehmigung der Strafverfolgung vor)
- Straffreiheitsgesetze
- Beschränkung wegen erfolgter Auslieferung (Spezialitätsgrundsatz)
- Strafklageverbrauch gem. Art. 103 Abs. 3 GG
- Strafklageverbrauch durch ausländische Verurteilung aufgrund internationalen Übereinkommens
- doppelte Rechtshängigkeit.

Ob der Verteidiger einen Antrag auf Nichteröffnung des Hauptverfahrens stellt, ist eine taktische Frage. Folge der Ablehnung der Eröffnung des Hauptverfahrens ist gem. § 211 StPO eine beschränkte Sperrwirkung für die neue Strafverfolgung. Die Klage kann nunmehr nur noch aufgrund neuer Tatsachen oder Beweismittel **wieder aufgenommen** werden. Als neue Tatsache stellt sich hierbei allerdings auch die Behebung eines Mangels in einer neuen Anklage dar, wenn zuvor die Ablehnung auf die Unwirksamkeit der Anklageschrift gem. § 200 StPO gestützt wurde (OLG Düsseldorf NStZ 82, 335). Dabei wird auch zu bedenken sein, dass im Falle der Ablehnung der Staatsanwaltschaft die sofortige Beschwerde hiergegen gem. § 210 Abs. 2 StPO zusteht und eine Entscheidung des Beschwerdegerichts den Ausgang der Hauptverhandlung beeinflussen kann.

II. Teileinwendungen

Außerhalb der Ablehnung der Eröffnung des Hauptverfahrens sind jedoch auch mögliche **Teileinwendungen** gegen die Eröffnung zu überprüfen. Dies beginnt mit der Frage, ob wenigstens eine teilweise Nichteröffnung des Hauptverfahrens in Betracht kommt, erstreckt sich auf die Überprüfung von Zuständigkeitsregeln, möglichen Fehlern bei der Formulierung des Anklagesatzes und betrifft auch die Beweisermittlung im Ermittlungsverfahren.

Das Gericht prüft seine Zuständigkeit gemäß §§ 209, 209 a StPO §§ 74 ff. GVG. Dabei ist zu beachten, dass gem. § 209 StPO das Gericht, bei dem die Anklage eingereicht worden ist, die Zuständigkeit eines Gerichts niedrigerer Ordnung für begründet erachten und vor diesem Gericht das Hauptverfahren eröffnen kann. Für das Gericht niedrigerer Ordnung ist dieser Beschluss bindend. Ein solcher Beschluss trägt aber ein Praejudiz auf das Strafmaß in sich, da die **Strafgewalt** im Falle der Eröffnung des Verfahrens vor dem Amtsgericht in der Verhängung des Strafmaßes und von Maßregeln beschränkt ist (§ 24 GVG).

Im Falle der **Formulierung des Anklagesatzes** gilt, dass die Wirksamkeit einer Anklage nicht nur gefährdet ist, wenn sie zu wenig an Informationen aufweist. Umgekehrt kann auch ein Zuviel an Informationen problematisch sein. So wird ein Antrag auf Streichung von Passagen im Anklagesatz zu überlegen sein, wenn bereits der Anklagesatz unzulässigerweise Wendungen zur Beweiswürdigung aufweist (BGH NJW 87, 129).

Ist nach Auffassung der Verteidigung hingegen trotz erfolgter Anklageerhebung die Beurteilung der Frage, ob tatsächlich ein hinreichender Tatverdacht vorliegt, noch nicht entscheidungsreif, wird ein Antrag auf **ergänzende Beweiserhebung** an das Gericht zu erwägen sein (§ 202 StPO). Erweist sich der Antrag als begründet, kann das Gericht entweder selbst Beweis erheben oder auch mittels Vernehmung durch den beauftragten oder ersuchten Richter erheben lassen. Jedenfalls kann es die Staatsanwaltschaft bitten, selbst die erforderlichen Ermittlungen vorzunehmen, wobei die Staatsanwaltschaft hierzu allerdings nicht verpflichtet ist (Meyer-Goßner § 203 StPO Rn. 3). Die Frage, ob ein Antrag auf Beweiserhebung im Zwischenverfahren gestellt wird, wird sich für den Verteidiger in taktischer Hinsicht insbesondere im Hinblick auf die zeitliche Gestaltung des Verfahrens stellen.

5. Kapitel. Die Verteidigung im Hauptverfahren

A. Die Vorbereitung der Hauptverhandlung

I. Die Akteneinsicht

Bereits an anderer Stelle wurde darauf hingewiesen, dass es für eine effektive Verteidigung geboten ist, stets ein Verteidigungsziel zu definieren und die hierfür zur Verfügung stehenden taktischen und strategischen Mittel zu untersuchen. Die Bestimmung des Verfahrensziels und die Analyse der zur Verfügung stehenden Verteidigungsmittel ist jedoch kein einmaliger Vorgang sondern vielmehr ein in den jeweiligen Verfahrensstadien häufig zu wiederholendes Erfordernis. Ist das Stadium des Hauptverfahrens mit seinem Kernstück – der Hauptverhandlung – erreicht, hat deshalb erneut eine gründliche Analyse aller bisherigen Vorgänge zu erfolgen. Dies bedeutet, dass der Verteidiger entsprechend dem zum Ermittlungsverfahren Gesagten vorzugehen hat. Erneut steht erst einmal die **Informationsbeschaffung** im Vordergrund. Der Verteidiger hat noch einmal Akteneinsicht zu beantragen, um zu gewährleisten, dass seine Akten vollständig sind und er zudem Kenntnis von sämtlichen weiteren zugezogenen Aktenteilen hat. Aufgrund der sodann vorliegenden Informationen werden Verteidigungsziel und taktische Maßnahmen bestimmt, wobei eine der entscheidendsten Weichenstellungen darin liegt, das Aussageverhalten des Beschuldigten festzulegen.

II. Die Überprüfung und Festlegung des Aussageverhaltens des Beschuldigten

Die StPO bietet dem Beschuldigten die Möglichkeit, die Aussage zu verweigern oder sich zur Sache einzulassen. Vor diesem Hintergrund werden Verteidiger und Mandant besprechen, ob in der Hauptverhandlung geschwiegen wird, teilweise oder vollständig ausgesagt wird. Ferner ist der **Zeitpunkt der Aussage** zu bestimmen (sofort oder erst im Laufe des Verfahrens) und der **Ausssageinhalt** (soll der Tatvorwurf bestritten oder ganz oder teilweise ein Geständnis abgelegt werden). Bei der Klärung der Vorgehensweise werden Verteidiger und Mandant die Aussage des Mandanten zu analysieren haben und hierbei entweder Widersprüche oder objektive Unwahrheiten in der Aussage oder im Vergleich zu anderen Zeugenaussagen und dem übrigen Akteninhalt herausarbeiten müssen. Dabei bieten alle Varianten der Aussage/Nichtaussage Chancen und Risiken.

1. Die Aussageverweigerung

Der Verteidiger wird dem Mandanten raten, von seinem **Recht die Aussage zu verweigern**, Gebrauch zu machen, wenn die Straftat nur durch die Aussage des Angeklagten bewiesen werden kann. Dies ist dann der Fall, wenn bisher kein verwertbares Geständnis des Angeklagten in den Akten vorhanden ist und darüber hinaus keine weiteren zwingenden Beweise vorliegen, so dass die Staatsanwaltschaft in Beweisnot gerät. Ebenfalls wird eine Aussageverweigerung angezeigt sein, wenn in einem Indizienverfahren aufgrund der Komplexität des Sachverhaltes und der Dauer der Hauptverhandlung zu befürchten ist, dass der Mandant intellektuell, psychisch und physisch den Anforderungen nicht gewachsen sein wird. Denn auf diese Weise können missverständliche Aussagen vermieden werden.

Obwohl die Ausübung des Aussageverweigerungsrechts **nicht das Unterlassen jeglicher Erklärung** erfordert (prozessuale Handlungen, wie z.B. das Stellen eines Beweisantrages dürfen selbstverständlich erfolgen, ohne dass sie im Sinne einer Aussage verwertbar wären; BGH NStZ 90, 447, BGH NStZ 97, 147), liegt eine besondere Problematik für den Mandanten bei der Ausübung des Aussageverweigerungsrechts in den psychischen Belastungen, weil sehr schnell das Gefühl entstehen kann, lediglich „Objekt des Verfahrens" zu sein. Hierauf wird ein Verteidiger seinen Mandanten vorzubereiten haben.

2. Die Teileinlassung

Will sich der Angeklagte nur zu bestimmten Sachverhalten äußern, ist zu unterscheiden zwischen einem nicht **verwertbaren Teilschweigen** und einer **verwertbaren Teileinlassung**. Die Trennung erfolgt gem. § 264 StPO. Wird im Hinblick auf einen einheitlichen Lebenssachverhalt zu einem Teilaspekt dieses Lebenssachverhaltes ausgesagt, zu einem anderen Teilaspekt jedoch geschwiegen, so ist das Gericht nicht gehindert, dieses Teilschweigen indiziell zum Nachteil des Angeklagten zu verwerten. Etwas anderes gilt hingegen, wenn hinsichtlich völlig verschiedener Lebenssachverhalte einmal geschwiegen und einmal ausgesagt wird. In einem solchen Fall kann das Teilschweigen nicht zum Nachteil des Angeklagten verwertet werden (BGH StV 2000, 598).

Die Entscheidung, ob eine Einlassung durch den Angeklagten erfolgt, kann auf einen späteren Zeitpunkt verschoben werden, wenn auf diese Weise eine anfänglich unwahre, somit schädliche Aussage des Angeklagten vermieden werden kann. Hierbei ist zu beachten, dass der Zeitpunkt der Aussage nicht zum Nachteil des Angeklagten verwertet werden darf (BGH StV 94, S. 283).

3. Die Einlassung zur Sache

Der Verteidiger wird dem Angeklagten hingegen zu einer **Einlassung zur Sache** immer dann raten, wenn die Schwerpunkte der Verteidigungsbemühungen im Bereich der Strafzumessung liegen. Denn diese orientiert sich maßgeblich an dem Bild, welches der Angeklagte im Rahmen der Hauptverhandlung von sich selbst abgibt. Gerade weil das Bild des Angeklagten aber wesentlich ist, bedeutet dies andererseits nicht, dass der Verteidiger seinen Mandanten in jedem Fall zu einer umfassenden ungebremsten Aussage raten wird. So sind durchaus Fälle denkbar, in denen allein schon aufgrund der Persönlichkeitsstruktur des Angeklagten zu besorgen ist, dass selbst eine vorbereitete Aussage durch den Angeklagten nicht durchgehalten würde und somit ein besonders negatives Bild vom Angeklagten entstehen könnte. In solchen Fällen wird ein Verteidiger möglicherweise dazu raten, dass er selbst für den Angeklagten eine Erklärung zur Sache abgibt.

B. Die Verteidigung in der Hauptverhandlung

I. Anträge zu Beginn der Hauptverhandlung

So weit **Zuständigkeits- und Besetzungsrügen** (§§ 6a, 16, 222b StPO) durch die Verteidigung beabsichtigt sind, haben diese zu erfolgen, nachdem die Sache aufgerufen wurde (§ 243 Abs. 1 S. 1 StPO), die Präsenz feststellbar stattgefunden hat (§ 243 Abs. 1 S. 2 StPO) und die Gerichtsbesetzung gem. § 222a StPO mitgeteilt wurde.

Anträge wegen Besorgnis der Befangenheit wegen Ereignissen, die vor der Hauptverhandlung stattgefunden haben, sind bis zum Beginn der Vernehmung des ersten Angeklagten über seine persönlichen Verhältnisse (in der Hauptverhandlung über die Berufung oder Revision bis zum Beginn des Vortrags des Berichterstatters) zu stellen (§ 27 Abs. 1 StPO).

II. Die Äußerung des Angeklagten

Die ersten Äußerungen des Angeklagten in der Hauptverhandlung finden statt, nachdem die Zeugen den Sitzungssaal verlassen haben. Der Vorsitzende vernimmt sodann den Angeklagten über seine **persönlichen Verhältnisse** (§ 243 Abs. 2 S. 2 StPO). Zweck der Vernehmung über die persönlichen Verhältnisse ist in erster Hinsicht die Identitätsfeststellung. Es geht daher um die in § 111 Abs. 1 OWiG bezeichneten Angaben. Darüber hinaus geht es bei der Abfrage der persönlichen Verhältnisse um die Klärung von Prozessvoraussetzungen wie etwa der Prüfung der Verhandlungs- und Verteidigungsfähigkeit. Weitere Angaben gehören nicht zu den persönlichen Verhältnissen, sondern zur Vernehmung zur Sache (Meyer-Goßner, § 243 StPO, Rn. 11).

Ist der Anklagesatz verlesen worden (§ 243 Abs. 3 StPO) hat das Gericht den Angeklagten gem. § 243 Abs. 4 StPO über sein Recht zu belehren, dass es ihm frei steht, sich zur Anklage zu äußern oder nicht zur Sache auszusagen.

Ist der Angeklagte zur Äußerung bereit, so wird er nach Maßgabe des § 136 Abs. 2 StPO zur Sache vernommen (§ 243 Abs. 4 S. 1 u. 2 StPO). Nach der erfolgten Belehrung hat der Angeklagte sodann entsprechend der Vorbereitung mit dem Verteidiger seine **Einlassung** abzugeben. Ob die Erklärung allein durch den Angeklagten abgegeben wird oder durch den Verteidiger, hängt von den Umständen des Einzelfalles ab (vgl. o.). Gibt der Verteidiger für den Angeklagten eine Erklärung zur Sache ab, ist diese jedenfalls – anders als Äußerungen außerhalb der Hauptverhandlung – dem Angeklagten zuzurechnen, so weit er nicht widerspricht (BGH StV 98, 59). Bei der Erklärung ist dem Angeklagten vom Gericht die Möglichkeit einzuräumen, seine Aussage ohne Unterbrechung vortragen zu dürfen. Wird der Mandant dennoch durch ständige Zwischenfragen unterbrochen, so ist es die Pflicht des Verteidigers durch sein Beanstandungsrecht gem. § 238 Abs. 2 StPO darauf hinzuwirken, dass der Angeklagte sich ungestört äußern kann (BGH StV 1990, 245).

Im Anschluss an die Einlassung des Angeklagten haben die Prozessbeteiligten **das Recht, den Angeklagten zu befragen**. Hierdurch wird das Schweigerecht des Angeklagten jedoch nicht aufgehoben. Der Angeklagte kann also von vornherein erklären, dass er außer seiner Aussage keine Fragen beantworten wird oder aber Fragen zu einem bestimmten Anklagepunkt oder Fragen bestimmter Prozessbeteiligter (z.B. Staatsanwalt oder Nebenkläger) nicht beantworten werde. Wird eine solche Verfahrensweise gewählt, wird der Verteidiger aber zuvor abzuwägen haben, welche Variante die größeren Vor- bzw. Nachteile mit sich bringt. Denn die Nichtbeantwortung bestimmter Fragen von Prozessbeteiligten stellt, so weit es sich um zulässige und zugelassene Fragen handelt, ein verwertbares Teilschweigen dar. Eine unmittelbare Befragung des Angeklagten durch Mitangeklagte ist allerdings gem. § 240 Abs. 2 S. 2 StPO nicht gestattet.

III. Die Beweisaufnahme

Nach der Vernehmung des Angeklagten folgt die Beweisaufnahme (§ 244 Abs. 1 StPO). Die Beweisaufnahme ist das **Kernstück der strafrechtlichen Hauptverhandlung**. Aufgrund des Unmittelbarkeitsgrundsatzes müssen alle Tatsachen, welche Schuld- und Rechtsfolgen betreffen, im Rahmen der Beweisaufnahme ermittelt werden. Die Einzelheiten hierzu sind im zweiten Teil des Buches (die Hauptverhandlung in Strafsachen, XI. die Beweisaufnahme) dargestellt. Bei der Durchführung der Beweisaufnahme ist der Verteidiger besonders gefordert. Ihm obliegt es im Sinne seines Mandanten dafür zu sorgen, dass die prozessualen Vorgaben eingehalten werden und die Beweisaufnahme prozessordnungsgemäß verläuft. Dies bedeutet, dass er durch entsprechende Anträge dafür zu sorgen hat, dass Beweisverbote auch eingehalten werden. Bei der Beweisaufnahme hat er im Rahmen des Personalbeweises (Zeugen, Sachverständige) darauf hinzuwirken, dass die Befragungen prozessordnungsgemäß ablaufen (bei Zeugen tatsächlich erst gem. § 69 Abs. 1 StPO der Zeugenbericht erfolgt und dann Fragen gem. § 69 Abs. 2 StPO gestellt werden, die zudem zulässig sind).

Weiterhin muss der Verteidiger auf die **Ausübung des eigenen Fragerechts** vorbereitet sein und dieses Recht sinnvoll handhaben können. Dabei kann es zu Streitigkeiten mit dem Gericht kommen, wenn durch den Vorsitzenden Fragen der Verteidigung zurückgewiesen werden. Hierbei gilt, dass das Fragerecht als solches dem Verteidiger nicht entzogen werden darf. Es dürfen allenfalls einzelne Fragen zurückgewiesen werden, wenn sie ungeeignet oder sachwidrig sind. Solange sich der Verteidiger ernsthaft um Aufklärung bemüht, ist die Zurückweisung einer Frage unzulässig (BGHSt 2002, 284).

IV. Das Beweisantragsrecht

1. Die Anwendbarkeit des Beweisantragsrechts

Das **Beweisantragsrecht** stellt für den Verteidiger eine der wirksamsten Möglichkeiten dar, auf die Hauptverhandlung gestalterisch Einfluss zu nehmen. Darüber hinausgehend bietet es auch in taktischer Hinsicht erhebliche weitere Chancen, weil durch die erzwungene Verbescheidung von Beweisanträgen Sachverhalte in der Hauptverhandlung festgeschrieben werden können (so genannte „affirmative" Beweisanträge) oder wegen des bestehenden „numerus clausus" der Ablehnungsgründe im Wege der Beantwortung des Beweisantrags durch das Gericht Informationen gewonnen werden können, welche Auffassung das Gericht vom gegenwärtigen Stand der Beweisaufnahme hat.

Dabei ist jedoch zu beachten, dass zum einen in bestimmten Verfahren der „numerus clausus" des Beweisantragsrechts gemäß § 244 Abs. 3, § 244 Abs. 4, § 245 StPO nicht eröffnet ist und alleinige Richtschnur die Verpflichtung des Gerichts darstellt, von Amts wegen die Beweisaufnahme auf alle Tatsachen und Beweismittel zu erstrecken, die für die Entscheidung von Bedeutung sind (§ 244 Abs. 2 StPO). Dies betrifft das beschleunigte Verfahren (§ 420 StPO), das Privatklageverfahren (§ 384 StPO), das Bußgeldverfahren (§ 77a OWiG), aber vor allem auch das Strafbefehlsverfahren (§ 411 Abs. 2 S. 2 StPO i.V.m. § 420 StPO).

Zum anderen ist Voraussetzung für eine Verbescheidung gem. §§ 244 Abs. 3, 244 Abs. 4 bzw. § 245 StPO, dass es sich tatsächlich um einen Beweisantrag im eigentlichen Sinne und nicht bloß um eine Beweisanregung oder einen Beweisermittlungsantrag handelt. Dabei ist unter einem **Beweisantrag** eine bestimmte Tatsachen- oder Beweisbehauptung zu verstehen, die durch eines der in der StPO angegebenen Beweismittel bewiesen werden soll. Die behauptete Tatsache muss für die Schuld oder Rechtsfolge relevant sein (BGH StV 2003, 428, 429; BGH NStZ 85, 468).

2. Inhaltliche Anforderungen an den Beweisantrag

a) Beweismittel

Der Beweisantrag muss ein **Beweismittel** des Strengbeweisverfahrens benennen, wobei im Fall des § 244 Abs. 5 StPO wiederum erleichterte Ablehnungsmöglichkeiten für das Gericht bestehen. Geht es um den Zeugenbeweis, ist eine ausreichende Individualisierung erforderlich. Die Anschrift oder wenigstens der Ladungsweg müssen mitgeteilt werden. In Ausnahmefällen kann es zur Individualisierbarkeit aber ausreichend sein, wenn der benannte Zeuge in seiner Tätigkeit, im Umfang und Zeitpunkt genau beschrieben werden kann (BGH NStZ 95, 246; OLG Köln StV 96, 368). Allgemeine Bezeichnungen (z.B. „Zeugnis des zuständigen Sachbearbeiters") reichen hingegen nicht aus.

Im Gegensatz zum Zeugenbeweis muss ein Sachverständiger nicht individualisiert werden, weil es sich bei ihm um ein so genanntes vertretbares Beweismittel handelt. Die Auswahl der hinzuzuziehenden Sachverständigen und die Bestimmung ihres Anzahl erfolgt gem. § 73 Abs. 1 S. 1 StPO durch den Richter.

b) Beweistatsachen

Unter **Beweistatsachen** werden wahrnehmbare, mitteilbare, intersubjektiv vermittelbare Sachverhaltsmomente verstanden (KK/Herdegen § 244 StPO Rn. 45). Dies ist unproblematisch, so weit Zustände der „äußeren Welt" angesprochen werden. Allerdings können auch „innere Tatsachen" zur Beweistatsache werden. Nachdem die Wahrnehmung des Menschen ein Gesamtphänomen ist, in dem in einem oder mehreren Vorgängen aufgenommene Sinnesdaten zugleich erfasst, bewertet und interpretiert werden, kann die Abgrenzung dessen, was noch als Tatsache durch das Beweismittel wiedergegeben werden kann, im Einzelfall schwierig sein. Auch Wertungen oder Schlussfolgerungen von Zeugen und Sachverständigen können noch Beweistatsachen sein, sofern es auf deren Wertungen ankommt. Geht es allerdings nicht mehr um Wertungen von Zeugen und Sachverständigen, sondern wird mit dem Beweisantrag eine Wertung des Gerichts vorweggenommen, so liegt keine Beweistatsache vor. Behauptungen mit beweiswürdigendem Inhalt („unglaubwürdig", „verlogen") enthalten deshalb keine Tatsache und genügen im übrigen auch nicht dem Bestimmtheitserfordernis (BGH StV 91, 2; BGH StV 37, 162). Das Gleiche gilt für (angebliche) Rechtstatsachen. Die Behauptung einer Tatanstiftung ist deshalb ohne konkretisierende weitere Angaben ebenso wenig Beweistatsache wie die Behauptung der Schuldunfähigkeit (BGH StV 1991, 137; BGH StV 1992, 218).

Die Beweistatsache darf nicht mit dem **Beweisziel** verwechselt werden. Erst die Tatsache ermöglicht es zum Ziel zu gelangen und nicht umgekehrt (fehlerhaft z.B.: „zum Beweis der Tatsache, dass mein Mandant unschuldig ist ..."). Aus dem gleichen Grund können auch keine Beweistatsachen zu Sachverhalten behauptet werden, die das Gericht erst festzustellen hat (z.B. Antrag, dass die Verteidigung der Rechtsordnung die Ablehnung der Strafaussetzung zur Bewährung nicht gebiete; aber zum Beweisantrag, dass die Sozialprognose günstig sei, OLG Celle JR 85, 32).

Nicht erforderlich ist es für den Verteidiger, dass er sicheres Wissen über die aufgestellte Beweisbehauptung hat. Ausreichend ist vielmehr, dass er die behauptete Tatsache für nur möglich hält und deren Bestätigung erhofft (BGH NSt 21, 118). Ist das Gericht im Gegensatz zur Formulierung der Auffassung, dass der Beweisantrag „ins Blaue hinein" gestellt worden und deshalb als Beweisermittlungsantrag aufzufassen ist, so trägt es selbst hierfür die Argumentationslast (BGH NStZ 92, 397).

Anders verhält es sich hingegen mit der „**Konnexität**". Damit ist gemeint, dass ein Beweisantrag nur dann vorliegen soll, wenn ein Konnex zwischen Beweistatsache und Beweismittel erkennbar ist. Ergibt sich nicht von selbst, weshalb etwa ein benannter Zeuge überhaupt etwas zu einem Beweisthema bekunden können soll, ist dies im Beweisantrag darzulegen (BGHSt 43, 321; BGH NStZ 1998, 97).

3. Der bedingte Beweisantrag

Das Verlangen nach Beweiserhebung kann auch von einem künftigen, ungewissen Umstand abhängig gemacht werden, falls dieser Umstand ein innerprozessualer Vorgang ist. Dabei kann abhängig von der

Zielsetzung des Antrages die Bedingung jeweils in einem völlig unterschiedlichen Bereich liegen. Rechtsprechung und Literatur haben deshalb vermehrt versucht, eine Einteilung von bedingten Beweisanträgen vorzunehmen, wobei die Terminologie aber nicht einheitlich verwendet wird. Grundsätzlich ist zu unterscheiden zwischen

- Hilfsbeweisantrag (bedingter Beweisantrag der ersten Kategorie),
- Eventualbeweisantrag (bedingter Beweisantrag der zweiten Kategorie) und
- prozessual bedingtem Beweisantrag (bedingter Beweisantrag der dritten Kategorie).

Ein **Hilfsbeweisantrag** soll vorliegen, wenn die Verknüpfung des Beweisbegehrens mit einem unbedingt gestellten Sach- oder Hauptantrag verbunden ist. Dies kann bei der Alternative Freispruch oder Verurteilung vorkommen (BGH StV 91, 349 m. Anm. Schlothauer), aber auch Fragen des Versuchs oder der Tatvollendung, Tatbegehung (z.B. Vorsatz/Fahrlässigkeit), Rechtsanwendung (z.B. Erwachsenenstrafrecht/Jugendstrafrecht), Strafart (Geld- oder Freiheitsstrafe) oder das Strafmaß (z.B. unbedingte Strafe) betreffen.

Bei einem **Eventualbeweisantrag** verhält es sich hingegen so, dass ein Beweisbegehren mit einem relevanten Begründungselement des Sachurteils verknüpft wird. Dies kann etwa der Fall sein, wenn es um Einschränkungen der Schuldfähigkeit des Angeklagten geht (BGH NStZ/RR 1996, 362), die Frage eines minderschweren Falles zu bejahen oder das Vorliegen eines besonders schweren Falles zu verneinen ist. Auch die Beurteilung eines Zeugen hinsichtlich seiner Glaubwürdigkeit kommt in Betracht (BGH NStZ 1989, 191; BGH NStZ 1995, 98). Zu beachten ist jedoch, dass beim Eventualbeweisantrag die Definitionen in Rechtsprechung und Lehre voneinander abweichen. So wird auch vertreten, dass der Eventualbeweisantrag ein bedingter Beweisantrag sei, der im Schlussvortrag als Hilfsantrag gestellt würde (Meyer-Goßner § 244 StPO Rn. 22 b).

Der **prozessual bedingte Beweisantrag** verknüpft hingegen die Bedingung unmittelbar mit einer bestimmten Prozesslage. In Betracht kommt insbesondere die Verknüpfung eines unbedingt gestellten Beweisantrags mit einem prozessual bedingten Beweisantrag, wobei die prozessuale Bedingung die Ablehnung des unbedingt gestellten Beweisantrags mit einer bestimmten Begründung darstellt (z.B. „für den Fall, dass das Gericht den benannten Zeugen als unerreichbar im Sinne des § 244 Abs. 3 StPO ansieht ...").

Die Unterscheidung der bedingten Beweisanträge hat für den Verteidiger eine sehr weit reichende Konsequenz. Denn in Fällen einer Hilfs- oder Eventualbeweisantragsstellung wird durch die Rechtsprechung in der Antragstellung konkludent die Erklärung des Verzichts auf eine der Urteilsverkündung vorausgehende Antragsablehnung durch Beschluss gesehen, weil in diesen Fällen das Gericht die endgültige Beurteilung der Frage, ob die gestellte Bedingung eingetreten ist, erst in der Urteilsberatung entscheiden kann (BGHSt 32, 10; BGH StV 90, 149). Der Verteidiger bleibt deshalb in der Hauptverhandlung ohne Antwort auf sein Beweisbegehren. Eine Ausnahme bildet lediglich der Ablehnungsgrund der Verschleppungsabsicht. Geht das Gericht vom Vorliegen dieses Ablehnungsgrundes aus, ist die Hauptverhandlung wieder zu eröffnen und dort die Ablehnung durch besonderen Beschluss bekanntzugeben, um dem Antragsteller Gelegenheit zu geben, den Vorwurf zu entkräften (BGHSt 22, 124).

4. Das Selbstladungsrecht

Die Ausübung des Selbstladungsrechts stellt für den Verteidiger eine besondere Gestaltung des Beweisantragsrechts dar. Gemäß § 220 StPO kann ein Zeuge oder Sachverständiger durch die Verteidigung selbst – sogar ohne vorgängigen Antrag – geladen werden (§ 220 Abs. 1 S. 2 StPO). Die Ladung wird dabei über den Gerichtsvollzieher bewirkt (§ 38 StPO). Diese Verfahrensweise kann den Vorteil bieten, mit der Beweiserhebung einen Überraschungseffekt zu erzielen (wobei der Gegenseite jedoch ein Erkundigungsrecht zusteht; § 246 Abs. 2 StPO). Insbesondere erfolgt eine Ladung von Personen auf dem Wege des Selbstladungsrechts, wenn entweder zu befürchten ist, dass das Gericht ansonsten den Beweisantrag ablehnen würde oder bereits abgelehnt hat. Denn Konsequenz der Ausübung des Selbstladungsrechts ist, dass sich die Ablehnung eines Beweisantrags nicht mehr nach § 244 StPO bestimmt, sondern gem. § 245 Abs. 2 StPO. Die Ablehnung gem. § 245 Abs. 2 StPO ist aber nur unter sehr viel engeren Voraussetzungen im Vergleich zu § 244 StPO möglich, was insbesondere im Bereich des Sachverständigenbeweises eine Rolle spielt.

V. Der Schlussvortrag

1. Rechtliche Grundlagen

Nach dem Schluss der Beweisaufnahme tritt das Hauptverfahren in das Stadium der Schlussanträge ein (§ 258 Abs. 1 StPO). Auf den ersten Blick erstaunlich mag es sein, dass § 258 Abs. 1 StPO als Schlussvortragsberechtigten den Verteidiger nicht aufführt. Nachdem es dem Verteidiger jedoch ohnehin gestattet ist, für den Angeklagten zu sprechen (§ 258 Abs. 3 StPO), ist eine ausdrückliche Erwähnung für überflüssig erachtet worden.

Von Bedeutung kann hingegen die **Reihenfolge der Schlussvorträge** sein. Eine gesetzlich zwingende Regelung gibt es hierzu nicht. Die Norm des § 258 Abs. 1 StPO, die als erstes den Staatsanwalt nennt, ist nur eine Ordnungsvorschrift, von der aus Zweckmäßigkeitsgründen jederzeit abgewichen werden kann. Allerdings wird im Regelfall der Staatsanwalt mit dem Schlussvortrag beginnen. Für die Rechtsmittelverfahren folgt die Reihenfolge der Schlussvorträge aus § 326 StPO (Berufung) und § 351 Abs. 2 S. 1 StPO (Revision), wonach der Beschwerdeführer seinen Schlussvortrag zuerst zu halten hat. Aber auch hier handelt es sich lediglich um Ordnungsvorschriften. Zu den Ausführungen eines Prozessbeteiligten im Schlussvortrag steht den anderen Prozessbeteiligten das Recht auf Erwiderung zu. Zwar benennt § 258 Abs. 2 StPO ausdrücklich nur den Staatsanwalt, gilt jedoch auch für die anderen Beteiligten. Für den Verteidiger ist dies aber nur von untergeordneter Bedeutung, weil er sicher sein kann, bei Bedarf immer als Letzter sprechen zu können. Denn dem Angeklagten steht in jedem Fall das letzte Wort zu. Im Rahmen des letzten Wortes kann sich der Angeklagte aber auch des Beistandes seines Verteidigers bedienen.

2. Taktik und Inhalt des Schlussvortrages

Die Bestimmung von **Inhalt und Stil des Schlussvortrages** stellen an den Verteidiger erhebliche Anforderungen. Dabei ist die Frage, ob der Verteidiger überhaupt zum Schlussantrag verpflichtet ist von eher theoretischer Natur. Denn es besteht zwar – anders als beim Staatsanwalt – beim Verteidiger keine grundsätzliche Verpflichtung zum Vortrag, weil es dem Angeklagten und dem Verteidiger überlassen bleiben muss, ob geschwiegen oder geredet wird, dennoch stellt sich der Verzicht auf einen Vortrag immer als vertane Chance dar.

Dies bedeutet auf der anderen Seite aber nicht, dass sich ein Verteidiger Weitschweifigkeiten gestatten sollte. Der richtige Schlussantrag hat ein enges Korsett. Er muss alles Notwendige umfassen, sollte aber Überflüssiges vermeiden. **Hierzu gehört, dass nur zu dem Stellung genommen wird, was Inbegriff der Hauptverhandlung (§ 261 StPO) war.** Es liegt in der Kunst der Verteidigungsführung, möglichst zutreffend vor den Schlussanträgen analysieren zu können, welche Gesichtspunkte entscheidend sein werden und welche nicht. Dabei hat der Verteidiger den grundsätzlichen Vorteil, dass er bei seiner inhaltlichen Gestaltung des Vortrags frei ist. Wenn deshalb mit der Auffassung der Staatsanwaltschaft aufgrund des zuvor gehaltenen Schlussvortrages der Staatsanwaltschaft Übereinstimmung besteht oder sogar eine Verständigung zwischen den Verfahrensbeteiligten erreicht werden konnte (zu den notwendigen Voraussetzungen BGHSt 43, 195), ist der Verteidiger nicht gehindert, in einer nur kurzen Erklärung mitzuteilen, dass die Auffassung der Staatsanwaltschaft auch von der Verteidigung geteilt würde.

Auf der anderen Seite kann es aber auch durchaus trügerisch sein, wenn der Verteidiger sich nur vom Schlussantrag des Staatsanwalts beeinflussen lässt. Es ist keinesfalls sicher, dass auch das Gericht zu dem Ergebnis eines Freispruchs kommen wird, nur weil der Staatsanwalt dies beantragt. Wenn deshalb Zweifel darüber bestehen, ob das Gericht den – günstigen – Ausführungen der Staatsanwaltschaft folgen wird, ist es vielmehr geboten, die wichtigsten Verteidigungsargumente noch einmal gesondert darzustellen. Dabei müssen aber nicht alle Einzelheiten wiederholt werden, sondern die Akzentuierung hat so zu erfolgen, dass **die besonderen Schwerpunkte der Verteidigungsintention deutlich werden.**

Wie in jeder Lage des Verfahrens eine Definition und Überprüfung des Verfahrensziels zu erfolgen hat, muss dies auch für den Schlussvortrag gelten. Dabei ist zu bedenken, dass ein Vortrag nicht nur nützlich sein kann, sondern zuweilen auch eher schädlich. So hat es etwa keinen Sinn, wenn ein Verteidiger bei einem erkennbar bereits festgelegten Gericht zu lange rechtliche Ausführungen macht. Denn in diesen Fällen ist weniger darauf zu setzen, dass das Gericht sich durch die Ausführungen der Verteidigung doch noch umstimmen lässt, als vielmehr zu besorgen, dass umfangreiche Ausführungen des Verteidigers allenfalls dazu Verwendung finden, das Urteil „rechtsmittelfester" zu machen. In solchen Fällen hätten fundiertere Verteidigerausführungen allenfalls einen „Bumerangeffekt". Ebenfalls sinnlos ist es, gegen die Aktenlage und den Inhalt der Hauptverhandlung zu plädieren.

Von diesen Ausnahmen abgesehen gilt aber, dass der Verteidiger mit seinem Schlussvortrag die Sicht der Verteidigung deutlich zu machen hat. Hierzu gehört auch, in den Fällen der Strafzumessungsverteidigung, dass ein **begründeter Strafvorschlag** zu unterbreiten ist. Wendungen, mit denen eine „gerechte Strafe" gefordert wird oder bei denen die Strafe in das „Ermessen des Gerichts" gestellt werden, gehören nicht hierzu. Wird deshalb eine Geldstrafe beantragt, ist sowohl die vorgeschlagene Tagessatzanzahl als auch die Tagessatzhöhe näher zu begründen. Lediglich im Rahmen einer beantragten Freiheitsstrafe kann es sich anbieten, anstelle der Benennung einer genauen Strafhöhe lediglich anzugeben, dass die zu verhängende Freiheitsstrafe eine bestimmte Höchstgrenze nicht überschreiten sollte. Daneben ist in den gebotenen Fällen zur Frage einer Aussetzung zur Bewährung (§ 56 StGB) Stellung zu nehmen.

3. Aufbau des Schlussvortrags

Entsprechend den vorherigen Ausführungen empfiehlt sich deshalb folgender „klassischer" Aufbau eines Schlussvortrags, der aber nicht starr einzuhalten ist, sondern den jeweiligen Gegebenheiten angepasst werden muss.

a) Klärung von Vorfragen

- Nutzen des Schlussantrages:
  Ziel, die Entscheidung des Gerichts zugunsten des Angeklagten zu beeinflussen.
- Gefahr des Schlussantrages:
  Das Gericht folgt nicht der Auffassung der Verteidigung, nutzt aber entsprechende Ausführungen, um das Urteil rechtsmittelsicher abzufassen. Problem: Wenn Argumente nur zurückhaltend angebracht werden, kann ein aufgeschlossenes Gericht sie auch nicht bedenken. Regressgefahr: Der Rechtsanwalt hat die Verpflichtung, dass Gericht auf offensichtliche Fehler aufmerksam zu machen.

b) Aufbauschema

- Anrede (in geeigneten Fällen bereits zu Beginn konkrete Antragsstellung, ansonsten Antragstellung erst zum Schluss oder Wiederholung des Antrags)
- Vorbemerkung (so weit es die Besonderheit eines Verfahrens erfordert)
- Sachverhalt, von dem die Verteidigung ausgeht
- Zusammenfassung der Beweisaufnahme und Beweiswürdigung

> Was wurde im Strengbeweisverfahren festgestellt?
> Was darf zulässig für die Beweiswürdigung herangezogen werden (bestehen Beweismittel-, Beweiserhebungs- und Beweisverwertungsverbote)?
> Fehlerproblematik im Hinblick auf § 261 StPO (nur was Gegenstand der Hauptverhandlung war, kann auch dem Urteil zugrunde gelegt werden).

- Rechtliche Würdigung

> Benennung der in Frage kommenden Strafvorschriften und genaue Subsumtion

- Strafzumessungserwägungen

> Bestimmung der Strafrahmen
> Benennung des gesetzlichen Strafrahmens
> Diskussion von Regelstrafrahmen und Sonderstrafrahmen (Fehlerproblematik: bei qualifizierten und privilegierten Tatbeständen ist der Grundtatbestand keine Frage der Strafzumessung sondern des Schuldspruches).

> **Exkurs: Sonderstrafrahmen**
>
> Strafvorschriften mit besonderen Strafrahmen für besonders schwere und minderschwere Fälle.
>
> Die Kategorien der Sonderstrafrahmen:
>
> - obligatorische Anwendung des Sonderstrafrahmens bei Vorliegen benannter Voraussetzungen
> - Sonderstrafrahmen mit Regelbeispieltechnik („Kompensation des Regelbeispiels", z.B. BGH StV 81, 72; BGH NStZ 1987, 222; BGH StV 1995, 470).
> - Sonderstrafrahmen mit unbenannten Voraussetzungen (BGHSt 23, 254; BGHSt 26, 97; BGHSt 29, 319)
>
> Bei in Betracht kommender Wahl eines Sonderstrafrahmens:
>
> - Beachtung von § 50 StGB (Doppelverwertungsverbot); das Doppelverwertungsverbot gilt nicht, wenn bereits die nicht vertypten Milderungsgründe allein schon einen minderschweren Fall begründen können (in diesem Fall ist § 50 StGB „nicht verbraucht" und ein vertypter Milderungsgrund kann eine weitere Strafrahmenmilderung nach § 49 StGB rechtfertigen).

- Diskussion einer möglichen Strafrahmenveränderung bei besonderen gesetzlichen Milderungsgründen nach § 49 Abs. 1 StGB

> obligatorische Milderungen (z.B. Beihilfe, § 27 Abs. 2 S. 1 StGB, Fehlen besonderer persönlicher Merkmale, § 28 Abs. 1 StGB, Versuch der Beteiligung, § 30 Abs. 1 S. 2 StGB)
> fakultative Milderung (z.B. Unterlassen, § 13 Abs. 2 StGB; vermeidbarer Verbotsirrtum, § 17 S. 2 StGB; erheblich verminderte Schuldfähigkeit, § 21 StGB, Versuch, § 23 Abs. 2 StGB, Täter-/Opferausgleich, § 46 a StGB).

> **Exkurs: Strafrahmenverschiebungen bei Freiheitsstrafen**
> (vgl. im einzelnen § 49 StGB)
>
> | Höchstmaß | ¾ | Erste Milderung | ¾ | Zweite Milderung |
> |---|---|---|---|---|
> | 15 Jahre | | 11 Jahre 3 Monate | | 8 Jahre 5 Monate |
> | 10 Jahre | | 7 Jahre 6 Monate | | 5 Jahre 7 Monate |
> | 5 Jahre | | 3 Jahre 9 Monate | | 2 Jahre 9 Monate |
> | 2 Jahre | | 18 Monate | | 13 Monate |
> | 1 Jahr | | 9 Monate | | 6 Monate |
> | | | | | |
> | Erhöhtes Mindestmaß | ¾ | Erste Milderung | ¾ | Zweite Milderung |
> | 10/5 Jahre | | 2 Jahre | | 6 Monate |
> | 10/5 Jahre | | 3/2 Jahre 6 Monate | | 1 Monat |
> | 1 Jahr | | 3 Monate | | 1 Monat |
> | unter 1 Jahr | | 1 Monat | | 1 Monat |
>
> Strafrahmenbemessung nach § 49 Abs. 2 StGB; § 49 Abs. 2 StGB mildert nur die Untergrenze, nicht auch die Obergrenze des Strafrahmens (BGHSt 32, 92), (z.B. §§ 23 Abs. 3, 113 Abs. 4, 157, 158, 315 Abs. 6, 316 Abs. 2 StG).

- Festlegung des verhängten Schuldstrafrahmens durch Bewertung von Unrecht und Schuldgehalt der Tat (noch/schon schuldangemessene Strafe).

> Einstufung anhand Vergleichsfalltechnik (Durchschnittsfall).

- Findung der gerechten Strafe innerhalb des ermittelten verengten Schuldstrafrahmens (konkrete Einzelstrafe)

> Argumentation anhand der gesetzlichen Gliederungshilfe des § 46 Abs. 2 StGB
> Beweggründe und Ziele des Täters
> Gesinnung, die aus der Tat spricht
> bei der Tat angewendeter Wille
> Maß der Pflichtwidrigkeit
> Art und Ausführung und die verschuldeten Auswirkungen der Tat
> Vorleben des Täters, seine persönlichen und wirtschaftlichen Verhältnisse
> Verhalten nach der Tat, besonders sein Bemühen, den Schaden wieder gut zu machen, sowie das Bemühen des Täters, einen Ausgleich mit dem Verletzten zu erreichen

- darüber hinausgehend Argumentation gem. § 46 Abs. 1 StGB

> Wirkungen der Strafe auf den Täter (dabei z.B. Vermeidung einer Entsozialisierung, berufliche Folgen, Wirkung des Verfahrens, Lebenserwartung, Alter).

- Festlegung der Strafart (Geldstrafe/Freiheitsstrafe) innerhalb der Strafhöhenbereiche

> 5 Tage bis 1 Monat: nur Geldstrafe (§ 38 Abs. 2 StGB)
> 1 Monat bis 6 Monate: Regelstrafe, Geldstrafe (§ 47 StGB)
> 6 Monate bis 1 Jahr: Geldstrafe nur, falls ausdrücklich angeordnet oder nach § 47 Abs. 2 StGB
> Mehr als 1 Jahr: nur Freiheitsstrafe (§ 40 Abs. 1 S. 2 StGB); bei Gesamtstrafe darf die Geldstrafe 720 Tagessätze nicht übersteigen (§ 54 Abs. 2 StGB)
> Verbindung von Freiheits- und Geldstrafe (§ 41 StGB)

- Bei Geldstrafenantrag: Argumentation zur Tagessatzanzahl und Tagessatzhöhe, ggf. Diskussion über Suspendierung der Strafe (z.B. § 59, 60 StGB).
- Bei Freiheitsstrafe ggf. Argumentation zur Strafaussetzung zur Bewährung (dabei auch Diskussion von Auflagen und Weisungen)

> § 56 Abs. 1 StGB; unter einem Jahr
> § 56 Abs. 2 StGB; ein bis zwei Jahre
> § 56 Abs. 3 StGB; Verteidigung der Rechtsordnung

Im Zusammenhang mit Bestimmung der Strafart auch Argumentation zu Maßregeln zur Besserung und Sicherung (§ 61 ff. StGB), dabei Reihenfolge der Vollstreckung (§ 47 StGB „vikariierendes System"; Verbindung von Maßregeln § 72 StGB).
- Zusammenfassung und konkrete Antragstellung, dabei ggf. auch weitere Antragstellung (z.B. Aufhebung des Haftbefehls)

Sachregister
(Die Zahlen beziehen sich auf die Seiten)

Ablehnung
- des Beweisantrags 98
- des Richters 65, 74 ff.
- des Sachverständigen 87
- des Staatsanwalts 76
- Selbstanzeige 76

Ablehnungsgesuch 75
Abschlussverfügung 2, 16
Abschlussverfügung in der Sitzung 152
Absprache im Strafprozess 56, 97
Abwesenheitsverfahren 108
Akteneinsicht 3
Akteneinsichtsrecht 217, 227 ff., 239
- privilegierte Aktenteile 227
- Rechtsschutzmöglichkeiten 227, 228
- Zuständigkeit 228

Allgemeinkundigkeit 98
Amtsanwalt 58
Änderung des rechtlichen/tatsächlichen Gesichtspunkts 102
Angeklagter
- Anwesenheit 159 f., 193
- Einlassung 128
- pers. Verhältnisse 123
- vorübergehende Entfernung 193

Anklage 187 f.
- im beschleunigten Verfahren 105

Anklageerhebung 17
Anklagesatz 5
- Verlesung 77

Anklageschrift 3, 4, 12, 15, 16
- abstrakter Anklagesatz der nds. Fassung 19
- Fehler 147
- konkreter Anklagesatz der nds. Fassung 19
- Mängel 29 f.
- Modifikation der Anklage 237
- Nichtzulassung der Anklage 237
- niedersächsische Fassung 18
- Teileinwendungen 238
- Verlesung 147
- Zulassung der Anklage 237

Anknüpfungstatsachen 86 f., 101
Anspruch 10
Anstellungsverfügung 13
Antrag
- das Hauptverfahren zu eröffnen 23

Antragsteller 2, 13
Anwaltsvertrag
- *siehe Strafverteidigermandat*

Anwesenheit in der Hauptverhandlung 57 ff.
- im Jugendverfahren 111

Anwesenheitsrecht des Verteidigers 217, 230 ff.
- bei richterlicher Beschuldigtenvernehmung 231
- bei richterlicher Zeugen- oder Sachverständigenvernehmung 217
- bei staatsanwaltschaftlicher Zeugen- und Sachvernehmung 230
- bei staatsanwaltschatlicher Beschuldigtenvernehmung 230
- mögliche Gestattung bei polizeilicher Beschuldigtenvernehmung 230
- Recht auf Teilnahme am richterlichen Augenschein 217

Anzeigerstatter 14
Asservate 148
Aufklärungspflicht 62, 80, 86, 88, 95 f., 100

- beschleunigtes Verfahren 106
- Privatklageverfahren 110

Aufklärungsrüge 198
Aufruf der Sache 69
Augenschein 79, 87 f.
Augenscheinsgehilfe 87
Ausbleiben des Angeklagten 60, 72
Auskunftsverweigerungsrecht 83, 94, 194
Aussagedelikte
- *siehe Strafbarkeit des Verteidigers*

Aussageverweigerung des Beschuldigten 239 ff.
- Schweigerecht des Beschuldigten 239
- Teileinlassung des Beschuldigten 239
- Teilschweigen des Beschuldigten 239

Aussageverweigerungsrecht 80, 82, 91, 94
- Angaben gegenüber Sachverständigem 86, 92

Ausschließung
- von Richtern 74
- von Staatsanwälten 76
- von Verteidigern 76

Ausschluss der Öffentlichkeit 53 f., 84
Äußerung des Beschuldigten 229 ff., 239 ff.
- Belehrungspflicht 229
- Beschuldigtenvernehmung 229
- Einlassung des Beschuldigten im Ermittlungsverfahren 229
- Methode der Vernehmung 230
- persönliche Verhältnisse 240
- polizeiliche Beschuldigtenvernehmung 229
- richterliche Beschuldigtenvernehmung 231
- schriftliche Stellungnahme 229
- staatsanwaltschaftliche Beschuldigtenvernehmung 230
- Teileinlassung 239
- Verwertungsverbot 229, 230

Aussetzung der Hauptverhandlung 66 f., 102

Bedeutungslosigkeit 197
- einer Tatsache 98

bedingter Beweisantrag 242
Befangenheit
- von Richtern 74

Befundtatsachen 85 ff.
Beihilfestrafbarkeit
- *siehe Strafbarkeit des Verteidigers*

Beiordnung 225
Beistand 217
Beistand in der Hauptverhandlung 64
Belehrungen 194 f.
- Angeklagter 78, 91
- Berufungsverfahren 108
- Sachverständiger 77
- Urteilsverkündung 105
- Zeuge 76, 81, 83 f.

Bericht
- über bisheriges Verfahren 108

Berufsverbot 136
Berufung 163 ff.
- Berufungsgericht 164
- Beschränkung 165, 189
- Bezeichnung 165
- Einlegung 164 ff.
- Entscheidungsmöglichkeiten 166 ff.
- Hauptverhandlung 165

- Statthaftigkeit 163
- Wesen 163

Berufungsgericht 176
Berufungsverfahren 189
- Anwesenheit des Angeklagten 62
- Hauptverhandlung 107 ff.
- Protokollverlesung 68

Beschlagnahme 43 f.
Beschleunigtes Verfahren 3, 105 ff., 187
Beschwer 175
Beschwerde 225
Beschwerdebelehrung 13
Besetzung des Gerichts
- Berufungsinstanz 107
- Erste Instanz 69
- Mitteilung 73, 192
- Rüge 192

Besetzungsrügen 240
Besonderes öffentl. Interesse 16, 17
- an der Strafverfolgung 187

Besorgnis der Befangenheit 240
Betrug
- siehe Strafbarkeit des Verteidigers

Bewährung
- Auflagen 136
- Beschluss 117
- Dauer d. B. 136
- Strafaussetzung 117, 135 f.

Bewährungsbelehrung 105
Bewährungsbeschluss 104
Bewährungshilfe 104
Beweisanregung 106 ff.
Beweisantrag 95 ff., 149, 196, 241 ff.
- Ablehnung 65, 98 ff., 128, 196 ff.
- Anforderung 242
- Anwendbarkeit 241
- Augenschein 101
- bedingter Beweisantrag 242
- beschleunigtes Verfahren 105
- Beweismittel 242
- Beweistatsachen 242
- Beweisziel 242
- Eventualbeweisantrag 243
- Hilfsbeweisantrag 243
- Individualisierbarkeit des Beweismittels 242
- Konnexität 242
- Ladungsweg 242
- präsentes Beweismittel 101
- Privatklageverfahren 110
- prozessualbedingter Beweisantrag 243
- Sachverständiger 100 f.

Beweisaufnahme 79 ff.
- Berufungsverfahren 108
- Jugendverfahren 112
- Privatklageverfahren 109
- Schließung 102
- Schluss 149

Beweiserhebungsverbot 90, 98, 197
Beweisermittlungsantrag 96
Beweismethodenverbot 84
Beweismittel 20, 21, 79, 96 f., 242
- präsente 98, 101, 198
- unerreichbare 99
- ungeeignete 99
- völlig ungeeignete 197

Beweismittelverbot 90
Beweissicherung 108
Beweistatsachen 242
Beweisthemaverbot 90
Beweisverbot 90, 94
Beweisverwertungsverbot 28, 40 f., 41, 43, 44, 90, 94, 195
Beweiswürdigung 127 f., 203 f.
- Angriff gegen 202
- vorweggenommene 99

Beweisziel 242
Bußgeldbescheid 10

Deal 56, 97
Denkgesetze
- Verstoß gegen 203

Dienstaufsichtsbeschwerde 13, 14
dienstliche Äußerung 75
Dolmetscher 193
- Anwesenheit 59, 73
- Eid 73

Doppelbestrafung
- Verbot der 188, 189

Doppelverwertung
- Verbot der 134, 206

Durchsuchung 42 ff.
Durchsuchungsprotokoll 148

ehrengerichtliches Verfahren 67
Ehrverletzungsdelikte
- siehe Strafbarkeit des Verteidigers

Eidesformel
- Zeuge 84

Eidesverweigerungsrecht 84
eigene Ermittlungen des Verteidigers 228
Eingriffsbefugnisse
- Zwangsmittel 27 ff.

Einheitlichkeit 55
Einlassung des Angeschuldigten 21
Einlassung des Beschuldigten
- siehe Äußerung des Beschuldigten

Einspruch
- Beschränkung d. E. 157
- Einspruchsfrist 157
- gegen Strafbefehl 157
- Rücknahme d. E. 157
- Urteil nach E. 121
- Verwerfung d. E. 157, 159
- Wiedereinsetzung wegen Fristversäumung 158 f.

Einstellung
- bei Verfahrenshindernissen 185
- des Verfahrens 3, 11
- durch Urteil 137 f.

Einstellungsverfügung 13
Einziehung
- außergerichtliche 148
- nach § 74 StGB 118, 136

Entbinden vom Erscheinen
- Angeklagter 60

Entbinden von Pflicht zur Verschwiegenheit 80
Entfernung aus dem Sitzungssaal
- Angeklagter 62, 66, 84

Entlassung des Zeugen 85
- Berufungsverfahren 108

Entschließungsfreiheit 92
Entziehung der Fahrerlaubnis 44
Entziehungsanstalt 86
Ergänzungen des Schlussvortrages 152
Ergänzungsrichter 57, 79
Ergänzungsschöffe 57
Ermittlungspersonen der StA 28
Ermittlungsrichter 2, 28
Ermittlungsverfahren
- Verteidigung im Ermittlungsverfahren 226 ff.

Eröffnungsbeschluss 47 ff., 78, 129, 187
- im beschleunigten Verfahren 105, 107
- im Privatklageverfahren 110

Erwiesensein einer Tatsache 99
Erziehungsgedanke 111
Erzwingungshaft 65, 80
Eventualbeweisantrag 97 f.
- siehe Beweisantrag

Sachregister

Fahrerlaubnis 3
– Entzug 118, 136
Fahrverbot 118, 136
Fahrverbotsbelehrung 105
Falschbezeichnung eines Rechtsmittels 177
Fesselung des Angeklagten 64 f.
Festhalten des Angeklagten 60, 64 f.
Festnahme
– vorläufige 67
Fortgesetzte Handlung 189
Fortgesetzte Tat 121
Fortsetzungstermin 152
Fragerecht 62, 79, 83
– der Prozessbeteiligten 241
– der Verteidigung 217, 231, 241
– in der Hauptverhandlung 148
Freibeweis 69, 79
Freispruch 150
– durch das Revisionsgericht 181
– Urteilsgründe 138
Fürsprachepflicht 218

Gebührenüberhebung
– siehe Strafbarkeit des Verteidigers
Gegenerklärung 181
Geldstrafe
– Berechnung der Höhe des Tagessatzes 147
Geldwäsche
– siehe Strafbarkeit des Verteidigers
Gerichtskundigkeit 98
Gesamtstrafenbildung 134
– nachträgliche 135
Gesetzesänderungen
– maßgebliches Recht 206
Gläubigerbegünstigung
– siehe Strafbarkeit des Verteidigers
Glaubwürdigkeit 86
Gutachten 87
– Verlesung von 200

Haftbefehl 3, 31 ff.
– Aufhebung 35 f.
– Aufrechterhaltung in der Sitzung 151
– Außervollzugsetzung 36
– bei Ausbleiben des Angeklagten 60, 65 f., 70
– Beschwerde 37 f.
– Haftprüfung 37
– Hauptverhandlungshaft 39, 106
– in der Sitzung 147
– Inhalt 34
– Muster 36 f.
– Verfahren bei Anordnung 33 ff.
– Voraussetzungen für den Erlass 31 ff.
Haftbeschluss
– im Urteil 117
Haftbeschluss bei Urteilsverkündung 104
Haftprüfungstermine
– Mitteilung in der Anklageschrift 18
Haftung des Verteidigers 223, 224
Haftverschonung 151
Handakten der StA 145
Hauptbeweisantrag 98
Hauptverfahren
– Nichteröffnung 237
Hauptverhandlung 147
Hauptverhandlungshaft 106
Hauptverhandlungsprotokoll
– Bedeutung für Revisionsrügen 184 f.
– Beweiskraft 184
Hehlerei
– siehe Strafbarkeit des Verteidigers
Heranwachsende
– Hauptverhandlung 113

– Strafbefehl gegen H. 155
Hilfsbeweisantrag 97 f., 128, 196, 243
Hinweispflicht 129, 201 f.

in dubio pro reo 126 f., 202, 205
Inbegriff der Hauptverhandlung 244
Informationsgewinnung 226 ff.
Instanzenzug 176
Interessen und Vertretertheorie 217

Jugendamt
– Bericht 148
Jugendgerichtshilfe 112
– bei Heranwachsenden 113
Jugendverfahren 111
– Rechtsmittel im 172
– Strafbefehl gegen J. 155
– vereinfachtes 112

Klageerzwingungsverfahren 14
Konnexität 242
Körperliche Untersuchung 41 f.
Kosten
– bei Strafbefehl 157, 159
– im Urteil 137, 139
Kreuzverhör 217
Kündigung des Anwaltsvertrages
– siehe Strafverteidigermandat

Ladungsfrist 72
– im beschleunigten Verfahren 105
Legalitätsprinzip 2, 3
Letztes Wort 103
– Berufungsverfahren 108
– Jugendverfahren 112
– Privatklageverfahren 110

Mandat
– siehe Strafverteidigermandat
Maßregeln 118, 136
Mehrfachverteidigung
– siehe Strafverteidigermandat
Mitteilung der Besetzung 73
Mündlichkeit 55, 88
Mündlichkeitsprinzip 201

Nachtragsanklage 3, 5, 129, 187, 201
Nebenklage
– gegen Heranwachsende 173
Nebenkläger 173 ff., 180
– Änderung eines Gesichtspunkts 102
– Anwesenheit 58
– Beweisantrag 101
– Fragerecht 79
– im Strafbefehl 156
– im Urteil 118
– Jugendverfahren 112
– Privatklageverfahren 110
– Schlussvortrag 103
– Verletzter 81
Nötigung und Erpressung
– siehe Strafbarkeit des Verteidigers

Obliegenheiten
– prozessuale 218
Offenkundigkeit 98, 197
Öffentliches Interesse 16
Öffentlichkeit 53, 148
– Ausschluss 65, 84
– Jugendverfahren 111
– vereinfachtes Jugendverfahren 112
– Verfahren gegen Heranwachsende 113
– Verstoß gegen die 193

Ordnung der Hauptverhandlung 62, 64, 66
Ordnungsgeld 72 f., 80
Ordnungsgeldbeschluss 148
Ordnungshaft 66, 72, 80
Ordnungmittel 65 f.
- gegenüber Erziehungsberechtigten 111
- gegenüber Sachverständigen 86 f.
- gegenüber Verteidiger 67
- gegenüber Zeugen 72, 80, 93
Ordnungswidrigkeit 10, 11
- Zusammentreffen mit Straftat 121
Organ der Rechtspflege 216
Organtheorie 216
örtlicher Sitzungsvertreter 58

Parteiverrat
- siehe Strafbarkeit des Verteidigers
Persönliche Verhältnisse 240
Pflicht zur Verschwiegenheit 80
Pflichtverteidiger 3
Pflichtverteidigerbestellung im Vorverfahren 225
Pflichtverteidigung 225
Plädoyer 103, 149 ff.
- Aufbau 151
- Berufungsverfahren 108
- Jugendverfahren 112
- Nebenentscheidungen 151
- Privatklageverfahren 110
- Schlussantrag 150
- Strafanträge 150
- Strafzumessungserwägungen 150
Postpendenz 129
Privatklagedelikt 13, 14, 16
Privatkläger 174, 180
Privatklageverfahren 109
- Anwesenheit des Angeklagten 109
- Anwesenheit des Privatklägers 58, 61
Privatklageweg 13, 16
privilegierte Aktenteile 227
Protokoll 67, 68 ff.
- Augenschein 87
- Beweiskraft 69
- Verlesung 88 ff.
Protokollführer
- Anwesenheit 58
- vereinfachtes Jugendverfahren 112
Protokollrüge
- unzulässige 184
Prozessleitung 64
Prozessökonomie 100
Prozessverschleppung 197
Prozessvoraussetzungen 79
- s. Verfahrensvoraussetzungen u. -hindernisse
psychiatrisches Krankenhaus 86

Recht auf Ladung und Einhaltung der Ladungsfrist 217
Rechtshängigkeit
- anderweitige 189
- des Strafbefehls 156
Rechtskraft 189
- des Strafbefehls 157, 159
- entgegenstehende 130
Rechtskreistheorie 94
Rechtsmittel
- Falschbezeichnung 177
- Wahl 176
Rechtsmittelbelehrung 105
Rechtsmittelverzicht 152
Rechtsreferendar
- als Sitzungsvertreter 58
- als Verteidiger 71 f.
Rechtsschutz
- im Ermittlungsverfahren 29

Regelbeispiel 120, 131 f., 134
Replik 151
Revision 171 ff.
- Anträge 181
- Begründung 182 ff.
- Beschränkung 178 f.
- Einlegung 176 ff.
- Rücknahme 178
- Statthaftigkeit 172
- Verzicht 178
Revisionsantrags- und Revisionsbegründungsrecht 217
Revisionsberechtigte 173 ff.
Revisionsgericht 175 f.
Revisionsgründe 192 ff.
- absolute und relative 192
Richterablehnung 65
Rügepräklusion 73

Sachkunde 85 f.
- eigene des Gerichts 100 f.
Sachleitung 64, 79
Sachrüge 182, 202 ff.
Sachverständige 2
- Gutachtenverlesung 200
- Vereidigung 196
Sachverständigenbeweis 242
Sachverständiger
- Anwesenheit 59, 77
- Begriff 85
- Belehrungen 77
- Beweisantrag 100
- Beweismittel 79
- Fragerecht 79
- Glaubwürdigkeit 86
- sachverständiger Zeuge 85
- überlegene Forschungsmittel 101
- Vereidigung 87
Schadensersatzpflicht des Verteidigers 223
Schlussvortrag 103, 244 ff.
- Berufungsverfahren 108
- Inbegriff der Hauptverhandlung 244
- Inhalt und Stil 244
- Jugendverfahren 112
- Privatklageverfahren 110
- Reihenfolge 244
- Taktik 244
Schlussvortrag in der Hauptverhandlung 149 ff.
Schweigerecht des Beschuldigten 239
Selbstanzeige 76
Selbstladungsrecht 243
Selbstleseverfahren 88
Sicherstellung 43 f.
Sicherungsverfahren 3, 61
Sicherungsverwahrung 86
sitzungspolizeiliche Maßnahmen 64
Sitzungsstaatsanwalt
- Anwesenheit 57
Sitzungsvermerk 152
Sitzungsvertreter 145 ff.
Sitzungsvorbereitung 145
Sonderstrafrahmen 246
Spontanäußerungen 94
Sprungrevision 172, 176
Staatsanwaltschaft
- Gegenerklärung der 181
- Herrin des Ermittlungsverfahrens 28
- Revision der 173
- Weisungsbefugnis ggü. Polizei 28
Stellung des Strafverteidigers 216, 217, 219 ff.
Störung der Hauptverhandlung
- durch Angeklagten 62, 65
- durch Verteidiger 66 f.
- durch Zeugen und sonstige Personen 67

Sachregister

Strafantrag 2, 16, 17, 186 f.
Strafanzeige 2
Strafaussetzung zur Bewährung 104
Strafbarkeit des Verteidigers
- Aussagedelikte 219, 220
- Beihilfestrafbarkeit 220, 223
- Betrug 219, 222
- Ehrverletzungsdelikte 219
- Gebührenüberhebung 219
- Geldwäsche 219, 221
- Gläubigerbegünstigung 219, 222
- Hehlerei 219, 221
- Nötigung und Erpressung 219, 220
- Parteiverrat 219, 222
- Strafvereitelung 219, 220
- Verletzung und Verwertung fremder Geheimnisse 219, 222
- widerstreitende Interessen 225

Strafbefehl 3, 10
- Ablehnung des Strafbefehls 161
- Einspruch 157
- Einspruchsfrist 157
- Erlass des Strafbefehls 156
- nachträglicher 63
- Rechtskraft 158
- Verwerfung des Einspruchs 159
- Zustellung 156

Strafbefehlsantrag 16
Strafbefehlsantrag nach § 408 a StPO 147
Strafbefehlsverfahren 109, 155 ff.
- Anwesenheit in Hauptverhandlung 60 ff.
- Verlesung des Anklagesatzes 78

Strafentschädigung 139
Strafklageverbrauch 188, 189
Strafrahmen 246
Strafrahmenliste 14
Strafrahmenverschiebungen 246
Straftat in der Sitzung 67
Strafurteil
- siehe Urteil

Strafvereitelung
- siehe Strafbarkeit des Verteidigers

Strafverteidiger
- Beistand 217
- Interessen und Vertretertheorie 217
- Organtheorie 216
- Stellung des Strafverteidigers 216, 217
- verfassungsrechtlich prozessuale Theorie 217

Strafverteidigermandat 224 ff.
- Anwaltsvertrag 224
- Auswahl des Verteidigers 224
- Kündigung 224
- Mehrfachverteidigung 225
- Rechtsreferendar 224
- Untervollmacht 224

Strafvorschlag 245
- Aufbau des Schlussvortrags 245 ff.

Strafvorschriften
- anzuwendende Vorschriften in der Anklage 21

Strafzumessung 245 ff.
- Freiheitsstrafe 117, 135 f.
- Geldstrafe 116, 130
- häufige Fehler 204 ff.
- Kriterien der Strafzumessung 133 f.
- revisionsrechtliche Überprüfbarkeit 205

Strafzumessung im Schlussvortrag 103
Strengbeweis 79, 87
Strengbeweisverfahren 242

Tat 5, 10, 14, 15, 16, 17
- Begriff der prozessualen 129 f., 188
- Dauerstraftat 130
- fortgesetzte 189
- fortgesetzte Tat 121
- im Einstellungsurteil 138
- Serienstraftat 127

Tateinheit 12, 16
- im Urteil 119

Tatmehrheit 16, 17
- im Urteil 119 f.

Tatsachenbehauptung 96
Tatverdacht 3, 12
Teileinlassung des Beschuldigten 239
Teileinstellung 229
Teilnahmehandlungen 223
Teilrechtskraft 189
Teilschweigen des Beschuldigten 239
Teilweise Einstellung 14
Terminladung 217
Terminverlegung 152

Unerreichbarkeit eines Beweismittels 99
ungebührliches Verhalten
- Angeklagter 66

Ungeeignetheit eines Beweismittels 99
Unmittelbarkeit 55, 89
- vereinfachtes Jugendverfahren 112

Unmittelbarkeitsprinzip 201
Unterbrechung
- der Hauptverhandlung 55, 64 ff., 73, 217

Unterbringung 86
Untersuchungshaft 8, 31 ff., 231 ff.
- Außervollzugsetzung des Haftbefehls 233
- Bedeutung der Sache 235
- Dringender Tatverdacht 233
- Flüchtiger Beschuldigter 232
- Fortdauer über sechs Monate 38
- Haftbeschwerde 236
- Haftgrund der Flucht 233
- Haftgrund der Fluchtgefahr 233
- Haftgrund der Tatschwere 234
- Haftgrund der Verdunklungsgefahr 234
- Haftprüfung 236
- Mündliche Haftprüfung 236
- Recht auf unüberwachte Gespräche 232
- Recht der Verteidigerkonsultation 232
- Sperrfrist 236
- Sprecherlaubnis 232
- Strafprognose 235
- Unverhältnismäßigkeit 235
- Verschweigen eines Haftbefehls 232
- Verteidigung in Haftsachen 231 ff.
- Vollzug 39
- Wiederholungsgefahr 235

Urkunde 88
Urkundenbeweis 199 ff.
Urkundsbeamter der Geschäftsstelle
- Anwesenheit 58
- Protokollführer 68

Urkundsbeweis 79, 88 ff.
- Augenscheinsprotokoll 87
- Protokoll über frühere Vernehmung 88, 93

Urteil
- Aufbau 122
- Einstellung 137 f.
- Freispruch 138 f.
- Gründe 123 ff., 193
- Kosten 137
- Rubrum 116
- Strafzumessung 130 ff.
- Tenor 116 ff.
- Überschreiten der Absetzungsfrist 193
- Übungsfall 139 ff.
- Unterschrift 193

Urteilsabsprachen
- Wirksamkeit eines Rechtsmittelverzichts 178

Urteilsberatung 103
- Berufungsverfahren 108
- Jugendverfahren 112
Urteilsverkündung 53, 104, 152
- Berufungsverfahren 108
- Jugendverfahren 112

Veränderung des rechtlichen/tatsächlichen Gesichtspunkts 102
Veränderung des rechtlichen Gesichtspunkts 201
Verbindung
- von Verfahren 152
Verbotene Vernehmungsmethoden 83, 91
Verdeckter Ermittler 81
Vereidigung
- Dolmetscher 73
- *siehe Zeugen u. Sachverständige*
- Sachverständiger 87
- Zeuge 85
Vereidigungsverbot 83 f.
Vereidigungsverbote 196
Vereinfachtes Jugendverfahren 3, 7, 112
Verfahrenseinstellung 228
Verfahrenshindernis 12
Verfahrenshindernisse 185 ff.
- Einstellungsurteil 137
- Strafbefehl 161
Verfahrensrüge 182 f., 192 ff.
Verfahrensstrategie 228, 229
Verfahrensverzögerung 99
Verfahrensvoraussetzung 16
Verfahrensvoraussetzungen 185 ff.
- Einstellungsurteil 137
- Strafbefehl 161
Verfahrensziele 228
Verfall 118, 136
verfassungsrechtlich prozessuale Theorie 217
Verfolgungswille
- der Staatsanwaltschaft 15
Verhandlungsleitung 64 f.
Verhandlungsunfähigkeit 61 f., 66, 77
Verheimlichung der Identität 81
Verhörsperson
- Vernehmung 195, 199 f.
Verjährung 190
Verlesung
- Anklagesatz 77
- beschleunigtes Verfahren 105 f.
- Protokoll 91
- Protokoll des Angeklagten 92
- Sachverständigenprotokoll 89, 93
- Urkundsbeweis 79, 88, 92
- von Geständnissen des Angekl. 200
- von Gutachten etc. 200
- von Zeugenaussagen 199 ff.
- Zeugenprotokoll 65, 89, 93
Verlesungsverbote 90 ff.
Verletzter 14
- als Zeuge 81
Verletzung und Verwertung fremder Geheimnisse
- *siehe Strafbarkeit des Verteidigers*
Vernehmung
- Ablauf der Beschuldigtenvernehmung 40
- Belehrungspflicht 40 f.
- von Beschuldigten und Zeugen 39 ff.
Vernehmung der Verhörsperson 89, 91 ff., 94
Vernehmung zur Person
- Angeklagter 77
- Berufungsverfahren 108
- Zeuge 81
Vernehmung zur Sache
- Angeklagter 78
- Berufungsverfahren 108

- Zeuge 83
Verschlechterungsverbot 191
Verschleppungsabsicht 99
Verschwiegenheitspflicht 218
Verteidiger
- als Zeuge 59
- Anwesenheit 59
- bei Heranwachsenden 113
- im Jugendverfahren 105
- notwendige Verteidigung 59, 67, 71
- Pflichtverteidiger 59, 66
- Wahlverteidiger 59
Verteidigung
- notwendige 192 f.
- unzulässige Beschränkung 193 f.
Verwertungsverbote 94, 96 ff., 101
Verzicht auf Rechtsmittel 152
Videoübertragung 55, 84, 89
Vorführung
- des Angeklagten 60, 65 f., 71
- Privatklageverfahren 109
Vorführungsbefehl 147
- gegenüber Angeklagtem 71
- gegenüber Zeugen 67
Vorhalt 88 f., 91 f., 94, 200
- aus der Akte 148
Vorläufige Einstellung des Verfahrens 47
Vorläufige Entziehung der Fahrerlaubnis 44
Vorläufige Festnahme 29 ff.
Vorschaltbeschwerde 14
Vorsitzender
- Prozessleitung 194
Vorstrafen
- des Angeklagten 77, 79
- des Zeugen 83

Wahlfeststellung 121, 127
- Postpendenz 129
Wahrheitsfindung 63
Wahrheitspflicht 218
Wahrunterstellung 100, 197 f.
Wesentliches Ergebnis der Ermittlungen 6, 7, 10, 20, 77
widerstreitende Interessen
- *siehe Strafverteidigermandat*
Wiederaufnahmeantrag 217
Wiedereinsetzung
- bei Versäumung der Revisionsbegründungsfrist 181
- Einspruchsfrist bei Strafbefehl 160

Zeuge 2, 194 ff.
- als Zuhörer 77
- Anwesenheit 59, 72 f., 77
- Augenscheinsgehilfe 87
- Belehrung 194
- Belehrungen 76, 81, 83
- Beweismittel 79, 80 ff.
- Identität 81
- Kinder und Jugendliche 62, 83
- sachverständiger Zeuge 85
- Vereidigung 84, 148, 196
- Verhörsperson 92
- Vernehmung 195
- vom Hörensagen 199
- Vorhalt 90
Zeuge unter 16 Jahren
- Befragung 148
Zeugnisverweigerungsrecht 80, 82, 194
- Abgeordneter 90
- Angaben beim Sachverständigen 86, 92
Zusatztatsachen 85 f.
Zuständigkeit
- im Urteil 122
- örtliche 195

Sachregister

– sachliche 195
Zuständigkeitsrügen 240
Zustimmungs- und Erklärungsrechte 217
Zwischenrechtsbehelf 64

Zwischenverfahren 45 ff., 237 ff.
– Modifikation der Anklageschrift 237
– Nichtzulassung der Anklageschrift 237
– Zulassung der Anklageschrift 237